Mit Buchners Kolleg Geschichte lernen und arbeiten

Buchners Kolleg Geschichte ist Lern- und Arbeitsbuch zugleich: Es enthält einerseits die Materialbasis für den Unterricht und ist andererseits für die selbstständige Wiederholung des Unterrichtsstoffs und für eine systematische Vorbereitung auf das Abitur geeignet.

Die **Einführungsseiten** zu Beginn der Halbjahresbereiche greifen in Text und Bild die problemorientierten Leitfragen der folgenden Kapitel auf.

Orientierungsdoppelseiten leiten unter dem Titel **Auf einen Blick** in jedes der sechs Themenkapitel ein. Sie knüpfen an das Grundwissen an und schaffen die Voraussetzungen für ein strukturgeschichtliches Arbeiten. Die Chronologie stellt die für die Fragestellung relevanten Daten mit prägnanten Erläuterungen zusammen. Der knappe Überblickstext ordnet diese in den historischen Kontext ein. Übergreifende und methodisch schulende Arbeitsaufträge bieten Anregungen für die selbstständige Wiederholung und Vertiefung des Grundwissens.

Jedes Kapitel enthält **Darstellungen**, an deren Beginn jeweils kurze, in zeitgenössischer Perspektive erzählte Einstiegsbeispiele zu einem ausgewählten Problem des Kapitels stehen. Die Darstellungstexte vermitteln ein Verständnis für die historischen Zusammenhänge und Strukturen. Sie sind in überschaubare Themeneinheiten gegliedert, sodass sie auch als Nachschlagewerk genutzt werden können.
Grundwissensbegriffe der Jahrgangsstufen 6 bis 10 werden bei der Erstnennung optisch hervorgehoben. Über das Grundwissen hinausgehende **wichtige historische Begriffe und Personen** werden in der Randspalte neben dem Text kurz erklärt.

Die **Materialien** decken alle wichtigen Quellengattungen ab. Sie veranschaulichen und vertiefen einzelne Aspekte, stellen kontroverse Sichtweisen dar und thematisieren weiterführende Fragen. Darstellung und Materialien sind durch Verweise vernetzt.
Die **Arbeitsaufträge** helfen bei der Erschließung der Texte, Statistiken, Diagramme, Karten, Grafiken und Bilder und regen zur Team- und Projektarbeit an.

Das **Methodentraining** geschieht auf zwei Ebenen:
- Durch **Arbeitsaufträge zu den Materialien** wird die Methodenkompetenz am konkreten Beispiel trainiert.
- Thematisch integrierte **Methoden-Bausteine** führen auf optisch hervorgehobenen Sonderseiten die zentralen historischen Arbeitstechniken für die eigenständige Erarbeitung und Wiederholung an einem konkreten Beispiel vor.

Ergänzt wird dies durch eine Übersicht der zentralen fachspezifischen **Methoden wissenschaftlichen Arbeitens**.

Auf den **Zusammenfassungs- und Vertiefungsseiten** der Rubrik **Perspektive Abitur** finden sich zum Abschluss jeder Halbjahreseinheit themen- und fächerübergreifende Arbeitsaufträge. **Literatur- und Internettipps** regen zur vertiefenden Nacharbeit an und unterstützen bei der Prüfungsvorbereitung.

Die Hinweise zum Thema **Aufgaben bearbeiten** geben Tipps für das systematische Vorgehen bei der Bearbeitung einer Klausur und zeigen in einer Übersicht, was bei der Lösung der Aufgaben zu beachten ist.

Inhalt

Gesellschaft im Wandel vom 15. bis zum 19. Jahrhundert

Leben in der Ständegesellschaft des 15. bis 18. Jahrhunderts

Leben in der Industriegesellschaft des 19. Jahrhunderts

Demokratie und Diktatur – Probleme der deutschen Geschichte im 20. Jahrhundert

Die Weimarer Republik – Demokratie ohne Demokraten?

Hitlers willige Volksgenossen? Die Deutschen und der Holocaust

Die frühe Bundesrepublik – Erfolg der Demokratie durch „Wohlstand für alle“?

Die DDR – eine deutsche Alternative?

Über Jahrhunderte veränderte sich der Alltag der Bevölkerung in Europa kaum. Noch im 18. Jahrhundert lebten die Menschen wie im Mittelalter überwiegend auf dem Land, betrieben Ackerbau und stellten ihre Waren weitgehend in Handarbeit her. Sie erwirtschafteten nur so viel, wie sie für sich oder den Verkauf auf den umliegenden Märkten benötigten. Naturkatastrophen, Krankheiten und Kriege stellten ständige Bedrohungen dar, die das Leben oft zu einem Kampf ums Überleben machten.

Auch die gesellschaftliche und soziale Rangordnung blieb fast gleich: Die Herkunft entschied dauerhaft über den gesellschaftlichen Status, den Lebensraum und den Beruf. Die oberen Stände grenzten sich von den unteren ab. Der Mann besaß die dominierende Stellung.

Dies alles änderte die Industrialisierung: Sie leitete einen umfassenden technischen, wirtschaftlichen und sozialen Wandel ein, der zunächst nur einige Regionen und Länder, nach und nach aber immer mehr Teile der Erde erfasste und bis heute andauert.

- Wie lebten und arbeiteten die Menschen in der vormodernen Ständegesellschaft des 15. bis 18. Jahrhunderts?
- Wie ist es ihnen in vergangenen Jahrhunderten gelungen, die Herausforderungen des Lebens angesichts der vielfältigen Bedrohungen und der sich wandelnden rechtlichen, wirtschaftlichen und staatlichen Rahmenbedingungen zu meistern?
- Warum veränderte gerade die Industrialisierung im 19. Jahrhundert die Lebens- und Arbeitsbedingungen so tief greifend?

Gesellschaft im Wandel vom 15. bis zum 19. Jahrhundert

Leben in der Ständegesellschaft des 15. bis 18. Jahrhunderts

◂ Bauernfamilie bei der Mahlzeit.
Ölgemälde von Georg Melchior Kraus, Mitte des 18. Jahrhunderts (Ausschnitt).

Neues Denken, neue Welt	**um 1450**	Johannes Gutenberg erfindet in Mainz das Drucken mit beweglichen Metallbuchstaben.
	1492	Christoph Kolumbus landet in Amerika; das Zeitalter der Entdeckungen beginnt.
	15./16. Jh.	Die Renaissance erlebt ihren Höhepunkt; mit dem Humanismus ist sie die wesentliche Geistesbewegung der Zeit.
	1517	Luther veröffentlicht seine 95 Thesen gegen den Ablasshandel; Beginn der Reformation.
	1519–1556	Kaiser Karl V. regiert durch die Besitzungen in Amerika ein Weltreich.
Kampf um den Glauben	**1524/25**	Aus regionalen Aufständen ländlicher und städtischer Unterschichten entsteht der Bauernkrieg.
	1530	Der Reichstag zu Augsburg verabschiedet die erste umfassende Reichspoliceyordnung.
	1555	Im Augsburger Religionsfriede sichert der Kaiser den lutherischen Reichsständen Frieden und ihren Besitz zu und bestätigt damit die Glaubensspaltung.
	1560–1575	Extreme Kältewellen kennzeichnen die Kernphase der „Kleinen Eiszeit", die globale Abkühlung des Klimas zwischen dem 15. und 19. Jahrhundert.
	1560–1630	Die Hexenverfolgungen erreichen im Heiligen Römischen Reich einen Höhepunkt.
	1618–1648	Aus einem konfessionellen Konflikt entsteht der Dreißigjährige Krieg; er endet mit dem Westfälischen Frieden.
	1620er-/30er-Jahre	Mitteleuropa wird von den schwersten Pestepidemien nach dem „Schwarzen Tod" (1347-1353) erfasst.
Verdichtung von Herrschaft	**1661–1715**	Regierungszeit Ludwig XIV., genannt der „Sonnenkönig".
	1648–1789	Im Zeitalter des Absolutismus leiten die Fürsten ihre Stellung von Gott ab und regieren weitgehend losgelöst (absolut) von den Gesetzen und den Ständen. Mit der staatlich gelenkten Wirtschaftspolitik des Merkantilismus fördern sie das einheimische Gewerbe, um die Steuereinnahmen zu erhöhen.
	1688	Die „Glorious Revolution" begründet die konstitutionelle Monarchie in England.
	17./18. Jh.	Im Zeitalter der Aufklärung werden kritisches Verstandes- und Vernunftdenken, Freiheit, Selbstbestimmung und Toleranz zum zentralen Maßstab erhoben.
	1701–14	Im Spanischen Erbfolgekrieg muss Frankreich sein Hegemoniestreben aufgeben und sich dem von England geforderten Mächtegleichgewicht unterordnen.
	1740–1786	Friedrich II. regiert in Preußen im Zeichen des aufgeklärten Absolutismus.
Zeit der Umbrüche	**1781**	Joseph II. von Österreich leitet sozial- und religionspolitische Reformen ein.
	1776	Die britischen Kolonien in Nordamerika erklären ihre Unabhängigkeit von England.
	1789	Mit dem Sturm auf die Bastille beginnt die Französische Revolution.

■ Epochengrenzen sind nur in seltenen Fällen an einzelnen Ereignissen oder Entwicklungen festzumachen. Wie nie zuvor in der Geschichte wurden jedoch in Europa um 1500 Gesellschaft, Wirtschaft und Politik von Umbrüchen erfasst. Rückblickend scheinen sie den Beginn einer neuen, bis 1800 reichenden Epoche zu markieren, für die in der Geschichtswissenschaft der Begriff „Frühe Neuzeit“ geprägt worden ist. Dabei sollte nicht übersehen werden, dass in dieser Zeit viele Entwicklungen fortgeführt wurden, die schon ein oder zwei Jahrhunderte zuvor eingesetzt hatten.
Die Einflüsse der **Renaissance** und des **Humanismus** befreiten das Denken der Menschen aus den Beschränkungen der Kirche, indem sie die Kultur der Antike belebten und den Menschen zum „Maß aller Dinge“ erklärten. Wissenschaftliche Erkenntnisse von Forschern wie Nikolaus Kopernikus und Galileo Galilei sowie die **Entdeckung Amerikas durch Kolumbus 1492** stellten das mittelalterliche Weltbild infrage. Das Ausgreifen der Europäer nach Übersee, die Eroberung und Ausbeutung der unterworfenen Gebiete setzten einen globalen Handel in Gang, der die Vormachtstellung Europas in der Welt begründete.
Gleichzeitig revolutionierte der Buchdruck die Verbreitung von Informationen und Bildung. Er sorgte auch dafür, dass sich die Kritik an den Missständen in Kirche und Christenheit rasch ausbreitete und die **1517** von **Martin Luther** veröffentlichten Forderungen nicht nur zur **Reformation**, sondern zur Spaltung der europäischen Christenheit in verschiedene Konfessionen führten. Die neue reformatorische Lehre trug auch dazu bei, dass sich kleinere Aufstände der ländlichen und städtischen Unterschichten 1525 zum Bauernkrieg ausweiteten. Konfessionelle Gegensätze, aber auch politisches Machtstreben lösten schließlich den **Dreißigjährigen Krieg** aus, der erst nach langen Verhandlungen im **Westfälischen Frieden** 1648 beigelegt wurde.
Im Gegensatz zu den **Monarchien** Spanien, Frankreich und England blieb das Heilige Römische Reich Deutscher Nation ein lockerer Verbund zahlreicher Einzelstaaten. Im Westfälischen Frieden erhielten die deutschen Reichsstände die volle Landeshoheit über ihre zu **Territorialstaaten** ausgebauten Herrschaftsgebiete. Diese benötigten sie, um den Anspruch der Landstände auf politische Mitsprache zurückzudrängen. Auf diese Weise setzte sich fast überall in Europa die Herrschaftsform des **Absolutismus** durch, in der die Fürsten versuchten, unabhängig von den Ständen zu regieren. Eine **konstitutionelle Monarchie**, wie sie am Schluss der „Glorious Revolution“ das **Parlament** 1688/89 in England erzwang, blieb die Ausnahme.
Ludwig XIV. regierte Frankreich von 1661 bis zu seinem Tod 1715 absolutistisch. Außenpolitisch strebte er nach der Vorherrschaft auf dem Kontinent, musste infolge des Spanischen Erbfolgekriegs (1701-1714) jedoch sein **Hegemoniestreben** aufgeben und sich der von England geforderten **Gleichgewichtspolitik** („balance of powers“) unterordnen.
Der durch die europäische Expansion geförderte Fernhandel und das Wirtschaftssystem des **Merkantilismus** brachten dem **Bürgertum** Wohlstand und Reichtum. Im Dienste der absolutistischen Monarchen erhielt es Zugang zu einflussreichen Ämtern, die bislang den privilegierten Ständen, dem **Adel** und dem Klerus, vorbehalten waren. Die im Zuge der **Aufklärung** durchlässig werdenden Standesschranken sorgten dafür, dass sich die Besitz- und Machtverhältnisse innerhalb des **Ständewesens** verschoben.
Trotz allen Wandels veränderten sich die Lebens- und Arbeitsbedingungen der Menschen sowie ihre Einbindung in die sozialen Gemeinschaften der Familie, der Dorfgemeinden oder der städtischen Zünfte kaum. Gleichzeitig bildeten sich hier Werte, Normen, Gesellschaftsformen und Institutionen aus, die bis heute fortwirken.

■ Wiederholen Sie Daten und Begriffe des Grundwissens für die Zeit zwischen 1300 und 1750.
■ Schließen Sie von den politischen Entwicklungen auf gesellschaftliche Veränderungen.

Geordnete Verhältnisse – Strukturmerkmale der Ständegesellschaft

Im Januar 1525 treffen sich Bauern aus der Pfarrei Sulzberg bei Kempten (Allgäu) mit dem Stadtschreiber der benachbarten Reichsstadt Kaufbeuren. Er führt ein dickes Buch bei sich, in das er die Beschwerden der Bauern einträgt, die im Herrschaftsgebiet des Fürststifts Kempten leben. Die Bauern haben beschlossen, den Fürstabt vor Gericht zu bringen, und daher sammelt er nun Beweismaterial für das Verfahren.

Solange die Bauern zurückdenken können, gibt es Ärger mit dem Kemptener Fürstabt. Denn dieser zwingt alle Bewohner seines Herrschaftsgebiets durch Drohung, Nötigung und Kerkerhaft, sich als „Eigenleute" dem Kloster zu verschreiben und sich damit um ihre Freiheit oder ihre Erbschaft bringen zu lassen. Dabei schreckt er nicht davor zurück, Männer, Frauen und Kinder in Ketten legen und ins Verließ werfen zu lassen.

Einer der Bauern, die dem Stadtschreiber ihre Klage vorbringen, ist Hans Summer. Er ist Leibeigener der Kemptener Fürstabtei, seine Frau hingegen eine freie Bäuerin. Summer berichtet, der Fürstabt habe ihn gefangen nehmen lassen und verlangt, auch seine Frau solle sich dem Kloster „zu Eigen mit Leib und Gut" verschreiben. Auf seine Bitte, dass wenigstens eines seiner Kinder frei bleibe, habe ihm der Fürstabt geantwortet: „Entweder gibst du Frau und Kind in die Leibeigenschaft oder du verfaulst in der Gefangenschaft." Hans Summer ist kein Einzelfall. Das zeigt das Protokollbuch des Kaufbeurer Stadtschreibers. Allein aus der Pfarrei Sulzberg stammen zehn ähnliche Klagen. Im gesamten Herrschaftsgebiet des Fürstabts sind es mehrere Hundert.

Nur wenige Meter von der Residenz des Fürstabts entfernt öffnet sich eine andere Welt. Wer durch das Klostertor tritt, verlässt den fürstäbtlichen Herrschaftsbereich und betritt die Reichsstadt Kempten. Wer hier lebt – ob als Kaufmann, Zunfthandwerker, Patrizier, Geselle, Dienstbote oder Saisonarbeiter – ist durch das Stadtrecht geschützt. Die Stadtbewohner sind zwar an Regeln und Pflichten gebunden, müssen Steuern und Abgaben zahlen, können im Unterschied zu den leibeigenen Bauern jedoch selbst entscheiden, ob sie bleiben oder wegziehen wollen.

Die ständische Gesellschaft Die Gegensätze, die in Kempten aufeinandertrafen, waren typisch für eine Zeit, in der die Geburt die Rechte der Menschen bestimmte. Die Gesellschaft des Spätmittelalters und der Frühen Neuzeit war eine Ständegesellschaft. Sie wies jedem Einzelnen eine Position zu, einen „Stand", der auf der Abstammung aus einer gesellschaftlichen Gruppe oder auch auf der Zugehörigkeit zu einem bestimmten Beruf beruhte.

Mit dem Stand waren Rechte und Pflichten festgelegt. Zu den Vorrechten des Adels gehörten die Befreiung von Steuern, ein eigener Gerichtsstand und das Monopol auf hohe Ämter und Einnahmen. Das Stadtbürgertum hatte das Recht zur Ausübung eines bestimmten Gewerbes und die Verwaltungsautonomie. Die Rechte der Bauern bestanden im Nutzungsrecht am Gemeindeeigentum sowie dem Wahlrecht zu den Ämtern der Dorfgemeinde.

Es galt als gottgewollt, dass es Herrschende und Abhängige gab, dem Adel Vorrechte gebührten, die Kinder eines Leibeigenen auch leibeigen waren und die Kinder eines **Patriziers** selbstverständlich zur städtischen Oberschicht gehörten (▸ M1). Diese Ordnung galt bis an die Schwelle des 19. Jahrhunderts. Sie wurde durch die Ständelehre, die Drei-

▲ Die ständische Hierarchie des Heiligen Römischen Reiches Deutscher Nation.
Kolorierter Holzschnitt aus der Weltchronik Hartmann Schedels, 1493. Die im Reichstag vertretenen Stände sind jeweils durch Vierergruppen dargestellt. In der obersten Reihe thront der Kaiser zwischen den drei geistlichen (einzige Abweichung von dem Vierersystem) und den vier weltlichen Kurfürsten mit den Attributen ihrer Hofämter in den Händen. Darunter sind die Herzöge, Mark-, Land-, Burggrafen, Bannerherren, Freiherren und Ritter als Wappenträger abgebildet. Die Städte folgen auf der nächsten Seite der Weltchronik.

teilung der Gesellschaft in Adel, Geistlichkeit und Bauernstand gerechtfertigt, die Theologen im **Mittelalter** entwickelt hatten. Diese Vorstellungen entsprachen zu fast keiner Zeit dem tatsächlichen Aufbau der Gesellschaft, die sich zunehmend ausdifferenzierte. Die Sozialstruktur der **Neuzeit** konnten sie erst recht nicht mehr erfassen. Neue Gruppen kamen hinzu, vor allem das kapitalkräftige und wirtschaftlich einflussreiche Bürgertum, das seit dem Spätmittelalter an Bedeutung gewann. Überhaupt waren die Stände keine homogenen Blöcke: Zum „Bürgerstand" etwa gehörten Patrizier mit adelsähnlichem Landsitz ebenso wie notdürftig auskommende kleine Krämer.

Hierarchische Ordnung ■ Seit dem 14. Jahrhundert war im Heiligen Römischen Reich neben der Herrschaft des Kaisers und der Landesherrn das Ständewesen ausgebildet. Die Stände beanspruchten auf der Ebene des Reiches und in den Territorien ein genossenschaftliches Mitspracherecht durch ihre führenden Vertreter: Auf Reichsebene traten dem **König** oder **Kaiser** die sieben **Kurfürsten**, mehr als 300 weitere weltliche und geistliche Fürsten, Grafen, Freiherren, **Ritterschaft** und **Reichsstädte** als Reichsstände (Reichsstandschaft) gegenüber.

In den Territorialstaaten nahmen die Landstände – also Adel, Geistlichkeit, Städte, manchmal auch die Bauernschaft – diese Aufgabe gegenüber dem Landesherrn wahr (Landstandschaft) (▸ M2).

Die Bauern waren in einigen Teilen des Reiches ein „Stand“ in diesem Sinne, etwa in Teilen Südwestdeutschlands oder im Territorium des Erzbischofs von Salzburg. In den anderen Gegenden galt der Bauer als der **„arme Mann“**, der nicht herrschaftsfähig war, sondern Schutz bedurfte und daher der Obrigkeit unterstand. Die Geschichtswissenschaft hat dafür den Begriff „unterständische Schicht“ geprägt. Seit etwa 1500 bezeichneten sich Bauern und städtische Einwohner ohne Bürgerrecht, wie Gesellen und Dienstboten, oder die Bürger ohne Zugang zu den Ämtern als der „gemeine Mann“.

„armer Mann“: hier in der Bedeutung von „schwach“, Person mit minderem Rechtsstatus

Fundament der Ständegesellschaft: die Grundherrschaft Die **Grundherrschaft** prägte die Gesellschaft auf dem Land vom frühen Mittelalter bis ins späte 18. Jahrhundert. Mehr als drei Viertel der Bevölkerung der vorindustriellen Zeit gehörten ihr an. Der Begriff stammt nicht aus der Zeit selbst; erst die moderne Geschichtswissenschaft bezeichnet damit die Verfügungsgewalt über Grund und Boden mit den darauf lebenden Menschen – die „Herrschaft über Land und Leute“.

Die Grundherrschaft war zum einen das zentrale Element der Agrarverfassung, zum anderen aber auch der Lebens- und Rechtsverband der Landbevölkerung. Der Grundherr übte auf seinem Land die Aufsicht aus und besaß das Recht, bei Strafe zu gebieten und zu verbieten. Zudem war er Gerichtsherr über die von ihm abhängige bäuerliche Bevölkerung. Im Gegenzug hatte er ihr Schutz und Sicherheit zu gewähren.

Grundherr konnte der König, ein Bischof, ein Adliger oder der Vorsteher eines Klosters sein, der das Land als Vasall des Königs oder eines anderen Adligen als Lehen erhalten hatte (**Lehnswesen**). Er übertrug Teile seines Landes den Hörigen oder Grundholden zur Nutzung und stellte den Hof mit den notwendigen Geräten zur Verfügung. Dafür beanspruchte er Abgaben aus den Erträgen. Darüber hinaus mussten die Bauern für den Herrenhof (Fronhof) unterschiedliche Frondienste (in Bayern auch „Scharwerk“ genannt) leisten, die mit der eigenen Hand zu verrichten waren oder im Bereitstellen von Zugvieh und Geschirr bestanden (Hand- und Spanndienste).

Zu den Abgaben und Diensten für die Überlassung des Landes konnten Buß- und Gerichtsgelder hinzukommen, außerdem der Kirchenzehnt. Die bäuerliche Bevölkerung musste also viele Ansprüche erfüllen, die sich auf mehrere „Herren“ verteilen konnten, wenn die Grundherrschaften wie in Franken oder Schwaben zersplittert waren (▸ M3, M4). Dies machte die Rechtslage unübersichtlich und führte leicht zu Auseinandersetzungen über die Berechtigung der Forderungen. Diese waren nicht immer schriftlich festgehalten, sondern mündlich überliefert und gewohnheitsrechtlich festgelegt.

Einheitlicher waren die Herrschaftsverhältnisse in den sogenannten „Hofmarken“ im Herzog- und Kurfürstentum Bayern, wo die dort ansässigen Untertanen meist nur dem adligen oder kirchlichen Hofmarksherr unterstanden.

Herrschaft und Freiheit auf dem Land Die Untertanen standen in unterschiedlicher Abhängigkeit zum Grundherrn. Diese reichte vom bloßen Pachtverhältnis bis zur Leibeigenschaft. Gewohnheitsrechtlich hatte sich in der Frühen Neuzeit weitgehend die Vererbbarkeit der Bauernstellen durchgesetzt, sodass die Hörigen oder Grundholden sie als Untereigentum besaßen, das sie nach ihrem Tod an ihre Kinder weitergaben.

Neben hörigen Bauern, die das vom Grundherrn geliehene Land unter den festgelegten Bedingungen selbstständig bewirtschafteten, gab es das unfreie Gesinde. Es arbeitete in persönlicher Abhängigkeit als Leibeigene auf dem Herrenhof und dem umliegenden Land. Leibeigene durften ohne Genehmigung ihres Herrn weder heiraten noch wegziehen. Wenn es einem Leibeigenen gelang, das Territorium einer Stadt zu erreichen und dort dauerhaft Aufnahme zu finden, entkam er der Rechtsprechung des Grundherrn. Der Abhängigkeitsgrad bestimmte Art und Umfang der Frondienste. Ein unfreier Bauer musste gewöhnlich mehr leisten als ein freier Bauer. Die meisten Bauern waren „Eigenleute" ihres Herrn, besaßen aber abgestufte Rechte. Persönlich freie Bauern gab es nur wenige.

Die Bauern leisten Widerstand Das Verhältnis zwischen Grundherren und Bauern war zwar durch Ungleichheit und Abhängigkeit gekennzeichnet, doch rechtlos waren die Bauern nicht. Es ist vielfach belegt, dass die Bauern Widerstand leisteten, wenn sie ihre „alten" Rechte, die durch ihre Generationen übergreifende Dauer als unumstößlich galten, durch Landes- und Grundherren bedroht sahen. Im 15. und 16. Jahrhundert erhoben sich immer wieder Bauern in verschiedenen Regionen gegen ihre Obrigkeiten. Sie verweigerten Dienste und Abgaben und rotteten sich zu bewaffneten „Haufen" zusammen. An vielen Orten hatten die Grundherren die Dienste und Abgaben ausgeweitet und versucht, die Bauern leibeigen zu machen, indem sie die Freizügigkeit unterbanden. Die Bauern wehrten sich auch gegen die Einschränkung der Allmende, das von der Dorfgemeinde verwaltete Gemeineigentum an Wald, Wiesen und Gewässern.

Im Bauernkrieg von 1524 bis 1526, der größten Erhebung der Bauern in Europa, wurde die ständische Ordnung teilweise grundsätzlich infrage gestellt (▸ M5). Dies ist erstens mit der Empörung der Bauern über die Rechtsbrüche und die Unterdrückung durch ihre Obrigkeiten zu erklären. Die zweite Erklärung ist die durch Martin Luther und seine Schriften verbreitete evangelische Bewegung. Sie hatte die Herrschaft der römischen Kirche an der Bibel geprüft und zurückgewiesen. In gleicher Weise glaubten die Bauern, nun die Herrschaft des Adels und der Fürsten prüfen und verwerfen zu können. Ihr Widerstand schien evangelisch begründet. Auch die Rechtfertigung aus dem „Göttlichen Recht" entzündete also die „Revolution des gemeinen Mannes", wie der Bauernkrieg auch genannt wurde. Die Aufstände wurden niedergeschlagen, jedoch machte die Obrigkeit den Bauern vielfach Zugeständnisse, da die Grundherren ein Interesse daran hatten, die Arbeitskräfte auf dem Land zu halten.

In den folgenden Jahrhunderten konnten die Bauern keine gemeinsame politische Forderung durchsetzen. Doch die bis ins 18. Jahrhundert reichenden sozialen Unruhen und Revolten sowie die zahlreichen Klagen vor Gericht beweisen, dass die abhängigen Schichten auf dem Lande nicht bereit waren, die unrechtmäßig empfundene Bedrückung hinzunehmen.

▲ **Ständebaum.**
Zeichnerische Wiedergabe des Holzschnitts eines unbekannten Meisters aus der ersten deutschen Ausgabe von Francesco Petrarcas „De remediis utriusque fortunae" (Von den Heilmitteln gegen Glück und Unglück) von 1532. Eine Deutung besagt, das Bild offenbare unter dem Eindruck des deutschen Bauernkriegs eine revolutionäre Gesinnung. Eine andere Auslegung bietet der dazugehörige Text. Es ist ein Dialog zwischen der „Freude", die sich ihres adligen Standes rühmt, und der „Vernunft", die ihr erwidert, Adelsstand und Besitz seien vergänglich.

- *Analysieren Sie das Bild vor dem Hintergrund der beiden Deutungsansätze. Welche Vorstellungen einer Gesellschaft werden erkennbar?*
- *Vergleichen Sie mit der Abbildung auf S. 20 und bestimmen Sie Gemeinsamkeiten und Unterschiede. Prüfen Sie, welches Modell eher der Realität entspricht. Bestimmen Sie jeweils den Standpunkt des Malers.*

Der Adel An der Spitze der „Ständeleiter" stand der Adel. Er bestimmte das politische, soziale und kulturelle Geschehen im Reich. Kennzeichen seiner herausgehobenen Stellung waren seine Abstammung und sein Selbstverständnis, über andere Macht ausüben (▸ M6). Er beanspruchte die führenden Positionen in Staat, Kirche und Gesellschaft für sich. Der Adel durfte Titel führen, genoss weitgehende Steuerfreiheit und besaß einen eigenen Gerichtsstand.

▸ Kaiserliches Diplom über die Erhebung der Familie von Plettenberg in den Reichsgrafenstand von 1724. *Die vom Kaiser ausgestellten Diplome waren reich verzierte Urkunden und der bedeutendste Nachweis der Zugehörigkeit zum Adelsstand. Das Diplom der Familie von Plettenberg (31 x 24 cm) enthält die Wappen des Grafen Plettenberg zu Nordkirchen und seiner Frau, geb. von Westerholt zu Lembeck; angehängt ist ein rotes Wachssiegel in gravierter Siegelkapsel aus Messing.*

In sich war der Adel stark differenziert. Es gab den reichsunmittelbaren, also direkt Kaiser und Reich unterstehenden, sowie den landsässigen, von einem Landesherrn abhängigen Adel. Der Kaiser und die reichsunmittelbaren weltlichen und geistlichen Adligen (Kurfürsten, **Herzöge** sowie reichsunmittelbare Grafen, Freiherren und Ritter) waren als Angehörige des Hochadels und als Landesherren auf den Reichstagen vertreten. Die Kurfürsten durften sogar den Kaiser wählen. Rang und Bedeutung der Adligen hingen zudem jeweils von ihrer wirtschaftlichen Lage und ihrem Besitz, ihren Ämtern und Privilegien ab.

Unabhängig von ihrem Rang verband die Angehörigen des Adels ein verpflichtendes Ethos. Danach gehörten der Kriegsdienst, die Bewirtschaftung der eigenen Güter, die Jagd sowie „Rat und Hilfe“ für König oder Landesfürsten zu ihren vornehmsten Tätigkeiten.

Den Landesfürsten gelang es im 14. und 15. Jahrhundert, ihre Einflussbereiche durch Eheschließungen, Erbschaften, Kauf, Tausch und Kriege zu zusammenhängenden Territorien auszubauen. Damit gerieten viele kleine landsässige Fürsten unter ihre Herrschaft. Auch die **Reichsritter** mussten sich gegen die Zugriffe der Territorialherren wehren. Neben politischer Autonomie hatten die Ritter durch die veränderte Kriegsführung mit Feuerwaffen und Söldnerheeren ihre Funktion im Kampf verloren. Viele Familien verarmten. Um ihre Rechte und Interessen zu wahren, schlossen sich die kleinen reichsunmittelbaren Adligen zu „Bünden“ zusammen, die bei Konflikten unter Adligen vermittelten.

Reichsritter: aus der Ministerialität, den ursprünglich unfreien Dienstmannen der Könige hervorgegangene, reichsunmittelbare Adlige

Als Ausgleich für den Verlust der Selbstständigkeit boten die Landesherren ihren Standesgenossen attraktive Aufgaben im Militär, in der Verwaltung und den vielen Hofämtern an den Fürstenhöfen und Residenzen. Diese entwickelten sich zwischen dem 16. und ausgehenden 18. Jahrhundert zu politischen, kulturellen und wirtschaftlichen Zentren. Der höfische Lebensstil wurde im absolutistischen Zeitalter zur Leitkultur des Adels und des reichen Bürgertums. Mit seinen prunkvollen Festen, Banketten und Jagdgesellschaften, dem Hofzeremoniell und einer festen Rangordnung galt er als Zeichen fürstlicher Größe und verlieh auch demjenigen Glanz und Ansehen, der dort eine Stellung einnahm. Bürgerliche, die sich durch besondere Dienste auszeichneten, wurden von Kaisern und Fürsten in den Adelsstand erhoben (Nobilitierung). Die Landesherren konnten sich so eine loyale Elite heranziehen und diese dem alten Adel entgegensetzen.

Die Geistlichen Die Geistlichkeit war einer der beiden „privilegierten“, der übrigen Bevölkerung übergeordneten Stände. Die Angehörigen des katholischen Klerus waren von der Steuerzahlung befreit und unterstanden allein der bischöflichen Gerichtsbarkeit. Pfarrer, Mönche und Nonnen nahmen in der Hierarchie des Klerus die unteren Ränge ein. Sie stammten meist aus bürgerlichen oder bäuerlichen Familien. Bischöfe und Erzbischöfe wurden in der Regel von adligen Familien gestellt, die nicht nur die einträglichsten Positionen in Staat und bei Hofe, sondern auch in der Kirche für sich forderten. Die **Domkapitel** verlangten oftmals den Nachweis einer adligen Ahnenreihe. Hohe Ämter

Domkapitel: leitendes geistliches Kollegium an katholischen Bischofskirchen zur Verwaltung des Bistums und Beratung des Bischofs dienten den nachgeborenen Adelssöhnen als standesgemäße Lebensversorgung. Sie waren meist mit weiteren einflussreichen Positionen in der geistlichen oder weltlichen Verwaltung, bei Kaiser und Reich verbunden. Höchstes Ziel der höheren geistlichen Laufbahn war die Wahl zum Bischof und die Erhebung in den Reichsfürstenstand. Es konnte sogar vorkommen, dass mehrere Bistümer in einer Hand lagen.

Vergleichbar war die Herkunft der Äbte und Äbtissinnen. Während die Vorsteher der einfachen, landsässigen Klöster vielfach aus bürgerlichen, selten aus bäuerlichen Familien stammten, blieben die Posten in den bedeutenden Reichsklöstern meist dem Adel vorbehalten.

Landsässige Klöster verfügten über Grundherrschaften; Bischofskirchen und Reichsklöster herrschten sogar über reichsunmittelbare Territorien. Bei den Bistümern war der geistliche Aufsichtsbezirk (Diözese) meist größer als das weltliche Territorium (Hochstift/Fürstbistum), über das der Bischof als Landesfürst die Herrschaft ausübte. Die geistlichen Landesherren bemühten sich ebenso wie die weltlichen, konkurrierende Besitzansprüche auszuräumen und ihre Einflussgebiete zu zusammenhängenden Territorien auszuweiten.

Die evangelischen Landeskirchen boten kaum vergleichbare Positionen und waren daher für den Adel nicht so interessant. Die evangelischen Pfarrhaushalte bildeten ein relativ homogenes Milieu, dessen Angehörige in ihren eigenen Kreisen heirateten. Sie versuchten, die unter Bürgern und Landbevölkerung begehrten Stellen möglichst an ihre Kinder weiterzugeben.

Die städtische Gesellschaft Die Städte und Märkte standen der adlig- und kirchlich-bäuerlichen Welt auf dem Land gegenüber. Unter den Bürgern herrschte Rechtsgleichheit. Sonderrechte wie bei Adel und Klerus waren im städtischen Bürgerrecht nicht vorgesehen. Die Städter verfügten in der Regel über Freizügigkeit, durften Besitz frei erwerben und darüber verfügen. Davon profitierten auch die Frauen, die in zahlreichen Städten den Männern rechtlich gleichgestellt waren, von politischen oder kirchlichen Ämtern allerdings ausgeschlossen blieben.

Vollgültiges Mitglied der Stadtgemeinschaft war nur, wer das Bürgerrecht besaß. Dieses erhielt, wer einen eigenen Hausstand, einen Handwerksbetrieb oder ein Geschäft nachweisen und ein Aufnahmegeld zahlen konnte. Mit dem Bürgereid übernahm der Bürger finanzielle und militärische Pflichten, genoss dafür aber den Schutz der Stadt, durfte sich am politischen Leben beteiligen und die Fürsorge der Gemeinde beanspruchen. Dieser Personenkreis beschränkte sich allerdings weitgehend auf die Ober- und Mittelschicht.

Auch löste die Stadt nicht jeden Einwohner aus seinen Rechtsverbänden. Da sie nicht unter das Stadtrecht fielen, behielten die

▸ **Einzug der sechs Handwerkervertreter in den Augsburger Rat 1368.**
Miniaturmalerei von Jörg Breu d. J. in der Zweitausfertigung des „Konsulatsbuchs" von Clemens Jäger, Augsburg, 1546. Der Schuster Clemens Jäger war selbst Ratsmitglied und seit 1541 Ratsarchivar. Er verfasste zwei Handschriften zur Geschichte des Augsburger Rats und der Stadtverfassung. Darin wird auch der gegen das patrizische Ratsregiment gerichtete Aufstand der Zünfte im Jahre 1368 beschrieben, mit dem diese die Aufnahme in den Rat und eine zünftische Verfassung erreichten. Die Überschrift des Bildes lautet: Der sechs gesante(n) erwerbung des zunftliche(n) Regime(n)ts.

Adligen ebenso ihren besonderen Rechtsstatus wie die Geistlichen und Ordensmitglieder, die weiterhin ihrem Bischof oder Abt unterstanden.

Es war ein großer Unterschied, in welcher Stadt man Bürger war. „Stadt" – das konnte eine kleine Landstadt, eine Residenz-, Universitäts- oder Bischofsstadt, eine Handelsstadt oder eine Reichsstadt sein. Die Sozialstruktur war von Stadt zu Stadt unterschiedlich. Diese hing vom Rechtsstatus der Stadt, von ihrer Größe, von der Vielfalt des Handels und des Gewerbes oder der Nähe zum Hof ab.

Allgemein bildete das Patriziat die städtische Oberschicht. Ansehen und Machtstellung dieser gesellschaftlich und politisch führenden „Geschlechter" beruhten auf ihrem durch Fernhandel und Geldgeschäfte erworbenen Reichtum und ihrer Abstammung von ehemaligen Amtsträgern des Stadtherrn, dem Landadel sowie reichen Fernkaufleuten oder Bankiers. Die zum Teil blutig geführten Verfassungskämpfe des Spätmittelalters hatten zwar vielfach den alleinigen politischen Führungsanspruch der patrizischen „Geschlechter" gebrochen und den Zünften eine Beteiligung am Stadtregiment gebracht; in Augsburg, Nürnberg, Frankfurt und in der Mehrzahl der süddeutschen Städte konnte sich das Patriziat jedoch als politisch tonangebende Schicht behaupten. Ebenfalls zur Oberschicht gehörten die übrigen reichen Stadtbewohner, oft reiche Kaufmannsfamilien, aber auch hohe Beamte oder Gelehrte.

Zwischen 40 und 60 Prozent der Stadtbewohner besaßen keine oder nicht die vollen Bürgerrechte. Dazu gehörten auch die Unterschichten: Handwerksgesellen, Kaufmannsgehilfen und Lehrlinge, Knechte, Mägde und Dienstboten, Tagelöhner sowie Arme, Kranke, Bettler und die Angehörigen der Randgruppen*. Letztere besaßen einen eingeschränkten Rechtsschutz, erhielten kein christliches Begräbnis und konnten jederzeit aus der Stadt gewiesen werden. Eine Sonderstellung nahmen auch die Juden ein.**

Die von Kaufleuten und Zunftbürgern geprägte städtische Struktur galt nicht für Residenzstädte wie Würzburg oder München, die im 17. und 18. Jahrhundert immer mehr an Bedeutung gewannen. Hier gaben der Hof, seine Beamten und das Militär den Ton an – auch wenn sie kein Bürgerrecht besaßen. Zugleich änderte sich die Bedeutung des Bürger-Begriffs: Dieser war immer weniger an das Bürgerrecht und den Rechtsstatus des bürgerlichen Standes gebunden, sondern wurde von der durch Bildung und „bürgerliche" Werte, etwa durch Arbeit erworbenes Vermögen, gekennzeichneten Schicht der Beamten, Professoren, Ärzte, Bankiers oder Verleger geprägt.

Stabilität durch Abgrenzung Der Platz des Einzelnen in der Gesellschaft war zwar durch die Zugehörigkeit zu einem Stand bestimmt – gesichert war er dadurch jedoch nicht. Die öffentliche Wertschätzung einer Person und ihr sozialer Status hingen nicht allein von Herkunft und Vermögen ab, sondern waren vor allem durch Ehre und soziales Prestige bestimmt. Davon besaß der Adlige mehr als der Bürger und der wiederum mehr als der Bauer. Da die Ehre einer Person von der Beachtung anderer abhing, musste das, was man war, durch angemessenes Verhalten und einen standesgemäßen Lebensstil öffentlich gezeigt werden. Je höher der Rang, desto höher hatte der Aufwand bei der Größe und Ausstattung der Häuser, bei Festen, Kleidung und Schmuck oder der Zahl der Bediensteten zu sein.

Wie wichtig es war, seine Position immer wieder zu sichern, zeigen die Kämpfe um die Rangordnungen, die Sitzordnung in der Ratsstube und im Kirchengestühl sowie die Prozessionsfolge bei Empfängen oder Begräbnissen. Formen der Anrede von „Mein Herr"

* siehe dazu S. 17 f.
** ausführlich dazu S. 18

bis „Ihro Durchlaucht“, aber auch die standestypische Sprache sind Ausdruck eines fest gefügten Standesbewusstseins: Gelehrte sprachen seit dem 17. Jahrhundert ein mit Latinismen durchsetztes frühes Hochdeutsch, nicht den Dialekt der einfachen Land- und Stadtbevölkerung. Der Adel betrieb seine Konversation auf Französisch.

Die soziale Rangordnung spiegelte sich in den von der Obrigkeit erlassenen Kleiderordnungen*. Diese legten genau fest, welche Kleidung für welchen Stand oder Rang angemessen war.

Um den eigenen Stand zu sichern, waren die Menschen besonders darauf bedacht, sich „nach unten“ abzugrenzen. So bemühte sich der alte Adel, die Angehörigen des neuen Adels von traditionellen Standesvorrechten auszuschließen, indem er etwa den Zugang zum Landtag an den Nachweis einer adligen Ahnenreihe band, die „Ahnenprobe“. Auch die Annäherung des Patriziats an den Landadel und seine Lebensweise sah man nicht gern und bestritt den „Städtern“ die Turnierfähigkeit. Wichtigstes Mittel zur Abgrenzung war nicht nur bei Adel und Patriziat ein Normensystem, das die Wahl der Heiratspartner und damit einen geschlossenen Heiratskreis bestimmte. Auch unter Kaufleuten und Handwerkern, sogar in der Hierarchie des Dorfes waren eine standesgemäße Stellung und ein bestimmtes Vermögen oder eine Mitgift Voraussetzung für die Heirat. Damit waren Menschen aus den unteren Schichten und Randgruppen von vornherein ausgeschlossen.

▲ **Augsburger Geschlechtertanz.**
Ölgemälde eines unbekannten Künstlers, Augsburg um 1560. Tanzfeste waren bei den Patriziern der süddeutschen Städte gesellschaftliche Ereignisse ersten Ranges und Heiratsmarkt für die abgeschlossenen Führungsschichten. Die Darstellung zeigt alle 54 der am oberen Rand mit Namen und Wappen aufgeführten Familien, die bis zur Mitte des 16. Jahrhunderts in das Augsburger Patriziat aufgenommen wurden.

Am Rande der Gesellschaft Alle ständischen Gruppen, selbst die Unterschichten, grenzten sich von den Randgruppen ab. Zu diesen gehörten jene Minderheiten, die nicht den gesellschaftlichen Normen entsprachen: Gauner und Räuber, Bettler und Vaganten sowie „unehrliche Leute“. Als „unehrlich“ galt, wer nur über ein geringes Maß oder gar keine „Ehre“ verfügte, weil er unehelich geboren war oder einer „unehrenhaften“ Arbeit nachging. Dies galt vor allem für Henker, Abdecker und Totengräber, die täglich mit Leichen und Aas umgehen mussten, Bader, Barbiere und Chirurgen, Dirnen und Hurenwirte, aber in manchen Gegenden auch Müller, Zöllner und Kesselflicker sowie die „schmutzigen“ Berufe der Gassen- und Schornsteinfeger.

Wer einen unehrlichen Beruf ausübte, musste nicht arm sein. So konnte ein Henker oder ein Müller sogar zu Wohlstand gelangen. Aus- und Abgrenzung sowie der Ausschluss der „unehrlichen Leute“ von allen „ehrlichen Berufen“, öffentlichen Ämtern und meist auch dem Bürgerrecht führten jedoch häufig zum Abstieg in das Milieu der Kriminellen oder der Vaganten.

Auch das „fahrende Volk“ der Gaukler, Schausteller und Akrobaten war mit dem Makel der Unehrlichkeit behaftet. Nichtsesshaftigkeit und Vagantentum wurden als unchristlicher Müßiggang und Quelle von Bettelei und Kriminalität angesehen und von

* siehe den Methoden-Baustein auf S. 27-29

„Zigeuner": herabsetzende Fremdbezeichnung für die vor ca. 1 000 Jahren aus Nordwestindien ausgewanderten Volksgruppen, die sich als „Sinti" (von der indischen Region Sindh) und „Roma" (von „Rom" = Mann, Ehemann, Mensch; für die Gruppen südosteuropäischer Herkunft gebrauchter Name) bezeichnen. Entgegen aller Vorurteile: Die Mehrheit der Sinti und Roma war und ist sesshaft.

den Obrigkeiten zunehmend bekämpft. Davon waren besonders die Sinti und Roma (**„Zigeuner"**) betroffen, die zu Beginn des 15. Jahrhunderts nach Westeuropa gekommen waren und bald auf Abwehr stießen. Ausschlaggebend dafür mögen die Fremdartigkeit von Aussehen, Sprache, Kultur und nomadischer Lebensweise gewesen sein, die bei der sesshaften Bevölkerung das negative Bild von den „Zigeunern" als den unheimlichen Fremden erzeugte. Von der Obrigkeit den Gaunern und Vaganten zugerechnet, wurden sie jahrhundertelang als „herrenloses Gesindel" verfolgt und ausgegrenzt.

Die Stellung der Juden in der Frühen Neuzeit ■ Ausgrenzung und Verfolgung kennzeichneten auch die Geschichte der Juden. Seit der Römerzeit hatten sie in vielen deutschen Städten als Kaufleute, Gutsbesitzer, Handwerker, Gelehrte und Ärzte gelebt. Sie konnten ihre Religion frei ausüben und genossen Handelsfreiheit. Gegen die Bezahlung von Gebühren unterstanden sie dem Schutz des Königs, später der Landesherren und deren Sondergerichtsbarkeit (Judenschutz). Das überwiegend friedliche Zusammenleben zwischen Christen und Juden änderte sich mit den **Kreuzzügen**. Nun wurden Juden als „Irrgläubige" verfolgt. In den großen Pogromen der Pestzeit (1347-1352) erreichte die Ausgrenzung einen ersten Höhepunkt. Religiöse Vorurteile und Verleumdungen von Ritualmorden, Hostienschändungen und Brunnenvergiftung lösten zahlreiche Ausschreitungen gegen Juden aus. Hinzu kamen wirtschaftliche Motive wegen des „Judenwuchers" im Kredit- und Pfandgeschäft, in dem viele Juden arbeiteten, da sie von Ämtern, Gilden, Zünften, Schulen und Universitäten ausgeschlossen waren. Gegen hohe Abgaben übernahm die Obrigkeit zwar den Judenschutz, doch an deren gesellschaftlicher Stellung änderte das wenig. Oft genug erfolgten Vertreibungen und Pogrome mit Zustimmung der für den Judenschutz Verantwortlichen. Als Kreditgeber und Einnahmequelle blieben die Juden unverzichtbar. Deshalb durften sie sich nach den Verfolgungen in vielen Orten erneut niederlassen.

Seit dem 15. Jahrhundert wurde die jüdische Bevölkerung in mehreren Wellen aus Reichsstädten und Territorien ausgewiesen. Am Ende des 16. Jahrhunderts gab es größere Judengemeinden nur noch in Prag, Worms, Friedberg (Hessen) und Frankfurt am Main (▸ M7). Wo man auf die Ausweisung verzichtete, wurden die Juden in **Ghettos** oder verschließbare Judengassen abgedrängt. Sie mussten hohe „Schutzgelder" und andere Abgaben zahlen. „Judenordnungen" schränkten das Leben weiter ein. Vor allem das seit 1530 vorgeschriebene Tragen des „gelben Flecks"* stigmatisierte die Juden öffentlich.

▲ **Jüdische Wander-Spielleute (Klezmer).** *Zeichnung von Hans Bol, um 1560.*

In dieser Zeit entstand ein Landjudentum, das sich nach der Vertreibung aus den Städten in kleinen Landgemeinden ansiedeln konnte. Schwerpunkte des Landjudentums lagen in den kleinen Territorialstaaten Südwestdeutschlands einschließlich des heutigen Bayerisch-Schwaben, und dort vor allem in den Gebieten, in denen die Habsburger Kaiser den Juden Reichsschutz gewährten. Da ihnen nahezu alle Berufe versperrt waren, verdienten viele Landjuden ihren Lebensunterhalt im Klein- und Zwischenhandel mit Vieh, Getreide und Hopfen, als Hausierer mit Stoffen und Kleidung aus städtischen Manufakturen oder sie zogen als Trödel- und Betteljuden durch die Lande.

Einigen wenigen Juden gelang es im 17. und 18. Jahrhundert, als Bankiers und Finanziers an den Fürstenhöfen Ansehen zu erwerben. Im Zeitalter der Aufklärung bildete sich eine jüdische Elite heraus, die den Grundstein für den geistigen, später auch gesellschaftlichen Aufstieg des Judentums legte. Sie forderte die Anerkennung als gleichberechtigte Staatsbürger. Erst mit den um 1800 einsetzenden Reformen wurde dieses Ziel allmählich verwirklicht**.

* siehe dazu S. 28
** vgl. dazu S. 82 ff.

Möglichkeiten und Grenzen sozialen Aufstiegs Trotz vieler unveränderlicher Merkmale, Werte und Normen war die Ständeordnung in der Frühen Neuzeit auch durch sozialen Wandel geprägt: die traditionellen Geburts- und Berufsstände differenzierten sich aus, neue soziale Gruppen stiegen auf, alte Eliten ab. Die meisten Menschen blieben zwar in dem Stand, in den sie hineingeboren waren, ein sozialer Aufstieg war jedoch in wenigen Fällen durch Vermögen, Bildung und – bei Frauen fast ausschließlich – über Heirat möglich. Häufiger als Einzelne schafften dies Familien oder Gruppen über mehrere Generationen.

In den Kirchen boten sich die besten Möglichkeiten, die Standesschranken zu überwinden. Wie der Adel waren das Bürgertum und wohlhabende Bauern darauf bedacht, ihren Söhnen angesehene geistliche Ämter und Einnahmen (Pfründe) zu sichern. Manchmal gelang auch ein Aufstieg aus einfachen Verhältnissen, wenn ein Verwandter, Pate oder Freund der Familie dem Schützling zunächst Schule und Studium finanzierte und ihm danach durch gezielte Fürsprache (Patronage) zu einer Pfarrerstelle oder einer Position als Abt oder Äbtissin eines Klosters verhalf.

In den Städten war ein sozialer Aufstieg nur in den von den Zünften gesetzten Grenzen möglich, so der Sprung vom Handwerksgesellen zum Meister durch die Heirat einer Meisterwitwe. Vielfach schafften es Familien über ein oder zwei Generationen, sich mit erfolgreichem Handel ein Vermögen zu erarbeiten und durch Einheirat in das Patriziat aufgenommen zu werden. Patrizische Familien wiederum bemühten sich durch den Erwerb von Grundbesitz um die Aufnahme in die landsässigen Adelsfamilien. In seltenen Fällen, wie bei der Augsburger Unternehmerfamilie Fugger, gelang sogar der Aufstieg in den Fürstenstand.

In der Frühen Neuzeit gewannen vor allem Bildung und akademische Abschlüsse als Aufstiegsfaktoren an Bedeutung. Seit dem 15. Jahrhundert konnten in den wachsenden städtischen und landesherrlichen Verwaltungen, den Universitäten, dem Militär und in den Reichsinstitutionen Juristen und andere akademisch Gebildete aus dem Stadtbürgertum in hohe Positionen aufsteigen, als qualifizierte Beamte im Fürstendienst sogar den begehrten Adelsbrief erhalten. Spätestens seit dem 17. Jahrhundert kam der Doktorgrad einem Adelstitel gleich. Nun gelangten Gelehrte an die Spitze der Gesellschaft. Am Ende des 18. Jahrhunderts überdeckte das bürgerliche Leistungsethos die traditionellen Leitbilder, die den Führungsanspruch des Adels begründet hatten.

		1500	1800
Adel (herrschender Stand)		1-2 %	1 %
Bürger (Stadtbewohner)		20 %	24 %
Bauern (Landbewohner)		80 %	75 %
davon:	Hofbesitzer	60 %	35 %
	Landarme und besitzlose Familien	20 %	40 %

▲ **Verteilung der Stände in Deutschland um 1500 und 1800.**
Paul Münch, Lebensformen in der Frühen Neuzeit 1500 bis 1800, Berlin 1992, S. 77

◂ **„Die drei Stände der Christenheit."**
Gemälde von Bartholomäus Bruyn d. Ä., um 1530/1540.

- *Bestimmen Sie die Personen und ordnen Sie diese den Ständen zu. Welche Rolle nehmen sie in der Gesellschaft ein? Welche Gruppen fehlen?*

M1 „Gott hats ausgeteilt"

Der protestantische Theologe Erasmus Alber verfasst 1530 ein Gedicht über die Stände:

Fein ordentlich hat Gott die Welt
mit dreien Ständen wohl bestellt:
Ein Stand muss lehrn, der andre nähren,
der dritt muss bösen Buben wehren.
Der erst Stand heißt die Priesterschaft,
der zweit Stand heißt die Bauernschaft,
der dritt, das ist die Obrigkeit.
Ein jeder Stand hat sein Bescheid[1].
Und keiner sei so unverschampt,
dass er dem andern greif ins Amt,
kein Stand den anderen veracht,
Gott hat sie alle drei gemacht.
Und lebten wir in solcher Weis,
wir hätten hier das Paradeis.
Doch wer will gut sein hier auf Erden?
Nach dieser Welt wird's besser werden.

[1] Einsicht, Erfahrung (Bescheid wissen)

Der bayerische Wallfahrtspriester Christoph Selhamer wird durch seine wortgewaltigen und einfallsreichen Predigten bekannt, die das Leben des Volkes farbig schildern. 1703 beschreibt er Wesen und Aufgabe der einzelnen Stände:

Gott hats schon recht ausgetheilt. Er hat einem jeden Menschen sein gewisse Stell und Handthierung verordnet, die ein jeder fleissig behaupten soll. Großen Herrschafften hat er Sinn und Verstand, Gewalt und Oberhand, Schwerdt und Scepter geben, daß sie Land und Leuth weißlich und vorsichtig regieren sollen. Denen Geistlichen hat er Fried und Lieb, Andacht und Gottesfurcht, nüchteren und keuschen Lebens-Wandel, Seeleifer und inbrünstiges Gebett aufgetragen, so sie für alle andere insgesambt ordentlich verrichten sollen. Den Soldaten hat er Muth und Hertz, langwierige Gesundheit und starcke Kräfften, Gehorsam und Gedult ertheilt, daß sie im Feld mit dem Feind keck herumschlagen, alle ihre Landsleuth von allen feindseeligen Einfall beschützen, den lieben fried ins Land bringen und darin erhalten sollen. Den Bauren aber [...] hat er frisch und gesunds Leben, Muth und Krafft zur steten Arbeit verschafft, daß sie durch ihren Feldbau und Viehzucht sich und alle andere ernähren und erhalten sollen. Also laut der Weid-Spruch: Tu rege, tuque protege, tuque labora. Du regier, und du bleib beym Brevier, Du streit, und der bleib bey der Arbeit. Eben darum seyd ihr Bauern höchlich zu rühmen, und in hohen Werth zu halten, weil ihr alle andere mit dem liebseeligen Brot versehen solt.

Erster Text: Detlef Plöse und Günter Vogler (Hrsg.), Buch der Reformation. Eine Auswahl zeitgenössischer Zeugnisse (1476 - 1555), Berlin 1989, S. 53
Zweiter Text: Christoph Selhamer, Tuba Rustica. Das ist: Neue Geist-Predigen (1703), zitiert nach: Richard van Dülmen, Kultur und Alltag in der Frühen Neuzeit, Bd. 2, München 1992, S. 179

1. *Arbeiten Sie heraus, wie Alber und Selhamer die Gesellschaft unterteilen. Welche Aufgaben werden den Ständen zugeteilt? Wie wird diese Verteilung gerechtfertigt?*

2. *Erläutern Sie die Ziele und Funktionen, die nach Meinung der Verfasser eine solche Gesellschaftsordnung zu erfüllen hat.*

3. *Vergleichen Sie die Texte und analysieren Sie, welche Sicht einer Gesellschaft und einer Weltordnung jeweils deutlich werden. Schließen Sie aus der Art der Darstellung auf die Haltung der Verfasser.*

M2 Über die Sitten der bayerischen Bevölkerung

Der humanistische Fürstenerzieher und Hofhistoriograf Johann Georg Turmair, der sich nach dem latinisierten Namen seiner Geburtsstadt Abensberg „Johannes Aventinus" nennt, gilt als der erste bayerische Geschichtsschreiber. Im Auftrag der Herzöge von Bayern verfasst er zwischen 1519 und 1521 die „Annales ducum Boioariae", eine Darstellung der bayerischen Geschichte, die er bis 1533 in deutscher Übersetzung zur „Bairischen Chronik" erweitert. Darin beschreibt er das „baierische Volk":

Das baierische Volk ist kirchlich, schlecht und recht, geht und läuft gerne wallfahrten, hat auch viele kirchliche Aufzüge; legt sich mehr auf den Ackerbau und die Viehzucht als auf den Krieg, dem es nit sehr nachläuft; bleibt gerne daheim und zieht nicht viel zu Feld in fremde Länder; trinkt sehr, macht viel Kinder; ist etwas unfreundlicher und eigensinniger, wie es geht bei Leuten, die nit viel hinauskommen, gern daheim alt werden, wenig Handel treiben und fremde Länder und Gegenden heimsuchen; sie achten die Kaufmannschaft nit, es kommen auch die Kaufleute nit viel zu ihnen. Und im ganzen Baierland sind dreierlei Stände, die da zu Ehren und zur Verwaltung von Land und Leuten gebraucht werden. Der gemeine Mann, der auf dem Lande sitzt, gibt sich mit Ackerbau und Viehzucht ab, liegt dem allein ob, darf sich nichts ohne Geheiß der Obrigkeit unterstehen, wird auch in keinen Rat genommen oder in die Landschaft[1] berufen. Doch ist er sonst frei, mag auch freies, lediges, eigenes Gut haben, dient seinem Herrn, der sonst keine Gewalt über ihn hat, mit jährlicher Gült, Zins und Scharwerk[2], tut sonst, was er will, sitzt Tag und Nacht bei dem Wein, schreit, singt, tanzt, kartet, spielt, mag Wehr tragen, Schweinsspieß und lange Messer. [...] Die von den Ständen sind Prälaten, Adel, Bürger. Prälaten haben große, mächtige, reiche Gotteshäuser, sollten Tag und Nacht zu bestimmter Zeit des Gottesdienstes mitsamt ihren geistlichen Brüdern warten, Gott und seine Heiligen loben und ihnen danken und für die Fürsten, die solche Klöster, Pfründen[3] und Stifte gestiftet haben, bitten. Man will wissen, sie seien reicher und vermöchten mehr denn die andern zwei Stände, man gibt ihnen mehr Geld und Gut als den andern zwei Ständen mitsamt den Fürsten und hält sie für mächtiger. Der Adel wohnt auf dem Land außerhalb der Städte, vertreibt seine Zeit mit Hatzen und Jagen; sie reiten nit zu Hof, außer wer Dienst und Sold hat. Die Bürger regieren ihre Städte und Märkte selbst, sind Handwerksleute, Wirte, Bauern, etliche Krämer, Pfragner[4] oder Furkäufler[5], die armen Tagwerker und Taglöhner. Ganz wenige haben ein Auskommen von ihren Gülten[6] und Zinsen und jährlichem Einkommen oder Ertrag und werden „die von dem Geschlecht" genannt. Es sind auch wenige Kaufleute, die großen Handel führen. Die Fürsten haben volle Gewalt, in allen Dingen, so Land und Leute betreffen, zu handeln, es sei denn, dass man Krieg führen muss; oder Steuer und dergleichen anlegen soll oder Zwietracht und Uneinigkeit zwischen den Herren erwachsen und erstanden ist. Wenn dergleichen große, seltsame, ungewöhnliche Sachen vorfallen, werden die Stände alle drei an einen bestimmten Ort auf einen ausgeschriebenen Tag in eine Landschaft zusammengefordert; ein jeglicher von den Prälaten und dem Adel erscheint für sich selber, die Bürger und Städte schicken einen oder zwei aus ihnen; allda wird ein Ausschuss gemacht und erwählt, der Macht und Gewalt hat zu handeln [...].

Georg Leidinger (Hrsg.), Johannes Aventinus. Bairische Chronik. Mit einer Einleitung von Gerald Deckart, Neuausgabe Düsseldorf/Köln 1975, S. 10 f.

1. *Arbeiten Sie aus Aventinus' Darstellung den ständischen Gesellschaftsaufbau heraus. Skizzieren Sie, was für ihn jeweils die Zugehörigkeit zu einem „Stand" ausmacht.*
2. *Klären Sie Aventinus' Verständnis des „gemeinen Mannes". Zeigen Sie, welche gesellschaftliche und rechtliche Stellung diese Gruppe kennzeichnet. Ziehen Sie andere Definitionen des Begriffs heran.*
3. *Erläutern Sie, wie die einzelnen Stände charakterisiert werden, besonders die Landbevölkerung und die Geistlichkeit. Inwiefern lässt sich daraus auf die Einstellung und das Selbstverständnis des Verfassers schließen?*
4. *Verdeutlichen Sie aus dem Text den Begriff der „Landschaft". Bestimmen Sie deren Funktion.*
5. *Vergleichen Sie die Darstellung von Aventinus mit den „Gesellschaftsmodellen" in M1. Entscheiden Sie, welcher Beschreibung Aventinus eher zugestimmt hätte.*

[1] Landstand
[2] bayerische Bezeichnung für Hand- und Spanndienste; vgl. dazu S. 12
[3] Einnahmen oder Unterhalt aus einem Kirchenamt; vgl. S. 19
[4] Kleinhändler mit Lebensmitteln
[5] im 16. Jahrhundert solche Zwischenhändler, die durch Spezialisierung auf Waren des knappen Angebots eine Art Vertriebsmonopol zu ihren Gunsten in einer bestimmten Region schufen
[6] Sacheinkünfte bzw. -abgaben

M3 Grundherrschaften im Amt Feuchtwangen[1] Anfang des 18. Jahrhunderts

Flurplan der Gemarkungen[2] Steinbach, Charhof und Aichamühle:

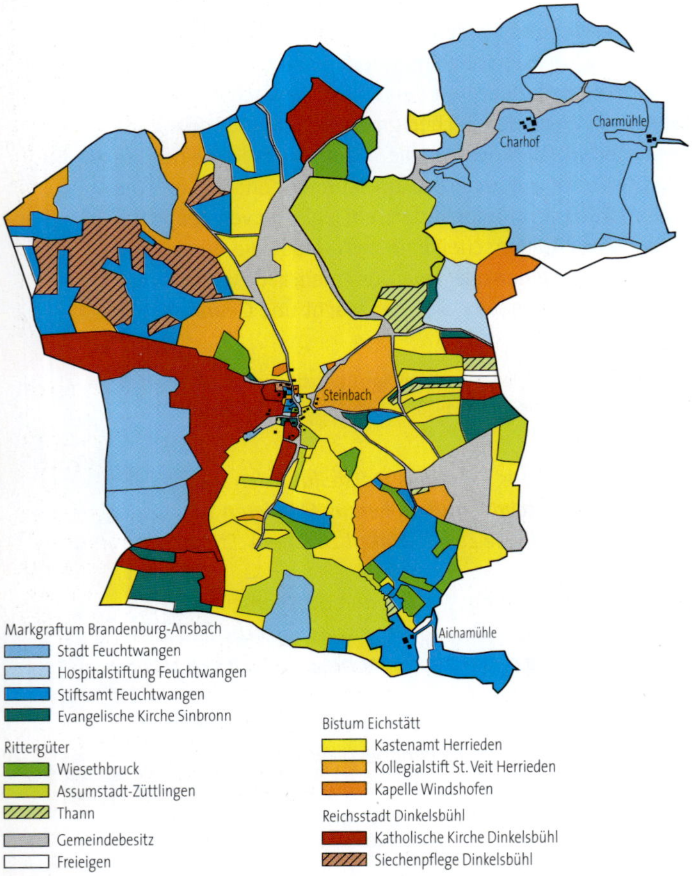

Nach: Geschichte lernen Heft 59 (1997), S. 15

1. *Erläutern Sie, was in der Karte wie dargestellt wird. Welche Probleme werden deutlich?*

2. *Arbeiten Sie die Besitzverhältnisse des Raumes heraus.*

3. *Begründen Sie, welche Herrschafts- und Abhängigkeitsverhältnisse sich erschließen lassen.*

M4 Leibeigenschaftsverhältnisse im Ottobeurer Klosterstaat 1548

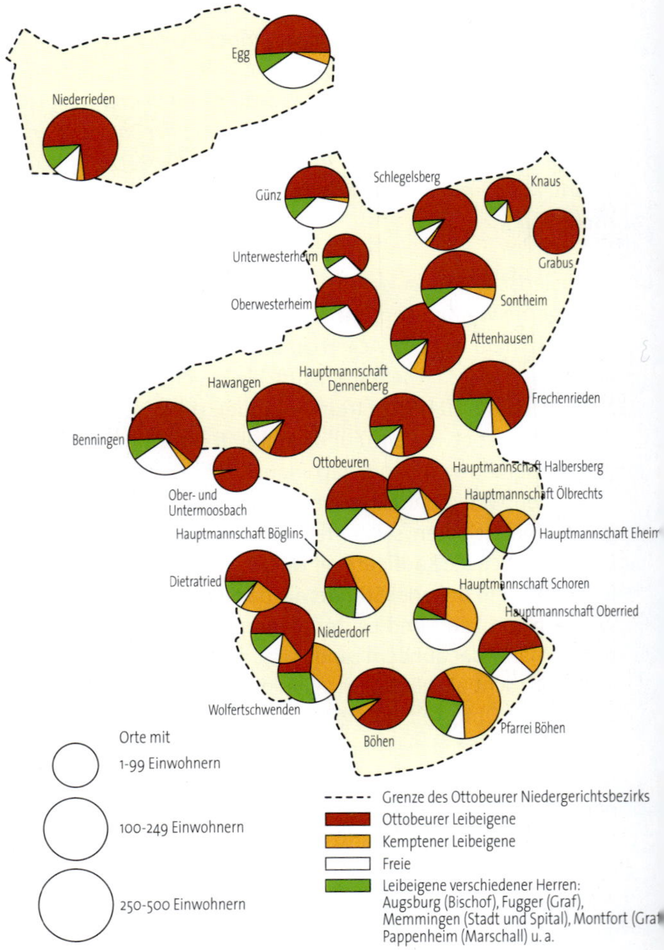

Nach: Peter Blickle, Revolution 1525, München 1981, S. 85

1. *Vergleichen Sie die Karte mit M3. Erläutern Sie, wie hier Herrschafts- und Besitzverhältnisse dargestellt werden und wie sich diese verteilen.*

2. *Erschließen Sie aus der Karte, welche Ziele die Grundherren gehabt haben mögen.*

[1] Verwaltungsbezirk der Markgrafschaft Ansbach-Bayreuth
[2] die zu einer Gemeinde oder einem Ort gehörigen Flur- bzw. Grundstücke

M5 „Wir wöllen frei sein“

Der Historiker Peter Blickle setzt sich im Zusammenhang mit dem Bauernkrieg von 1525 mit den Begriffen „Freiheit“ und „Leibeigenschaft“ auseinander:

Kein Herrschaftsrecht stand um 1500 unter einem dermaßen großen Legitimationsdruck wie das über den Leib, Leibeigenschaft genannt. Ihre Umkehrung hieß Freiheit. Auf allen gesellschaftlichen Ebenen, unter Bürgern und Bauern, Juristen und Theologen wurde sie diskutiert, auf allen politischen Ebenen wurde sie verhandelt, von der Dorfgemeindeversammlung bis hinauf in das erlauchteste ständische Gremium der Zeit, den Reichstag.

Als geprägter und inhaltlich scharf konturierter Begriff tritt Freiheit in den Zwölf Artikeln der oberschwäbischen Bauern von 1525 in Erscheinung, deren dritter ausdrücklich fordert, „das wir frei seien und wöllen sein“, und darunter die Aufhebung der Leibeigenschaft [...] versteht. Die Drucke der Zwölf Artikel in Augsburg und Breslau, Konstanz und Magdeburg, Nürnberg und Regensburg, Erfurt und Straßburg belegen die Durchschlagskraft der Freiheitsforderung bei den deutschen Bauern.

Radikalität und Prägnanz gewann der bäuerliche Freiheitsbegriff durch seine Verknüpfung mit dem Evangelium. „Zum dritten“, heißt es in den Zwölf Artikeln, „ist der Brauch bisher gewesen, das man uns für eigen Leüt gehalten hat, wölchs zuo Erbarmen ist, angesehen das uns Christus all mit seinem kostparlichen Bluotvergüssen erlößt und erkauft hat“. Die Begründung der Freiheit mit dem Erlösertod Christi wird ergänzt durch die Hoffnung der Bauern, sie „seien auch on Zweifel, ir [die Herren] werdend uns der Eigenschaft als war und recht Christen geren entlassen oder uns im Evangeli des berichten, daz wirs seien“. Aus dem Evangelium ziehen die Bauern die dreifache Begründung der Freiheit mit dem Erlösertod Christi, der christlichen Nächstenliebe und der von Gott in die Welt gelegten Rechtsordnung des Naturrechts. Das war die Hermeneutik[1] der Betroffenen, die sich auf diese Weise das Evangelium erschloss. Sie wäre ohne die Reformation und ihren Rückgriff auf das Evangelium als alleiniger Norm für Theologie und Glauben schwer möglich gewesen. Nicht ohne Grund baten die Bauern die Reformatoren mittels eines gedruckten Aufrufs, der ausdrücklich Richterliste heißt, um Gutachten zu ihren Artikeln, also auch dem Leibeigenschaftsartikel.

Dass gerade Bauern das Problem der Unfreiheit gewissermaßen auf einen prinzipiellen theologischen, juristischen und ethischen Punkt brachten, war nicht selbstverständlich, denn neben ihnen gab es nicht wenige Bürger, namentlich in den landesherrlichen Städten, die nicht minder leibeigen waren als sie selbst. Aus zahlreichen württembergischen Amtsstädten liegen Urkunden vor, ausgestellt von Schultheiß, Richtern und Bürgern, in denen die Bürgerschaften versprechen, sich ihrem Grafen nicht zu „entfremden [...], weder mit unsern Leibern, Weiben, Kinden noch Guten“. Den Leib darf man nicht entfremden, das ist Leibeigenschaft. Württemberg war kein Sonderfall. Von den meisten Reichsstädten abgesehen, gehört die Freiheit nicht zu den Statusrechten von Bürgern. Noch im frühen 18. Jahrhundert waren die Bregenzer Leibeigene.

Aber unbestreitbar war das Problem in der ländlichen Gesellschaft besonders drängend und dringend.

Peter Blickle, Der Bauernkrieg. Die Revolution des Gemeinen Mannes, München ³2006, S. 55 f. und 61 f.

1. *Geben Sie Blickles Freiheitsbegriff in eigenen Worten wieder.*

2. *Fassen Sie die mit der Leibeigenschaft verbundenen Pflichten und Beschränkungen zusammen. Welche Bevölkerungsgruppen waren betroffen?*

3. *Begründen Sie, warum die Leibeigenschaft um 1500 „unter einem dermaßen großen Legitimationsdruck“ stand. Welche Rolle spielte dabei die Reformation?*

4. *Erläutern Sie die Ursachen der Erhebung von 1525. Ziehen Sie die „Zwölf Artikel“ der oberschwäbischen Bauern von 1525 hinzu (z. B. auf www.stadtarchiv.memmingen.de) und analysieren Sie die Hauptforderungen. Wie werden diese begründet?*

5. *Welche Vorstellungen von „Freiheit“ werden deutlich? Definieren Sie, wie die Bauern sie verstehen. Vergleichen Sie mit einer modernen Begriffsbestimmung.*

▲ Die „Zwölf Artikel“ der Bauern.
Titelblatt eines Druckes aus Zwickau von 1525.
In den „Zwölf Artikeln“ fasste der Kürschner Sebastian Lotzer 1525 die Forderungen der aufständischen Bauern an die „weltlichen und geistlichen Obrigkeiten“ zusammen. Die Beschlüsse wurden auf Beratungen getroffen, die seit der Jahreswende 1524 Bauern vom Allgäu bis zum Bodensee vorbereitet hatten. Sie wurden Anfang März 1525 in der Reichsstadt Memmingen abgeschlossen. Nach ihrer Veröffentlichung in Augsburg wurden die „Zwölf Artikel“ bald in einem Dutzend Städte vom Südwesten des Reichs bis nach Sachsen nachgedruckt und auf Messen und Jahrmärkten verbreitet.

[1] von griech. hermēneuein = (Gedanken) ausdrücken, (etwas) interpretieren, übersetzen; in Antike und Mittelalter die Wissenschaft und Kunst der Auslegung von Kunst oder Texten; in der Neuzeit Lehre der sachgerechten Interpretation

M6 Über den Adel und seine bäuerliche Untertanen

Der Schriftsteller Wolf Helmhard von Hohberg stammt von einem schlesisch-niederösterreichischen Landadelsgeschlecht ab und lebt als Grundherr auf seinen österreichischen Gütern. Durch seinen evangelischen Glauben ist er von Hof- und Staatsämtern ausgeschlossen. 1664 muss Hohberg wegen der Protestantenverfolgung seine Güter aufgeben. Im Regensburger Exil verfasst er 1682 ein Fachbuch für das „Adelige Land- und Feldleben". Der Historiker Otto Brunner untersucht die darin beschriebenen Verhältnisse:

Hohberg [...] sagt: „Diejenigen Güter und Herrschaften sind glückselig, die mit vielen, benebens[1] aber auch guten, getreuen und vermöglichen Untertanen [...] versehen sind. Die sollen aber auch christlich und billich[2] gehalten, bei ihren Privilegien geschützet, in Gefährlichkeit gehandhabt, ihnen auf Begehren das Recht und Billigkeit erteilt und nichts wider den alten Gebrauch aufgebürdet werden. Das ist ein Herr vor Gott und der Welt schuldig"; oder an anderer Stelle: „Die Untertanen sind ein solches vornehmes Teil der Güter, daß nach deren Vermögen und Anzahl der Wert derselben vergrößert oder verringert wird. Diese Untertanen nun sind ihren Herrschaften auf vielerlei Weise etliche mehr und etliche weniger unterworfen. In Mähren und Böhmen sind sie leibeigen, so aber in den teutschen Ländern nicht üblich ist, sondern geben gewisse Dienste [...], nach dem eines jeden Orts Gewohnheit und Herkommen ist: an teils Orten robotten[3] sie gewisse Zeiten und Tage, anderwärts aber müssen sie oft und vielmal zur Arbeit kommen, als oft es von der Obrigkeit begehrt wird. Wie nun hierinnen ein großer Mißbrauch zu sehen, als soll eine christliche Obrigkeit sich billig hüten, die armen bedrängten Untertanen nicht zu überladen, sondern mit ihrer billichen Schuldigkeit vorlieb nehmen, sie nicht mit Übersatz und Neuerungen steigen, sondern sie schützen, befördern und ihnen, wie sie kann und mag helfen, die Gerechtigkeit handhaben, die Frevelhaften zähmen, die Unterdruckten retten, ihre Freiheiten und althergebrachten löblichen Bräuche nicht wegreißen und vergewaltigen, sie willig hören, sanftmütig verabschieden, [...] nie nach eigenen Begierden, sondern nach Billigkeit handeln und allzeit gedenken, daß wie gegen ihre Untertanen auch Gott gegen sie verfahren werde." Er warnt vor der Überspannung der Forderungen an die Bauern: „Diejenigen, die allein ihres Gutes Einkünfte aus Übersetzung der Untertanen meliorieren[4] wollen, setzen kein beständiges Fundament", ja er meint, „es wäre zu wünschen, daß die Landsfürsten rechtschaffen über der Bauern Freiheiten hielten." [...]

Die Leibeigenschaft [...] ist ihm „eine alte, obwohl böse Gewohnheit". [...] Anders ist sein Verhältnis zur Robot, ohne die ja in diesen Jahrhunderten der Eigenbetrieb der Grundherrschaften nicht denkbar war. Sie entspringt ihm [...] aus der Schutzgewalt der Grundherren. Da sich nach der Vertreibung aus dem Paradies die Menschen mehrten, seien solche Unterordnungen entstanden, dass sich die Menschen keinen anderen Rat gewusst, als sich „einem starken und berühmten Helden zu untergeben". So seien Königreiche, Fürstentümer und Herrschaften entstanden und mit ihnen auch die Robot. Hohberg weiß, dass die Robot dort, wo Leibeigenschaft herrscht, oft missbraucht wird. „Wo die Untertanen leibeigen sind, als in Böhmen und Mähren, da müssen sie, so oft man ihnen ansagt[5], bereitet sein. [...] Hier[6] ist sie [...] seit dem 16. Jahrhundert auf zwölf Tage im Jahr festgelegt. [...]

Otto Brunner, Adeliges Landleben und europäischer Geist. Leben und Werk Wolf Helmhards von Hohberg 1612-1688, Salzburg 1949, S. 285-289

1. *Arbeiten Sie die beschriebenen ländlichen Verhältnisse und die Stellung der bäuerlichen Untertanen heraus.*
2. *Erläutern Sie Hohbergs Haltung gegenüber den verschiedenen Formen der Grundherrschaft und dem Verhältnis Grundherr – Untertanen. Wie begründet er seine Meinung?*
3. *Analysieren Sie das Selbstverständnis, das aus Hohbergs Äußerungen deutlich wird.*
4. *Vergleichen Sie Hohbergs Argumentation mit den Forderungen in den Memminger „Zwölf Artikeln" in M5 auf S. 23.*

[1] nicht zuletzt
[2] rechtmäßig, dem natürlichen Rechtsempfinden entsprechend
[3] auch: Robot leisten; Verpflichtung zu körperlicher Arbeitsleistung, etwa auf dem landwirtschaftliche Eigenbetrieb des Grundherrn, entspricht der bayerischen Bezeichnung „Scharwerk"
[4] verbessern
[5] anordnet, befiehlt
[6] die österreichischen Länder

M7 Jüdisches Leben in der Stadt und auf dem Land

a) Das Beispiel Frankfurt

Im August 1614 werden die Frankfurter Juden während des vom Lebkuchenbäcker und Zunftmeister Vincenz Fettmilch angeführten „Fettmilch-Aufstandes" aus der Stadt vertrieben, sie können jedoch nach der Niederschlagung der Revolte unter kaiserlichem Schutz zurückkehren. Die 1617 vom Kaiser bestätigte „Judenstättigkeit" des Frankfurter Rates gesteht den Juden erstmals ein dauerhaftes Aufenthaltsrecht in der Stadt zu. Es ist an folgende Regeln gebunden:

Die Juden sollen sich bei Nacht, auch an den Sonntagen und anderen hochzeitlichen Festen der Christen in der Judengasse aufhalten und in der Stadt nicht finden lassen. Dazu dies große Tor, hinten und vornen an der Judengasse alsdann schließen und zuhalten und weiter nicht denn die kleinen Türlein öffnen.
Und sollen die Juden an den Sonn- und Feiertagen keinen Handel treiben. [...]
Item [Ferner] soll den Juden auf dem Markt oder in der Stadt öffentlich ohne Erlaubnis keine Läden oder Kramstand zu halten gestattet, jedoch ihnen unbenommen sein, ihre Feilschaft durch die Stadt und Gasse ungehindert zu tragen und zu verkaufen.
Wenn es demnach durch Eines Ehrbaren Rats Befehl vor diesem beschlossen gewesen ist, dass man, wann sich ein fremder Jud oder Jüdin mit eines Juden Tochter oder Sohn zu Frankfurt verheiratet und er in die Stättigkeit aufgenommen worden ist, von den fremden Juden oder Jüdinnen zwölf Goldgulden fordern oder nehmen solle, so ist solches nunmehr auf fünfundzwanzig Goldgulden erhöht worden. [...]
Dieweil allbereit fünfhundert und etliche dreißig in die Stättigkeit zu Frankfurt eingeschrieben, dass fernerhin die Zahl über fünfhundert Hausgesäß nicht mehr sein, noch des Ends geduldet werden sollen.
Zum andern, dass künftig über sechs fremde Personen jährlich nicht zur Stättigkeit aufgenommen noch zugelassen werden sollen. [...]
Ferner, unter den eingeborenen Juden soll jährlich über zwölf Paar zu verheiraten nicht verstattet werden.
Ferner, dieweil bei den Juden viel überflüssiges Gesind bisher bemerkt worden, so soll fürderhin diese Ordnung unter ihnen gehalten werden, dass einem über eine Magd und einen Knecht, der Zahl nach zu halten, nicht erlaubt werde.
Zum Beschluss sollen die Bürger, wie auch die Handwerksgesellen bei den Eidespflichtigen, damit sie der Kais. Maj. sodann Herren Bürgermeistern und Rat verwandt sein, schuldig sein, die gemeine Judenschaft samt oder sonders in- oder außerhalb der Gassen unmolestieret[1] und unbeleidiget verbleiben zu lassen.

Michael Wolffsohn und Uwe Puschner, Geschichte der Juden in Deutschland. Quellen und Kontroversen. Ein Arbeitsbuch für die Oberstufe des Gymnasiums, München 1992, S. 50 f.

1. *Arbeiten Sie heraus, welche Folgen die „Judenstättigkeit" für die Lebensbedingungen der Juden sowie ihre rechtliche und wirtschaftliche Stellung hatte.*
2. *Bestimmen Sie die Ziele der Stadt Frankfurt nach dem Aufstand.*
3. *Recherchieren Sie Hintergründe und Ablauf des „Fettmilch-Aufstands". Präsentieren Sie Ihre Ergebnisse.*
4. *Informieren Sie sich, ob an anderen Orten ähnliche Auseinandersetzungen stattfanden. Vergleichen Sie Gründe oder Motive für die Ausweisung der Juden und die Wiederansiedlung andererseits.*

[1] von lat. molestare = belästigen, stören

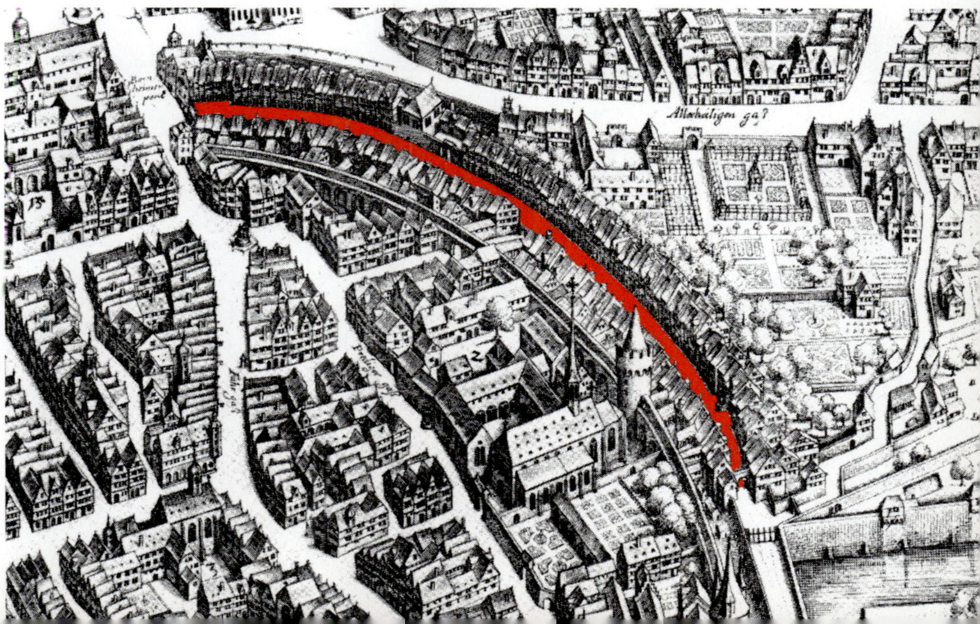

▸ Stadtplan von Frankfurt am Main mit Judengasse.
Ausschnitt aus einem Kupferstich von Matthäus Merian d. Ä., 1628.
In der Freien Reichsstadt Frankfurt am Main mussten die Juden auf Anordnung des Kaisers seit 1492 in einem Ghetto am Rande der Stadt in einer etwa 300 Meter langen „Judengasse" leben. Zu Beginn des 16. Jahrhunderts wohnten dort in rund 20 Wohnhäusern etwa 200 Menschen; bis zum Beginn des 17. Jahrhunderts stieg die Zahl auf über 2 700 Personen in 197 Häusern. Erst 1811 wurde der Ghettozwang aufgehoben.

b) Das Beispiel Ichenhausen:

◂ **Die Untertanen von Ichenhausen huldigen am 5. Januar 1784 Ferdinand Heinrich vom Stain als alleinigen Ortsherrn.**
Ölgemälde, um 1784.
Das im heutigen Bayerisch-Schwaben gelegene Ichenhausen war im 18. Jahrhundert mit rund 700 jüdischen Einwohnern eine der bedeutendsten Stätten des Landjudentums. Bis zum Ende des Alten Reiches gehörte das Dorf als Teil der Markgrafschaft Burgau zum Gebiet der Habsburger. Die Dorfherrschaft war an die Freiherren vom Stain verliehen. Als die Freiherren 1622/23 versuchten, die jüdische Gemeinde zu vertreiben, wandte sich diese an die kaiserliche Regierung von Innsbruck, die den Juden im März 1623 das uneingeschränkte Aufenthaltsrecht unter kaiserlichem Schutz bestätigte. Das Gemälde hält die Huldigungsszene der Einwohner des Dorfes Ichenhausen anlässlich der Wiedervereinigung des Dorfes fest, das 127 Jahre lang – seit 1657 – auf zwei Linien der Freiherrn aufgespalten war. Auf dem Gemälde sind jeweils links und rechts vorne die Vertreter der jüdischen Einwohner zu sehen.

◂ **Ortsplan von Ichenhausen mit farbigen Markierungen von christlichem und jüdischem Hausbesitz (Ausschnitt), um 1750.**
Die Karte ist eine von insgesamt 522 Ortsbeschreibungen der ehemaligen Markgrafschaft Burgau, die der Obristwachtmeister (Offizier) Johann Lambert Kolleffel zwischen 1749 und 1753 im Auftrag des Hauses Habsburg erstellt hat.

1. *Beschreiben Sie die Szene auf dem Gemälde oben. Erschließen Sie Stellung und Selbstverständnis der jüdischen Einwohner Ichenhausens.*
2. *Vergleichen Sie Gemälde und Karte zu Ichenhausen mit Karte und Text zu Frankfurt auf S. 25. Leiten Sie daraus Aussagen über das jüdische Leben in den Städten und auf dem Land ab.*
3. *Recherchieren Sie, ob es an Ihrem Ort oder der näheren Umgebung Landjuden gab. Tragen Sie Informationen zusammen (Dauer der Ansiedlung, Anzahl der Juden, Wohnsituation, Berufe, Rechte bzw. Privilegien) und verfassen Sie ein Referat.*

Schriftliche Quellen als erzählte Geschichte

Schriftliche Quellen sind Texte, die in einem bestimmten geschichtlichen Zusammenhang geschrieben wurden und im Original oder als Abschrift überliefert worden sind. Dazu gehören ganz unterschiedliche Quellengattungen wie Urkunden, Gesetze, Protokolle, Flugblätter, Briefe, Reden, Lebenserinnerungen und Tagebücher sowie Akten, Zeitungsartikel, Chroniken und Annalen – kurz: alle Textquellen, aus denen Kenntnisse über die Vergangenheit gewonnen werden können.

Schriftliche Quellen analysieren

Geschichtsschreibung ist der Versuch, die Vergangenheit zu rekonstruieren und zu interpretieren. Dabei sind wir besonders auf schriftliche Quellen angewiesen. Unterschieden werden kann bei Textquellen zwischen „Traditionsquellen" und „Überrestquellen": Als Tradition werden in der Geschichtswissenschaft Quellen bezeichnet, die nicht nur für Zeitgenossen, sondern bewusst für die Nachwelt geschrieben worden sind, wie vor allem Chroniken, Annalen oder (Auto-)Biografien. Zum Überrest zählen demgegenüber Quellen, die wie Urkunden, Gesetzestexte oder Policey-Ordnungen, Rechnungen, Protokolle oder Briefe für die jeweilige Gegenwart verfasst wurden.

Keine Quelle „spricht für sich". Der Historiker muss die Vergangenheit aus den Quellen rückblickend erschließen, formale Merkmale klären, den Inhalt kritisch prüfen und in den historischen Kontext einordnen. Schriftliche Quellen können unvollständig oder gefälscht sein, Fehler oder Unwahrheiten enthalten. Darüber hinaus sind sie immer durch die Sichtweise und die Intention des Verfassers geprägt. Zu berücksichtigen ist daher immer auch der zeitliche Abstand zwischen dem dargestellten Geschehen und dem Zeitpunkt der Abfassung.

Die Schlüsse, die wir aus Quellen ziehen, hängen aber immer auch von unserem Vorwissen und unseren sozialen, politischen und religiösen Einstellungen ab.

Formale Kennzeichen

- Wer ist der Verfasser oder Auftraggeber?
- Welche Funktion, welchen Beruf oder welche Stellung hat er?
- Um welche Quellengattung handelt es sich (Tradition oder Überrest)?
- Wann, wo und aus welchem Anlass wurde der Text verfasst?

Textinhalt

- Was ist Gegenstand des Textes? Was wird thematisiert?
- Wie ist der Text aufgebaut? Welche Merkmale kennzeichnen ihn (Sprache, Stil)?

Historischer Kontext

- Welchen Zeitraum, welche Ereignisse oder welche Personen behandelt die Quelle?
- In welchem Bezug steht der Verfasser zu dem, was er berichtet (Handelnder, Zeitzeuge oder Geschichtsschreiber)?

Intention und Wirkung

- An wen wendet sich der Text?
- Welche Absichten verfolgen Verfasser oder Auftraggeber mit dem Text?
- Welche Wirkung sollte mit der Quelle erzielt werden?

Einordnung und Bewertung

- Wie lässt sich die Quelle in die Überlieferung einordnen und bewerten?
- Gibt es alternative oder ergänzende Quellen?

Beispiel und Analyse

Kleiderordnung: „Von unordentlicher und köstlicher Kleidung"

Überschrift des auf dem Reichstag zu Augsburg 1530 erlassenen kaiserlichen Reichsabschieds
Einleitung der Kleidervorschriften mit Adressaten, Absicht und Zweck der Ordnung

Römischer Kayserlicher Majestät Ordnung und Reformation guter Policen, im Heiligen Römischen Reich, zu Augsburg Anno 1530 auffgericht.
[...]
IX. Von unordentlicher und köstlicher Kleidung.
Nachdem ehrlich, ziemlich und billich, daß sich ein jeder, weß Würden oder Herkommen der sey, nach seinem Stand, Ehren und Vermögen trage, damit in jeglichem Stand unterschiedlich Erkäntüß seyn mög, so haben Wir Uns mit Churfürsten, Fürsten und Ständen nachfolgender Ordnung der Kleidung vereiniget und verglichen, die Wir auch bey Straff und Pön, darauff gesetzt, gänzlich gehalten haben wöllen. [...]

Unterteilung der städtischen Bevölkerung des Reiches in drei Ränge

XI. Von Bürgern und Inwohnern in Städten.
§. 1. Item: Nachdem in Städten gemeiniglich dreyerley Bürger und Inwohner sind, als gemeine Bürger und Handwercker, Kauff- und Gewerbs-Leut, und andere, so im Rath von Geschlechten, oder sonst ehrlichs Herkommens, und ihrer Zinß und Renthen sich ernehren. Darauff so setzen, ordnen und wöllen Wir, daß die gemeine Bürger, Handwerker, und gemeine Krämer, kein Gold, Silber, Perlin, Sammet oder Seyden, noch gestickelt, zerschnitten, oder [...] köstlich Futter tragen, sonder sich mit ziemlicher gebührlicher Tracht, auch von rauhen Futtern, mit [...] Füchsen, Iltes, Lämmern, und dergleichen, begnügen lassen sollen. [...]

Bestimmungen für „gemeine Bürger, Handwerker und gemeine Krämer"

XII. Von Kauff- und Gewerbs-Leuten.
§. 1. Item: Sollen die Kauff- und Gewerbs-Leut in Städten kein Sammet, Damast, Atlaß oder seyden Röck, Gold, Silber, Perlin, Seyden, Gold, und silberne Haarhauben tragen. Doch mögen sie Schamlotten* Röck, auch Seyden Wammes, ausserhalb Sammet und Carmesin Atlaß, unverbremt**, deßgleichen gülden Ring tragen. [...]

Bestimmungen für „Kauff- und Gewerbs-Leut"

XIII. Bürger in Städten, so vom Rath, Geschlechten, oder sonst fürnehmes Herkommens sind, und ihrer Zinß und Renthen geleben.
§. 1. [...] die sollen sich in aller massen in ihrer Kleidung erzeigen, als jetzo von Kauff- und Gewerbeleuten vermeldt worden: Doch ausgenommen, daß sie Schamlote Röck, mit drey Elen Sammet zum höchsten verbremet, deßgleichen Marderfutter und kein bessers, auch Sammeten und Seyden Wammes, ausgescheiden Carmesin, und Seyden Haarhauben, an- und aufftragen mögen. [...]

Bestimmungen für „Bürger vom Rath, Geschlechten, oder sonst fürnehmes Herkommens"

XXII. Von der Jüden Kleidung
§. 1. Deßgleichen, daß die Jüden einen gelben Ring an dem Rock oder Kappen allenthalben unverborgen, zu ihrer Erkäntnüß, öffentlich tragen.

Bestimmungen für die Juden

§. 2. Und damit diese Unsere Satzung und Ordnung der übermäßigen unordentlichen Kleidung und Kleinoder, desto festiglicher gehalten und vollzogen werde, so gebieten Wir allen und jeden Churfürsten, Fürsten, Prälaten, Graffen, Freyen, Herrn, Rittern, Knechten, Schuldheissen, Bürgermeistern, Richtern und Räthen, hiemit ernstlich, und wöllen, daß sie für sich selber diese Unser Ordnung strenglich halten, auch gegen ihren Unterthanen festiglich vollziehen, also, wo jemands in dem übertretten und überfahren, soll ein jede Oberkeit dieselbe, bey Verlierung des Kleids oder Kleinots, so wider diß Unser Ordnung getragen, darzu einer Geldbuß, so zweyfächtig als viel, als das Kleid oder Kleinod werth, der Bürgerlichen Oberkeit des Orts zu werden, straffen. Und ob einige Oberkeit in der Straff und Handhabung säumig und hinläßig erfunden [...] alsdann soll Unser Fiscal gegen solcher hinläßigen Oberkeit, und auch den überfahrenden Unterthanen, auf obgemeldte Pön und Straff procediren und vollfahren.

Auftrag an die zuständigen Obrigkeiten, für Einhaltung und Vollzug der Vorschriften in ihren Machtbereichen zu sorgen

Strafbestimmungen für Übertretungen unter Einschaltung kaiserlicher Instanzen

* Kleidungsstoff aus Kamelhaar ** verbremen oder verbrämen = am Rand verzieren (meist mit Pelz)

Zitiert nach: www.uni-muenster.de/FNZ-Online/sozialeOrdnung/staendische/quellen/kleider.htm [14.05.2009]

Formale Kennzeichen ■ Die Kleiderordnung ist Teil einer auf dem Augsburger Reichstag 1530 von den Reichsständen festgelegten und von Kaiser Karl V. verkündeten Rechtsordnung (Reichsabschied), die überall im Heiligen Römischen Reich gelten sollte.

Textinhalt ■ Mit Abschnitt IX. des Reichsabschieds von 1530 wird die Kleiderordnung eingeleitet. Diese legt für alle (hier nur zum Teil aufgeführten) Stände und Ränge der Gesellschaft Bekleidungsvorschriften fest. Die Bestimmungen schreiben jedem Rang genau vor, welche Tuch- und Pelzsorte in welcher Qualität und welcher Verarbeitung, welche Kopfbedeckung und welchen Schmuck er zu welchem Preis tragen durfte. Je höher der Rang, desto höher durften Qualität und Menge der Stoffe und Pelze, des Schmucks und der Accessoires sein.
Mit der Kleiderordnung nahm der Reichstag auch eine Dreiteilung der städtischen Gesellschaft vor: unten die „gemeinen", d. h. einfachen Bürger und Handwerker, an zweiter Stelle die Kaufleute und Gewerbetreibenden und die Ratsbürger und Geschlechter an der Spitze der städtischen Gesellschaft. Ihr Vorrang zeigt sich in dem exklusiven Recht, hochwertige Pelze, Stoffe und Goldschmuck tragen zu dürfen, was dem Rang darunter, den „Kauff- und Gewerbs-Leuten", nur eingeschränkt erlaubt und den einfachen Bürgern und Handwerkern vollständig verboten war. Diese hatten sich mit einfacher Kleidung aus heimischen Erzeugnissen zu begnügen.
Die Kleiderordnung schließt mit dem Befehl an die Obrigkeiten, für die Durchsetzung und Einhaltung der Vorschriften in ihren Herrschaftsbereichen zu sorgen. Wer die Verbote umging und zu kostbare, nicht standesgemäße Kleidung trug, dem sollte diese abgenommen und eine Geldbuße in doppelter Höhe ihres Wertes auferlegt werden. Falls die Obrigkeiten ihren Pflichten zur Durchführung der kaiserlichen Gesetze nicht nachkamen, war der Kaiser befugt, sie zur Rechenschaft zu ziehen.

Historischer Kontext ■ Kleiderordnungen gab es seit dem Spätmittelalter. Bereits 1497 waren sie Gegenstand des Reichstages. Bei dem Reichsabschied von 1530 handelt es sich um die erste umfassende Policey-Ordnung* des Heiligen Römischen Reiches, eine Art Strafgesetzbuch, dessen Regelungen jedoch weit in den Alltag der Menschen hineinreichten. Der um 1500 aufgekommene Ausdruck „Policey" bezeichnete alle von der weltlichen Obrigkeit zu handhabenden Maßnahmen, die im öffentlichen wie im privaten Leben das Wohl und die Sicherheit der Untertanen fördern sollten. Mit der Zunahme der Polizey-Gesetzgebung wurden auch die Kleiderordnungen immer ausführlicher und umfangreicher.

Intention und Wirkung ■ Die Einleitung der Kleiderordnung nennt deren Absicht: die Stände durch ihre Kleidung klar voneinander zu scheiden und jedem seinen Platz in der Gesellschaft zuzuweisen. Dies sollte das Vortäuschen einer „unstandesgemäßen" Stellung verhindern, sündhafte Verschwendung verdammen, der Verschuldung der Bürger vorbauen und Ausgaben für ausländische Luxusgüter eindämmen. Die Kleiderordnungen bewirkten jedoch nicht nur, dass sich die unteren Stände und Ränge auf einfache Kleidung und einen bescheidenen Lebensstil beschränken mussten, sondern zwangen die Angehörigen der oberen umgekehrt dazu, einen für sie „anständigen" hohen Aufwand zu betreiben, der viele Familien in den Ruin führte.
Da Kleidung den gesellschaftlichen Rang und die soziale Stellung wiedergab, wurde sie auch zur Ausgrenzung und Ächtung von Gruppen benutzt. Daher waren die Juden laut Abschnitt XXII. Paragraf 1 der Kleiderordnung durch das Tragen eines gelben Ringes an der Kleidung zur Unterscheidung von den Christen verpflichtet.

Einordnung und Bewertung ■ Die Kleiderordnung zeigt, dass die Obrigkeiten sich veranlasst sahen, ordnend und reglementierend einzugreifen, um die eigenen politischen, wirtschaftlichen, sozialen und religiösen Herrschaftsansprüche durchsetzen zu können.

* vgl. dazu S. 65

Hunger, Kriege und Seuchen – allgegenwärtige Bedrohungen der Menschen

In ganz Franken ist der Sommer 1631 heiß und trocken gewesen, und so fällt die Getreideernte gut aus. Erstmals schöpfen die Bürger von Würzburg wieder Hoffnung. In den letzten Jahren haben die Gräuel des langen Krieges sie in ständige Angst versetzt. Fast 900 Männer und Frauen sind auf Befehl des Bischofs als Zauberer oder Hexen verbrannt worden. Jeder hat jedem misstraut.

Doch die Menschen können sich nur kurz über die vollen Getreidekästen freuen. Ende September verbreitet sich die Nachricht, der schwedische König Gustav Adolf sei mit seinen Truppen im Anmarsch. Am 17. September hat er die Kaiserlichen unter Tilly bei Breitenfeld in die Flucht geschlagen. Nun marschiert sein Heer plündernd und mordend nach Süden. Mitte Oktober erreichen die Schweden den Main. Sie besetzen die Stadt und erstürmen mühelos die für uneinnehmbar gehaltene Festung Marienberg. Zu Hunderten werden die Verteidiger niedergemacht.

Auch nach der Eroberung Würzburgs geht das Sterben weiter. Die Söldner haben die Pest mitgebracht, die sich in Windeseile ausbreitet. Krankheit, Hunger und Not kosten unzählige Menschenleben. Als die schwedischen Soldaten einige Monate später weiterziehen, hinterlassen sie ein ausgeplündertes und entvölkertes Land.

Kriegsnot und Kriegslasten Es war nicht das erste und es blieb nicht das letzte Mal, dass die Menschen am Main hilflos zusehen mussten, wie ihre Häuser niedergebrannt, die Weinberge zerstört und die Vorräte geplündert, die Bevölkerung gefoltert und ermordet, die Frauen vergewaltigt wurden. So wie ihnen erging es während des Dreißigjährigen Krieges Stadt- und Landbewohnern in vielen Regionen des Reiches. Dabei machte es keinen Unterschied, ob verbündete oder gegnerische Soldaten durchzogen. Nach dem Grundsatz „Der Krieg ernährt den Krieg" wurden Kontributionen, besondere Kriegssteuern oder erzwungene Warenlieferungen und Zahlungen, ausgeschrieben, um die Kriegskosten und den Unterhalt der angeworbenen Söldner bezahlen zu können. Wer nicht zahlen konnte oder wollte, dem drohte die „Exekution", die gewaltsame Eintreibung der verlangten Beträge und Waren.

Manchen Dörfern oder Städten gelang es, sich von den Kontributionen freizukaufen. Jedoch schützte es sie nicht vor den plündernd, brandschatzend und mordend umherziehenden Söldnern. Da die Heerführer nur selten pünktlich und ausreichend bezahlten, überfielen die Truppen die am Weg liegenden Höfe und Dörfer und raubten, was sie für sich und die vielen mitziehenden Frauen und Kinder zum Überleben brauchten. Das elende Dasein und die ständige Gefahr ließ die Söldner für den Augenblick leben und verrohen. Trinkgelage, Glücksspiele, schnelle Bedürfnisbefriedigung und Gewalt kennzeichneten das Leben im Heer. Dies mag eine Erklärung sein für die beispiellosen Massaker an der Bevölkerung, die den Dreißigjährigen Krieg zu einer der entsetzlichsten Katastrophen in Europa machten (▸ M1).

Häufiger noch als durch Waffen und Gewalt starben die Menschen an den indirekten Folgen des Krieges. Die Kontributionen und Plünderungen ließen ihnen kaum mehr das Notwendigste zum Leben. Missernten vergrößerten den Hunger, Seuchen breiteten sich aus. Als 1648 endlich Friede geschlossen wurde, waren ganze Landstriche verwüstet und nahezu menschenleer. Bevölkerungsverluste von bis zu 60 Prozent waren keine Seltenheit. Erst zu Beginn des 18. Jahrhunderts wurde annähernd wieder die Bevölkerungszahl der Vorkriegszeit erreicht.

Gemessen an Dauer, Todesopfern und Zerstörung war der Dreißigjährige Krieg der schlimmste, nicht jedoch einzige Krieg der Frühen Neuzeit: Bauernkrieg, Schmalkaldischer Krieg, Türkenkriege, Kölner Krieg, Spanischer und Österreichischer Erbfolgekrieg, Siebenjähriger Krieg – die Liste ließe sich fortsetzen. Belagerung, Eroberung und Zerstörung, Kontributionen, Einquartierungen von Soldaten, Hungersnöte und Seuchen gehörten zum Leben dazu (▶ M2).

▲ Flugschrift zu den Stürmen, Regenfällen und Hochwässern 1612/13.
Durch Flugschriften, die sprichwörtliche „Bunte Presse" des ausgehenden Mittelalters und der Frühen Neuzeit, verbreiteten sich Nachrichten von Naturkatastrophen schnell über weite Entfernungen. Die übertriebenen Darstellungen und dramatischen Beschreibungen deuteten die Ereignisse meist als Strafen Gottes und wurden von Obrigkeiten und Kirche zur religiösen Belehrung und Disziplinierung der Bevölkerung benutzt.

Dem Klima ausgeliefert Auch im Frieden lebten die Menschen in Unsicherheit und Angst. Hilflos waren sie Naturkatastrophen ausgeliefert. Stürme, Überschwemmungen oder Lawinen zerstörten Ortschaften, rissen Äcker und Wiesen mit sich fort, machten Wege unpassierbar. Eis und Schnee legten Handelsrouten lahm, Gewitter setzten Häuser in Brand. Hagel, große Kälte oder anhaltender Regen vernichteten häufig die Ernten, sodass Hunger und Mangelernährung in der Frühen Neuzeit allgegenwärtig waren.

Seit dem Spätmittelalter hatten sich zudem die klimatischen Bedingungen verschlechtert. Es wurde kälter und es regnete mehr. Häufige Missernten, Teuerungen und Hungersnöte folgten. Wissenschaftler sprechen von der „Kleinen Eiszeit" (▶ M3).

Besonders die Bauern beobachteten Klima und Wetter genau, aber auch in den städtischen Chroniken, in Briefen und Tagebüchern von Kaufleuten oder den Aufzeichnungen in Klöstern finden sich zahllose Notizen über das jährliche Auf und Ab des Wetters, die Ernteerträge oder die Qualität des Weines. Der ungewöhnliche Frost im Juni fand die gleiche Aufmerksamkeit wie der Durchzug von Truppen, denn das Wetter war für die Ernte und damit für das Überleben der Menschen entscheidend. Blieb der Regen in der Wachstumsphase des Getreides aus oder war es in der Reifephase nicht sonnig und trocken genug, verringerte sich der ohnehin recht niedrige Ernteertrag stark. Die Preise für Brot schnellten dann in die Höhe. Die Landes- und Stadtherren versuchten zwar, mit Getreidespenden und Subventionen die Auswirkungen zu mildern, ein Großteil der Bevölkerung musste meist trotzdem hungern. Besonders traf es die Gruppen, die schon am Existenzminimum lebten und deren Tätigkeit zu jenen gehörte, an denen in Teuerungszeiten am ehesten gespart wurde: die Inhaber kleinstbäuerlicher Stellen, die auf Nebenerwerb wie Heimweberei angewiesen waren, oder die Tagelöhner und Dienstboten in den Städten. War eine ganze Region von einer Missernte betroffen, sodass die Ausfälle nicht durch Importe aus den benachbarten Gebieten ausgeglichen werden konnten, mussten oft das letzte Stück Vieh geschlachtet oder die gesamten Getreidevorräte aufgebraucht werden. Dann fehlte das Saatgut für das nächste Frühjahr. Die Folgen einer Missernte spürten die Menschen daher lange Zeit. In den zweihundert Jahren von 1550 bis 1750 gab es mehr als dreißig überörtliche Hungerkrisen, die zum Teil mehrere Jahre anhielten (▶ M4). Erst als sich in der zweiten Hälfte des 18. Jahrhunderts die klimatischen Bedingungen wieder verbesserten, nahmen Zahl und Heftigkeit der Hungerkrisen ab.

Krankheiten und Seuchen Das Leben der Menschen war auch von Krankheiten und immer wiederkehrenden Seuchen bedroht. Trafen mehrere Krisenfaktoren zusammen, wenn wie in Kriegszeiten die Nahrungsvorräte geplündert und die Felder verwüstet waren, die Bevölkerung durch Hungerkrisen und Mangelernährung geschwächt war, dann verbreiteten sich Epidemien rasch und forderten zahllose Todesopfer. In den folgenden Wintern erlagen vor allem alte Menschen und Kinder oft schon einfachen Erkältungskrankheiten.

Zwischen dem 16. und 18. Jahrhundert wurde das Gebiet des Deutschen Reiches von zahlreichen schweren Epidemien heimgesucht, wie Syphilis, Fleckfieber, Malaria, Pocken, Typhus oder der roten Ruhr, einer oft tödlich endenden Durchfallerkrankung. Die am meisten gefürchtete Seuche war die Pest, auch Schwarzer Tod oder Pestilenz genannt. Keine andere Seuche forderte so viele Opfer. Im 16. und 17. Jahrhundert kehrte sie in weiten Teilen Deutschlands im Abstand von etwa 10 bis 20 Jahren immer wieder, jeder Zeitgenosse wurde mit ihr mindestens einmal im Leben konfrontiert. Erst im 18. Jahrhundert traten die Pestzüge deutlich zurück.

Schwarzer Tod: Zu dieser seit dem 16. Jahrhundert belegten Namensgebung hat die schwarze Hautfärbung der Pesttoten beigetragen.

Die Zahl der Toten war regional unterschiedlich. In manchen Gebieten starben zehn Prozent, in anderen die Hälfte der Bevölkerung. Besonders hoch waren die Verluste der ärmeren Schichten, die in beengten und unsauberen Verhältnissen lebten.

Dass Krankheiten durch Bakterien verursacht oder wie im Fall der Beulenpest durch den Rattenfloh übertragen wurden, war damals nicht bekannt, ebenso wenig die Rolle, die mangelnde Hygiene für ihre Verbreitung spielte (▸ M5). Mensch und Tier lebten viel enger beieinander als heute; Ratten fanden in den Ställen oder im Unrat der Haushalte ihr Auskommen, Läuse und Flöhe im Pelz der Kleidung.

Hilflose Medizin Auch in normalen Zeiten war der Tod alltäglich. Hilflos mussten Eltern zusehen, wie ihre Kinder starben, meist schon bei der Geburt oder im ersten Lebensjahr an mangelnder Hygiene, Infektionen und Hunger. Ebenso hilflos standen Hebammen und Ärzte dem tausendfachen Tod von Müttern bei der Geburt oder im Wochenbett gegenüber. Aber auch das harte und oftmals gefährliche Arbeitsleben forderte seine Opfer.

Im Krankheitsfall brauchten Adlige und reiche Bürger zwar nicht wie die einfachen Leute bei Kurpfuschern, Wunderheilern oder Quacksalbern Zuflucht zu suchen, denn sie konnten sich die Behandlung studierter Ärzte leisten. Doch wirklich helfen konnten auch diese nicht. Mit Salben und Tinkturen, Einläufen und Aufgüssen, Pillen und Pulvern versuchten die Ärzte wie die Bader, Wundärzte und Barbiere, die Krankheiten zu bekämpfen, empfahlen Diäten oder einen geregelten Lebenswandel. Regelrecht gefährlich war der weitverbreitete Brauch des Aderlassens. Weil man glaubte, Krankheiten würden durch eine Überproduktion der natürlichen Säfte im Körper (Blut, Schleim, gelbe und schwarze Galle) ausgelöst, versuchte man, durch den Aderlass das Gleichgewicht wiederherzustellen. Der dadurch verursachte Blutverlust führte jedoch nicht zur Heilung, sondern oft zum raschen Tod des Patienten.

Quacksalber: Begriff aus dem 16. Jahrhundert für jemanden, der Salben durch „Kwakken“ – leeres Geschwätz – verkauft

◂ Ein Bader in Nürnberg beim Setzen von Schröpfköpfen während eines Schwitzbades.
Buchillustration von 1612.
Die medizinische Grundversorgung der breiten Bevölkerung sicherten neben den Wundärzten und Barbieren die Bader. Zu ihren Dienstleistungen gehörte das Haareschneiden genauso wie das Zähneziehen, die Wundversorgung und das Schröpfen. Dabei wurde die Haut aufgeritzt und ein Schröpfglas aufgesetzt, um durch den Unterdruck die „schlechten Körpersäfte“ aus der Wunde zu ziehen.

Hoffen auf ein Wunder ■ Weil die Menschen Krankheiten, Seuchen und Naturkatastrophen hilflos ausgeliefert waren, konnten sie sich diese meist nur als Prüfung oder Strafe Gottes vorstellen. Durch Gebete, Buße, Wallfahrten, Prozessionen und fromme Stiftungen versuchten sie, den Weltenrichter gnädig zu stimmen und sich so zu schützen. Ein christliches Leben und ein fester Glaube galten nicht nur als entscheidende Voraussetzung für die Erlösung nach dem Tod, sondern auch für Gesundheit oder Heilung. Vordringliche Aufgabe der Obrigkeiten war es daher, für ein gottgefälliges Leben der Untertanen und die Einhaltung aller sittlichen und religiösen Normen zu sorgen, um den Zorn Gottes nicht herauszufordern.

Viele Christen litten unter der Auflösung des bisherigen Weltbildes, der Glaubensspaltung und den Kriegen. Das Leben schien unsicherer und schwerer als zuvor. In Krisen führten Angst und Ausweglosigkeit einerseits zu übertriebener Frömmigkeit und Bußfertigkeit, andererseits zu verzweifelten Verstößen gegen jede Einschränkung und Moral: Hurerei, Trunksucht, Völlerei, aber auch Diebstahl, Gotteslästerung, Plünderungen oder Vergewaltigungen nahmen zu. Wenn man ohnehin sterben musste, dann wollte man die verbleibende Zeit wenigstens auskosten.

Zudem stieg die Zahl der Menschen, die im weitverbreiteten Aberglauben oder der Magie auf Hilfe hofften, Amulette oder Zaubertränke kauften, um sich vor Not und Krankheit zu schützen. Die Schuld für das Unheil wurde dem Lauf der Gestirne, allem möglichen Getier wie Kröten oder Schlangen oder dem Hexenzauber zugeschrieben.

▲ **Frau im Gebärstuhl.**
Votivtafel aus der Heiligen Kapelle in Altötting, 1640.
Über 17 Stunden bemühten sich Hebamme und Helferin um die Gebärende, bis das Kind endlich zur Welt kam. Ein Priester hatte ihr schon die letzte Ölung gegeben. In Situationen großer Not wandten sich die Menschen an die Heiligen – vor allem an die Mutter Gottes – und gelobten („ex voto" von lat. votivus = gelobt, versprochen), für ihre Hilfe und Errettung eine Gabe zu stiften. War die Gefahr überstanden, löste der Stifter sein Gelöbnis ein und brachte seine Gabe, meist eine mit Heiligenfiguren oder dem Ereignis bemalte Tafel, dar.

- *Beschreiben Sie, welches Glaubensverständnis aus der Votivtafel deutlich wird.*
- *Recherchieren Sie an Ihrem Heimatort: Welche Gefahren und Bedrohungen lassen sich anhand von Votivtafeln, Pestkapellen, Inschriften rekonstruieren?*

Die Suche nach „Sündenböcken" ■ Der Glaube an übernatürliche Kräfte und dämonische Mächte scheint seit jeher verbreitet gewesen zu sein. Die Angst vor Pest und Katastrophen ließ die Furcht vor dem leibhaftigen Teufel steigen. Sie mündete seit dem 15. Jahrhundert in eine grauenvolle Hetze gegen vermeintliche Hexen und Hexenmeister, die für Hagel und Sturm ebenso verantwortlich gemacht wurden wie für Krankheit und Tod (▸ M6). Von Kirche und Staat zum weltlichen Verbrechen erhoben, wurden in ganz Europa Prozesse gegen Hexerei geführt. Für ihre Eröffnung reichte meist schon die üble Nachrede, sodass der Hexereiverdacht alle Stände, Berufe und Altersgruppen treffen konnte, selbst Kinder. 70 bis 80 Prozent aller Opfer waren Frauen. Europaweit wurden bis zum Ende des 18. Jahrhunderts zwischen 50 bis 60 000 Menschen hingerichtet, davon allein 25 000 auf dem Gebiet des Alten Reiches. Die anfänglich zum Schutz der Gemeinschaft geführten Hexenjagden schürten Angst und Misstrauen, ließen soziale Bindungen zusammenbrechen und rotteten ganze Familien aus.

Die Forschung hat in den letzten Jahren darauf aufmerksam gemacht, dass der Höhepunkt der Hexenverfolgungen zusammenfällt mit den schlimmsten Jahrzehnten der Kleinen Eiszeit. Existenzielle Ängste spielten eine wichtige Rolle für die Verfolgungen, jedoch gab es verschiedene

▲ **„Die vier apokalyptischen Reiter" (Krieg, Pestilenz und teuere Zeit).**
Holzschnitt (39,2 x 28 cm) von Albrecht Dürer, um 1498.
In der Offenbarung des Johannes im Neuen Testament werden vier Reiter als Boten der Apokalypse, des nahenden Weltuntergangs, genannt; sie bringen Pest (Kennzeichen: Pfeil und Bogen), Krieg (Schwert), Hunger (Waage) und Tod (abgemagerter Mann mit Mistgabel).

Ursachen und Hintergründe. Neben religiösen Motiven und frauenfeindlichen Vorstellungen waren Neid, Rachsucht und Geldgier mächtige Triebfedern. So ließen sich verhasste Feinde durch Denunziation leicht beseitigen. Nicht zuletzt erwiesen sich die Prozesse für Kirche und Gemeinden, Richter, Henker oder „Hexenfinder" als einträgliche Verdienstquelle.

„Sündenböcke" fand man auch in den Juden. Ihre europaweite Verfolgung und Ermordung war die schlimmste Begleiterscheinung der Pest. Da die Juden angeblich weniger oft erkrankten als andere, beschuldigte man sie, die Seuche durch Vergiftung von Brunnen und Quellen verursacht zu haben. Die Kirche bot hier – mit wenigen Ausnahmen – wie auch bei den Hexenverfolgungen keinen Einhalt. Letztlich sorgten vor allem stabilere wirtschaftliche und politische Verhältnisse, bessere Bildung, medizinische Versorgung und eine staatliche Armenfürsorge dafür, dass der Angst vor Hexerei und der Verfolgung von Sündenböcken der Boden entzogen wurde.

Weitreichende Veränderungen ■ Naturkatastrophen, Kriege, Pest und Hungerkrisen ließen nicht nur die Bevölkerung schrumpfen, sondern wirkten sich auch auf die Wirtschaft und die sozialen Verhältnisse aus. Da Pestwellen und Kriege die auf dem Land lebende Bevölkerung stärker erfassten als in den Städten, zogen viele Menschen von den Dörfern in die Stadt. Agrarkrisen beschleunigten diese Wanderungsbewegung (Migration). Weil die Getreidepreise wegen Überproduktion fielen, gaben angesichts der anhaltenden Einkommensverluste immer mehr Grundherren und Bauern ihre Höfe auf. Dörfer und Landstriche verfielen.

Wenn bei Missernten die Lebensmittelpreise stiegen, sank die Kaufkraft der Bevölkerung, Handel und Gewerbe verkauften weniger, Arbeitskräfte wurden entlassen. Dies brachte nicht nur die von der Heimarbeit abhängigen Landbewohner und die unzünftigen Arbeitnehmer in Not, sondern machte auch viele zünftige Handwerker und Krämer zu Tagelöhnern oder Bettlern.

Aber es gab nicht nur Verlierer in dieser krisenreichen Zeit. Pest, Hungerkrisen und Judenpogrome hatten zwar die Menschen vernichtet, nicht aber ihren Besitz. So fiel einigen Überlebenden ein reiches Erbe in den Schoß. Für viele bot sich die Möglichkeit, das begehrte Bürgerrecht zu erhalten oder endlich eine frei gewordene Stelle oder einen Handwerksbetrieb zu übernehmen und zum Meister aufzusteigen. Was den meisten Menschen Leid brachte, konnte für einige zum unverhofften Glücksfall werden.

▲ **Die Zerstörung eines Dorfes.**
Radierung von Melchior Küsel nach der Vorlage von Jacques Callot, Augsburg, nach 1650. Der Bildtext lautet: „Die nur von Mars und seinen bösen Taten leben, / seht, welche Lehren sie den armen Bauern geben, / sie legen sie in Fesseln und ihr Dorf in Brand, / machen vor ihren Augen noch ihr Vieh zuschand, / und da nicht Pflichten noch Gesetzesfurcht sie spüren, / so kann sie auch kein Schrei und keine Tränen rühren."
Das Original erschien 1633 als siebtes von 18 Blättern der Radierfolge von Jacques Callot „Die Großen Schrecken des Krieges".
Die Radierungen wurden in Augsburg von dem Kupferstecher Melchior Küsel direkt kopiert und erschienen daher seitenverkehrt.

M1 Tagebuch aus dem Dreißigjährigen Krieg

Der Abt Maurus Friesenegger hält zwischen 1627 und 1648 die Ereignisse um sein Kloster Andechs und das dazugehörige Dorf Erling in einem Diarium (Tagebuch) fest. Seine Berichte vermitteln ein anschauliches Bild vom Alltag im Dreißigjährigen Krieg. Zum Jahr 1633 schreibt er:

Den 19. April fing die Stadt Landsberg zu kapitulieren an, weil von München kein Succurs[1] kam. Während der Kapitulation, und wieder gegebener Parole überstiegen die Feinde nächtlicherweile die Mauern, plünderten 4 Tage lang die Stadt, töteten über 160 Menschen, rissen den Baier-Turm nieder. Die anderen Türme, und was zur Haltbarkeit der Stadt gehörte, mussten die Bürger schleifen. Die Schweden verbrannten die Stadttore und nahmen eine Menge Männer und Frauen, Jünglinge und Mädchen mit sich, nebst einigen Ratsherren, dem Herrn Dekan und 3 Jesuiten, die nicht ohne, als nach bezahlter, fast unerschwinglicher Summa Geldes entlassen wurden. Für die Jesuiten mussten allein und insbesondere 3000 fl.[2], und für den Herrn Dekan, der ein Jahr unter den größten Drangsalen ein Kriegsgefangener war, 500 Taler bezahlt werden. Und also nach verübten allen Gattungen Schandtaten, und Notzuchten gingen sie mit ungeheuerer Beute sowohl von der Stadt als von der umliegenden Gegend, wohin alles von Wert geflüchtet worden, wieder ab, indessen unsere Armee in München und jenseits der Isar still saß, alles ruhig anhörte, und sich allerorten gute Beute verschaffte. [...]
Zu diesen Kriegsplagen kamen noch andere. Auf die schönen, und warmen Frühlingstage stellte sich zu Ende des Mai eine große Kälte mit Schnee und Eis ein, die den Baum- und Feldfrüchten nichts anderes als Schaden machen konnte, worauf eine langjährige Trockene folgte, die das Übel noch größer machte. Viele Leute lebten schon von Kräutern, und bei noch mehreren war Nachmehl- und Kleien-Brot die beste Speise. Zu München war Getraid auch um sehr teueres Geld hart zu bekommen, aber noch härter nacher Haus zu bringen, weil öfter durch Räuber, und Freibeuter der Wagen gesamt Pferden hin war. [...]
Den 9. Junii gingen mehrmal [= wieder] 200 Reiter von den Unseren in Erling durch, die von Hurlach herkamen, allwo sie den Augsburgischen Kaufleuten, die mit vielen Waren nacher Bozen in Tirol auf die Messe reiseten, den Weg abgewartet, 150 von ihrer Bedeckung niedergemacht, und mehrere Wägen mit Waren, die sie wirklich mit sich führten, erbeutet haben. Die übrigen haben sie in Brand gesteckt, weil der Feind ihnen zu nahe kommen.
Den 10. Junii durchstreiften wieder einige Freibeuter Ramsee, und Mühlfeld, wo sie einige Stück Vieh wegnahmen, die sie aber endlich wieder um 2 Taler auslösten.

[1] militärische Hilfe
[2] Abkürzung für Gulden, vom franz. „florin" für Goldmünze

Bei diesen immerwährenden Durchzügen, und Streifereien war das Ärgste, dass die Pferde weder im Stall, noch auf der Weide, noch auf dem Wege eine Stunde sicher waren, wobei alle Arbeiten, und Zufuhren an Lebensmitteln eingestellt waren. So arg als es bisher uns allhier ergangen, sagten doch die Schwaben, die öfters auf ihrer Flucht zu uns kamen, dass wir noch im Paradiese seien.

Für die nächsten Monate berichtet Friesenegger von ständig neuen Durchzügen plündernder Truppen und Freibeuter. Über den Winter müssen Kloster und Dorf spanischen Truppen – 1500 Mann sowie Offizieren, Grafen und deren Dienern – Winterquartier und Verpflegung bieten und die bis dahin schlimmsten Notzeiten erleben. Als das Militär am 18. Januar abzieht, schreibt er:

Das Dorf stand ganz in Unflat, und Wüste, alles zum Grausen, und für Menschen unbegreiflich. In den Häusern wie auf den Gassen lagen nichts als abscheuliche Lumpen, zerschlagener Hausrat, Köpfe, Füße, und Gedärme von verzehrten Pferden, Menschen Unrat, und mehrere Toten-Körper. In den Häusern waren nur Stuben, Kammer und Kuchl bewahret, das übrige davon hatte kein Dach, keinen Mantel, keine Mittelwand, keinen Balken, und meistens standen dieselben nur auf 4 Säulen. [...]

Reichsgrenze bis 1648

Bevölkerungsrückgang

gering oder nicht genau bekannt | bis 15 % | 15–30 % | 30–60 % | über 60 %

▲ **Bevölkerungsverluste im Dreißigjährigen Krieg.**

Die Übel haben mit unseren Quartierern uns nicht verlassen, ja haben sich nur abgeändert. Denn anstatt derselben traten jetzt Hunger, Krankheit, und Tod ein. Nachdem wir alles Getraid, und Vieh verloren, so gab es kein Brot, keine Milch, kein Fleisch, und von was sollte man sonst im Winter leben! Haferbrot war eine Delikatesse der Vermöglicheren, die anderen hatten wenig Kleienbrot oder gar keines.
Daher lagen in allen Häusern Kranke aus Elend, und Not, besonders in der Ruhr[3], und starben auch viele; und wie konnte es anders sein! Keine Medizin, keine Labung, kein Brot, kein Bett, kein Stroh, kein Ofen, kein Holz, und das bei der größten Kälte, die von dem November bis in [den] Februar anhielt, wobei die Häuser allen Winden, und Witterungen offenstunden. Das Beste dabei war noch, dass alle Kranken, und auch die Gesunden nichts als zu sterben verlangten, wie auch dieses einzige Monat über 30 Personen begraben worden, welches man auch von allen anderen Orten hörte.

Willibald Mathäser (Hrsg.), Maurus Friesenegger. Tagebuch aus dem 30jährigen Krieg. Nach einer Handschrift im Kloster Andechs, München 2007, S. 27 f. und 44 f.

1. *Nennen Sie die Kriegslasten der Zivilbevölkerung und deren Folgen.*
2. *Schließen Sie aus den Aufzeichnungen Frieseneggers auf die Kriegsführung und das Soldatenleben. Erklären Sie die Motive der Söldner für ihr Verhalten gegenüber der Bevölkerung.*
3. *Erläutern Sie die Gründe für die großen Bevölkerungsverluste. Beachten Sie die Opferzahl in ländlichen Gebieten.*
4. *Der Dreißigjährige Krieg belastete das Reich lange. Erklären Sie, warum.*
5. *Man unterscheidet zwischen Quellen, die bewusst für die Nachwelt erstellt werden (z. B. Autobiografien), und Quellen, die ohne eine beabsichtigte Wirkung verfasst werden (z. B. Brief). Finden Sie für beide Formen weitere Beispiele. Um welche Form handelt es sich hier?*

[3] schwere Darminfektion bzw. Durchfallerkrankung

M2 Bayern als Kriegsschauplatz

a) Dreißigjähriger Krieg 1618-1648:

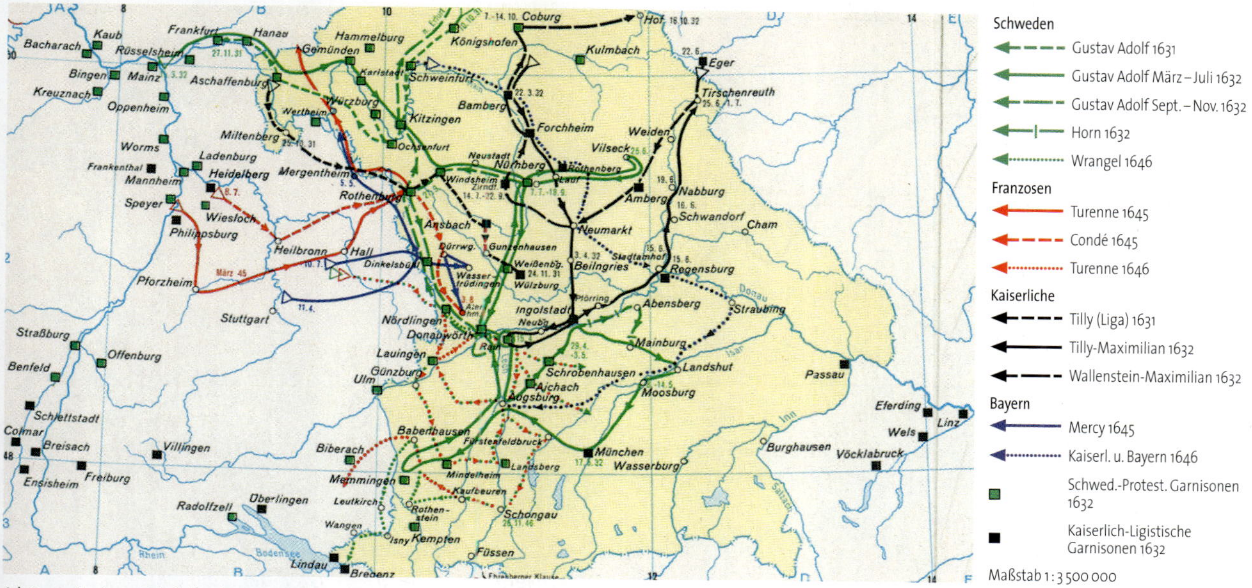

b) Spanischer Erbfolgekrieg 1701-1714:

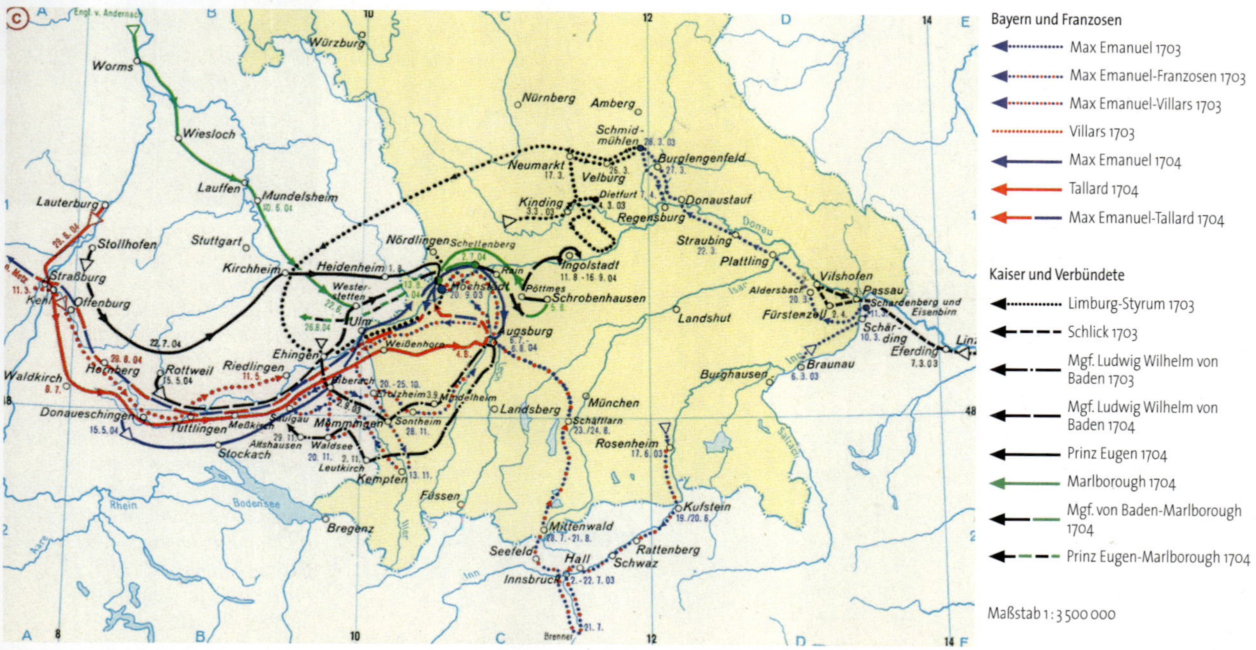

Max Spindler (Hrsg.), Bayerischer Geschichtsatlas, München 1969, S. 29

1. *Ermitteln Sie anhand der Karten, welche Regionen in Bayern durch Feldzüge besonders belastet waren. Ziehen Sie die Karte auf S. 36 hinzu.*

2. *Erstellen Sie eine Chronik Ihrer Region, in der Sie die kriegerischen Ereignisse von 1500 bis 1800 auflisten.*

3. *Anregung für ein Projekt: Ermitteln Sie anhand von Chroniken und Berichten in Archiven, welche Lasten die Bevölkerung zu tragen hatte und welche Folgen dies für die Region hatte*

M3 Hungerkrisen im vormodernen Europa

a) Temperatur der letzten 1 000 Jahre:

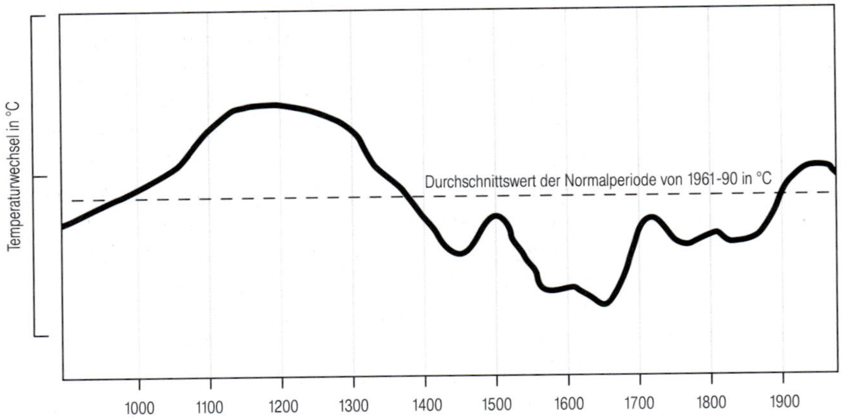

Nach: Wolfgang Behringer, Kulturgeschichte des Klimas. Von der Eiszeit bis zur globalen Erwärmung, München 2007, S. 10

b) Getreidepreise in Westeuropa 1201-1960:

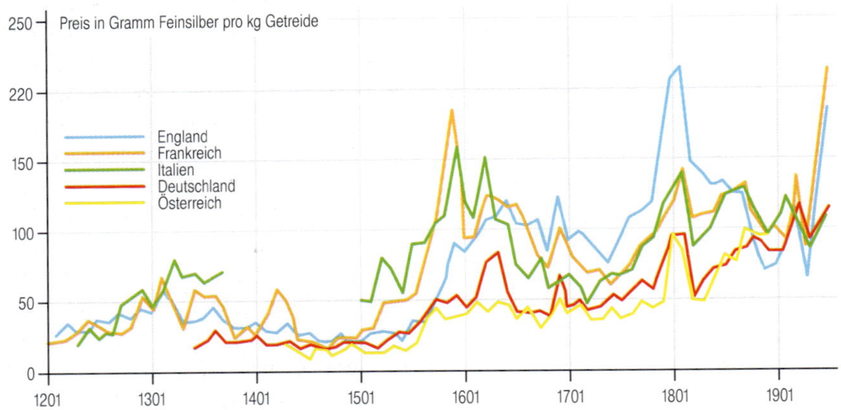

Wolfgang Behringer, a. a. O., S. 149

c) „Kleine Eiszeit" und Landwirtschaft:

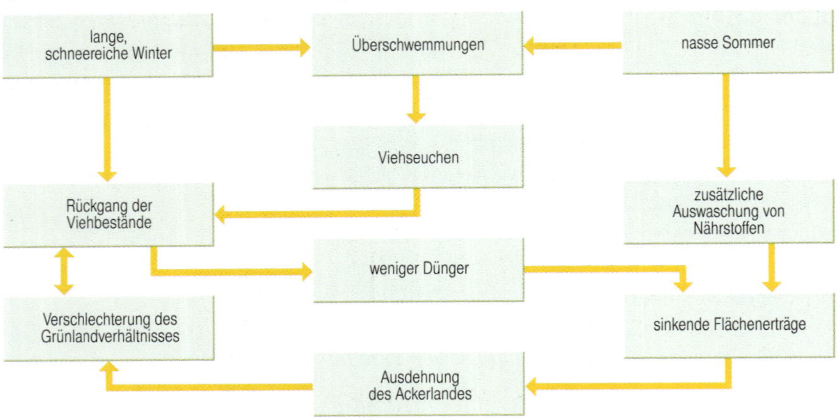

Nach: Christian Pfister, in: Wolfgang Behringer, a. a. O., S. 130

▲ Hochwassermarken in Wertheim am Mündungsbereich der Tauber in den Main.
Die historische Klimaforschung kann sich erst seit dem 19. Jahrhundert auf umfassende meteorologische Messdaten stützen. Dennoch gibt es Möglichkeiten, genaue Aussagen über Klima und Vegetation früherer Jahrhunderte zu treffen: durch den Vergleich zeitgenössischer Aufzeichnungen in Chroniken, Annalen, Wetterjournalen oder Flugschriften, durch die Untersuchung von Baumringen oder die Auswertung von Temperatur- und Niederschlagsdaten, die seit dem 16. Jahrhundert vorliegen. Daneben sind Gemälde, Bilder, Gedenktafeln zu Naturkatastrophen sowie Hoch- und Niedrigwassermarken anschauliche zeitgenössische „Wetterdokumente".

1. *In der Klimaforschung wurde der Temperaturverlauf der letzten 1 000 Jahre in zwei größere Phasen unterteilt: in eine Warmperiode und eine „Kleine Eiszeit". Bestimmen Sie die Zeiträume anhand von Diagramm a) und klären Sie die Gründe für die Bezeichnung.*

2. *Analysieren Sie anhand der Diagramme a) und b) den Zusammenhang zwischen Klima und Getreidepreisen.*

3. *Überlegen Sie, welche Einflüsse und Sachverhalte hier nicht gezeigt werden, die für ein gutes oder schlechtes Erntejahr eine Rolle spielen.*

4. *Fassen Sie den in Schaubild c) dargestellten Wirkungszusammenhang zwischen Klima und Landwirtschaft mit eigenen Worten zusammen. Stellen Sie Zusammenhänge zu den Diagrammen a) und b) her. Um welche Faktoren lässt sich das Schaubild erweitern?*

M4 „Der arme Mann im Tockenburg"

Ulrich Bräker, ein Kleinbauer und autodidaktischer Schriftsteller aus Näbis in der Schweizer Landschaft Toggenburg, beschreibt in seinen Lebenserinnerungen seine schwersten Hungerjahre:

Während diesem meinem neuen Planemachen und Projekteschmieden rückten die heißhungrigen Siebenzigerjahre heran, und das erste brach ein, ganz unerwartet wie ein Dieb in der Nacht, da jedermann auf ganz andre Zeiten hoffete. Freilich gab's seit dem Jahre 1760 in unsern Gegenden kein recht volles Jahr mehr. Die Jahre 68 und 69 fehlten gar und gänzlich; hatten nasse Sommer, kalte und lange Winter, großen Schnee, sodass viel Frucht darunter verfaulte, und man im Frühling aufs neue pflügen musste. Das mögen nun politische Kornjuden wohl gemerkt und der nachfolgenden Teuerung vollends den Schwung gegeben haben. Dies konnte man daraus schließen, dass ums Geld immer Brot genug vorhanden war; aber eben jenes fehlte, und zwar nicht bloß bei dem Armen, sondern auch bei dem Mittelmann. Also war diese Epoche für Händler, Becken und Müller eine göldene Zeit, wo sich viele eigentlich bereicherten, oder wenigstens ein Hübsches auf die Seite schaffen konnten. Hinwieder fiel der Baumwollengewerb fast gänzlich ins Kot[1], und aller diesfällige Verdienst war äußerst klein, sodass man freilich Arbeiter genug ums bloße Essen haben konnte. [...]

So viel darf ich freilich noch [jetzt] sagen, dass dies Zutrauen, ob es gleich zuweilen wankte, dennoch nie ganz zu Trümmern ging und ich fast immer fand, dass mein eigenes Verschulden mir die größten Leiden verursachte und Gottes Güte viel selbstgemachtes Übel noch oft zu meinem Besten wandte. Schon Anno 68 und 69, da mir der Hagel zwei Jahre nacheinander alles in meinem Garten zu Boden schlug und ich und die Meinigen so mit großer Wehmut zuschauten – konnt' ich doch den Erbarmenden loben, dass er unsers Leben geschont. [...] Das gedachte Siebenzigerjahr neigte sich schon im Frühling zum Aufschlagen[2]. Der Schnee lag auf der Saat bis im Maien, sodass gar viel darunter erstickte. Indessen tröstete man sich doch noch den ganzen Sommer auf eine leidentliche Ernte – [...] aber leider alles umsonst. Ich hatte eine gute Portion Erdapfel[3] im Boden; es wurden mir aber leider viel davon gestohlen. Den Sommer über hatte ich zwo Kühe auf fremder Weide und ein paar Geißen, welche mein erstgeborener Junge hütete; im Herbst aber musst' ich aus Mangel Gelds und Futter alle diese Schwänze verkaufen. Denn der Handel nahm ab, so wie die Fruchtpreise stiegen [...].

Nun brach der große Winter ein, der schauervollste, den ich erlebt habe. Ich hatte itzt fünf Kinder und keinen Verdienst, ein bisschen Gespunst[4] ausgenommen. Bei meinem Händelchen büßt' ich von Woche zu Woche immer mehr ein. Ich hatte ziemlich viel vorratig Garn, das ich in hohem Preis eingekauft, und an dem ich verlieren musste, ich mocht' es nun wieder roh verkaufen oder zu Tüchern machen. [...] Mein kleiner Vorrat von Erdapfeln und anderm Gemüs' aus meinem Gärtchen, was mir die Dieben übriggelassen, war aufgezehrt; ich musste mich also Tag für Tag aus der Mühle verproviantieren; das kostete mich am End' der Woche eine hübsche Handvoll Münze, nur vor Rotmehl[5] und Rauchbrot[6]. [...] Die Not stieg um diese Zeit so hoch, dass viele eigentlich blutarme[7] Leute kaum den Frühling erwarten mochten, wo sie Wurzeln und Kräuter finden konnten. Auch ich kochte allerhand dergleichen, und hätte meine jungen Vögel[8] noch immer lieber mit frischem Laub genährt, als es einem meiner erbarmenswürdigen Landmänner nachgemacht, dem ich mit eigenen Augen zusah, wie er mit seinen Kindern von einem verreckten Pferd einen ganzen Sack voll Fleisch abgehackt, woran sich schon mehrere Tage Hunde und Vögel sattgefressen. [...] Meine Schuldner bezahlten mich nicht; ich konnte als hinwieder meine Gläubiger nicht befriedigen und musste durch Geld und Baumwolle auf Borg nehmen, wo ich's fand. [...] Von Zeit zu Zeit musst' ich hören, wie dieser und jener Bankerott machte.

Ulrich Bräker, Lebensgeschichte und natürliche Ebenteuer des Armen Mannes im Tockenburg (1789), Stuttgart 1965, S. 162-166

[1] in den Schmutz

[2] (vorzeitiges) Austreiben der Feldfrüchte
[3] Kartoffeln
[4] so viel wie: Gespinst
[5] mit Kleie vermengtes Mehl
[6] Schwarzbrot
[7] sehr arme
[8] Bräker meint damit seine kleinen Kinder.

1. *Erläutern Sie, wovon sich Bräker in Normaljahren seinen Lebensunterhalt verdiente und wie die Ernährung seiner Familie in solchen Jahren aussah.*

2. *Prüfen Sie, ob es sich bei den Jahren um 1770 für die Frühe Neuzeit um eine eher typische oder eher seltenere Witterungsperiode handelt. Benutzen Sie die Diagramme M3 a) und b) auf S. 38.*

3. *Arbeiten Sie aus Bräkers Beschreibungen heraus, wie sich die Missernten auf Ernährung, Verdienstmöglichkeiten und „Marktverhalten", Gesundheit und Lebensumstände der verschiedenen Bevölkerungsgruppen ausgewirkt haben.*

4. *Analysieren Sie Bräkers Einstellung zu seiner Situation. Wen macht er dafür verantwortlich? Welche Hilfe kann er erwarten? Vergleichen Sie mit der heutigen Zeit.*

5. *Belegen Sie an Beispielen, wie das Klima vergangener Epochen unsere Lebensweise und unsere Kultur geprägt hat.*

M5 Mainzer Pestvorschrift von 1606

Anlässlich der schweren Pestepidemie im Jahre 1606 erlässt die Bischofsstadt Mainz eine Vorschrift, wie sich die Einwohner in Pestzeiten zu verhalten haben:

1. Man soll Gott anrufen und bitten, seinen Zorn über das sündhafte Leben abzuwenden und die Menschen durch seine Barmherzigkeit vor künftigem Übel zu bewahren. Um Erhörung zu erlangen, seien Fasten, Almosengeben und andere gottgefällige Werke dienlich.
2. Niemand soll Fremde beherbergen; anwesende fremde Gäste sind aus dem Haus zu entfernen.
3. Das Halten von Schweinen und Gänsen wird bei Strafe des Einzugs der Tiere untersagt.
4. Wohnungen und Zimmer sind auszuräuchern, die Straßen und Gassen rein zu halten.
5. Beim Essen und Trinken ist Maß zu halten; die unter 1. genannten geistlichen Mittel sind zu gebrauchen, ebenso die verordneten Arzneien.
6. Verkehr an infizierten Orten und mit infizierten Personen ist zu vermeiden, ebenso die Einnahme von Speisen und Getränken in infizierten Häusern.
7. Von der Seuche befallene Personen („die, welche Gott heimgesucht hat") sollen nicht auf den Markt gehen und sich in der Kirche mit einer abgesonderten Ecke bescheiden. Die Häuser von Infizierten sind zu verschließen, die Versorgung mit Lebensmitteln ist sicherzustellen.
8. Der Altkleiderhandel ist verboten; der Nachlass von Verstorbenen darf bis zur Beendigung der Seuche nicht verteilt oder veräußert werden.
9. Die Gräber sollen tief ausgehoben werden, Beerdigungen haben in allen Pfarreien zu einer bestimmten Stunde stattzufinden.
10. Das bettelnde Gesindel soll an den Stadttoren abgewiesen werden; die Bettelvögte haben Gesindel aus der Stadt zu entfernen.
11. Alle Feiern und Gastlichkeiten sollen unterbleiben. Die Bürger dürfen zu Hochzeiten nur „drei oder vier zu Tische" laden.

[...]

13. Alle Badstuben sind bis auf Weiteres zu schließen.
14. Allen einheimischen Bettlern wird der Gassenbettel verboten; sie sollen zu festgesetzten Zeiten Almosen durch dafür bestimmte Personen empfangen.

Manfred Vasold, Die Pest. Ende eines Mythos, Stuttgart 2003, S. 134 f.

1. *Beurteilen Sie die Maßnahmen, welche die Stadt Mainz gegen die Pest verordnete. Welche Schlüsse lassen sich daraus*
a) auf das Wissen über die Seuche, deren Ursachen und Bekämpfung,
b) auf die Rolle des Glaubens sowie
c) auf die städtischen Lebensverhältnisse ziehen?

2. *Nehmen Sie Stellung zu den Auswirkungen der Vorschriften auf das soziale und wirtschaftliche Leben in der Stadt. Welche Folgen hatte dies für die Erkrankten?*

▲ Ein Pestarzt in Rom.
Kupferstich von Paul Fürst nach J. Columbina, 1656.
In der Bildunterschrift heißt es: „Kleidung wider den Tod zu Rom. Anno 1656. So gehen die Ärzte, wenn sie Pestkranke besuchen, um sie gesund zu machen. Sie tragen, um sich gegen das Pestgift zu sichern, ein langes gewachstes Gewand, eine Maske vor dem Gesicht mit einer Glasbrille, einen Schnabel voll wohlriechender Kräuter, Handschuhe und einen Zeigestock für ihre Anordnungen."

M6 „Zaubereien und Teufelsgespinst“

In einer 1590 in Ulm erschienenen „Erweytterte Unholden Zeyttung“ heißt es:

Zu unseren Zeiten nehmen nun alle Zaubereien und Teufelsgespinst dermaßen überhand, dass schier alle Städte, Märkte und Dörfer in ganz Deutschland – um von anderen Völkern und Nationen zu schweigen – mit diesem Ungeziefer und diesen Teufelsdienern voll sind. Sie unterstehen sich, nicht allein die liebe Frucht auf dem Felde, die uns der Herr durch seinen Segen wachsen lässt, mit außergewöhnlichen Donnern, Blitzen, Schauern, Hagel, Sturmwinden, Frösten, Überschwemmungen, Mäusen, Gewürm und anderem mehr – so viel sie vermögen und ihnen Gott gestattet – durch des Teufels Hilfe und Beistand ganz und gar zu verderben, sondern trachten auch mit all ihrem Vermögen danach, dem Menschen seine Nahrung durch Verderben des Viehs, also von Kühen, Kälbern, Pferden und Schafen und dergleichen, zu nehmen. Ja, sie entziehen nicht nur das Vieh und die Früchte der Erde allein, sondern auch ihre nächsten und verwandten Blutsfreunde und – was zum Erbarmen ist – verschonen nicht die kleinen und ungetauften Kinder, sondern richten sie in großer Anzahl hin und gebrauchen ihre zarten Leiber für ihre Zauberkunst und ihr Wohlleben. Sie wenden allen Fleiß an, die alten Leute zu krümmen, zu erlahmen, ihnen schmerzliche Krankheiten und schließlich den Tod zu bringen. Dadurch erwächst den Menschen allerlei Jammer und Not.

Weil dies so ist, handelt eine Obrigkeit löblich, wohl und nach Gottes Befehl, wenn sie solche Teufelskinder, die Gott und den Menschen zuwider und ihre erklärten Feinde sind, von der Erde tilgt und durch Feuer und Schwert aus der Mitte entfernt, so, wie es vor etlichen Jahren der wohlgeborene Graf von Wiesensteig angefangen und erst dieses Jahr wiederum in die Tat umgesetzt hat.

Richard van Dülmen, Kultur und Alltag in der Frühen Neuzeit, Bd. 3: Religion, Magie, Aufklärung 16.-18. Jahrhundert, München 1994, S. 94 (Text vereinfacht von Maximilian Lanzinner)

1. *Erläutern Sie, welche Ereignisse und Katastrophen die „Erweytterte Unholden Zeyttung“ nennt und welche Gründe sie dafür angibt.*
2. *Im Text werden konkrete Lösungen genannt, wie künftig Katastrophen vermieden werden sollen. Von wem wird welche Hilfe erwartet? Deuten Sie die Anspielung auf den Graf von Wiesensteig.*
3. *Überlegen Sie, welches Motiv hinter der Verbreitung solcher Nachrichten stand und welche Folgen diese haben konnten.*

▲ **„Vorbereitung zum Hexensabbat.“**
Holzschnitt von Hans Baldung Grien von 1510. Der Holzschnitt erhielt seinen Titel erst nachträglich.
Der aus dem Topf schießende Dampfstrahl deutet darauf, dass es sich um Wetterhexen beim „Hagelsieden“ handelt. Dafür gaben die Hexen Schlangen, Kröten und anderes Ungeziefer in siedendes Wasser, ließen die Dämpfe unter beständigem Rühren und dem Aufsagen von Zaubersprüchen in den Himmel aufsteigen, wo sie zu Gewitterwolken wurden und schließlich als Hagel, Sturm und Überschwemmungen über Mensch und Tier hereinbrachen.

- *Beschreiben Sie das Bild und begründen Sie, inwiefern der Titel „Vorbereitung zum Hexensabbat“ passt. Informieren Sie sich über die Vorstellung des „Hexensabbats“ und über die der „Wetterhexen“.*

Fürsorge und soziale Sicherung in der vorindustriellen Gesellschaft

Am Montag, den 26. Januar 1601, wird in der städtischen Kanzlei in Bamberg ein Brief abgegeben, an den sich alle Hoffnungen der verwitweten Margarethe Weber knüpfen. Nach dem Tod ihres Ehemanns, der dem Bamberger Stift als Jagdhelfer gedient hat, ist sie in große Not geraten. Sie hat kein Geld, um sich und ihre zwei Kinder zu ernähren oder wenigstens eine Unterkunft zu bezahlen. Im kalten und schneereichen Winter 1600/1601 sind alle drei krank geworden. Da ihnen niemand helfen will, wendet sich Margarethe Weber mit der Bitte an die städtische Obrigkeit, sie und ihre Kinder einige Zeit ins Armenhaus aufzunehmen und dort zu pflegen. Und sie hat Glück: Da die Ärzte bestätigen, dass die Familie wirklich ernsthaft erkrankt ist, gewährt der Bamberger Stadtrat am 9. Februar ihr und ihrer Tochter Aufnahme im Liebfrauen-Siechenhaus. Der Sohn wird dem St. Antonius Siechenhof zugewiesen. Margarethe Weber mag sich gar nicht ausdenken, was geschehen wäre, hätte man ihr und den Kindern die Aufnahme verweigert. Wahrscheinlich hätten sie alle den Winter nicht überlebt.

Im Schutz der Gemeinschaft? So wie Margarethe Weber erging es vielen Menschen. Mehr als 75 Prozent der Bevölkerung wurden in ungesicherte Verhältnisse hineingeboren. Krankheiten, Wirtschaftskrisen, Plünderungen und Kriege zerrissen Familien und zerstörten die Grundlagen ihrer Existenz.

Das Schicksal dieser Menschen hing vom Wohlwollen der übrigen Bevölkerung ab. Not und Elend der Unterschichten zu lindern, galt nicht als Aufgabe des Staates. Wer in Not geriet, durfte allerdings darauf hoffen, durch kirchliche Einrichtungen, städtische Fürsorge oder private Wohltätigkeit unterstützt zu werden. Einen rechtlichen Anspruch auf Unterstützung hatten die Menschen jedoch nicht. Grundsätzlich gingen die dörflichen und städtischen Gemeinden davon aus, dass sich die Familie um den erkrankten oder verarmten Angehörigen kümmerte. Die Verantwortung dafür trug der Hausvorstand, der städtische Handwerksmeister oder der bäuerliche Hofinhaber, dem neben den leiblichen Verwandten auch die Angestellten, die Knechte, Mägde und Gesellen untergeordnet waren. Wurde diese Einheit des Hauses durch Krankheit oder Tod des Hausvaters zerstört, entstanden große Not und Hilflosigkeit.

Die Rolle der Klöster, Orden und Bruderschaften Die christliche Überzeugung, dass jeder Mensch am Tage des Jüngsten Gerichts darüber Rechenschaft ablegen müsse, durch welche guten Werke er das Gebot der christlichen Nächstenliebe erfüllt hatte, wurde im Mittelalter zur Grundlage der Armen- und Sozialfürsorge.

Als Werke der Barmherzigkeit galten die Speisung, Tränkung, Beherbergung und Bekleidung von Bedürftigen, die Versorgung von Kranken, der Besuch von Gefangenen und das Totenbegräbnis. Vor allem Kirchen und Klöster kamen dieser Verpflichtung nach. Im Mittelalter waren die Klöster die Zentren der medizinischen Versorgung. Die **Regula Benedicti** trug den Mönchen ausdrücklich die Krankenversorgung auf.

Ein wachsendes Bedürfnis nach Versorgung in den Städten und entlang der großen Pilgerrouten führte dazu, dass sich Menschen zu **Bruderschaften** zusammenschlossen,

Regula Benedicti: lat. Bezeichnung für die Mönchsregel, die Benedikt von Nursia im 6. Jahrhundert verfasst haben soll. Die Benedikts- oder Benediktinerregel ist seit dem Mittelalter die Verhaltens- und Lebensregel des Benediktinerordens.

Bruderschaften: Zusammenschlüsse von Geistlichen oder Laien, die sich Brüder nennen und gemeinsame religiös geprägte Interessen verfolgen die sich in den Dienst der Hilfe für Bedürftige oder der Pflege von Kranken stellten. Auch die aus den Kreuzzügen hervorgegangenen Ritterorden der Johanniter und Malteser machten es sich zur Aufgabe, Kranken und Bedürftigen zu helfen. Der Krankenpflegeorden der Antoniter, auch Hospitaliter genannt, gründete in ganz Europa Hospitäler, die eine für die damalige Zeit medizinisch hochstehende Krankenfürsorge boten.

Stiftungen und Spitäler Um Armen und Bedürftigen zu helfen, wurden seit dem Spätmittelalter zahlreiche fromme Stiftungen errichtet. Dazu spendete der Stifter einen Teil seines Vermögens, aus dem meist an seinem Todestag Brot, eine warme Suppe oder etwas Geld an die Armen verteilt werden sollte. Mit der Annahme der Spende verband sich die Verpflichtung, für das Seelenheil des Stifters zu beten. Auf diese Weise dienten die Wohlhabenden mit ihren Spenden der Allgemeinheit und die Armen ermöglichten es ihnen, christliche Mildtätigkeit zu beweisen. Reiche Bürger ließen Siechenhäuser für Leprakranke, Waisenhäuser oder Pflegehäuser für ältere Menschen errichten. Aus ihnen entwickelten sich die an vielen Orten noch heute erhaltenen Heilig-Geist-Spitäler.

Auch Stadtgemeinden gründeten Spitäler. Dort wurden nicht nur Kranke, sondern auch Bedürftige versorgt. Die ursprünglich meist sehr kleinen Einrichtungen wurden durch Spenden und Stiftungen oft zu Unternehmen mit umfangreichem Landbesitz und großen Gebäudekomplexen ausgebaut. Die Versorgung und Pflege kranker Mitbürger trat im Laufe der Zeit in den Hintergrund. Bei den meisten Insassen handelte es sich um Witwen und Waisen, die so lange Aufnahme fanden, bis für die Kinder ein Lehrherr und für die jüngeren Witwen ein Ehemann gefunden war. Auch ältere, alleinstehende und mittellose Handwerker, die ihren Beruf nicht mehr ausüben konnten, fanden im Spital Aufnahme. Manche Bürger überschrieben dem Spital Teile ihres Vermögens, manchmal sogar ihren ganzen Besitz, um dort ihren Lebensabend verbringen zu können. Je nachdem, wie wohlhabend sie waren, lebten sie dort in bescheidenen oder sehr angenehmen Verhältnissen.

▲ **Krankenabteilung eines Spitals.**
Gemälde von Wilhelm Ziegler, 1517. Das Tafelbild des Hochaltars von St. Wolfgang in Rothenburg ob der Tauber gibt Einblick in die Krankenabteilung eines Spitals, wahrscheinlich das von Rothenburg selbst.

Zünfte als Helfer in der Not Die in den mittelalterlichen Städten entstandenen Zünfte waren in erster Linie Berufsgenossenschaften, in denen sich die Mitglieder eines Gewerbes zur Wahrung gemeinsamer, vor allem wirtschaftlicher Interessen zusammengeschlossen hatten. Die Mitglieder, die Handwerksmeister, waren für die Versorgung und Betreuung ihrer Familienangehörigen zunächst selbst verantwortlich. Erst bei Arbeitsunfähigkeit oder Tod des Meisters griffen die Zünfte helfend ein. Dazu hatten sie Plätze in Hospitälern erworben, um bei Bedarf Mitglieder dort pflegen zu lassen. Sie bemühten sich darum, Waisen in Pflegefamilien unterzubringen oder Witwen durch Wiederverheiratung zu versorgen.

Im Mittelpunkt der zünftischen Fürsorge standen die Gesellen. Sie kamen oft ohne Familie in die Stadt und hatten in sozialen Notlagen niemanden, der für sie aufkam. Bei längeren Erkrankungen organisierte die Zunft einen Wachdienst am Krankenbett, bezahlte die medizinische Behandlung und übernahm sogar teilweise eine Lohnfortzahlung bis zu sechs Wochen. In größeren Städten schufen sich die Gesellen eigene Verbände oder Bruderschaften. Die Mitgliedsbeiträge waren zwar gering, sie genügten aber, um im Notfall kleinere Darlehen gewähren oder kranken Gesellen helfen zu können, die nicht fest beschäftigt waren.

▲ **„Die Bettler.“**
Gemälde von Pieter Bruegel d. Ä., 1568.
■ *Analysieren Sie, welche Sichtweise von Armut hier zum Ausdruck kommt.*

Die Wirkung der Reformation Nach römisch-katholischer Lehre kann der Mensch durch gute Werke an seinem Heil mitwirken und sich die Gnade Gottes verdienen. Für Martin Luther und seine reformatorische Lehre war diese „Werkgerechtigkeit“ ausgeschlossen. Die Werke der Barmherzigkeit blieben zwar weiterhin eine christliche Verpflichtung, jedoch bewirkten sie nicht die Aufnahme ins Paradies.

Für das Armenwesen hatte die veränderte Frömmigkeitsauffassung der Reformation weitreichende Folgen. In den Gebieten, die sich der Reformation angeschlossen hatten, ging die Bereitschaft der Menschen, fromme Stiftungen zu errichten, zurück. Die Obrigkeiten mussten nun die Verantwortung für die wachsenden Aufgaben und Lasten der Sozialfürsorge übernehmen.

Die Reformation veränderte nicht nur die Einstellung gegenüber mildtätigen Stiftungen, sondern brachte auch eine andere Bewertung von Armut und Arbeit mit sich (▸ M1). Seit dem 16. Jahrhundert galt Armut immer stärker als selbstverschuldet. Es wurde nun zwischen Bettelei aus echter, unverschuldeter Armut und selbstverschuldeter Armut aus Müßiggang unterschieden. Gemeindemitglieder, die ohne Verschulden etwa durch den Tod des Hausvorstandes oder Krankheit in Not gerieten, konnten nach wie vor auf Unterstützung rechnen. Gesunden und arbeitsfähigen Bettlern wurde jedoch immer häufiger der Anspruch auf Hilfe bestritten. Sie sollten sich ihr Auskommen selbst verdienen. Müßiggang galt als unmoralisch und widersprach dem Auftrag des Menschen zu einem gottgefälligen Leben. Die Sorge für den christlichen Lebenswandel der Bevölkerung und das allgemeine Beste (bonum commune) sahen die Obrigkeiten als ihre Aufgabe an. Mit Bettelverboten, Strafen und moralisierenden Kampagnen gingen Stadträte und Landesherren gegen das „Übel“ vor (▸ M2).

Unterschiedliche Seiten der Armut Zu einer veränderten Sicht der Armut trugen auch äußere Umstände bei. Während der Hochphase der „Kleinen Eiszeit“ von der Mitte des 16. bis zur Mitte des 17. Jahrhunderts, führten Klimaverschlechterung, wiederholte Missernten und Teuerungen des Getreides dazu, dass die Armut stark zunahm. Immer detailliertere Bettelordnungen regelten, wer bedürftig und almosenberechtigt war. Die begrenzten Mittel sollten nur denen zugute kommen, für die man sich verantwortlich fühlte: den eigenen Gemeindemitgliedern. Um diese von Fremden unterscheiden und als rechtmäßige Bettler erkennen zu können, mussten sie gut sichtbar Armenabzeichen tragen. Viele Menschen schämten sich jedoch so sehr, dass sie lieber zu Hause blieben und hungerten. Um diese „hausarmen Leute“ kümmerte sich die Nachbarschaft so gut es ging.

Die Bettler in den Städten und auf dem Land beunruhigten Bevölkerung und Obrigkeit gleichermaßen. Man sah die herumziehenden „Vaganten“ als lästige Landstreicher und fürchtete sie als Räuberbanden, die die Ordnung der Gesellschaft gefährdeten. Die vielen Kriege verschärften die Situation. Aus dem Kriegsdienst entlassene, mittellose Söldner („gartende Söldner“) und Soldatenwitwen schlugen sich mit Bettelei durch und wurden kaum anders als Landstreicher und Räuber empfunden, gegen die die Obrigkeit durch Verbote und Strafen immer härter anzugehen versuchte.

Nach 1500 verstärkten sich die Klagen, dass die Fürsorgeeinrichtungen mit der wachsenden Zahl an Armen, Kranken und Bettlern überfordert waren. Die Stadtgemeinden versuchten sich des Problems zu entledigen, indem sie dem „fahrenden Volk", den Bettlern, Landstreichern, herumstreunenden Söldnern oder Gauklern, den Eintritt in die Städte verwehrten. Zuzugs- und Heiratsbeschränkungen sollten in Krisenzeiten zusätzlich den Armutsdruck abfangen. Die vielen Verordnungen („Mandate") und wiederholten drastischen Strafandrohungen belegen jedoch, dass diese das Problem nicht behoben, sondern lediglich wegschoben. Maßnahmen, mit denen die Ursachen der Armut hätten bekämpft werden können, gab es nicht.

▲ **Almosenzeichen aus Messing.** *Nürnberg, 1580.*

Zwang und Fürsorge im Zeichen „vernünftiger" Obrigkeit ■ Im ausgehenden Spätmittelalter waren es zunächst die städtischen Kommunen, die neben den kirchlichen Einrichtungen ein weltliches Fürsorgesystem aufbauten (▸ M3). In der Frühen Neuzeit folgten immer mehr Fürsten diesem Beispiel. Sie beließen es nicht mehr nur bei reglementierenden Bettel- und Armenordnungen, sondern schufen zudem eigene landesherrliche Fürsorgeeinrichtungen. Sie traten so die Nachfolge der weltlichen und kirchlichen Stiftungen des späten Mittelalters an. Katholische und evangelische Territorien unterschieden sich dabei wenig.

Im Laufe der Zeit wandelte sich die Armenfürsorge: Sie war nun nicht mehr in erster Linie religiös, sondern sozial motiviert und kollektiv organisiert (▸ M4). Zudem verfolgten die Obrigkeiten im Sinne der Aufklärung und des von ihr geforderten vernünftigen, rationalen Denkens und Handelns das Ziel, die Armen durch Arbeit zur Arbeit und damit zu nützlichen Mitgliedern der Gesellschaft zu „erziehen". Seit dem 17. Jahrhundert richteten Landesherren und Gemeinden dafür Zucht- und Arbeitshäuser ein (▸ M5). Gesellschaftliche Ordnungsmaßnahmen und Fürsorge wurden oft wenig voneinander geschieden. Bettler und Straffällige wurden oftmals in derselben Anstalt untergebracht und zur gleichen Arbeit in Manufakturen herangezogen. Waisen- und Findelhäuser betrieb man gleichzeitig als Arbeitshäuser oder verpachtete sie an Manufakturunternehmer. Vor allem im Textilwesen waren solche „Armenfabriken" weitverbreitet. Fürsorge hieß auch hier in erster Linie Erziehung zur Arbeit. Der Gedanke, Arme mit Erwerbstätigkeit zu versorgen, kam dem merkantilistischen Wirtschaftssystem entgegen – so viel wie möglich im eigenen Land herzustellen und so wenig wie möglich zu importieren (▸ M6). Die Waisen- und Arbeitshäuser lieferten den Manufakturen die dafür nötigen billigen Arbeitskräfte. Im Verlauf des 18. Jahrhunderts wuchs jedoch die Kritik an diesen Praktiken.

Auf dem Weg zu moderner Sozialfürsorge ■ In einem anderen Zweig fand die mittelalterliche Fürsorge für die Kranken ihre Fortsetzung. Im Geiste des **aufgeklärten Absolutismus** entstanden nun zur gesteigerten Wohlfahrt des Volkes erste Einrichtungen, die nicht mehr wie die Spitäler des Spätmittelalters gleichermaßen Alte, Kranke und unheilbar Sieche beherbergten, sondern ausschließlich für „heilbare Kranke" vorgesehen waren. Sie wurden nach modernen wissenschaftlichen Erkenntnissen hygienischer, sanitärer und medizinischer Bedürfnisse angelegt. Zuweilen waren sie besonders zur Versorgung der unteren Bevölkerungsschichten bestimmt. Das erste Krankenhaus dieser Art ließ Fürstbischof Franz Ludwig von Erthal 1789 in Bamberg errichten. Größere Kommunen stellten Apotheker und studierte Ärzte an, deren Dienste aber oft nur für die Reicheren erschwinglich waren.

Aufgeklärter Absolutismus: im 18. Jahrhundert entstandene Regierungsform des Absolutismus, in der Reformen nach den Prinzipien der Aufklärung „von oben" durch die absolutistischen Fürsten erfolgen sollten

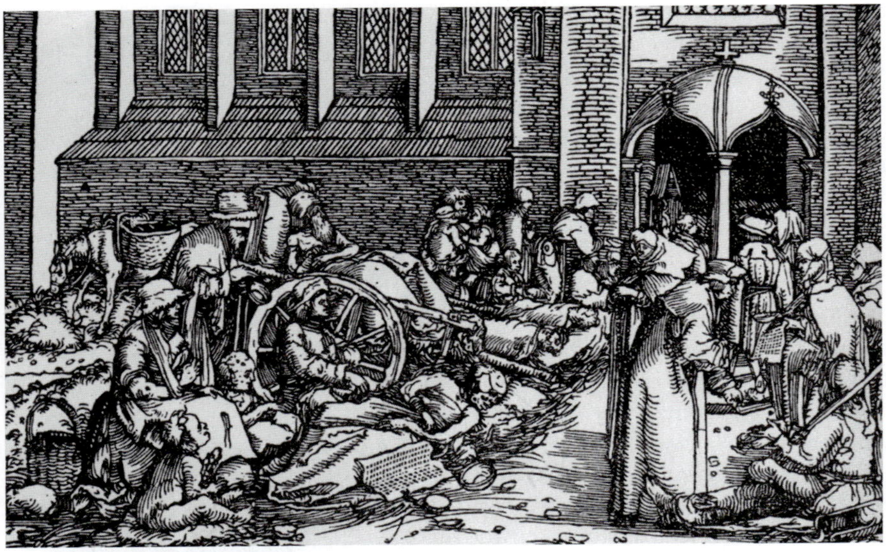

◂ „Von der Traurigkeit und Trübseligkeit."
Bettler und Kranke versuchen, vor einer Kirche das Mitleid der Kirchgänger zu erregen. Holzschnitt, Petrarca-Meister, 1532.
Seit dem Spätmittelalter stieg der Anteil von Armen und Bedürftigen. Das Bettelwesen wurde besonders in den Städten zum Massenproblem. Selbst rigide Maßnahmen zur Bettelbekämpfung halfen wenig. Die Häuser der Reichen waren ständig von Bettlerscharen umringt. Auf dem Land waren es vor allem die Lehrer und Pfarrer als dörfliche Oberschichten, die einen Großteil ihres Einkommens für Almosen aufwendeten, um vor den Schimpfreden und Drohungen der Bettler Ruhe zu haben.

M1 „Dass alle Bettelei abgetan würde"

In seiner Schrift „An den christlichen Adel deutscher Nation" von 1520, mit der Martin Luther den weltlichen Fürsten die Durchführung der reformatorischen Maßnahmen überträgt, macht er Vorschläge für eine Verbesserung der Armenfürsorge:

Es ist wohl der größten Nöte eine, dass alle Bettelei abgetan würde in aller Christenheit. Es sollte doch niemand unter den Christen betteln gehen. Es wäre auch eine leichte Ordnung darob zu machen, wenn wir den Mut und Ernst dazu täten, nämlich dass eine jegliche Stadt ihre armen Leute versorgte und keinen fremden Bettler zuließe, sie hießen, wie sie wollten, es wären Wallbrüder[1] oder Bettelorden. Es könnte ja eine jegliche Stadt die ihren ernähren, und wenn sie zu gering wäre, dass man dann auf den umliegenden Dörfern auch das Volk ermahnte dazuzugeben; müssen sie doch sonst so viel Landläufer und böse Buben unter des Bettelns Namen ernähren. So könnte man auch wissen, welche wahrhaftig arm wären oder nicht.

So müsste da sein ein Verweser[2] oder Vormund, der alle die Armen kenne und, was ihnen not wäre, dem Rat oder Pfarrer ansagte, oder wie das aufs beste möchte verordnet werden. Es geschieht meines Erachtens auf keinem Handel so viel Bübereien und Trügereien wie auf dem Bettel, die da alle leichtlich wären zu vertreiben. Auch geschieht so dem gemeinen Volk wehe durch so freies allgemeines Betteln. Ich hab's überlegt, die fünf oder sechs Bettelorden kommen des Jahres an einen Ort, ein jeglicher mehr denn sechs- oder siebenmal, dazu die gemeinen Bettler [...] und Wallbrüder, sodass sich die Rechnung gefunden hat, wie eine Stadt bei sechzigmal im Jahr eingeschätzt wird, außer was der weltlichen Obrigkeit an Gebühr, Aufsatz und Schätzung gegeben wird und der römische Stuhl mit seiner Ware raubet und sie unnützlich verzehren, dass mir's der größten Gotteswunder eines ist, wie wir doch bleiben können und ernähret werden.

Dass aber etliche meinen, es würden mit der Weise die Armen nicht wohl versorgt und nicht so große steinerne Häuser und Klöster gebauet, auch nicht so reichlich, das glaube ich sehr wohl; ist's doch auch nicht not. Wer arm will sein, sollte nicht reich sein; will er aber reich sein, so greife er mit der Hand an den Pflug und suche es sich selbst aus der Erde. Es ist genug, dass geziemlich die Armen versorgt sind, dabei sie nicht Hungers sterben noch erfrieren; es fügt sich nicht, dass einer auf des andern Arbeit müßig gehe, reich sei und wohllebe bei eines andern Übelleben, wie jetzt der verkehrte Missbrauch gehet, denn St. Paul sagt: „Wer nicht arbeitet, soll auch nicht essen." Es ist niemand von der andern Güter zu leben von Gott verordnet, denn allein den predigenden und regierenden Priestern, wie St. Paulus, I. Korinth., um ihrer geistlichen Arbeit willen, wie auch Christus sagt zu den Aposteln: „Ein jeglicher Wirker ist würdig seines Lohnes."

[1] von wallen, wandern; Bezeichnung für Pilger
[2] Verwalter

Zitiert nach: Christoph Sachße und Florian Tennstedt, Geschichte der Armenfürsorge in Deutschland. Vom Spätmittelalter bis zum Ersten Weltkrieg, Stuttgart u. a. 1980, S. 59

1. *Arbeiten Sie Luthers Vorschläge zur Verbesserung der Armenfürsorge heraus. Welche Probleme werden bei seinen Vorschlägen deutlich?*

2. *Charakterisieren Sie die Rolle der Obrigkeit.*

3. *Schließen Sie aus Luthers Ausführungen auf die traditionellen Formen der Armenfürsorge. Wie und durch wen wurden die Armen versorgt? Wie war die Armenfürsorge organisiert?*

4. *Analysieren Sie die ethische Vorgabe, die aus Luthers Schrift deutlich wird. Wie begründet er sie?*

M2 Bettelordnung für das Herzog- und Kurfürstentum Bayern (1627)

Im Jahre 1627 erlässt Kurfürst Maximilian I. von Bayern eine umfassende Bettelordnung, in der er folgende Maßnahmen anweist:

So müssen wir doch aus den Klagen der Untertanen, die uns täglich erreichen, mit Befremden vernehmen, dass den wohlmeinenden Ordnungen und der beständigen, väterlichen, landesfürstlichen Fürsorge in manchem nicht entsprochen wird, sondern zur nicht geringen und fast unerträglichen Last der armen Untertanen die Bettelei und der Müßiggang überall im Land nur noch zugenommen hat und ohne allen Unterschied gestattet und geduldet wird, was bei uns nicht ohne Grund ein äußerst ungnädiges Missfallen hervorruft. [...]
Nämlich als erstes, dass hinfort nach der Publikation dieses unseres öffentlichen Erlasses die in jedem Landbezirk ansässigen Bettler nicht wie bisher von dem Landbezirk allgemein und insgesamt unterhalten werden. Vielmehr soll in jeder Stadt, jedem Marktflecken und auf dem Land jede einzelne Pfarrgemeinde die armen Leute, welche in ihrem Burgfriedens- oder Pfarrbezirk geboren sind oder lange darin gewohnt haben, jeweils selbstständig und allein unterhalten. Auch ist es niemandem künftig zu gestatten, inner- oder außerhalb der eigenen Stadt, des eigenen Marktfleckens oder des eigenen Pfarrbezirks zu betteln. [...]
Falls in einer Pfarrei so viele arme und bedürftige Leute vorhanden sind, dass sie nicht alle vom Almosen ihrer Pfarrgemeinde unterhalten werden können, soll dies von den Beamten (im Bezirk München) unserem Hofrat und in anderen Bezirken der jeweiligen Regierung mit Gutachten berichtet werden, damit alsdann eine andere Kommune desselben oder anderer Landbezirke, welche wenige oder gar keine Bettler zu unterhalten haben, ihr Almosen hier beitragen oder anderweitig Fürsorge getroffen werde. [...]
Zu diesem Zweck sollen zweitens zunächst in jeder Pfarrgemeinde alle armen und bedürftigen Personen aufgeschrieben werden: und zwar die sich wegen Alters, Krankheit oder anderer Gebrechen ohne Almosen nicht ernähren könnten, ferner die vater- und mutterlosen Waisen, die selbst nichts besitzen, bis sie alt genug für die Arbeit sind, außerdem die Witwen, die so viele Kinder haben, dass sie diese mit ihrer Hände Arbeit oder aus ihrem Vermögen nicht ernähren können, bis sie ihr Brot selbst verdienen, oder auch andere Personen, welche in den Städten und Marktflecken vom bürgerlichen Magistrat, auf dem Land von den einzelnen Pfarrgemeinden jetzt oder künftig auf ihr Ersuchen des Almosens für würdig und bedürftig erachtet und erkannt werden. Dabei soll bedacht werden, was und wie viel jeder in der Woche mindestens als nötigen Unterhalt haben muss. Danach aber soll kein Bettelbrief mehr ausgestellt werden. Außerdem sollen danach Bettelbriefe von denjenigen, die bisher einen besaßen, wieder zurückgefordert und einbehalten werden.

Nach: Wolfgang Wüst, Die „gute" Policey im Reichskreis. Zur frühmodernen Normensetzung in den Kernregionen des Alten Reiches, Bd. 3: Die „gute" Policey im Bayerischen Reichskreis und in der Oberpfalz, Berlin 2004, S. 573 f. (Text vereinfacht von Maximilian Lanzinner)

▲ **„Der Bettelvogt."**
Radierung von Daniel Chodowiecki, 1800.

1. *Vergleichen Sie die Bettelordnung mit M1. Welche gemeinsamen Grundgedanken spiegeln sich hier?*

2. *Nennen Sie die Gruppen, die der Kurfürst zu den „armen und bedürftigen Personen" zählt. Was gehörte zu den größten Armutsrisiken? Wie will der Kurfürst künftig der Armut begegnen?*

3. *Arbeiten Sie die Probleme der Obrigkeiten im Umgang mit den Armen und bei der Umsetzung der Regeln heraus. Suchen Sie Gründe.*

◂ **Lauinger Almosentafel von 1557.**
Die Tafel entstand in einer Zeit, in der viele Städte ihr Armenwesen neu organisierten.
- *Erläutern Sie den Sinnspruch der Tafel. Charakterisieren Sie Motiv und Zielsetzung dieser Armenfürsorge.*
- *Welche Bevölkerungsgruppen werden hier zu den Armen gezählt? Vergleichen Sie mit M3 und M4.*

M3 Städtische Armenfürsorge

Im Auftrag des Straßburger Rates bereist der Armendiakon und ehemalige Armenpfleger Alexander Berner im Jahre 1531 süddeutsche und schweizerische Städte, um sich über das Armenwesen zu informieren. In seinem Reisebericht beschreibt er die Nürnberger Verhältnisse:

Etliche sind es, die sich mit ihrer Arbeit und ihrem Handwerk ernähren, und dies aber, weil sie viele Kinder haben, nicht ausreicht (weil gar alle Dinge äußerst teuer geworden sind) und die der ärmere Handwerksmann zum Großteil mit Stückwerk[1] [...] ernähren muss und die Kaufleute den Gewinn einstreichen, werden sie gezwungen, das Almosen in Anspruch zu nehmen.

Etliche mögen wegen des Alters oder wegen Krankheit nicht arbeiten und müssen von anderer Leute Unterstützung leben.

Etliche können zwar, wollen aber nicht arbeiten, man kann sie weder mit Strafen noch mit freundlichen Hinweisen dazu bringen, dass sie Frau und Kinder ernähren. Will man nun nicht diese von Zeit zu Zeit in Not sehen, muss man ihnen Almosen geben.

Etliche sind seit jeher Bettler und haben nichts anderes gelernt; mit denen muss man ihr Leben lang Geduld haben.

Zeichen[2] tragen die Armen zu Nürnberg auf den Ärmeln oder an den Hüten, und sie sind aus gelbem Messing gemacht. Ebensolche Zeichen tragen auch etliche Arme außerhalb der Stadt Nürnberg, die doch in die Stadt gehören, denen man ebenfalls Almosen gibt, und diese sind aber aus weißem Metall gemacht [...]. Wie man sich gegenüber den Hausarmen[3] verhält, die sich der Spange[4] schämen oder sonst keine tragen wollen.

[...] Auch die, die sich mit ihrer Arbeit ernähren müssen und etwa wegen vieler Kinder über kein ausreichendes Einkommen verfügen, klagen, falls sie die Spange trügen, verlören sie das Vertrauen von denen, die sie verlegen und ihnen Arbeit geben. Ei, spricht der Herr, er ist zum Bettler geworden, ich vertraue ihm nichts mehr an, er könnte sonst das Meine verkaufen.[5] [...]

Es werden die, die krank sind, nicht gleich in das Spital gewiesen, es sei denn, die Krankheit wäre zu langwierig, sondern man hilft ihnen je nach Vermögen und Notwendigkeit, aber nur mit Geld. Wenn der Kranke jedoch Arznei oder sonstige Labung bedarf, so erhält er dies auch aus dem Almosen nach Ausweis der Ordnung. Ansonsten werden (arme) Kindbetterinnen auch mit Oberbett, Kissen, Laken und anderem versorgt, laut eines besonderen Artikels.

Wenn es geschieht, dass jemand Almosen begehrt, der nicht Almosengenosse ist, d. h. der noch nicht sechs Jahre Bürger ist, dem antwortet man, wenn er sich mit seiner Arbeit nicht ernähren kann, werde es ihm erlaubt, wieder aus der Stadt zu ziehen. [...]

Sie haben ein schönes Blatternhaus[6], liegt nicht weit vom Friedhof, doch etwas außerhalb der Stadt neben dem Pest- oder Siechenhaus, mit vielen Kammern oben und unten, darin waren 72 Personen. [...] Diese werden auch alle durch das gemeine Almosen unterhalten [...].

Die Fremden, welche am Vormittag ankommen, weisen sie ab und geben ihnen nichts (wie mir der Almosenschreiber selber gesagt hat), obwohl ihre gedruckte Ordnung anderes besagt. Die aber nachmittags ankommen, schicken sie in die Elendenherberge, wer aber ungehorsam ist oder, dass er, obwohl verwiesen oder beherbergt, betteln wollte, wird nach gewöhnlichem Brauch bestraft oder ins Gefängnis gelegt. [...]

Es gibt ein schönes, großes Spital, darin man Männer und Frauen gesondert unterbringt, es waren ungefähr 130 Männer und Frauen, und gewöhnlich nimmt man alte, unvermögende Leute darin auf, die noch nicht bettlägrig sind. Diese versorgt man lebenslang nach der Spitalsordnung, und wer ins Spital will, muss dies bei Rat oder Bürgermeister beantragen. Sie sind auch (wie man sagt) mit einem Arzt versehen, der täglich hereinschauen soll. Die Pflege ist überwiegend die

1 abhängige Auftragsarbeit, Verlagsarbeit, vgl. dazu S. 55 f.
2 Bettelzeichen, das Arme als berechtigte Almosenempfänger auswies; vgl. die Abbildung auf S. 45
3 Arme, die aus Scham nicht öffentlich betteln wollten und zu Hause blieben
4 anderer Ausdruck für Bettelzeichen
5 gemeint ist der Verleger, der Rohstoffe und Produktionsmittel stellt; siehe Anm. 1
6 Blattern: ältere Bezeichnung für Pocken, eine gefährliche Infektionskrankheit, die mit dem Auftreten eitriger Pusteln am gesamten Körper verbunden ist

schlechteste. Von den Frauen sind über 100 in einer Stube untergebracht. Es stinkt darin sehr stark, viel schlimmer als in unserer Spitalstube. [...]

Sonst sind zwei Knechte damit beauftragt, die Fremden zu vertreiben, und wenn einer ungehorsam ist, wird er je nach Vergehen in den Bettlerturm gelegt.

Zitiert nach: Gerhard Fouquet und Ulrich Mayer (Hrsg.), Lebenswelten. Quellen zur Geschichte der Menschen in ihrer Zeit, Bd. 2: Alteuropa 800 bis 1800, Stuttgart 2001, S. 220 f.

1. *Erläutern Sie, nach welchen Kriterien Berner die Armen der Stadt Nürnberg unterteilt.*
2. *Schließen Sie aus den Schilderungen auf Berners Einstellung zur Armut und deren Ursachen. Vergleichen Sie mit M1 und M2.*
3. *Fassen Sie das Nürnberger Fürsorgewesen zusammen. Welche Gruppe erhält welche Versorgung? Wie geht die Stadt mit Fremden um?*
4. *Arbeiten Sie heraus, wie Berner das Nürnberger Fürsorgewesen bewertet. Welche Einstellung wird gegenüber dem zeitgenössischen Fürsorgesystem deutlich?*
5. *Prüfen Sie, ob ein Armer auf dem Land anders lebte als in der Stadt.*

M4 Armenfürsorge in Augsburg im 16. Jahrhundert

a) Almosenempfänger:

	1544	1558	1568	1576
Ehepaare	284	256	198	90
Witwen und Witwer	251	195	173	180
Kinder der Ehepaare u. Witwen	674	464	475	304
Ziechkinder[1]	95	102	72	19
Insgesamt	1304	1017	918	593

b) Durchschnittliche jährliche Ausgaben des Almosens 1600-1620:

	fl[2]	kr[3]
747 Schaff[4] Roggen	3624	43
91 Schaff 1 Metze[5] Kern[6]	663	14
Backgeld[7]	571	40
338 $\frac{1}{2}$ Klafter Holz	1047	9
353 Holzzeichen[8]	152	58
80 Fass Schmalz	1790	29
40 Stück Loden: 1862 Ellen[9]	462	4
95 Stück Leinwand: 1150 $\frac{3}{4}$ Ellen	176	52
2 Stück Rupfen[10]: 166 Ellen	4	33
331 Paar gestrickte Strümpfe	53	57
2 Paar Handschuhe		9
191 Pelzhauben	38	4
4 Stück Kalbsfelle	2	16

Claus-Peter Clasen, Armenfürsorge im 16. Jahrhundert, in: Geschichte der Stadt Augsburg, Stuttgart 1985, S. 339 und 341

1. *Augsburg hatte um die Mitte des 16. Jahrhunderts ca. 36 000 Einwohner. Errechnen Sie aus der Tabelle a) jeweils den Anteil der Almosenempfänger. Überlegen Sie, ob mit dem städtischen Almosen alle Bedürftigen der Reichsstadt versorgt wurden.*
2. *Suchen Sie nach Gründen für die Veränderungen bei der Zahl der Almosenempfänger.*
3. *Schließen Sie aus der Zusammensetzung der verteilten Almosen in Tabelle b) auf die Lebensumstände der Empfänger. Legen Sie die durchschnittliche Zahl der Almosenempfänger aus Tabelle a) zugrunde.*
4. *Erläutern Sie, was die Zielgruppe der Almosen über die Funktion und die Beweggründe der Armenfürsorge aussagt.*
5. *Beurteilen Sie das Verständnis von sozialer Fürsorge, das in den Leistungen zum Ausdruck kommt.*

[1] keine leiblichen Kinder, sondern Pflege- bzw. „Ziehkinder“
[2] fl = Abkürzung für Gulden
[3] kr = Abkürzung für Kreuzer; in den süddeutschen Staaten mit Guldenwährung ergaben bis 1872 60 Kreuzer einen Gulden
[4] genormtes Maß für Getreide
[5] altes Maß für das Volumen
[6] ausgedroschener Dinkel
[7] Gebühr für die Nutzung des öffentlichen Backhauses
[8] von der Gemeinde ausgegebene Zeichen oder Marken, gegen die eine bestimmte Menge Holz direkt aus dem Wald bzw. beim Holzwärter abgeholt werden durfte
[9] ursprünglich von der Länge des Unterarmes abgeleitet, je nach Region zwischen ca. 50-80 cm
[10] derbes, leinwandartiges Gewebe aus Jute oder Flachsgarn

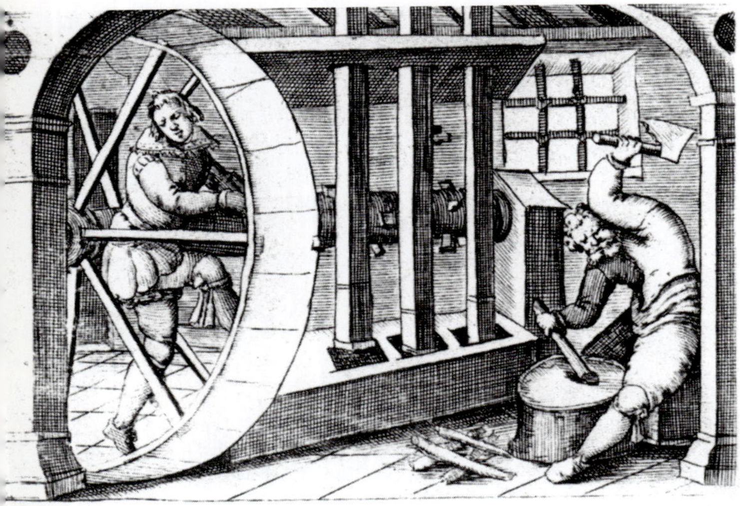

◂ **Raspeln und Holzhacken im Hamburger Arbeitshaus.**
Stich aus dem 18. Jahrhundert.
Die Inschrift am 1620 gegründeten Hamburger Arbeitshaus lautete: „Labore nutrior, labore plector" (Durch Arbeit werde ich ernährt, durch Arbeit werde ich gestraft).

M5 Hausordnung des Arbeitshauses in Berlin

Seit Ende des 16. Jahrhunderts werden für die Armen zunehmend „Zucht-" und „Arbeitshäuser" eingerichtet. In der Hausordnung des Arbeitshauses in Berlin vom 4. Juni 1751 heißt es:

1. Sollen alle Personen, welche ins neue Arbeits-Haus gebracht werden, sich ehrbar, still und fromm verhalten, und Gott und Sr. Königl. Majestät dancken, daß sie nicht mehr betteln dürfen, sondern hier ihre nothdürftige Verpflegung finden.
2. Wenn des Morgens mit der Glocke gelautet wird, welches im Sommer um 4. und nachdem die Tage wieder abnehmen, um 5. Uhr, des Winters aber um 6. Uhr geschiehet, sollen sie alle aus ihren Betten aufstehen, sich hurtig ankleiden, und im Saal versammlen, ihnen von jemand, der darzu verordnet ist, den Morgen-Seegen und das Vater Unser vorgelesen, in solches Sr. Königl. Majestät und das gantze Königliche Haus, samt Dero Landen und allen Ständen überhaupt eingeschlossen, und darauf ein Lied gesungen werden.
3. Auf gleiche Weise soll des Abends durch die Glocke um 8. Uhr angedeutet werden, daß sie sich zum Abend-Seegen und Einstimmung eines Liedes versammlen; nach dessen Endigung sie sämmtlich um 9. Uhr, bey gemeinen Licht im kurtzen Tagen [...] sich an denen vor Mannes- und Weibes-Personen, jeden besonders, angewiesenen Stellen und Orten ruhig schlafen legen sollen, so daß nach 9. Uhr alles stille und die Thüren verschlossen seyn [...].

9. Die gesetzte wöchentliche Arbeits-Zahl beym Spinnen ist vom Strichgarn 9. Stück, und von feinen 8. Stück; wer aber für Faulheit oder Bosheit die gesetzte Arbeit nicht vollbringet, wird dafür angesehen.
10. Wer von Wolle Garn, oder andern Materialien und Sachen im Hause etwas entwendet, soll das erstemal, wenn es nicht was grosses und vieles ist, mit 10. Peitschen-Schlägen, und das andere mal mit 20. Streichen gestrafet, das dritte mal aber ins Zucht-Haus nach Spandau gebracht, und alle Bestraffung jedesmal in Gegenwart der andern vollzogen werden. [...]

19. In der Mittags-Stunde oder nach dem Abend-Brod, sind sie von der Arbeit frey; es wäre denn, dass sie das gesetzte nicht verrichtet hätten, da sie es gleichwohl thun können, in welchem Fall ihnen keine Freystunde zu statten kömmt.
20. In solcher Freystunde Mittags und Abends wird ihnen erlaubt, auf dem Hofe herum zu gehen, und sich Bewegungen zu machen, doch daß der Zuchtmeister dabey acht habe, daß nichts ungebührliches unternommen werde.
21. Aus dem Arbeits-Hause heimlich wegzugehen, muß sich niemand bey Strafe der Peitsche unterstehen, und wer es thut, muß sogleich wieder aufgesuchet werden.
22. Wer einmahl ins Arbeits-Haus gebracht, und unter seiner eigenen oder seiner Angehörigen Versprechung wieder erlassen wird, hernach aber dennoch sich wieder auf der Betteley antreffen läßt, soll vom Zuchtmeister mit einem Willkommen von 10 Peitschen-Schlägen empfangen und das andere Mal ins Zucht-Haus nach Spandau[1] gebracht werden, weil das Betteln schlechterdings gänzlich verboten bleibet.

Christoph Sachße und Florian Tennstedt, a. a. O., S. 164-167

1. *Beschreiben Sie den Tagesablauf der Insassen. Welche Probleme des Anstaltsalltags werden deutlich? Welche Sicht auf die Insassen spiegeln die Vorschriften wider?*
2. *Arbeiten Sie die Ziele und Methoden der Institution heraus. Was ist unter „Arbeitshaus" zu verstehen?*
3. *Skizzieren Sie die am Beispiel des Arbeitshauses deutlich werdenden Ordnungs- und Sozialvorstellungen der Zeit.*
4. *Nehmen Sie Stellung zu Aufgabe und Wirkung der Institution.*
5. *Gegen die Arbeitshäuser regte sich seit dem späten 18. Jahrhundert Kritik. Suchen Sie nach Gründen.*
6. *Die Einweisung in Zucht- und Arbeitshäuser war meist das Ende eines langen Weges. Überlegen Sie, was wohl vorausging. Was kam danach?*
7. *Informieren Sie sich über Grundsätze und Ziele des modernen Strafvollzugs und vergleichen Sie mit dem 18. Jahrhundert.*

[1] Stadt westlich von Berlin

M6 „Armut ist weiblich"

Die Historikerin Rita Bake hat aus den Akten der im Jahre 1788 gegründeten Hamburger Armenanstalt die Lebensumstände einiger Frauen rekonstruiert. Aus den Angaben des Armenbuchs Nr. 67 wird auch das Schicksal der Witwe Anna Catharina Fischern bekannt:

Anna Catharina Fischern wohnte in der Fuhlentwiete, einer langen, engen und dicht bebauten Straße, von der viele Gänge und Höfe abgingen. [...] Sie war die 68-jährige Witwe eines Hafenarbeiters. Nach dem Tode des Mannes musste sie ihren Lebensunterhalt allein bestreiten. Viele Möglichkeiten hatte sie nicht. Nur für die Armenanstalt konnte sie arbeiten: als Spinnerin und Strickerin. Diese Tätigkeit hatte Anna Catharina Fischern bisher nicht gelernt, weil sie während ihrer Ehe Fische verkauft hatte. Daher musste sie, um überhaupt diese Arbeitsmöglichkeit zu bekommen, für einige Zeit die Spinnschule der Armenanstalt besuchen. Am 19. November 1788 wurde Anna Catharina Fischern entlassen. Von diesem Zeitpunkt an hatte sie für die Armenanstalt zu spinnen. Obwohl Anna Catharina Fischern 12 bis 14 Stunden täglich spann, erhielt sie einen Lohn, der weit unter dem Existenzminimum lag, sodass sie allein von diesem Verdienst nicht leben konnte. Aus diesem Grunde war sie also völlig von der Wohltätigkeit der Armenanstalt abhängig. Diese bezahlte ihr die Miete und von ihr erhielt sie im November 1788 z. B. auch eine Bettdecke und zwei Hemden. Außerdem wurde ihr im Januar 1788, als sie an einer Lungenentzündung erkrankte und ihr Rheuma immer schlimmer wurde, ein Krankenzettel ausgehändigt, durch den sie kostenlos ärztliche Hilfe bekam. Die Lungenentzündung wurde aber so gefährlich, dass sie in den Krankenhof geschickt wurde. Dort herrschten besonders schlechte hygienische Bedingungen. [...] Nach ihrer Entlassung aus dem Krankenhof war Anna Catharina Fischern weiterhin von der Armenanstalt abhängig. Sie musste so lange für diese arbeiten, wie die Armenanstalt sie für arbeitsfähig hielt. [...]

Der Zweck der Allgemeinen Armenanstalt lag nicht nur darin, der bestehenden Not abzuhelfen, sondern das Übel an der Wurzel zu packen. Es hieß Arbeitslosigkeit. „Jede Armen-Pflege [...], welche nur zum Zweck hat, den Bedürfnissen des schon in Noth gerathenen einstweilig abzuhelfen, wirkt der Ursache der Verarmung nicht entgegen." [...]

Deshalb wurde Bettelei strafbar. Mit dieser Maßnahme wurde versucht, den Armen zum Arbeiten zu bewegen. [...] Gut für die Unternehmen und gut für die Armen ... Wobei wir allerdings auch hier nicht an den Geschlechterunterschieden vorbeikommen.

Mit Arbeit konnten sich meistens die männlichen Armen über Wasser halten. Dabei blieb es allerdings auch. Die Möglichkeit, durch Arbeit „etwas zu werden", aus der Armutsschicht emporzusteigen – womöglich in die Bürgerschicht, d. h. z. B. auch das Bürgerrecht zu erlangen, für das eine gewisse Kapitalhöhe erforderlich war – blieb unmöglich. Hilfe für Arme durfte, wie der Hamburger Johann Arnold Günther im Revolutionsjahr 1789 schrieb, „den Nahrungszweig keines hiesigen Kaufmanns schaden. [Deshalb musste der Lohn] so geringe [sein], um unseren Fabrikanten nicht ihre Arbeiten zu vertheuern". [...]

Männliche Arbeiter konnten zwar auch durch Arbeitslosigkeit, Krankheit und in einigen Arbeitsbereichen durch zu geringen Verdienst in völlige Armut geraten. Für arme Frauen jedoch hing das Damoklesschwert „völlige Verarmung", d. h. nicht mehr selbst für sich sorgen zu können, ständig über ihren Köpfen. Denn ihre Erwerbstätigkeit wurde generell gesellschaftlich geringer bewertet als gleichwertige Arbeit von Männern.

Rita Bake, Trotz Fleiß kein Preis. Frauenarbeit und Frauenarmut im 18. Jahrhundert, in: Viktoria Schmidt-Linsenhoff (Hrsg.), Sklavin oder Bürgerin? Französische Revolution und Neue Weiblichkeit 1760-1830, Frankfurt am Main 1989, S. 272-274

1. *Erläutern Sie die Umstände, unter denen Anna Catharina Fischern in die Armenanstalt kam. Arbeiten Sie deren Hilfsmaßnahmen heraus.*

2. *Träger der Armenanstalt waren Hamburger Bürger. Analysieren Sie ihre Motive für die Armenpflege und den Zweck der Armenanstalt. Beurteilen Sie die Wirksamkeit der Armutsbekämpfung.*

3. *Bakes Untersuchung beginnt mit dem Zitat: „Armut ist weiblich." Nehmen Sie dazu Stellung.*

4. *Wenn die Frauen der Armenanstalt eine Stimme gehabt hätten: Was hätten sie im Rahmen ihrer Möglichkeiten gefordert? Verfassen Sie ein Flugblatt.*

5. *Erläutern Sie anhand von M1 bis M6 die Veränderungen im Umgang mit der Armut in der vorindustriellen Gesellschaft und deren mögliche Ursachen. Kann von einem „sozialen Netz" gesprochen werden? Begründen Sie Ihre Meinung.*

Von der Hände Arbeit leben – bürgerliche und bäuerliche Arbeitswelten

Im Jahre 1798 notiert Pfarrer Geiger, der Seelsorger des kleinen oberbayerischen Dorfes Entraching zwischen Ammersee und Lech, was die Tagelöhner und Dienstboten, die Knechte und Mägde täglich zu essen bekommen. Morgens, etwa eine Stunde nach Sonnenaufgang, gibt es Mus vom geschroteten Korn, um 9 Uhr Roggenbrot, um 11 Uhr eine Milchsuppe, Sauerkraut und Topfennudeln als Mittagsmahlzeit, um 3 Uhr nachmittags wieder Brot und gegen 7 Uhr das Nachtmahl: Sauerkraut, Erbsen und Nudeln aus Roggenmehl. Getrunken wird Wasser. Nur an den hohen kirchlichen Festtagen gibt es Bier.

Auch in der Residenzstadt München sieht der Speiseplan der einfachen Handwerker und Dienstboten kaum anders aus. Der bayerische Historiker Lorenz von Westenrieder beobachtet von seinem Haus in der Münchener Kaufingergasse aus, wie fahrende Händler Bier, Eier oder Butter feilbieten und wie am nahe gelegenen Schrannenmarkt, dem heutigen Marienplatz, das Getreide säckeweise zum Verkauf gestapelt wird.

◄ **Herbstarbeiten auf dem Land.**
Monatsbild (September oder Oktober) von Hans Wertinger, Kupferstich von Johann M. Mettenleiter, Öl auf Holz, um 1525/30.

Leben und Arbeiten auf dem Land Die Notizen des Pfarrers machen deutlich, dass auch am Ende des 18. Jahrhunderts Getreide das wichtigste Grundnahrungsmittel für die Bevölkerung war. Fisch und Fleisch aßen nur die Reichen regelmäßig. Die Viehhaltung diente der Versorgung mit Milchprodukten. Die Aufzeichnungen zeigen, dass die landwirtschaftliche Produktion nicht nur Grundlage der bäuerlichen, sondern auch der bürgerlichen Arbeitswelt war.

Die ländlichen Lebens- und Arbeitsbedingungen waren durch die Grundherrschaft und die Agrarwirtschaft geprägt. Neben Wiesen, Weiden und Wald bildete die Ackerfläche den wichtigsten Bereich der **Flur**. Sie war nach dem System der Dreifelderwirtschaft in drei große Bereiche, das Sommerfeld, das Winterfeld und das Brachfeld, eingeteilt (▸ M1). Oft konnten die Bauern ihre Äcker nicht bestellen, ohne über die der anderen Bauern zu gehen. Um zu vermeiden, dass die Saat geschädigt und die Ernte gefährdet wurde, gab die Dorfgemeinde vor, was auf den einzelnen Feldern angebaut, wann gemeinsam gepflügt, gesät, gedüngt oder geerntet wurde. Diese Normierung wird

Flur: ursprüngliche Bezeichnung für Landschaft, später für die landwirtschaftliche Nutzfläche einer Siedlung

Flurzwang genannt. Der Zwang zu gemeinschaftlichen Regelungen und Vorgehensweisen der Dorfgemeinschaft trug dazu bei, die Beharrungskräfte in der Landwirtschaft zu stärken. Die Bauern achteten argwöhnisch darauf, dass keiner von ihnen etwa durch Neuerungen des Anbaus den Flurzwang durchbrach.

Die Größe der bäuerlichen Anwesen war sehr unterschiedlich (▸ M2). Neben „ganzen" Bauernhöfen gab es halbe Höfe, Viertelhöfe und weitere Abstufungen. Die durch Erbteilung immer kleiner werdenden Höfe brachten immer seltener ausreichende Erträge. Oft konnten die Bauern kaum ihren Lebensunterhalt sichern, geschweige denn Abgaben an den Grundherrn oder Steuern zahlen. Für nachgeborene Söhne und Töchter blieb, wenn sie sich nicht als Knechte oder Mägde verdingen wollten, oft nur die Möglichkeit, sich neben der Bewirtschaftung solcher kleinst-bäuerlichen Stellen – in Bayern auch „Sölden" genannt – zusätzlich als Tagelöhner zu verdingen. Während wohlhabenden Bauern Grundstücke von einem bis zwei Tagwerk (3 000 bis 6 000 m^2) zur Verfügung standen, besaßen die ärmsten, die Söldner (auch „Häusler") und Tagelöhner, oft nur 150 bis 200 m^2 Grund. Die Großbauern errichteten auf ihrem Hof Scheunen und Ställe, lagerten Heu und hielten Zugvieh, während die bäuerliche Unterschicht oft nicht mehr als eine bescheidene Hütte und einen kleinen Kräutergarten besaß.

▲ Feste und Vergnügungen der Bauern.
Bemalter Holzteller, 1547.
Auf dem Land wurde nicht nur gearbeitet. Es gab viele Feiertage, an denen die Menschen die Zwänge des Alltags ablegten und ausgelassen feierten. In der Mitte des Tellers ist eine Hochzeitsszene dargestellt.
Der Tellerrand zeigt weitere Vergnügungen: Pferderennen, Schwertlaufen und Gläserbalancieren, Kugelspiel, Schwertkampf und Lanzenstechen, Wallfahrten, Hahnenfangen und eine Marktszene mit Buden.

Der jährliche Zyklus von Aussaat und Ernte, Viehtrieb und Düngung bestimmte den Arbeitsalltag der Landbevölkerung. Ackerbau und Viehzucht waren schwere Handarbeit. Pferde und Ochsen wurden als Zugvieh eingesetzt. Erst der Winter brachte eine Ruhephase, die für Reparaturen, aber auch für Schnitz- und Handwerksarbeiten genutzt wurde. Vor allem die unterbäuerlichen Schichten übernahmen regelmäßig Heimarbeiten, um das schmale Einkommen aufzubessern: Sie spannen Garn, webten Tuche, flochten Weidenkörbe und töpferten einfache Gebrauchskeramik. Die Rohstoffe und Werkzeuge stellten ihnen Verleger zur Verfügung. Diese Unternehmer verkauften die angefertigten Produkte anschließend auf eigene Rechnung.

Auf den Höfen arbeiteten die Menschen meist nur für den eigenen Bedarf. Die Produktivität des Dorfes war so in erster Linie an der Subsistenz orientiert, d. h. an der Deckung der Eigenversorgung der zum Lebenserhalt notwendigen Güter, nicht an einer Produktion für den Markt. Doch war dies auch abhängig von der jeweiligen Entfernung zur nächsten Stadt, die auf die Versorgung des Umlandes angewiesen war.

Handel und Handwerk in der Stadt ■ Abgesehen von den kleinen **Ackerbürgerstädten**, die sich kaum von größeren Dörfern oder Märkten unterschieden, standen Handel und Handwerk im Mittelpunkt der Städte. Dort hatte sich im Mittelalter ein neues, unfeudales Ethos der Arbeit ausgebildet. Nicht mehr die Arbeit wurde verachtet, sondern der Müßiggang. Damit gewann auch das Erlernen und Ausüben eines Berufes höhere Bedeutung. Je größer die Stadt, desto stärker differenzierte sich das Handwerk aus. Durch die Spezialisierung ergaben sich Produktionsverbesserungen, zu denen besonders im Metall- und Textilgewerbe eine Reihe technischer Neuerungen beitrugen. Vor allem in den dynamischen Städten mit ausgeprägtem Exportgewerbe oder großer Bedeutung für den Fernhandel bildeten sich moderne Wirtschaftsformen aus. Geldhandel und Bankierstätigkeit entfalteten sich. Mit den großen Handelshäusern verbreiteten sich Gewinnstreben und eine frühkapitalistische Wirtschaftsweise, die eine Ausweitung der Produktion und der

Ackerbürgerstädte: Städte, in denen der größere Teil der Einwohner landwirtschaftlich tätig ist, und in denen Gewerbe und Handel nur eine bescheidene Rolle für ein lokal begrenztes Absatzgebiet spielen

▲ **Ein Schuhmacher beim Stiefelanpassen.**
Holzschnitt von 1689.

internationalen Handelsverbindungen zur Folge hatte. Die Geschäftsbereiche erstreckten sich auf Geldgeschäfte, den Bergbau und das Verlagswesen, am einträglichsten war jedoch der Fernhandel, der aus den regionalen Preisunterschieden satte Gewinne erwirtschaften konnte. Die Handelshäuser der Fugger in Augsburg oder der Medici in Florenz unterhielten daher schon im 15. Jahrhundert in ganz Europa Niederlassungen (Faktoreien).

Aber auch in der Stadt stand die Grundversorgung der Bevölkerung im Vordergrund. So finden sich in nahezu allen Städten der Frühen Neuzeit Bäcker, Metzger, Schmiede, Schuster, Schneider, Weber, Gerber, Zimmerleute und Schreiner. Seit dem Mittelalter prägten die Zünfte das städtische Handwerk. In ihnen schlossen sich die Mitglieder eines Gewerbes zusammen, organisierten gemeinsam die Rohstoffbeschaffung, legten Produktionsverfahren fest und sprachen Verkaufspreise ab. Es bestand Zunftzwang, d. h. wer ein Gewerbe ausüben wollte, musste Mitglied einer Zunft sein. Den Zunftgenossen sollte ein „Kollektivmonopol" gesichert und die Unterbietung durch nichtorganisierte Konkurrenz verhindert werden. Ein freier Wettbewerb auf einem Markt, der durch Angebot und Nachfrage reguliert wurde, existierte nicht. Ziel des zünftischen Gewerbes war nicht die Gewinnmaximierung, sondern der „gerechte Lohn" – die Sicherung eines auskömmlichen Lebens für alle Handwerkerfamilien und die Gewährleistung des „gemeinen Nutzens" für die gesamte Stadtgemeinde. Allerdings wurde auch das Handwerk vom Gewinnstreben der Fernkaufleute beeinflusst. Frauen blieben die Zünfte in aller Regel verschlossen, aber gelegentlich gab es auch Meisterinnen. Die Kölner Seidenmacherinnen bildeten im 15. Jahrhundert eine eigene Zunft.

Die Arbeitsbedingungen, Verdienstmöglichkeiten, Löhne und Gewinne in Handel und Handwerk waren unterschiedlich. Ebenso wie es unter den Kaufleuten neben reichen Groß- und Fernhändlern vor allem mittlere und kleinere Unternehmen im Detail- und Zwischenhandel gab, herrschte auch im Handwerk ein großes Gefälle. Bei den Handwerkern der gehobenen Gewerbe, wie das der Goldschmiede oder Instrumentenbauer, waren die Arbeitsbedingungen vergleichsweise angenehm, so mancher gelangte zu Wohlstand. Im Gegensatz dazu mussten die Weber oft in dunklen, feuchten Kellerräumen von Sonnenaufgang bis Sonnenuntergang an ihren Webstühlen arbeiten, die Gerber, Färber und Walker viele Stunden im kalten Wasser stehen. Trotzdem verdienten sie selten mehr als das Nötigste zum Leben. Der größte Teil des Einkommens wurde für Nahrungsmittel, Wohnung und Brennholz aufgewendet. Der kleine Gemüsegarten hinter dem Haus oder vor den Toren der Stadt war für viele Handwerkerfamilien unverzichtbar.

Etwas günstigere Bedingungen herrschten in den Residenzstädten. Hier entstanden durch die Bedürfnisse des fürstlichen Hofes zusätzliche berufliche Möglichkeiten. Neben den privilegierten Hoflieferanten konnten dies vor allem Kunsthandwerker, aber auch Kutschenmacher, Waffenschmiede, Schneider oder Perückenmacher für sich nutzen.

Meist waren die Handwerksbetriebe sehr klein und in der Regel im Wohnhaus untergebracht. Wohn- und Produktionsstätte waren im alten Handwerk nicht voneinander getrennt (▸ M3). Der Handwerksmeister fertigte sein Werkstück von Anfang bis Ende selbst. Spezialisierung gab es nur innerhalb eines Berufsfelds, z. B. als Goldschmied, Waffenschmied oder Hufschmied. Kapitaleinsatz spielte keine große Rolle. Die Beschaffung von Rohstoffen orientierte sich an der Auftragslage, Investitionen etwa für neues Werkzeug fielen nur in geringem Maße an.

▲ **Der Augsburger Perlachplatz im Winter.**
Ölgemälde (225 x 358 cm) wahrscheinlich von Heinrich Vogtherr d. J., Augsburg, um 1545.

- *Beschreiben Sie die verschiedenen Personengruppen und versuchen Sie, deren Tätigkeit und Stellung zu identifizieren.*

Stadt und Land: getrennte Welten? Handwerk und Gewerbe gab es aber – zum Leidwesen der städtischen Zünfte – nicht nur in der Stadt (▸ M4). Außer Gastwirt, Müller, Schmied und Bader hatten sich Schuster, Lederer, Sattler, vor allem aber viele Gewerbetreibende der Textilherstellung wie Leinen- oder Lodenweber auf dem Land ausgebreitet. Manche Gegenden, vor allem in den Bergen, spezialisierten sich auf Holzschnitzereien. In den Schmieden wurden die Werkzeuge für die Arbeit auf Hof und Feld hergestellt und die Hufe der Pferde beschlagen. Die Müller mahlten das Getreide, die Bäcker machten Brot daraus.

Stadt und Land waren keineswegs getrennte Welten. Vor allem wirtschaftlich waren sie eng verbunden. Mindestens einmal pro Woche war der städtische Markt Treffpunkt der Bauern aus der Umgebung, wo sie Geflügel, Eier, Gemüse und Milchprodukte anboten. Andererseits entdeckten und nutzten die städtischen Kaufleute seit dem Spätmittelalter zunehmend die Möglichkeiten auf dem Land. Anders als die Zunfthandwerker orientierten sie sich an überregionalen Märkten und waren daran interessiert, große Mengen preiswerter Waren abzusetzen. Die hohen Qualitätsnormen der städtischen Zünfte waren da ebenso hinderlich wie deren Lohnforderungen. So ließen die Fernhändler lieber die wachsende Zahl von Nebenerwerbsbauern, von Söldnern und Tagelöhnern, für sich arbeiten, die sich von ihren kleinen Äckern nicht ernähren konnten.

Vom Flachsanbau über die Garnproduktion bis hin zur Landweberei gab es ein ausgedehntes ländliches Gewerbe, dessen Schwerpunkt etwa im Raum des heutigen Bayern in Schwaben lag. Auch andere Regionen waren von gewerblicher Produktion geprägt. So entwickelte sich etwa in der Oberpfalz vor allem um Amberg ein bis ins 17. Jahrhundert florierendes Montangewerbe. Im Bayerischen Wald und im Spessart entstanden zahlreiche Glashütten. Der Kaufmann trat dabei als Verleger auf, der den Heimhandwerkern und

▲ **Werkstatt eines Stellmachers auf dem Dorf.**
Kupferstich von 1702.
- *Erklären Sie anhand des Bildes die Arbeit des Stellmachers.*

Arbeitern die Rohstoffe und Geräte stellte und anschließend den Vertrieb der Fertigwaren übernahm. Er konnte die Löhne für die Heimarbeit weitgehend frei festlegen, weil auf dem Lande die städtischen Zunftordnungen nicht galten. Außerdem gab es überall genügend Arbeitskräfte, denn die Bevölkerung war seit dem 17. Jahrhundert ständig gewachsen.

Verlag und Manufaktur: Vorboten der Moderne

Seit dem Spätmittelalter hatten sich neue und zukunftsweisende Arbeits- und Produktionsformen ausgebildet. Im Verlagswesen wurde nicht mehr wie im traditionellen Handwerk von dem selbstständigen Handwerksmeister für den jeweiligen Auftraggeber gefertigt, sondern von angestellten Lohnarbeitern in Heimarbeit standardisierte Massenware für einen größeren Markt hergestellt. Arbeit und Kapital, etwa für Werkzeuge, Rohstoffe oder Materialien, lagen nicht mehr in einer Hand. Das Einkommen eines Heimwebers hing davon ab, wie viel der Verleger nach seiner Einschätzung des Marktes zu zahlen bereit war. Die kapitalistische Marktwirtschaft begann sich auszubilden.

Noch ausgeprägter wies das Manufakturwesen in die Zukunft (▸ M5). Gemessen am handwerklichen Familienbetrieb handelte es sich um „Großbetriebe“, auch wenn es nur wenige Arbeiter gab. In den Manufakturen wurden Waren wie Spiegel, Teppiche, Hüte oder Stoffe für einen größeren Markt hergestellt. Die Arbeit in der Manufaktur erfolgte noch vorwiegend mit der Hand, jedoch erlaubte es die große Zahl der Mitarbeiter, die Fertigung in zahlreiche Schritte zu zerlegen. Durch die Arbeitsteilung unter einem Dach ließen sich mehr Waren kostengünstiger herstellen, unter anderem weil für die einfachen Arbeitsgänge billige ungelernte Arbeiter, Frauen und Kinder eingestellt werden konnten. Zudem entfielen die Zwischentransporte der Halbfertigwaren von Werkstatt zu Werkstatt. So formten etwa in einer Porzellanmanufaktur Fachkräfte die Rohmasse, andere brannten sie, die nächsten glasierten, und abschließend verzierten Maler die Ware mit einem Dekor. Wie im Verlagswesen standen sich auch hier Unternehmer und Lohnarbeiter gegenüber, wurden Werkzeuge und Geräte von den Unternehmern gestellt. Der Arbeiter übte seine Tätigkeit nun auch nicht mehr zu Hause aus, sondern ging dazu in den Betrieb: der moderne „Arbeitsplatz“ entstand, die letzte Vorstufe zur „Fabrik“ war erreicht. Da sich mit den neuen Produktions- und Arbeitsformen wie Arbeitsteilung, Spezialisierung und Marktorientierung moderne Merkmale des Wirtschaftens herausbildeten, spricht die Geschichtswissenschaft auch von „Protoindustrialisierung“. Eine Steigerung der Produktivität in größerem Ausmaß setzte jedoch erst im 19. Jahrhundert durch den vermehrten Einsatz von Maschinen ein.

Der wirtschaftliche Wandel hinterließ Spuren: Das Verlagswesen sowie die Manufakturen machten dem zünftigen Handwerk das Überleben teilweise schwer. Die Zahl der unzünftigen Lohnarbeiter wuchs; aus ihnen entstand allmählich der „vierte Stand“. Seit dem Ende des 18. Jahrhunderts wurde in vielen Ländern über die Abschaffung der Zünfte und die Einführung der Gewerbefreiheit diskutiert.

M1 Vormoderne Landwirtschaft

a) Feldbestellung im 18. Jahrhundert:

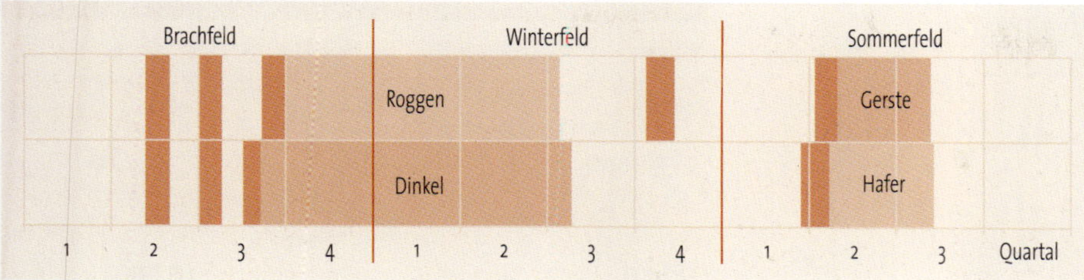

Rainer Beck, Unterfinning. Ländliche Welt vor Anbruch der Moderne, München 2004, S. 124

b) Ausschnitt der Ackerflur der Gemeinde Unterfinning im oberbayerischen Landkreis Landsberg am Lech nach einer Flurkarte von 1811 (1:5000):*

* Obereigentumsrechte hatten unter anderem die Pfarrkirche Unterfinning, das Kloster Benediktbeuern, das Pittrich Regelhaus München, das Collegium Societas Jesu Landsberg, das Kurfürstliche Kastenamt Landsberg, die Klöster Wessobrunn und Dießen und der Baron Lösch von Hilgertshausen. Die Farben kennzeichnen den jeweiligen Obereigentümer.

Rainer Beck, Dörfliche Gesellschaft im alten Bayern 1500-1800 (Hefte zur bayerischen Geschichte und Kultur 14), München 1992, S. 10

1. *Erläutern Sie anhand des Schaubilds a) die agrarische Bewirtschaftungsform der Dreifelderwirtschaft.*
2. *Überlegen Sie, welche Funktion der Anbauwechsel hat.*
3. *Beschreiben Sie Lage und Beschaffenheit der landwirtschaftlichen Fluren in Abbildung b). Arbeiten Sie Besonderheiten heraus. Was könnten die verschiedenen Beschriftungen bedeuten?*
4. *Überlegen Sie auf der Grundlage der Planzeichnung b), welche Bedeutung den Regelungen der Dorfgemeinde bei der Organisation der Feldarbeiten zukam.*

M2 Besitzverhältnisse in bayerischen Dörfern: das Beispiel Unterfinning

a) Grundbesitzverteilung in Unterfinning 1721:

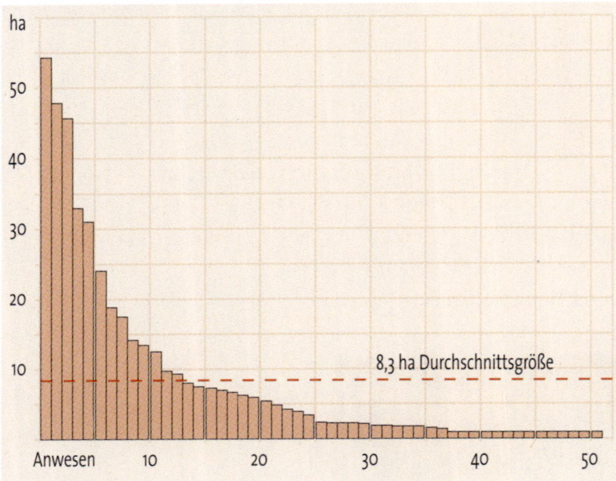

Rainer Beck, Unterfinning, a. a. O., S. 235

b) Besitzgrößen in Unterfinning 1721:

Art und Nutzungsmöglichkeit des Grundbesitzes	Umfang des Grundbesitzes
Betriebe, die außer einem Garten oder Anger um das Haus keinen weiteren Grundbesitz hatten	< 0,5 ha
Grundbesitz, der über Garten oder Anger um das Haus sowie über offene Feldflur verfügte	> 0,5 ha
offene Feldflur ohne Ackerland, nur Wiesengrund	0,5 - 2 ha
Besitz von bebaubarem Ackerland in den drei Streifen der Dreifelderwirtschaft	> 2 ha
Ackeranteil im Verhältnis zum Grünland: ca. 32 Prozent	2 - 7,5 ha
Ackeranteil im Verhältnis zum Grünland: ca. 42 Prozent	15 - 45 ha
Ackeranteil im Verhältnis zum Grünland: über 50 Prozent	> ca. 50 ha

Betriebsmöglichkeit von Viehhaltung	Mindestumfang des Grundbesitzes
Kühe	
1 Kuh	> 0,2
2-3 Kühe	> 1,5 - 2 ha
Pferdehaltung	
1 Pferd	> 5 ha
2 Pferde	> 10 ha

Jährliche Bedarfsdeckung an Getreide	Mindestumfang des Ackerlands
für einen Drei-Personen-Haushalt zur Selbstversorgung	> 5 ha
für einen Fünf-Personen-Haushalt zur Selbstversorgung	> 10 ha
für einen Fünf-Personen-Haushalt mit Möglichkeit der Mehrproduktion für den Verkauf auf dem Markt	> 15 ha

Nach: Rainer Beck, Unterfinning, a. a. O., S. 232 - 243

1. *Erläutern Sie anhand des Diagramms a) die Besitzverhältnisse in Unterfinning.*
2. *Erarbeiten Sie aus Tabelle b), über wie viel Grundbesitz eine Familie verfügen musste, damit die Selbstversorgung mit Milch, Getreide und Schmalz gewährleistet war. Welche Faktoren spielten dafür eine Rolle?*
3. *Bestimmen Sie die Zahl der Anwesen in Unterfinning, die unterhalb der von Ihnen ermittelten Grundbesitzgröße lagen. Erstellen Sie ein Gesamtprofil der Arbeits- und Lebensverhältnisse in Unterfinning.*
4. *Treffen Sie auf der Grundlage Ihrer Ergebnisse allgemeine Aussagen zum Leben und Wirtschaften der Menschen auf dem Land. Kann von einer „Welt von Bauern“ gesprochen werden?*

M3 „In Haus und Hof vollzieht sich das Berufsleben"

In einem Buch mit Quellen und Berichten zum Alltag der Menschen im 18. Jahrhundert heißt es über die Lebens- und Arbeitsverhältnisse der Bauern und Handwerker:

In Haus und Hof vollzieht sich großenteils das Berufsleben. Das bedarf, was das ganze Bauernvolk betrifft, die Mehrheit des Volkes damals, keiner Erläuterung; an lebendiger Anschauung fehlt es auch heute nicht, wenn man die Motorfahrzeuge, das moderne Gerät in Abzug bringt. Auch die Handwerkshäuser alter Art leben noch, bei aller Wandlung, an tausend Plätzen; Meisterhaushalt und Werkstatt unter einem Dach oder über den Hof benachbart. Doch war das Zusammenleben damals dichter, dicker. Gesell und Lehrbuben wohnten im Haus, saßen am Familientisch und hatten zu essen, was sie Meisterin gekocht hatte und ihnen vorsetzte. „Die Rüben, die Rüben, die haben uns vertrieben. Hätt' die Meisterin Fleisch gekocht, so wären wir geblieben." So ein grauer Altgesell (ledig natürlich, denn er durfte ja nicht heiraten – wenn den Meister allenfalls der Schlag hinwegraffte, bekam er vielleicht die saure und runzelige Wittib und war dann selber Meister, ein gemachter Mann, ein Glückspilz), der Altgesell hatte im besten Fall sein eigenes schmales Bett, ganz selten sogar ein eigenes Kämmerchen, wo er das Seine an den Nagel hängen konnte. In der Regel genügte für die Kerls eine Kammer, und man legte mehrere in ein Bett, die Lehrbuben allemal. Sie schliefen auch so, dafür war gesorgt bei einem Arbeitstag von 12 oder 14 Stunden. [...]

Die alte häusliche Selbstversorgung und Vorratswirtschaft können wir uns nicht umfassend genug vorstellen. Schweine und Hühner wurden beim oder im Haus gehalten, wenn möglich auch eine Kuh, und wenn ein Stadtgraben da war, ein Fluss am Städtchen floss, Gänse und Enten; auch hatte man Bienenvölker. Wer vor dem Tor ein Gütchen besaß, und das hatten viele, zog dort, was er brauchte und Himmel und Erde gewährten, Wein und Obst, Kohl und Rüben, Küchenkräuter, Salat und Rettich, die neumodischen Kartoffeln [...], Hafer für die Pferde, wenn man eigene hielt, Brotgetreide, das man mahlen ließ. Das Eindünsten von Gemüse und Obst war noch nicht erfunden, dafür hatte das Weibervolk mit dem Putzen, Hobeln, Einsalzen und Einstampfen von Kohl oder Kraut mächtig zu tun, mit dem Herrichten und Trocknen von Pilzen, Zwetschgen, Birn- und Apfelschnitzen. Der Schlachttag, zu winterlicher Zeit, war ein eigener Festtag [...].

Doch ist diese ganze häusliche Ökonomie nicht darauf beschränkt, den leeren Bauch zu füllen und den Durst zu löschen. Es werden Lichter gegossen, es wird gesponnen und gewebt – das Spinnen, ein beliebtes winterabendliches Geschäft, gemeinsam reihum in den Häusern, mit Geschichtenerzählen und Gesang, das junge Mannsvolk zu später Stunde vor der Tür versammelt, um die vom Singen und Lachen ermunterten Mädchen heimzuführen durchs Dunkel, Anlass zu häufigem Kanzeldonner – Strümpfe werden gestrickt, Fäustlinge, Bauchbinden und Nachtmützen; in manchen Häusern verstehen sich die Frauenzimmer auf die Anfertigung von Geldbörsen und Strickbeuteln. Wer wenig oder beinah gar nichts kann, kann sich immer noch in den müßigen Abendstunden nützlich machen, indem er Anfeuerungsholz und Fidibusse[1] herstellt. Und hundertfach erwächst aus der häuslichen Ökonomie eine kleine Hausindustrie, – hölzernes Küchengerät, Siebe, Körbe ... bis hinauf zu kostbarer Stickerei und zur Uhrenherstellung.

Es ist ein solches Haus eine zwar nicht gerade autarke, aber doch stark entwickelte und in sich geschlossene Produktions- und Konsumgemeinschaft.

Peter Lahnstein, Report einer „guten alten Zeit". Zeugnisse und Berichte 1750-1805, München ²1979, S. 20-22

1. *Beschreiben Sie Besonderheiten und Funktion des „Hauses" in der vormodernen Gesellschaft. Wie gestaltete sich das Zusammenleben?*

2. *Begründen Sie, worin die Bedeutung der „häuslichen Ökonomie" für die Menschen lag. Was konnte diese Einheit gefährden oder zerstören?*

[1] Fidibus: harzreicher Holzspan oder Papierstreifen zum Anzünden von Feuer

M4 Gewerbe in Stadt und Land

Handwerkerzahlen und Gewerbedichte im mittleren Gebiet Landsberg 1726: Stadt Landsberg, Markt Dießen, 48 Dörfer, Weiler und Einöden**:*

		48 Orte Land ca. 5 500 Einwohner			Landsberg ca. 2 700 Einwohner			Dießen ca. 850 Einwohner		
		N	I	II	N	I	II	N	I	II
1	Leinenweber	52	95	106	31	115	87	3	35	283
2	Schuster	32	58	172	10	37	270	6	71	142
3	Schneider	28	51	196	11	41	246	7	82	121
4	Zimmermann	24	44	229	13	48	208	10	118	85
5	Wirt	20	36	275	27	100	100	10	118	85
6	Hufschmied	22	40	250	4	15	675	4	47	213
7	Bäcker	12	22	458	24	89	113	9	106	94
8	Maurer	14	26	393	8	30	338	3	35	283
9	Händler	10	18	550	18	67	150	8	94	106
10	Müller	11	20	500	4	15	675	3	35	283
11	Schäffler	10	18	550	6	22	450	3	35	283
12	Metzger	6	11	917	12	44	225	6	71	142
13	Wagner	8	15	688	2	7	1350	0	–	–
14	Kistler	6	11	917	7	26	386	3	35	283
15	Bierbrauer	0	–	–	18	67	150	10	118	85
16	Bader	5	9	1100	4	15	675	1	12	850
17	Sattler	4	7	1375	3	11	900	3	35	283
18	Hafner	1	2	5500	4	15	675	3	35	283
19	Rotgerber	0	–	–	7	26	386	1	12	850
20	Maler	1	2	5500	2	7	1350	1	12	850
21	Seiler	0	–	–	5	19	540	2	24	425
22	Weißgerber	0	–	–	5	19	540	1	12	850
23	Kürschner	0	–	–	3	11	900	3	35	283
24	Kupferschmied	0	–	–	3	11	900	1	12	850
25	Schlosser	0	–	–	3	11	900	0	–	–
26	Glaser	0	–	–	1	4	2700	2	24	425
27	Färber	0	–	–	3	11	900	0	–	–
28	Hutmacher	0	–	–	2	7	1350	1	12	850
29	Goldschmied	0	–	–	2	7	1350	1	12	850
30	Messer-/Nagelschmiede	0	–	–	3	11	900	0	–	–

N = Zahl der Handwerker; I = Handwerker auf 10 000 Einwohner; II = Einwohner auf einen Handwerker

* Dießen gehörte dem Augustiner-Chorherrenstift am Ort. Als Markt hatte es ähnliche wirtschaftliche Funktionen wie eine Stadt, besaß aber kein Stadtrecht und auch keine Ummauerung.

** Weiler sind Wohnsiedlungen, die kleiner sind als Dörfer; noch kleinere Einheiten werden in Bayern als Einöden bezeichnet.

Nach: Rainer Beck, Unterfinning, a. a. O., S. 309

1. *Arbeiten Sie die Verteilung des Gewerbes in Stadt und Land heraus. Welche Besonderheiten und Unterschiede lassen sich feststellen?*

2. *Erstellen Sie auf der Grundlage der Einwohnerzahlen jeweils ein „Berufsprofil" für die unterschiedlichen Ortseinheiten. Finden Sie Gründe für die Verteilung.*

M5 Gewerbe zwischen altem Handwerk und kapitalistischer Wirtschaftsform

◂ **Weber an seinem Trittwebstuhl.**
Nürnberger Federzeichnung von 1610.
Die Nürnberger Weber stellten vor allem Leinenstoffe und Barchent her, ein Mischgewebe aus Leinen und Baumwolle. Mit seiner rechten Hand hält der Weber das Schiffchen mit dem Schussfaden, mit der linken die Lade, die die Fäden zusammenschiebt. Mit dem Pedal lassen sich die Fäden der Tuchbahn senken und heben. Im Korb neben den Füßen liegen weitere Garnspulen.

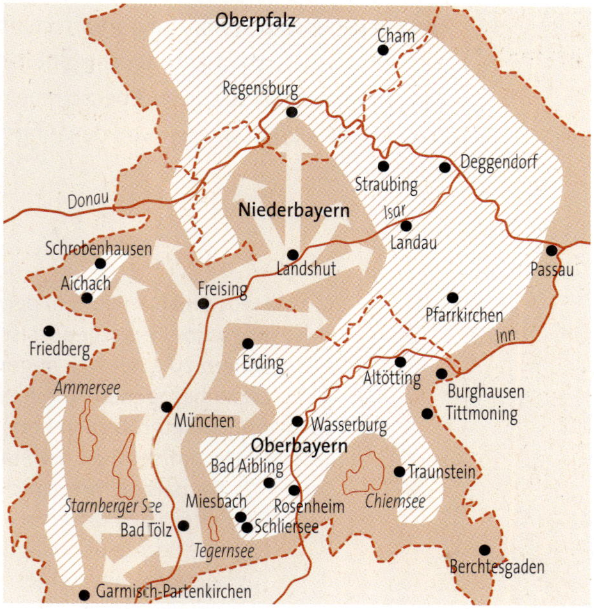

▸ **Absatzgebiet Tölzer Möbel um 1800.**
Im Raum Tölz wurden von Landhandwerkern serienweise Möbel für breitere Abnehmerkreise hergestellt. Die schraffierten Flächen zeigen die Absatzgebiete, die Pfeilkorridore die Vertriebsrouten.

▴ **Garn-Manufaktur.**
Stich, Ende 18. Jahrhundert.

1. *Vergleichen Sie die Abbildung des Webers mit der der Manufaktur. Beschreiben Sie jeweils die Betriebs- und Produktionsform. Bestimmen Sie geeignete Vergleichskriterien (Art der Arbeitsenergie, Organisation, Kapital etc.).*
2. *Erstellen Sie eine historische Vergleichsreihe Handwerk – Verlag – Manufaktur. Erläutern Sie jeweils die Wege von der Produktion über den Vertrieb bis zum Absatz. Berücksichtigen Sie die Karte der Absatzgebiete der Tölzer Möbel.*

Ehe und Familie im Zeichen gesellschaftlicher Normierung und obrigkeitlicher Kontrolle

Wie viele andere Nürnberger Kaufleute ist Balthasar Paumgartner im Frühjahr 1596 zur Messe nach Frankfurt gereist. Seine Frau Magdalena führt während seiner mehrwöchigen Abwesenheit nicht nur den Haushalt, sondern wickelt auch kleinere Handelsgeschäfte ab und pflegt das soziale Netzwerk der Familie, das für die wirtschaftliche und gesellschaftliche Stellung der Familie so wichtig ist.

Woche für Woche gibt ihr Balthasar Paumgartner in ausführlichen Briefen genaue Anweisungen, was zu tun ist. Ebenso regelmäßig berichtet die Ehefrau über die Erledigung seiner Aufträge. Meist erzählt sie auch von den jüngsten Ereignissen in Nürnberg, sodass ihr Ehemann stets gut informiert ist.

Haus und Familie In dem Briefwechsel zwischen Magdalena und Balthasar Paumgartner wird die zeitgenössische Vorstellung von Ehe und Familie deutlich: Mann und Frau sollten zu einer sich gegenseitig ergänzenden Einheit mit klar getrennten, aber aufeinander bezogenen Aufgabenbereichen zusammenwachsen (▸ M1). Als Hausherr und Hausfrau bildeten sie den Kern des „Ganzen Hauses“, der grundlegenden Rechts-, Sozial- und Wirtschaftseinheit der Ständegesellschaft.

Damals gehörten nicht nur Eltern mit ihren Kindern zum Haushalt, sondern auch die Großeltern und unversorgte Verwandte wie unverheiratete Brüder und Schwestern. Dazu kamen Knechte und Mägde, Gesellen und Lehrlinge. Wer keinem Haushalt angehörte, war „unbehaust“, also ungeschützt. Der von Mauern umgebene Wohn- und Arbeitsbereich stand unter einem besonderen Friedensschutz, der Immunität. Dieses die Gesellschaft strukturierende Prinzip des „Ganzen Hauses“ galt für alle. Nicht an der Person, sondern am Haus des Bauern oder des Bürgers, an der Burg des Adligen oder dem Kloster hafteten Rechte und Pflichten.

Zu den wichtigsten Aufgaben des Hausvorstandes gehörte es, für die Hausnotdurft zu sorgen, also die elementare Versorgung der Mitglieder des Haushalts mit den lebensnotwendigen Gütern sicherzustellen. In den von Kriegen, Seuchenzügen, Hungersnöten und wirtschaftlichen Krisen geprägten Jahrhunderten der Frühen Neuzeit musste die Zahl der Menschen, die in und von einem Haus lebten, begrenzt werden. Daher durften Männer und Frauen erst heiraten, wenn sie einen Hausstand gründen konnten.

Männerrollen – Frauenrollen In einem Haushalt hatte jedes Mitglied seinen festen Platz. Der Hausherr (Hausvater) besaß die Schlüsselgewalt, konnte darüber entscheiden, wer im Haus aufgenommen wurde und wer nicht. Er hatte die Verantwortung für alle Mitglieder seiner Hausgemeinschaft zu tragen, sorgte für das wirtschaftliche Auskommen, achtete auf die Einhaltung der kirchlichen Gebote und besaß das Züchtigungsrecht. Außerhalb des Hauses waren für Gewerbe, Handel und Politik, für Kirche und Kultur, für Rechtsprechung und Militär allein die Männer zuständig. Dies galt als natürlich und gottgewollt.

Grundsätzlich hatten beide Partner dieselben Rechte und Pflichten zu Treue, Liebe und gegenseitiger Achtung. Mochte eine Frau noch so geistreich, tatkräftig und zielstrebig sein, sie stand jedoch im Schatten der Männer (▸ M2). Nicht zuletzt durch das Recht, das Männer und Frauen ungleich behandelte. Die Reduzierung auf die Rolle als „Erzieherin und Mutter", die sich um finanzielle, rechtliche oder wirtschaftliche Dinge nicht zu kümmern brauchte, ist jedoch eine Entwicklung des 19. Jahrhunderts – und auch dort in erster Linie in wohlhabenden, bürgerlichen Kreisen. Während des Spätmittelalters und der Frühen Neuzeit hatte eine Frau durch die Eheschließung keineswegs ausgesorgt. Braut und Bräutigam brachten das zusammen, was für die Gründung eines Hausstandes notwendig war. Und diese Existenz musste meist lebenslang durch die Arbeit beider Eheleute gesichert werden. Die wenigsten konnten es sich leisten, dass die Ehefrau sich lediglich um die Kindererziehung oder die Aufsicht über das Gesinde kümmerte. Frauen arbeiteten auf dem Hof, im Handwerksbetrieb, im Handelskontor, ja selbst in adligen Haushalten mit. Seit dem 18. Jahrhundert fanden Frauen (und Kinder) auch Beschäftigung in Manufakturen. Einen eigenen Handwerksbetrieb durften Frauen in der Regel nicht führen. Der unverzichtbare Beitrag der Ehefrauen zum Familieneinkommen durch ihre Mithilfe bei der landwirtschaftlichen oder gewerblichen Produktion, durch eigene Handelstätigkeit oder durch Lohnarbeit stärkte jedoch ihr Selbstbewusstsein, was seit dem 16. Jahrhundert als „Kampf um die Hosen" in zahlreichen Satiren und satirischen Flugblättern thematisiert wurde.

Unabhängig davon, in welchem Stand Frauen lebten, eines verband sie alle: ihre wichtigste Aufgabe, (männliche) Kinder zu bekommen. Schwangerschaft, Geburt und Säuglingspflege hatten eine zentrale Bedeutung für das Leben einer Frau. Zwar konnten es sich die Wohlhabenden leisten, Ammen und Kindermädchen anzustellen, doch die Kindererziehung war in erster Linie Sache der Mütter. Uneheliche Kinder zu bekommen, bedeutete für die Frauen jedoch vor allem Schande und Strafe.

▲ **Hausvater und Hausmutter.**
Nürnberger Kupferstich aus dem 16. Jahrhundert. Unter dem Bild steht folgender Text:

Ein jeder Hausvatter und Mann/
Also sein Haus soll richten an.
Gottfürchtig lieben Kind und Weib/
Auch sein Gewerb mit Ehren treib.
Und sich befleissen Nachts und Tag/
Was der Haushaltung nutzen mag.
Wo er thut dessen treulich pflegen/
So ist mit i[h]m der Göttlich Segen.
Und ist ein rechter Gottes Tempel/
Gibt seinen Kindern gut Exempel.

Eine Ehefrau welche Gott gehorcht/
Und liebt ihren Eheman mit furcht/
Zeucht ihre Kinder sich zu üben.
In Gottes Wortt/die Eltern lieben.
Auch gebürt einer frommen Frauen/
Auff das Gesind und Haus zuschauen/
Der Küchen wart mit Tranck und Speis/
Das bringt ihr nutz/lob/ehr und preis.
Und lernet ihre Kinder auch/
Gottfürchtig/und ehrlichen brauch.

- *Erläutern Sie den Bildtext. Welche Vorstellung von Mann und Frau spiegelt sich hier? Welche Funktion erfüllt die Ehe?*

Die „Erfindung" der Kindheit In mittelalterlichen Familienchroniken wurde der Tod eines Säuglings oder Kleinkindes oft in einer befremdlich nüchternen Weise vermerkt. Es wäre jedoch falsch, daraus zu folgern, Eltern hätten früher eine weniger emotionale Bindung zu ihren Kindern gehabt. Die hohe Kindersterblichkeit führte dazu, dass fast jede Familie mindestens ein Kind, oft sogar mehrere Kinder verlor.

Für die überlebenden endete die Kindheit dennoch früh. Es gehörte zur wirtschaftlichen Notwendigkeit, die Söhne und Töchter so bald wie möglich zur Arbeit heranzuziehen. Jungen wurden oft schon ab dem siebten Lebensjahr als Lehrling in einen Handwerksbetrieb, als Knecht zu einem Bauern oder als Knappe in die Familie eines befreundeten Adligen gegeben. Mädchen blieben länger im Haus, mussten aber bereits in jungen Jahren im Haushalt helfen und schwere Arbeiten, wie Wäsche waschen, verrichten. Wenn die Mutter früh verstorben war, übernahmen sie schon mit zehn oder zwölf Jahren die Haushaltsführung und versorgten ihren Vater und die Geschwister.

▲ **Graf Leopold von Neipperg mit seiner Familie.**
Ölgemälde, um 1756/58.
- *Vergleichen Sie das Gemälde mit den Radierungen von J. F. Bolt auf S. 65. Charakterisieren Sie jeweils das Verständnis von Familie. Wie werden die Kinder dargestellt?*

Mit der Ausweitung der schulischen Bildung wirkten Kirche und Staat stärker auf die Erziehung der Jugend ein. Im Vordergrund standen die konfessionelle Rechtgläubigkeit und die Vermittlung elementarer Grundkenntnisse im Lesen, Schreiben und Rechnen. Ziel der schulischen Entwicklung war der christliche, gehorsame und strebsame Untertan. Erst die Pädagogen der Aufklärung verbanden mit der Erziehung stärker eine den Kindern angemessene Förderung. Damit wurde ein Lebensabschnitt zwischen dem Kleinkind- und dem Erwachsenenalter geschaffen, der die Haltung der Erwachsenen gegenüber den Kindern veränderte. Dies wird in der sich wandelnden Darstellung von Kindern in der bildenden Kunst deutlich: Im späten Mittelalter wurden dem Säuglingsalter entwachsene Kinder in allen Schichten wie kleine Erwachsene abgebildet. Im Bürgertum entstanden seit dem 17. Jahrhundert zunehmend Familienbilder, in denen die Kinder in den Mittelpunkt rückten und immer häufiger eigene Kleidung trugen. Während sich auf dem Land und im Adel die traditionelle Vorstellung vom unmittelbaren Übergang in die Erwachsenenwelt noch bis weit in das 18. Jahrhundert hinein hielt, erlebten die Kinder bürgerlicher Kaufmanns- und Akademikerfamilien zwischen dem 7. und 14. Lebensjahr eine Lebensphase, die wir heute Kindheit nennen.

„Vom ehelichen Leben" ■ Seit dem Mittelalter war die Ehe als heiliges Sakrament eine Sache der Kirche. Von ihr wurden die Merkmale einer gültigen Ehe, wie der freie Ehewille der Brautleute, festgelegt. Kirchlichen Ehegerichten stand die Entscheidung darüber zu, ob eine Ehe ungültig und damit aufzuheben war. Die weltliche Obrigkeit zeigte an der Überwachung dieser Normen kaum ein Interesse.

Dies änderte sich mit der Reformation. Ein zentraler Punkt der Theologie Martin Luthers war es, der Ehe den Charakter eines Sakraments abzusprechen. Zum einen wurde es dadurch leichter, sich scheiden zu lassen (▸ M3). Zum anderen bewirkte dies, dass die Ehegerichtsbarkeit auf die weltliche Obrigkeit übertragen wurde. Eine stärkere staatliche Reglementierung der Beziehungen zwischen den Geschlechtern war die Folge.

In protestantischen, im Zuge der Gegenreformation auch in katholischen Territorien entstanden vielfältige Formen obrigkeitlicher Aufsicht, die lange geforderten kirchlichen Normen zum Durchbruch verhalfen. Aufseiten beider Konfessionen setzte sich eine Auffassung von Ehe durch, die ihren Zweck allein in der Kindererzeugung sah. Zugleich band der frühneuzeitliche Staat die Eheschließung an bestimmte Voraussetzungen. Die Obrigkeit – Grundherr, Stadtgemeinde, Kirche – verlangte vom heiratswilligen Mann ein gewisses Vermögen, etwa zum Erwerb eines Handwerksbetriebs oder eines Hofes, mit dem er seine Familie ernähren konnte. Damit sollte die wirtschaftliche Einheit der Familie gestärkt und einem unkontrollierten Bevölkerungswachstum vorgebeugt werden.

Gleichzeitig gewann die Ehe als Versorgungsgemeinschaft an Bedeutung. Die Wahl des Ehepartners war eine existenziell notwendige Angelegenheit, die von der ganzen Familie sorgfältig überwacht wurde (▸ M4). Die rasche Wiederverheiratung von Frauen und Männern, vor allem dann, wenn kleine Kinder zu versorgen waren, verweist darauf, wie stark die Eheschließung von wirtschaftlichen Motiven bestimmt wurde.

Dass den Ehemännern die Leitung des Hauses und den Ehefrauen die Haushaltsführung zukam, stand in allen sozialen und gesellschaftlichen Schichten außer Frage (▸ M5). Verstießen die Männer jedoch gegen die ehelichen Pflichten, wenn sie etwa verschwenderisch waren, den Haushalt schlecht führten oder tranken, klagten die Frauen dies vor Gericht an, denn dieses Verhalten gefährdete ihre Versorgung und die ökonomische Existenz des „Ganzen Hauses".

▲ **Illustration und Titelblatt aus Theodor Gottlieb von Hippels „Über die Ehe" von 1793.**
Radierungen von J. F. Bolt nach Entwürfen von Daniel Chodowiecki, 1792.

- *Informieren Sie sich zu Theodor Gottlieb von Hippel und sein Werk „Über die Ehe". Wie ist es in diese Zeit einzuordnen?*

Gesellschaftliche Ordnungsvorstellungen und „gute Policey" ■ Obrigkeitliche Kontrolle und Eingriffe in das häusliche und eheliche Leben der Menschen wurden in der Frühen Neuzeit nicht als unrechtmäßig empfunden. Kleiderordnungen und Hochzeitsvorschriften, Mandate gegen das Betteln und die Einrichtung von Arbeitshäusern offenbaren vielmehr ein anderes Verständnis von „Staat" als heute. In Verbindung mit den Kirchen setzte sich der frühmoderne Staat für die grundlegende Sittenverbesserung der Untertanen ein und ging gegen Gewalttätigkeit, Unzucht, Müßiggang und Verschwendung vor. Zwischen öffentlichen und privaten, sittlichen, religiösen oder ökonomischen Bereichen wurde dabei nicht unterschieden. Gegen angeblich übermäßigen Aufwand bei Hochzeiten, Taufen, Begräbnissen wandten sich die Mandate aus obrigkeitlicher Sorge um die Verschuldung der Untertanen, aber auch wegen des befürchteten sittlichen Verfalls, der damit einherging.

Die Stadt- und Dorfbewohner wurden dazu aufgerufen, Straftaten oder abweichendes Verhalten der Mitmenschen den obrigkeitlichen Stellen zu melden, die dann zunächst ermahnend, immer wieder aber auch strafend einzugreifen versuchten. Im katholischen Herzog- und Kurfürstentum Bayern etwa schrieb der Landesherr die Ablieferung der Beichtzettel beim Pfarrer vor. Weitaus stärker sorgte jedoch das Netz der sozialen Kontrolle in den Dörfern und Städten für die Einhaltung der Normen. Soziale Kontrolle wurde im Alltag durch die Familie, die Nachbarschaft, Dorf- und Stadtgemeinde ausgeübt.

Die obrigkeitliche Reglementierung und Kontrolle bezeichnete der frühmoderne Staat als „Policey". Eine „gute Policey" sorgte für Zucht und Ordnung, Recht und Frieden, stabile Verhältnisse und Wohlfahrt im privaten wie im öffentlichen Leben. Dazu gehörten alle Maßnahmen, die das Wohlergehen der Landesbewohner und die Wirtschaft fördern sollten, wie vor allem die merkantilistische Wirtschaftspolitik der absolutistischen Fürsten, die mit der Förderung von Manufakturen oder der Einrichtung von Schutzzöllen die einheimische Wirtschaft schützen wollten. Zwischen dem 15. und 18. Jahrhundert wurden in den meisten europäischen Ländern sowie in allen deutschen Territorien und Reichsstädten in wachsender Zahl „Policey-Ordnungen" und Reichsgesetze mit detaillierten Verhaltensregeln für das öffentliche und private Leben erlassen (▸ M6). Die ständige Wiederholung der Verordnungen zeigt jedoch, wie wenig diese befolgt wurden.

Bei der Erhaltung der „guten Ordnung" waren nicht zuletzt die Untertanen selbst aktiv und sorgten sich um das Gemeinwohl. Die Quellen beweisen, wie oft etwa Stadtbürger den Rat zum Erhalt des „gemeinen Wohls" und der „guten Ordnung" anhielten. Die Notwendigkeit „guter Policey" und die Zuständigkeit des Fürsten, diese zu bewahren, wurde nie infrage gestellt.

◂ Apothekerwerkstatt im 16. Jahrhundert.
■ *Vergleichen Sie die Abbildung mit den Ausführungen Heinrich Bullingers in M1.*

M1 Arbeitsteilung

In seinem erstmals 1540 in Zürich erschienenen Buch „Der Christlich Eestand" gibt der Reformator Heinrich Bullinger den Ehepartnern Ratschläge:

Die aempter oder geschaefft sind eintweders innet oder usset dem huß. Wz ussethalb dem huß zehandlen ist, als hin und haer reisen, gwün und gwaerb fertigen, kouffen und verkouffen, unnd der glychen eehaffte stuck[1], ist deß manns arbeit. Der sol glych wie ein emsiger vogel hin und haer fliegen, die narung und notturft samlen, und flyssig zuo naest tragen. Und alles was also in dz huß gebracht wirt, sol das wyb samlen, ordnen, nüt zuo verlieren gon lassen, und alles was im huß zethuon ist flyssig un fruotig[2] ußrichten.

Zitiert nach: Praxis Geschichte 1/1995, S. 25

■ *Arbeiten Sie heraus, was Bullinger unter Ehe versteht und welche Rollenverteilung er vorsieht. Lesen Sie den Text zum besseren Verständnis laut.*

[1] ehrenhafte Dinge
[2] klug, verständig

M2 Vom Ehestand

In seiner „Predigt vom Ehestand" stellt Martin Luther 1525 folgende Rollenverteilung von Frau und Mann in der Ehe vor:

Da stehet's klärlich: willst du ein gottes fürchtiger Ehemann sein und auf Gottes Wege wandeln, so nähre dich mit deiner Hände Arbeit. Darnach will er deine Arbeit so segnen, daß du dadurch dein Weib und ganzes Hausgesind sollst ernähren. [...]
Das ist nun das erste Stück, daß die Weiber sollen Geduld tragen und es sich gefallen lassen, so ihnen Gott, wenn sie schwanger werden und ihre Kinder gebären, Schmerzen, Elend und Kümmernis zuschicket, daß solchs eitel selige und aber selige Gotteswerk und Wohlgefallen sei. Zum andern, so soll des Weibes Wille, wie Gott saget, dem Manne unterworfen sein und der soll ihr Herr sein. [...]
Das ist nun das dritte Stück, daß die Eltern ihre Kinder sollen auferziehen in Gottesfurcht, wie Gott durch Mose gebietet, denn das hat er noch nicht aufgehoben, gleichwie er nicht hat aufgehoben das vierte Gebot, Vater und Mutter zu ehren und gehorsam zu sein.

Martin Luther, Vom ehelichen Leben, Stuttgart 1978 (Neuauflage), S. 63 f. und 74

■ *Vergleichen Sie Luthers Vorstellung von der ehelichen Rollenverteilung mit M1.*

M3 Scheidungsverfahren vor dem Hofgericht Zweibrücken 1558-1589

Scheidungsgründe	Fälle	Klage des Ehemannes	Klage der Ehefrau	Klage anderer	Scheidung	keine Scheidung	Entscheidung offen
Abwesenheit eines Ehepartners	61	24	23	12	35	6	20
Ehebruch	10	7	2	–	5	3	2
Verschwiegene Schwangerschaft der Frau durch einen anderen Mann	6	6	–	–	3	3	–
Impotenz	4	–	3	–	2	1	1
Landesverweis	2	–	1	1	1	–	1
Krankheit	2	2	–	–	–	2	–
ohne Angaben	2	1	–	1	–	–	2
Uneinigkeit	1	1	–	–	–	1	–
Erzwungene Ehe	1	–	–	–	1	–	–
Scheidung von Ehen ohne Kirchgang (Verlobungen)	12	3	5	1	5	3	4
	101	44	34	15	52	19	30

Richard van Dülmen, Kultur und Alltag in der Frühen Neuzeit, Bd. 1: Das Haus und seine Menschen 16.-18. Jahrhundert, München 1990, S. 180

1. *Ordnen Sie die Scheidungsgründe. Nehmen Sie dazu Stellung.*

2. *Analysieren Sie, welches Selbstverständnis aus den Scheidungsgründen bei Frauen und Männern in Ehebeziehungen deutlich wird.*

3. *Ermitteln Sie, welche Gründe heute für Scheidungen eine Rolle spielen. Vergleichen Sie.*

M4 Kinder, Ehe und Verwandtschaft – ein Kölner Beispiel

Der Kölner Ratsherr und Chronist Hermann Weinsberg ist 28 Jahre alt, als die Dienstmagd seiner Mutter, Greitgin Olups, die gemeinsame uneheliche Tochter Anna zur Welt bringt. In seiner Autobiografie beschreibt er zum Jahre 1546 ausführlich, wie die Familie damit umgegangen ist. Der Historiker Gerhard Fouquet fasst die Berichte Weinsbergs in einem Aufsatz zusammen:

Die Schwangerschaft Greitgins beendete abrupt die idyllische Zweisamkeit: Hermann Weinsberg brach sofort den Kontakt ab, die Mutter, die den Sohn zur Rede stellte und anscheinend mit üblen Worten nicht sparte, entließ die Magd noch am nämlichen Tag: *sei quam in ein Haus in der Honergassen wonen, da erhilt sei sich*. Die soziale Selbstkontrolle, die Regulierung durch das Haus, in die – allerdings nicht in erster Linie – auch der Vater Weinsbergs eingebunden war, entfalteten ihre gnadenlose Wirksamkeit. Es galt, einen öffentlichen Skandal zu vermeiden, wie ihn etwa der Kölner Conrad Eck in den 1580er-Jahren bieten sollte, der – schließlich auch geschiedener Ehemann der Weinsberg-Schwester Sibille – zusammen mit seiner Magd und zwei illegitimen Kindern in einer eheähnlichen Gemeinschaft lebte und sich unterstand, die Magd als seine angetraute Ehefrau zu bezeichnen. Hermann Weinsberg, der uns darüber berichtet, ereiferte, wunderte sich, dass der Pfarrer des betreffenden Kirchspiels nicht eingriff, dass der Rat Kölns diesem Treiben untätig zusah, dass *es alle frome ehefrawen und nachparinnen zum exempel vor der nasen duldeten*, gleichwohl sie die Frau *ein ehebrechersche hoir*, ihre Kinder *horenkint* hießen.
Im Fall Greitgin Olups und Hermann Weinsberg hat die Mutter Hermanns die Sache in ihre Hände genommen. Dies war

▲ **„Heyrath durch Zuneigung" – „Heyrath durch Überredung".**
Radierungen von Daniel Chodowiecki von 1788, erschienen im „Goettinger Taschen Calender vom Jahr 1789", Göttingen 1789.

- *Vergleichen Sie mit M4. Überlegen Sie, welche Gründe es für den Wandel geben könnte.*

Angelegenheit der Frauen. Als das Mädchen Anna geboren war, ließ Sophia Weinsberg das Kind noch am gleichen Tag holen und taufen, noch in der nämlichen Stunde nach Ichendorf unweit Kölns tragen, wo es die Tante Hermanns von einer Frau aufziehen ließ. Die räumliche Separierung illegitimer Kinder auf dem Land scheint zumindest im Köln des 16. Jahrhunderts ein durchaus üblicher Weg gewesen zu sein, um sich der sozialen Kontrolle der Nachbarschaft zu entziehen. Auch die uneheliche Tochter des Vaters, Christian Weinsberg, wuchs in einem Dorf bei Köln auf. Die Kosten der ganzen Aktion trug Hermann Weinsberg. Außerdem hatte er [...] einen herzlich geringen Unterhalt für Mutter und Kind zu leisten sowie der Olups 100 Mark kölnisch als Abfindung für die *jongfrauschaft* zu zahlen.
Waren die unehelichen Kinder herangewachsen, kümmerten sich zumindest im gehobenen Stadtbürgertum vornehmlich die Väter um die Ausbildung der Jugendlichen, um eine auskömmliche Lebensführung. Die Unehelichkeit bewirkte allerdings nach den meisten kommunalen Erbrechten den Ausschluss von der väterlichen Erbschaft. Hermann Weinsberg brachte denn auch seine natürliche Tochter Anna, sein einziges leibliches Kind überhaupt, 1567 im Alter von 21 Jahren in einem Kölner Frauenkloster unter – eine nicht untypische Handlungsweise. [...] Selbst der sonst so sparsam-geizige Hermann Weinsberg achtete also auf eine standesgemäße, auf eine ehrbare Versorgung seiner unehelichen Tochter.

Nach der Episode mit Greitgin Olups und dem daraus hervorgegangenen unehelichen Kind drängt die Familie Hermann Weinsberg zur Ehe. Fouquet schildert die in Weinsbergs Aufzeichnungen beschriebenen Überlegungen und Umstände der Eheanbahnung:

Am 7. Januar 1548, wenige Tage nach seinem dreißigsten Geburtstag, habe ihn sein Vater im Haus Weinsberg besucht. Ohne Umstände sei der Alte zur Sache gekommen: Man mache sich Sorgen um Hermanns Zukunft. Mit der Mutter sei er daher übereingekommen, dass der Sohn seine *nachparsche* Weisgin Ripgin, eine Witwe von 36 Jahren, zur Ehefrau nehmen sollte. Begehre er sie, wolle er, Christian, *van stunt an* um sie werben.
Die Strategien, die zur Eheanbahnung gehörten, die Überlegungen, die im Verständnis Hermann Weinsbergs für seine Vermählung mit Weisgin Ripgin sprachen, sind bezeichnend, stehen als pars pro toto[1] für die Motive stadtbürgerlicher Partnersuche: Liebe war es jedenfalls nicht. Der Zufall „Liebe" bei der Eheanbahnung wurde beim gehobenen Bürgertum wie auch beim Adel eher als Belastung empfunden, in den Memoiren erzählte man darüber vor allem Abschreckendes. Völliges Unverständnis äußert Hermann Weinsberg, der sich an den Spruch hielt: *erst erweln, darnach lieben*, über seinen Schwager Dr. Heinrich Faber und seinen Bruder Christian, die wegen unglücklicher Liebschaften zeitweilig ihren Verstand verloren hätten, „toll", *woist* geworden seien. [...]
Gerade in denjenigen sozialen Gruppen, die über Vermögen verfügten, boten Eheschließungen die willkommene Gelegenheit zur Befestigung, ja zur Anhebung der wirtschaftlichen und sozialen Position. Im Adel, im Stadtbürgertum und in der bäuerlichen Familie gehörte die Heirat – übrigens auch das Erben – zu den höchst entscheidenden existenziellen Angelegenheiten, beides markierte Wendepunkte des Lebens.

Gerhard Fouquet, Ein privates Milieu im 16. Jahrhundert. Familie und Haushalt des Kölners Hermann Weinsberg (1518-1597), in: Rainer S. Elkar u. a. (Hrsg.), Vom rechten Maß der Dinge. Beiträge zur Wirtschafts- und Sozialgeschichte. Festschrift für Harald Witthöft zum 65. Geburtstag, St. Katharinen 1996, S. 347-379, hier S. 360 f. und S. 363 f.

1. *Schildern Sie die sozialen Handlungsweisen, die nach Bekanntwerden der Schwangerschaft der Magd in Familie und Verwandtschaft Hermann Weinsbergs einsetzten.*

2. *Erläutern Sie, was diese Episode über die Haushalts- und Familienverhältnisse des 28-jährigen Hermann Weinsberg aussagt.*

3. *Beurteilen Sie den Status der unehelich schwangeren Frau und des Kindes.*

[1] lat.: „Ein Teil [steht] für das Ganze"

4. *Vergleichen Sie Verhalten und Strategien der Familie im Fall der schwangeren Magd mit jenem bei der Eheanbahnung.*

5. *Nehmen Sie Stellung zu der Aussage, dass „die Heirat – übrigens auch das Erben – zu den höchst entscheidenden existenziellen Angelegenheiten" in allen gesellschaftlichen Schichten gehörte. Erklären Sie die Funktion der Ehe in der vormodernen Gesellschaft.*

M5 Frauenleben im 18. Jahrhundert

a) Der Aufklärer Justus Möser schreibt nach 1760 im Nachruf auf seine Frau:

Der Himmel weiß, dass ich es nie verlangt habe; allein, meine Selige stand alle Morgen um fünf Uhr auf; und ehe es sechse schlug, war das ganze Haus aufgeräumet, jedes Kind angezogen und bei der Arbeit, das Gesinde in seinem Beruf und des Winters an manchen Morgen oft schon mehr Garn gesponnen, als jetzt in manchen Haushaltungen binnen einem ganzen Jahr gewonnen wird. Das Frühstück ward nur beiläufig eingenommen; jedes nahm das seinige in die Hand und arbeitete seinen Gang fort. Mein Tisch war zu rechter Zeit gedeckt und mit zween guten Gerichten, welche sie selbst mit Wahl und Reinlichkeit simpel, aber gut zubereitet hatte, besetzt.

Käse und Butter, Äpfel, Birn und Pflaumen, frisch oder trocken, waren von ihrer Zubereitung. Kam ein guter Freund zu uns: so wurden einige Gläser mit Eingemachtem aufgesetzt, und sie verstand alle Künste, so dazu gehörten, ohne es eben mit einer Menge von Zucker verschwenderisch zu zwingen: was nicht davon gegessen wurde, blieb in dem sorgfältig bewahrten Glase. Ihre Pickels[1] übertrafen alles, was ich jemals gegessen habe; und ich weiß nicht, wie sie den Essig so unvergleichlich machen konnte.

Auf jedes Stück Holz, das ins Feuer kam, hatte sie acht. Nie ward ein großes Feuer gemacht, ohne mehrere Absichten auf einmal zu erfüllen. Sie wusste, wie viel Stunden das Gesinde von einem Pfund Tran[2] brennen musste. Ihre Lichter zog sie selbst und wusste des Morgens an den Enden genau, ob jedes sich zu rechter Zeit des Abends niedergelegt hatte. Das Holz kaufte sie zu rechter Jahrszeit und ließ die Mägde des Winters alle Tage zwei Stunde sägen, um sie bei einer heilsamen Bewegung zu bewahren.

[1] pikante, in scharfem Essig eingelegte Beilage aus Früchten und Gemüseteilen

[2] aus Wal- oder Robbenfett durch Erhitzen oder Auspressen gewonnenes Öl

▲ **„Die gelehrte Frau."**
Tuschezeichnung von Johann Heinrich Ramberg, 1802.
Im 18. Jahrhundert wandelten sich die Idealvorstellungen von Liebe und Ehe und damit auch die Rollenzuschreibungen von Mann und Frau. Diese waren mit einer neuen Lesekultur verknüpft. Was Liebe und wie die „falsche" und „richtige" Wesensart von Mädchen und Frauen beschaffen sei, wurde bei den gebildeten Schichten in großem Maße von der schönen Literatur bestimmt.

- *Interpretieren Sie das Bild: Ist es als vorbildliches oder abschreckendes Beispiel zu verstehen? Begründen Sie Ihre Meinung.*

Ihre schmutzige Wäsche untersuchte sie alle Sonnabend und hing solche des Winters einige Tage auf Linien, damit sie nicht zu feucht weggelegt und stockicht werden mögte. Wenn die Bettetücher in der Mitte zu sehr abgenutzt schienen, schnitte sie solche los und kehrte die Außenseite gegen die Mitte. Auch die Hemde wusste sie auf eine ähnliche Art umzukehren und die Strümpfe zwei- bis dreimal anzuknütten. Alles, was sie und ihre Kinder trugen, ward im Hause gemacht; und sie verstand sich auch sehr gut auf einen Mannsschlafrock. Sie konnte ihn in einem Tage mit eigner Hand fertig machen.

Justus Möser, Die gute selige Frau (nach 1760), in: Walther Killy (Hrsg.), 18. Jahrhundert. Texte und Zeugnisse, Bd. 1, München 1983, S. 179-181

b) Im August des Jahres 1783 beschreibt die Schriftstellerin Sophie von La Roche der Gräfin Elise zu Solms-Laubach, wie ihr Tag gewöhnlich abgelaufen ist:

Ich stehe um 6 Uhr auf und ziehe mich an, schreibe oder lese für mich allein bis halb acht, wo La Roche und Baron von Hohenfeld zum Frühstück kommen und bis 9 Uhr bleiben. Dann geh ich in meine Küche und ordne an, weil ich selbst die Kochkunst verstehe, seh aller Arbeit im Haus nach, schreib meine Hausrechnung und dann bis 12 Uhr an Pomona[1] und an Briefen. Um halb eins gehen wir zu Tisch, wo Baron Hohenfeld, La Roche und meine zwei Söhne, eine Stiefbruderstochter von meinem Mann, welche wir seit 2 Jahren als ein eignes Kind halten, und ich bis um 2 Uhr sind und nie mehr als sechs Schüsseln erscheinen – einmal, weil ich für meine Kostgänger sorgen muss, und dann, weil mein guter La Roche von Jugend auf gewöhnt war, an guter Tafel zu sein; da kann ich ihm mit 64 Jahr nicht alle Tag sein Unglück und seinen Verlust zurückrufen. So ist Suppe und Rindfleisch, Gemüs und Beilag, ein Ragout und Backnes heut, Braten und Backnes morgen der Zirkel der sechs Schüßlen. Um 2 Uhr, wo Kaffee getrunken wird bis drei, wo die Briefe kommen, bleiben wir zu allerlei Unterredungen beisammen, dann geht jedes in sein Zimmer. Kommen Besuche, oder so lang die Männer sprechen und gelehrte Zeitungen in meinem Zimmer lesen, so arbeite ich fleißig mit meiner Nadel. Dann geh ich um 5 Uhr wieder in meine Küche und ordne das Abendessen. Um sieben kommen meine Söhne, die bei mir Französisch, die Geografie und Geschichte lesen. Süße Stunden, weil wir freundlich miteinander reden und moralische Grundsätze in ihre Seelen fließen. Bei Tisch, bei Besuch, bei Frühstück und Kaffee wird von nützlichen und angenehmen Dingen gesprochen. Mein Mann macht Besuche, ich nicht. Er geht mit Domherrn von Haak manchmal nach Mannheim, wie er jetzt seit zwei Monat mit van Haak und Dalberg in Holland und Spa ist. So fassen sich meine Stunden, so erfülle ich sie.

Zitiert nach: Heide Wunder, „Er ist die Sonn', sie ist der Mond". Frauen in der Frühen Neuzeit, München 1992, S. 90

1. *Erläutern Sie Mösers Vorstellung von der idealen Ehefrau und sein Verständnis von Frau, Ehe und Familie. Welche Eigenschaften hebt er hervor?*

2. *Vergleichen Sie den von Möser beschriebenen Tagesablauf seiner Ehefrau mit dem der Schriftstellerin Sophie von La Roche.*

3. *Schließen Sie aus dem Brief der Sophie von La Roche, wie sie zu ihrer Rolle und ihren Aufgaben steht.*

1 „Pomona für Teutschlands Töchter", kurz „Pomona", war eine deutsche, monatlich erscheinende Frauenzeitschrift, deren erste Herausgeberin Sophie von La Roche war.

M6 Ehe und „gute Policey"

a) Die „Policey-Ordnung" der Reichsstadt Rothenburg ob der Tauber von 1685 erteilt den „Hausvätern" und „Hausmüttern" folgende Vorschriften:

Und weilen die gottesfurcht ein anfang aller weißheit ist und zu allen dingen geschickte und gehorsame leut machet, solche aber eher und besser nicht erlanget und zu wegen gebracht wird als durch fleißige anhör- und aufmerckung göttlichen worts, dessen Verachtung aber zeitliches und ewiges unheil nach sich ziehet: als ist unser ernstlicher befehl, will und meinung, daß alle hausvätter und hausmütter nicht allein für ihre personen die predigten und gottesdienst zu sonn-, feyer- und werck tagen wie nicht minder die alltägliche betstunden fleißig und mit andacht besuchen, sondern auch ihre kinder und gesind embsig und mit grösserem ernst und eyfer als bißhero beschehen zu solchen furnemblichen[1] auch den kinderlehren anhalten und schicken, den lieben katechismum mit denselben zu hauß unsäumig treiben, sich selbsten und die ihrige mit lesung der heiligen Bibel und anderer christlicher gottseeliger bücher fleißig üben und also eine feine gottwohlgefällige haußkirchen anstellen. Welche aber deme zu wider wegen ihrer bösen haußdisciplin und versaumung der kirchen angeben und berüchtiget würden, die sollen nicht allein vor unser verordnetes consistorium[2] gefordert und dessen mit ernst verwiesen werden, sondern wir reservieren uns auch nach der Sachen befindung gegen dieselbe mit gewisen und harten strafen zu verfahren.
Das andere capitel. Von heiligung des sonntags.
Demnach auch insonderheit nicht ohne geringe aergernuß bißhero vielmal geschehen massen es die leidige erfahrung bezeuget, daß wider den ernsten befehl gottes der liebe sontag, auch andere fest- und feyertag schlechter ding geheiligt sondern vielmehr in vielerley weg entheiligt und verunehret wird, vornemblich aber fast gar in eine gewohnheit kommen und gerathen will, daß unter Verrichtung der predigten und gottesdiensts alte und junge leut auf dem marckt und andern öffentlichen platzen sich versamlet, unnützes geschwätz getrieben oder auf das feld spatzieret, sich mit kugeln und andern spielen betretten lassen oder wohl gar in den wirthshäusern dem fressen und saufen nachgehangen; deßgleichen auch, daß zu solchen festzeiten allerhand arbeit mit menschen und viehe zu hauß, im feld und über land verrichtet und angestellet, auch allerhand feilschafften getrieben worden; als befehlen wir hiemit ernstlich, daß von diesem gottlosen ärgerlichen wesen jedermäniglich abstehen,

1 vornehmlich, vor allem, insbesondere
2 geistliche Gerichtsversammlung

niemanden mehr von seinem gesind und viehe in dieser zeit anstellen, noch weniger wein fuhren oder andere arbeiten verrichten solle, bey straf 40 pfund gelds denen richtern jedesmals zu erlegen; deßgleichen die wirth- und weinschencken, sie wohnen nun in- oder ausser der statt, wie nicht minder die bierbräuer, unter zeit der predigt einigen gast dulden oder setzen noch demselben das wenigste getränck herausser geben und folgen lassen; dann solchen falß so wohl der wirth als gast, auch wer sich sonsten inner dieser zeit an andern ungeziemenden orten finden und betretten lassen wird, jedesmals umb ein gülden unnachläßig gestraft werden solle.

Zitiert nach: Wolfgang Wüst, Die „gute" Policey im Reichskreis, Bd. II: Der Fränkische Reichskreis, Berlin 2003, S. 169

b) In der altbayerischen Adelsherrschaft Hohenaschau wird 1770 das „Ehehafft gebott in dem hochgräf[lich] preysing-[ischen] herrschaffts gh[e]r[ich]t Hochenaschau" veröffentlicht. Das Inhaltsverzeichnis nennt das Spektrum der Vorschriften:

1. Ohne ehehaften Grund nicht auszubleiben. – 2. Gotteslästern. – 3. Kindszucht. – 4. Zutrinken. – 5. Böse Leute. – 6. Hauswehren. – 7. Mühlwerk. – 8. Maß, Gewicht, Ellen. – 9. Hochzeit, Weisat[1], Kindl- und Kirchtagmahl. – 10. Hochzeitmahl. – 11. Spiel. – 12. Zäune, Gehege, Schweine. – 13. Weg, Steg. – 14. Übersetzen, Verschlag. – 15. Reuten[2], räumen. – 16. Viehfall[3]. – 17. Wucher. – 18. Jungvieh. – 19. Bestandkuh. 20. Ehehalten. – 21. Kinder. – 22. Ledige Personen. – 23. Uneheliche Beiwohnung. – 24. Winkelheirat[4]. – 25. Kuppler. – 26. Gunkelstuben[5]. – 27. Wein, Bier, Brot. – 28. Winkelvertrag[6]. – 29. Unschlitt[7]. – 30. Zehnt. – 31. Holzschlag. – 32. Hausanbauten. – 33. Waidwerk. – 34. Hunde. – 35. Leibeigene. – 36. Verkauf von Feldfrüchten. – 37. Almtrieb. – 38. Pfennwert[8]. – 39. Vorkaufsrecht. – 40. Fürkaufsverbot[9]. – 41. Kaufmannschaft. – 42. Freitänze. – 43. Anschreiben bei den Wirten. – 44. Wirte. – 45. Mahlzeit. – 46. Grundstücksveränderungen. – 47. Kein Gut zu teilen. – 48. Borgschaft. – 49. Haselruten, Buchenhölzer. – 50. Feuerschutz. – 51. Supplikationen[10]. – 52. Fahrende Händler. – 53. Steine zum Häuserbau. – 54. Besitzveränderungen. – 55. Vergabe von Geld oder Gut an Auswärtige. – 56. Lebensmittelaufschläge. – 57. Ausreise. – 58. Einheirat. – 59. Wartung der Feuerstätten. – 60. Erbfälle. – 61. Freistifts[11]- und Leibgedingsbrief[12]. – 62. Wochenmarkt. – 63. Getreideausfuhr nach Tirol. – 64. Tabakrauchen. – 65. Geflügelhaltung. – 66. Teilnahme an den Kreuzgängen. – 67. Schuldenbereinigung. – 68. Verbot des Aderlassens der Pferde am St. Stephanstag. – 69. Salpeter[13]. – 70. Auswärtige Schneider.

Zitiert nach: Wolfgang Wüst, Die „gute" Policey im Reichskreis, Bd. III: Der Bayerische Reichskreis und die Oberpfalz, Berlin 2004, S. 756

1. *Informieren Sie sich über Lage und Ausdehnung der Herrschaftsgebiete der Reichsstadt Rothenburg und der Herrschaft Hohenaschau. Wer ist jeweils „Obrigkeit" in dem Gebiet und steht damit hinter den Vorschriften?*

2. *Übertragen Sie Text a) der Rothenburger Ordnung in unsere Schreibweise. Lesen Sie für ein bessere Verständnis den Text laut vor. Schlagen Sie unklare Begriffe in einem neuhochdeutschen Wörterbuch oder im Internet nach.*

3. *Arbeiten Sie aus Text a) die den „Hausmüttern" und „Hausvätern" erteilten Vorschriften heraus. Worauf zielen diese?*

4. *Ordnen Sie in Text b) die Verordnungen nach Bereichen. Finden Sie Gründe für die Bestimmungen.*

5. *Analysieren Sie anhand der beiden Verordnungen a) und b) das Verständnis von „Policey". Welche Möglichkeiten besaßen Herrschaften in der Frühen Neuzeit, um ihre Vorschriften umzusetzen?*

6. *Überlegen Sie, welchen Einfluss die Reformation auf die „Policey-Ordnungen" hatte. Ziehen Sie den Text auf S. 64 f. hinzu.*

[1] Geschenk, das zur Geburt eines Kindes oder einem Paar zur Vermählung überreicht wurde
[2] Begriff für das Roden von Gehölzen
[3] Viehsterben durch ansteckende Krankheit
[4] Heirat, die ohne jegliche kirchliche Mitwirkung vollzogen wurde
[5] eine Art Schenke auf einem Bauernhof, wo sich die Dorfbewohner trafen
[6] rechtlich nicht gültiger Privatvertrag
[7] anderer Ausdruck für Talg; durch das Schmelzen von Rind- oder Hammelschlachtteilen gewonnenes festes Körperfett, das zur Herstellung von Seifen, Salben und Kerzen sowie als Schmierstoff verwendet wurde
[8] Bezahlung in Kaufmannswaren anstelle des Lohns, etwa bei Knechten
[9] Fürkauf: Vorkauf zur Hortung, um in Mangelsituation Gewinn zu machen
[10] Bittschriften an die Obrigkeit
[11] Freistift: Zeitpacht von Jahr zu Jahr
[12] Leibgeding: Leibgut, Nutznießung, Rente; das einer Witwe zustehende Recht auf eine lebenslange Rente aus den Gütern ihres verstorbenen Mannes, das anders als das Wittum auch bei Wiederverheiratung weiterbestand
[13] Nitrat zur Herstellung von Schwarzpulver (Spreng- und Schusspulver)

Die Bevölkerungsentwicklung vom 15. bis 18. Jahrhundert

Neunzehn Jahre alt ist Ulrich Bräker, ältestes von elf Kindern eines Kleinbauern aus der Schweizer Landschaft Toggenburg, als er im Jahre 1755 sein Elternhaus und das armselige Leben als Knecht und Salpetersieder verlässt. Er gerät als Söldner ins preußische Heer, desertiert jedoch gleich bei der ersten Schlacht und kehrt in die Heimat zurück. Dort zieht er einen kleinen Garnhandel auf und lernt bald darauf seine Braut Salome Ambühl kennen. Heiraten kann er sie aber nicht, solange er keinen eigenen Hausstand oder einen ausreichenden Verdienst besitzt. Jeder heiratswillige Mann muss eine Familie ernähren können, so verlangt es die Obrigkeit. Dabei können Bräker und seine Landsleute noch froh sein: In Oberbayern etwa dürfen nämlich nur die Paare heiraten, von denen der eine Erbe eines Anwesens ist und der andere das dazu passende Heiratsgut mitbringt. 1761 endlich kann Bräker – nun 25 Jahre alt – nach einem überaus guten Erntejahr seine Salome zur Frau nehmen.

Die folgenden Jahre sind schwer: In nur sieben Jahren kommen fünf Kinder zur Welt. Mit dem Garnhandel und dem Kleinst-Anwesen kann Bräker die Familie jedoch kaum ernähren. Zudem gibt es nach 1760 keine einzige gute Ernte mehr, vereinzelt fällt sie sogar wie 1768/69 durch die anhaltende nasskalte Witterung ganz aus. Überall herrschen Hunger und Not. Den Winter überleben viele Menschen nicht.

Obwohl sie von den letzten Hungerjahren geschwächt ist, wird Bräkers Frau 1772 wieder schwanger. Im Herbst müssen die Eltern hilflos mit anschauen, wie die Ruhr, eine eitrige Durchfallerkrankung, den neunjährigen Sohn und die achtjährige Tochter in wenigen Tagen dahinrafft. Auch die drei Kleinen sowie Ulrich Bräker selbst stecken sich an, kommen jedoch glimpflich davon. Seine hochschwangere Frau bleibt verschont und bringt ihr Kind gesund zur Welt. Schon 1773/74 – das nächste Kind ist geboren – hat Ulrich Bräker wieder fünf Kinder zu versorgen. Dies gleicht einem Wunder, denn in solchen Zeiten überlebt kaum ein Kind das erste Lebensjahr. Bräker beklagt zwar die Kosten für Essen, Kleider und Holz, jedoch setzt er seine Hoffnung auf künftige Jahre, wenn ihm seine Jungen eine Hilfe sein können.

Begrenztes Wachstum Die Vorgänge in der Region Toggenburg verdeutlichen, welche Faktoren die Bevölkerungsentwicklung beeinflussten. Die Überlebensbedingungen der Menschen waren vor allem von den wirtschaftlichen Voraussetzungen und dem Nahrungsangebot bestimmt. Dieses wurde nicht nur von Krisen und Hungersnöten begrenzt, sondern auch durch die grundherrlich festgelegte Hofgröße. In der Region Toggenburg galt die Real-Erbteilung, die wie bei Ulrich Bräker zu Hofgrößen führen konnte, mit der ein Überleben nicht möglich war. Daher musste er für den Lebensunterhalt seiner Familie gewerblichen Nebenverdienst betreiben.

Aufgrund des begrenzten Nahrungsspielraums in der vormodernen Gesellschaft war die Zahl der in einem Haushalt zu ernährenden Personen beschränkt. Dies galt nicht nur für die Unterschichten, sondern auch für bessergestellte bäuerliche und bürgerliche Schichten. Jedes Kind musste ernährt und gekleidet, dem Sohn das Lehrgeld, der Tochter die Aussteuer oder Mitgift bezahlt werden. Gab es mehr Kinder, die mit den zur Verfügung stehenden Mitteln versorgt werden konnten, brachte dies die ganze Familie in Gefahr.

▲ **Gedächtnisbild der Memminger Patrizierfamilie Funk.**
Um 1510 gemaltes Grabbild von Bernhard Strigel aus der im Jahre 1470 bei der Memminger Pfarrkirche errichteten Kapelle der Familie Funk. 1513 hatte Johann Funk d. J. (1463-1513) kurz vor seinem Tod hierher eine Messe gestiftet. Auf dem Bild kniet er in der Mitte, ihm gegenüber auf der rechten Bildseite seine Ehefrau. Hinter ihnen sind jeweils ihre sechs Söhne und sechs Töchter dargestellt. Acht der zwölf Kinder tragen Totenhemden. Sie verstarben schon als Kleinkinder. Eine der beiden heranwachsenden Töchter wird bald nach Fertigstellung des Bildes sterben. Über der Familie die Aufschrift: Herr Jhesu Christe das blúth, von deiner bittern krónung vergossen, lass komen über uns und unsre kinder zú abwáschung sonderlicher mackeln, daß wir also gerainiger dich magen anschawen in ewiger clarhait mit den himlischen búrgern. amen.

Vor diesem Hintergrund mag die damalige hohe Geburtenzahl zunächst verwundern. Trotz hoher Geburtenrate wuchs die Bevölkerung aber nur in begrenztem Maße, denn das Überleben der Menschen war von den Schwankungen der jährlichen Ernteerträge abhängig. Erntekrisen führten immer wieder zu Knappheit und Teuerung von Getreide und Feldfrüchten. Hunger und Mangelernährung schwächten die Menschen und machten sie anfällig für Krankheiten und Epidemien. Zusätzlich verschlechterten sich in Mangelzeiten die Erwerbsmöglichkeiten für die Unterschichten und das kleingewerbliche Bürgertum, weil sich viele Menschen einschränken mussten. So schnellten in Krisenjahren die Sterbeziffern mitunter auf mehr als das Dreieinhalbfache von Normaljahren hoch. Für diese immer wiederkehrende Krisensterblichkeit bedurfte es also nicht einmal großer Kriege.

Hinzu kam eine hohe Kindersterblichkeit. 10 bis 20 Prozent der Kinder starben bereits im ersten Lebensjahr, in unwirtlichen Gegenden sogar bis zu 50 Prozent. Mindestens 40 Prozent erreichten nicht die Pubertät. Dies führte dazu, dass die Lebenserwartung der Menschen im Durchschnitt bei nur 25 bis 32 Jahren lag. Ein Junge, der die Jahre der Kindheit überstanden hatte, konnte dann jedoch mit einer durchschnittlichen Lebenserwartung von etwa 57 Jahren rechnen. Nur wenige wurden älter als 65 oder 70 Jahre. Die Sterblichkeitskurve der Frauen stieg im gebärfähigen Alter überproportional an. Dies war die Folge zahlreicher Schwangerschaften und Geburten, mangelnder Geburtshilfe und Hygiene, Kindbetterkrankungen und allgemeiner Schwäche der Gebärenden.

„Europäisches Heiratsmuster" Angesichts der hohen Kindersterblichkeit versuchten die Eltern mit einer hohen Geburtenzahl – durchschnittlich wurden in einer Familie fünf bis zehn Kinder geboren – die Chance auf überlebende Kinder zu erhöhen (▸ M1). Andererseits war es eine Belastung, viele Kinder zu haben. In Mitteleuropa regulierten Obrigkeiten und Staat die Bevölkerungsentwicklung, indem sie über Heiratsbeschränkungen Kontrolle ausübten (▸ M2). So waren die Eheschließung und die Gründung eines eigenen Hausstandes von obrigkeitlicher Zustimmung abhängig. Seit dem Mittelalter bildete sich dadurch ein Heiratsmuster aus, das die Eheschließung an den Besitz eines eigenen Hausstands, eines Hofs oder eines Geschäfts band. Söhne und Töchter aus begüterten Haushalten mussten mit der Hochzeit oft bis zur Hofübernahme oder Geschäftsübergabe warten.

Durch die Ehegesetze stieg das Heiratsalter der Männer und Frauen an. Zusätzlich wurde die Zahl derer begrenzt, die über die Voraussetzung für eine Heirat verfügten. Ganze Gruppen, so vor allem Dienstmägde und Knechte, wurden vom Heiratsmarkt ausgeschlossen. Auf diese Weise wollte die Obrigkeit die Zahl der mittellosen Familien einschränken, die von den Städten und Dorfgemeinden versorgt werden mussten.

Das hohe durchschnittliche Heiratsalter wurde in der Forschung als Charakteristikum der west- und zentraleuropäischen Länder erkannt und daher als „europäisches Heiratsmuster" bezeichnet. Es sollte dafür sorgen, dass die Verteilung der nur begrenzt zur Verfügung stehenden Rohstoffe und Nahrungsmittel nicht durch zu hohe Geburtenzahlen gefährdet und die Besitzverhältnisse gewahrt wurden.

Demografische Aufholjagden Mochten Kriege, Seuchen und Hungersnöte noch so viele Opfer fordern – diese „Krisensterblichkeit" war im „normalen" Bevölkerungsverhalten der Vormoderne einkalkuliert. Dieses war elastisch genug, um Verluste innerhalb weniger Jahre über die Lockerung der Eheschließungsvorschriften und dadurch steigende Geburtenzahlen wieder auszugleichen (▸ M3, M4).

Schwieriger war dies, wenn mehrere Krisenfaktoren zusammentrafen und langfristig die Voraussetzung für erneutes Bevölkerungswachstum fehlte. So hatte der Dreißigjährige Krieg vor allem unter den Kindern und Jugendlichen viele Opfer gefordert, sodass es nach Kriegsende nicht genügend heirats- und fortpflanzungsfähige Menschen gab. Obwohl die Lebensmittelversorgung nach dem Krieg überdurchschnittlich gut war, da es weitaus mehr landwirtschaftliche Erträge gab, als die wenigen überlebenden Menschen verbrauchen konnten, stiegen die Geburtenzahlen über Jahrzehnte nicht an.

Mit dem Problem des Menschenmangels erwachte bei den Obrigkeiten ein Interesse an der Bevölkerungszahl und ihrer Entwicklung, den Grundlagen der **Demografie**. Bis dahin wussten die europäischen Herrscher nicht, über wie viele Untertanen sie herrschten. Es gab kaum Erhebungen, und die zur Ausübung von Leibeigenschaft, Landes- oder Grundherrschaft angelegten unterschiedlichen Quellen über Zinspflichtige, Lehnsträger oder Leibeigene waren lückenhaft und heterogen. Seit der Mitte des 17. Jahrhunderts wurden Erhebungen zur Erfassung der gesamten Wohnbevölkerung immer häufiger. Auch in den Kirchen wurden nun genaue Register über Trauungen, Taufen und Todesfälle geführt.

Die Landes- und Grundherren versuchten fortan, die Bevölkerungsentwicklung mit unterschiedlichen Mitteln zu fördern. So wurde in manchen Gegenden das Heiratsalter herabgesetzt, in anderen die Ansiedlung von kleinbäuerlichen Stellen (etwa die „Sölden" in Bayern) erleichtert.

Demografie: von griech. démos = das Volk, graphé = Schrift, Beschreibung; Wissenschaft, die sich mit der Entwicklung der Bevölkerung sowie den dafür verantwortlichen Faktoren befasst. Mithilfe der Statistik z. B. aus Volkszählungen beschreibt, analysiert und erklärt die Demografie die natürlichen Bevölkerungsbewegungen (Geburten und Sterbefälle), Verhaltensweisen (z. B. Heiraten, Scheidungen), Bevölkerungsentwicklungen (z. B. Zahl, Alters- und Geschlechtsstruktur) sowie die Bevölkerungsbewegungen (z. B. regionale Verteilung, Wanderungsbewegungen).

Die Bevölkerungsentwicklung Europas Überblickt man die langfristigen Wellen der Bevölkerungsentwicklung in Spätmittelalter und Frühneuzeit, so ergeben sich folgende Zyklen:

1. *Bevölkerungsstagnation und Schrumpfung im 14. und 15. Jahrhundert:*
   Im Mittelalter war die Bevölkerung kontinuierlich gewachsen. Zu Beginn des 14. Jahrhunderts stagnierte sie jedoch und ging dann kontinuierlich zurück. Als Hauptgrund dafür wird allgemein die aus Asien nach Europa eingeschleppte große Pest in der Mitte des 14. Jahrhunderts angesehen. Die Seuche beschleunigte jedoch nur eine langfristig rückläufige Bevölkerungsentwicklung. Bereits um 1300 waren die Grenzen des Wachstums erreicht, d. h. die Nahrungsmittelproduktion konnte mit den zur Verfügung stehenden Anbauflächen und der damaligen Agrartechnik nicht ausreichend gesteigert werden, um die wachsende Bevölkerung zu ernähren. Die Kornpreise stiegen an. Zudem endete die günstige Klimaphase des Hochmittelalters. Strenge Winter und verregnete Sommer führten ab 1315 in ganz Europa zu Ernteausfällen und einer langandauernden Hungersnot. Ein Bevölkerungseinbruch war die Folge, der durch Pestwellen verstärkt wurde. Gegen Ende des 14. Jahrhunderts war die Bevölkerung soweit dezimiert, dass die geringe Nachfrage den Getreidepreis sinken ließ.
2. *Bevölkerungswachstum im 16. Jahrhundert:*
   Trotz des klimatischen Übergangs zur „Kleinen Eiszeit"* wuchs die Bevölkerung wieder an, nicht genutzte Flächen wurden urbar gemacht, um die Ernteerträge zu erhöhen. Um die Mitte des 16. Jahrhunderts war auf dem Gebiet des Deutschen Reiches die Bevölkerungszahl vor den großen mittelalterlichen Pestwellen erreicht. Zwar sind in den großen Städten des Reiches für die zweite Hälfte des 16. Jahrhunderts mehrere schwere Seuchen überliefert, jedoch wurden die Epidemieverluste im Allgemeinen durch Zuwanderung aus kleineren Städten und dem Umland sowie ansteigende Geburtenzahlen rasch wieder ausgeglichen.
3. *Bevölkerungsverlust im 17. Jahrhundert:*
   Der Dreißigjährige Krieg und die in seinem Gefolge ausbrechenden Hungersnöte und Seuchen verursachten den größten Bevölkerungseinbruch des Zeitalters. Es dauerte rund ein Jahrhundert, bis die Bevölkerungszahl im deutschen Raum wieder den Stand von 1618 erreichte.
4. *Anhaltendes Wachstum seit dem 18. Jahrhundert:*
   Die Kriege des 18. Jahrhunderts waren in zunehmendem Maße regional begrenzte militärische Operationen und insgesamt von kürzerer Dauer, sodass nicht mehr so viele Menschen und Regionen betroffen waren. In vielen Territorien sorgten die Obrigkeiten mit gezielten Maßnahmen für eine bessere Versorgung der wachsenden Bevölkerung. Agrarisches Neuland wurde gewonnen, etwa durch die Trockenlegung von Mooren wie in Kurbayern, und neue Anbaumethoden wurden eingeführt. Auch das Klima verbesserte sich. Die „Kleine Eiszeit" des 16. bis 17. Jahrhunderts wurde von einer agrar- und bevölkerungsgeschichtlich günstigen Wärmeperiode abgelöst.
   Seit der Mitte des 17. Jahrhunderts stagnierte die Bevölkerung Europas bei geschätzten 100 bis 120 Millionen Menschen oder erhöhte sich zumindest nur leicht. Etwa ab 1750 begann die Bevölkerung in ganz Europa in einem sich ständig beschleunigenden Maße zu wachsen, sodass man von einer „Bevölkerungsexplosion" sprechen kann (▸ M5).

* vgl. dazu S. 31 und 38

M1 Familiengrößen

a) Familiengröße nach Anzahl der Geburten in Mainz im 17./18. Jahrhundert:

Geburten pro Familie	Anzahl der Familien absolut	Anzahl der Familien %	Anzahl der Geburten
1	5	1,78	5
2	12	4,29	24
3	10	3,58	30
4	16	5,72	64
5	20	7,14	100
6	34	12,14	204
7	30	10,72	210
8	37	13,21	296
9	37	13,21	333
10	19	6,79	190
11	20	7,14	220
12	26	9,29	312
13	5	1,78	65
14	4	1,43	56
15	2	0,71	30
16	2	9,71	32
17	-	-	-
18	1	0,36	18
	280	100,00	2189

1. *Erläutern Sie die Tabelle a). Ermitteln Sie die durchschnittliche Familiengröße nach Geburten im untersuchten Zeitraum.*

2. *Analysieren Sie anhand von Tabelle b) den Zusammenhang zwischen Berufsgruppe und Säuglingssterblichkeit.*

3. *Erläutern Sie den Zusammenhang der beiden Statistiken in Bezug auf die Größe der Familien. Inwiefern hat Tabelle b) Einfluss auf Ihr Ergebnis zur Familiengröße in Tabelle a)?*

4. *Überlegen Sie, welche methodischen Probleme sich beim Vergleich der Tabellen a) und b) ergeben. Suchen Sie Lösungen, die es ermöglichen, anhand regionaler und lokaler Einzeluntersuchungen zu allgemeinen, tragfähigen Aussagen zu gelangen.*

b) Säuglings- und Kindersterblichkeit aus 14 Dörfern in Württemberg, Geburtsjahrgänge 1750-1799:

Von 1000 Neugeborenen starben, bevor sie das Alter x erreichten						
Geburtsjahrgänge	Alter (Jahre)	Handwerker, Wirte, Kaufleute, Lehrer usw.	Bauern	Landarbeiter, Tagelöhner usw.	Sonstige	alle Berufsgruppen
1750 bis 1799	1	199	210	226	224	213
	5	336	315	348	357	335
	10	377	346	382	390	370
	15	390	359	397	406	384

Richard van Dülmen, Kultur und Alltag in der Frühen Neuzeit, Bd. 1: Das Haus und seine Menschen 16.-18. Jahrhundert, München 1990, S. 32 und 88

M2 Heiratsmuster

a) Heiratsalter von Männern und Frauen in Gießen und Mainz 1681-1730:

	Männer		Frauen	
	Gießen	Mainz	Gießen	Mainz
1681-1690	26,5	27,0	25,0	21,2
1691-1700	28,3	27,7	25,2	21,3
1701-1710	25,7	28,4	23,6	23,4
1711-1720	26,1	28,1	23,5	23,1
1721-1730	27,8	28,2	25,7	23,1

Richard van Dülmen, a. a. O., S. 135

b) Der Historiker Christian Pfister erklärt einen der zentralen Begriffe der neueren Historischen Demografie, das (west)europäische Heiratsmuster:

Mit der Heirat hatten die Brautleute Vater und Mutter zu verlassen und einen eigenen Hausstand zu gründen. Die Errichtung einer neuen sozio-ökonomischen Einheit entzog den betroffenen Familien Arbeitskraft und Vermögen und setzte in der Regel auch die Nutzung kollektiver Ressourcen voraus. Die weltlichen Obrigkeiten forderten deshalb bei Heiraten „der Kinder" beiderlei Geschlechts und gleich welchen Alters den Konsens des Haushaltsvorstands. Dabei bestand ein Vetorecht nicht nur gegen die Person des gewünschten Ehepartners, sondern gegen die Eheschließung eines Kindes überhaupt. Im Weiteren unterwarf das Polizeiregiment der Frühen Neuzeit die Eheschließung beliebigen Gesichtspunkten der Staatsraison. So waren etwa Beamte, das Militär, Studenten, Witwen, Handwerksgesellen und Dienstboten sowie Personen ohne Mittel und Wohnsitz an eine obrigkeitliche Eheerlaubnis gebunden, sodass man von einem System der staatlichen konzessionierten Ehe sprechen kann, in dem die freie Eheschließung die Ausnahme bildete. In Bayern verfolgten die Kontrollinstanzen – Kirche, Hausvater, Grundherr oder Stadt, Obrigkeit – keineswegs einheitliche Interessen; die Kirche drängte auf die Legitimierung der Folgen „sündhaftigen" vorehelichen Geschlechtsverkehrs durch die Heirat, die Obrigkeit schwankte zwischen Einschränkung und Förderung der Heirat, die Grundherren schienen generell dem letzteren zugeneigt zu sein, während vielen Hausvätern an einem ausreichenden Angebot lediger Dienstboten gelegen war.

Frühe Versuche obrigkeitlicher Ehebeschränkungen nach dem Dreißigjährigen Krieg richteten sich vor allem gegen die Verehelichung der knapp gewordenen Dienstboten, die mit Blick auf die steigenden Löhne in hausrechtlicher Abhängigkeit erhalten werden sollten. Im 18. Jahrhundert verstärkten sich die Bestrebungen nach einer staatlichen Kontrolle der Eheschließungen. Die Ehegesetzgebung suchte die wachsende Massenarmut dadurch in den Griff zu bekommen, dass sie die Reproduktion unvermögender Leute, die Staat und Gemeinden zur Last fallen konnten, möglichst zu verhindern suchte. Die Obrigkeit verlangte, dass der heiratswillige Mann seine Familie ernähren konnte, sei es durch ein Heimwesen auf dem Land, sei es durch eine gewerbliche Meisterstelle in der Stadt. Dazu kam ein militärisches Interesse. Je mehr die stehenden Heere aus der Bevölkerung rekrutiert wurden, desto stärker wurde die Sorge um ausreichenden militärischen Nachwuchs. In einer Reihe von süddeutschen Staaten wurde die Ableistung des Wehrdienstes zur Voraussetzung für die Heiratserlaubnis gemacht. Wo dagegen die Wachstumsraten hoch lagen, wie im Hochstift Würzburg, hielt der Landesherr bis ins späte 18. Jahrhundert an restriktiven Maßnahmen (Einzugs-, Ehe- und Baubeschränkungen, Abschieben von Armen) fest. [...]

Neben dem Ausschluss eines Teils der Bevölkerung von der Eheschließung kam im westeuropäischen Heiratsmuster als demografische Regelgröße zentrale Bedeutung dem Heiratsalter zu: Im Vergleich zu anderen Kulturen heirateten die Frauen relativ spät, gegen Mitte Zwanzig. Dadurch verkürzte sich die fruchtbare Lebensspanne der Frau und wurde die Zahl der Kinder verringert, die sie zur Welt bringen konnte.

Christian Pfister, Bevölkerungsgeschichte und historische Demographie. 1500-1800, München [2]2007, S. 25-27

1. *Erläutern Sie die Schwankungen des durchschnittlichen Heiratsalters in Tabelle a) vor dem historischen Hintergrund. Ziehen Sie den Text b) von Pfister heran.*

2. *Benennen Sie auf der Grundlage von Tabelle a) und Text b) die Faktoren, die für das Heiratsalter eine Rolle spielten. Welche Folgen ergaben sich aus einem niedrigeren oder einem höheren Heiratsalter für die Bevölkerungsentwicklung?*

3. *Analysieren Sie die Absichten der Obrigkeiten bei der Regulierung der Eheschließung.*

4. *In der historischen Forschung werden die unverheirateten Frauen und Männer, so vor allem die Dienstboten, als „demografische Reservearmee" bezeichnet. Erklären Sie, warum.*

5. *Recherchieren Sie das heutige Heiratsalter in Deutschland und vergleichen Sie. Welche Faktoren wirken sich heute auf das Heiratsverhalten aus?*

M3 Bevölkerungsentwicklung der Reichsstadt Augsburg von 1500 bis 1648

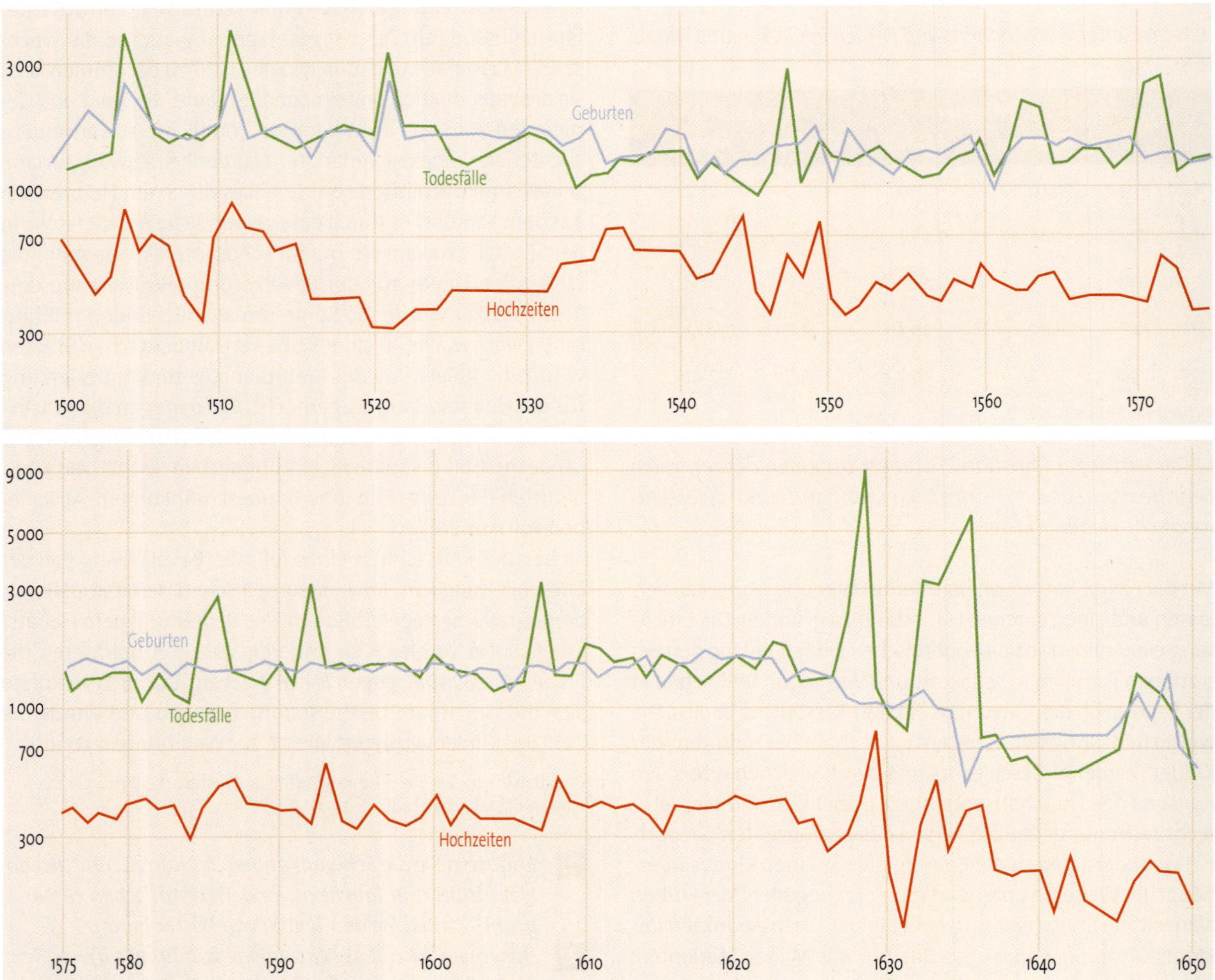

Barbara Rajkay, Die Bevölkerungsentwicklung von 1500 bis 1648; in: Gunther Gottlieb u. a. (Hrsg.), Geschichte der Stadt Augsburg. 2 000 Jahre von der Römerzeit bis zur Gegenwart, Stuttgart ²1985, S. 252-258, hier S. 253

1. *Untersuchen Sie das Verhältnis der drei Kurvenverläufe (Hochzeiten, Todesfälle, Geburten) zueinander. Erläutern Sie die daraus deutlich werdenden demografischen Verhaltensweisen.*

2. *Interpretieren Sie die auffallenden Kurvenverläufe im historischen Kontext (politische Rahmenbedingungen, klimatische Ereignisse etc.).*

M4 Der Bevölkerungsaufbau der Stadt Oppenheim im Rheinland im Jahre 1681

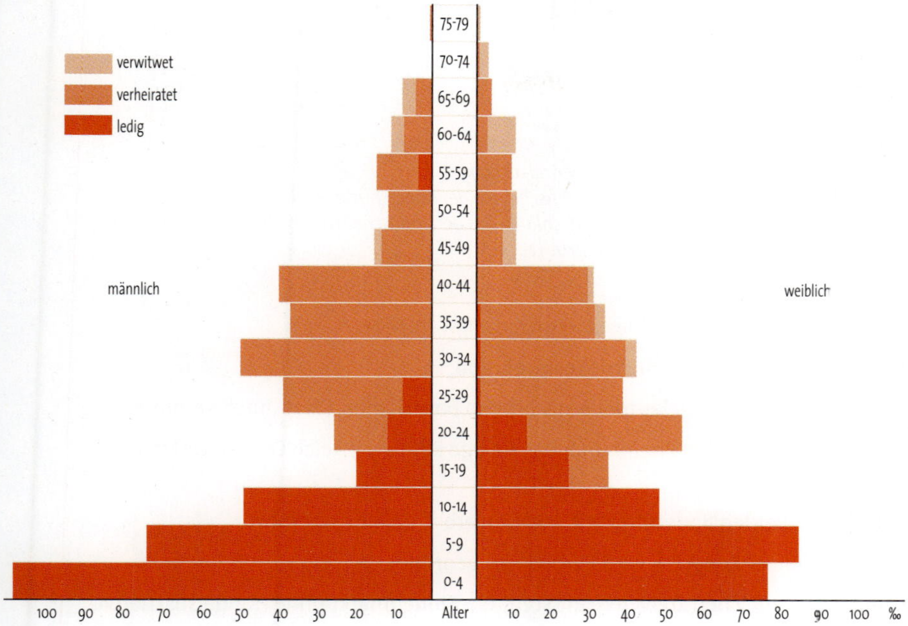

Nach: Richard van Dülmen, a. a. O., S. 33

Analysieren Sie den Bevölkerungsaufbau der Stadt Oppenheim hinsichtlich der in M1 bis M3 behandelten Faktoren Familiengröße, Heiratsmuster und Verhältnis von Geburten- und Sterbefällen.

M5 Bevölkerungsentwicklung Europas 1500 - 1900

Jahr	England		Frankreich		Deutschland		Europa
	Millionen Einwohner	Prozentanteil an der Bevölkerung Europas	Millionen Einwohner	Prozentanteil an der Bevölkerung Europas	Millionen Einwohner	Prozentanteil an der Bevölkerung Europas	Millionen Einwohner
1500	-	-	-	-	9	10,7	84
1550	3,0	3,1	19,5	20,1	13,5	13,9	97
1600	4,1	3,7	19,6	17,7	17	15,3	111
1650	5,2	4,7	20,3	18,1	10	8,9	112
1700	4,9	3,9	22,6	18,0	16	12,8	125
1750	5,8	3,9	24,6	16,9	17	11,6	146
1800	8,6	4,4	29,3	15,0	24,5	12,6	195
1850	16,6	5,8	36,3	12,6	35,4	12,3	288
1900	30,4	7,2	40,6	9,6	56,4	13,4	422

Nach: Massimo Livi Bacci, Europa und seine Menschen, München 1999, S. 18 f. und Michael North (Hrsg.), Deutsche Wirtschaftsgeschichte. Ein Jahrtausend im Überblick, München 2000, S. 118

1. *Wandeln Sie die Tabelle in ein Diagramm um. Begründen Sie die von Ihnen gewählte Diagrammform.*
2. *Vergleichen Sie die Entwicklung der einzelnen Länder. Welche Gemeinsamkeiten und Unterschiede stellen Sie fest? Erklären Sie.*
3. *Erläutern Sie die Gesamtentwicklung und ordnen Sie diese in den historischen Kontext ein.*

Leben in der Industriegesellschaft des 19. Jahrhunderts

◄ **Das Eisenwalzwerk.**
Ölgemälde (158 x 254 cm) von Adolph Menzel, 1872/75.
Das Werk zeigt die Walzhalle für Eisenbahnschienen der Königshütte in Oberschlesien.
Es ist das erste Industriegemälde in Deutschland, das den industriellen Arbeitsprozess und die harten Arbeitsbedingungen ins Zentrum rückt.

- **seit ca. 1750** – In ganz Europa steigen die Bevölkerungszahlen stark an.

Industrieller Aufbruch und Liberalisierung

- **1760** – In England beginnt die Industrielle Revolution.
- **1799–1817** – Maximilian von Montgelas modernisiert den bayerischen Staat durch Reformen.
- **1806** – Napoleon gründet den Rheinbund; das Heilige Römische Reich Deutscher Nation wird aufgelöst.
- **1807–1811** – In Preußen werden Bauernfreiheit und Gewerbefreiheit eingeführt.
- **1815** – Auf dem Wiener Kongress wird Europa neu geordnet.
- **1834** – Durch den Deutschen Zollverein entsteht ein Binnenmarkt ohne Handelsbarrieren.

Durchbruch der Industrialisierung, Soziale Frage und Arbeiterbewegung

- **1835** – Zwischen Nürnberg und Fürth nimmt die erste Eisenbahnstrecke ihren Betrieb auf.
- **ca. 1840** – Die Industrialisierung gelangt auf dem europäischen Kontinent zum Durchbruch.
- **1848/49** – Nationale, soziale und liberale Forderungen bestimmen die Revolution von 1848/49; die Arbeiter- und Frauenbewegung beginnt sich zu organisieren und Lösungen für die Soziale Frage zu finden.
- **ca. 1860–1914** – Etwa 16 Millionen Menschen wandern auf der Suche nach neuen Arbeitsplätzen vom Osten in den industrialisierten Westen des Deutschen Reiches.

Entstehung der Industriegesellschaft

- **1871** – Die Gründung des Deutschen Reiches löst einen wirtschaftlichen Boom aus.
- **1873** – In Berlin wird mit dem Bau des ersten unterirdischen Kanalsystems begonnen.
- **ca. 1875–1910** – Die Städte in Deutschland wachsen stark an (Urbanisierung); die Wohn- und Arbeitsbedingungen der Arbeiterschaft verschlechtern sich.
- **1878–1890** – Mit dem „Sozialistengesetz" will Bismarck die Arbeiterbewegung ausschalten.
- **um 1880** – Mit der Serienfertigung von normierten Einzelteilen beginnt die Massenproduktion.
- **1882/83** – Robert Koch entdeckt die Tuberkelbakterien und den Cholerabazillus.

Massenproduktion und Massengesellschaft

- **1883–1889** – Staatliche Sozialgesetze schaffen einen Rechtsanspruch auf finanzielle Leistungen im Alter, bei Krankheit oder Unfall.
- **ab 1890/95** – Durch den Aufschwung in den „modernen" Industrien (Elektrotechnik, Chemie und Maschinenbau) steigt Deutschland zu einer der größten Industrienationen auf.
- **um 1900** – Die durchschnittliche Arbeitszeit sinkt in Deutschland auf etwa elf Stunden pro Tag.
- **1895–1913** – Ein wachsendes Realeinkommen ermöglicht breiteren Schichten Freizeitaktivitäten und Massenkonsum.

■ Im ausgehenden 18. und im beginnenden 19. Jahrhundert war die Herrschafts- und Gesellschaftsordnung immer noch vom Ständewesen geprägt. Jedoch ließen sich die überkommenen gesellschaftlichen Normen und politischen Institutionen immer weniger mit den wirtschaftlichen Erfordernissen der Zeit und den Ideen der Aufklärung vereinbaren: die freie Entfaltung gesellschaftlicher, kultureller und wirtschaftlicher Kräfte, Gleichheit, Freiheit und die Sicherung der **Menschenrechte**. In England und Frankreich wurden neue Staatslehren entwickelt, die dem absolutistischen Herrschaftsprinzip die **Volkssouveränität** entgegensetzten. Sie forderten **Verfassungen**, in denen **Gewaltenteilung**, Rechtsstaatlichkeit und ein aus freien Wahlen hervorgegangenes Parlament garantiert wurden, ebenso Grundrechte, Meinungs- und Pressefreiheit sowie religiöse Toleranz. Aus Untertanen sollten Staatsbürger werden.
Mit der Verkündung der amerikanischen Verfassung 1787 wurde das republikanische Modell erstmals in die Praxis umgesetzt. Aber erst die **Französische Revolution**, die am **14. Juli 1789** mit dem **Sturm auf die Bastille** begann, stärkte überall in Europa die veränderungsbereiten Kräfte.
Die Auswirkungen der Französischen Revolution führten in Deutschland zu grundlegenden Veränderungen. 1799 war **Napoleon I. Bonaparte** durch einen Staatsstreich an die Macht gekommen, hatte wirtschaftliche und rechtliche Reformen eingeleitet, sich 1804 zum Kaiser gekrönt und die Vormachtstellung Frankreichs in Europa erreicht. Die Napoleonischen Kriege sorgten für eine „Flurbereinigung" der europäischen Landkarte, die im Jahr **1806** schließlich zur **Auflösung des Heiligen Römischen Reiches Deutscher Nation** führte. Zugleich zwangen sie nicht nur die besetzten, sondern auch die formell souverän gebliebenen deutschen Gebiete dazu, sich der Herausforderung durch das revolutionäre Frankreich zu stellen und Reform- und Modernisierungsmaßnahmen einzuleiten. In Bayern zeichnete dafür **Maximilian von Montgelas** verantwortlich.
Darüber hinaus verhalfen die Revolutionskriege der Idee der **Nation** und dem **Nationalismus** zum Durchbruch. Die Nachfolge des untergegangenen Heiligen Römischen Reiches Deutscher Nation trat nach dem **Wiener Kongress 1815** der **Deutsche Bund** an. Dieser lockere Staatenbund enttäuschte jedoch alle, die einen deutschen Nationalstaat mit einer starken Zentralgewalt wollten. Die nach dem **Hambacher Fest** von **1832** gestellten sozialen, nationalen und liberalen Forderungen führten zum Ausbruch der **Revolutionen von 1848/49**. Der Wunsch nach einer neuen Verfassung und einem deutschen Nationalstaat erfüllte sich erst durch die durch **Otto von Bismarck** vorangetriebene Gründung des **Deutschen Kaiserreiches** im Jahr **1871**.
Zu diesem Zeitpunkt war bereits ein umwälzender Prozess in vollem Gange: die Industrialisierung. Sie hatte schon um die Mitte des 18. Jahrhunderts in England eingesetzt und erfasste schließlich ganz Europa und die USA. Aus Ländern, in denen die meisten Menschen von der Landwirtschaft lebten und in denen Handwerker die Güter des täglichen Bedarfs als Einzelanfertigungen herstellten, wurden Industrienationen, in denen der überwiegende Teil der Bevölkerung in der gewerblichen Produktion tätig war und in denen fast alle Waren in Massenproduktion in Fabriken gefertigt wurden. Mechanisierung und Rationalisierung waren die Folge, aber auch Umweltbelastung und -zerstörung.
Nicht weniger umwälzend waren die Folgen im beruflichen und privaten Alltag der Menschen. Dies beweist die **Soziale Frage**, um deren Lösung sich nicht nur die **Arbeiterbewegung**, die Kirchen und einige Unternehmer bemühten, sondern schließlich auch der Staat mit seiner **Sozialgesetzgebung**. All das zusammen rechtfertigt es, von einer **Industriellen Revolution** zu sprechen, die aber wiederum nur einen Teil der radikalen Veränderungen auf beinahe allen Gebieten des menschlichen Zusammenlebens ausmacht, die aus der Ständegesellschaft allmählich eine Industriegesellschaft entstehen ließen.

■ Vervollständigen Sie das Grundwissen um fehlende Begriffe und Daten.
■ Arbeiten Sie die politischen, gesellschaftlichen und wirtschaftlichen Entwicklungen im 19. Jh. zu einem Referat aus.

Liberalisierung durch staatliche Reformen

Es ist Juli 1845 und schon das zweite Mal in diesem Jahr, dass sich Bernhard Springer, ein gelernter Müller und Sohn eines Landshuter Metzgers, bei den Stadtvätern der niederbayerischen Kreishauptstadt Landshut um eine „Ansässigmachung“ bemüht. Endlich will er seine Braut, eine Dienstmagd aus Kraiburg, heiraten und damit den beiden gemeinsamen Kindern die Rechte ehelichen Nachwuchses verschaffen. Wer sich in Bayern niederlassen und verheiraten, ein Gewerbe oder Handwerk ausüben will, ist nicht mehr von der Bewilligung des Grundherrn oder der Zunft abhängig. Er muss aber eine Genehmigung der staatlichen Behörden oder der jeweiligen Gemeinde auf „Ansässigmachung“ einholen, ohne die es keine Heirat und keine Gewerbeerlaubnis gibt. Bernhard Springer bleibt optimistisch. Denn in früheren Jahren, so weiß er, haben die Behörden stets relativ großzügig entschieden. Aber er irrt sich: Im November desselben Jahres wird auch sein dritter Antrag abgelehnt.

Wie Bernhard Springer ergeht es zahllosen anderen Bewerbern vor und nach ihm. Viele versuchen mit Schulzeugnissen, Militärdienstzeitscheinen, Lehrbriefen, Vermögensnachweisen, Leumundszeugnissen und persönlich an die „hohen Herren“ gerichteten Briefen ihre Chancen auf „Ansässigmachung“ und die begehrten Gewerbekonzessionen zu erhöhen – oft vergeblich: Allein zwischen 1845 und 1852 werden in Landshut von 181 Gesuchen 72 abgelehnt. Den vielen Handwerksmeistern und anderen Gewerbetreibenden bleibt meist nur, als Dienstboten, Gesellen, Taglöhner oder besitzlose Dorfhandwerker ihr Auskommen zu suchen.

Mit ihrer strikten Entscheidungspraxis stehen die Landshuter nicht allein. So sind etwa in Regensburg Fälle von neun- und zehnmaliger Ablehnung bekannt. Trotz aller Reformen, die Bayern in den letzten Jahrzehnten in Verwaltung und Recht, Handel und Wirtschaft verwirklicht hat – von einer allgemeinen Gewerbefreiheit, wie es sie in Preußen bereits seit 1811 gibt, hält man in Landshut wie auch in den meisten anderen Teilen Bayerns offenbar nichts.

Eine „Revolution von oben“ ... Worauf Bernhard Springer 1845 wenn auch vergeblich seine Hoffnung setzte, war eine weit über Bayern hinausgreifende Reformbewegung, die um 1800 auf dem Gebiet des Deutschen Reiches die Lebens- und Rechtsverhältnisse grundlegend verändert hatte. Da sie von den Regierungen in Gang gesetzt worden war, ging sie als „Revolution von oben“ in die Geschichte ein. Noch heute werden die Namen der damals leitenden Politiker – **Karl Reichsfreiherr vom und zum Stein** und **Karl August Fürst von Hardenberg** in Preußen sowie Maximilian Joseph Graf von Montgelas in Bayern – mit den Reformen verbunden (▸ M1). Sie waren es, die die Reformen entwarfen und mit Zustimmung ihrer Monarchen in die Tat umsetzten. Geschwindigkeit und Stufen dieser Reformen waren in den einzelnen Territorien sehr unterschiedlich. Begonnen hatten sie mancherorts bereits an der Wende vom 17. zum 18. Jahrhundert, vollendet wurden sie teilweise erst in der zweiten Hälfte des 19. Jahrhunderts. Sie brachten Rechtsgleichheit für alle Bewohner, schafften auf dem Land Grundherrschaft und Leibeigenschaft ab und beseitigten die Zunftordnungen in den Städten. Begleitet wurden sie von einer Neuordnung der staatlichen Verwaltung, des Rechts- und Bildungswesens und der **Judenemanzipation**. In mehreren Staaten führten sie zu schriftlich niedergelegten Verfassungen, zur Einberufung von Parlamenten und zur Entstehung konstitutioneller Monarchien.

Karl Reichsfreiherr vom und zum Stein (1757-1831): seit 1780 im preußischen Staatsdienst, wurde er 1807 vom König entlassen, jedoch auf Wunsch Napoleons zum Leitenden Minister ernannt; musste wegen Kritik an Napoleon 1808 ins Exil gehen und wurde 1812 Berater des russischen Zaren Alexander I.

Karl August Fürst von Hardenberg (1750-1822): 1804-06 preußischer Außenminister, 1810-22 Staatskanzler; wurde 1814 für seine Verdienste in den Fürstenstand erhoben

Judenemanzipation: Weg zur Gleichstellung der jüdischen Minderheit

... und ihre Ursachen Der Reformschub in den ersten beiden Jahrzehnten des 19. Jahrhunderts hatte mehrere Ursachen:

- Die Reformen reagierten auf freiheitliches Gedankengut der Aufklärung und der Französischen Revolution, die Standesschranken und Privilegien kritisierten und die Freiheit der Persönlichkeit forderten. Die Reformen nahmen damit auch einer möglichen „Revolution von unten" den Wind aus den Segeln.
- Am Ende des 18. Jahrhunderts unterstand der Großteil des landwirtschaftlich genutzten Bodens einer Grundherrschaft. Die geistlichen und weltlichen Landesherren, der Adel, die Klöster und Stifte sowie in geringerem Ausmaß auch nichtadlige weltliche Grundbesitzer hielten über 96 Prozent des landwirtschaftlichen Besitzes in ihren Händen. Schon seit Mitte des 18. Jahrhunderts war in Europa aus aufklärerischen Kreisen Kritik daran aufgekommen, wie sehr die Grundherrschaft und das Zunftwesen einem wirtschaftlichen Aufschwung entgegenstanden. Die wirtschaftliche Entwicklung im liberalisierten England führte den Staaten auf dem Kontinent vor Augen, mit welcher Steigerung der Produktion und des Wohlstands sie rechnen konnten, wenn die traditionellen Bindungen und Beschränkungen beseitigt wurden.
- Die Abschaffung der Frondienste, der Feudalrechte, des Zehnten und der Zünfte während der Französischen Revolution wirkten als Signal und bildeten den Auftakt zu reformerischen Ideen in anderen europäischen Staaten. Ausgelöst wurde der Reformprozess aber vor allem durch die napoleonische Herrschaft. Die Staaten des 1806 von Napoleon initiierten Rheinbundes, allen voran Bayern, hatten ab 1803 zum Teil enorme Gebietsgewinne aus **Säkularisation** und **Mediatisierung** erhalten. Durch die Auflösung der geistlichen Reichsstände, der bischöflichen Herrschaftsgebiete und der etwa 300 reichsunmittelbaren Abteien und Klöster wechselten insgesamt etwa 95 000 qkm Grundfläche ihren Besitzer. Zudem belohnte Napoleon die mit ihm verbündeten Regenten mit Standeserhöhungen. Um die Bevölkerung der gewonnenen Landesteile an das neue Herrscherhaus und seinen Staat zu binden, ließen die Monarchen sie in den Genuss einer freiheitlicheren Rechts- und Lebensordnung kommen, um einen Patriotismus zu wecken. Nach französischem Vorbild wurden einheitliche Wirtschaftsgebiete geschaffen, die Verwaltung wurde zentralisiert und der Code Civil eingeführt. Adel und Klerus verloren Ämter- und Steuerprivilegien; die ständische Gesellschaftsordnung schafften die Fürsten jedoch nicht vollständig ab. Nicht zuletzt mussten die Monarchen ihre Staaten aber auch modernisieren, um den Ansprüchen Napoleons nach Beiträgen und militärischen Diensten genügen zu können.
- In Preußen, das mit Österreich und Russland die Gegner Napoleons auf dem Kontinent anführte, gingen die Reformer unter anderen Voraussetzungen ans Werk. Anders als die Rheinbundstaaten hatte Preußen fast die Hälfte seines Staatsgebiets verloren und musste erdrückende Tributzahlungen an Frankreich leisten. Der Wunsch, bald wieder in den Kreis der Großmächte aufrücken und gegen die Fremdherrschaft kämpfen zu können, zwang die preußische Regierung zu einer Mobilisierung aller Kräfte, einer „Politik der defensiven Modernisierung" gegen Napoleon (Elisabeth Fehrenbach). Durch Reformen in Landwirtschaft, Gewerbe, Verwaltung und Militär sollte die wirtschaftliche und militärische Leistungsfähigkeit gesteigert und damit das Überleben Preußens im Kampf gegen die napoleonische Fremdherrschaft ermöglicht werden.
- Von einem wirtschaftlichen Aufschwung erhofften sich die Regierungen auch höhere Steuereinnahmen. Auch deshalb versuchten die Reformer, den großen Einfluss des grundbesitzenden Adels und des Klerus in ihren Staaten zurückzudrängen.
- Unabhängig von allen politischen Rahmenbedingungen benötigte eine ständig wachsende Bevölkerung mehr Arbeitsplätze und Nahrungsmittel. Ein wirtschaftlicher Aufschwung sollte beides schaffen.

Säkularisation (von lat. saecularis = weltlich): die Übernahme der Herrschaft in kirchlichen Gebieten durch weltliche Fürsten während der napoleonischen Herrschaft

Mediatisierung („Mittelbarmachung"): bezeichnet die Aufhebung der Reichsunmittelbarkeit der meisten Reichsstädte und vieler weltlicher Reichsstände (z. B. Reichsritter), die nun nicht mehr direkt dem Kaiser, sondern den jeweiligen Landesherren unterstanden

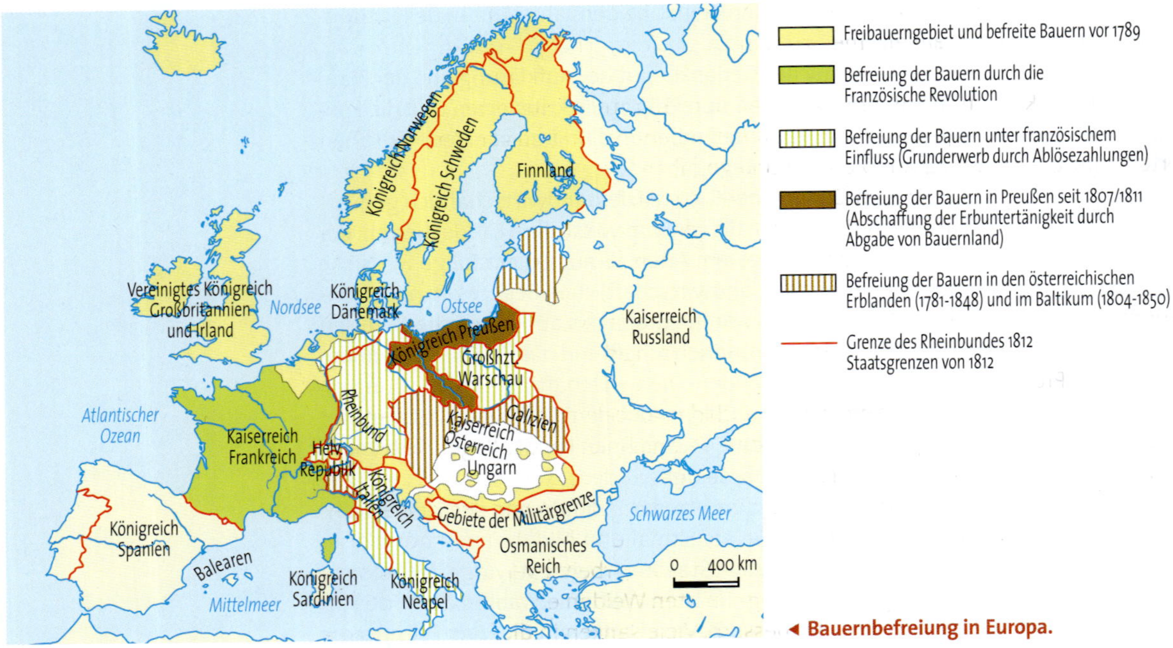

◄ **Bauernbefreiung in Europa.**

Reformen auf dem Land Im ländlichen Bereich, wo um 1800 noch rund 80 Prozent der Menschen lebten und ihren Unterhalt verdienten, griffen die Reformen am tiefsten in die bestehenden Verhältnisse ein:

- Zunächst wurden – soweit noch vorhanden – alle Formen von Leibeigenschaft und persönlicher Erbuntertänigkeit abgeschafft. Dies betraf vor allem die ostelbischen Gebiete Preußens (▸ M2). In den süddeutschen Territorien war die persönliche Freiheit der Menschen am Ende des 18. Jahrhunderts wesentlich weniger eingeschränkt. Die preußischen Reformer pflügten daher die bestehenden Verhältnisse in kürzerer Zeit viel radikaler um, als etwa in Bayern. Insgesamt sorgten die Reformen dafür, dass die Landbevölkerung künftig keine Heiratserlaubnis des Grundherrn mehr brauchte und nicht mehr an die Scholle gebunden war, also Wohnort und Beruf frei wählen konnte. Die Kinder der Bauern unterlagen nun nicht mehr dem Gesindezwang, der sie zur Arbeit auf dem Hof des Grundherrn verpflichtet hatte.
- Leistungen für den Grundherrn wie Hand- und Spanndienste sowie Naturalabgaben wurden nicht ersatzlos abgeschafft, da sie als Gegenleistung für den überlassenen Besitz von Grund und Boden angesehen wurden. Sie konnten jedoch durch einmalige Geldleistung oder durch jährliche Raten abgelöst werden.
- Auch bislang von einem Grundherrn gepachtetes Land konnte in den Besitz des Pächters übergehen. Als Gegenleistung musste er dem Grundherrn dafür je nach Gegend entweder einen Teil des Landes abtreten oder eine finanzielle Entschädigung zahlen. In Bayern war diese Ablösung wie auch die der Hand- und Spanndienste bis zum Jahr 1848 aber nur mit Zustimmung des Grundherrn möglich.
- Die bislang gemeinschaftlich genutzte Allmende wurde unter den Grundherren und den neuen selbstständigen Bauern aufgeteilt. Diese Flurbereinigung wurde dazu genutzt, um die in der Regel kleinen und verstreut liegenden Feldstücke der Bauernhöfe zu größeren und damit besser nutzbaren Einheiten zusammenzulegen.
- Zuletzt wurden die grundherrliche Gerichtsbarkeit (Patrimonialgerichtsbarkeit) und die Polizeigewalt aufgehoben.

Gewinner und Verlierer Auf den ersten Blick schienen die Grundherren die Verlierer und die Bauern die Gewinner der Reformen zu sein. Doch dieser Eindruck bedarf der Korrektur:

- Der oft für die Reformen auf dem Land benutzte Begriff der „Bauernbefreiung" beschreibt die Vorgänge unvollständig. Nur wohlhabendere Bauern konnten die geforderte finanzielle Ablösung von Diensten und Abgaben leisten sowie Landabtretungen und Entschädigungen verkraften. Denn zum einen wurden viele Höfe durch die Landabtretungen auf eine unrentable Betriebsgröße verkleinert; zum anderen waren kleine und arme Bauern durch die neuen finanziellen Lasten, die bis zu zweieinhalb Mal so hoch sein konnten wie die früheren, bald verschuldet und mussten ihr Land an den Grundherrn oder an reichere Bauern verkaufen. Die Folgen waren, besonders in Preußen, eine weitere Besitzkonzentration und ein Rückgang der Zahl der Kleinbauernhöfe um bis zu 15 Prozent.
- Da die Aufteilung der Allmende prozentual nach den aktuellen Besitzverhältnissen vorgenommen wurde, erhielten die Besitzer großer Ländereien, in der Regel die bisherigen Grundherren, den Hauptanteil und oft auch die besten Landstücke. Landwirtschaftlicher Besitz konzentrierte sich nun in wenigen Händen. Verstreute kleine Äcker wurden zu großen Flächen zusammengelegt und die ehemaligen Allmenden in Ackerland umgewandelt. Viele kleine Bauern und Landarbeiter verloren dadurch die Möglichkeit, auf den bislang gemeinsam genutzten Weiden eigenes Vieh zu halten und so das Familieneinkommen aufzubessern. Viele sanken in die ländliche Unterschicht der besitzlosen Landarbeiter ab.

Gewerbefreiheit statt Zunftzwang? Seit dem 18. Jahrhundert galten die Zünfte als Haupthindernis auf dem Weg zu wirtschaftlichem Aufschwung und Fortschritt im gewerblichen Sektor. Neben dem Verlagswesen mit Heimarbeit und Manufakturen stellte das Handwerk rund 50 Prozent der gewerblichen Produktion im Deutschen Reich her. Dort legten die Zünfte die Produktionsverfahren fest, kontrollierten die Qualität der Produkte und diktierten die Verkaufspreise. Durch den Zunftzwang wurde das Spiel von Angebot und Nachfrage auf einem freien Markt gehemmt. Führende Theoretiker und Staatsmänner forderten daher unter dem Schlagwort „Gewerbefreiheit" vor allem ein Ende des Zunftregiments im Handwerk: Jeder sollte in jedem Umfang jeden Produktionszweig mit jeder Produktionstechnik eröffnen und betreiben können.

Zu grundlegenden Gewerbereformen kam es zuerst in den durch die Französische Revolution und die napoleonische Herrschaft beeinflussten linksrheinischen Gebieten. In Bayern gingen die Aufsichtsrechte der Zünfte über das Handwerk an den Staat über, der die Konzessionen für die Neugründung von Betrieben vergab (▸ M3). Die vollständige Gewerbefreiheit wurde jedoch erst 1868 eingeführt. Hingegen war in Preußen bereits ab 1810 die Ausübung eines Gewerbes nur noch an den Erwerb eines Gewerbescheines bei einer staatlichen Stelle gebunden. Der Norddeutsche Bund gab sich im Jahr 1869 eine einheitliche Gewerbeordnung nach preußischem Vorbild, der sich kurz nach der Gründung des Deutschen Reiches 1871 auch die süddeutschen Staaten anschlossen. Zünfte gab es fortan nicht mehr, und die Gewerbefreiheit war nur noch in einigen wenigen Berufen eingeschränkt, für die eine spezielle fachliche Vorbildung (z. B. bei Ärzten, Apothekern, Bauunternehmern, Schiffern) oder eine besondere Zuverlässigkeit (z. B. bei Schaustellern, Schank- und Gastwirten, Schlossern) erforderlich erschien: Die Ausübung solcher Berufe war an staatliche Zulassungen geknüpft, diese konnten aber, sobald die Voraussetzungen erfüllt waren, nicht verweigert werden.

Anpassungsprobleme im Handwerk Die Gewerbereformen führten im Handwerk zunächst zu einer Welle von Werkstattgründungen, so vor allem in ländlichen Gebieten. Da die Kaufkraft der Kunden mit der Zahl der Neugründungen bei Weitem nicht mithielt, kam es rasch zu einer Übersättigung des Marktes, zu Unterbeschäftigung und Einkommensverlusten. Der armselige Alleinmeister-Betrieb, in dem Frau und Kinder mitarbeiteten, der aber keine Gesellen oder Lehrlinge ernähren konnte, prägte vielerorts das Bild (▸ M4). Auch die industrielle Konkurrenz – zunächst aus dem Ausland, bald aber auch aus Deutschland – setzte dem Handwerk besonders im Bereich der Textilproduktion und der Metallverarbeitung schwer zu, da sie effektiver und billiger produzieren konnte.

Erst nach Jahrzehnten der Umorientierung fanden Handwerker Ersatz für die ihnen an die neuen Fabriken verloren gegangenen Produktionsbereiche: Sie verlegten sich auf die Reparatur und das Verkaufsgeschäft, aber auch auf die Produktion solcher Güter, die nicht massenweise in den Fabriken hergestellt werden konnten, oder auf die Weiterverarbeitung und Veredelung von Fabrikware. Ein Beispiel ist der Textilbereich, in dem Massenproduktion in der Fabrik (Spinnerei und Weberei) und handwerkliche Kleiderschneiderei Hand in Hand arbeiteten und voneinander profitierten. Auf diese Weise veränderte sich das Berufsbild des Handwerkers im Laufe des 19. Jahrhunderts grundlegend.

Licht … Überblickt man die Reformen in Landwirtschaft und Gewerbe insgesamt, so waren trotz aller regionalen Unterschiede die langfristigen Folgen revolutionär:

- Die Liberalisierung schuf für den Einzelnen neue Möglichkeiten der freien Entfaltung und der individuellen Lebensgestaltung: Viele der auf dem Land lebenden Menschen konnten bisher aufgrund rechtlicher Bindungen den Grund und Boden, den sie bearbeiteten, nicht ohne Weiteres verlassen. Dies war nun möglich. Sie konnten Wohnort und Beruf frei wählen, einen Betrieb gründen und frei über ihre Arbeitskraft und ihre Zeit verfügen.
- Durch die Aufhebung der Heiratsbeschränkungen konnte jeder unabhängig von Verdienst und Besitz eine Familie gründen.
- Darüber hinaus garantierten die Reformen Rechtsgleichheit für alle. Sie setzten damit eine Entwicklung fort, die mit der Übernahme des napoleonischen Code Civil in den Rheinbundstaaten begonnen hatte.

… und Schatten

- Die Reformen hoben zwar die feudalen Abhängigkeitsverhältnisse auf dem Land auf und bauten die zünftischen Beschränkungen in den Städten ab, durch die Loslösung von Grundherrschaft und Zunftverfassung verloren viele Menschen jedoch den gewohnten Schutz ihres Grundherrn bzw. ihrer zünftischen Genossenschaft. Sie waren nun nicht nur frei, sondern in einer neuen Weise für sich selbst verantwortlich, und spürten die Gesetze von Markt und Wettbewerb deutlicher als früher.
- Seit ab 1802/03 die meisten Klöster und später die Zünfte aufgehoben wurden, mussten die Gemeinden viele ihrer früheren Aufgaben übernehmen. Dazu gehörte die Kranken- und Armenfürsorge. Jeder neue „Ansässige" war damit eine potenzielle Belastung für die örtlichen Armenkassen, ein Risiko, dass die Gemeinden möglichst kleinhalten wollten. Ohne Hauseigentum, ein bestimmtes Grundvermögen oder einen anderweitig gesicherten „Nahrungsstand" durfte etwa in Bayern nicht geheiratet und kein Gewerbe ausgeübt werden. Als um 1830 wirtschaftliche Krisen Armut und Bettel ansteigen ließen, wurde die „Ansässigmachung" noch erschwert. Daran hatte auch das

örtliche Handwerk Interesse, das sich auf diese Weise gegen unliebsame Konkurrenz schützen konnte. Die Zahl der unehelich Geborenen stieg. Je nach Region dauerte es noch viele Jahre, bis es trotz Aufhebung der Heiratsbeschränkungen möglich war, unabhängig von Einkommen und Besitz eine Familie zu gründen.
Gleichzeitig beschleunigte sich das Bevölkerungswachstum, das im 18. Jahrhundert eingesetzt hatte. Da in Landwirtschaft und Gewerbe kurzfristig nicht genügend neue Arbeitsplätze zur Verfügung standen und sich die Industrialisierung erst in den Anfängen befand, breiteten sich Arbeitslosigkeit und eine bis dahin nicht gekannte Massenarmut aus (**Pauperismus**). In der Frühphase der Industrialisierung waren davon vor allem kleine Handwerker betroffen, die der Konkurrenz der effektiver und billiger produzierenden Fabriken unterlagen (▸ M5).
Hungerrevolten in Jahren der Lebensmittelknappheit und die Abwanderung des ländlichen pauperisierten Bevölkerungsüberschusses in die Stadt („Landflucht") waren ebenso die Folge wie immer neue Auswanderungswellen, besonders nach Amerika. Not und Protest der unterbäuerlichen Schichten auf dem Land entluden sich in Holzdiebstahl und Wilderei.

Pauperismus: von lat. pauper = arm; von der Fachwissenschaft benutzter Ausdruck für die Massenarmut, die noch durch vorindustrielle Bedingungen verursacht worden war

▲ **„Die schlesischen Weber."**
Ölgemälde von Carl Wilhelm Hübner, 1846.
Die Weber waren am härtesten von dem durch Reformen und Industrialisierung bewirkten Wandel betroffen. Trotz Arbeitszeiten von bis zu 16 Stunden am Tag verdienten sie nicht das Nötigste zum Leben. Als in den 1840er-Jahren Missernten und Teuerungen zu Hungerkrisen führten, kam es zu einem großen Aufstand der schlesischen Weber: Sie stürmten und plünderten Fabriken und Villen reicher Unternehmer. Die preußische Regierung ließ den Aufstand vom Militär blutig niederschlagen, jedoch hatte die Revolte Not und Elend der Unterschichten ins öffentliche Bewusstsein gerückt.

Zukunftsweisende Tendenzen in Richtung Industriegesellschaft Garantie der persönlichen Freiheit und Rechtsgleichheit für jedermann waren die tragenden Säulen der Reformen. Auf ihnen baute die weitere Entwicklung auf (▸ M6). Ständische Schranken fielen. Nicht mehr Geburt, Privilegien und Zugehörigkeit zu einer gesellschaftlichen Gruppe entschieden über die Lebensweise und Chancen eines Menschen, sondern der Erfolg und vor allem das Vermögen. Damit entstand aus der traditionellen Ständegesellschaft eine moderne Schichten- oder **Klassengesellschaft**.

Klassengesellschaft: nach dem Philosophen und sozialistischen Theoretiker Karl Marx (1818-1883), der zusammen mit seinem Freund Friedrich Engels (1820-1895) 1848 das „Manifest der kommunistischen Partei" herausgab, Kennzeichen für die Industriegesellschaft. Diese setzte sich aus der Klasse (lat. classis = Gruppe) der Kapitalisten, die Geld, Marktkenntnisse und Produktionsmittel besitzen, und der Klasse der besitzlosen Arbeiter (Proletarier) zusammen (Zweiklassengesellschaft).

Allerdings konnte der Adel, der im Zuge der Reformen seine ständischen Privilegien wie Steuerfreiheit und Vorrechte bei der Ämterbesetzung verloren hatte, seine gesellschaftliche Stellung wahren und die wichtigsten Posten im Staats- und Hofdienst, in Verwaltung und Militär besetzt halten. Dadurch gelang es ihm, das Alte Reich zu überleben und auch im 19. Jahrhundert an der Spitze der Gesellschaftspyramide zu bleiben.

Neben dem Übergang von der Stände- zur Klassengesellschaft wiesen vor allem zwei Tendenzen in die Zukunft, die die Voraussetzungen für Neuerungen und Modernisierung der Wirtschaft in der einsetzenden Industriellen Revolution schufen:

- In Landwirtschaft und Gewerbe stieg durch neue Formen effektiver Landnutzung und Ertragssteigerung sowie durch den Wegfall gesetzlicher Einschränkungen und den dadurch frei werdenden Konkurrenzdruck langfristig die Produktivität. Ein wirtschaftlicher Aufschwung zeichnete sich ab.
- Durch die Reformen und das hinter ihnen stehende rationale Gedankengut setzte sich in vielen Bereichen des Wirtschaftslebens eine neue Haltung durch, die geprägt war vom Streben nach Wirtschaftlichkeit, Nützlichkeit, Effektivität, aber auch von Risikobereitschaft. Die Beseitigung der traditionellen Bindungen und einer Wirtschaftsweise, die in erster Linie den Lebensunterhalt und das Einkommen privilegierter Gruppen garantierte, nicht aber die Freisetzung der Konkurrenz um kostengünstige Produktion und Leistung ermöglichte, ließ einen freien Markt, einen neuen Typus des Unternehmers und des freien Lohnarbeiters entstehen, die der Industrialisierung zum Durchbruch verhalfen.

M1 Über Bayerns Zukunft: das „Ansbacher Mémoire" von 1796

Zu Beginn seiner Beratertätigkeit bei Herzog Max von Pfalz-Zweibrücken, dem zukünftigen bayerischen Kurfürsten Max IV. Joseph, entwirft Maximilian Joseph Freiherr (seit 1809 Graf) von Montgelas am 30. September 1796 ein 28 Seiten starkes Reformdokument, das „Ansbacher Mémoire". Darin fasst er Maßnahmen für eine moderne und effiziente Gestaltung des bayerischen Staatsapparats zusammen, die er später in Bayern als Leitender Minister zum größten Teil in die Tat umsetzt:

Die Aufhebung finanzieller Vorrechte der privilegierten Stände in den verschiedenen Provinzen, die Erstellung eines sorgfältig angelegten Katasters, der eine gerechtere Erhebung der direkten Steuern ermöglicht, die Abschaffung mehrerer Abgaben, die den Untertanen zu sehr belasten, und die Aufhebung des katastrophalen bayerischen Zollsystems fordern in verschiedensten Zweigen dieser weitläufigen Verwaltung auf das Schärfste die Aufmerksamkeit des Gesetzgebers. [...]
Hier werden lediglich die wichtigsten Punkte der Reform angesprochen. Es gibt eine Vielzahl anderer, die zu weit in Details der inneren Verwaltung führen und somit kein Thema dieser Denkschrift sind; [erinnert sei hier zum Beispiel an] die Abschaffung oder zumindestens die Reglementierung der Fronarbeit[1], die Beseitigung der Willkür bei der Erhebung (Einziehung) der (grundherrlichen) Abgaben bei Besitzerwechsel (lods et ventes), des Laudemiums[2] sowie bei der Einforderung der anderen grundherrschaftlichen Gebühren und Abgaben. Dieser Punkt ist umso wichtiger, erfordert eine umso gründlichere Diskussion als es darum geht, das Interesse des Abgabepflichtigen, eine Gunst, die man dem Fortschritt in der Landwirtschaft nicht verwehren darf, mit dem, was man dem heiligen Recht des Eigentums schuldig ist, in Einklang zu bringen. Wir verzichten darauf, die Frage zu erörtern, ob es angebracht wäre, die Fideikommisse[3] und die Majorate[4] abzuschaffen. Wir sprechen auch nicht von der Abschaffung einer Vielzahl kleiner Niedergerichtsbarkeiten[5], die unnötig die Verwaltung der Justiz komplizieren. Wir übergehen mit Stillschweigen die Reform des Zivilrechts, des bayerischen Gesetzeskodex' und vor allem des Strafrechts, die schon seit Langem dringend von allen human eingestellten und aufgeklärten Personen gewünscht wird. [...]
Die Abteien und Klöster brauchen eine Reform, die sie für die Gesellschaft nützlicher macht, als sie es in der Vergangenheit gewesen sind. Die Bettelorden sollten vollständig aufgehoben werden. Sie fallen der Gesellschaft zur Last, indem sie auf ihre Kosten leben und in ihr Unwissenheit und Aberglauben erhalten. Die anderen Ordensgemeinschaften könnten auf die Anzahl ihrer Gründungsmitglieder reduziert werden. [...]
Die beiden Universitäten von Heidelberg und Ingolstadt

▲ **„Das Kostüm der Minister des Staats."**
Kolorierte Lithografie von Ferdinand Bollinger, abgedruckt im Münchner Eleganten Sonntagsblatt vom 22. Januar 1809. Dargestellt sind die Uniformen (v. l.) des Ministers der Auswärtigen Angelegenheiten, des Justizministers, des Finanzministers und des Kriegsministers. Die Uniform förderte die Identifizierung mit dem uniformtragenden Fürsten und den alten Führungsgruppen des Hofadels. In den Uniformen drückte sich auch die Bedeutung der Minister aus. Die letztendliche Verantwortung für eine Entscheidung lag jedoch nach wie vor beim König. Gewandelt hatte sich nun jedoch die „Berufung" der Minister: Diese handelten nicht mehr von Gottes Gnaden, sondern im Auftrag und zum Wohle des Staates.

1 Pflichtarbeit der von einem Grundherrn abhängigen Bauern
2 Ablöse oder Lehnsgeld, das an den Grundherrn bei Besitzaufgabe und -übernahme sowie beim Erbfall sowohl aufseiten der Bauern als auch des Grundherrn entrichtet werden musste; dies gilt auch für die Einsetzung in ein Amt
3 von lat. fidei commissum = zu treuen Händen belassen; ein vor allem im deutschen Niederadel häufig gebrauchtes Recht, nach dem ein Familienvermögen, meist Grundbesitz, ungeteilt vererbt werden musste und im Besitz der Familie verblieb
4 an den ältesten Sohn in direkter Linie einer Familie vererbte Güter
5 die gesamte Gerichtsbarkeit mit Ausnahme der Hoch- oder Blutgerichtsbarkeit

befinden sich in einem höchst beklagenswerten Zustand. Ihre Einkünfte beschränken sich auf Kleinigkeiten. Der Wahl der Professoren wird keinerlei Beachtung geschenkt. Die Schulen in den Städten und auf dem Land werden noch schlechter geführt. Die Schulmeister, Küster in den meisten Fällen, verkommen in Unwissenheit, ermangeln des Notwendigsten und genießen infolgedessen keinerlei Ansehen. Die Bauern weigern sich, ihre Kinder in die Schule zu schicken; die meisten können weder lesen noch schreiben. Dies trifft vor allem für Bayern zu, um die Pfalz ist es in dieser Hinsicht weniger schlecht bestellt. Man wird eines Tages nicht um eine vollständige Umgestaltung auf diesem Gebiet herumkommen, gründlich wird man überlegen müssen, für welchen Plan man sich entscheidet, und vor allem den Elementarschulen in den Städten und auf dem Land fortgesetzte Aufmerksamkeit schenken müssen. [Denn] sie sind es eigentlich, welche die Fähigkeiten der wichtigsten Klasse der Gesellschaft entwickeln und dem Nationalgeist das Siegel aufdrücken.

Die religiöse Toleranz zieht Fremde ins Innere des Staates, die nutzbringend sind aufgrund ihrer Betriebsamkeit, sie begünstigt den Fortschritt in der Industrie sowie der Bildung und regt den Wettbewerb an. Dort, wo sie in größerer Anzahl ansässig sind, stellt die Toleranz eine absolute Verpflichtung gegenüber den Untertanen einer anderen Religion dar. Niemand bezweifelt heutzutage mehr, dass sie [auch] dort von Nutzen ist, wo ein einziges Bekenntnis vorherrscht. [...]

Eines der großen Mittel, um diese glückliche Revolution in den Geistern zu beschleunigen, sie aus der Lethargie, in der sie verkommen, zu reißen und rasch die Bildung zu verbreiten, wird sein, den Buchhandel von den fast kindischen Fesseln, die ihm diese Regierung angelegt hat, zu befreien, das Zensurkollegium gänzlich abzuschaffen, eine vernünftige Freiheit der Presse zuzulassen, indem man präzise die Vergehen definiert, die Autoren und Drucker verpflichtet, an das Ende jedes [Presse]erzeugnisses ihre Namen zu setzen, um so den einen oder anderen vor der Justiz für das verantwortlich zu machen, was die [Presseerzeugnisse] an Tadelnswertem enthalten. Ein Gesetz, das man in diesem Zusammenhang erlassen würde, erfordert reifliche Überlegung und gründliche Diskussion. Das große Problem, wo die Freiheit endet und die Zügellosigkeit beginnt, ist noch in keinem Staat befriedigend gelöst worden. Es ist sogar möglich, dass es einiger Zeit bedarf, um die Gemüter auf den Genuss dieser Wohltat vorzubereiten, und diese Verbesserung vernünftigerweise als letzte zu verwirklichen wäre. Ich halte mich nicht mit den Einwänden auf, die viele Menschen versucht sein könnten, gegen das Prinzip des Vorhabens als solches zu erheben. Es ist heute erwiesen, dass es die grobe Unwissenheit der Völker ist und nicht die vernünftige und dem Stand eines jeden entsprechende Bildung, die man ihnen vermittelt, welche Revolutionen hervorruft und Reiche umstürzt. Je aufgeklärter die Menschen sind, umso mehr lieben sie ihre Pflichten und umso mehr halten sie an einer Regierung fest, die sich wirklich um ihr Glück kümmert.

„Mémoire présenté à M(onsei)g(neu)r le Duc le 30 Septembre 1796", eigenhändiges Manuskript des Maximilian Joseph von Montgelas in Französisch, übersetzt von Oliver Zeidler nach der Transkription von Eberhard Weis in Zeitschrift für bayerische Landesgeschichte 33 (1970), S. 243-256; Übersetzung auch unter www.hdbg.de/montgelas/pages/hmv33.htm

1. *Fassen Sie die Vorschläge Montgelas' zusammen. Erläutern Sie, welchen Entwicklungen damit Rechenschaft getragen werden soll. Welche Ziele verfolgt die Regierung?*

2. *Benennen Sie Textstellen, an denen das Gedankengut der Aufklärung deutlich wird.*

3. *Erläutern Sie, welche Folgen die Reformen Montgelas' für die Gesellschaft und den Alltag der Menschen hatten.*

4. *Ziel der preußischen Reformen, so formuliert es der Minister und spätere Staatskanzler Karl August von Hardenberg 1807 in seiner für den preußischen König verfassten Reformschrift, müsse „eine Revolution im guten Sinn" sein, „gerade hinführend zu dem großen Zwecke der Veredelung der Menschheit, durch Weisheit der Regierung und nicht durch gewaltsame Impulsion (Anstoß) von innen oder außen". Die Historikerin Elisabeth Fehrenbach hat die Reformen in Preußen und in den Rheinbundstaaten als „defensive Modernisierung" bezeichnet. Analysieren Sie anhand von M1 und mithilfe der Darstellung auf S. 82 ff., was damit gemeint ist.*

M2 Die „Bauernbefreiung" aus adliger Sicht

Kurz nach dem Oktoberedikt von 1807 äußert sich Friedrich August Ludwig von der Marwitz, preußischer General, Politiker und Wortführer der märkischen Adligen, über Karl Reichsfreiherr vom und zum Stein und die preußischen Reformen:

Er fing nun mit ihnen (und an Gehülfen aus den anderen Klassen fehlte es nicht) die Revolutionierung des Vaterlandes an, den Krieg der Besitzlosen gegen das Eigentum, der Industrie gegen den Ackerbau, des Beweglichen gegen das Stabile, des krassen Materialismus gegen die von Gott eingeführte Ordnung, des (eingebildeten) Nutzens gegen das Recht, des Augenblicks gegen die Vergangenheit und Zukunft, des Individuums gegen die Familie, der Spekulanten und Comtoire[1]

[1] auch Comptoir, Comptor oder Comtor (von franz. compter = zählen); ältere Bezeichnung für Ladentisch oder Schreibstube, hier für Kaufleute, Makler

gegen die Felder und Gewerbe, der Büros gegen die aus der Geschichte des Landes hervorgegangenen Verhältnisse, des Wissens und eingebildeten Talents gegen Tugend und ehrenwerten Charakter. Hiermit, als ob die bekriegten Kategorien, das Eigentum, der Ackerbau, die stabilen Verhältnisse, die alte Ordnung, das Recht, die Gemeinschaftlichkeit der Standesgenossen und das Prinzip der Tugend und Ehre die Ursachen unseres Falles gewesen wären! Und deswegen gab er das Land dem Feinde preis! Er machte nun den Anfang zu seiner sogenannten Regeneration des preußischen Staats mit allerhand auf die Rousseauschen und Montesquieuschen Theorien[2] gegründeten Gesetzen, solchen, wie sie aus der Französischen Revolution, samt dem Schaden, den sie angerichtet, längst bekannt waren. [...]

Im Eingang wurde [...] als Zweck des Gesetzes der größere Wohlstand angegeben, der dadurch erreicht werden würde. [...]

Um nun zu diesem ersehnten Wohlstand zu gelangen, sollte:

a) Jeder Edelmann Bauerngüter, jeder Bürger und Bauer Rittergüter kaufen können. Damit fiel die bisherige Sicherheit der Bauern in ihrem Grundbesitz weg; jeder reiche Gutsbesitzer konnte sie jetzt auskaufen und fortschicken. (Zum Glück war beinahe niemand mehr reich.) – Ferner wurden Gerichtsbarkeit, Polizei, Kirchenpatronat für jeden hergelaufenen Kerl käuflich, der Geld hatte, statt dass es bis dahin des landesherrlichen Konsenses bedurft hatte.

b) Die Verteilung jeder Besitzung in beliebig kleine Portionen wurde erlaubt. Dadurch entstand die jetzige ungeheure Masse der kleinen Grundbesitzer, die von ihrer kleinen Scholle nicht leben können, und die keinen Schutzherrn mehr haben, der an ihrer Erhaltung interessiert und dazu verpflichtet ist.

c) Sogar Lehn- und Fideikommissgüter[3] durften nun einzelne Stücke vererbpachten, und das Recht der Anwarter auf die unveränderte Sukzession[4] wurde mit einem Federzuge vernichtet.

d) Das Untertänigkeitsverhältnis wurde für alle Bauern, die Eigentümer ihrer Grundstücke waren, sogleich, und für die übrigen Lassbauern (Nießbraucher) zum Martinitag[5] 1810 aufgehoben. Dass die größte Masse der Bauern zu letzteren gehörte und es der ersteren nur äußerst wenige gab, ist schon erinnert worden. – Hierdurch wurden nicht nur Missverständnisse erregt, indem die Bauern glaubten, auch ihre Dienste und Abgaben seien aufgehoben (in Oberschlesien kam es zum Aufruhr, und die Kriegsmacht musste einschreiten), sondern, und vorzüglich, die Vollendung der Erziehung der Bauernkinder fiel weg. Diese geschah nämlich, nachdem sie eingesegnet waren, durch den dreijährigen Dienst (bei geringerem Lohn) in einer geordneten Wirtschaft. Jetzt laufen sie mit vierzehn Jahren in die weite Welt, daher die vielen Armen, Vagabunden und Verbrecher.

Zum Schluss folgte der pomphafte Ausruf: „Mit dem Martinitag 1810 gibt es also in Unsern Staaten nur freie Leute!" [...] – gleich als ob bis dahin irgendwo in unserem Lande Sklaverei oder Leibeigenschaft existiert hätte! – Letztere fing vielmehr alsbald zu entstehen an, nämlich Leibeigenschaft des kleinen Besitzers gegen den Gläubiger – des Armen und Kranken gegen die Polizei und Armenanstalten –, denn mit der Pflichtigkeit war natürlich die Verpflichtung des Schutzherrn zur Vorsorge aufgehoben.

Am 27. Oktober 1817 schreibt Major von Winterfeld an den preußischen Finanzminister Wilhelm Anton von Klewiz:

Das Bauerneigentums-Edict vom 9. Januar 1810 und das unausführbare Edict vom 14. September 1811 mit seinen Nachträgen und Declarationen[6] [haben] größeres Unglück über den Preußischen Staat gebracht, als feindliche Verheerungen hätten tun können [...]. Mein kleines Dorf, wo Ruhe und Eintracht wohnten, wo Jeder wusste, was er zu tun und zu lassen hatte, und wo rechtliche Entscheidung und polizeilicher Zwang etwas Unerhörtes waren, ist seit diesem unglücklichen Edicte ein Wohnplatz der Zwietracht und Widersetzlichkeit geworden. Niemand tut oder leistet mehr, was er schuldig ist, ohne durch Zwang dazu angehalten zu werden, und Justiz und Polizei sind nicht im Stande, alle vor sie gebrachten Beschwerden zu schlichten.

Der preußische Minister und enge Mitarbeiter Steins, Theodor von Schön, entstammt einer alten ostpreußischen Domänenpächterfamilie. In seinen autobiografischen Aufzeichnungen bewertet er das Oktoberedikt von 1807:

Ein von der Landespolizeibehörde gefertigter Küchenzettel für das untertänige Gesinde bestimmte [1797], dass jeder Knecht oder jede Magd jährlich vier Pfund Fleisch bekommen solle, und das Brot war auch so sparsam zugemessen, dass die Beköstigung mit der im Magdeburgischen oder Halberstädtischen grell kontrastierte. Die Folge davon sprang in die Augen; denn die Arbeiter waren so schwach, dass man auf einem Gute in Schlesien etwa dreiunddreißig Prozent mehr

[2] Die Staatstheoretiker Jean-Jacques Rousseau und Charles-Louis Baron de Secondat de Montesquieu gelten als wirkungsmächtigste Schriftsteller der Aufklärung.

[3] vgl. Anm. 3 auf S. 89

[4] Nachfolge, Erbfolge

[5] Martinstag am 11. November

[6] Das Regulierungsedikt von 1811, das den Bauern das Recht zum Freikauf von bisherigen Abgaben und Frondiensten zugestand, wurde mit der Deklaration von 1816 über die Entschädigung der Gutsbesitzer wieder erheblich eingeschränkt.

▲ **„Arbeiter im Rübenfelde."**
Gemälde von Max Liebermann, 1876.
Seit der „Bauernbefreiung" gab es viele, die wie diese Erntehelfer auf den Gütern der Grundbesitzer als Tagelöhner arbeiteten.

Menschen haben musste als man bei gleicher Wirtschaft im Magdeburgischen hatte. Gottlob! seit dem Edict vom 9. Oktober 1807 ist es anders, und wie, wenn der gemeine Mann sich hebt, die höheren Stände dadurch mitgehoben werden, so steht der schlesische Adel jetzt klarer, freier von Vorurteilen und gebildeter da. Erbuntertänigkeit, Leibeigenschaft, oder wie die Zweige der Sklaverei sonst bezeichnet werden mögen, sind überhaupt der Bildung und Würdigkeit der Gutsherren niemals günstig, mit dem Begriff des Adels stehen sie in grobem Widerspruch.

Erster Text zitiert nach: Werner Conze (Hrsg.), Die preußische Reform unter Stein und Hardenberg. Bauernbefreiung und Städteordnung, Stuttgart [3]1963, S. 41-43
Zweiter und dritter Text zitiert nach: Günther Franz (Hrsg.), Quellen zur Geschichte des deutschen Bauernstandes in der Neuzeit, Darmstadt 1963, S. 384 und 386

1. *Erläutern Sie die von Marwitz skizzierten Reformen und deren Folgen. Beurteilen Sie seine Darstellung.*
2. *Vergleichen Sie die Bewertung der Reformen durch Marwitz und Major von Winterfeld mit der von Theodor von Schön. Finden Sie Gründe für die jeweilige Sicht. Ziehen Sie Informationen zu Marwitz und Schön hinzu.*
3. *Überzeugen Sie (als Marwitz oder als Schön) Ihre Mitschüler in einem Streitgespräch von Ihrer Position.*

M3 Zur Frage der Gewerbefreiheit

Das Gewerbegesetz vom 11. September 1825 schafft die Zünfte in Bayern ab und ersetzt sie durch neue „Gewerbevereine". Das bisherige Konzessionssystem, das für die Ausübung eines Gewerbes eine staatliche Erlaubnis voraussetzt, wird beibehalten, jedoch liberaler gehandhabt als früher. Der bayerische Jurist und Politiker Ignatz Rudhart äußert sich 1827 in seinem Werk „Über die Gewerbe, den Handel, und die Staatsverfassung des Königreichs Bayern" zu den Auswirkungen:

Das System der Gewerbefreiheit ist [...] das zuträglichste für die Gewerbe selbst, für die Gewerbetreibenden und für das Publikum. Es erweckt Kräfte, ruft sie zum Wetteifer und Wettkampfe, für welchen das ausschließende Privilegium sich nicht zu waffnen braucht. [...]
Die Vervollkommnung der Gewerbe ist zum Vorteile der ganzen bürgerlichen Gesellschaft, nicht nur weil dieselbe durch vollkommene Gewerbe in allen ihren Bedürfnissen vortrefflich bedient ist, sondern auch weil gebundene Kräfte frei gegeben und schlummernde erweckt worden sind. Dieses Wachstum an Kräften begründet die kommerzielle Unabhängigkeit und, da der Mensch so sehr von Genüssen abhängt, leicht auf die politische Unabhängigkeit vom Auslande. Die Länder, deren Übermacht in kommerzieller Hinsicht allgemein gefühlt wird, England und Frankreich, folgen dem Systeme der Gewerbefreiheit und wer weiß nicht,

dass ihre Übermacht eben so eine politische und doch nicht bloß durch Waffen erworben ist? [...] Zwar werden die Preise der Erzeugnisse durch die Vervollkommnung und durch die vermehrte Ansässigmachung von Gewerbetreibenden herabgedrückt werden; allein eben die Vervollkommnung der Erzeugnisse, die größere Wohlfeilheit, welche die Verbesserung des Verfahrens mit sich bringt und die Vermehrung der Niederlassungen, welche alle anderen Gewerbe und die Zahl der Konsumenten überhaupt vermehrt, vervielfältigt den Absatz und dadurch den Gewinn. Die Erfahrung hat dieses bewiesen, so wie auch, dass Handwerksmissbräuche, welche weder Verbote noch Gebote ausrotten konnten, durch die Einführung der Gewerbefreiheit von selbst verschwunden sind. [...] Dieses System der Gewerbefreiheit gilt zurzeit nur in einem einzigen Kreise des Königreiches Bayern, nämlich im Rheinkreise. In den übrigen Kreisen herrschte bisher das System der Gewerbebeschränkung oder das System der Konzessionen. [...] Das System der Konzessionen beruht auf dem Grundsatz: „Nur derjenige, welchem die Staatsgewalt ausdrückliche und besondere Erlaubnis gibt, hat das Recht, ein Gewerbe, und nur innerhalb der Grenzen dieser Erlaubnis, auszuüben."
[...] Eben daraus folgt, dass jenes System kein Kind der Freiheit, sondern des monarchischen Prinzips im strengen missverstandenen Sinne ist, welches sich vorbehält, über diese Dinge gebieten, sie regeln und bestimmen zu wollen, wie viele und welche Gewerbe dem Lande notwendig oder nützlich seien. Die Wiederaufhebung der Gewerbefreiheit und die Zurückkehr zum alten Systeme in Staaten, wo die unbeschränkte Monarchie herrscht, ist daher mehr die Folge dieser selbst als einer Erwägung der Gewerbeverhältnisse an sich. Wie aber häufig die Macht der Aristokratie durch die Monarchie gebrochen wird [...], so hat dennoch das System der Konzessionen auch in Bayern dazu beigetragen, die Reste des Zunftzwanges zu vertilgen. Denn die Staatsgewalt beschränkte gleichzeitig mit der Ausübung des Rechtes der Gewerbeverleihungen und im Interesse derselben die Realität der Gewerbe, vermöge welcher sie ohne neue Verleihung auf jeden dritten übergingen, auf einige wenige Gewerbsgattungen [...]. Wir haben nicht nötig, die Nachtheile des Gewerbezwanges weiter auszuführen, da dieses System in der jüngstvergangenen Zeit bezwungen und abgetan wurde durch das neue Gewerbsgesetz vom 11. Sept. 1825, welches den Grundsatz der unbeschränkten Gewerbefreiheit ausdrücklich anerkennt und denselben nur „zurzeit noch" der bestehenden Verhältnisse wegen nicht gänzlich durchführt.

Zitiert nach: Konrad von Zwehl und Susan Boenke (Hrsg.), Aufbruch ins Industriezeitalter, Bd. 3: Quellen zur Wirtschafts- und Sozialgeschichte Bayerns vom ausgehenden 18. Jahrhundert bis zur Mitte des 19. Jahrhunderts, München 1985, S. 185-188

1. *Fassen Sie die von Rudhart beschriebenen gesetzlichen Bedingungen des Gewerbes zusammen. Welche Gegensätze spiegelt seine Beschreibung wider? Welche Haltung nimmt er dazu ein?*

2. *Beurteilen Sie seine Argumentation zur Gewerbefreiheit und deren Folgen.*

3. *In Artikel 12 des Grundgesetzes der Bundesrepublik Deutschland sind die Gewerbe- und Berufsfreiheit gesetzlich verankert, sie werden jedoch beschränkt. Recherchieren Sie und sammeln Sie Argumente, die heute für oder gegen eine Beschränkung der Gewerbefreiheit sprechen. Diskutieren Sie diese.*

M4 Armes Handwerk

Die Historikerin Barbara Kink fasst die Lebensbedingungen der im Handwerk Beschäftigten zusammen:

Handwerk im 19. Jahrhundert bedeutete eine Vielfalt von Lebensformen, vom verarmten Alleinmeister bis hin zum großbürgerlichen Hoflieferanten. „Am übelsten dran ist der Dorf-Schneider und Dorf-Schuhmacher, und unter diesen zweien wieder am allerübelsten der Dorf-Schneider", so charakterisierte Carl Theodor Griesinger den unteren Rand des Armutsspektrums im Handwerk. [...]
Aufgrund der niedrigen Kapitalerfordernisse und der vor Einführung der Gewerbefreiheit geringen Preise der Realrechte für Schneider und Schuster gehörten die Bekleidungs- und Leder verarbeitenden Handwerke zu den am stärksten überbesetzten Berufen. Charakteristisch war die Arbeit im Kundenauftrag und/oder die Arbeit im Verlag, die meist ein Meister ohne Geselle und Lehrling bewältigte. Der Trend zur Spezialisierung und Arbeitsteilung ist im Schneiderhandwerk in der zweiten Hälfte des 19. Jahrhunderts verstärkt zu beobachten. So nähten viele Schneider für die entstehenden Magazine beispielsweise nur noch Hosenbeine oder Ärmel im Akkord. Das Konsumverhalten veränderte sich und damit auch das Berufsbild des Schneiders. Auch die Arbeitstechniken im Schneiderhandwerk wandelten sich mit der Erfindung der Nähmaschine, die zunächst allerdings nur in Großbetrieben eingesetzt wurde, erheblich. Nach Einführung der Gewerbefreiheit wurde die Schneiderei zunehmend zur weiblichen Handwerksdomäne.
War die Differenz der Einkommen innerhalb der verschiedenen Gewerke bereits groß, so bestanden auch zwischen Gesellen- und Meisterlöhnen beträchtliche Unterschiede. Nicht zuletzt waren die geringen Gesellenlöhne, die im 19. Jahrhundert stagnierten, ein Hauptgrund für die Ehelosigkeit der Handwerksgesellen. Hohe Mietpreise, durch Konjunktur-

▲ **Schusterei um 1850.**
Lithografie nach einer Zeichnung von T. Streich.

schwankungen unberechenbare Nahrungsmittelpreise und Auftragsrückgänge aufgrund von Kaufkraftschwund führten zur Verelendung vieler Handwerker. [...] Auch wenn die Arbeitsbedingungen im Bauhandwerk aufgrund des Baubooms des 19. Jahrhunderts als relativ günstig zu bezeichnen sind, so wirkten sich Konjunkturschwankungen aufgrund politischer Ereignisse wie der Revolution 1848/49 negativ aus. Bedingt durch die hohe Verletzungshäufigkeit und die harte körperliche Arbeit stellte Invalidität oder der frühe Tod des Haupternährers die Familien vor große Probleme. Auch witterungsbedingte Lohnausfälle galt es zu kompensieren. Landwirtschaftlicher Nebenerwerb und Zuerwerb der Frauen und Kinder waren unerlässlich.

Barbara Kink, Handwerkeralltag zwischen Zunftwesen und Gewerbefreiheit, in: Josef Kirmeier u. a. (Hrsg.), Bayerns Weg in die Moderne. Bayerisches Handwerk 1806 bis 2006, Augsburg 2006, S. 85-125, hier S. 87 f.

1. *Erläutern Sie die von Kink skizzierte Situation des Handwerks im 19. Jahrhundert. Arbeiten Sie die Ursachen für die Entwicklung heraus.*

2. *Vergleichen Sie mit der Bewertung der Gewerbefreiheit in M3. Überlegen Sie: Hat Rudhart diese Entwicklung voraussehen können? Wäre seine Bewertung dann anders ausgefallen?*

M5 Haushaltsrechnung einer fränkischen Bauhandwerkerfamilie von 1849

Der Familienvater verdient im Jahr ca. 179 Gulden (fl = Abkürzung für Gulden), die Ehefrau kann mit Heimarbeit etwa 50 Gulden zum Einkommen der fünfköpfigen Familie beitragen:

Miete	24 fl
Holz	19 fl
Ärztliche und kirchliche Bedürfnisse	9 fl
Bekleidung für den Familienvater:	
alle drei Jahre 1 Rock	6 fl
jährlich 1 Arbeitskittel	2,30 fl
jährlich 1 Paar Tuchhosen	5,30 fl
jährlich 1 Paar leinene Hosen	3 fl
jährlich 2 Sacktücher, 2 Halsbinden	54 kr*
jährlich 1 Weste	1,36 fl
jährlich 1 Paar wollene und leinene Socken	1,20 fl
jährlich 3 baumwollene Hemden	3,45 fl
jährlich 1 Paar Stiefel	4,24 fl
jährlich 4 Paar Sohlen und Flecke	3,36 fl
alle 3 Jahre ein Hut, jährlich eine Mütze	2 fl
Bekleidung für die Frau:	
1 Frauenrock	3 fl
1 Kittel	2 fl
2 Hemden	40 kr
2 Schürzen	40 kr
1 Paar Strümpfe	1,46 fl
1 Paar Schuhe, 1 Paar Socken, 2 Tüchlein	36 kr
Bekleidung für die Kinder:	
2 Jacken, 4 Hosen, 4 Paar Stiefel	14 fl
4 Hemden für 2 Knaben	4 fl
Bekleidung für das Mädchen	2 fl

* In den süddeutschen Staaten mit Guldenwährung ergaben bis 1872 60 Kreuzer (kr) 1 Gulden.

Anschaffungen im Haushalt	10 fl
Kleinere Ausgaben (Seife, Nähartikel)	18,45 fl
Leichenkassageld*	5,12 fl
Almosen	2,36 fl
Schulgeld, Bücher, Schreibmaterial	6,30 fl
Lebensmittel (pro Woche) Brot, zweimal wöchentlich 3 Pfund Fleisch, 1/4 Pfund Schmalz, Salz, Pfeffer, Essig, Kaffee, Zichorien, Kartoffeln, Milch, Getreide, Zucker, Tabak	3,24 fl
Biergeld und Arbeitszeug	37 fl

* bei der Zunft oder einem Verein eingezahltes Geld, das für die Begräbnisfeiern der Mitglieder verwendet wird

Nach: Martina Bauernfeind, 100 Jahre Handwerkskammer Mittelfranken, Nürnberg 2000, S. 45 f.

1. *Schließen Sie aus der Tabelle auf Auskommen und Lebensverhältnisse der Familie.*
2. *Diskutieren Sie, ob das Handwerk von der Liberalisierung profitiert hat.*

M6 „Was die Gegenwart vor der Vergangenheit voraus hat"

In der Ausgabe des „Bayerischen Gewerbefreundes" vom 28. Oktober 1848 blickt ein Geschäftsmann auf die Zeit vor den Reformen Montgelas' zurück:

Ich könnte dir zu dem, was ich soeben bezüglich der Geschäfts-Verhältnisse andeutete, noch gar Vieles aus dem Leben überhaupt hinzufügen, um dir zu zeigen, was die Gegenwart vor der Vergangenheit voraus hat; ich könnte dir von dem jämmerlichen Zustande der Schulen, die nicht selten mit abgedankten Bedienten besetzt [...] wurden; von dem kläglichen Zustande der Sicherheitspolizei, die höchstens durch Invaliden gehandhabt wurde, und [...] Gesindel in Scharen das Land durchziehen ließ; von der zum Teil skandalösen Gemeindeverwaltung, die nie Rechnung legte, wie dies der Nürnberger Rath sogar als ein Recht ungescheut in Anspruch nahm und es vom Kaiser bei dessen Krönung jedes Mal neu bestätigt erhielt; von den Gebrechen der Ämter und Gerichte, wo Anstellungen meist nur im Wege der Erblichkeit, des Kaufes und des Nepotismus[1] zu erhalten waren; von den mangelhaften Zivilgesetzen, da man z. B. durch das Vorrecht sog. stillschweigender Hypotheken auch bei der größten Vorsicht im Ausleihen um sein sauer Erspartes kommen konnte; von den barbarischen Strafgesetzen, die wegen bloßer Entwendung zum Tode führten, sodass ich auf meinen Reisen in der Oberpfalz Galgen sah, behangen mit einem Dutzend – von bloßen Dieben, denn für die Mörder war das Rad [...]. Von der grauenhaften Intoleranz, die in gemischten Gegenden es z. B. nötig machte, die Gräber von Solchen, die infolge konfessioneller Zwiste den Andersgläubigen besonders verhasst waren, bis zu eintretender Verwesung zu bewachen; von der Ungleichheit und Willkür, mit der man die Aushebung zum Kriegsdienste vollzog, wie man die jungen Burschen nachts wie Verbrecher aus den Betten riss, freilich wie Verbrecher, denn man holte sie zu einem lebenslänglichen Zwange; von der Verwahrlosung der Armut, da noch keine geordnete Armenpflege bestand, und nur, wer noch betteln konnte, vor dem Verhungern gesichert war, von dem Verschmachten so vieler Kranker, besonders aus dem Dienstboten- und Gesellenstand, die in Ermangelung zureichender Krankenhäuser in den unpassendsten Lokalen und bei gänzlichem Mangel an Pflege jammervoll zugrunde gingen; davon und von noch ganz vielem Andern könnte ich dir erzählen, um dir die Gegenwart lieb und wert zu machen, und dich zu veranlassen, Gott zu danken, dass er dich im neunzehnten Jahrhundert hat geboren werden lassen, und dass wir der bayerischen Regierung untertan geworden sind, denn von ihr sind viele der wesentlichsten Verbesserungen, deren wir uns jetzt erfreuen, ausgegangen.

Konrad von Zwehl und Susan Boenke (Hrsg.), a. a. O., S. 84 f.

[1] von lat. nepos, nepotis = Neffe, Enkel, Nachkomme; bezeichnet die Vergabe von Ämtern und Posten an Verwandte („Vetternwirtschaft")

1. *Arbeiten Sie die von dem Geschäftsmann beschriebenen Veränderungen der Lebensbedingungen heraus. Welche Bereiche spricht er an? Ordnen Sie diese den Reformen zu.*
2. *Stellen Sie die Sicht des Geschäftsmannes der der märkischen Adligen in M2 gegenüber. Nehmen Sie Stellung.*
3. *Überlegen Sie vor dem historischen Hintergrund, welche Motive der Geschäftsmann für seine Aussage gehabt haben könnte.*

Weniger äußere Bedrohungen im Zeitalter der Industrialisierung

Als König Max Joseph I. mit seinem Gefolge im Spätsommer 1815 vom Friedenskongress aus Wien nach München zurückkehrt, ist er überzeugt, dass nach all den langen Kriegen, die Land und Menschen über die Jahrhunderte hinweg erschüttert haben, nun endlich dauerhaft Friede und Ordnung in Europa einkehren. Im November des letzten Jahres war er mit bis zu 15 gekrönten Häuptern, etwa 200 Fürsten und über 120 Diplomaten fast aller Staaten Europas der Einladung des österreichischen Kaisers Franz I. und seines Außenministers Fürst Klemens von Metternich gefolgt. Sie wollten einige Fragen regeln, die nach den Konferenzen der Alliierten gegen Napoleon noch offengeblieben waren. Am Ende dauerte der Kongress nicht wie erwartet nur einige Wochen, sondern neun lange Monate. Das lag an den schwierigen Verhandlungen, wie das von Napoleon zerstörte Gleichgewicht der europäischen Großmächte wiederhergestellt werden könnte.

Noch größer als Max Josephs Erleichterung darüber, gerade noch rechtzeitig von Napoleons Seite auf die der Sieger gewechselt zu sein, ist sein Stolz darauf, an einer stabilen Friedensordnung für Europa mitgewirkt zu haben. Keine der Großmächte ist so stark aus den Verhandlungen hervorgegangen, um die Vormacht auf dem Kontinent an sich reißen zu können. Dies weckt die Hoffnung, Konflikte künftig diplomatisch zu lösen. Vor allem aber soll es nie wieder eine Revolution wie in Frankreich geben. Wie die meisten anderen Regenten Europas zögert Max Joseph nicht: Noch im Herbst 1815 tritt er der vom russischen Zaren angeregten „Heiligen Allianz" bei, einem Bündnis, mit dem sich die Monarchen gegenseitige Unterstützung bei der Abwehr revolutionärer Bestrebungen versprechen. Nun, so hofft der bayerische König, können sich die Menschen ebenso wie die strapazierten Staatskassen und Volkswirtschaften erholen, allgemeiner Fortschritt und Wohlstand einkehren.

Frieden als Voraussetzung für Wachstum und Fortschritt Trotz des starken Bevölkerungswachstums – zwischen 1815 und 1845 wuchs die Bevölkerung im Deutschen Reich von 23 auf über 32 Millionen – und vieler drängender sozialer Probleme verbesserten sich im 19. Jahrhundert die Überlebensbedingungen der Menschen. Eine wichtige Voraussetzung dafür waren die politischen Rahmenbedingungen. Nach der Neuordnung auf dem Wiener Kongress 1815 bis zum Beginn des 20. Jahrhunderts erlebte Europa ein relativ friedliches Jahrhundert. Kein anderer Friedensschluss hat einen solch dauerhaften Frieden in Europa zustande gebracht und eine Ordnung gelegt, die Konflikte über Jahrzehnte eindämmen konnte. Die bürgerkriegsähnlichen Unruhen, die Deutschland im Vormärz und während der Revolution von 1848/49 erschütterten, sowie die „Reichseinigungskriege", die 1871 zur Gründung des Deutschen Reiches führten, forderten allerdings auch der Zivilbevölkerung Opfer ab. Sie brachten aber keine tief greifenden politischen Umstürze oder wirtschaftlichen Einbrüche. Die Kriege in Mitteleuropa blieben im 19. Jahrhundert territorial begrenzt und berührten Infrastruktur, Wirtschaftsleben und Gesellschaft kaum. Auch die Bevölkerungsverluste waren nicht mit denen der Frühen Neuzeit vergleichbar. Die Bevölkerung war von außenpolitischen Bedrohungen weitgehend frei. Es gab Raum für private und staatliche Initiativen, Wirtschaft, Gesellschaft und Politik konnten sich ohne größere Rückschläge weiter entwickeln und entfalten.

▲ **„Die Wiederkehr des allgemeinen Weltfriedens."**
Einblattdruck (25 x 31 cm), der um 1815 bei Friedrich Campe in Nürnberg verlegt wurde. Thema der allegorischen Darstellung ist der Zweite Pariser Frieden zwischen der Heiligen Allianz und Frankreich am 26. September 1815 in Paris. Im Vordergrund stehen neben dem als Frauenfigur dargestellten Frankreich (v. l.) der russische Zar Alexander I., Kaiser Franz I. von Österreich und Friedrich Wilhelm III. von Preußen. Die hier nicht abgedruckte Bildunterschrift lautet: „Nach zwanzigjährigem Blutvergießen kann sich nun die Menschheit der Früchte des Ackerbaus, des Handels, der Künste und Wissenschaften freuen und einer glücklichen Zukunft entgegensehen."

- *Analysieren Sie die Bildelemente im Hintergrund und deuten Sie sie.*

Ausgangslage für den industriellen Aufbruch Im Vergleich zu England, dem Mutterland der Industrialisierung, hatten die deutschen Staaten eine ungünstigere Ausgangssituation. Die politisch-sozialen Hemmnisse waren zwar durch die Bauernbefreiung und die Einführung der Gewerbefreiheit weitgehend beseitigt worden. Wirtschaftlich und technisch bestand jedoch ein deutlicher Rückstand. Eine Massenproduktion mit modernen Maschinen in Fabriken, wie sie sich in England bereits Ende des 18. Jahrhunderts in der Textilindustrie durchgesetzt hatte, gab es noch nicht. Da die deutschen Staaten keine Kolonien besaßen und mit Ausnahme einiger großer Städte wie Hamburg und Bremen keinen Überseehandel betrieben, fehlten billige Rohstoffe und zusätzliche Absatzmärkte. Der wichtigste Wirtschaftsbereich war noch lange die Land- und Forstwirtschaft. Von ihr lebten um 1800 etwa 80 Prozent der Bevölkerung, um 1900 immer noch 25 Prozent.

Seit Jahrhunderten gab es jedoch ein wichtiges Produktions- und Handelsgebiet für Textilwaren. Von Schwaben bis Westfalen, von Schlesien über die Lausitz bis Sachsen zogen sich breite Gürtel des Textilgewerbes. Handelsgesellschaften und Messeplätze von Ravensburg über Augsburg bis Nördlingen, Frankfurt und Köln oder Nürnberg waren Umschlagplätze für Leinentuche und Barchent, ein Leinen-Baumwoll-Gemisch. Hier boten sich Ausgangspunkte für eine industrielle Entwicklung.

Das schlecht ausgebaute Verkehrsnetz sowie verschiedene Maß-, Münz- und Gewichtssysteme behinderten den überregionalen Handel jedoch ebenso wie die Zoll- und Mautgrenzen in den Staaten. Durch die Neuordnung auf dem Wiener Kongress wurde die Zahl der Einzelstaaten zwar auf 38 reduziert, viele Handelshemmnisse blieben jedoch bestehen. Erst 1834 begann mit dem Zusammenschluss fast aller deutschen Staaten zum Deutschen Zollverein ein großer, weitgehend einheitlicher Markt zu entstehen, der den Absatz von Gütern aus der gewerblichen Massenproduktion erleichterte. Da nun das Risiko für Kapitalanlagen in Fabriken deutlich sank, wurde verstärkt investiert.

Besonders der Eisenbahnbau erwies sich als Motor der Entwicklung. Nach der Eröffnung der ersten deutschen Eisenbahnlinie zwischen Nürnberg und Fürth 1835 wurde das Schienennetz rasch ausgebaut. Bald überflügelte die Eisenbahn alle anderen Verkehrsmittel. Mit ihr konnten Güter wesentlich schneller und günstiger transportiert werden. Neue Absatzchancen wurden erschlossen und Standortnachteile durch die Anbindung an das Eisenbahnnetz abgebaut. Der Bedarf an Lokomotiven und Schienen förderte den einheimischen Maschinenbau, Eisen- und Stahlproduktion expandierten.

Eine neue Bedeutung erhielten auch die Banken: Der Aufbau industrieller Unternehmen erforderte viel Kapital, das ein Einzelner auch mit Krediten kaum aufbringen konnte. Zudem organisierten sich immer mehr Unternehmen in Form von Aktiengesellschaften, bei denen sich Aktionäre über den Ankauf von Anteilen am Gründungskapital – den Aktien – am Gewinn und Verlust des Unternehmens beteiligten und mit ihrem Kapitaleinsatz die industrielle Entwicklung vorantrieben.

▲ Die Eröffnung der ersten deutschen Eisenbahnlinie von Nürnberg nach Fürth. *Im Bild verlässt der „Adler" den Bahnhof Nürnberg Plärrer. Die Lokomotive wurde 1835 auf Bestellung von den britischen Eisenbahnpionieren George und Robert Stephenson konstruiert und an die von Nürnberger Kaufleuten gegründete Ludwigsbahn entlang der Nürnberg-Fürther Chaussee – der meistfrequentierten Strecke im ganzen Königreich – geliefert. Hier fuhr der „Adler" das erste Mal am 7. Dezember 1835, was als Volksfest gefeiert wurde.*

Durchbruch zur Industriegesellschaft – ein regionaler Vergleich: Preußen ... Etwa 1850 begann die „Durchbruchphase" der deutschen Industrialisierung. Um 1870 war Deutschland zwar noch immer ein Land, in dem der größte Teil der Bevölkerung in der Landwirtschaft tätig war. Die Industrialisierung beschleunigte sich aber zunehmend. Der Anteil der Menschen in der gewerblichen Produktion und im Dienstleistungsbereich stieg ebenso stark an wie die Zahl der Fabriken (▸ M1). Allerdings verlief diese Entwicklung nicht in allen Teilen Deutschlands gleichmäßig, sondern fand vorwiegend in den industriellen Führungsregionen statt, wo sich die in Großbritannien entwickelten Neuerungen rasch durchsetzten. Nicht nur in Deutschland, sondern weltweit ist „Industrialisierung" bis heute ein je nach Voraussetzungen, Rahmenbedingungen und Einflüssen regional völlig unterschiedlich ablaufender Prozess (▸ M2).

Auf dem Gebiet des späteren Deutschen Reiches war vor allem Preußen, der größte der deutschen Einzelstaaten, in der industriellen Entwicklung führend. Schlesien, Sachsen, das Saar- und besonders das Ruhrgebiet verfügten über reiche Kohlevorkommen und entwickelten sich deshalb rasch zu industriellen Zentren. Schon früh erkannte der Staat die Bedeutung der Stahlindustrie für die Eisenbahn- und Rüstungsproduktion und förderte sie systematisch: Häfen wurden ausgebaut, das Staatsstraßennetz wurde erweitert und mithilfe von Industriespionage in England neue Techniken eingeführt. Der Auf- und Ausbau des technischen Ausbildungswesens stellte die Weichen für einen langfristigen Vorsprung. Unternehmerpersönlichkeiten wie Alfred Krupp oder Friedrich Wilhelm Harkort forcierten die Entwicklung, indem sie neue industrielle Verfahren entwickelten und ihre Firmen zu Großunternehmen ausbauten.

Auch in der zweiten Phase der Industrialisierung, die in den 1890er-Jahren mit neuen Wachstumsbranchen, der chemischen Industrie und der Elektrotechnik, für eine „Zweite Industrielle Revolution" sorgten, spielte Preußen eine führende Rolle. Die elektrotechnische Industrie mit Siemens und der AEG siedelte sich vor allem im Großraum Berlin an, die chemische Industrie (Bayer, Farbwerke Höchst) hatte ihre Schwerpunkte im Rhein-Main-Gebiet.

König Ludwig I. von Bayern (1786-1868): regierte von 1825-48; war mitverantwortlich für die Entlassung von Montgelas 1917; zunächst gemäßigt liberal gesinnt, betrieb er nach der Revolution von 1830 eine reaktionäre Politik; förderte Geschichte, Kunst, und Architektur; geriet durch seine Beziehung mit der Tänzerin Lola Montez in allgemeine Kritik und dankte im Revolutionsjahr 1848 zugunsten seines Sohnes Maximilian II. ab

... und Bayern Im Vergleich zu Preußen kam die Industrialisierung in Bayern nur langsam in Gang. Das Königreich war überwiegend agrarisch geprägt, es mangelte an Erz- und Kohlevorkommen. Die Binnenlage und die fehlende Verkehrsinfrastruktur behinderten die Entwicklung. Hemmend wirkten sich auch die verbreiteten Vorbehalte gegen die Industrialisierung aus, seit bekannt war, welche sozialen Missstände sie mit sich brachte.

Trotz der Zurückhaltung der Monarchen sorgte der bayerische Staat für unternehmerfreundliche Gesetze: Aktiengesellschaften wurden zugelassen, Firmengründungen subventioniert.

Im Vergleich zu den weiträumigen industriellen Ballungsgebieten, etwa des Ruhrgebiets, spielte sich die bayerische Industrialisierung in Industrialisierungs-„Inseln" ab. Eine Vorreiterrolle spielte zunächst die Textilindustrie, die in Augsburg und in Oberfranken an eine lange Tradition handwerklichen Textilgewerbes anknüpfen konnte. Im wörtlichen Sinne „bahnbrechend" war der Eisenbahnbau, der zunächst auf Initiative Nürnberger Kaufleute erfolgte, 1840 von **König Ludwig I.** aber zur staatlichen Domäne erklärt wurde.

Durch den Ausbau des Eisenbahnnetzes und den Bau des Ludwig-Donau-Main-Kanals, eine Verbindung zwischen Nordsee und Schwarzem Meer, stellte Ludwig I. die Weichen für die Industrialisierung einzelner Regionen in Bayern. Eingesessene Firmen rüsteten auf den Eisenbahnbau um und sorgten damit für den Aufschwung der bayerischen Maschinen- und Metallindustrie in Augsburg und Nürnberg (MAN), den Bergbau und die Stahlindustrie in der Oberpfalz sowie den Lokomotivenbau in Nürnberg (Cramer-Klett) und München (Krauss, Maffei). Auch die zweite Industrialisierungswelle erreichte Bayern nur punktuell, etwa mit den Schuckert-Werken in Nürnberg (Elektrotechnik) sowie der BASF (chemische Industrie) im damals bayerischen Ludwigshafen.

▲ Plakat zum Münchener Landwirtschaftsfest, dem Oktoberfest 1893.
Am 17. Oktober 1810 veranstalteten Kronprinz Ludwig und Prinzessin Therese anlässlich ihrer Hochzeit ein großes Pferderennen auf einer Wiese vor den Stadtmauern Münchens. Das Gelände wurde nach der Prinzessin fortan „Theresienwiese" genannt. Im Jahr darauf richtete der 1810 gegründete „Landwirtschaftliche Verein" das Fest aus. Dieses wurde nun durch Viehmärkte und die Ausstellung landwirtschaftlicher Produkte und neuer Geräte zum „Zentrallandwirtschaftsfest" erweitert. So sollten die Landwirte zu Verbesserungen ihrer Betriebe angeregt werden. Im 19. Jahrhundert entwickelte sich das Fest zur Massenorganisation.

Fortschritte in der Landwirtschaft ■ Parallel zur Industrie vollzogen sich revolutionäre Umbrüche in der Landwirtschaft (▸ M3). Agrarwissenschaftler und Reformer hatten seit dem 18. Jahrhundert eine wissenschaftlich betriebene und wirtschaftlich organisierte Landwirtschaft gefordert, um die wachsende Bevölkerung ernähren zu können. Daher lag auch dem Staat an einer Rationalisierung und Intensivierung der Landwirtschaft. Hochschulen, Akademien und landwirtschaftliche Fakultäten wie in Weihenstephan bei München betrieben Versuchsgüter und veröffentlichten Lehrwerke. Der Staat förderte die Gründung landwirtschaftlicher Vereine, die die neuen Erkenntnisse vermittelten und durch Preisverleihungen, Ausstellungen und Feste zu Modernisierungsmaßnahmen aufriefen.

Zwischen 1800 und 1850 verdoppelte sich die Ackerfläche in den deutschen Staaten fast von 13 auf 25 Millionen ha durch die Nutzung von Brachen, durch Bodenverbesserungen und vor allem durch die Auflösung der Allmenden. Überall in Europa wurde Land urbar gemacht, wurden Moore trockengelegt, Heideflächen umgebrochen, Wälder gerodet und Weiden in Ackerflächen verwandelt.

Maschinen eroberten die Landwirtschaft: Dampfpflüge und Dreschmaschinen bearbeiteten die Anbauflächen schneller und effektiver. Allerdings setzten die Maschinen große Anbauflächen und viel Kapital voraus, sodass sie sich in den süddeutschen Kleinbetrieben wesentlich später durchsetzten als etwa auf den großen nord- und ostdeutschen Gütern.

Die Fortschritte in der Landwirtschaft betrafen auch die Anbaumethoden. Die Fruchtwechselwirtschaft löste die herkömmliche Dreifelderwirtschaft ab. Dies ermöglichte eine ununterbrochene Nutzung der Felder und reduzierte das Brachland. Darüber hinaus wurden ertragreiche und widerstandsfähige Getreidesorten gezüchtet.

In der Mitte des 19. Jahrhunderts revolutionierte die Chemie die Landwirtschaft: Der deutsche Chemiker Justus von Liebig entdeckte bei der Untersuchung des pflanzlichen Stoffwechsels, dass Pflanzen dem Boden Stoffe entziehen. Für ein beschleunigtes Wachstum müsse der Boden daher mit künstlichem Dünger das zurückerhalten, was ihm genommen wurde. Die Hauptbestandteile des Düngers – Kalium, Phosphate, später auch Stickstoff und Ammoniak – wurden bald in großen Mengen industriell hergestellt. Die landwirtschaftlichen Erträge stiegen um ein Vielfaches.

Auch in der Tierhaltung gab es wesentliche Fortschritte (▸ M4): Die Bestände wurden vergrößert und leistungsfähigere Tiere gezüchtet, die Viehfütterung durch wissenschaftliche Erkenntnisse verbessert und die ganzjährige Stallhaltung eingeführt.

Ernährung und Bevölkerungswachstum Die wachsenden landwirtschaftlichen Erträge verbesserten die Ernährungssituation. Kartoffeln und Kohl nahmen nun die ersten Plätze der Produktion ein, gefolgt von Brot- und Futtergetreide. Diese einfache Kost konnte im Laufe der Zeit durch einen höheren Fleisch- und Zuckerkonsum ergänzt werden.

Missernten verursachten jedoch noch bis zur Mitte des 19. Jahrhunderts große Hungerkrisen. 1816/17 und zuletzt noch in den 1840er-Jahren ließen Missernten die Lebensmittelpreise explodieren, sodass tausende Menschen in Not gerieten. Es kam zu großen Auswandererwellen und Hungerrevolten. Erst in der zweiten Hälfte des 19. Jahrhunderts schwankten die jährlichen Ernteerträge immer weniger, wurden Hungerkatastrophen seltener und blieben allmählich aus.

Die landwirtschaftlichen Betriebe produzierten zunehmend für den Markt und weniger für den Eigenbedarf. Durch den Abbau der Zollschranken und den Ausbau von Straßen- und Eisenbahnnetz wurde eine flächendeckende Versorgung mit Lebensmitteln unabhängig von regionalen Gegebenheiten oder ungünstigen Witterungsbedingungen möglich (▸ M5).

Konservierungstechniken wie die Pasteurisierung von Milch reduzierten die Verderblichkeit der Produkte. Zudem stellte die Nahrungsmittelindustrie günstige Massenprodukte wie Trockenextrakte her.

Gesundheitswesen und Hygiene Vor allem im Gesundheitswesen machte sich der Fortschritt bemerkbar. Wichtig war die Professionalisierung des Arztberufs. Die Ausbildung wurde verwissenschaftlicht und konnte aufgrund staatlicher Verordnungen nur noch an der Universität absolviert werden. Die Zahl der nur handwerklich ausgebildeten Wund- und Landärzte ging zurück.

Staatliche, vor allem kommunale Einrichtungen übernahmen einen Großteil der medizinischen Versorgung der Bevölkerung. Zwischen 1877 und 1913 verdoppelte sich die Zahl der Krankenhäuser, es gab mehr niedergelassene Ärzte. Im Gegensatz zu den bisherigen Spitälern stand in den Krankenhäusern die Krankenpflege im Vordergrund. Auch der medizinische Fortschritt wurde dort vorangetrieben, etwa in der Bakteriologie und der Röntgendiagnose. Die Pocken konnten durch staatlichen Impfzwang zurückgedrängt werden. Bayern war dabei Vorreiter in Deutschland. Auch andere Seuchen und Infektionskrankheiten wie Diphterie und Typhus gingen zurück. 1876 wurde ein Reichsgesundheitsamt eingerichtet. Zudem entstanden Fürsorge- und Beratungsstellen, die über Säuglingspflege und Geschlechtskrankheiten informierten oder Hilfen für Tuberkulosekranke oder Alkoholiker anboten. Staatliche Gewerbeinspektionen kontrollierten regelmäßig die Betriebe, überprüften die sanitären Anlagen und den Arbeitsschutz.

Auch im Alltagsleben spielte die Hygiene eine größere Rolle. Seit den 1880er-Jahren verbreiteten sich die „Volksbäder“, öffentliche Badeanstalten mit Dusch- und Wannenbädern, die

◂ **Puppenbadezimmer aus Nürnberg, um 1910.**
Zum Rückgang von Krankheiten und Seuchen trugen ein zunehmendes Hygienebewusstsein und die Verbesserung der sanitären Verhältnisse in den Wohnungen bei. Zuerst in den Bürgerhäusern, später auch in einfacheren Wohngegenden der Städte gehörten Toiletten mit Wasserspülung und Badezimmer zum Standard.

vor allem den Unterschichten regelmäßige Körperpflege ermöglichen sollten. Kommunale Schlachthöfe, die von Veterinären überwacht wurden, verhinderten, dass mit Parasiten, Würmern, Bakterien oder Pilzen befallenes Fleisch in Umlauf kam.

Die Maßnahmen ließen allmählich die Sterberate sinken. Hatten in Berlin im Jahre 1870 nur 15,8 Prozent der Frauen und 9,3 Prozent der Männer das 70. Lebensjahr erreicht, so waren es 1910 bereits 36,4 Prozent der Frauen und 24,5 Prozent der Männer. Auch die Säuglingssterblichkeit ging in den Städten zurück. Die Haushalte der Unterschichten profitierten allerdings erst viel später von den städtischen Maßnahmen als das Bürgertum.

Wasserversorgung und Kanalisation Das Bevölkerungswachstum, die Konzentration der Menschen in den Städten und die zunehmende Industrialisierung zwangen Gemeinden und Staat auch auf anderen Gebieten zum Handeln. Durch den hohen Wasserverbrauch der Industrie und den gesteigerten Bedarf an Trinkwasser für die Stadtbewohner mussten neue Gebiete für die Versorgung erschlossen werden und das Wasser zum Teil aus weit entfernt liegenden Gegenden durch Rohrleitungen in die Städte gebracht werden. Seit der Mitte des 19. Jahrhunderts verwendeten viele Städte zusätzlich Flusswasser, das aufwändig gefiltert werden musste. Wasserwerke wurden gebaut, die das Trinkwasser überprüften, reinigten und über direkte Zuleitungen die Privathaushalte versorgten.

Immer größer wurden zudem die Abwasserprobleme (▸ M6). Wassertoiletten und Schwemmkanalisation waren so gut wie unbekannt. Fäkalien, Schmutz und Unrat aus privaten Haushalten entfernte man entweder durch Gräben oder transportierte sie mit Fässern ab. Meist wurden die Exkremente in Abortgruben gesammelt. Neben der Geruchsbelästigung führte vor allem die unzureichende Entsorgung der Fäkalien und des Unrats zu Seuchen wie Typhus, Cholera und anderen Infektionskrankheiten. Gegenmaßnahmen erfolgten meist erst nach Ausbruch einer Katastrophe, wie der großen Choleraepidemie in München 1854 oder zuletzt 1892 in Hamburg, bei denen viele tausend Menschen ums Leben kamen.

Seit der zweiten Hälfte des 19. Jahrhunderts sorgten immer mehr Kommunen mit dem Bau von unterirdischen Kanalsystemen und Wasserleitungen dafür, dass die Abwässer aus dem Stadtgebiet entfernt und andererseits sauberes Trinkwasser zugeführt wurde. Die erste kombinierte Anlage dieser Art wurde in Berlin vollendet. München verdankte seine moderne Kanalisation und Trinkwasserversorgung der Initiative des Chemikers und Mediziners Max von Pettenkofer, der an der Universität den ersten Lehrstuhl für Hygiene innehatte. 1907 besaßen 30 der 40 deutschen Großstädte eine Kanalisation. Vor allem die Zahl der Typhustoten ging deutlich zurück (▸ M7).

Die Maßnahmen hatten jedoch nicht nur positive Folgen: Bald erhöhte sich die Abwassermenge in der Kanalisation so sehr, dass viele Städte ihre Abwässer aus Haushalten und Fabriken in die Flüsse leiteten. Diese verschmutzten so stark, dass sie nicht mehr als Trinkwasserreservoir genutzt werden konnten. Gerade kleinere Flüsse verkamen zu Kloaken.

M1 Industrialisierung in Zahlen

a) Anteil einiger Länder an der Weltindustrieproduktion 1830 bis 1913 in Prozent:*

	1830	1860	1880	1900	1913
Großbritannien	9,5	19,9	22,9	18,5	13,6
Deutschland	3,5	4,9	8,5	13,2	14,8
Frankreich	5,2	7,9	7,8	6,8	6,1
USA	2,4	7,2	14,7	23,6	32,0

* gesamte weltweite, vor allem gewerbliche Gewinnung sowie Be- und Verarbeitung von Rohstoffen

Wolfram Fischer u. a. (Hrsg.), Handbuch der europäischen Wirtschafts- und Sozialgeschichte, Bd. 5, Stuttgart 1985, S. 150

b) Roheisenproduktion je Einwohner in verschiedenen Ländern:

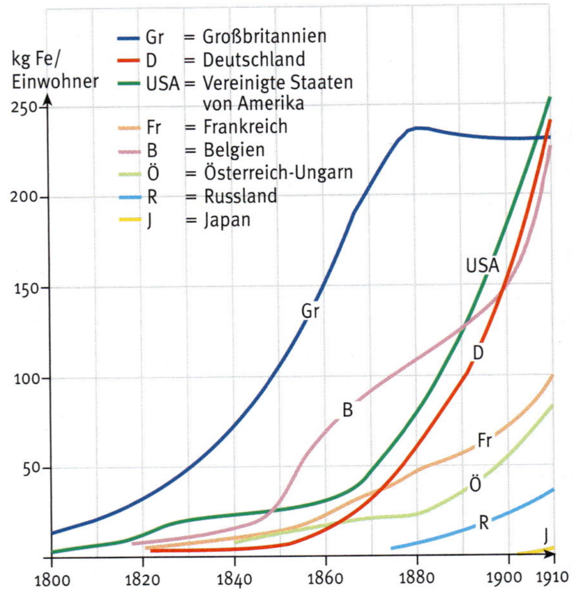

Friedrich Wilhelm Henning, Die Industrialisierung in Deutschland 1800-1914, Paderborn [8]1993, S. 153

c) Die Entwicklung der Zahl der Erwerbstätigen nach Wirtschaftssektoren in den deutschen Ländern 1780 bis 1914:*

Jahr	primärer Sektor (in %)	sekundärer Sektor (in %)	tertiärer Sektor (in %)	Erwerbs-tätige (in %)
1780	65	19	16	10,0
1800	62	21	17	10,5
1825	59	22	19	12,6
1850	55	24	21	15,8
1875	49	30	21	18,6
1900	38	37	25	25,5
1914	34	38	28	31,1

* primärer Sektor: Land- und Forstwirtschaft; sekundärer Sektor: Industrie/Gewerbe/Handel; tertiärer Sektor: Dienstleistungen

Nach: Friedrich Wilhelm Henning, Deutsche Wirtschafts- und Sozialgeschichte im 19. Jahrhundert, Paderborn u. a. 1996, S. 885

d) Die Entwicklung der Zahl der Erwerbstätigen nach Wirtschaftsbereichen in Bayern:

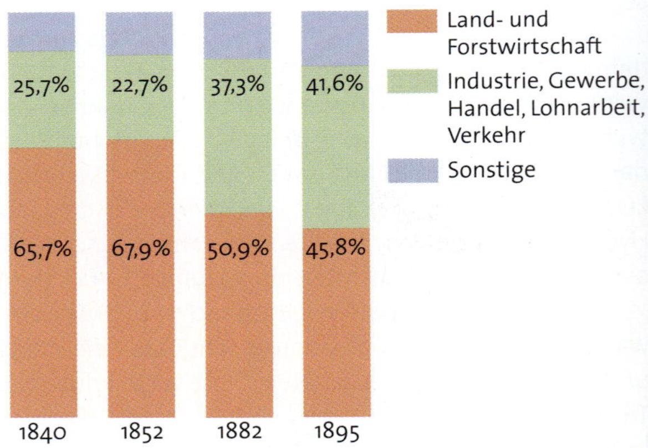

Wilhelm J. Wagner, Bayern. Zwei Jahrhunderte bayerische Geschichte, Essen 2006, S. 57

1. *Arbeiten Sie die Grundzüge der wirtschaftlichen Entwicklung anhand der Tabelle a) und des Diagramms b) heraus. Vergleichen Sie die nationalen Unterschiede. Erläutern Sie, worüber die Bezugsgröße „Produktionsmenge pro Einwohner" Aufschluss gibt.*

2. *Setzen Sie Tabelle c) in ein Diagramm um, das die Anteile der Sektoren pro Jahr anzeigt. Analysieren Sie die strukturellen Veränderungen. Vergleichen Sie mit Bayern in Diagramm d).*

3. *Fassen Sie die Grundzüge der industriellen Entwicklung zusammen. Welche Veränderungen im Leben der Menschen lassen sich aus den Statistiken ableiten?*

M2 Regionale Entwicklung

a) Das deutsche Eisenbahnnetz bis 1866:

b) Die industriellen Standorte in Deutschland um 1900:

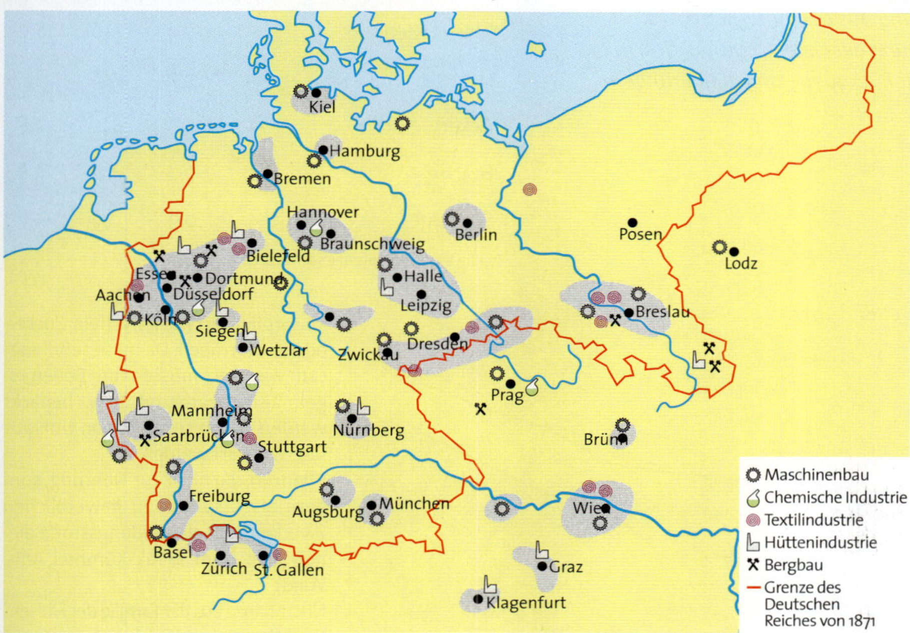

■ *Nennen Sie Gründe für die Entwicklung der Industrie in den Regionen. Welche Voraussetzungen spielen eine Rolle? Erläutern Sie die Zusammenhänge in den Karten a) und b).*

M3 Die Entwicklung der Landwirtschaft

a) Anbauwechsel:

Jahr	Dreifelderwirtschaft einfache	Dreifelderwirtschaft verbesserte	Fruchtwechselwirtschaft
1.	Wintergetreide	Wintergetreide	Getreide
2.	Sommergetreide	Sommergetreide	Blattfrucht
3.	Brache	Blattfrucht	Getreide
4. / 1.	Wintergetreide	Wintergetreide	Blattfrucht

Walter Steitz (Hrsg.), Quellen zur deutschen Wirtschafts- und Sozialgeschichte im 19. Jahrhundert bis zur Reichsgründung, Darmstadt 1980, S. 388

b) Ackerlandnutzung 1800 bis 1913 (in Prozent des Ackerlandes):

	1800	1883	1900	1913
Weizen	4,6	7,5	8,0	7,9
Roggen	25,1	22,6	23,2	25,5
Gerste	11,6	6,8	6,5	6,7
Hafer	15,6	17,6	15,9	17,4
Sonst. Getreide	1,8	2,2	2,6	2,2
Getreide zus.	**61,1**	**55,2**	**57,6**	**60,7**
Hülsenfrüchte	3,9	2,9	2,6	1,5
Kartoffeln	1,5	11,3	12,6	13,6
Zuckerrüben	-	1,3	1,8	2,2
Futter-Hackfrüchte[1]	0,8	2,2	2,9	3,8
Hackfrüchte zus.	**2,3**	**14,8**	**17,3**	**19,6**
Gartengewächse	-	0,5	0,5	0,5
Handelsgewächse[2]	3,8	1,4	0,7	0,4
Futterpflanzen	3,9	11,3	11,5	11,5
Klee u. Kleegras	-	7,9	8,6	8,5
Luzerne[3]	-	0,7	0,9	1,0
Ackerweide[4]	-	5,8	4,1	2,8
Brache	25,0	7,2	4,8	2,6
Sonstiges	-	0,9	0,9	0,6

Nach: Walter Steitz (Hrsg.), a. a. O.

1. *Erläutern Sie anhand von Tabelle a) und b) die Veränderungen in der Ackerlandnutzung. Welche Schlüsse lassen sich in Bezug auf die Organisation der Landwirtschaft und die Erträge ziehen?*
2. *Schließen Sie in Tabelle b) jeweils von der Ackerlandnutzung auf die Ernährung der Bevölkerung. Beurteilen Sie die Veränderungen. Ziehen Sie vergleichend heutige statistische Angaben zur Boden- bzw. Ackerlandnutzung aus dem Internet hinzu.*
3. *Beschreiben Sie die Entwicklung der Getreideproduktion in c). Suchen Sie nach Faktoren für Rückgänge und Steigerungen.*

c) Entwicklung der Getreideerträge 1848-1912:

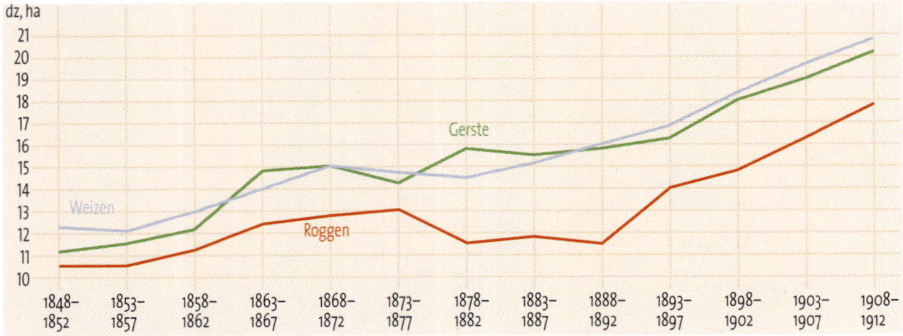

Max Rolfes, Landwirtschaft 1850-1914, in: Hermann Aubin und Wolfgang Zorn (Hrsg.), Handbuch der deutschen Wirtschafts- und Sozialgeschichte, Bd. 2, Stuttgart 1976, S. 495-526 und 518

1 Kulturpflanzen wie Kartoffeln, Zucker- oder Futterrüben. Da diese sehr langsam wachsen, müssen ihre Böden regelmäßig bearbeitet bzw. behackt werden, damit sie nicht von Unkraut überwuchert werden.

2 Pflanzen, die nicht zur Nahrung, sondern als Gewürze, zu gewerblichen Zwecken oder als Kleidungsstoffe dienen (Lein, Hanf, Tabak, Kümmel, Anis, Waid)

3 Nutzpflanze aus der Familie der Hülsenfrüchtler, die als Viehfutter angebaut wird

4 Nutzfläche, bei der sich Acker- und Grünland, etwa als Viehweide, abwechseln

M4 Leistungen der Viehwirtschaft

	1800	1835	1870/75
Schlachtgewicht			
der Rinder in kg	100	160	190
der Schweine in kg	40	50	75
Milchleistung je Kuh* in l	6/700	900	1150
Wolle pro Schaf und Jahr in kg	0,75-1		2

* mit großem Unterschied zwischen „normalen" Bauernhöfen und milchwirtschaftlichen Spezialbetrieben (um 1800 zwischen 600 und 1500 l)

Nach: Thomas Nipperdey, Deutsche Geschichte 1800-1866. Bürgerwelt und starker Staat, München 1983, S. 155

1. *Errechnen Sie den prozentualen Zuwachs in der Viehwirtschaft. Stellen Sie Zusammenhänge zu M3 her.*

2. *Formulieren Sie Ursachen und Folgen für die Entwicklung der Landwirtschaft.*

M5 Die neuen Transportmittel

Der Volkswirtschaftler und Politiker Friedrich List, der sich früh für ein einheitliches Zollgebiet in Deutschland einsetzt und mit der Gründung der Leipzig-Dresdener-Eisenbahngesellschaft im Jahre 1834 einen wichtigen Grundstein für den Eisenbahnbau legt, beschreibt im Jahre 1837 die Auswirkungen der Eisenbahn auf das Wirtschaftsleben:

Die neuen Transportmittel ersetzen die lebende Kraft durch die mechanische Kraft, die in ihrem Umfang beinahe unbegrenzt und in ihrer Anwendung zur unendlichen Verbesserung geeignet ist, um die den Menschen drückende Last der Arbeit zu verringern und ihn dadurch zum Gebieter und Gestalter der Natur zu machen. Diese Kraft steigert die Produktion und reduziert bei jenen den Konsum von Lebensmitteln, die ausschließlich mit dem Transport beschäftigt sind, weil sie diese nicht verbrauchen; infolgedessen ermöglicht sie die Ernährung und das Wohlergehen einer viel größeren Anzahl von Menschen. Sie fördert die Wissenschaft und die Technik, weil man sie für den Bau der Maschinen benötigt. Sie erfordert beträchtliche Mengen in Eisen und Steinkohle; deswegen fördert sie die beiden bedeutendsten Wirtschaftszweige, den Bergbau und die Industrie. Sie verlangt viel Kapital, das hohe Zinsen bringen und vor allem für die vermögenden Klassen von Nutzen sein wird. Da sie aber auch kleineren Kapitalbesitzern die Gelegenheit bietet, die Früchte ihres wirtschaftlichen Handelns sicher und vorteilhaft anzulegen, fördert sie die Industrie und die Wirtschaft zwischen den nützlichsten Klassen der Bürger.

Die neuen Transportmittel versetzen die Menschen in die Lage, besser mit der Natur zu kämpfen als dies mithilfe der alten möglich war. Damit vermag er den Winden und den Stürmen, der Strömung der Flüsse, den sintflutartigen Wolkenbrüchen, der Härte des Winters und der brennenden Hitze der heißen Zonen zu trotzen. [...]

Außerdem beflügeln sie durch den Transport von Personen, Briefen, Nachrichten, Büchern und Zeitungen den geistigen Austausch in einem solchen Maße, dass deren Bedeutung in dieser Hinsicht noch viel größer sein wird als im Hinblick auf den materiellen Handel.

Die neuen Transportmittel werden für den Abbau der Überbevölkerung der alten Länder und für die Gründung neuer Kolonien, für die

◄ **„Rain, Steam, and Speed – The Great Western Railway."** *Ölgemälde von William Turner, 1843.*

- *Beschreiben Sie, wie es Turner gelingt, die „vierte Dimension" (die Zeit) sichtbar zu machen.*

Vermischung der Rassen, für die Verbreitung und die Fortschritte der Wissenschaften, für die Technik, die Zivilisation, die Toleranz, die allgemeine Ausbildung aller Klassen, für die Erhaltung der Vaterlandsliebe, für die Ausrottung von Vorurteilen und des Aberglaubens sowie von unsittlichen und schädlichen Verhaltensweisen und der Trägheit, für die Verbreitung neuer Erfindungen und nützlicher Verfahren, für die Kenntnis von Fremdsprachen und der Literatur, für die Existenz der Armen und der Gebrechlichen, wie z. B. der Blinden, der Taubstummen, der Findelkinder, für die Verbesserung der Gesetzgebung und der nationalen wie der örtlichen Verwaltung, für die politischen Institutionen und die Wohltaten der ganzen Spezies, für die Aufrechterhaltung von Ruhe und Ordnung usw. weitaus größere Dienste leisten als die alten Transportmittel.

Friedrich List, Die Welt bewegt sich. Über die Auswirkungen der Dampfkraft und der neuen Transportmittel auf die Wirtschaft, das bürgerliche Leben, das soziale Gefüge und die Macht der Nationen (Pariser Preisschrift 1837), zitiert nach: Gerhard Henke-Bockschatz (Bearb.), Industrialisierung, Schwalbach/Ts. 2003, S. 75 f.

1. *Arbeiten Sie Vorteile und Wirkungen der Eisenbahn heraus. Ordnen Sie sie nach Bereichen.*
2. *Beurteilen Sie Lists Plädoyer. Welche seiner Argumente entsprechen einem Wunschbild, welche der Wirklichkeit? Welche Bedeutung misst er der Wirtschaft bei?*
3. *Analysieren Sie, inwiefern List die Bedingungen industrieller Entwicklung nachzeichnet. Entwerfen Sie auf dieser Grundlage ein Schaubild und erläutern Sie es.*
4. *Nehmen Sie Stellung zu Themen, Sprache und Stil: Inwiefern ist List ein „Kind seiner Zeit"?*

▲ **Fäkalienfahrzeug.**
Foto, um 1900.
Noch um die Jahrhundertwende wurden die Fäkalien aus den Städten mit einem Ochsengespann aus Abortgruben abtransportiert.

M6 Warum sind die Kanäle erforderlich?

Der Königlich-Bayerische Hofapotheker und Professor der chemischen Medizin Max von Pettenkofer gründet 1879 das weltweit erste Hygieneinstitut. Er erlangt auf dem Gebiet der chemischen Medizin, der Choleraforschung, der Umweltmedizin und der Ernährungswissenschaft große Anerkennung. Auf seine langjährige Initiative hin erhält München eine Kanalisation und eine zentrale Trinkwasserversorgung, was der Stadt den Ruf einbringt, eine der saubersten Städte Europas zu sein. 1876 legt er die Gründe für ein Kanalisationssystem dar:

Die Entwässerung des Bodens einer Stadt legt den Gemeinden so bedeutende finanzielle Opfer auf, dass es notwendig erscheint, allgemein verständliche Gründe für die Notwendigkeit derselben beizubringen und dem Publikum gewisse Gesichtspunkte zu eröffnen, aus denen es selbst zu dem nämlichen Entschlusse gelangt, den wir bereits gefasst haben. Es handelt sich darum, eine populäre Theorie für diese Dinge zu schaffen. [...]
Man kann nun, wenn man die Ansicht des großen Publikums für die Kanalisierung gewinnen will, verschiedene Motive anführen, so die Bequemlichkeit des Verkehrs auf den Straßen, wenn er nicht mehr durch Gossen und Gräben belästigt wird, die Förderung der Reinlichkeit etc., allein diese Gründe dürften im großen Ganzen nicht so recht verfangen. Um so enorme Ausgaben zu rechtfertigen, müssen gewichtigere Tatsachen angeführt werden. Man muss den Leuten zeigen können, dass es sich unter Umständen um ihr Leben handelt und dass sozusagen auf der Verletzung bestimmter Gesetze der Hygiene Todesstrafe steht. [...]
Wir sehen also, dass in den Flusstälern, Mulden und Steilrändern mehr Wasser sich ansammelt als an anderen Punkten. Wenn wir diese Gesichtspunkte auf unser System der Versitzgruben anwenden, so erschrickt man förmlich über diesen Übelstand. Wir leiten in diese Gruben Wasser aus der Umgebung und setzen dieselben in die unmittelbarste Nähe des Hauses. Wir schaffen also mit Kunst und Kosten an gewissen Stellen des Hauses dieselben Verhältnisse, die sich in Flusstälern, Mulden und an Steilrändern von Natur aus ergeben. Dies ist für mich einer der zwingendsten Gründe, auf der Abschaffung aller Versitzgruben und auf einer regelrecht durchgeführten Entwässerung zu bestehen, denn die angeführten Tatsachen weisen doch darauf als Ursachen epidemischer Krankheiten hin, mit einer Unzweideutigkeit, dass kein Zweifel mehr übrig bleiben kann. Man kann zwar überzeugt sein, dass eine sorgfältige, regelrechte Drainage eine absolute Bedingung für die Salubrität[1] eines Ortes ist, sich aber dennoch

[1] von lat. salubritas = Gesundheit, gesunde Beschaffenheit

denken: Warum sind diese tief liegenden, außerordentlich kostspieligen Kanäle hie[r]zu erforderlich? Warum errichtet man nicht lieber Gossen und offene Gräben auf der Oberfläche, in denen ja die Drainage der Oberfläche ebenfalls erfolgen kann? [...] Die Tieferlegung der Kanäle wirkt in Bezug auf die Drainage gerade so, als ob das betreffende Haus, die Straße oder der Ort um soviel in die Höhe gehoben würde als der Kanal unter der Oberfläche liegt.

Max von Pettenkofer, Vorträge über Canalisation und Abfuhr. Auszug aus X. Vortrag, München 1876, S. 81-88

1. *Erläutern Sie, wie Pettenkofer den Bau einer Kanalisation begründet. Warum glaubt er, eine populäre Theorie schaffen zu müssen? Bewerten Sie seine Argumentation.*

2. *Schließen Sie aus seinen Beschreibungen auf die hygienischen Zustände und die Abwasserentsorgung. Recherchieren Sie, wann Ihre Heimatstadt eine zentrale Wasserversorgung und eine Kanalisation erhielt und wie vorher mit dem Problem der Abwässer umgegangen wurde.*

M7 Typhussterblichkeit und Ausbau der Kanalisation in Berlin 1870-1920

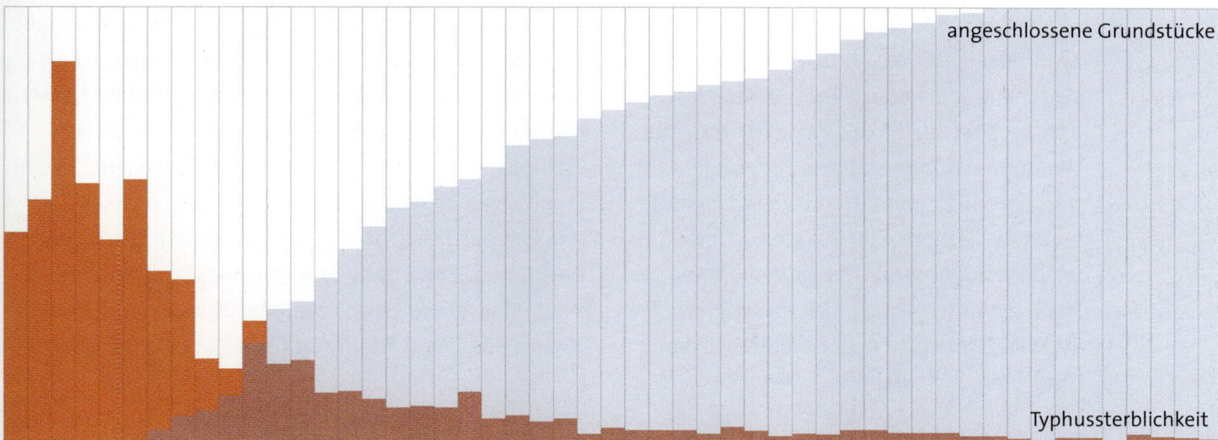

	Anzahl der angeschlossenen Grundstücke	Typhussterblichkeit auf 1000 Köpfe der Bevölkerung
1870		0,77
71		0,90
72		1,40
73		0,95
74		0,75
1875	57	0,97
76	1025	0,63
77	2014	0,60
78	2415	0,31
79	3602	0,27
1880	7476	0,45
81	9165	0,29
82	10540	0,30
83	12235	0,18
84	14241	0,19
1885	15829	0,16
86	17495	0,13
87	18068	0,14
88	18745	0,13
89	19227	0,19
1890	20307	0,09
91	21755	0,10
92	22453	0,08
93	22661	0,09
94	24047	0,04
1895	24607	0,06
96	25317	0,05
97	25795	0,05
98	26186	0,05
99	26404	0,05
1900	26784	0,05
01	27170	0,05
02	27664	0,03
03	28224	0,04
04	28960	0,04
1905	29698	0,05
06	30340	0,05
07	30764	0,04
08	31063	0,04
09	31364	0,04
1910	31465	0,03
11	31710	0,03
12	31910	0,02
13	32055	0,01
14	32115	0,02
1915	32146	0,02
16	32166	0,01
17	32182	0,04
18		0,03
19	32203	0,02
1920		0,02

Nach: John von Simson, Kanalisation und Städtehygiene im 19. Jahrhundert, Düsseldorf 1983, S. 14

1. *Erläutern Sie das Diagramm. Bestimmen Sie den Zusammenhang von Typhussterblichkeit und Kanalisation. Vergleichen Sie mit M6.*

2. *Nennen Sie weitere Faktoren, die die Typhussterblichkeit beeinflusst haben könnten.*

Veränderte Lebens- und Arbeitsbedingungen in der industriellen Welt

Wie jeden Tag ist Ottilie auch heute morgen wieder um halb fünf Uhr aufgestanden, um den Ofen anzufeuern und das abends schon vorbereitete Frühstück zu machen. Seit die Mutter vor fünf Jahren gestorben ist, führt sie für den Vater und die drei kleineren Geschwister den Haushalt. Nur drei Jahre hat sie die Schule besuchen können. Sie muss Geld verdienen, denn der Verdienst des Vaters reicht nicht aus. Um halb sieben verlässt sie kurz nach ihm das Haus und bringt die Kleinen zur Hütfrau. Es ist kalt und neblig in Berlin an diesem 2. November 1868. Die Kälte kriecht Ottilie durch den dünnen Mantel und die Schuhe. Sie ist so müde, dass sie kaum die Augen offen halten kann.

Seit zwei Monaten arbeitet sie in der Wollfabrik von Schwendy in der Gitschiner Straße. Zwei Taler in der Woche verdient sie dort. Immerhin etwas mehr als in der Nähstube, wo sie vorher als Wäschenäherin gearbeitet hat. Aber dafür sind die Zustände in der Fabrik ganz furchtbar. Es heißt, wer dort arbeitet, bleibt keine zwei Monate gesund. In Ottilies Arbeitssaal müssen die Frauen aus dicken Wolltupfen dünnere Stränge spinnen. Wenn die Wolle schleudert und Schlingen wirft und wieder in Ordnung gebracht werden muss, wird nicht die Maschine angehalten, sondern die Arbeiterin muss in das laufende Getriebe hineinfassen, in aller Geschwindigkeit die dicken Stellen herausnehmen, die Fäden wieder zusammenzwirbeln und -knoten. Das gibt zerschundene Hände und Knie oder Schlimmeres. Noch schlimmer ist die Luft im Arbeitssaal. Es gibt nur kleine Fenster, der Staub beißt in den Augen und im Hals. Noch dazu liegen die Aborte direkt neben dem Arbeitsaal. Häufig laufen sie über, dann ist es gar nicht mehr auszuhalten.

Der Meister ist gut, aber zu sagen hat er auch nichts. An den Zuständen wird sich ohnehin nichts ändern. Wem es nicht passt, hat der Chef erst kürzlich gesagt, der könne ja gehen – Ersatz gäbe es in der Stadt mehr als genug.

„Landflucht" und Verstädterung Noch zu Beginn des 19. Jahrhunderts lebten zwei Drittel der deutschen Bevölkerung auf dem Land und nur etwa ein Viertel in der Stadt. Auf dem Gebiet des späteren Deutschen Kaiserreichs wuchs die Bevölkerung zwischen 1816 und 1871 von gut 23 Millionen auf 41 Millionen. Dieser Anstieg und die sich dynamisch entwickelnde Arbeitswelt forderten von den Menschen die Bereitschaft zur Mobilität. Oft genug aus der Not um die Existenzsicherung zogen Ströme von Arbeitsuchenden in die rasch wachsenden Industrieregionen. Besonders groß war die Not in den bayerischen Randbezirken, so etwa im Spessart, aber auch in Nordschwaben sowie in Nord- und Ostbayern, wo den Menschen oft als einziger Hoffnungsschimmer die Abwanderung in die Städte blieb. Diese schon damals als „Landflucht" bezeichnete Entwicklung führte zum viel beklagten Arbeitskräftemangel auf dem Lande (▸ M1).

Je mehr Industrie sich in den Städten ansiedelte, wo es gute Verkehrsanbindungen und zahlreiche Arbeitskräfte gab, desto stärker wuchs dort die Einwohnerzahl. Ausgangspunkt für die Verstädterung (Urbanisierung) waren Standorte der Textilproduktion, des Bergbaus und der Schwerindustrie (▸ M2). Kaum eine Region veränderte sich so schnell wie das Ruhrgebiet. Kern des rasanten Strukturwandels war dort der Kohlebergbau. Zu Beginn des 19. Jahrhunderts noch durch Landwirtschaft, Kleinstädte und Dörfer geprägt, wuchs das Ruhrgebiet bis zum Ende des Jahrhunderts zum größten industriellen Ballungszentrum Europas an. Auch Großstädte wie Berlin, Hamburg, Köln, Frankfurt am Main, Hannover und Nürnberg sowie das sächsisch-oberschlesische Industrierevier zogen die Bevölkerung an.

Da vor allem junge Menschen in die Stadt kamen, die Geburtenrate dadurch anstieg und zugleich die Sterblichkeit in den Städten aufgrund verbesserter Hygiene und ärztlicher Versorgung stärker abnahm als auf dem Land, trug auch das innerstädtische Bevölkerungswachstum zur Urbanisierung bei (▸ M3). In vielen Städten verdreifachte sich die Einwohnerschaft in wenigen Jahrzehnten. Auch die Anzahl der Großstädte wuchs: 1871 gab es im Deutschen Reich sieben, 1918 bereits mehr als 50. Nur noch Großbritannien übertraf den deutschen Grad der Verstädterung.

Die Industrialisierung löste nicht nur eine „Landflucht", sondern zugleich eine Ost-West-Wanderung aus. Zwischen 1860 und 1914 verließen etwa 16 Millionen Menschen die ostdeutschen Gebiete in Richtung Westen. Viele gingen noch einen Schritt weiter: Angesichts schlechter Lebensbedingungen, Arbeitslosigkeit und politischer Konflikte wanderten zwischen 1830 und 1913 mehr als sechs Millionen Deutsche aus. 90 Prozent gingen in die USA, das „Land der unbegrenzten Möglichkeiten", einige suchten in Ungarn, Siebenbürgen oder Russland eine neue Heimat.

▴▾ **Fotos von Nürnberg in der Ansicht von Gostenhof 1865 (oben) und 1905 (unten).**

Das Bild der Städte ändert sich ■ Da der Platz in ihren alten Grenzen nicht ausreichte, mussten die Städte ins Umland expandieren. Mauern und Befestigungsanlagen wurden abgerissen, die Stadtgräben aufgefüllt. Kleinere Nachbarorte wurden integriert, um die am Rand der Städte errichteten Fabriken und Bahnhöfe herum entstanden neue Wohngebiete.

Längst genügten auch Infrastruktur und Versorgungssysteme nicht mehr den Ansprüchen der ständig wachsenden Einwohnerzahl und dem zunehmenden Waren- und Personenverkehr. Straßen mussten verbreitert, ein Verkehrsnetz für die Anbindung der Vororte geschaffen, Wasser-, Elektrizitäts- und Gaswerke eingerichtet und das Schul- und Gesundheitswesen ausgebaut werden. Die Kommunen hatten für die Müll- und Abwasserentsorgung, die Straßenreinigung, die Pflege und Instandhaltung öffentlicher Gebäude, Grünanlagen und Parks sowie mit Polizei und Berufsfeuerwehr für die Sicherheit der Bürger zu sorgen. Nicht zuletzt ging das öffentliche Kultur- und Sportangebot zu einem Großteil in die Zuständigkeit der Kommunen über: Opernhäuser und Theater, aber auch Sportplätze, Stadien und Schwimmbäder wurden errichtet, das Kultur- und Freizeitangebot wurde ausgebaut.

▲ **Postkarte, 1910-1920.**

▪ *Beschreiben Sie, mit welchen gestalterischen Mitteln die sozialen Veränderungen zum Ausdruck gebracht werden.*

Mobilität und die sozialen Folgen 1907 lebte nahezu die Hälfte der Bevölkerung nicht mehr an ihrem Geburtsort. Die erzwungene Mobilität hatte vielfältige soziale Folgen: Anfangs zogen nur Männer aus besitzlosen Schichten in fremde Gebiete, um Arbeit auf Zeit zu finden. Während die älteren Generationen meist auf dem Land blieben, gingen vor allem junge Männer immer häufiger dauerhaft fort, holten Frauen und Kinder nach oder gründeten in der Stadt eine Familie. Dadurch wurden Familienverbände auseinandergerissen; die Menschen verloren ihr soziales Umfeld.

Trotz der meist besseren Lebensbedingungen litten viele ehemalige Landbewohner an Heimweh. Sie idealisierten ihr früheres Leben, da ihnen die Stadt fremd blieb. Als besonders problematisch empfanden sie die Anonymität. Während die Dorfgemeinschaft in sozialen Notlagen für den Einzelnen aufkam, war in der Stadt jeder auf sich allein gestellt. Damit entfiel auch die soziale Kontrolle, die auf dem Lande ausgeprägt war und das Leben des Einzelnen wie der Gemeinschaft mitbestimmte. Kritiker deuteten dies als Ursache zahlreicher gesellschaftlicher Fehlentwicklungen in den Städten. Von einer „sittlichen Verwahrlosung", die viele Zeitgenossen dem Einfluss der Städte zuschrieben, kann dennoch nicht gesprochen werden. Zwar sorgte der Anstieg der Prostitution seit den 1890er-Jahren für Diskussionen, insgesamt stieg die Kriminalitätsrate jedoch in wirtschaftlichen Krisen überall, besonders jedoch dort, wo soziale Ungleichheit oder ethnische Differenzen aufeinanderprallten – wie in den ländlichen ostdeutschen Gebieten oder in den westdeutschen Bergarbeitersiedlungen. Auch die Zahl unehelicher Geburten lag in den Städten lange Zeit nicht höher als auf dem Land.

Wohnungselend Durch den enormen Zuzug in die Städte wurde der Wohnraum knapp. Vor allem fehlten preiswerte Unterkünfte für Arbeiterinnen und Arbeiter (▸ M4). Zunächst hatten die Zuwanderer noch in den meist heruntergekommenen Vierteln der Altstädte eine Bleibe gefunden, jedoch reichte dort der Platz schon bald nicht mehr aus. Daher wurde mit dem Bau von Wohnungen in der Nähe der Fabriken begonnen, die sich meist vor den Stadtmauern ansiedelten. Im Ruhrgebiet errichteten Spekulanten rund um die im Umland der Städte gelegenen Zechen schnell hochgezogene Mietshäuser und Arbeitersiedlungen, die „Zechenkolonien", die zu regelrechten Industriedörfern heranwuchsen (▸ M5).

Vor allem in den großen Städten gingen Bauunternehmer angesichts des knapper werdenden Baulands dazu über, dicht aneinandergereihte, mehrgeschossige Mietskasernen mit Vor- und Hinterhäusern sowie winzigen Hinterhöfen zu bauen. Sie nutzten die Grundstücksfläche durch äußerst enge und minderwertige Bebauung aus, um hohe Gewinne zu erzielen. Ein Großteil der Wohnungen verfügte weder über fließend Wasser noch über Toiletten. Auch konnten sie nur unzureichend beheizt werden, sodass die Räume häufig feucht und schimmelig waren. Verbreitet war auch das „Trockenwohnen", bei dem frisch verputzte und feuchte Neubauten von Armen bewohnt wurden, bis sie für Reichere beziehbar waren. Die Mieten waren trotzdem hoch und fraßen einen Großteil des Einkommens auf. Daher teilten sich 4- bis 6-köpfige Familien oft nur einen Wohnraum und nahmen zusätzlich noch „Schlafgänger" auf, die sich eine Schlafstelle mieteten.

Die Stadtverwaltungen reagierten auf das Wohnungselend zunächst nur zögerlich, weil die Arbeiter in den politischen Gremien kaum vertreten waren. Weil man einen Sittenverfall in den überfüllten Arbeitervierteln befürchtete, suchten die Kommunen ab den 1890er-Jahren verstärkt nach Lösungen. Sie legten Bebauungspläne fest und erarbeiteten städtebauliche Konzepte, um das Wachstum zu lenken und die Wohn- und Hygienever-

▲ **Berliner Mietskasernen.**
Die Berliner Mietskasernen waren berüchtigt für ihre Blockbebauung, bei der meist drei oder vier Höfe aufeinanderfolgten. In diese fiel kaum Tageslicht, weil die Höfe nach Polizeivorschrift nur 5,30 m im Quadrat groß sein mussten, damit die pferdebespannten Spritzenwagen der Feuerwehr gerade noch darin wenden konnten.

hältnisse zu verbessern. Viele Haus- und Grundstücksbesitzer hatten jedoch so viel Einfluss im Stadtrat, dass sie kommunale Bauvorhaben blockieren konnten. Erreicht wurde höchstens eine strengere Aufsicht durch die Behörden, die den bautechnischen und hygienischen Zustand der Wohnungen überprüften. Beanstandungen fielen dann allerdings oft auf die Bewohner zurück. Erst um die Jahrhundertwende entspannte sich die Lage auf dem Wohnungsmarkt.

Sozialstrukturen in der Stadt ■ Während in den dunklen Hinterhäusern die ärmeren Familien aus der Arbeiterschaft lebten, wurden die Vorderhäuser meist von sozial höheren Schichten bewohnt, da die Geschosse dort höher, die Wohnungen größer, heller und besser ausgestattet waren. So versammelten sich in einem Wohnblock auf engstem Raum unterschiedliche soziale Milieus.

Wohnlage und Mietpreise sorgten für einen hohen Grad an sozialer Differenzierung (▸ M6). Stadtviertel oder Straßenzüge markierten soziale Grenzen. An ihnen ließ sich der gesellschaftliche Status, am Umzug in eine bessere Wohngegend der soziale Aufstieg ablesen. Villenviertel und bürgerliche Wohngegenden lagen in den besseren Stadtteilen. Hier war die Bebauung großzügiger, die Häuser hatten prächtige Fassaden, und moderne Errungenschaften wie das Wasserklosett oder der Gasanschluss gehörten bereits um die Jahrhundertwende zum Standard. Bürgersteige und Straßen waren sauber und besser ausgebaut, oft gab es Alleen und kleine Parks. In diesen Vierteln bekamen die alteingesessenen städtischen Eliten während des 19. Jahrhunderts Konkurrenz durch erfolgreiche Unternehmer und Bankiers, die ihren neu erworbenen Reichtum demonstrativ zur Schau stellten und Häuser mit vielen Bediensteten führten.

Arbeit in Fabriken und an Maschinen ■ Für die Menschen, die in die Industriegebiete zogen, veränderten sich Arbeit und Alltag grundlegend. Die meisten von ihnen fanden Arbeit in den Fabriken. Zwischen 1882 und 1907 verdoppelte sich die Industriearbeiterschaft. Bis zum Ersten Weltkrieg wurde sie zur größten sozialen Gruppe.

Hatte sich früher die Arbeit flexibel an den Jahres- und Tageszeiten, dem Wetter und den privaten Bedürfnissen im Haus oder auf dem Hof orientiert, so musste diese nun Uhr und Maschine untergeordnet werden. Stechuhren, disziplinierende Vorarbeiter und stichprobenartige Kontrollen verzeichneten jeden Verstoß gegen die strengen Fabrikordnungen und das kalkulierte Arbeitssoll (▸ M7).

▲ **Rationalisierte Fabrikarbeit in der Montagehalle der Berliner Kleinmotorenfabrik der AEG.**
Foto, um 1900.

Eine effektive und zeitsparende technische Neuerung in den Betrieben war das Fließband. Es ermöglichte die schnelle Massenfertigung normierter Einzelteile. Dabei wurde die Produktion in zahlreiche Stationen zerlegt, bei der die einzelnen Teile die Fertigung möglichst ohne Unterbrechung durchliefen. Jeder Arbeiter hatte nur wenige und immer gleiche Handgriffe auszuführen. Das Fließband steigerte den Anteil von an- und ungelernten Arbeitskräften.

Erschwert wurde das hohe Arbeitspensum durch die körperlichen Belastungen wie Lärm, Hitze, Schmutz, Gestank, Licht- und Luftmangel. Fehlende Sicherheitsvorkehrungen an den Maschinen verursachten immer wieder schwere Unfälle. Hinzu kamen Berufskrankheiten. Bei Arbeitsunfähigkeit oder Verlust des Arbeitsplatzes drohte den Familien der Ruin, denn Unfall- oder Krankenversicherungen, Kündigungsschutz oder Arbeitslosenhilfe gab es nicht. Darum nahmen die Arbeiter auch schlechte Arbeitsbedingungen in Kauf.

Fabrikarbeit bedeutete ein durch Arbeitsvertrag und Lohnarbeit gekennzeichnetes Abhängigkeitsverhältnis. Für Selbstbestimmung, individuelle Bedürfnisse oder persönliche Identifikation mit der Arbeit war kein Platz.

Rationalisierung in allen Bereichen ■ Die industriellen Arbeitsanforderungen wirkten sich auf andere Wirtschaftsbereiche aus. Um dem Konkurrenzdruck der neuen Industrien standhalten zu können, gingen auch die traditionellen, kleineren Gewerbe- und Handwerksbetriebe zu Rationalisierungsmaßnahmen und harten Ausbeutungsformen über. Dies traf besonders die Heimarbeiter, die in ihren Wohnungen auf Bestellung und Rechnung der Unternehmen oder Handwerksbetriebe produzierten. Jede technische Neuerung oder Sparmaßnahme in den Fabriken verlängerte ihre Arbeitszeiten und senkte ihre Löhne, denn Heimarbeit war für die Unternehmer nur rentabel, wenn die Produktion billiger wurde.

In den 1920er- und 1930er-Jahren erfasste die Rationalisierung die Büroarbeit: Die Arbeitsvorgänge wurden zerlegt, normiert und durch Rechen- und Buchungsmaschinen mechanisiert. Die dadurch vereinfachten Arbeiten konnten nun auch weniger qualifizierte Kräfte ausführen, sodass der Einzelne ersetzbar wurde. Die Angestellten wurden immer mehr zu angestellten „Stundenlöhnern". Durch Lohnkürzungen und Entlassungen büßten sie ihre vormals sichere Stellung und auch ihr Sonderbewusstsein ein.

Arbeitszeiten und Löhne ■ In der Frühphase der Industrialisierung hatte die Arbeitszeit schnell zugenommen: Männer, Frauen und auch Kinder arbeiteten nicht unter zwölf Stunden täglich, oft sogar 15 bis 17 Stunden an mindestens sechs Tagen die Woche. Seit den 1860er-Jahren verkürzte sich die Arbeitszeit Schritt für Schritt auf etwa zwölf, bis 1914 auf durchschnittlich neun Stunden. Jedoch war weiterhin eine Wochenarbeitszeit von 70 Stunden nicht ungewöhnlich. „Urlaub" oder „Erholung" gab es in der Regel nicht, und auch das 1891 eingeführte Verbot der Sonn- und Feiertagsarbeit wurde vielfach nicht beachtet (▸ M8, M9).

Für einen gewissen Ausgleich sorgten höhere Reallöhne, die zwischen 1895 und 1913 um mehr als ein Viertel anstiegen. Jedoch fielen diese je nach Tätigkeit, Branche und Region unterschiedlich aus. Besonders zwischen gelernten und ungelernten Arbeitern herrschte ein deutliches Lohngefälle. So verdienten die meist als Vorarbeiter und Fabrikmeister eingesetzten ausgebildeten Handwerker das Vier- bis zuweilen Sechsfache der ungelernten Kräfte. Hinzu kam, dass sich durch gleichzeitig steigende Preise und Mieten die Lebenshaltungskosten erhöhten und die Reallöhne relativierten (▸ M10).

Meist reichte das Einkommen der ungelernten Arbeiter nicht zum Lebensunterhalt der Familie aus, sodass Frauen und Kinder hinzuverdienen mussten, deren Verdienst zudem erheblich unter dem der Männer lag. Seit der Jahrhundertmitte war die Kinderarbeit zwar durch wachsende Kritik sowie die Durchsetzung der Schulpflicht allmählich zurückgegangen, viele Familien blieben jedoch auf den Beitrag der Kinder angewiesen. Arbeitslosigkeit oder Krankheit konnten schnell das Einkommen einer Familie aufzehren und sie an den Rand des Existenzminimums bringen, denn sie hatte kaum Möglichkeiten, Rücklagen zu bilden. Lohnfortzahlung im Krankheitsfall oder Invalidenrente gab es nicht. Altersarmut war verbreitet. Die erhöhten Produktivitätsanforderungen konnten nur Männer im Alter von 25 bis 40 Jahren leisten. Ältere sanken fast zwangsläufig in die Arbeitslosigkeit ab, die zu einem Problem wurde, auch wenn sie bis zum Ersten Weltkrieg noch mit zwei bis drei Prozent vergleichsweise gering war.

▲ **„Die Henrichshütte bei Hattingen am Abend."**
Ölgemälde von Eugen Bracht, 1912.
Gemälde mit qualmenden Schloten waren aus damaliger Sicht keine Anklage gegen Umweltverschmutzung, sondern als „Industrielandschaften" der Inbegriff von Schaffenskraft, Fortschritt und Moderne.

Mensch und Umwelt leiden Maschinen und Fabriken, das immer dichter werdende Verkehrsnetz, die Regulierung von Flussläufen, die Vergrößerung landwirtschaftlich genutzter Gebiete, der übermäßige Einsatz von Kunstdünger sowie die Verstädterung belasteten Mensch, Tier und Umwelt in einem bislang nicht gekannten Ausmaß.

Von Anfang an klagten Menschen in den Industriegegenden über Belästigungen und Gefährdungen durch Dämpfe, Gestank, Ruß, Lärm und giftige Abwässer. Allerdings blieben Beschwerden in der Regel ohne Erfolg. Betriebsschließungen oder gewerbliche Auflagen gab es äußerst selten. Das Wissen um die Auswirkungen der Umweltverschmutzung war gering. Es herrschte die Überzeugung, Luft und Wasser reinigten sich von selbst und „verdünnten" die Schadstoffe letztlich auf ein unschädliches Maß. Rauch und Gestank betrachtete man als notwendiges „Kulturübel". Solange es keine gesetzlichen Regelungen gab, sahen die meisten Unternehmer keinen Anlass, die Produktion freiwillig durch einen höheren Aufwand bei der Entsorgung von Schadstoffen zu verteuern. Das häufigste Argument gegen Kritiker war der drohende Verlust der Konkurrenzfähigkeit. Lebensqualität für die Anwohner zählte dagegen kaum. Meist waren die Wohnbereiche der Arbeiterschaft in den Zentren der Industrie betroffen. Rauch, Lärm und ungenügende Trinkwasserversorgung gehörten in diesen Schichten zum Alltag. Unternehmer und reiches Bürgertum wohnten fern solcher Belastungen. In mehrfacher Hinsicht war die Umweltfrage also auch eine soziale Frage.

M1 Ursachen für die „Landflucht“

In seiner Dissertation über „Die ländlichen Arbeitsverhältnisse im rechtsrheinischen Bayern“ von 1908 beschäftigt sich Georg Ernst vor allem mit der „Landflucht“. Dabei bezieht er sich auf Berichte bayerischer Bezirksämter:

Als die Ursache dieses empfindlichen Mangels an Arbeitskräften [auf dem Lande], dieser „Leutenot“, bezeichnet man gemeinhin „die Landflucht“. Seit Jahren fließt unaufhörlich ein Menschenstrom vom Lande ab, hin zur Industrie, in die Städte. Landflucht wird hier demnach in zweifachem Sinne gefasst, als Flucht vom Lande in die Stadt, oder als Abkehr vom landwirtschaftlichen Beruf zu einem anderen Erwerb. Die Städte üben in der Jetztzeit als Zentren menschlichen Kulturlebens, als Herde von Freiheit und Vergnügen eine wunderbare Anziehungskraft aus, nicht minder aber auch die Industrie, die eine ungleich bessere wirtschaftliche Lage verschafft als die Landwirtschaft und damit gesichertere Voraussetzungen für alle Lebensbedingungen bietet. [...] Besonders sind es die jungen, heranwachsenden Leute, welche vom Lande fliehen, Leute im Alter von 16-20 Jahren. „Die meisten Arbeitskräfte ziehen in die Stadt und Fabrik; besonders die jungen Leute gehen alle in die Fabrik.“ „Die jüngeren Leute werden überredet, zur Industrie zu gehen.“ (Waakirchen, B.-A. Miesbach) [...]

Für diese Erscheinung, die [...] mit Recht eine soziale Revolution genannt wird, müssen Gründe vorhanden sein. [...] Von den Berichterstattern werden die verschiedensten Gründe angeführt; ein Bericht aus dem Bezirke Schongau gibt als Gründe für die Landflucht unter anderem besonders an:

1. Die immer mehr zunehmende Genusssucht und der Drang nach Freiheit und Ungebundenheit.
2. Die vielen und sehr verlockend geschriebenen Berichte über stattgehabte Vergnügungen und Festlichkeiten der Städte in den Tagesblättern.
3. Das schlechte Beispiel vieler städtisch gesinnter Leute, die auf dem Lande wohnen müssen. [...]

Nach einem anderen Berichte „soll“ an der Landflucht schuld sein:

1. Die Vergnügungssucht der jungen Leute.
2. Die „schlechte Kost und Bezahlung“ auf dem Lande.
3. Die Gefahr der Verführung, die unter ländlichen Dienstboten den Töchtern aus braven, armen Familien mehr droht als in einer gutbürgerlichen Familie in der Stadt.
4. Die Schmutzarbeit in den Stallungen, auf den Äckern.
5. Herzlose Behandlung der Dienstboten seitens der Herrschaft, besonders im Winter.

Georg Ernst, Die ländlichen Arbeitsverhältnisse im rechtsrheinischen Bayern, Diss. München 1908, S. 111 und 113 f.

1. *Erläutern Sie, wie Ernst „Landflucht“ definiert. Welche Ursachen nennt er für sie?*

2. *Beurteilen Sie die Folgen der „Landflucht“ für die ländlichen Gegenden.*

3. *Prüfen Sie die Gründe für die „Landflucht“ auf ihre Glaubwürdigkeit.*

4. *Überlegen Sie, inwieweit sich die Erwartungen der jungen Leute in der Stadt erfüllt haben.*

M2 Binnenwanderung in Deutschland während des 19. Jahrhunderts

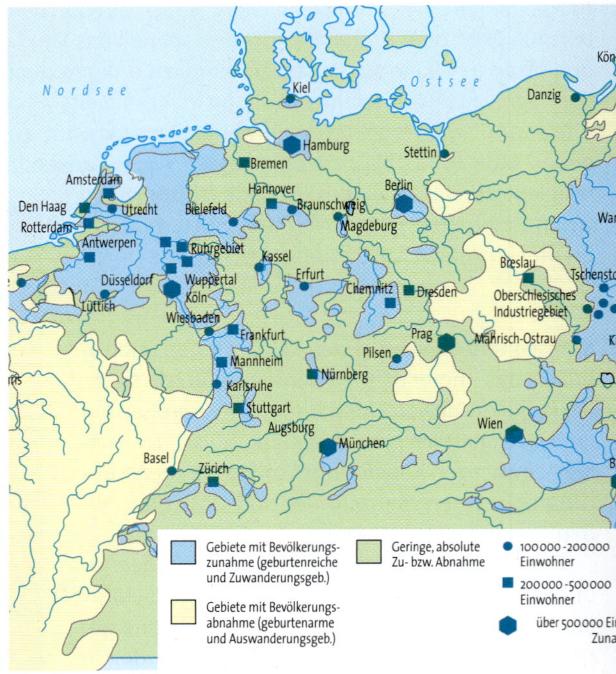

1. *Skizzieren Sie den Verlauf der deutschen Binnenwanderung.*

2. *Nennen Sie Ursachen für regionale Bevölkerungsgewinne und -verluste.*

M3 Urbanisierung

a) Die Verteilung von Stadt- und Landbevölkerung im Deutschen Reich:

	Prozentualer Anteil an der Gesamtbevölkerung in Gemeinden				
	mit weniger als 2 000 Einwohnern	2 000 bis 5 000 Einwohner	5 000 bis 20 000 Einwohner	20 000 bis 100 000 Einwohner	100 000 und mehr Einwohner
1871	63,9	12,4	11,2	7,7	4,8
1880	58,6	12,7	12,6	8,9	7,2
1890	53,0	12,0	13,1	9,8	12,1
1900	45,6	12,1	13,5	12,6	16,2
1905	42,6	11,8	13,7	12,9	19,0
1910	40,0	11,2	14,1	13,4	21,3

Nach: Gerd Hohorst u. a. (Hrsg.), Sozialgeschichtliches Arbeitsbuch II. Materialien zur Statistik des Kaiserreichs 1870-1914, München [2]1975, S. 52

b) Entwicklung der Gebäude- und Bevölkerungsdichte in Augsburg:

Jahr	Zahl der Wohngebäude	Zahl der Bewohner pro Gebäude	Einwohner/ha
1852	3 187	12,3	17,7*
1867	3 100	16,2	21,5
1871	3 799	13,5	23,1
1885	4 342	15,2	29,9
1900	4 884	18,3	40,4

* 1846

Nach: Ilse Fischer, Industrialisierung, sozialer Konflikt und politische Willensbildung in der Stadtgemeinde. Ein Beitrag zur Sozialgeschichte Augsburgs 1840-1914, Augsburg 1977, S. 104 f.

Zum Vergleich:	
Bevölkerungsdichte in Berlin 1870:	112,4 Einwohner/ha
Bevölkerungsdichte in Bayern 1870 (Durchschnitt):	0,64 Einwohner/ha

1. *Setzen Sie die Tabelle a) in eine geeignete Diagrammform um, die das Verhältnis von Stadt- und Landbevölkerung anzeigt. Erläutern Sie die Entwicklung.*
2. *Untersuchen Sie anhand von Tabelle b) die Entwicklung der Gebäude- und Bevölkerungsdichte in Augsburg. Schließen Sie auf die veränderten Wohn- und Lebensbedingungen der Menschen.*
3. *Definieren Sie auf der Grundlage der Materialien M1 bis M3 die Urbanisierung. Berücksichtigen Sie dabei Ursachen und Folgen.*
4. *Finden Sie heraus, welche Bevölkerungsentwicklung in Ihrem Heimatraum im 19. Jahrhundert und später stattfand. Lassen sich für die Zeit des Kaiserreiches 1871 bis 1918 Belege für Städtewachstum und Veränderungen der Infrastruktur in Ihrer Umgebung finden?*

▲ **Umzug einer Familie mit Handwagen in Berlin.**
Foto, um 1911.

◂ **Blick in ein Berliner Hinterhofzimmer.**
Foto von 1903.
Wie auf diesem Bild sahen die Wohnverhältnisse in vielen Städten aus. In Berlin wurden um 1900 rund 2 000 Haushalte gezählt, die nur aus einem Raum bestanden. Hier dient der 7 qm große Raum einer Berliner Familie als Wohn- und Schlafstube.

M4 Wohnverhältnisse in München

Der Wirtschaftswissenschaftler Lujo Brentano, von 1891 bis 1914 Professor an der Universität München, beschreibt 1904 die Wohnsituation in München:

Betrachten wir die Rückwirkung dieser Mietpreise auf die übrigen Wohnungsverhältnisse. Ich will dabei ganz davon absehen, dass nach der Probeerhebung im Frühjahr dieses Jahres 26 Prozent der untersuchten Wohnungen baulich vernachlässigt, in einer Anzahl Liegenschaften die Hofräume überhaupt nicht entwässert waren, dass Fälle festgestellt wurden, in denen die Inwohner von 5 und mehr Wohnungen, 20 bis 28 Personen, auf einen Abort angewiesen und dass 3,8 Prozent der untersuchten Wohnungen feucht waren, dass in 23,1 Prozent nur eine Höhe von 2 Meter, in weiteren 16,8 Prozent nur eine solche von 2 ¼ Meter gemessen wurde, und dass sich darunter solche unter 6 Quadratmeter Fläche befanden. Das sind gewiss scheußliche Zustände; allein ihnen könnte bereits aufgrund der geltenden Bestimmungen abgeholfen werden, wenn diese nur durchgeführt würden. Anders steht es mit der durch die hohen Mietpreise hervorgerufenen Überfüllung.

In dieser Hinsicht hat die diesjährige Probeerhebung vor Allem eine bemerkenswerte Tatsache festgestellt. Von den 4 424 untersuchten Wohnungen waren nicht weniger als 45,1 Prozent von zwei und mehreren Haushalten bewohnt. Dies heißt so viel, als dass die Bauspekulation Wohnungen herstellt, wie sie dem Bedürfnisse der Mieter überhaupt nicht entsprechen. Sie baut Wohnungen nicht für die Mieter, deren Wohnungsbedürfnis derzeit das dringlichste ist, sondern für Zukunftsmieter mit günstigeren Einkommensverhältnissen, an welche erst später vermietet werden soll. Bis sie kommen wird an andere Mieterklassen vermietet, gewissermaßen als Trockenwohner. Damit diese einziehen können, vermietet ihnen entweder der Hausherr nur einen Teil der im Übrigen unabgeteilten Wohnung, einem anderen Haushalt einen anderen Teil, oder er überlässt ihnen selbst, einen Teil der Wohnungen an einen anderen Haushalt weiterzuvermieten. [...] Allein die bloße Teilung von Wohnungen, welche nur für eine Familie bestimmt sind, unter mehrere Haushalte ist noch nicht ausreichend, um die Miete für die Bewohner erschwinglich zu machen. Dazu müssen noch Untermieter und Schlafgänger aufgenommen werden. Die Missstände, die sich daraus ergeben, lassen sich denken. Sie gehen bis zu gemeinsamer Benützung eines Schlafraums seitens unverheirateter Personen verschiedenen Geschlechts (nicht Geschwister oder sonst Angehörige der eigenen Familie). Der fünfte Teil der Zimmermieter und zwei Drittel der Schlafgänger in den untersuchten Wohnungen mussten sich mit anderen Aftermietern oder mit Familienmitgliedern des Vermieters die Benutzung eines Raumes teilen. In 148 Fällen von 4 424 untersuchten war männlichen Personen der Zugang zum eigenen Schlafraum nur durch die Schlafräume weiblicher Personen und umgekehrt möglich, und dabei sind Fälle, in denen dies zwischen Angehörigen der eigenen Familie zutrifft, nicht berücksichtigt. In 62 Fällen wurde festgestellt, dass 275 Personen auf 145 Betten angewiesen waren [...].

Lujo Brentano, Wohnungs-Zustände und Wohnungs-Reform in München. Ein Vortrag, München 1904, S. 8-11

1. *Arbeiten Sie aus der Beschreibung Brentanos die Hauptprobleme heraus.*
2. *Erläutern Sie, wen Brentano für die Situation verantwortlich macht. Welche Lösungsmöglichkeiten sieht er?*

M5 Leben in einer Arbeiterkolonie – das Beispiel Ruhrgebiet

In den 1920er-Jahren entspricht die Siedlungsstruktur vieler industrieller Ballungsgebiete im Wesentlichen noch derjenigen der ersten Hochphase der Industrialisierung 50 Jahre zuvor. In einer Gewerkschaftszeitung von 1928 heißt es über die in Werksnähe von den Unternehmern angelegten typischen Arbeitersiedlungen im Ruhrgebiet, die sogenannten „Kolonien“:

Fast jede Stadt im Ruhrgebiet hat mehrere Wohnviertel, in denen sich der Geist des Kapitalismus in krasser Nacktheit offenbart. In diesen Vierteln gibt es keine gepflasterten Straßen, kaum die Andeutung eines Bürgersteigs. Wozu auch? Die Autos der Herren kommen nicht hierher und der Bergmann, der Hochofenarbeiter trägt keine Lackschuhe, die den Schmutz nicht vertragen können. Unverputzt sind meist die Häuserfronten. In deren Ziegel sich der Ruß hineinfraß, bis sie grau und schwarz wurden wie das ganze Revier. Kein Grün vor den Häusern. Keine Blume an den Fenstern. Keine Farbe an Tür- oder Fensterrahmen. Roter Bettbarchent[1], der zum Trocknen an den Fenstern hängt, bringt die einzige Farbe in die Eintönigkeit dieser Häuserreihen. Da und dort blickt ein Weib durch das Fenster und ruft nach den im Schmutz der Straße spielenden Kindern. [...]

Krank sind sie hier alle. Die Männer, die Frauen, die Kinder. Hohlwangig und schwindsüchtig wie sie sind, laufen sie als lebendige Kätze-Kollwitz-Typen[2] durch das Revier. Manche Familie hat sich trotz Wohnungsnot und Geldmangel ein sauberes und freundliches Heim zu bewahren versucht. Aber was will das heißen in einem Viertel, das von drei Seiten von einem Werk umklammert wird, das unablässig schweren, mit Ruß und Eisenstaub gesättigten Rauch über das ganze Revier bläst.

Noch sind zwischen je zwei Häuserreihen große Plätze zu sehen, die vom Tritt vieler Kinder und vom Regen festgestampft sind. Einst waren dies Gärten, in denen die Bewohner der Kolonie nach der Arbeit des Tages noch die Freuden des Landmannes genossen, in denen sie ihr bisschen Kohl und ein wenig von dem Gemüse, das sie brauchten, zogen. Aber sie sind nicht lange Gärtner geblieben. Das Werk rückte der Siedlung immer näher auf die Pelle, immer dichter wurde der Rauch, der seinen Ruß und seinen Eisenstaub niedersenkte, bis die dünne Humusschicht erstickt war und nichts mehr wuchs auf diesem Fleckchen Erde, das jetzt trostlos und in Anbetracht der großen Enge, mit der die Häuser aufeinandergerückt sind, sinnlos erscheint in seiner Leere. An diesen Flächen grenzen die niederen Stallgebäude, in denen die Bewohner der langzeiligen Wohnhäuser ihr bisschen Vieh halten, für das die Kinder in der ganzen Stadt Gemüse- und Speisereste zusammenholen. [...]

Zwischen Stallungen und Wohngebäuden liegt meist ein schmaler Hof, der von Dutzenden von Leinen überspannt ist, an denen frisch gewaschene Wäsche hängt. Proletariers Schützenfest heißt dieses bunte Durcheinander Wäsche behangener Leinen, das an das bunte Gewirr Venedigs und Neapels erinnert, wenn nur der dunkle Himmel nicht über allem läge, der schon in wenigen Minuten die mühsam gereinigte Wäsche grau werden lässt.

Erich Grisar, Wohnelend im Ruhrgebiet, in: Metallarbeiter-Jugend 9, Nr. 49 (1928), S. 338 f.

[1] Barchent: arabischer Baumwollstoff

[2] Die Grafikerin und Bildhauerin Käthe Kollwitz (1867-1945) stellte in ihren Werken die Lage des Proletariats dar und nutzte ihre Kunst als Instrument politischen und sozialen Engagements; siehe S. 146

▲ **Reihenhausblock der ab 1895 erbauten „Zechenkolonie“ Dortmund-Scharnhorst.**
Foto aus den 1980er-Jahren.
Die Siedlung mit ihren Reihenhausblöcken galt als abschreckend monoton und wurde im Volksmund „D-Zug“ genannt.

1. *Beurteilen Sie den „Wohnwert“ der Siedlung. Vergleichen Sie mit der in M4 beschriebenen Wohnsituation in den Städten. Erläutern Sie Unterschiede und Gemeinsamkeiten.*
2. *Ermitteln Sie den politischen Standpunkt des Autors. Welches sind seine Kritikpunkte?*
3. *Überlegen Sie, aus welchem Grund die Unternehmer solche Wohnsiedlungen anlegten. Welche Vorteile brachten sie?*
4. *Informieren Sie sich über noch bestehende Arbeitersiedlungen, deren Geschichte und heutige Nutzung. Stellen Sie aus Bildern, Texten und Plänen eine Präsentation zusammen.*

M6 Soziale Unterschiede in der Stadt – das Beispiel Augsburg

Wohnbezirke	Bewohner 1809	Bewohner 1880	Anteil d. Ortsgebürtigen 1880	Anteil Handel	Anteil Beamte	Anteil Handwerk	Anteil d. Fabrikarbeiter in %	Uneheliche Geburten (in %)	Säuglingssterblichkeit 1880 in % aller Säuglinge	Sterblichkeit 1881 pro 1000 Einwohner
A	4473	9351	43,2	9,1	9,3	44,4	12,6	15,36	29,5	34,8
B	2060	3264	28,8	15,0	11,2	25,6	6,8	9,89	13,1	15,3
C	3383	5041	39,3	12,6	8,9	43,6	7,3	16,12	24,5	28,2
D	2822	3690	35,7	25,5	13,8	23,9	5,9	5,26	18,4	12,5
E	1740	3917	32,0	5,2	6,7	32,8	20,9	22,69	31,9	30,4
F	3402	6685	33,5	7,4	12,1	30,4	10,2	11,57	33,1	27,1
G	3024	5023	43,6	7,7	6,6	40,7	24,5	18,65	40,9	30,5
H	3351	5373	43,0	6,3	4,3	41,1	24,9	17,25	36,7	29,8
Westend	-	5375	29,2	11,2	22,1	17,1	7,9	10,47	40,9	16,9
Südend	-	881	40,0	4,8	9,9	31,1	24,3	18,00	56,0	31,7
Ostend	-	2723	44,0	2,9	3,1	11,8	61,8	10,55	14,4	31,8
Nordend	-	2901	33,4	2,0	2,7	21,2	60,6	6,72	36,1	30,1,
Wertachvorstädte	-	7184	27,9	5,1	5,8	34,5	41,8	30,27	47,3	55,3

Nach: Ilse Fischer, a. a. O., S. 106, 108 f. und 111-113

Erläuterungen zu den Wohnbezirken:

- Die Wohnbezirke A-H liegen innerhalb der ehemaligen Stadtmauern.
- Der Wohnbezirk B wird traditionell von Kaufleuten und Bankiers bewohnt.
- Wohnbezirk D entspricht dem kirchlich-katholisch geprägten Domviertel.
- Die Bezirke A, C, E-G entsprechen den traditionellen Handwerkervierteln.
- Die Bezirke E und F liegen im Norden der Stadt in der Nähe der Maschinenfabrik MAN.
- Die Bezirke G und H liegen im Osten in der Nähe der großen Textilfabriken.
- Das Westend entspricht dem Wohnviertel zwischen Bahnhof und Altstadt.
- Das Südend ist stark militärisch geprägt.
- Im Ostend liegen die großen Textilfabriken.
- Im Nordend befindet sich die Maschinenfabrik Augsburg-Nürnberg MAN.
- Die Wertachvorstädte liegen am nordwestlichen Stadtrand links und rechts der Wertach.

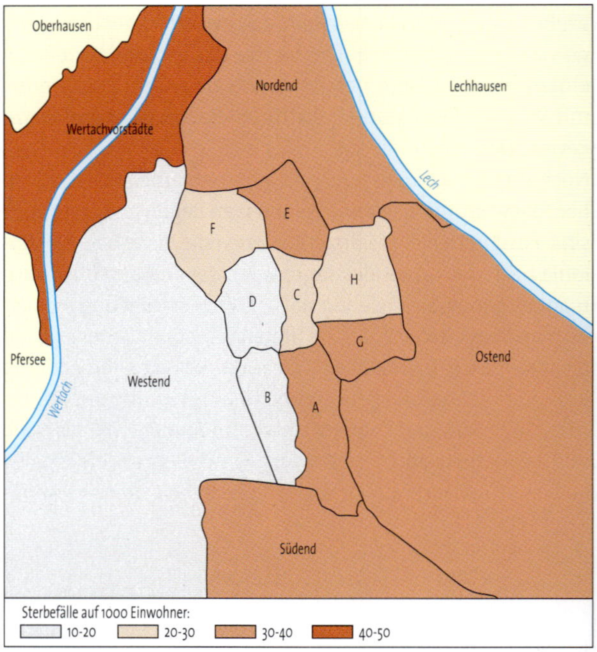

▲ Die Sterblichkeit in den Augsburger Stadtbezirken 1881.

1. *Erläutern Sie die Verteilung der Bevölkerung auf die Wohngegenden. Finden Sie Gründe für die Differenzierung.*

2. *Stellen Sie Zusammenhänge zwischen Bevölkerungswachstum, sozialer Stellung, unehelichen Geburten sowie der allgemeinen und der Säuglingssterblichkeit her. Vergleichen Sie besonders die Wohnbezirke Westend und die Wertachvorstädte.*

3. *Nehmen Sie Stellung zu der These, dass Stadtviertel soziale Grenzen markieren.*

M7 Arbeitsbedingungen in der Fabrik

Eine der seltenen Quellen, in denen Arbeiter ihre Situation schildern, ist ein mithilfe eines Journalisten verfasster Bittbrief Augsburger Fabrikarbeiter an König Ludwig II. zu Beginn seiner Regierungszeit 1865:

Allerdurchlauchtigster Großmächtigster König! Allergnädigster König und Herr!

Indem wir unterzeichneten Arbeiter der Kreishauptstadt Augsburg es wagen, Euerer Königlichen Majestät Thron alleruntertänigst treugehorsamst mit einer Bitte zu nahen, so gibt uns hierfür den Muth die allbekannte Gerechtigkeitsliebe Euerer Königlichen Majestät und die wirklich väterliche Fürsorge, welcher Euere Königliche Majestät auf den Geringsten Ihrer Untertanen zuwendet.

In den hiesigen Baumwollspinnereien, Webereien, Kattundruckereien ist zwar von jeher die Arbeitszeit von 5 Uhr morgens bis abends 7 Uhr festgesetzt; also täglich eine dreizehnstündige Arbeitszeit. Dazu kommt aber noch, dass in den meisten Fabriken keine Frühstücksstunde, Mittagsstunde, keine Abendbrotzeit stattfindet, weil die Werke in diesen Fabriken fortlaufen. [...]

Hinzu kömmt aber noch, dass die Arbeitszeit in diesen Fabriken, welche wochenweise oft bis 8 Uhr abends, an Samstagen sogar bis 11 Uhr nachts arbeiten lassen. Hier tritt nun ein noch traurigeres Verhältnis für die Erholung und nötige Ruhe der Arbeiter ein.

Bei einer solchen Sachlage ist es nun selbstverständlich, dass darunter die Gesundheit der Arbeiter empfindlichen Schaden leiden muss. Der Mangel an Schlaf und der nötigen Erholung und Ruhe, besonders bei Kindern im Alter von 13-17 Jahren, kann nicht anders als höchst nachtheilig auf die Gesundheit einwirken.

Es ist eine offenbare Tatsache, dass die Fabrikarbeiter schon auf den ersten Blick an ihrem blassen und kränklichen Aussehen [er]kennbar sind. Dazu trägt nun hauptsächlich die lange Arbeitszeit bei.

Allein noch andere Umstände sind hierbei in Betracht zu ziehen. In den Sälen dieser Fabriken atmet der Arbeiter ungesunde, mit schädlichen Dünsten geschwängerte Luft ein. Die große Anzahl Arbeiter, welche in einem solchen Saale zu arbeiten haben, erzeugt natürlich ungesunde Ausdünstungen, dazu kommt noch der Staub der Wolle, den die Arbeiter einzuatmen haben, der scharfe Geruch der Öle und Fette, welche in den Fabriken verwendet werden. Diese ungesunde, mit Dünsten geschwängerte Luft aller Art hat nun der Arbeiter 13 volle, oft auch 14 und noch mehr Stunden einzuatmen. Frische reine Luft dringt nicht in diese Säle, weil die Fenster im Sommer nur kurze Zeit, im Winter aber gar nicht geöffnet werden. [...]

Um 3 Uhr und 4 Uhr im Winter aufstehen, eine halbe oder eine Stunde, an die Arbeit bei Kälte, Schnee und Wind gehen zu müssen, sich dann nur wenige Stunden des Schlafes und der Ruhe erfreuen zu können, muss auch eine kräftige Konstitution ruinieren, wie viel mehr noch das Kindesalter, das zu seinem Wachstum und zu seiner körperlichen und geistigen Entwicklung vor allem der Ruhe bedarf.

Stadtarchiv Augsburg, Nachlass Hassler, K 3

▲ **Uhr, Signaltafel, Spinde und Stechuhr: Maßnahmen zur Disziplinierung der Arbeiter.**
Holzstich aus der „Illustrirten Zeitung" vom 18. Mai 1889.

1. *Arbeiten Sie die Arbeits- und Lebensbedingungen der Arbeiterinnen und Arbeiter heraus. Welche Umstände und Folgen werden als schwerwiegend hervorgehoben?*

2. *Die Unternehmer wurden von der bayerischen Regierung zu einer Stellungnahme aufgefordert. Entwerfen Sie einen Antwortbrief der Unternehmer.*

3. *Diskutieren Sie, warum solche betrieblichen Zustände heute nicht mehr möglich sind.*

▲ **Hängeboden.**
Foto, um 1880.
In diesen engen, meist fensterlosen Abstellkammern über dem Badezimmer, dem Klosett, dem Flur oder einem Küchenwinkel waren häufig die Schlafstellen der Dienstmädchen untergebracht.

M8 Situation der Dienstmädchen in den Städten

Die Frauenrechtlerin Lily Braun beschäftigt sich in ihrem Buch „Die Frauenfrage" von 1901 mit der Situation der Dienstmädchen in den Städten:

Zur Entlohnung der häuslichen Dienstboten gehört, außer dem Lohn, Wohnung und Kost. Das Wohnen im Hause der Herrschaft ist allgemein üblich; die vollständige Abhängigkeit, die stete Arbeitsbereitschaft, in der sich der Dienstbote auch in Zeiten der Ruhe befindet, kommt dadurch zu deutlichem Ausdruck. Durch die Art der Wohnungen erfährt sie Abstufungen verschiedenster Art. [...] In Frankreich und ebenso in Süddeutschland und Österreich befinden sich die Zimmer der Dienstboten in den Mietshäusern immer im obersten Stockwerk. Sehr häufig sind sie nicht zu heizen, sodass die Kälte im Winter sehr empfindlich ist, aber noch empfindlicher vielleicht ist die Sommerhitze unter dem glühenden Dach. In solchem Raum, der oft kaum das Nötigste zu fassen vermag, hausen meist zwei, oft auch drei Dienstmädchen zusammen. Tür an Tür führt vom engen Gang aus in die Zimmer des Hauspersonals; alt und jung, Mädchen und Männer, Verdorbene und Unverdorbene wohnen hier oben nebeneinander. [...]

Wie der Lohn, so ist die Beköstigung der Dienstboten die verschiedenartigste, sowohl was ihre Qualität als was die Art der Darreichung betrifft. Bei den oberen Zehntausend aller Länder, die über eine Schar dienstbarer Geister verfügen, ist es üblich, dass für sie extra gekocht wird und die Mahlzeiten zu bestimmten Tageszeiten an gedeckten Tischen eingenommen werden. Zwar sind die Reste des „herrschaftlichen" Tisches vom Tage vorher zumeist für die Herstellung der Speisen verwendet worden, sie pflegen aber ausreichend und nicht gerade schlecht zu sein [...]. Fassen wir aber anstelle dieser wenigen Begünstigten die Masse der Mädchen ins Auge, die im Dienste des kleinen und des mäßig begüterten Bürger- und Beamtentums steht, so ist das Bild gleich ein völlig verändertes. Auch dort, wo die Nahrung ausreicht, um den Hunger zu stillen, ist sie minderwertig, denn sie besteht, wenigstens was die Hauptmahlzeit betrifft, aus den kalten und unappetitlichen Überresten des Mittagstisches der Arbeitgeber. Ohne eine bestimmte Essenspause muss sie in der Küche, zwischen dem ungeputzten Kochgeschirr, an einem Winkel des Tisches, der notdürftig frei gemacht wird, hastig verzehrt werden. [...] Man hält es vielfach für selbstverständlich, dass das schwer arbeitende junge Dienstmädchen durch das geringste Maß an Kost, durch die schlechtesten Bissen befriedigt sein muss: eine Tasse dünnen Kaffees mit einer dünn gestrichenen Semmel, ein Teller voll kalter Mittagsreste, ein Butterbrot mit schlechter Wurst und gewärmtem Kaffee – darin besteht nur zu oft die tägliche Nahrung. Trotzdem wird das Los des Dienstmädchens gegenüber dem der Fabrikarbeiterin als ein glänzendes gepriesen und unterscheidet sich doch, was Wohnung und Kost betrifft, häufig kaum von ihm. [...]

Während Löhne, Wohnung und Kost die verschiedensten Abstufungen aufweisen, bleibt die Arbeitszeit, wenn wir, wie es allein richtig ist, darunter auch die Zeit der Arbeitsbereitschaft verstehen, sich im Allgemeinen ziemlich gleich. Es war das Charakteristikum des Sklaventums, dass der Herr die Person des Sklaven, seine ganze Arbeitskraft, seine ganze Zeit erkaufte, und das ist heute das Charakteristikum des Dienstbotenwesens. Der Arbeiter verkauft einen, wenn auch den allergrößten Teil seiner Arbeitskraft, der Dienstbote verkauft seine Person; er hat Tag und Nacht dem Rufe seines Herrn zu folgen, jeder Widerstand dagegen gilt als Unbotmäßigkeit.

Zitiert nach: Elke Frederiksen (Hrsg.), Die Frauenfrage in Deutschland 1865-1915. Texte und Dokumente, Stuttgart 1981, S. 336 f. und 340-342

1. *Schildern Sie die Lebens- und Arbeitsbedingungen eines Dienstmädchens.*
2. *Nehmen Sie Stellung zu Brauns Vergleich zwischen Dienstmädchen und Arbeiter.*
3. *Beurteilen Sie die Beziehung der Dienstmädchen zu ihrer Herrschaft.*
4. *Nennen Sie Gründe dafür, dass so viele junge Frauen als Dienstmädchen arbeiteten.*
5. *Ermitteln Sie aus dem Text Forderungen, welche die Dienstmädchen zur Verbesserung ihrer Situation gestellt haben könnten. Schreiben Sie einen Brief aus der Sicht eines Dienstmädchens, das seiner Schwester abrät, ihrem Beispiel zu folgen.*

M9 „Was der Schinderkasten nur schlucken kann“

Franz Rehbein ist um 1890 einer der zahlreichen Tagelöhner, die auf den Gütern östlich der Elbe beschäftig sind. Er arbeitet an der Dreschmaschine, an der er später auch durch einen Unfall eine Hand verliert. In seiner Autobiografie schildert er rückblickend das Landarbeiterleben in Dithmarschen in Holstein:

▲ **„Einsatz der ersten Dreschmaschine in Lankow bei Schwerin im Jahre 1882.“**
Gemälde von Carl Wilhelm Christian Malchin, 1882.

Nicht jeder Hof hat seine Maschine, wie die Großgüter, auch gibt es keine Genossenschaftsmaschinen, wie anderswo. Die Dreschmaschinenbesitzer sind vielmehr selbstständige Unternehmer, die sich eine eigene Maschine entweder gegen Bar oder auf Abzahlung anschaffen. Sie nehmen sich auch selbstständig die nötigen Mannschaften an und ziehen nun mit ihrem bemannten Geschütz von Hof zu Hof, mit dessen Bauern der Drusch vereinbart war. Gedroschen wird im Stundenlohn. [...] Die Höhe des Stundenlohnes richtet sich, wie bei allen Gelegenheiten, so auch hier nach dem Angebot von Arbeitskräften. In der ersten Zeit, wenn auf den Höfen noch viel Leute beim Einfahren gebraucht werden, steigt der Lohn wohl auf 30 bis 35 Pfennige die Stunde, später sinkt er auf 20 bis wohl 15 Pfennige herab. [...]

Stunden, nur Stunden schinden, ist hier die Losung. Je mehr Stunden am Tage, desto eher wird der Bauer die Maschine wieder los, desto weniger Mahlzeiten braucht er den Leuten zu geben. Je mehr Stunden der Maschinenmeister erzielt, desto mehr Korn kann er zum Ausdrusch übernehmen, und desto höher ist sein Profit. Je mehr Stunden die Leute zusammenrackern, desto größer ist der Wochenverdienst. Spätestens um 4 Uhr morgens wird angefangen, nicht selten aber auch schon um 3 Uhr, und dann geht es den ganzen lieben langen Tag rastlos fort, mindestens bis 8 Uhr abends; sehr häufig aber wird es 9 und 10 Uhr, öfters sogar 11 und 12 Uhr nachts. Pausen gibt es nur, solange die Essenszeit dauert [...]. Bei der Arbeit geht es „immer feste weg“, was der Schinderkasten nur schlucken kann. Der Mensch muss mit der Maschine fort, er wird ihr Sklave, wird selbst zum Maschinenteil. [...] Der Staub haftet, besonders wenn das Korn viel Regen bekommen hat, fast zentimeterdick auf den Leuten; oft können sie kaum aus den Augen sehen; die Augen sind denn auch häufig verschwollen und entzündet. Ebenso ist die Nase vom Einatmen der Staubmassen förmlich verstopft, und beim Ausspeien kommen ganze Klumpen schwärzlichen Schleimes zum Halse heraus. Außerordentlich fest setzt sich der Staub auf die bei der schweren Arbeit stark schwitzende Haut und verursacht ein unangenehmes Jucken und Brennen, sodass es einem zumute ist, als säße der ganze Körper voller Ameisen.

Hat man in diesem Zustand seine 15, 16 oder 18 Stunden heruntergerissen, so ist man im wahren Sinne des Wortes todmüde. Vor Ermattung bringt man das Abendessen kaum noch herunter; am liebsten würde man sich sofort zum Schlaf ausstrecken. Doch an Schlaf ist gleich nach Feierabend nur dann zu denken, wenn die Maschine mehrere Tage auf einem Hofe bleibt. Sehr häufig muss aber noch spät abends oder mitten in der Nacht von einem Hof zum anderen gezogen werden, manchmal gar nach einem Stunden weit entfernten Dorfe, und wenn's Glück gut ist, noch dazu bei strömendem Regen. Fährt sich dann zu allem Überfluss das Geschütz auf den durchweichten schlickigen Marschwegen auch noch fest, so ist erst recht nicht an Ruhe zu denken. [...] Ist man endlich an Ort und Stelle, so wird die Maschine bei Laternenschein wieder fix und fertig zum Dreschen klargemacht, und dann erst kann jeder sehen, wo er ein Lager findet, um noch ein paar Stunden zu ruhen.

Wolfgang Emmerich (Hrsg.), Proletarische Lebensläufe. Autobiographische Dokumente zur Entstehung der zweiten Kultur in Deutschland, Bd. 1: Anfänge bis 1914, Reinbek 1974, S. 241-243

1. *Vergleichen Sie die Arbeitsbedingungen sowie die Wirtschaftsorganisation in der Landwirtschaft mit der in der Industrie.*

2. *Diskutieren Sie den von Rehbein und Lily Braun in M8 gezogenen Vergleich der Sklavenarbeit.*

M10 Lebenshaltungskosten eines Arbeiterhaushaltes

Durchschnittliches Monatseinkommen eines deutschen Arbeiterhaushaltes 1800 und 1890 (beide Eltern und zwei Kinder arbeiten):

	1800	1890
(Netto-)Lohn (in Mark)	81,0	139,0
Kosten für (absolut und in % vom Nettolohn)		
Miete/Heizung	11,3	25,25
	13,95 %	18,17 %
Nahrung/Getränke	58,3	76,75
	71,97 %	55,22 %
Hausrat	2,4	5,6
	2,97 %	4,0 %
Gesundheit/Hygiene	1,0	1,7
	1,23 %	1,22 %
Kleidung	5,0	7,7
	6,17 %	5,54 %
Bildung/Unterhaltung	2,0	12,0
	2,47 %	8,63 %
Versicherungen	–	6,8
	–	4,9 %
Kosten gesamt	80,0	135,8
	98,77 %	97,7 %
Sparvolumen	1,0	3,2
	1,23 %	2,3 %

Nach: Putzger Historischer Weltatlas, Berlin [103]2001, S. 139

1. *Erläutern Sie die Entwicklung der laufenden Kosten eines Arbeiterhaushaltes von 1800 bis 1890. Nennen Sie Gründe für die langfristige Tendenz. Vergleichen Sie mit den Ausgaben der Bauhandwerkerfamilie in M5 auf S. 94 f.*
2. *Überlegen Sie, welche Entwicklung für die in der Statistik nicht einzeln erfassten Ausgaben deutlich wird. Um welche Ausgaben könnte es sich handeln?*
3. *Ziehen Sie Rückschlüsse auf die Lebenssituation der Arbeitnehmer vor dem Ersten Weltkrieg.*
4. *Recherchieren Sie – etwa auf den Internetseiten des Statistischen Bundesamtes (www.destatis.de) – das aktuelle Durchschnittseinkommen und die Ausgabenstruktur eines mittleren Arbeitnehmerhaushaltes von heute und suchen Sie nach auffälligen Verschiebungen und Konstanten in der Ausgabenstruktur (Verkehr, Freizeit etc.).*

Statistiken präsentieren Daten und Informationen, um gegenwärtige und vergangene Verhältnisse und Zusammenhänge zu verstehen und Veränderungen zu erkennen: Sie fassen Wahlergebnisse zusammen, zeigen die Lohn- und Preisentwicklung auf, liefern Daten über das Klima, die Bevölkerung, aus Umfragen ermittelte Meinungen und vieles mehr, um aus diesen Befunden Aussagen über die Geschichte abzuleiten. Um statistische Daten zu veranschaulichen, werden sie als (Zahlen-)Tabellen oder als Diagramme dargestellt.

Geschichte in Zahlen

Statistiken und Diagramme auswerten

Bis ins 20. Jahrhundert wurden Daten noch nicht systematisch und flächendeckend gesammelt. Zudem erschweren unterschiedliche Bezugsgrößen wie z. B. Gewichte, Maße, Währungen und Räume (Grenzen) die Vergleichbarkeit. Gültige Aussagen können jedoch nur auf der Grundlage untereinander vergleichbarer und möglichst lückenloser Angaben gemacht werden. Deshalb werden die Daten der Statistiken meist bearbeitet, d. h. nach bestimmten Gesichtspunkten ausgewählt, vereinheitlicht und sortiert.
Die in Statistiken aufgelisteten Größen können absolute Größenangaben sein, also exakte Werte einer Messeinheit, z. B. Tonnen, Euro, Stück. Ebenso häufig finden sich relative Werte, also Prozentanteile oder Indizes, d. h. Verhältniszahlen, die sich auf einen Ausgangswert beziehen. Hierbei werden die Verhältnisse eines Stichjahres mit der Indexzahl 100 angesetzt, die Werte der anderen Jahre entsprechend ihrer Abweichung von jenen des Stichjahres angegeben (z. B. ein Jahr mit dem Index 80 liegt demnach 20 Prozent unter dem Stichjahr).
Für die Darstellung von Entwicklungen (z. B. Bevölkerungszahlen) eignen sich Linien- oder Kurvendiagramme, um Anteile innerhalb einer Gesamteinheit (z. B. Stimmenanteile bei Wahlen) zu veranschaulichen, werden oft Kreisdiagramme („Tortendiagramme") verwendet, Säulen- oder Balkendiagramme erleichtern den Vergleich von Mengen oder verschiedenen Bezugsgrößen.

Formale Kennzeichen

- Um welche Art von Statistik handelt es sich?
- Wer hat sie erstellt oder in Auftrag gegeben?
- Wann und wo ist sie entstanden bzw. veröffentlicht worden?

Inhalt

- Worüber informiert die Statistik (Thema/Inhalt, Zeit, Raum, Messgrößen)?
- Welche Zahlenwerte (absolute Werte, Prozentangaben, Indizes) werden verwendet?
- Woher stammen die Zahlen? Sind die Angaben verlässlich und vollständig?
- Wird ein Zustand oder eine Entwicklung (Stagnation, Anstieg, Rückgang) dargestellt?

Historischer Kontext

- Auf welche Epoche, welches Ereignis oder welchen Sachverhalt bezieht sich die Statistik?
- Ist die Statistik in der betreffenden Zeit entstanden oder das Ergebnis einer Forschungsarbeit?

Intention und Wirkung

- Welche Aussageabsicht hat die Statistik?
- Für welche Zielgruppe wurde die Statistik erstellt?

Bewertung und Fazit

- Welche Gesamtaussage bzw. welche Thesen lassen sich formulieren?
- Müssen die Angaben durch andere Informationen ergänzt oder korrigiert werden?

Beispiel und Analyse

Nominaleinkommen:
tatsächlich erwirtschaftetes durchschnittliches Arbeitseinkommen (Grundlage siehe Anm.) im jeweiligem Jahr, angegeben in absoluten Beträgen (Mark) und als Index (1913 = 100)

Lebenshaltungskosten:
als (Preis-)Index (1913 = 100); der Preisindex ist das Preisniveau der Konsumgüter (Berechnungsgrundlage siehe Anm.)

Realeinkommen:
als Index (1913 = 100); von Preisen und Inflation bereinigtes Nominaleinkommen, das sich aus dem Index Nominaleinkommen und dem Index der Lebenshaltungskosten berechnet ($\frac{\text{Nominaleinkommen}}{\text{Preisindex}}$ x 100 = Index Realeinkommen); zeigt im Gegensatz zum Nominaleinkommen die reale Kaufkraft der Arbeitnehmer

Indexwerte:
für alle Messgrößen einheitliche Jahreszahl für den direkten Vergleich

Zeitleiste:
Angaben regelmäßig in Zehnjahresabständen zwischen 1810 und 1910 sowie in Jahresabständen zwischen 1910 und 1913; gleiche Jahresangaben für alle Messgrößen ermöglichen einen direkten Vergleich/Bezug der Daten

Jahr	Nominaleinkommen* absolut in Mark	Nominaleinkommen* Index (1913 = 100)	Index der Lebenshaltungskosten** (1913 = 100)	Realeinkommen Index (1913 = 100)
1810	278	26	45	58
1820	293	27	42	64
1830	288	27	51	53
1840	303	28	49	57
1850	313	29	45	64
1860	396	37	62	60
1870	487	45	69	65
1880	545	50	86	58
1890	650	60	82	73
1900	784	72	83	87
1910	979	90	98	92
1913	1083	100	100	100

▲▼ Entwicklung des Nominal- und Realeinkommens auf dem Gebiet des späteren Deutschen Reichs 1810-1913.

Umwandlung der Tabelle in ein kombiniertes Linien-Säulen-Diagramm:
zwei Achsen zum Vergleich der Indizes (y-Achse = Indizes; x-Achse = Jahre); Säulendiagramm zum Vergleich der Indizes Nominaleinkommen und Lebenshaltungskosten; Liniendiagramm zeigt den Trend des Realeinkommens an

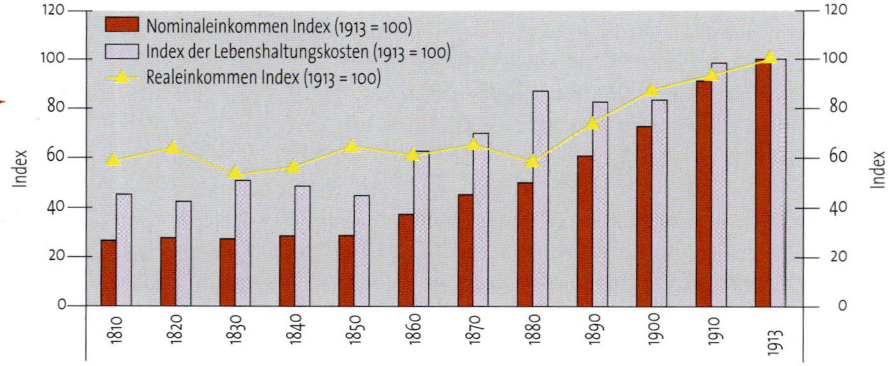

Fußnoten/Erläuterungen:
geben Auskunft über Herkunft und Zusammensetzung der Daten; wichtiger Hinweis für die Verlässlichkeit der Daten und eine Hilfe für die Interpretation

* Einkommen 1810 bis 1849: Bauhandwerker (v. a. Maurer, Zimmerergesellen) von acht Städten und durchschnittliche Einkommen in der Baumwollindustrie; 1850 bis 1870: Arbeitseinkommen in Industrie und Handwerk (ohne Angestellte); 1871 bis 1913: Jahresverdienste von Arbeitnehmern in Industrie, Handel und Verkehr

** Da die Ausgaben für Nahrung, Kleidung und Wohnung sowie Sonstiges vor 1913 nicht systematisch berechnet wurden, basieren die Zahlen auf Schätzungen und Näherungswerten, die sich v. a. auf die Preise von Waren stützen. Für 1810 bis 1870 wurde als für Städte repräsentativ der Lebenshaltungskostenindex für Nürnberg angesehen (Roggenbrot, Rind-, Schweine-, Kalb-, Hammelfleisch, Bier, Milch, Roggenmehl, Schweineschmalz, Eier, Kartoffeln, Butter, Wohnung, Föhrenholz, Talg, Bekleidung, ab 1850 Bekleidung, Textilien, Hausrat und Lederwaren). Für die Jahre 1871 bis 1913 liegt ein korrigierter Index zugrunde.

Nach: Wolfram Fischer, Jochen Krengel und Jutta Wietog (Hrsg.), Sozialgeschichtliches Arbeitsbuch, Bd. I.: Materialien zur Statistik des Deutschen Bundes 1815-1870, München 1982, S. 155-157

Formale Kennzeichen Die vorliegende Statistik wurde von Historikern für den Materialienband eines 1982 erschienenen wissenschaftlichen Arbeitsbuches erstellt. Die auf unterschiedlicher Grundlage gewonnenen Einzeldaten wurden aufbereitet. Zur Anschaulichkeit wurde die Tabelle für dieses Schulbuch in ein Diagramm umgewandelt.

Inhalt Die Statistik zeigt die Entwicklung des Nominal- und Realeinkommens von Arbeitnehmern im Zeitraum von 1810 bis 1913 auf dem Gebiet des Deutschen Reiches in seinen Grenzen von 1871. Das Nominaleinkommen, die auf Schätzungen und Angaben aus Nürnberg basierenden Lebenshaltungskosten sowie das aus ihnen errechnete Realeinkommen werden in Indizes angegeben, bezogen auf das Jahr 1913 für den Zeitraum von 1810 bis 1910 jeweils in Zehnjahresschritten und 1910 bis 1913 jeweils in Jahresschritten. Die Zahlenreihen belegen insgesamt einen Anstieg der Nominaleinkommen um das beinahe Vierfache, der Lebenshaltungskosten um mehr als das Doppelte und des Realeinkommens um etwas weniger als das Doppelte. Das Nominaleinkommen wächst dabei zwischen 1810 und 1850 zunächst langsam, steigt dann von der Jahrhundertmitte bis kurz nach der Reichsgründung 1871 sprunghaft an, bricht während der sogenannten „Großen Depression" nach 1875 ein, um nach 1890 bis 1913 rasch zuzunehmen. Die Indizes der Lebenshaltungskosten liegen zwar insgesamt über denen des Nominaleinkommens, zeigen jedoch einen geringeren Anstieg. Demgegenüber pendelt der Index der Realeinkommen in den Jahren 1810 bis 1880 vergleichsweise konstant zwischen 58 und 65, steigt ab 1890 jedoch deutlich an.

Historischer Kontext Die Statistik beleuchtet einen Teilaspekt der Industrialisierung und der Sozialen Frage im 19. Jahrhundert auf dem Gebiet des Deutschen Reiches. Die ansteigende Entwicklung der Löhne und auch der Lebenshaltungskosten entspricht der industriellen Entwicklung. Sie ist damit ein Indikator für den zunehmenden Industrialisierungsgrad.

Intention und Wirkung Die Statistik soll darüber Auskunft geben, wie sich das Einkommen der Arbeitnehmer während des 19. bis zum Beginn des 20. Jahrhunderts entwickelt hat. Da das Nominaleinkommen die reale Kaufkraft des Geldes nicht berücksichtigt, muss es in Bezug zu den Lebenshaltungskosten betrachtet und daraus das Realeinkommen errechnet werden. Erst dieses zeigt an, wie viel Geld den Arbeitnehmern tatsächlich zur Verfügung stand. Die Statistik zeigt, dass mit den teilweise sprunghaft steigenden Löhnen kein vergleichbarer Anstieg der Reallöhne verbunden war, die zu einem großen Teil für die ebenfalls steigenden Lebenshaltungskosten verbraucht wurden.

Bewertung und Fazit Die Trends der Statistik lassen sich mit dem wirtschaftlichen Aufschwung während der Industrialisierung im 19. Jahrhundert erklären. Die Statistik macht zwar deutlich, dass die Nominallöhne nicht dem tatsächlichen Einkommen der Arbeitnehmer entsprechen, allerdings verleiten die Zahlen dazu, von dem Anstieg der Reallöhne auf eine zwar geringe, jedoch stetige Verbesserung der Lebensbedingungen zu schließen. Für Lebenshaltungskosten und Realeinkommen nennt die Statistik aber keine absoluten Zahlen. So bleibt unklar, ob und in welchem Umfang die erzielten Nominaleinkommen das Existenzminimum abdeckten. Darüber hinaus geben die stark verallgemeinernden statistischen Mittelwerte keine Auskunft über die Verdienstunterschiede von gelernten und ungelernten Arbeitern sowie von Männern und Frauen. Die Zahlen sagen also nichts darüber, wie viele Menschen Not litten und ob sich die Soziale Frage mit fortschreitendem Industrialisierungsgrad entschärft hat. Sie sagt auch nichts über Arbeitsbedingungen, Konsumgewohnheiten bzw. -möglichkeiten oder Wohnverhältnisse aus.

Lösungsansätze für die Soziale Frage

Den 3. September 1850 wird Martin wohl in seinem ganzen Leben nicht vergessen. Am Vormittag hat ihn der Gemüsehändler beim Stehlen erwischt und der Polizei übergeben. Das ist für den Vierzehnjährigen aber nichts Besonderes. Dutzende Male hat ihn die Polizei schon aufgegriffen und ins städtische Werk- und Arbeitshaus für Bettelkinder und vagabundierende Jugendliche gebracht. Sogar im Zuchthaus ist er schon gewesen. Seit fünf Jahren reißt Martin immer wieder von zu Hause aus und schlägt sich in den Gassen und Höfen der Hamburger Vorstadt St. Georg durch. In den ersten Jahren ist er immer wieder freiwillig nach Hause zurückgekehrt. Aber dann hat der Vater fast täglich getrunken und ihn und die Mutter geschlagen. Warum sollte er dorthin zurück wollen, wo nur Gewalt, Elend und Armut auf ihn warten? Auf der Straße bekommt er durch Stehlen und Betteln sogar mehr zu Essen als zu Hause.

An diesem Montag ist alles anders als sonst. Mit einem Pferdewagen wird Martin vor die Tore der Stadt zu einer Wohnsiedlung gebracht. Er erkennt sofort, dass dies kein Zucht- oder Arbeitshaus sein kann. Statt kasernenartigen Gebäuden mit Gittern vor den Fenstern gibt es mehrere kleine Häuser, umgeben von Bäumen, Obst- und Gemüsegärten und einem Teich. Aus den offenen Fenstern schallt Kinderlachen.

Am Eingang wird Martin von einem Herrn in einem dunklen, feinen Anzug empfangen. Es ist der Vorsteher des Hauses. „Willkommen im Rauhen Haus, deinem neuen Zuhause“, begrüßt er Martin freundlich. „Unser Leiter, Pastor Johann Hinrich Wichern, hat das Haus vor nunmehr 17 Jahren für Kinder wie dich gegründet. 65 Jungen und 28 Mädchen leben hier, immer zu siebt oder zu acht, wie in einer großen Familie. Hier ist keine Mauer, kein Graben und kein Riegel; nur mit einer schweren Kette binden wir dich hier. Diese heißt Liebe und ihr Maß ist Geduld. Das bieten wir dir, und was wir fordern, ist zugleich das, wozu wir dir verhelfen wollen, nämlich, dass du deinen Sinn änderst und fortan dankbare Liebe übest gegen Gott und die Menschen.“ Nach der Begrüßung lässt der Vorsteher Martin von einem Betreuer abholen und in eines der Häuser bringen. Dort wird er gewaschen, neu eingekleidet und zu den anderen Kindern in den Speiseraum geführt, die schon beim Abendbrot sitzen.

Die erste Zeit ist schwer. Nur allmählich gewöhnt sich Martin an den geregelten Tagesablauf mit Unterricht, Gottesdienst, festen Schlafens-, Essens- und Spielzeiten. Aber schon nach wenigen Wochen kann er sich ein Leben ohne seine neue Familie nicht mehr vorstellen.

Soziale Frage – ein Problem? Im frühen 19. Jahrhundert mündeten Bevölkerungswachstum, Bauernbefreiung und Gewerbefreiheit in eine als Pauperismus* benannte Massenarmut. Der Aufstieg der Industrie schuf zwar zusätzliche Arbeitsplätze, gleichzeitig aber vermehrte sich die Zahl der in lohnabhängiger Stellung lebenden Menschen. Für die Industriearbeiter und die Lohnarbeiter in der Landwirtschaft, die nur ihre Arbeitskraft verkaufen konnten, um ihren Lebensunterhalt zu sichern, bürgerte sich der Begriff **Proletarier** ein. Das neuartige Elend dieser rasch zunehmenden Schicht verschärfte den Pauperismus zur Sozialen Frage (▸ M1).

Proletarier: Der Begriff leitet sich von der Bezeichnung für diejenigen Bürger des alten Rom ab, die keinen anderen Besitz als ihre Nachkommen (lat. proles) hatten.

* vgl. dazu S. 87

Die Arbeiter waren weitgehend ohne politischen Einfluss und damit ohne Möglichkeiten, für die Verbesserung ihrer Lage einzutreten. Die Wahlsysteme bevorzugten Bürger mit großem Vermögen, so das **Drei-Klassen-Wahlrecht** in Preußen.

Auch wenn sich das Elend der Fabrikarbeiter räumlich getrennt in den Arbeitervierteln und Vororten der Industriestädte abspielte, konnte es die vermögenden Bürger, aber auch den Staat nicht gleichgültig lassen. So machten Krankheiten oder gar Seuchen nicht vor bürgerlichen Wohnvierteln halt. Kranke und geschwächte junge Männer konnten keine tüchtigen Soldaten sein. Vor allem fürchteten die Bürger den „Bazillus" des Aufruhrs, der sich gegen Vermögende und Staat gleichermaßen richten konnte. Besonders in bürgerlichen und kirchlichen Kreisen rief die Not der Arbeiter zunehmend Kritik hervor. Es wurde die Frage diskutiert, wie die Lebensumstände weiter Kreise der Bevölkerung verbessert werden könnten (▸ M2).

Die politische Arbeiterbewegung entsteht In der ersten Hälfte des 19. Jahrhunderts galt es nicht als Aufgabe des Staates, Not und Elend der Unterschichten zu lindern. Von Anfang an versuchten die Arbeiter deshalb selbst, ihre Lebens- und Arbeitsbedingungen zu verbessern. Ein erster organisatorischer Ansatz waren Arbeiterbildungsvereine. Viele Arbeiter waren ungebildet. Eine bessere Bildung sollte langfristig die Lage der Arbeiter verbessern. Zudem wurden Hilfskassen zur Unterstützung von Arbeiterfamilien in Not eingerichtet. Mitte des 19. Jahrhunderts gründeten **Hermann Schulze-Delitzsch** und **Friedrich Wilhelm Raiffeisen** unabhängig voneinander die ersten Genossenschaften, die Handwerkern, Bauern und Arbeitern Hilfe zur Selbsthilfe bieten sollten. Vorschuss- und Kreditvereine – die Vorläufer der heutigen Volksbanken – sollten den Mitgliedern Kredite für Investitionen gewähren, um mit der fortschreitenden Industrialisierung mithalten zu können.

Eine Arbeiterbewegung mit überregionaler Bedeutung entstand erst mit der Entspannung der politischen Situation zu Beginn der 1860er-Jahre. 1863 wurde mit dem Allgemeinen Deutschen Arbeiterverein (ADAV) die erste sozialistische Arbeiterpartei gegründet. Mit dem allgemeinen Wahlrecht sollte die politische Gleichberechtigung der Arbeiter erkämpft und durch Reformen die Eigentums- und Gesellschaftsordnung gerechter gestaltet werden. Im August 1869 entstand die Sozialdemokratische Arbeiterpartei (SDAP), die in **Marxismus** und sozialistischer Revolution, also in der Überwindung der Klassengesellschaft und der Befreiung der Arbeiterklasse durch sie selbst die Lösung der sozialen Probleme sah. 1875 schlossen sich die beiden Arbeiterparteien in Gotha zur Sozialistischen Arbeiterpartei Deutschlands (SAPD) zusammen (▸ M3).

Der zunehmende politischen Druck der Arbeiterbewegung vergrößerte die Ängste des Bürgertums vor einer sozialen Revolution. Nach der Gründung des Deutschen Reiches 1871 versuchte daher Reichskanzler Otto von Bismarck, die Arbeiterparteien und ihre Organisationen auszuschalten. 1878 wurde im Reichstag das lange geplante „Gesetz gegen die gemeingefährlichen Bestrebungen der Sozialdemokratie" (Sozialistengesetz) verabschiedet und bis 1890 mehrfach verlängert. Die SAPD selbst wurde nicht verboten, konnte deshalb an Wahlen teilnehmen und weiterhin Abgeordnete in den Reichstag entsenden. Ihre Parteiorganisationen und die ihnen nahe stehenden Gewerkschaften wurden jedoch aufgelöst, viele Sozialdemokraten verhaftet und verurteilt.

Nach Aufhebung des Sozialistengesetzes 1890 war die Sozialdemokratie stärker und gefestigter als zuvor. Im selben Jahr organisierte sich die SAPD als Sozialdemokratische Partei Deutschlands (SPD) neu und vergrößerte sich in kürzester Zeit. 1913 hatte sie 983 000 Mitglieder. Trotz ihrer parlamentarischen Außenseiterrolle wuchsen mit der Parteigröße auch die Wahlerfolge: Bereits bei den Reichstagswahlen 1890 errang die SPD

Drei-Klassen-Wahlrecht: Wahlsystem, bei dem die wenigen Großsteuerzahler der ersten Klasse (etwa 5 Prozent der Wahlberechtigten) ebenso viele Abgeordnete wählen konnten, wie die Masse der Bevölkerung (rund 80 Prozent). Ein großer Teil der Unterschichten blieb von den Wahlen ausgeschlossen.

Hermann Schulze-Delitzsch (1808-1883): Jurist und liberaler Politiker; 1847 gründete er eine „Rohstoffassoziation" für Tischler und Schuhmacher, 1850 den ersten „Vorschussverein" als Darlehensverband. Er verbreitete die Genossenschaftsidee über den 1864 geschaffenen Dachverband der „Deutschen Erwerbs- und Wirtschaftsgenossenschaften".

Friedrich Wilhelm Raiffeisen (1818-1888): Sozialreformer und Kommunalbeamter; er gründete 1849 einen Hilfsverein zur Unterstützung der Landwirte, bei dem sie Geld sparen und sich dieses für den Kauf von Vieh und Geräten leihen konnten. 1864 rief er den „Heddesdorfer Darlehenskassenverein" ins Leben, nach dessen Vorbild die Genossenschaftsbanken (Raiffeisenbanken) entstanden.

Marxismus: die von Marx in Zusammenarbeit mit Engels (vgl. S. 88) entwickelte Lehre, nach der wirtschaftliche Veränderungen (und nicht Ideen) die Gesellschaft umgestalten. Die Auseinandersetzungen zwischen den Klassen der Ausbeuter und der Ausgebeuteten führe im Verlauf der Industrialisierung zwangsläufig zum Sieg des Proletariats in Form des Kommunismus bzw. der kommunistischen Gesellschaft ohne Klassengegensätze.

▲ **Polizeieinsatz gegen streikende Bergarbeiter im Ruhrgebiet.**
Foto vom März 1912.
Am 11. März 1912 legten rund 170 000 Bergleute im Ruhrgebiet die Arbeit nieder, um höhere Löhne und bessere Arbeitsbedingungen durchzusetzen. Es war der erste geplante Streik in der deutschen Gewerkschaftsbewegung. Er scheiterte jedoch: Angesichts des eingesetzten Militärs, vor allem aber wegen der mangelnden Solidarität und dem Streit zwischen den konkurrierenden Richtungsgewerkschaften gaben die Bergleute nach einer Woche auf.

20 Prozent, 1912 bereits 34,8 Prozent aller Stimmen. Sie wurde mit 110 Sitzen die stärkste Fraktion im Reichstag. Auch wenn die Sozialdemokratie im Kaiserreich nie direkten politischen Einfluss gewann, stärkte der Durchbruch zu einer Massenpartei doch das Selbstbewusstsein der Arbeiterschaft. Ein prägendes Solidar- und Klassenbewusstsein bildete sich aus.

Gewerkschaften und Streiks Wie die Arbeiterparteien hatten auch die Gewerkschaften gegen die Unterdrückung durch die Obrigkeit zu kämpfen. Diese waren nach britischem Vorbild aus einzelnen Berufsverbänden, z. B. der Drucker, Metall-, Holz- und Bergarbeiter, hervorgegangen. Während des Sozialistengesetzes konnten die Gewerkschaften nur in örtlichen Fachvereinen überleben, die nicht als sozialistisch erkennbar sein durften. Erst 1890 entstanden zahlreiche Gewerkschaften neu. Dazu gehörten die von den Sozialpolitikern Max Hirsch und Franz Duncker gegründeten liberalen Hirsch-Dunckerschen Gewerkvereine, die christlichen Gewerkschaften sowie die sozialistischen Verbände, die sich 1890 als Freie Gewerkschaften zusammenschlossen.

Die Gewerkschaften setzten sich zunächst zögernd, doch seit der Jahrhundertwende ganz entschieden für Reformen der bestehenden Gesellschaftsordnung ein. Ihre Hauptaufgaben bestanden im Kampf um Lohnerhöhungen und Arbeitszeitverkürzungen, wozu auch Streiks gehörten. In fast allen industrialisierten Ländern legten Arbeiter vor dem Ersten Weltkrieg für bessere Arbeits- und Lebensbedingungen zeitweise die Arbeit nieder. Dies geschah zunächst spontan, bevor die Streiks als wirksamstes Mittel zur Interessenvertretung der Arbeiter von den Gewerkschaften organisiert wurden.

Gegen Ende des 19. Jahrhunderts nahm die Zahl der Streiks immer mehr zu. Die Konflikte blieben nicht mehr auf einzelne Betriebe, Orte oder Berufsgruppen beschränkt. Von 1889 bis 1900 nahmen in Deutschland mehr als eine Million Arbeiter an Arbeitsniederlegungen teil. 1913 stieg die Zahl auf 254 000 Beteiligte an 2 127 Streiks. Die mit großer Härte geführten Arbeitskämpfe zeigten zwar das Erstarken der Arbeiterbewegung, sie endeten jedoch mehrheitlich mit dem Sieg der Unternehmer. Der Staat stand auf ihrer Seite und unterstützte sie oft mit Polizei- und Militäreinsätzen.

Den Gewerkschaften gebührt das Verdienst, durch Tarifordnungen und Streiks nach und nach die Lebensbedingungen der Arbeiter in der Endphase des Kaiserreiches spürbar verbessert zu haben. Sie verhinderten damit eine dauerhafte Entfremdung zwischen Arbeiterschaft und kapitalistischem Bürgertum.

Jahr	Freie	Christliche	Hirsch-Duncker	Insgesamt
1890	278 000	–	63 000*	341 000
1895	259 000	5 000	67 000	331 000
1900	680 000	77 000	92 000	849 000
1905	1 345 000	192 000	116 000	1 653 000
1910	2 017 000	316 000	122 000	2 455 000
1913	2 549 000	343 000	107 000	2 999 000
1914	2 076 000	283 000	78 000	2 437 000

* 1891

◂ **Mitgliederentwicklung der Gewerkschaften 1890 bis 1914.**
Nach: Volker Berghahn, Das Kaiserreich 1871-1914. Industriegesellschaft, bürgerliche Kultur und autoritärer Staat (Gebhardt. Handbuch der deutschen Geschichte, Bd. 16), 10., völlig neu bearb. Aufl., Stuttgart 2003, S. 337

Die Unternehmer werden aktiv Die meisten Unternehmer sahen keine Notwendigkeit, die Lage ihrer Arbeiter zu verbessern. Auf die Forderungen nach kürzeren Arbeitszeiten reagierten sie mit Unverständnis und der Sorge um Gewinneinbußen.

Einzelne Unternehmer versuchten, die sozialen Probleme ihrer Arbeiter zu lindern. In betrieblichen Konsumvereinen konnten Lebensmittel und Güter des täglichen Bedarfs billiger eingekauft werden, Sparkassen oder Bildungseinrichtungen boten Unterstützung sowie fachliche und geistige Schulung an. Der Bau von Werkswohnungen sollte die Wohnsituation der Arbeiter verbessern, Hygiene- und Sicherheitsvorschriften Krankheiten und schweren Unfällen an den Maschinen vorbeugen.

Auch wenn einige Arbeitgeber aus humanitärer Überzeugung handelten, so standen jedoch bei den meisten vor allem betriebswirtschaftliche Erwägungen im Vordergrund: die Vergünstigungen und Sonderleistungen sollten als Leistungsanreiz dienen, den Arbeiterstamm an das Unternehmen binden und damit die für die Produktion nachteilige hohe Fluktuation von Arbeitskräften reduzieren.

Seit den 1850er-Jahren brachten die ersten Betriebskranken- und -pensionskassen größere Sicherheit für Alte und Kranke. Sie finanzierten sich aus Beiträgen der Arbeiter und freiwilligen Zuwendungen der Firmeninhaber, die aber nur große „Industriebarone" wie Alfred Krupp aufbringen konnten. Hierfür spielten mehrere Motive eine Rolle: Zum einen sollten die Arbeiter zum Sparen erzogen werden, indem ein Teil ihres Lohnes in Fabriksparkassen und -pensionskassen floss, um für „schlechte Tage" vorzusorgen. Mit einer überdurchschnittlichen Absicherung ihrer Arbeiter wollten die Unternehmer zum anderen Streiks und revolutionärer Gesinnung vorbeugen. Kam es dennoch zu Arbeitsniederlegungen, konnten Entlassung und damit Entzug der Leistungen als wirksames Druckmittel eingesetzt werden. Wie der Patriarch Krupp betrachteten viele Unternehmer ihre Beschäftigten als „Untertanen", von denen sie als Gegenleistung für ihre Fürsorge Gehorsam und Unterordnung forderten (▸ M4). Gewerkschaftliche oder sozialdemokratische Betätigung wurden nicht geduldet.

Die Kirchen helfen Für die Amtskirchen waren die großen sozialen Missstände in erster Linie ein religiöses und sittliches Problem. Die Schuld am Elend der Arbeiter suchten sie weniger in den zu geringen Löhnen als in der „moralischen Verwahrlosung" der Arbeiter und deren Kirchenferne.

Um die Lage der Fabrikarbeiter zu verbessern, begann man zunächst bei den Kindern, deren Schicksal das soziale Gewissen am ehesten berührte. Um sie von der Straße zu

▲ **„Der Segen der Alters- und Invalidenversicherung."**
Abholen der Rente vom Postamt, neu kolorierter Holzstich, um 1890.

holen, wurden „Kinderbewahranstalten" eingerichtet. Katholische Frauenorden und evangelische Diakonissen leisteten in den Elendsvierteln „Missionsarbeit", indem sie in christlicher Nächstenliebe für die Armen und Kinder sorgten, aber auch den christlichen Glauben vermittelten. Auch Kommunen und Unternehmen richteten Kinderbewahranstalten ein.

Darüber hinaus beschränkte sich anfangs in der katholischen und der evangelischen Kirche das Engagement für eine Lösung der sozialen Folgen der Industrialisierung auf die private Initiative Einzelner. 1833 gründete Pastor Johann Hinrich Wichern das „Rauhe Haus" in Hamburg, in dem Waisen und Kinder aus verarmten Familien erzogen und ausgebildet wurden. Für die Sozialarbeit in der evangelischen Kirche wurde die von ihm Mitte des 19. Jahrhunderts angeregte „Innere Mission" richtungweisend. Sie schuf die Grundlage für das Diakonische Werk mit seinen verschiedenen Wohlfahrtseinrichtungen.

Auf katholischer Seite trat vor allem der Priester Adolf Kolping als Begründer der „katholischen Gesellenvereine" hervor, die wandernde Handwerksgesellen betreuten. Das aus diesen Vereinen hervorgegangene Kolpingwerk ist noch heute Bestandteil der katholischen Sozialarbeit. Der Mainzer Erzbischof Wilhelm Emmanuel Freiherr von Ketteler ging über die karitative Hilfe hinaus und bejahte eine gewerkschaftliche Arbeiterbewegung, Streiks und eine staatliche Arbeiterschutz- und Sozialgesetzgebung. In den 1890er-Jahren entstanden christliche Gewerkschaften.

Eine Wende in der Haltung der Kirchen brachte 1891 die Enzyklika Rerum Novarum Papst Leos XIII., in der er die europäischen Regierungen zu einer aktiven Sozialpolitik aufrief und gerechte Löhne und Arbeitsschutz forderte. Obwohl die Enzyklika den Arbeitern auch ein Koalitions- und Streikrecht zuerkannte, blieb ihre Wirkung begrenzt, da sie wenig konkrete Orientierung für Konfliktfälle bot.

Der Staat greift ein Nach den liberalen Vorstellungen des 19. Jahrhunderts sollte der Staat so wenig wie möglich in die wirtschaftliche Ordnung eingreifen und lediglich eine „Nachtwächterrolle" übernehmen. Daher beschränkten sich auch in Deutschland die wenigen gesetzlichen Regelungen auf die Eindämmung der schlimmsten Auswüchse bei der Frauen- und Kinderarbeit.

Reichskanzler Bismarck erkannte die Sprengkraft der sozialen Gegensätze in der Industriegesellschaft. Obwohl er seit 1878 die Sozialdemokratie verfolgen ließ, griff er die sozialpolitischen Anliegen der von ihm bekämpften Bewegung als Sache des Staates auf – dies auch, um die Arbeiterschaft für den Staat zu gewinnen und sie von den Sozialdemokraten zu lösen. Sein Vorhaben, die Staats- und Gesellschaftsordnung durch eine staatliche Sozialgesetzgebung zu stabilisieren, stieß vor allem bei den Verfechtern des Wirtschaftsliberalismus auf Widerstand. Sie befürchteten eine Rückkehr zum Absolutismus und sahen in der fehlenden Freiheit die Ursache der Not. Im Gegensatz dazu wurden die Stimmen immer lauter, die vom Staat den Schutz sozialer Belange und regelnde Eingriffe in die Gesellschaft forderten. Hierbei tat sich der von einigen Wirtschaftswissenschaftlern 1872 gegründete „Verein für Socialpolitik" hervor, der rasch zum Mittelpunkt sozialreformerischer Kreise wurde und Bismarcks Pläne entschieden unterstützte.

Nach langem Ringen um die Fragen, wer die Versicherungen zahlen und wie diese organisiert sein sollten, brachte Bismarck das weltweit erste gesetzliche System sozialer Vorsorge auf den Weg. 1883 verabschiedete der Reichstag das Gesetz über die Krankenversicherung, 1884 trat das Unfallversicherungsgesetz und 1889 die Invaliditäts- und

Altersversicherung in Kraft. Der Reichsregierung folgten seit den 1890er-Jahren die Landesregierungen, die Kreise und Gemeinden auf dem Weg zunehmender Daseinsvorsorge. Auch auf anderem Gebiet übernahm der Staat neue Aufgaben, griff in gesellschaftliche Bereiche ein und begann diese mit zunehmendem Selbstverständnis aktiv mitzugestalten. Damit bewegte er sich immer mehr weg von seiner „Nachtwächterrolle" hin zum Interventions- und Sozialstaat.

▲ **„Merkwürdige Frage."**
Karikatur auf Bismarcks Sozialreform aus der sozialdemokratischen Satirezeitschrift „Der wahre Jacob", Nr. 138, 1891 (Ausschnitt).
- *Bestimmen Sie die Personen und den Hintergrund der dargestellten Szene. Überlegen Sie, warum der Engländer diese „merkwürdige Frage" stellt.*

Inhalt und Wirkungen der Sozialgesetze ■ Die 1883 bis 1889 verabschiedeten Sozialgesetze wiesen den Weg zur sozialen Absicherung in Krisen: Die Arbeitnehmer besaßen nun einen Rechtsanspruch auf finanzielle Leistungen im Krankheitsfall und im Alter. Alle Arbeiter mussten Pflichtmitglieder in der Krankenversicherung werden. Die neuen Ortskrankenkassen zahlten in den ersten 13 Krankheitswochen (später 26) einen Teil des Lohns an den arbeitsunfähigen Arbeitnehmer und übernahmen die Kosten für ärztliche Behandlung und Medikamente. Im Todesfall erhielten die Angehörigen ein Sterbegeld. Die Versicherungskosten trugen zu zwei Dritteln die Arbeitnehmer, das restliche Drittel die Arbeitgeber.

Besser als die der Krankenversicherung waren die Leistungen der Unfallversicherung. Getragen wurde diese von berufsständisch organisierten Körperschaften, die für die Arbeiter der jeweiligen Berufszweige zuständig waren. Die Kosten der Versicherung trugen allein die Unternehmer (▸ M5). Da der Arbeitgeber nun zu einer allgemeinen Haftung gezwungen war, musste der unfallgeschädigte Arbeiter ihm nicht mehr wie zuvor das Verschulden für den Unfall nachweisen, was selten gelungen war. Bei dauernder Invalidität erhielt der Arbeitnehmer zwei Drittel seines Lohns, die Witwe 60 Prozent der Rente ihres verstorbenen Mannes.

Schließlich wurde 1889 die Invaliditäts- und Altersversorgung gesetzlich geregelt, die Staat, Arbeitgeber und Arbeitnehmer finanzierten. Alle Arbeiter ab 16 Jahre und Angestellte mit einem Jahreseinkommen unter 2 000 Mark waren versicherungspflichtig. Bei Invalidität wurde ein Drittel des Lohns ausbezahlt. Anspruch auf Altersrente bestand ab dem 70. Lebensjahr. Doch hier reichten selbst die Höchstbeträge kaum zum Leben aus, sodass viele – sofern sie überhaupt das Rentenalter erreichten – weiterhin auf die Armenfürsorge angewiesen waren. 1911 wurden die Leistungen in der Reichsversicherungsordnung zusammengefasst, die Versorgung für Hinterbliebene verbessert und Versicherungen für die Berufsgruppe der Angestellten geschaffen.

Auch wenn diese Maßnahmen erst den bescheidenen Einstieg in eine wirksame soziale Absicherung der Arbeiter darstellten, so verbesserten sie deren Lage doch erheblich. Allerdings widmeten sich die staatlichen Maßnahmen ausschließlich der erwerbstätigen Bevölkerung; die extrem Bedürftigen erfassten sie nicht. Auch räumten die neuen Gesetze den Arbeitnehmern kein Mitspracherecht bei den Arbeitsbedingungen ein. Trotz der sich allmählich formierenden Gewerkschaften konnte von einer sozialen Partnerschaft im modernen Sinne keine Rede sein. Vor allem aber erreichte Bismarck sein politisches Ziel mit der Sozialgesetzgebung nicht: Sozialdemokraten und die organisierte Arbeiterschaft lehnten die Leistungen als unzureichend ab. Im internationalen Vergleich war die deutsche Sozialgesetzgebung dennoch auf lange Zeit konkurrenzlos (▸ M6). Sie galt in Europa bald als mustergültig und wurde von vielen Ländern übernommen.

▲ **„Der verhängnisvolle Weg der Arbeiter."**
Karikatur von 1891.
■ *Beschreiben Sie den Weg der Arbeiter. Was macht ihn „verhängnisvoll"?*

M1 Neue Hörigkeit

Der Professor für Rechts- und Staatswissenschaft Franz Josef Ritter von Buß ist der erste deutsche Politiker, der auf das Los der Arbeiter aufmerksam macht. Am 25. April 1837 redet er im Badischen Landtag über das „soziale Problem":

[V]on allen Seiten zurückgedrängt, genießt der Fabrikarbeiter nicht einmal eine rechtliche und politische Sicherstellung. Das Fabrikwesen erzeugt eine Hörigkeit neuer Art. Der Fabrikarbeiter ist der Leibeigene eines Brotherrn, der ihn als nutzbringendes Werkzeug verbraucht und abgenützt wegwirft. [...]

Der Fabrikarbeiter ist aber nicht bloß der Leibeigene eines Herrn, er ist der Leibeigene der Maschine, die Zubehörde einer Sache. [...] Was hilft dem Arbeiter die Freiheit der Aufkündigung, dieser Wechsel der Lohnsklaverei? Um leben zu können, muss er arbeiten: Nicht immer findet er alsbald Arbeit in einer andren Fabrik; bei der größten Abgewandtheit seines Gemütes von seinem Brotherrn bleibt er an dessen Geschäft gefesselt, und sah man nicht oft Fabrikherren zum Zweck gemeinsamer Herabdrückung des Lohnes sich verbünden?

Auch die politische Stellung des Fabrikarbeiters ist trostlos. Wegen seiner Abhängigkeit kann er politische Rechte nicht genießen, und würden sie ihm auch gewährt, so würde er, als Werkzeug seines Brotherrn, sie nach dessen Laune ausüben müssen. Nach der gesamten Stellung des Arbeiters kann der Staat ihm nicht einmal den Schutz gewähren, den das materielle Recht ihm schuldet: Nur als Armer fühlt der Arbeiter die Wohltaten des Staatsverbandes. [...]

Die durch den gewerblichen Aufschwung, durch die Tendenz unserer Staaten zur Überbevölkerung und den Mangel an anderweitiger Unterkunft anschwellende Anzahl der Fabrikarbeiter führt wegen ihrer ökonomischen Unsicherheit zu einer wahren Massenarmut, dem sogenannten Pauperismus. Die unsichere Lage der Fabrikarbeiter muss schon an und für sich zu diesem gesellschaftlichen Drangsal führen. Eine Ersparung ist dem Arbeiter selbst bei günstigen Verhältnissen nur in geringem Maße möglich; jede längere Unterbrechung der Arbeit zwingt ihn, die öffentliche Hilfe anzusprechen. Den kranken Arbeiter, sein kreißendes Weib, die Witwe und die Waisen empfangen die Anstalten der öffentlichen Wohltätigkeit. Armut und Entsittlichung bevölkern die Findelhäuser mit der schwächlichen Nachkommenschaft dieses unglücklichen Geschlechts. Die ganze Lage des Fabrikarbeiters ist bei großem Angebote der Arbeit eine stete Quelle seiner Armut: Treten noch Gewerbsstockungen hinzu, so wüten sie verheerend in den Reihen der Arbeiter. [...]

Die Schaffung einer Masse von Fabrikproletariern wirft [...] nicht bloß einen verheerenden Krankheitsstoff in die Gesellschaft, sondern in ihr wird auch eine furchtbare, stets bereite Waffe den politischen Faktionen[1] angeboten. Die Tendenz des Umsturzes, wahrlich in unsern Tagen nur zu sehr verbreitet, findet in den Fabrikheloten[2] die nahen Verbündeten, einmal weil ihre eigne unbehagliche Stellung in jeder gesellschaftlichen Veränderung ihnen eine Abhilfe vorspiegelt, ferner weil sie in dem die Fabrikherren schützenden Staat den eignen Feind erblicken.

Ernst Schraepler (Hrsg.), Quellen zur Geschichte der sozialen Frage in Deutschland, Bd. 1: 1800-1870, Göttingen ³1964, S. 66 ff.

1. *Beschreiben Sie die soziale und rechtliche Situation der Arbeiter.*

2. *Erläutern Sie die Probleme, die nach Buß aus der sozialen Lage der Arbeiter entstehen.*

3. *Arbeiten Sie aus seinen Kritikpunkten mögliche Lösungsansätze heraus.*

M2 „Das Übel der Volksverarmung"

Johann Michael Maier, Pfarrer, Dekan, Distriktsschulinspektor und Landrat zu Rügheim über Hassfurt, beschreibt im Rahmen einer von König Maximilian II. im Jahre 1848 gestellten Preisaufgabe die Lage der „unteren Volksklassen":

Vor allem darf nicht verkannt werden, dass das Übel, an welchem unsre Zeit krankt, kein partielles sei, dass es nicht bloß diesen oder jenen Staat, dieses oder jenes Volk ergriffen habe, sondern dass es ein allgemeines sei, und mehr oder minder an der Wurzel des europäischen Völkerlebens nage. Ebenso wenig lässt es sich verkennen, dass diesem allgemeinen Übel auch allenthalben dieselben Ursachen zugrunde liegen, und dass die ungeheuren Bewegungen der Gegenwart nichts anders sind, als Bestrebungen der Völker, sich, wenn auch oft auf ganz verkehrtem Wege, von diesem Übel zu befreien. Dieses Übel, das eigentliche Produkt der Krankheit in unsrem Völkerleben, ist der Pauperismus, die Volksverarmung, die mit sittlicher Verwilderung gepaarte Massenarmut. Es gehört in der Tat kein großer Scharfblick dazu, zu erkennen, dass die Bewegungen unsrer Zeit in ihrem tiefsten Grunde nicht sowohl politischer, als vielmehr sozialer Natur sind, dass es bei ihnen weniger darauf angelegt sei, die Verhältnisse der Staaten, als der Gesellschaft zu ordnen, die durch fehlerhafte Organisation der Staaten eingetretene Ungleichheit der Gesellschaft wieder auszugleichen, die verschiedenen Stände derselben untereinander in's Niveau zu setzen. Im Laufe der Zeit hat sich nämlich durch das Zusammenwirken verschiedener Ursachen ein schreiendes Missverhältnis zwischen Besitzenden und Nichtbesitzenden, zwischen Capital und Arbeit gebildet, es haben einzelne Stände in derselben ein solches Übergewicht über die andern erlangt, dass die naturgemäße Existenz dieser letzteren dadurch gefährdet erschien. [...]
Es lässt sich nämlich nicht in Abrede stellen, dass die Fabriken zum großen Teil den Ruin und die Auflösung des Gewerbstandes, dieses eigentlichen Kernes der städtischen Bevölkerung, dadurch herbeigeführt haben, dass diese mit den Fabriken nicht mehr konkurrieren konnten. Dies hat dem Staate fühlbare Nachtheile gebracht: nicht nur pekuniäre, indem ein ruinierter Bürgerstand für die Staatslasten nicht mehr beigezogen werden kann; sondern auch noch tiefer gehende sittliche, indem an die Stelle des ehrbaren, stillen, fleißigen Bürgertums, dem alles an der Erhaltung der Ruhe und Ordnung liegen muss, ein unruhiges, liederliches Fabrikgesindel tritt. Das Heiligtum der Familie löst sich da, die Behaglichkeit des wohlhäbigen Besitzes verschwindet und macht einer zwischen Not, Entbehrung und Liederlichkeit hin- und hergeschleuderten Bevölkerung Platz.

Bernward Deneke (Hrsg.), Geschichte Bayerns im Industriezeitalter in Texten und Bildern, Stuttgart 1987, S. 15

1. *Erläutern Sie, worin der Verfasser die Hauptprobleme seiner Zeit sieht. Vergleichen Sie mit M1.*

2. *Analysieren Sie, was Maier unter Pauperismus versteht. Worin sieht er die Ursachen dafür?*

3. *Arbeiten Sie die politische und soziale Position des Verfassers heraus. Beurteilen Sie seinen Standpunkt.*

4. *Definieren Sie die Begriffe Pauperismus und Proletariat. Überlegen Sie, inwieweit die Bezeichnung Pauperismus hier zutrifft.*

M3 Das Gothaer Programm

Die Sozialdemokratische Arbeiterpartei und der Allgemeine Deutsche Arbeiterverein schließen sich 1875 auf dem Parteitag in Gotha (22. bis 27. Mai) zur Sozialistischen Arbeiterpartei Deutschlands (SAPD, 1890 in SPD umbenannt) zusammen und veröffentlichen 1875 ihr gemeinsames politisches Programm:

I. [...] In der heutigen Gesellschaft sind die Arbeitsmittel Monopol der Kapitalistenklasse, die hierdurch bedingte Abhängigkeit der Arbeiterklasse ist die Ursache des Elends und der Knechtschaft in allen Formen.

[1] politische Gruppierung
[2] Helot: von griech. = Sklave

▲ **Fahne der Sozialdemokraten, entstanden um 1870.**

Die Befreiung der Arbeit erfordert die Verwandlung der Arbeitsmittel in Gemeingut der Gesellschaft und die genossenschaftliche Regelung der Gesamtarbeit mit gemeinnütziger Verwendung und gerechter Verteilung des Arbeitsertrages.

Die Befreiung der Arbeit muss das Werk der Arbeiterklasse sein, der gegenüber alle anderen nur eine reaktionäre Masse sind.

II. Von diesen Grundsätzen ausgehend, erstrebt die Sozialistische Arbeiterpartei Deutschlands mit allen gesetzlichen Mitteln den freien Staat und die sozialistische Gesellschaft, die Zerbrechung des ehernen Lohngesetzes[1] durch Abschaffung des Systems der Lohnarbeit, die Aufhebung der Ausbeutung in jeder Gestalt, die Beseitigung aller sozialen und politischen Ungleichheit. [...] Die Sozialistische Arbeiterpartei Deutschlands fordert, um die Lösung der Sozialen Frage anzubahnen, die Errichtung von sozialistischen Produktivgenossenschaften[2] mit Staatshilfe unter der demokratischen Kontrolle des arbeitenden Volkes. Die Produktivgenossenschaften sind für Industrie und Ackerbau in solchem Umfange ins Leben zu rufen, dass aus ihnen die sozialistische Organisation der Gesamtarbeit entsteht.

1. Allgemeines, gleiches, direktes Wahl- und Stimmrecht, mit geheimer und obligatorischer Stimmabgabe aller Staatsangehörigen vom zwanzigsten Lebensjahre an für alle Wahlen und Abstimmungen in Staat und Gemeinde. Der Wahl- oder Abstimmungstag muss ein Sonntag oder Feiertag sein.
2. Direkte Gesetzgebung durch das Volk. Entscheidung über Krieg und Frieden durch das Volk. [...]
3. Allgemeine Wehrhaftigkeit, Volkswehr anstelle der stehenden Heere.
4. Abschaffung aller Ausnahmegesetze, namentlich der Press-, Vereins- und Versammlungsgesetze; überhaupt aller Gesetze, welche die freie Meinungsäußerung, das freie Forschen und Denken beschränken.
5. Rechtsprechung durch das Volk. Unentgeltliche Rechtspflege.
6. Allgemeine und gleiche Volkserziehung durch den Staat. Allgemeine Schulpflicht. Unentgeltlicher Unterricht in allen Bildungsanstalten. Erklärung der Religion zur Privatsache.

Die Sozialistische Arbeiterpartei fordert innerhalb der heutigen Gesellschaft:

1. Möglichste Ausdehnung der politischen Rechte und Freiheiten im Sinne der obigen Forderungen.
2. Eine einzige progressive Einkommensteuer für Staat und Gemeinde anstatt aller bestehenden, insbesondere die das Volk belastenden indirekten Steuern.
3. Unbeschränktes Koalitionsrecht.
4. Einen den Gesellschaftsbedürfnissen entsprechenden Normalarbeitstag. Verbot der Sonntagsarbeit.
5. Verbot der Kinderarbeit und aller die Gesundheit und Sittlichkeit schädigende Frauenarbeit.
6. Schutzgesetze für Leben und Gesundheit der Arbeiter. Sanitäre Kontrolle der Arbeiterwohnungen. Überwachung der Bergwerke, der Fabrik-, Werkstatt- und Hausindustrie durch von Arbeitern gewählte Beamte. Ein wirksames Haftpflichtgesetz.

Günter Schönbrunn (Bearb.), Das bürgerliche Zeitalter 1815-1914. Geschichte in Quellen, München 1980, S. 878 f.

1. *Stellen Sie die programmatischen und politisch-praktischen Grundaussagen einander gegenüber.*

2. *Arbeiten Sie aus dem Gothaer Programm das Spannungsverhältnis zwischen einem revolutionären Kurs und einer Politik innerhalb des Verfassungssystems heraus. Welche Rolle kommt dem Staat dabei zu?*

[1] Nach Ferdinand Lassalle (1825-1864), dem ersten Präsidenten des Allgemeinen Deutschen Arbeitervereins, war der durchschnittliche Arbeitslohn auf ein Minimum beschränkt, das es dem Arbeiter gerade noch erlaubte, seine Existenz zu erhalten.

[2] wirtschaftliche Vereinigung von Handwerkern, Bauern oder Arbeitern ohne unternehmerische Selbstständigkeit

M4 „Ein Wort an die Angehörigen meiner gewerblichen Anlagen"

Die sogenannte „Große Depression" führt ab 1874 zu Firmenzusammenbrüchen und einer bislang nicht gekannten Streikwelle. Der Unternehmer Alfred Krupp richtet 1877 folgenden Aufruf an seine Arbeiter:

Trotz wiederholter Warnung scheint sich unter einem Teile von Euch der Geist der Sozialdemokratie einschleichen zu wollen. Dieser Geist aber ist verderblich, und jeder Verständige muss ihn bekämpfen, der Arbeiter so gut wie der Arbeitgeber. [...] Um die Lage meiner Arbeiter zu verbessern, war ich von jeher zunächst darauf bedacht, ihnen ein möglichst sorgenfreies Dasein für die Zeiten zu verschaffen, in denen sie selbst nicht mehr arbeiten könnten. Ihr selbst wisst es am besten, wie es mit Kranken, Invaliden und ausgedienten Arbeitern bei uns gehalten wird. Dann habe ich den Arbeitern Wohnungen gebaut, worin bereits 20 000 Seelen untergebracht sind, habe Schulen gegründet, Schenkungen verliehen und Einrichtungen getroffen zur billigen Beschaffung von allem Lebens- und Hausbedarf. Ich habe mich dadurch in eine Schuldenlast gesetzt, die abgetragen werden muss. Damit dies geschehen kann, muss jeder seine Schuldigkeit tun in Frieden und Eintracht und in Übereinstimmung mit unseren Vorschriften.

[...] Unter den schwierigsten Umständen habe ich den Mut gehabt, für meine Leute einzutreten, und behalte ihn auch in der jetzigen schweren Zeit. Ich hoffe, dass wir sie überwinden werden, dass wir Arbeit behalten werden. Alle Kräfte werden dafür nach allen Seiten aufgewandt. Das sollten die Arbeiter dankbar erkennen [...]. Ich gebe Euch nun diesen Rat: Lasst Euch nicht blenden durch schöne Worte und erwartet das Heil nicht von solchen, die einen neuen mühelosen Weg zur Volksbeglückung gefunden haben wollen. Die Angelegenheiten des ganzen Vaterlandes sollen jedem wichtig und teuer sein, aber dazu hilft gar nichts [...] das Schwatzen über politische Angelegenheiten, das ist nur den Aufwieglern willkommen und stört die Pflichterfüllung. Eine ernste Beschäftigung mit der Landespolitik erfordert mehr Zeit und tiefere Einsicht in schwierige Verhältnisse, als Euch zu Gebote steht. Das Politisieren in der Kneipe ist nebenbei sehr teuer, dafür kann man im Hause Besseres haben. Nach getaner Arbeit verbleibt im Kreise der Eurigen, bei den Eltern, bei der Frau und den Kindern. Da sucht Eure Erholung, sinnt über den Haushalt und die Erziehung. Das und Eure Arbeit sei zunächst und vor allem Eure Politik. Dabei werdet Ihr frohe Stunden haben.

Gerhard Adelmann u. a. (Hrsg.), Quellensammlung zur Geschichte der sozialen Betriebsverfassung, Bd. 2, Bonn 1965, S. 295

1. *Erläutern Sie, welche Sozialmaßnahmen Krupps sich aus dem Text erschließen lassen. Zeigen Sie seine Motive auf. Welche Gegenleistungen erwartet Krupp?*

2. *Arbeiten Sie heraus, welche Stellung Krupp dem Unternehmertum beimisst. Welches Bild des Arbeiters schwebt ihm vor? Inwieweit hat sich das Verhältnis Unternehmer – Arbeiter verändert?*

M5 Gründe und Ziele staatlicher Sozialpolitik

Reichskanzler Otto von Bismarck in der Beratung des ersten Unfallversicherungsgesetzes im Reichstag am 2. April 1881:

Seit fünfzig Jahren sprechen wir von einer Sozialen Frage. [...] Ich halte es für meinen Beruf, diese Fragen, ohne Parteileidenschaft [...] in Angriff zu nehmen, weil ich nicht weiß, wer sie mit Erfolg in Angriff nehmen soll, wenn es die Reichsregierung nicht tut. [...]

Ich bin der Meinung, dass das „laisser faire, laisser aller"[1], „das reine Manchestertum[2] in der Politik", „Jeder sehe, wie er's treibe, jeder sehe, wo er bleibe", „Wer nicht stark genug ist zu stehen, wird niedergerannt und zu Boden getreten", „Wer da hat, dem wird gegeben, wer nicht hat, dem wird genommen", dass das im Staat, namentlich in dem monarchischen, landesväterlich regierten Staat Anwendung finden könne. [...]

Aber umsonst ist der Tod! Wenn Sie nicht in die Tasche greifen wollen und in die Staatskasse, dann werden Sie nichts fertig bekommen. Die ganze Sache der Industrie aufzubürden, – das weiß ich nicht, ob sie das ertragen kann. Schwerlich geht es bei allen Industrien. Bei einigen ginge es allerdings; es sind das diejenigen Industriezweige, bei welchen der Arbeitslohn nur ein minimaler Betrag der Gesamtproduktionskosten ist. [...] Ob man den Beitrag auf die Arbeiter oder auf die Unternehmer legt, das halte ich für ganz gleichgültig. Die Industrie hat ihn in beiden Fällen zu tragen, und was der Arbeiter beiträgt, das ist doch notwendig schließlich zulasten des ganzen Geschäfts. Es wird allgemein geklagt, dass der Lohn der Arbeiter im Ganzen keinen Überschuss und keine Ersparnis gestatte. Will man also dem Arbeiter zu dem eben noch ausreichenden Lohn noch eine Last auferlegen, ja, dann muss der Unternehmer diese Mittel zulegen, damit der Arbeiter die Last tragen kann.

Alfred Milatz (Hrsg.), Otto von Bismarck. Werke in Auswahl, Bd. 6, Darmstadt 1973, S. 514 ff.

[1] franz.: tun, gehen lassen; hier etwa: Treibenlassen aller Dinge
[2] Bezeichnung für einen extremen Wirtschaftsliberalismus ohne staatliche Eingriffe, benannt nach dem britischen Manchester, dem damaligen Zentrum der Textilindustrie

1. *Prüfen Sie, ob Bismarck Recht hat, wenn er behauptet, die Soziale Frage bestehe bereits seit 50 Jahren. Welche Aufgaben für die Regierung leitet er daraus ab?*
2. *Aus welchen Motiven wendet sich Bismarck gegen das „Laisser faire"-Prinzip?*
3. *Fassen Sie die Erwägungen Bismarcks über die Finanzierbarkeit der Unfallsversicherung zusammen.*
4. *Nehmen Sie mithilfe von M6 und der Darstellung auf S. 130 f. Stellung zu der Behauptung, die Sozialgesetzgebung wäre „Zuckerbrot" zu der „Peitsche" Sozialistengesetz gewesen.*

▲ **Leistungsübersicht der deutschen Sozialversicherung von 1885 bis 1913.**
Druck aus dem Jahre 1913.

M6 Staatliche Sozialpolitik in Zahlen

a) Entwicklung der deutschen Unfallversicherung 1887-1910:

	1887	1890	1895	1900	1905	1910
Versicherungspflichtige Betriebe (in Mio.)	0,269	5,234	5,279	5,190	5,296	6,159
Versicherte Personen (in Mio.)	3,822	13,620	18,389	18,893	20,243	27,554
Verletzte	177	58 213	242 841	487 235	892 901	1 017 570
Erstattete Unfallanzeigen	–	200 001	310 139	454 341	609 160	672 961
Gesamteinnahmen (in Mio. Mark)	20,656	52,528	73,764	105,453	178,966	235,829
Gesamtausgaben (in Mio. Mark)	9,797	26,623	60,498	100,877	157,540	206,223

Johannes Frerich und Martin Frey, Handbuch der Geschichte der Sozialpolitik in Deutschland, Bd. 1: Von der vorindustriellen Zeit bis zum Ende des Dritten Reiches, München/Wien 1993, S. 104

b) Die Einführung der Sozialversicherung in Europa 1885-1930
Prozentualer Anteil der in Unfall-, Kranken-, Renten- und Arbeitslosenversicherung erfassten Arbeitnehmer:

Land	1885	1890	1895	1900	1905	1910	1915	1920	1925	1930
Österreich		5,3	7,5	9,0	10,0	13,0	13,0	27,5	32,0	46,3
Belgien			0,8	3,8	14,8	17,5	17,5	25,0	26,8	33,3
Dänemark			3,8	10,5	13,8	25,8	30,8	44,0	66,0	67,8
Deutschland	9,8	24,5	41,0	40,8	40,3	44,5	42,8	45,5	48,8	61,3
Finnland				1,8	1,8	2,0	2,0	4,0	4,8	8,0
Frankreich				6,9	8,5	12,8	11,5	12,8	22,0	30,3
Irland									30,3	30,3
Italien		1,5	1,5	2,8	4,0	4,8	4,8	27,3	29,0	31,0
Niederlande					6,3	7,0	7,3	25,3	27,3	41,3
Norwegen			3,8	3,3	3,0	4,5	17,8	23,3	20,0	22,3
Schweden			1,0	3,3	9,5	11,8	37,0	46,0	45,0	47,5
Schweiz	2,8	3,3	3,5	4,0	4,3	4,8	10,8	18,8	22,8	31,3
Großbritannien				9,8	9,3	17,5	36,5	43,3	52,5	72,5

Jens Alber, Vom Armenhaus zum Wohlfahrtsstaat. Analysen zur Entwicklung der Sozialversicherung in Westeuropa, Frankfurt am Main 1982, S. 152

1. *Wandeln Sie Tabelle a) in ein Diagamm um. Erläutern Sie die Entwicklung der Unfallversicherung.*

2. *Skizzieren Sie die Entwicklung der Sozialversicherung in Westeuropa. Nehmen Sie Stellung zur Rolle Deutschlands auf dem Gebiet der Sozialversicherung. Ziehen Sie die Leistungsübersicht aus dem Jahr 1913 hinzu.*

3. *Arbeiten Sie anhand der Statistiken sowie der Leistungsübersicht aus dem Jahr 1913 heraus, wie sich die Lage der Menschen durch die Sozialgesetzgebung verändert hat.*

Familiengemeinschaften und Geschlechterrollen im Wandel

„Und ob das undankbare Geschöpf heiraten wird!“ Der Fabrikant Werner Uckersleben ist außer sich. Gerade hat er erfahren, dass seine älteste Tochter Fanni den Sohn des Kommerzienrats, Rechtsanwalt Dr. Julius August Meckel, nicht heiraten will. Das ganze Haus erbebt von seiner Donnerstimme. Kinder, Dienerschaft, Hund und Katze verkriechen sich vor Schreck in allen Winkeln des Hauses. Nur die Mutter bringt der Ausbruch wie gewohnt nicht aus der Fassung. Sie wartet mit großer Gelassenheit, schmeichelt ihm und redet mit sanfter Stimme auf ihn ein, bis der Ausbruch vorüber ist.

Wie bei den Töchtern des gehobenen Bürgertums üblich, ist Fanni ihrem zukünftigen Mann vor einigen Wochen auf einer geselligen Veranstaltung ihrer Familie vorgestellt worden. Seine anzüglichen Bemerkungen und das polternde Lachen sind ihr gleich unsympathisch gewesen. Noch am selben Abend hat Meckel ernstes Interesse an ihr signalisiert und ist daraufhin vom Vater schon mehrere Male zu Tee und Diner eingeladen worden. Bei seinem letzten Besuch hat Fanni heimlich an der Tür der Bibliothek gelauscht und gehört, wie der Vater dem möglichen Schwiegersohn zusätzlich zu der „wohl überaus angenehmen Aussteuer“ einen Jahreszuschuss von 5 000 Mark als Zinsen sowie sichergestelltes Kapital von 100 000 Mark in Aussicht gestellt hat.

Heute, am 3. Mai 1882, soll die Verlobung stattfinden. Fanni weiß, dass sie es sich eigentlich nicht leisten kann, den Antrag abzulehnen. Sie ist 25 Jahre alt und die Alternative, als „alte Jungfer“ sitzenzubleiben, ist beängstigend. Es bedeutet, dass der ältere Bruder sie nach dem Tod der Eltern zu sich nehmen und versorgen muss, denn von ihrem Erbe wird sie nicht lange leben können. Und einen Beruf, mit dem sie ihren Unterhalt selbst verdienen könnte, hat sie nicht erlernen dürfen. Lesen und Schreiben, Französisch und Latein, ein wenig gehobene Literatur, Hand- und Hausarbeit sowie einige Stücke auf dem Klavier – mehr wurde ihr als zukünftige Gattin und Mutter nicht zugestanden.

Unten läutet es an der Haustüre. Fanni atmet tief durch, dann verlässt sie ihr Zimmer, um in den Salon zu gehen.

Idealbild der Familie ■ Unter Familie im engeren Sinne verstehen wir heute jene Lebensform, in der sich Erwachsene – meist die leiblichen Eltern – der Erziehung von Kindern und Jugendlichen widmen. Familie im weiteren Sinne ist identisch mit Verwandtschaft, auch die verheirateten Kinder und deren Kinder gehören dazu. In der Vergangenheit war die Bedeutung und Ausgestaltung von Familie unterschiedlich. Die „moderne“ Kernfamilie entstand im 17./18. Jahrhundert, beschränkte sich jedoch zunächst auf das Bürgertum. Auf dem Land und im Handwerk war die „große Haushaltsfamilie“, die von Mann und Frau gemeinsam getragene Lebens- und Produktionsgemeinschaft des „Ganzen Hauses“*, verbreitet.

Mit dem Wandel von der Agrar- zur Industriegesellschaft wurden Erwerbsarbeit und Haushalt immer mehr voneinander getrennt. Aus der vorindustriellen Lebens- und Produktionsgemeinschaft entstand eine Konsumgemeinschaft, in der Männern und Frauen unterschiedliche Rollen zugeschrieben wurden. Der Mann sollte für das Einkommen

* vgl. dazu S. 62

außerhalb des Hauses sorgen, während die Frau sich um die inneren Angelegenheiten der Familie einschließlich der Kindererziehung kümmerte.

Damit einher ging die ideelle Überhöhung der Familie als privater Rückzugsraum. Durch Liebe gekennzeichnete Beziehungen und eine harmonische häusliche Ordnung sollten die Härten und Probleme der rationalen und marktkapitalistischen Gesellschaft ausgleichen (▸ M1). Dieses bürgerliche Familienmodell stellte das Ideal dar, an dem sich alle gesellschaftlichen Gruppen orientierten.

Mit der modernen „Kernfamilie" entstand eine Privatsphäre, die es im traditionellen Familienverständnis nicht gab. Zuvor waren familiäre Ereignisse wie Hochzeiten, Taufen oder Begräbnisse öffentliche Angelegenheiten gewesen, an der das ganze Dorf, die Zunft oder die Nachbarschaft beteiligt waren. Diese fanden nun im engeren Familien- und Freundeskreis statt. Auch andere Feste wandelten sich zu Familienfeiern, so vor allem das Weihnachts- und das Osterfest. Der Familienkreis wurde von genossenschaftlichen, kirchlichen oder beruflichen Gemeinschaften getrennt. Das „Privatleben" entstand.

Bürgerliche Familien ■ Die bürgerliche Familie entstand idealerweise aus einer Liebesheirat, die nicht mehr auf wirtschaftlichen und sozialen Erwägungen wie der Höhe der Mitgift oder gesellschaftlichen Verbindungen beruhte. Auch wenn der Anteil der Liebesheiraten im Laufe des 19. Jahrhunderts anstieg, wurden von Eltern jedoch oft „standesgemäße" Ehen arrangiert.

Die Frau sollte mit ihrer liebevollen und fürsorglichen Familienarbeit nicht nur dem Ehemann emotionalen Rückhalt bieten und eine verständnisvolle Partnerin sein, sondern auch ein für die Entwicklung der Kinder ideales Klima schaffen. Im geschützten Bereich der Familie sollte der Nachwuchs mit der fürsorglichen, selbstlosen Zuwendung der Mutter bürgerliche Tugenden wie Bildung, Fleiß und Sauberkeit erlernen (▸ M3). Die Kinderbetreuung übernahmen nun zum großen Teil die Eltern selbst, wobei es auch hier eine geschlechtsspezifische Differenzierung gab. Die Mutter sorgte für körperliches Wohlergehen, Geborgenheit und vermittelte eher schöngeistige Bildungsinhalte (Musik, Literatur, Religion), während der Vater für Disziplin und Leistungskontrolle zuständig war.

▲ **Vaters Geburtstag.**
Foto von 1880.
Frau und Kinder gratulieren dem Familienvater zum Geburtstag. Das Familienoberhaupt hat zu diesem Anlass eigens einen Fotografen ins Haus bestellt.

Nach den damals herrschenden Vorstellungen sollte das Einkommen des Mannes allein den Lebensstandard der bürgerlichen Familie sichern. Aus diesem Grunde warteten bürgerliche Männer mit einer Heirat oft, bis sie sich diese leisten konnten. Die Wohnung sollte den einzelnen Familienmitgliedern Privatsphäre ermöglichen. Wer es sich leisten konnte, verfügte über separate Kinder- und Elternbereiche, ein privates Wohnzimmer sowie einen Salon für den Empfang von Gästen. Wer Hausangestellte beschäftigte, brachte diese in der Regel in der Nähe der Küche unter. Darüber hinaus wurde Geld in Kulturveranstaltungen, Urlaubsreisen oder private Bildungsinteressen investiert. Gerade kleinbürgerliche Familien strebten nach dem bürgerlichen Ideal und wollten dem Besuch Silberbesteck und die „gute Stube" mit Polstermöbeln präsentieren. Dennoch standen Sparsamkeit und Bescheidenheit im bürgerlichen Wertekatalog an oberer Stelle.

Um 1900 erlebte das bürgerliche Familienmodell eine Krise. Es wurde einerseits von feministischer Seite wegen der beschränkten weiblichen Entfaltungsmöglichkeiten kritisiert und andererseits wegen des wachsenden Geburtenrückgangs infrage gestellt.

▲ **„Herrjeh, Kinder! Euch darf man doch nich alleene lassen!"**
Zimmerbrand im Haus der berufstätigen Mutter. Farbdruck nach einer Zeichnung von Heinrich Zille, Berlin 1918.
Der Maler, Zeichner und Fotograf Heinrich Zille stammte selbst aus der Berliner Unterschicht, deren Milieu er sozialkritisch und humoristisch zugleich in seinen Bildern festhielt.

Arbeiterfamilien Unter Arbeitern besaß das bürgerliche Familienmodell bis weit ins 20. Jahrhundert hinein Vorbildcharakter. Vor allem die während der Hochindustrialisierung anwachsende Schicht der Facharbeiter konnte es sich leisten, eine Familie zu gründen. Auch sie legte Wert darauf, dass die Ehefrauen nicht außerhalb des Hauses arbeiten mussten, sondern sich um die Kinder kümmern konnten. Doch für die meisten Arbeiterfamilien sah die Realität anders aus. Sie konnten sich die bürgerliche Rollenverteilung nicht leisten. Um den Lebensunterhalt bestreiten zu können, mussten beide Ehepartner arbeiten (▸ M2).

Da es zunächst in der Nähe der Fabriken kaum Wohnraum gab, mussten viele Arbeiterinnen und Arbeiter einen langen Arbeitsweg in Kauf nehmen. Für Erholung von der langen und schweren Arbeit blieb nur wenig Zeit. Von einem Familienleben oder gar Freizeitvergnügen konnte kaum die Rede sein. Wenn die Kinder hinzuverdienten, blieben ihnen keine Zeit und Energie für die Schule. Sobald die Schulpflicht endete, suchten sich die Kinder eine Arbeit, blieben aber aus Kostengründen meist noch in der Wohnung der Eltern, die oft nur aus einem einzigen Zimmer bestand. In den meisten Arbeiterhaushalten dominierten die sogenannten halboffenen Familienstrukturen: In einer Wohnung lebten Eltern, manchmal auch nur die Mutter, Kinder verschiedenen Alters, andere Familienangehörige sowie fremde Untermieter und Schlafgänger. Die Lage besserte sich erst mit den gegen Ende des 19. Jahrhunderts steigenden Reallöhnen und dem in den 1920er-Jahren staatlich geförderten Bau von günstigen Arbeiterwohnungen.

Die verheirateten Frauen der Unterschichten hatten es besonders schwer. Zusätzlich zu ihrer Arbeit in der Fabrik oder als Putz-, Wasch- und Nähhilfen mussten sie gemäß der traditionellen Rollenverteilung den Haushalt führen. Um die Kinder nicht sich selbst zu überlassen, übernahmen viele die schlecht bezahlte Heimarbeit. Wegen der ständigen Doppelbelastung waren die Frauen häufig krank, alterten rasch und starben früh. Überhaupt war die Lebenserwartung der Arbeiter gering. Die Sterblichkeit der Arbeiterkinder war wesentlich höher als in anderen Bevölkerungsschichten. Dazu trugen vor allem die durch schlechte Arbeitsbedingungen und Wohnverhältnisse hervorgerufenen häufigen Erkrankungen bei.

In zunehmendem Maße wurde das Wirtshaus Ort des gemeinschaftlichen Lebens der Arbeiter nach Feierabend. Dort hielten Parteien und Gewerkschaften ihre Versammlungen ab, hier trafen sich Sport-, Gesangs- und Bildungsvereine. Sie boten einen Ausgleich zur eintönigen und ermüdenden Fabrikarbeit, die als Last und Bedrückung empfunden wurde. Nicht selten mündeten Not und die Verzweiflung über die ausweglose Situation in übermäßigem Alkoholkonsum, Gewalt gegen Frau und Kinder, Kriminalität, Prostitution oder Selbstmord.

Ehe und Familienplanung Im weltweiten Vergleich lag das Heiratsalter in Europa hoch. Junge Frauen waren 1880 in Deutschland zur Zeit der (ersten) Eheschließung im Durchschnitt etwa 25 bis 26, die Männer 28 Jahre alt. Daran änderte sich auch in den folgenden drei Jahrzehnten kaum etwas. Insgesamt blieb die Zahl der Eheschließungen in Deutschland konstant. Allerdings stieg die Scheidungsrate – wenn auch auf einem mit heutigen Zahlen verglichen niedrigen Niveau (▸ M4).

Die Ehe war die einzige gesellschaftlich akzeptierte Form des Zusammenlebens von Mann und Frau. Die uneheliche Geburt eines Kindes zog nach wie vor die Stigmatisierung der Frau nach sich. Der Grundsatz sexueller Enthaltsamkeit galt für bürgerliche Frauen bis in die 1960er-Jahre. In der Regel wurde Sexualität in jeder Form von den jungen Frauen ferngehalten, sexuelle Aufklärung erfolgte kaum.

Im Kleinbürgertum und in der Arbeiterschicht hatte die Ehe keine vergleichbar hohe Bedeutung. Sexuelle Kontakte waren hier nicht zwingend an die Heirat gekoppelt, viele sammelten erste Erfahrungen schon in jungen Jahren. Durch die offenen Familienstrukturen, den frühen eigenen Verdienst sowie die damit verbundene Selbstständigkeit besaßen die Jugendlichen wesentlich mehr Freiheiten als ihre Altersgenossen im behüteten Groß- und Bildungsbürgertum.

In der zweiten Hälfte des 19. Jahrhunderts gewann die „Familienplanung", also die Kontrolle über die Zahl der geborenen Kinder, zunehmend an Bedeutung. Zuerst begannen bürgerliche Familien, durch Verhütung ihre Kinderzahl zu begrenzen und die Familie zu planen (▸ M5). Dies entsprach dem Ideal der Kleinfamilie, bei dem wenigen Kindern die ganze Aufmerksamkeit der Eltern gelten sollte, um so die Anforderungen an Erziehung und Ausbildung zu erfüllen. Andererseits spielten dafür auch ein gewachsener Individualismus sowie eine beginnende Emanzipation der Frauen eine Rolle, die zuerst in den höheren Gesellschaftsschichten einsetzte.

In den Unterschichten war die Geburtenzahl bei Weitem am höchsten. So wurden in den Ehen von Landarbeitern noch immer mehr als sechs Kinder geboren. In Handwerksmeisterfamilien waren es zwischen vier und fünf Kinder, bei Beamten und Angestellten drei. Die hohe Kinderzahl in den unteren Schichten lag zum Teil an der früheren Heirat und an den eher beginnenden Sexualkontakten. Noch wichtiger waren die mangelnde Aufklärung über Verhütung sowie eine andere Einstellung zu Sexualität, Kindern und Familie. Eine hohe Säuglingssterblichkeit, hohe Abtreibungsraten, Prostitution und Jugendkriminalität sowie die Verbreitung von Geschlechtskrankheiten belegen dies. Um 1900 etablierte sich, begleitet von einer gesellschaftlichen Reformdiskussion, eine staatliche Familienpolitik, die sich mit zahlreichen Fürsorgeeinrichtungen speziell an Arbeiterfrauen und ihre Familien wandte. Das proletarische Familienleben sollte kontrolliert sowie mit Aufklärungs- und Hilfsangeboten verbessert werden. Medizinische Versorgung, bessere Hygiene und Erziehungshilfen sollten das bürgerliche Familienmodell in den städtischen Unterschichten als Norm etablieren.

Natürliche Differenz der Geschlechter? ■ Die gesellschaftliche Ungleichheit zwischen Frauen und Männern reicht bis in die Antike zurück. Die betonte Unterscheidung der Geschlechterrollen ist jedoch im Wesentlichen ein Produkt der bürgerlichen Gesellschaftsentwicklung des 19. Jahrhunderts und der Entstehung der „modernen" Familie. Nun wurde der Mann zum „Geldverdiener", während sich die Frau auf Familie und Haushalt zu konzentrieren und dem Mann als Ehefrau, Mutter und Haushälterin den Rücken für seine berufliche Karriere freizuhalten hatte (▸ M6). Töchter wurden in ihrer Ausbildung fast ausschließlich auf ihre Rolle als Ehefrau vorbereitet.

Seit Mitte des 19. Jahrhunderts veränderte sich die Stellung der Frau in der Gesellschaft. Immer mehr unverheiratete Frauen und Witwen mussten selbst für ihren Lebensunterhalt sorgen. Die überlieferten Vorstellungen von ihren Aufgaben in Ehe und Familie waren jedoch mit einer Erwerbstätigkeit unvereinbar, außer als „Mithelfende" im eigenen Betrieb oder wenn der Verdienst des Mannes für den Unterhalt der Familie nicht ausreichte.

Begründet wurden die ungleichen Rollen mit der naturgegebenen und damit verbindlichen Differenz der Geschlechter. Demnach seien Frauen von Natur aus passiv, emotional und nicht zu vernünftigen Überlegungen fähig, während Männer aktiv und rational ausgerichtet seien. Dies begründete die Arbeits- und Funktionsteilung, nach der

▲ **„Das Stufenalter der Frau."**

Druck von Ferdinand Leibner, um 1900. Zeitgleich erschien auch eine Lebenstreppe, die die Entwicklung des Mannes darstellt. Beide Darstellungen waren mit einer Größe von 41 x 50,5 cm als Wandbilder gedacht.

- *Charakterisieren Sie die idealtypische Entwicklung der Frau.*
- *Bewerten Sie die dargestellte höchste Stufe im Leben einer Frau.*

Frauen die Erziehung, Pflege oder Haushaltung, Männern dagegen sachbezogene und produktive Arbeiten zugewiesen wurden. Beide sollten sich im Idealfall zu einer harmonischen Einheit ergänzen und wurden insofern als gleichwertig gedacht. In der Praxis jedoch war die Rangfolge eindeutig zugunsten der Männer festgelegt.

Rechtliche und politische Stellung der Frauen Auch die Gleichheitspostulate der Aufklärung sowie die Erklärung der Menschen- und Bürgerrechte im 18. Jahrhundert änderten nichts daran, dass Frauen noch im Kaiserreich die rechtliche Gleichstellung verwehrt blieb. Sie besaßen keine staatsbürgerlichen Rechte, durften sich nicht selbst vor Gericht vertreten, und eine politische Betätigung war ihnen bis nach der Jahrhundertwende untersagt. Auch in der Familie genossen die Männer Vorrechte. Frauen waren bis zu ihrer Heirat rechtlich ihren Vätern und nach der Heirat ihren Ehemännern unterstellt. Das Allgemeine Preußische Landrecht von 1794 legte fest: „Der Mann ist das Oberhaupt der ehelichen Gemeinschaft und sein Entschluss gibt in gemeinschaftlichen Angelegenheiten den Ausschlag." Dies bedeutete, dass die Ehefrau keine Entscheidung ohne die Zustimmung des Mannes treffen konnte, keinen Beruf ergreifen, keine Verträge abschließen und keine Geschäfte tätigen durfte. Auch bei der Erziehung der Kinder besaß der Mann die Entscheidungsgewalt. Mit der Heirat gingen das Vermögen und gegebenenfalls auch der Verdienst der Frau in den Besitz des Ehemannes über. Im 19. Jahrhundert wurde zudem das Scheidungsrecht verschärft. Der Ehebruch der Frau wurde wesentlich härter bestraft als der des Mannes. Bei einer Scheidung blieben die Kinder beim Vater, während die Mutter keine Ansprüche stellen durfte.

Das im Jahr 1900 eingeführte Bürgerliche Gesetzbuch verbesserte die rechtliche Stellung der Frauen kaum (▸ M7). Immerhin wurde ihnen nun die volle Geschäftsfähigkeit zugestanden, sodass sie Verträge abschließen und Prozesse führen konnten. Zudem ging ihr Einkommen nicht mehr automatisch an den Mann über. Allerdings konnte der Ehemann über ein spezielles Kündigungsrecht die Geschäftsfähigkeit seiner Frau beschränken. Auch in Ehe- und Familienfragen blieben die Vorrechte der Männer bestehen (▸ M8).

Die bürgerliche Frauenbewegung ■ In den deutschen Staaten hatten sich Frauen bereits im Vormärz und noch mehr während der Revolution von 1848 zu Vereinen zusammengeschlossen, auf gesellschaftliche Veränderungen gedrängt und erstmals politische Freiheit auch für sich erhofft. Wichtige Impulse für den Kampf um die Rechte der Frau gingen dabei von der Aufklärung und der Französischen Revolution aus. Vor allem aber hatte der mit der Industriellen Revolution verbundene gesellschaftliche Wandel mit der Sozialen Frage zugleich die Frauenfrage aufgeworfen.

Nachdem das Preußische Vereinsgesetz von 1850 den Frauen die Mitgliedschaft in politischen Vereinigungen sowie die Teilnahme an politischen Veranstaltungen verbot, konzentrierten sich die Vereine in den 1860er-Jahren auf die Mädchenbildung und bessere Berufschancen unverheirateter Frauen (▸ M9). Bürgerliche Frauen engagierten sich auf kommunaler Ebene für die Verbesserung der sozialen und ökonomischen Lage der Arbeiterinnen und Arbeiterfrauen. Erste Kinderschutzvereine wurden gegründet, in vielen deutschen Großstädten entstanden Entbindungsheime und Kinderbewahranstalten. Volksküchen wurden eingerichtet, um berufstätige Frauen zu entlasten und sie mit gesunder Ernährung bekannt zu machen. Die Frauen erteilten Mädchen aus den Unterschichten Hauswirtschaftsunterricht, kümmerten sich um Not leidende Arbeiterfamilien, Prostituierte und die Reintegration weiblicher Strafgefangener.

1865 wurde auf Initiative von **Louise Otto-Peters**, der Vorsitzenden des Leipziger Frauenbildungsvereins, der Allgemeine Deutsche Frauenverein (ADF) gegründet. Er gilt als Ausgangspunkt der organisierten deutschen Frauenbewegung, denn nun entstanden zahlreiche weitere Organisationen. Ziel des ADF war es, „alle der weiblichen Arbeit im Wege stehenden Hindernisse“ zu beseitigen. Langfristig sollten bessere Bildung und die Öffnung qualifizierter Berufe für Frauen die Voraussetzungen für politische Mitsprache sein.

Aber erst durch den 1894 nach amerikanischem Vorbild gegründeten Dachverband der Frauenvereine, dem Bund Deutscher Frauenvereine (BDF), erhielt die Frauenbewegung größere Bedeutung. 1901 umfasste er fast 140 Vereine mit verschiedenen Anliegen: Es gab Berufsvertretungen, Beratungs- und Rechtsschutzvereine, Damenturnklubs, weibliche Wandergruppen sowie Vereine mit sozialfürsorgerischen Absichten oder konfessionellen Charakters. Die Mehrheit wollte in pragmatischen Schritten die Lage der Frauen verbessern, während eine kleine Minderheit politische Forderungen stellte: Frauenwahlrecht, Frauenstudium und Legalisierung der Abtreibung. Der Bund diskutierte zwar Fragen des Arbeiterinnenschutzes, der Gewerbefreiheit oder des Wahlrechts, Schwerpunkt des BDF lag jedoch in der Bildungsförderung und der Ausarbeitung von familienrechtlichen und bildungspolitischen Petitionen, die jedoch alle scheiterten.

Louise Otto-Peters (1819-1895): Schriftstellerin, Journalistin und Frauenrechtlerin; sie gründete 1849 die „Frauen-Zeitung“, war 1865 Mitbegründerin des „Allgemeinen Deutschen Frauenvereins“ (ADF) und setzte sich als eine der Ersten für das Frauenwahlrecht ein.

▲ **„Zur Frauenbewegung."**
Postkarte, um 1910.

Hedwig Dohm (1831-1919): Schriftstellerin und Frauenrechtlerin; sie setzte sich für die völlige rechtliche, soziale und ökonomische Gleichberechtigung und das Frauenwahlrecht ein.

Helene Lange (1848-1930): Lehrerin und Frauenrechtlerin; sie setzte sich vor allem für bessere Bildungs- und Berufschancen für Frauen ein. 1890 gründete sie den Allgemeinen Deutschen Lehrerinnenverein (ADLV).

Clara Zetkin (1857-1933): Volksschullehrerin und sozialistische Politikerin; 1878 schloss sie sich den Sozialdemokraten an und wurde daraufhin aus dem Schuldienst entlassen; ab 1890 organisierte sie die sozialdemokratische Frauenbewegung.

Zu den führenden Persönlichkeiten der bürgerlichen Frauenbewegung zählten **Hedwig Dohm**, die sich neben den Forderungen nach gleicher Ausbildung und weiblicher Erwerbstätigkeit für das Frauenwahlrecht aussprach, sowie **Helene Lange**, die als Vorsitzende des ADF und des BDF lange Jahre die Frauenbewegung prägte.

Die sozialistische Frauenbewegung ■ Den Gegenpol zur bürgerlichen Frauenbewegung bildete die sozialistische Frauenbewegung, die seit 1889 von **Clara Zetkin** angeführt wurde (▶ M10). Die Organisation zählte um 1908 rund 30 000 Mitglieder und verstand sich als Teil der sozialistischen Arbeiterbewegung, setzte sich jedoch vorrangig für den Schutz der Arbeiterinnen, die Abschaffung der Kinderarbeit, gleiche Rechte und Löhne wie für Männer sowie die Aufklärung der Frauen über ihre „Klassenlage" ein. Clara Zetkin ging es um die vollständige politische Gleichberechtigung der Frauen im Rahmen einer groß angelegten Lösung der Sozialen Frage. Gemäß der sozialistischen Lehre, nach der die entscheidende Form der Ungleichheit vor allem zwischen den verschiedenen Klassen bestehe, war eine Gleichheit aller nur durch eine proletarische Revolution zu erreichen. Der Einsatz für Reformen im bestehenden System galt als unzureichend. Im Unterschied zu den anderen politischen Parteien konnten in der SPD Frauen einzelne Ämter übernehmen, doch fanden sich auch hier die Männer kaum mit dem Emanzipationsgedanken ab.

M1 „Die Idee der Familie"

Wilhelm Heinrich Riehl, einer der Wegbereiter der deutschen Volkskunde, legt 1855 den dritten Band seiner „Naturgeschichte des Volkes als Grundlage einer Social-Politik" über „Die Familie" vor. In dem einflussreichen Werk – bis 1925 erschienen 13 Auflagen – schreibt er zur „Idee der Familie":

In einem einzelnen Mann oder einer einzelnen Frau kann sich die Idee der Menschheit niemals vollständig darstellen. Ein Ehepaar gibt erst einen Mikrokosmos der ganzen Menschheit. Die Menschheit ist ausgegangen von dem „ersten Paar"; und wenn sie ausstürbe bis nur auf ein Paar, könnte sie doch wieder aufwachsen und blühend werden wie vorher.
Durch die leibliche und sittliche Verbindung von Persönlichkeiten der beiden Geschlechter zur Wiederherstellung des ganzen Menschen – die Ehe – entsteht die Familie. Denn mit jener Wiederherstellung des ganzen Menschen ist zugleich die Fortpflanzung des Menschengeschlechtes gegeben, und die drei Elemente der Familie: Vater, Mutter und Kinder sind in ihr bereits vollständig vorausgesetzt. Die Familie ist darum der erste und engste Kreis, in welchem wir unser ganzes menschliches Wesen wiederfinden, uns in uns befriedigt und bei uns selbst daheim fühlen.
Sie ist die ursprünglichste, urälteste menschlich-sittliche Genossenschaft, zugleich eine allgemein menschliche; denn mit der Sprache und dem religiösen Glauben finden wir die Familie bei allen Völkern der Erde wieder. [...]
Die Familie ist uns aber nicht bloß religiös, sondern auch sozial und politisch ein Heiligtum. Denn die Möglichkeit aller organischen Gliederungen der bürgerlichen Gesellschaft ist in der Familie im Keim gegeben, wie der Eichbaum in der Eichel steckt. In der Familie ist gegründet die sozial-politische Potenz der Sitte, aus welcher das Gesetz hervorgewachsen ist. Die Familie ist überhaupt die notwendige Voraussetzung aller öffentlichen Entwicklungen der Völker. Die Familie antasten heißt, aller menschlichen Gesittung den Boden wegziehen.

Wilhelm Heinrich Riehl, Die Naturgeschichte des Volkes als Grundlage einer deutschen Social-Politik, Bd. 3: Die Familie, Stuttgart/Augsburg 1855, S. 113 f.

■ *Analysieren Sie, welche Rolle die Familie für Riehl in der Gesellschaft spielt.*

M2 Das proletarische Familienleben

Die Soziologin Margarete Freudenthal nennt folgende Merkmale des Familienlebens von Arbeitern zwischen 1880 und 1900:

1. Fast alle Arbeiter, die uns begegnet sind, stammen von Vätern ab, die Handwerker waren. Sie selbst sind zum Teil auch noch durch eine Lehre gegangen, mussten aber den Handwerkerberuf mit einem abhängigen Lohnarbeiter- oder Tagelöhnerberuf vertauschen.
2. Die Unsicherheit begleitet das Leben des Arbeiters. Sobald Arbeitslosigkeit eintritt, erfolgt stets das gleiche stufenweise Herabsinken. Es fängt an mit den Mietrückständen, die zu Wohnungswechsel und Pfändung durch den Hauswirt führen; die Armenfürsorge greift ein. [...]
3. In den meisten Fällen werden mittellose Frauen geheiratet (Arbeiterinnen, Hausangestellte). Viele Schwangerschaften machen es der Frau in zahlreichen Fällen unmöglich, zum Verdienst beizutragen. Viele der geborenen Kinder sterben wieder. Die Frauen sind durch die Schwangerschaften so geschwächt, dass sie meist auch später, wenn die Kinder groß sind, keinem geregelten Verdienst mehr nachgehen können.
4. Selbst bei einer geordneten Stellung des Ehemannes ist die Bezahlungsart in den seltensten Fällen eine ganz regelmäßige. Kombinationen von Akkord- und Zeitlohn, von Normalarbeitszeit, Überstunden, Nacht- und Sonntagsarbeit, sowie teils 14-tägige, 8-tägige und monatliche Bezahlung haben zur Folge, dass der Arbeiter selten mit einer bestimmten Summe zu bestimmter Zeit rechnen kann. Dadurch sind zwischenzeitliche Schulden, obgleich sie im Allgemeinen vermieden werden, häufig unabwendbar. [...]
7. Eine Verbesserung der Stellung ist in den wenigsten Fällen möglich; die Familien sind sich der Aussichtslosigkeit eines Aufstiegs meist bewusst.
8. Eine häusliche Hilfe wird nicht gehalten; nur während der Wochenbetten kommt eine Hilfe, sehr oft durch Verwandtschaft oder Nachbarschaft, für den Haushalt in Betracht.
9. Sozialversicherungen wurden in jener Zeit erst eingeführt, die Beitragszahlungen waren noch höchst ungeordnet. Zum Teil bestanden gar keine Versicherungen, zum Teil wurden sie vom Arbeitgeber getragen.
10. Für die Arbeitszeit ist charakteristisch, dass sie sehr früh, meist um 7 Uhr, beginnt und des weiten Weges halber über Tisch, d. h. bis 4 oder 6 Uhr am Nachmittag, ausgedehnt wurde.
11. Die Wohnungen zeigen fast alle ein außerordentlich ärmliches, unhygienisches und unpraktisches Gepräge. [...] Dazu sind die Preise dieser Wohnungen außerordentlich hoch.
12. Untervermietung, Schlafgänger und Kostgänger sollen den Verdienst erhöhen. Es ist aber ein sehr unsicherer Verdienst.

▲ **Postkarte mit einer Zeichnung von Käthe Kollwitz, 1912.**
Käthe Kollwitz gehörte nie einer Partei an, stand aber dem Sozialismus nahe und setzte politische Themen künstlerisch um.

13. Das Mobiliar dieser Wohnungen besteht nur aus dem Allernotwendigsten. Es ist zum Teil geerbt, zum Teil auf Abschlag erstanden, zum Teil gebraucht gekauft, zum Teil selbst gezimmert, zum Teil gemietet. Es finden sich stets sehr viel weniger Betten als Menschen in der Wohnung. [...] Neben Kohlen und Kartoffeln sind Kleidung und Wäsche die Hauptposten für die private Wohltätigkeit.

17. Für die Lebensmittelversorgung ist charakteristisch, dass keinerlei Vorräte gekauft werden können. Auch bei Kohlen und Kartoffeln ist dies nicht möglich. [...]

18. Bei der Einteilung der Lebensmittel kommt auf den Mann eine größere und bessere Portion als auf Frau und Kinder.

19. Der Hauptposten, der auf Geistiges und auf Freizeitgestaltung geht, besteht aus den Ausgaben für die Schule der Kinder. Die sonstigen Vergnügungen erschöpfen sich in einem Sonntagsspaziergang mit der Familie, bei dem hier und da eingekehrt wird, in der Zugehörigkeit zu einem Verein und im Halten einer Zeitung. Die beiden letzteren Faktoren sind aber nur teilweise zu beobachten.

20. [...] In allen Fällen, in denen eine häusliche Mitarbeit der Frau besteht, zeigen sich folgende Symptome in den Haushaltungen:

a) Die Frau muss früh morgens, abends nach Rückkehr von der Arbeit und am Sonntag ihren Haushalt in Ordnung bringen. Sehr frühes Aufstehen, spätes Zubettgehen und außerordentliche Anspannungen aller Kräfte sind für diese Leistungen erforderlich.

b) Kinder, die noch nicht in die Schule gehen, müssen meist einer Aufsicht übergeben werden, falls nicht eine Verwandte innerhalb der Familie dies übernehmen kann.

c) Mann und Frau nehmen das Essen mit, die Kinder kochen sich selbst oder essen auswärts, die Hauptmahlzeit findet am Abend statt. Es werden schnell kochbare Gerichte bevorzugt. Gemüse kann es z. B. selten geben, weil es zu lang aufhält.

d) Die beiden letzteren Umstände, d. h. b) und c), verteuern die Lebenshaltung in der gleichen Richtung, aber in noch höherem Maße, als wir sie schon beobachtet haben. Trotzdem lohnt sich der Verdienst der Frau, weil der Verdienst die Mehrkosten übersteigt.

Heidi Rosenbaum (Hrsg.), Seminar: Familie und Gesellschaftsstruktur. Materialien zu den sozioökonomischen Bedingungen von Familienformen, Frankfurt am Main [4]1988, S. 342 f.

1. *Stellen Sie die Nachteile und Risiken von Arbeiterfamilien dar. Unterscheiden Sie verschiedene Bereiche. Welche Faktoren wirken zusammen?*

2. *Erläutern Sie mögliche Ansätze, um die Lage der Familien zu verbessern.*

M3 Bürgerliches Familienleben

Wie das tägliche Arbeitspensum in einem Ingenieurshaushalt einer süddeutschen Mittelstadt ausgesehen hat, beschreiben Marie Baum und Alix Westerkamp Ende der 1920er-Jahre:

Die Familie besteht aus dem Hausherrn, der Hausfrau, einer Stütze, einer Hausgehilfin und drei vorschulpflichtigen Kindern [...].

Der Hausherr ist Ingenieur bei einem Großbetrieb der Nachbarstadt. Er fährt täglich um 7 Uhr im eigenen Kleinauto fort und kommt abends frühestens ½ 6 Uhr, oft später heim. Er führt sein Auto selbst und hält es selbst im Stand.

Die Hausfrau, vor ihrer Heirat Sozialbeamtin, ist seither berufslos. Sie betätigt sich im Haushalt anordnend, einteilend und rechnend, hilft gelegentlich in der Küche, besorgt im Sommer das Einmachen und zusammen mit dem Hausherrn die Gartenarbeit, führt alle Besorgungen aus und beschäftigt sich sehr intensiv mit den Kindern. Geistig rege nimmt sie an

Vorträgen außerhalb des Hauses teil und pflegt religionswissenschaftliche Studien.

Die Stütze, die das Familienleben teilt, versorgt die Kinder, näht, hilft bei der Hausarbeit und bei der wöchentlich stattfindenden Reinigung der Wäsche und vertritt die Hausfrau, wenn diese, was häufig vorkommt, den Hausherrn auf Dienstreisen begleitet.

Der Haushilfe liegt die Reinigung der Zimmer, die Küche und die Besorgung der Wäsche ob; soweit ihre Zeit dazu reicht, hilft sie bei der Gartenarbeit. Die kleinen Kinder halten sich während des Sommers viel im Garten auf und werden nachmittags einige Stunden ausgefahren bzw. spazieren geführt. Die Hausschneiderei erfordert alle 6-8 Wochen einige Tage; sie wird mithilfe einer Näherin durchgeführt.

Das Eigenhaus umfasst 6 kleine Zimmer, zwei Wohnräume, zwei Schlaf-, ein Kinder-, ein Gastzimmer, welches zurzeit von der Stütze bewohnt wird, und eine Mädchenkammer. Dazu Bad, Küche und Diele. Der 500 qm große Garten wird vom Hausherrn und der Hausfrau versorgt, außer Blumen wird auch Gemüse gepflanzt und im Hause verbraucht.

Wie aus dem Abbild eines typischen Tages ersichtlich, ist das Leben durch die ausgedehnte außerhäusliche Arbeit des Hausherrn charakterisiert, infolge derer die verantwortliche Gestaltung des Tages fast vollständig in der Hand der Frau liegt.

Die Kinder sind noch zu klein, um anders denn als Gegenstände der Pflege und der Freude im Laufe des Tages gewertet zu werden. Sie verursachen in dem praktisch eingerichteten und ruhigen Fluss des Lebens wenig Mühe, wenn auch natürlich die Stütze ihnen verhältnismäßig viel ihrer Arbeitszeit widmen muss.

William H. Hubbard, Familiengeschichte. Materialien zur deutschen Familie seit dem Ende des 18. Jahrhunderts, München 1983, S. 238 f.

1. *Beschreiben Sie Rollenmuster und Aufgabenverteilung in der Ingenieursfamilie um 1930.*

2. *Vergleichen Sie das Familienbild mit dem in M2 dargestellten.*

M4 Statistiken zu Ehe und Familie

a) Eheschließungen 1871-1940 auf 1 000 der Gesamtbevölkerung:

1871/75	9,4
1876/80	7,8
1881/85	7,7
1886/90	7,9
1891/95	7,9
1896/1900	8,4
1901/05	8,0
1906/10	8,0
1911/15	6,9
1916/20	8,4
1921/25	9,5
1926/30	8,7
1931/35	9,3
1936/40	7,9

b) Ehescheidungen 1881-1940 auf 1 000 Eheschließungen:

1881/85	15
1886/90	17
1891/95	18
1896/1900	19
1901/05	21
1906/10	27
1911/15	35
1916/20	35
1921/25	62
1926/30	68
1931/35	75
1936/40*	78

* Reichsgebiet vom 31. 12. 1937

William H. Hubbard, a. a. O., S. 73 und 87

1. *Skizzieren Sie die Entwicklung bei Eheschließungen und -scheidungen.*

2. *Das Bürgerliche Gesetzbuch (BGB) von 1900 erleichterte die Ehescheidung nicht. Es forderte weiterhin eine Schuldzuweisung. Erklären Sie ausgehend von dem in der Darstellung auf S. 138 ff. nachgezeichneten Wandel des Familien- und Frauenbildes, warum dennoch die Zahl der Scheidungen ab der Jahrhundertwende stieg.*

3. *Recherchieren Sie aktuelle Statistiken zu Eheschließungen und -scheidungen, beispielsweise beim Statistischen Bundesamt, und vergleichen Sie.*

M5 Zahl der Lebendgeborenen pro Ehe 1899-1940

Ehejahrgang	Von den 1 000 Ehen haben nach 20-jähriger Dauer ... Kinder					Durchschnittszahl der Lebendgeborenen
	keine	1	2	3	4+	
1899 und früher*	87	90	116	123	584	4,9
1900	100	105	150	147	498	4,1
1910	119	167	213	168	333	3,0
1920**	158	236	245	154	207	2,3
1930**	181	221	252	155	191	2,2
1940***	211	242	276	148	123	1,8

* bis 1910 Preußen ** Reichsgebiet *** auf dem Gebiet der alten Bundesrepublik ohne Berlin

William H. Hubbard, a. a. O., S. 125

1. *Setzen Sie die Tabelle in ein Diagramm um.*

2. *Bestimmen Sie die Veränderungen und nennen Sie Gründe.*

M6 Die ideale Hausfrau

In einem Buch über „Haushaltungskunde und Wirtschaftslehre“ von 1898 heißt es über die „ideale Hausfrau“:

Glücklich ist jedoch selbst die ärmste Familie zu schätzen, wenn ihr eine ausgezeichnete Hausfrau vorsteht. Der Mann kann dann mit frohem Mute am Morgen an die Arbeit gehen. Er weiß, dass seine sparsame Gattin mit dem sauer erworbenen Lohne gewissenhaft wirtschaftet und in seiner Abwesenheit das Hauswesen gut besorgt und die Kinder richtig pflegt. Er weiß, dass er am Mittag und Abend eine, wenn auch einfache, so doch kräftige, wohlzubereitete Mahlzeit zur rechten Zeit und aus sauberen Gefäßen in trauter Gemeinschaft mit Weib und Kind genießen kann. Er weiß, dass er in freier Zeit ein reinliches, behagliches Heim vorfindet, in dem er sich gemütlich erholen kann, ohne den Dunst der Kneipe aufsuchen zu müssen. Das Bewusstsein, in allen Lagen des Lebens eine treue, wirkliche Gehilfin an seiner Seite zu haben, erleichtert ihm die schwerste Arbeit. Er gibt sich dann doppelte und dreifache Mühe um sich dieses schöne Familienleben auch für die Zukunft zu sichern und seine Kinder zu braven und tüchtigen Menschen zu erziehen. Rastloser Fleiß, größte Anspruchslosigkeit, wahre, tiefe Gottesfurcht und ein schöner häuslicher Friede walten in einer solchen Familie. Ein festes Band gegenseitiger Liebe umschlingt alle. Hier, wenn auch in armer Hütte, wohnt das wahre Glück. Und dieses von jedem Menschen im tiefsten Innern heiß ersehnte häusliche Glück gründet sich in erster Linie auf das stille, unermüdliche Sorgen und Walten der tüchtigen Hausfrau.

[...] Nichts gibt es, was sittlich erhebender auf alle Glieder eines Haushaltes einwirkt als der Geist der Ordnung, der alle

◂ Höhere Töchterschule.
Ölgemälde von Leopold Schauer, 1871.
Für weite Teile der Bevölkerung stellte sich die Frage nach einer höheren Schulbildung für die Töchter nicht. Sie wurden vielmehr auf ihre Aufgaben als Hausfrau und Mutter vorbereitet. Es waren nur bestimmte Teile des Bildungsbürgertums, die zunehmendes Interesse an einer höheren Mädchenbildung entwickelten, denn die Frauen sollten später Ehe und Familie durch Bildung und standesgemäßes Benehmen bereichern.

Räume durchweht. Das deutlichste Zeichen des Zerfalles einer Häuslichkeit ist immer Unordnung und Mangel an Reinlichkeit. [...]
Auch in dem bescheidensten Hausstande kann Reinlichkeit herrschen und gerade in einem solchen soll sie die Herrscherin sein; denn sie hat hier die Stelle des Luxus zu ersetzen. Wie viel mehr darf sie aber in einem Hauswesen gefordert werden, wo der Frau hinlängliche Mittel zu ihrer Handhabung zu Gebote stehen! In diesem Punkte ist die Reinlichkeit des Körpers die erste Bedingung, welche die Frau erfüllen soll. Sie zeige sich immer sauber, um nie die Blicke anderer scheuen zu müssen. Sie stehe lieber des Morgens etwas früher auf, um sich sogleich waschen, kämmen und anständig anziehen zu können. [...] In einem gut geführten Hauswesen muss Sparsamkeit herrschen [...].

Ludwig Schilffarth (Hrsg.), Haushaltungskunde und Wirtschaftslehre, Nürnberg ³1917 (1. Aufl. 1898), zitiert nach: Bernward Deneke (Hrsg.), Geschichte Bayerns im Industriezeitalter in Texten und Bildern, Stuttgart 1987, S. 242

1. *Arbeiten Sie die Eigenschaften und Aufgaben der idealen Hausfrau heraus.*

2. *Vergleichen Sie das hier gezeichnete Frauenbild mit dem der vorindustriellen Gesellschaft.*

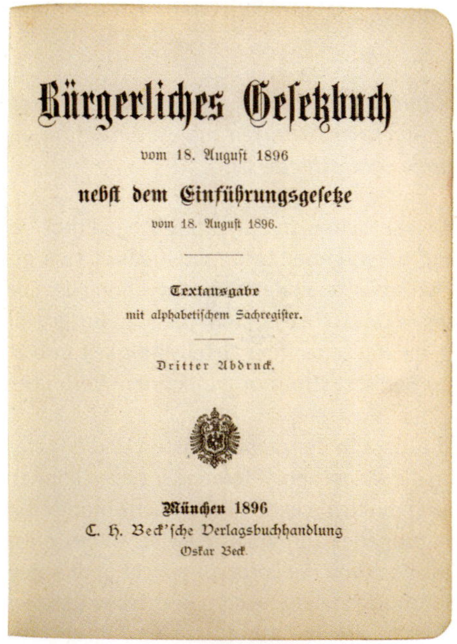

▲ **Bürgerliches Gesetzbuch (BGB).**
Erstausgabe von 1896.

M7 Die rechtliche Stellung der Frau um 1900

Zum 1. Januar 1900 tritt das Bürgerliche Gesetzbuch (BGB) in Kraft. Von einer Expertenkommission seit der Reichsgründung erarbeitet, vereinheitlicht es auf dem Gebiet des Deutschen Kaiserreiches das bürgerliche Recht. Die folgenden Artikel beziehen sich auf das Eherecht:

Wirkungen der Ehe im Allgemeinen.
§ 1353 Die Ehegatten sind einander zur ehelichen Gemeinschaft verpflichtet. [...]
§ 1354 Dem Manne steht die Entscheidung in allen das gemeinschaftliche Eheleben betreffenden Angelegenheiten zu; er bestimmt insbesondere Wohnort und Wohnung.
Die Frau ist nicht verpflichtet, der Entscheidung des Mannes Folge zu leisten, wenn sich die Entscheidung als Missbrauch seines Rechtes darstellt.
§ 1355 Die Frau erhält den Familiennamen des Mannes.
§ 1356 Die Frau ist, unbeschadet der Vorschriften des § 1354, berechtigt und verpflichtet, das gemeinschaftliche Hauswesen zu leiten.
Zu Arbeiten im Hauswesen und im Geschäfte des Mannes ist die Frau verpflichtet, soweit eine solche Tätigkeit nach den Verhältnissen, in denen die Ehegatten leben, üblich ist.
§ 1357 Die Frau ist berechtigt, innerhalb ihres häuslichen Wirkungskreises die Geschäfte des Mannes für ihn zu besorgen und ihn zu vertreten. Rechtsgeschäfte, die sie innerhalb dieses Wirkungskreises vornimmt, gelten als im Namen des Mannes vorgenommen, wenn nicht aus den Umständen sich ein anderes ergibt.
Der Mann kann das Recht der Frau beschränken oder ausschließen. Stellt sich die Beschränkung oder die Ausschließung als Missbrauch des Rechtes des Mannes dar, so kann sie auf Antrag der Frau durch das Vormundschaftsgericht aufgehoben werden. [...]

Eheliches Güterrecht.
[...] § 1363 Das Vermögen der Frau wird durch die Eheschließung der Verwaltung und Nutznießung des Mannes unterworfen (eingebrachtes Gut). [...]

Elterliche Gewalt.
[...] § 1627 Der Vater hat kraft der elterlichen Gewalt das Recht und die Pflicht, für die Person und das Vermögen des Kindes zu sorgen.

Anne Conrad und Kerstin Michalik (Hrsg.), Quellen zur Geschichte der Frauen, Bd. 3: Neuzeit, Stuttgart 1999, S. 136-140

■ *Charakterisieren Sie die Rechtsstellung verheirateter Frauen.*

M8 Gegen Doppelmoral und Patriarchalismus in der Ehe

Helene Lange, führende Vertreterin der Frauenbewegung, befasst sich in zahlreichen Schriften mit der Situation der bürgerlichen Frauen. 1908 schreibt sie:

Ein [...] aus dem eigentlichen und ursprünglichen Ethos der Frauenbewegung hervorgehender Impuls richtet sich gegen den Patriarchalismus der Ehe. Die Rechtsordnung der Ehe, vor allem bei uns in Deutschland, stellt die Frau unter eine Bevormundung, die heute zu ihrer Urteilsfähigkeit und zu ihrem Willen zur Selbstbestimmung in keinem Verhältnis mehr steht [...].

Aber die Tatsache, dass in der persönlichsten und engsten Gemeinschaft, in die Menschen miteinander treten können, die Rechtsordnung durch die in den Persönlichkeiten selbst liegenden Bedingungen mannigfach verwischt wird, diese Tatsache darf uns doch von der Forderung nicht abdrängen, dass die Rechtsordnung in der Ehe dem Rechtsbewusstsein genüge und sich nicht als ein Mittel darstellen darf, die ethische Entwicklung zurückzuhalten.

Gegen diese Forderung verstößt unser deutsches Familienrecht, indem es trotz der Konzessionen, die es der veränderten ökonomischen Struktur der Hauswirtschaft und des Frauenlebens macht, doch im Prinzip am Patriarchalismus festhält. Die Ehegatten stehen weder in Bezug auf ihre persönlichen Angelegenheiten noch den Kindern gegenüber als gleichberechtigte, freie Persönlichkeiten nebeneinander, sondern das Entscheidungsrecht der Frau ist in all diesen Beziehungen dem des Mannes nachgestellt. Ganz besonders empfindlich berührt die Herleitung dieser Autorität des Mannes aus seiner Rolle als „Ernährer" der Familie. Denn einmal ist die Frau nicht nur zur Beschaffung des Familienunterhalts mitverpflichtet – wenn auch erst an zweiter Stelle – sondern auch zur Mitarbeit im Beruf des Mannes, wo eine solche Mitarbeit möglich und üblich ist. [Auf den Ertrag der gemeinsamen Arbeit aber gewinnt sie dadurch keinen Anspruch.] Andrerseits aber legt ihr das Gesetz ausdrücklich die Pflicht zur Leitung des Hauswesens auf und entzieht ihr dadurch die Möglichkeit eigenen Erwerbs, mindestens in dem Umfange, in dem diese häusliche Pflicht sie in Anspruch nimmt. Je mehr Frauen vor der Ehe einem Beruf nachgegangen sind und sich dadurch imstande fühlen, ihrerseits auch „Ernährer" der Familie in dem früher ausschließlich dem Manne zugesprochenen Sinn sein zu können, um so unsicherer wird die Begründung der patriarchalischen Autorität auf die Eigenschaft des Mannes als Ernährer.

Zitiert nach: Elke Frederiksen (Hrsg.), Die Frauenfrage in Deutschland 1865-1915. Texte und Dokumente, Stuttgart 1981, S. 130 und 146

1. *Arbeiten Sie die Kritik Helene Langes heraus.*
2. *Erläutern Sie mithilfe Ihrer Ergebnisse aus M7, welche Folgen die rechtliche Stellung der Frau für die Frauen selbst, das Ehe- und Familienleben mit sich bringt.*
3. *Klären Sie, was Lange unter „ethischer Entwicklung" (Z. 14 f.) versteht.*
4. *Analysieren Sie, wie die Stellung der Frau aussehen sollte. Welche Veränderungen wären dazu nötig? Sammeln Sie Vorschläge.*

M9 Frauen zwischen Beruf und Ehe

Die Frauenrechtlerin Else Lüders studiert ab 1909 als eine der ersten Frauen Staatswissenschaften, 1912 promoviert sie über die Aus- und Fortbildung von Frauen in gewerblichen Berufen. Sie ist damit die erste Frau, die an einer deutschen Universität die Doktorwürde erlangt. 1913 schreibt sie über die Berufstätigkeit von Frauen:

In der Frage Beruf und Ehe standen sich von jeher zwei Richtungen gegenüber: Die einen sehen in der außerhäuslichen Berufsarbeit der Frau und Mutter ein Unglück, das sie am liebsten ausrotten möchten; die anderen erkennen zwar alle heute damit verbundenen Missstände voll an, rechnen aber mit der volkswirtschaftlichen und privatwirtschaftlichen Notwendigkeit und sehen trotz allem anhaftenden Schweren in der Berufsarbeit auch der verheirateten Frau einen Faktor des Fortschritts. [...] Heute würde in Deutschland wohl keine politische Partei mehr so naiv sein, das gesetzliche Verbot der Fabrikarbeit verheirateter Frauen zu fordern, nachdem durch eine im Jahre 1899 ausgeführte amtliche Erhebung nachgewiesen ist, dass vier Fünftel der in der Fabrik tätigen verheirateten Frauen aus zwingender Not heraus zu dieser Arbeit griffen. [...]

In all der wechselnden Fülle der Einzelschicksale lassen sich doch ungefähr drei Hauptklassen von Frauen unterscheiden, für die das Problem „Beruf und Ehe" bereits Bedeutung hat oder immer mehr Bedeutung erlangen wird. Wir haben mit allen reformatorischen Maßnahmen zuerst einzusetzen für die größte Masse von Frauen, die Beruf und Ehe verbinden müssen. Es sind dies die Fabrikarbeiterinnen, Heimarbeiterinnen, Landarbeiterinnen, aber auch die oft hart mitarbeitenden Ehefrauen kleiner Geschäftsleute und Handwerker. Die Mutterschaft dieser Frauen vollzieht sich vielfach unter Bedingungen, die jeder sozialen und hygienischen Kultur Hohn sprechen.

Eine zweite Gruppe, für die das Problem steigende Bedeutung erlangen wird, sind die Frauen des sogenannten höheren Mittelstandes, denn bis in diese Schichten hinauf macht sich die Erscheinung geltend, dass das Einkommen des

Mannes allein nicht mehr zum Familienunterhalt ausreicht. Zahlreiche Ehen aus diesen Kreisen könnten leichter geschlossen werden, wenn auch die Frauen dieser Kreise beruflich tätig sein dürften, um durch ihr Verdienst die gemeinsame Haushaltsführung zu erleichtern. Leider stehen veraltete Vorurteile der Erwerbsarbeit der Frauen dieser Kreise vielfach noch entgegen. Zahlreichen tüchtigen Frauen gerade dieser Kreise verbarrikadiert auch der Staat selbst den Weg zu einer legalen Ehe und Mutterschaft, indem er ihnen die Ausübung des Berufes nach der Eheschließung verbietet. [...]
Und schließlich wird man immer mehr mit einer dritten Gruppe von Frauen zu rechnen haben, die Beruf und Ehe verbinden wollen, weil sie in der Berufserfüllung eine so starke innere Befriedigung finden, dass ein Aufgeben dieses Berufes nicht nur ein pekuniäres, sondern auch ein geistiges und seelisches Opfer für sie bedeutet. Zu diesen Frauen werden neben Künstlerinnen namentlich auch Frauen der Wissenschaft sowie Frauen in sozialen und pädagogischen Berufen gehören. Es bedeutet einen Missbrauch von Frauenkraft und zugleich einen Verlust für die Allgemeinheit, wenn solche innere Berufsfreudigkeit an der Ausübung gehemmt wird.
In den nächsten Jahrzehnten ist aller Wahrscheinlichkeit nach mit einer steigenden Tendenz für die Verbindung von Beruf und Ehe zu rechnen, sowohl aus wirtschaftlichen wie den oben angedeuteten geistigen Ursachen heraus.

Zitiert nach: Elke Frederiksen (Hrsg.), a. a. O., S. 356 f. und 360 f.

1. *Erläutern Sie das Problem „Beruf und Ehe", wie Lüders es beschreibt. Aus welchem Grund wird die Berufstätigkeit von Frauen abgelehnt?*
2. *Erläutern Sie, in welche Gruppen Lüders die Frauen unterteilt. Wie stellt sich für sie der Zusammenhang zwischen Schichtzugehörigkeit und Berufstätigkeit dar? Nehmen Sie Stellung.*

M10 Frauenrechte und Arbeiterbewegung

Die zunächst sozialdemokratische, später kommunistische Politikerin Clara Zetkin schreibt 1894 in der von ihr herausgegebenen Zeitschrift „Die Gleichheit":

Umsonst war also die Liebesmüh der Frauenrechtlerinnen, den neuen Verband jungfräulich rein zu halten von jeder Berührung mit „offenkundig sozialdemokratischen Vereinen". Die Damen können Gift darauf nehmen, dass auch ohne ihre Erklärungen es nicht einer einzigen zielbewussten proletarischen Frauenorganisation auch nur im Traume eingefallen wäre, Anschluss an den Verband zu suchen. Die deutsche Arbeiterinnenbewegung ist über die Zeit frauenrechtlerischer Harmonieduselei längst hinaus. Jede klare proletarische Frauenorganisation ist sich bewusst, dass sie sich durch einen solchen Anschluss eines Verrats an ihren Grundsätzen schuldig machen würde. Denn die bürgerlichen Frauenrechtlerinnen erstreben nur durch einen Kampf von Geschlecht zu Geschlecht, im Gegensatz zu den Männern ihrer eigenen Klasse, Reformen zugunsten des weiblichen Geschlechts innerhalb des Rahmens der bürgerlichen Gesellschaft, sie tasten den Bestand dieser Gesellschaft selbst nicht an. Die proletarischen Frauen dagegen erstreben durch einen Kampf von Klasse zu Klasse, in enger Ideen- und Waffengemeinschaft mit den Männern ihrer Klasse, die ihre Gleichberechtigung voll und ganz anerkennen, zugunsten des gesamten Proletariats die Beseitigung der bürgerlichen Gesellschaft. Reformen zugunsten des weiblichen Geschlechts, zugunsten der Arbeiterklasse sind ihnen nur Mittel zum Zweck, den bürgerlichen Frauen sind Reformen der ersteren Art Endziel. Die bürgerliche Frauenrechtelei ist nicht mehr als Reformbewegung, die proletarische Frauenbewegung ist revolutionär und muss revolutionär sein.

Ute Gerhard, Unerhört. Die Geschichte der deutschen Frauenbewegung, Reinbek 1996, S. 180

▲ **Eine Versammlung sozialdemokratischer Arbeiterinnen.**
Nachträglich kolorierter Holzstich nach einer Zeichnung von Carl Koch, 1890.

1. *Analysieren Sie den Unterschied zwischen Reform und Revolution. Warum muss im Sinne Clara Zetkins die proletarische Frauenbewegung revolutionär sein?*
2. *Analysieren Sie die Sprache des Artikels. Inwiefern löst der Begriff „Frauenrechtlerin" den Vorwurf der Systemtreue aus?*
3. *Überprüfen Sie die Behauptung, dass die proletarischen Männer die Gleichberechtigung der Frauen ganz und gar anerkannten.*
4. *Informieren Sie sich über die führenden Vertreterinnen der bürgerlichen Frauenbewegung und stellen Sie deren Positionen dar.*

Die Bevölkerungsentwicklung im 19. und 20. Jahrhundert

Am Morgen des 12. November 1888 erwachen der sechsjährige Karl und seine drei Brüder nicht in ihren Zimmern, sondern im großen Elternschlafzimmer, umgeben von Ärzten, der Kinderfrau und den besorgten Eltern. Die Kinder werden gründlich untersucht. Endlich atmen alle auf: Die Geschwister haben den gestrigen Unfall unbeschadet überstanden.

Als die Mutter und die Kinderfrau die vier Jungen am Vorabend zum ersten großen Badetag im neuen Badezimmer bereit machen wollten, war ein Kind nach dem anderen bewusstlos zu Boden gesunken. Glücklicherweise bemerkten die beiden Frauen schnell, dass aus dem neuen Badeofen Gas austrat, und brachten sich und die Kinder in Sicherheit.

Seit der Vater im vergangenen Winter zum Münchener Polizeipräsidenten befördert worden ist, wohnt die Familie in dem alten, aus dem 17. Jahrhundert stammenden Palais in der Weinstraße, in dem sich auch das Polizeipräsidium befindet. Gleich nach dem Umzug haben die Eltern ein modernes Klosett mit Wasserspülung einbauen lassen. Vor wenigen Wochen wurde dann das Badezimmer fertiggestellt und mit dem neuesten Gasbadeofen ausgestattet.

Für die Gesundheit der Kinder scheuen die Eltern weder Mühen noch Kosten. Moderne sanitäre Anlagen halten sie für genauso unerlässlich wie eine gute medizinische Versorgung und eine gesunde Ernährung, über die neben der Mutter selbst noch Ärzte, Kinderfrau, Köchin und Gouvernante wachen. Als Leiter der städtischen Polizei weiß der Vater nur allzu gut, unter welchen katastrophalen hygienischen Bedingungen die Menschen in den Vorstädten und Armenvierteln der Stadt leben müssen und wie viele Kinder auch in diesen modernen Zeiten noch täglich an Infektionskrankheiten sterben.

Bevölkerungswachstum und demografischer Wandel Nach jahrhundertelangem Gleichgewicht von hohen Geburten- und Sterberaten begann die europäische Bevölkerung seit der Mitte des 18. Jahrhunderts in einem sich ständig beschleunigten Maße zu wachsen. 1750 lebten auf dem Kontinent etwa 130 Millionen Menschen; um 1850 waren es bereits 266 Millionen, um 1910 dann 468 Millionen.

Erklärt werden kann diese Bevölkerungsexplosion mit dem „demografischen Übergang": hohe Sterbe- und Geburtenraten gingen zu niedrigen über, das Bevölkerungswachstum änderte sich (▸ M1). Bei diesem Prozess werden mehrere Phasen unterschieden, die aufeinander aufbauten und sich in ihrer Wirkung überlagerten:

- Den Anstoß gab seit der zweiten Hälfte des 18. Jahrhunderts eine Abschwächung der „Krisensterblichkeit". Die „Normalsterblichkeit" und vor allem die Säuglingssterblichkeit blieben zwar hoch, jedoch gab es keine katastrophalen Bevölkerungseinbrüche durch Seuchen, Hungersnöte und Kriege mehr wie in den Jahrhunderten davor.
- Aufgrund des Rückgangs der „Krisensterblichkeit" erreichten mehr Menschen das heiratsfähige Alter. Obwohl regional unterschiedlich, nahmen deshalb in ganz Europa die Geburtenzahlen bis über die Mitte des 19. Jahrhunderts hinaus zu.
- Bei anhaltend hohen Geburtenraten nahm seit den 1860er-Jahren die „Normalsterblichkeit" ab. Auch die Kindersterblichkeit ging rasch und dauerhaft zurück. Dadurch stieg die durchschnittliche Lebenserwartung immer weiter an.

Während sich die Sterblichkeit weiter rückläufig entwickelte, begann im späten 19. und beginnenden 20. Jahrhundert die Geburtenrate zu sinken. Dieser Geburtenrückgang ging vor allem auf die freiwillige Geburtenkontrolle seitens der Frauen zurück.

Ursachen der „demografischen Revolution“ Das traditionelle „Bevölkerungsmuster“ der vormodernen Agrargesellschaft hatte an Gültigkeit verloren (▸ M2). Der Wandel von einer hohen Geburten- und Sterbeziffer hin zu einer Verminderung beider Quoten, die über einen längeren Zeitraum ein hohes Bevölkerungsniveau garantieren, ist als „demografische Revolution“ bezeichnet worden. Ursächlich hierfür waren in Europa seit dem ausgehenden 18. Jahrhundert verschiedene, sich gegenseitig verstärkende politische, gesellschaftliche und wirtschaftliche Faktoren (▸ M3).

Bei den steigenden Geburtenraten machten sich regional unterschiedlich nach 1800 besonders für die Unterschichten die Erleichterungen der Familiengründung durch die Milderung oder den Wegfall der feudalrechtlichen Beschränkungen bemerkbar. Die relative Friedenszeit ab 1815 war eine wichtige Voraussetzung dafür, dass die „Krisensterblichkeit“ zurückging. Aufgrund der steigenden Erträge in der Landwirtschaft gelang es, die Grenzen der Nahrungsversorgung zu überwinden. Die ausreichende und bessere Ernährung machte die Menschen widerstandsfähiger gegen Krankheiten und Epidemien. Vor allem aber der Bau von Kanalisationen sowie ein wachsendes Hygienebewusstsein der Bevölkerung sorgten dafür, dass die großen Seuchen allmählich zurückgingen. Schließlich trugen die Fortschritte in der Medizin zu einer Verlängerung der durchschnittlichen Lebenserwartung bei (▸ M4).

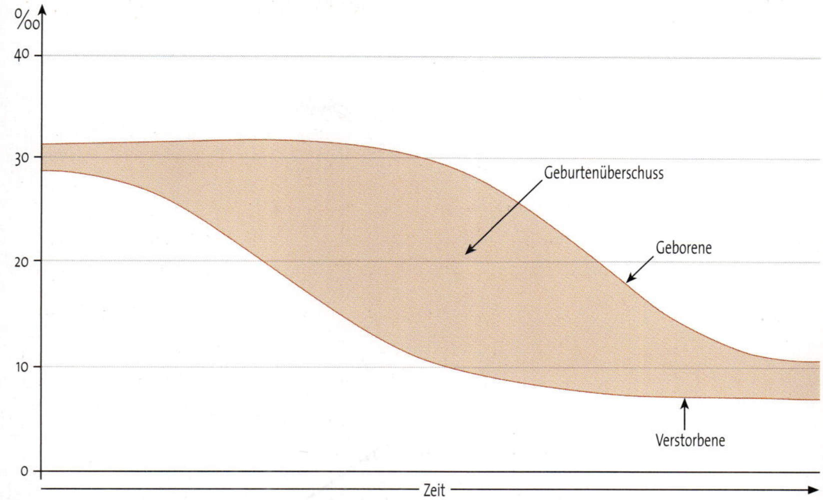

▲ **Der „demografische Übergang“.**
▪ *Erläutern Sie anhand des Diagramms den „demografischen Übergang“.*

Folgen des demografischen Wandels Der „demografische Übergang“ ist einer der Kernprozesse des demografischen Wandels, der sich nicht nur in den Ländern der europäischen Industrialisierung des 19. und 20. Jahrhunderts vollzog, sondern bis heute weltweit auf alle Länder übertragbar ist, die sich von Agrar- zu Industriegesellschaften entwickeln. Allerdings zeigt er in jedem Land einen spezifischen Verlauf und darüber hinaus starke regionale und soziale Differenzierungen.

Der Rückblick auf den demografischen Wandel der letzten Jahrhunderte zeigt, wie sich die Bevölkerung in der Zukunft entwickeln kann (▸ M5). In den letzten Jahrzehnten war die demografische Lage Deutschlands durch sinkende Geburtenzahlen und eine steigende Lebenserwartung geprägt. Laut Bevölkerungsprognosen wächst die Anzahl der älteren Menschen und die der jüngeren geht zurück. Dadurch verschieben sich die Verhältnisse zwischen den Altersgruppen erheblich. Auch die zeitweise hohe Zuwanderung aus dem Ausland und höhere Geburtenzahlen der in Deutschland lebenden ausländischen Bevölkerung können langfristig nicht verhindern, dass die Bevölkerungszahl weiter abnimmt.

Diese Bevölkerungsentwicklung wird nicht ohne Folgen für Staat, Gesellschaft und Politik sein. Bleibt das Geburtenniveau weiterhin niedrig, dann wird es immer weniger Menschen im erwerbsfähigen Alter geben, die in die Renten- und Krankenversicherung einzahlen. Gleichzeitig wird diesen jedoch eine wachsende Zahl älterer Menschen gegenüberstehen, die davon versorgt werden müssen. Ob die Folgen daraus zwangsläufig Rentenkürzungen und höhere Beiträge zur Sozial- und Krankenversicherung sein werden, wird diskutiert. Vor allem aufgrund dieser Zukunftsszenarien hat das Thema „demografischer Wandel“ längst das öffentliche Bewusstsein erreicht.

M1 Bevölkerungsbilanz europäischer Staaten nach 1800

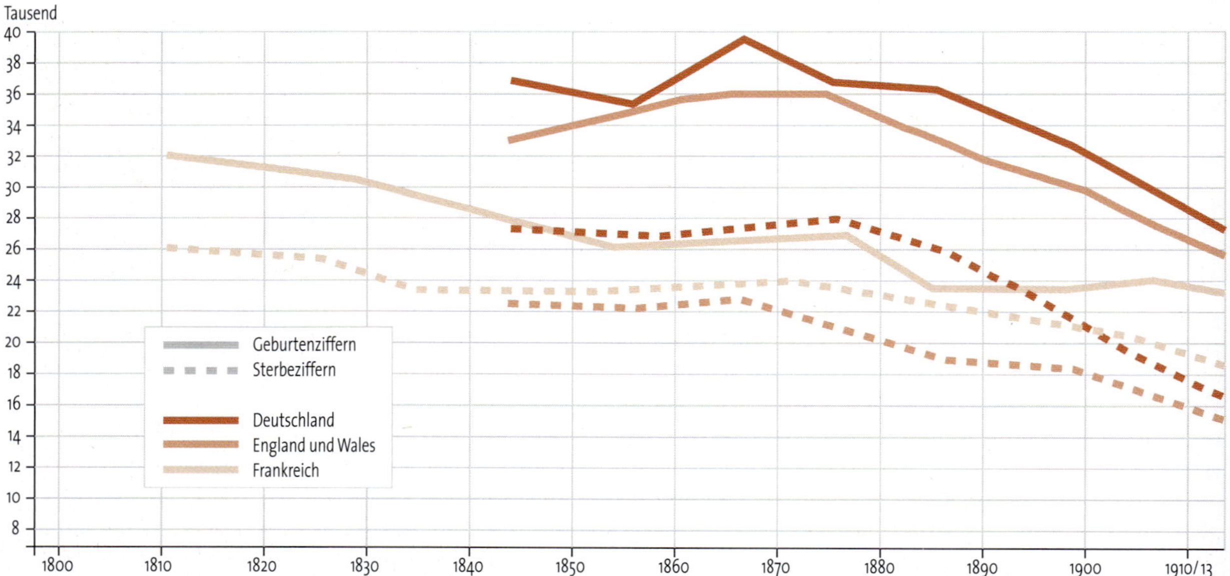

Nach: André Armengaud, Die Bevölkerung Europas von 1700-1914, in: Carlo Cipolla und Knut Borchardt (Hrsg.), Bevölkerungsgeschichte Europas. Mittelalter bis Neuzeit, München 1971, S. 123-179, hier S. 147 und 158

1. *Erläutern Sie das Diagramm. Vergleichen Sie mit der Abbildung auf S. 153.*

2. *Untersuchen Sie, ob sich im Kurvenverhalten charakteristische Phasenabläufe von Geburten- bzw. Sterbeziffern feststellen lassen.*

M2 Eine zeitgenössische Bevölkerungstheorie

Der britische Nationalökonom und Sozialphilosoph Thomas Robert Malthus vertritt in seiner 1798 veröffentlichten Schrift „Versuch über das Bevölkerungsgesetz" folgende, später nach ihm „Malthusianismus" benannte Bevölkerungstheorie:

Es kann also ruhig erklärt werden, dass sich die Bevölkerung, wenn sie nicht gehemmt wird, alle 25 Jahre verdoppelt oder in geometrischer Reihe zunimmt. [...]
Man kann ruhig behaupten, dass in Anbetracht des gegenwärtigen Durchschnittszustandes der Erde die Lebensmittel auch unter den dem menschlichen Fleiß günstigsten Umständen nicht dahin gebracht werden könnten, sich schneller als in arithmetischer Reihe zu vermehren. Die notwendigen Folgen dieser beiden verschiedenen Vermehrungsraten werden, zusammengestellt, überraschende sein. Nehmen wir an, die Bevölkerung dieser Insel[1] betrage 11 Millionen, und der gegenwärtige Ertrag genüge, um eine solche Zahl ohne Schwierigkeiten zu unterhalten. In den ersten 25 Jahren würde die Bevölkerung 22 Millionen betragen, und da die Nahrungsmittel sich ebenfalls verdoppeln, so würden die Subsistenzmittel[2] jenem Wachstum entsprechen. In den nächsten 25 Jahren würde die Bevölkerung 44 Millionen betragen, die Subsistenzmittel aber würden nur für 33 Millionen genügen. In der folgenden Periode würde die Bevölkerung 88 Millionen betragen, und die Subsistenzmittel würden gerade zur Erhaltung der Hälfte dieser Zahl ausreichen. Und zum Schlusse des ersten Jahrhunderts würde die Bevölkerung auf 176 Millionen gestiegen sein, während die Lebensmittel für 55 Millionen ausreichen würden, sodass 121 Millionen vollständig unversorgt wären.

Thomas Robert Malthus, Eine Abhandlung über das Bevölkerungsgesetz, aus dem Englischen übersetzt von Valentine Dorn, Bd. 1, Jena 1905, S. 18 und 21

1. *Erläutern Sie die von Malthus dargestellte Bevölkerungsentwicklung. Von welchen Faktoren hängt diese ab? Erstellen Sie ein Schaubild, auf dem Sie sein „Bevölkerungsgesetz" verdeutlichen.*

2. *Nehmen Sie Stellung zu Malthus' Theorie. Hat er Recht gehabt? Vergleichen Sie mit der Bevölkerungsentwicklung im 19. und 20. Jahrhundert.*

[1] Großbritannien

[2] die für den Lebensunterhalt bzw. zur Lebenshaltung notwendigen Mittel, hier: Nahrungsmittel

M3 Das Bevölkerungswachstum und seine Komponenten

Jahr	Eheschließungen	Lebendgeborene	Gestorbene (ohne Totgeb.)	Überschuss der Geborenen (+) bzw. Gestorbenen (-)	Wanderungsgewinne (+) bzw. -verluste (-) zwischen den Volkszählungen*	jährliche Wachstumsrate
	auf 1000 Einwohner				1000	%
1870	7,7	38,5	27,4	+11,1	-492	
1871	8,2	34,5	24,6	+4,9		0,47
1875	9,1	40,6	27,6	+13,0	-440	1,26
1880	7,5	37,6	26,0	+11,6	-385	1,02
1885	7,9	37,0	25,7	+11,4	-975	0,80
1890	8,0	35,7	24,4	+11,4	-345	1,50
1895	8,0	36,1	22,1	+13,9	-460	1,29
1900	8,5	35,6	22,1	+13,6	+140	1,44
1905	8,1	33,0	19,8	+13,2	+45	1,41
1910	7,7	29,8	16,2	+13,6	-150	1,34
1914	6,8	26,8	19,0	+7,8		1,21

* Der durchschnittliche jährliche Wanderungsgewinn bzw. -verlust in den Jahren zwischen zwei Volkszählungen ergibt sich aus der Differenz zwischen dem (aus Geburten und Sterbefällen) errechneten Bevölkerungsüberschuss und der tatsächlichen Bevölkerungszunahme nach den Volkszählungen.

Nach: Gerd Hohorst u. a. (Hrsg.), Sozialgeschichtliches Arbeitsbuch II. Materialien zur Statistik des Kaiserreichs 1870-1914, München [2]1978, S. 29 f.

1. *Erläutern Sie die Komponenten des Bevölkerungswachstums. Welche Faktoren könnten in einer Statistik zum Bevölkerungswachstum noch relevant sein?*

2. *Vergleichen Sie die Zahlen mit jenen zur vorindustriellen Bevölkerungsentwicklung. Nennen Sie auffällige Veränderungen und formulieren Sie Thesen.*

3. *Recherchieren Sie aktuelle Daten zu Bevölkerungsentwicklung, Einwanderung, Binnenwanderung und gegebenenfalls Auswanderung in der Bundesrepublik Deutschland. Erläutern Sie die Ergebnisse und Ihre Vorgehensweise bei der Recherche.*

M4 Durchschnittliche Lebenserwartung nach Altersstufen

Vollendetes Altersjahr	Jungen			Mädchen		
	1871/1881	1901/1910	2004/2006	1871/1881	1901/1910	2004/2006
	in Jahren					
0	35,6	44,8	76,6	38,4	48,3	82,1
1	46,5	55,1	76,0	48,1	57,2	81,4
5	49,4	55,2	72,0	51,0	57,3	77,4
10	46,5	51,2	67,1	48,2	53,4	72,5
20	38,4	42,6	57,2	40,2	44,8	62,6
30	31,4	34,6	47,6	33,1	36,9	52,7
40	24,5	26,7	38,0	26,3	29,2	42,9
50	18,0	19,4	28,9	19,3	21,4	33,5
60	12,1	13,1	20,6	12,7	14,2	24,5
70	7,3	8,0	13,2	7,6	8,5	16,0
80	4,1	4,4	7,5	4,2	4,7	8,9
90	2,3	2,4	3,8	2,4	2,6	4,1

1871/1881, 1901/1910: Deutsches Reich; 2004/2006: Deutschland

Nach: Gerd Hohorst u. a. (Hrsg.), a. a. O., S. 33 f. und Statistisches Bundesamt u. a. (Hrsg.), Datenreport 2008, Bonn 2008, S. 22

1. *Erläutern Sie die Entwicklung der Lebenserwartung nach Alterstufen. Berücksichtigen Sie die Unterschiede der Geschlechter.*
2. *Überlegen Sie, worauf die Entwicklung zurückzuführen ist.*

M5 Altersaufbau der deutschen Bevölkerung

a) Verteilung der deutschen Bevölkerung nach Altersgruppen 1871-1911:

Jahr der Volkszählung	Bevölkerung insgesamt	Davon im Alter von ... bis unter ... Jahren					
		unter 6	6-15	15-20	20-45	45-65	65 und mehr
		in 1000	in 1000	in 1000	in 1000	in 1000	in 1000
1871	41 059*	6 190	7 899	3 746	14 482	6 821	1 891
1880	45 284*	7 316	8 700	4 227	15 631	7 169	2 130
1890	49 428	7 595	9 777	4 803	16 999	7 733	2 521
1900	56 367	8 713	10 902	5 319	20 057	8 625	2 750
1911	64 992	9 408	12 824	6 285	23 312	9 924	3 239

* einschließlich Personen ohne Altersangabe

b) Die deutsche Bevölkerung nach Altersstufen 1910, 2005 und 2050:

am 31. 12. 1910

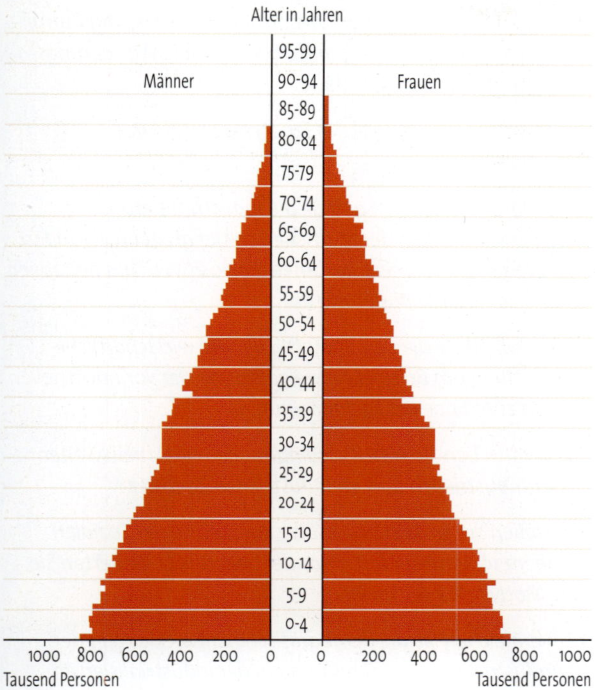

am 31. 12. 2050

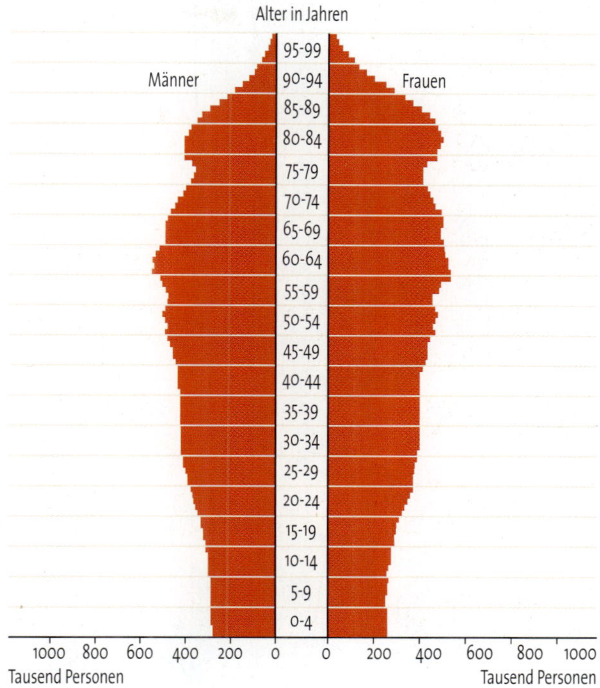

am 31. 12. 2005

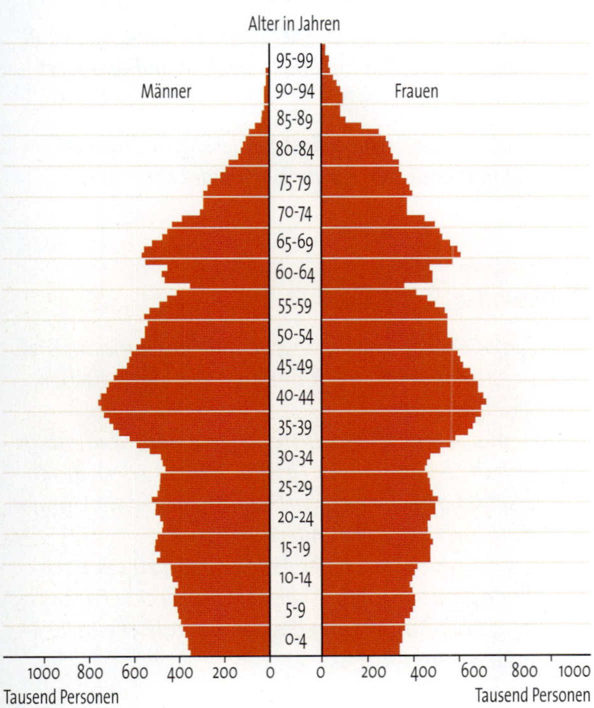

Nach: Gerd Hohorst u. a. (Hrsg.), a. a. O., S. 23 und Statistisches Bundesamt (Hrsg.), Bevölkerung Deutschlands bis 2050. 11. koordinierte Bevölkerungsvorausberechnung, Wiesbaden 2006, S. 16

1. *Erläutern Sie die Tabelle a).*

2. *Wandeln Sie beispielhaft die Daten von zwei Jahren der Volkszählung in Tabelle a) zur Bevölkerung insgesamt (z. B. 1871 und 1900) in eine Alterspyramide um. Vergleichen Sie diese mit den Alterspyramiden der Jahre 1910, 2005 und 2050.*

3. *Beschreiben Sie die verschiedenen Formen der Grafiken in b) zum Altersaufbau der Bevölkerung. Wie verändern sich die „Lebensbäume“? Warum haben sie Dellen und Ausbuchtungen?*

4. *Treffen Sie anhand von Tabelle a) und den Grafiken in b) Aussagen über die Bevölkerungsentwicklung. Was kennzeichnet jeweils den demografischen Wandel im jeweiligen Zeitraum? Vergleichen Sie mit der Bevölkerungsentwicklung der vorindustriellen Gesellschaft auf S. 72-79.*

5. *Arbeiten Sie die langfristigen Tendenzen der Bevölkerungsentwicklung heraus. Betrachten Sie besonders die Grafik für das Jahr 2050. Welche Probleme ergeben sich für eine Gesellschaft aus dem Altersaufbau? Nennen Sie Beispiele.*

▲ Junge und Mädchen knüpfen Teppiche.
Foto von Stefani Strulik aus Kathmandu/Nepal, um 2000.

- *Informieren Sie sich über die Ursachen für Kinderarbeit in der heutigen Zeit und vergleichen Sie mit der Kinderarbeit im 18. und 19. Jahrhundert.*
- *Beurteilen Sie, welche Maßnahmen gegen Kinderarbeit wirksam und sinnvoll sind.*

1. *Definieren Sie „Ständegesellschaft", „Grundherrschaft" und „Leibeigenschaft". Arbeiten Sie die Beziehungen zwischen diesen Phänomenen der vorindustriellen Welt heraus.*

2. *Stellen Sie die Formen der Daseinsvorsorge in der vorindustriellen Gesellschaft dar.*

3. *Die vorindustrielle Gesellschaft wird häufig als „formierte Gesellschaft" bezeichnet. Erläutern Sie diese Kennzeichnung anhand der gesellschaftlichen Normen.*

4. *Fassen Sie Ursachen, Maßnahmen und Ergebnisse der liberalen Reformen um 1800 zusammen.*

5. *Erläutern Sie, inwiefern die Reformen im frühen 19. Jahrhundert zu einer Dynamisierung wirtschaftlicher und gesellschaftlicher Entwicklungen beigetragen haben.*

6. *Zeigen Sie an Beispielen, wie die Industrialisierung räumliche Gegensätze verstärkte und überregionale Wanderungsbewegungen in Gang setzte.*

7. *Bewerten Sie die Rolle des Staates während der Industrialisierung.*

8. *Erklären Sie, warum gerade die Industrialisierung die Lebensbedingungen der Menschen so tief greifend verändert hat. Wägen Sie in einem Resümee die positiven und negativen Folgen der Industrialisierung ab.*

9. *Verfolgen Sie die gesellschaftliche und wirtschaftliche Entwicklung am Beispiel einer Region von der vorindustriellen Zeit bis zum Ende des 19. Jahrhunderts.*

10. *Vergleichen Sie Arbeitsbedingungen und Arbeitswelten im vorindustriellen und im industriellen Zeitalter.*

11. *Stellen Sie praktische Ansätze zur Lösung der Sozialen Frage im 19. Jahrhundert einander gegenüber. Bewerten Sie ihre Motive und Wirkungen.*

12. *Vergleichen Sie die demografische Entwicklung in der vorindustriellen Gesellschaft und in der industrialisierten Gesellschaft am Ende des 19. Jahrhunderts miteinander. Erläutern Sie die jeweiligen Ursachen der Entwicklung.*

13. *Prüfen Sie, ob das Konzept der „Sozialen Marktwirtschaft" die Folgen der Industrialisierung in Deutschland verändert hätte.*

14. *Diskutieren Sie, ob die Industrialisierung für heutige Entwicklungsländer ein zukunftsweisendes Konzept ist.*

Sozialkunde

1. *Vergleichen Sie das Menschenbild der vorindustriellen Ständegesellschaft mit dem in pluralistischen Gesellschaften.*
2. *Freiheit und Gleichheit stehen in einem Spannungsverhältnis zueinander. Lässt sich diese These durch gesellschaftliche und wirtschaftliche Entwicklungen im 19. und 20. Jahrhundert belegen?*
3. *Untersuchen Sie, ob der gegenwärtig zu beobachtende demografische Wandel eine direkte Fortsetzung oder Auswirkung des „demografischen Überganges" um 1900 ist.*

Literaturtipps

Wolfgang Behringer, Kulturgeschichte des Klimas. Von der Eiszeit bis zur globalen Erwärmung, München 2007

Christoph Buchheim, Industrielle Revolutionen. Langfristige Wirtschaftsentwicklung in Großbritannien, Europa und Übersee, München 1994

Heinz Duchhardt, Europa am Vorabend der Moderne 1650-1800. Frühe Neuzeit II (Handbuch der Geschichte Europas, Bd. 6), Stuttgart 2003

Richard van Dülmen, Kultur und Alltag in der Frühen Neuzeit, 3 Bde., München ³2005

Axel Gotthard, Das Alte Reich 1495-1806, Darmstadt ³2006

Hubert Kiesewetter, Industrielle Revolution in Deutschland. Regionen als Wachstumsmotoren, Stuttgart 2004

Paul Münch, Lebensformen in der Frühen Neuzeit, Berlin 1998

Toni Pierenkemper, Gewerbe und Industrie im 19. und 20. Jahrhundert (Enzyklopädie deutscher Geschichte, Bd. 29), München ²2007

Günter Vogler, Europas Aufbruch in die Neuzeit, 1500-1650. Frühe Neuzeit I (Handbuch der Geschichte Europas, Bd. 5), Stuttgart 2003

Martin Vogt (Hrsg.), Deutsche Geschichte. Von den Anfängen bis zur Gegenwart, Frankfurt am Main ³2006

Internettipps

www.dhm.de/lemo/home.html

www.deutsches-museum.de

www.fabrikmuseum-roth.de

www.hdbg.de

www.historisches-lexikon-bayerns.de/base/start

www.industriemuseum.lauf.de/orientierungsplan.html

www.man.de/MAN/de/Unternehmen/Die_MAN_Gruppe/Firmenhistorie/MAN-Museum

www.museen.nuernberg.de/industriekultur

www.preussen-chronik.de

www.tim-bayern.de

www.uni-muenster.de/FNZ-Online/Welcome.html

www.uni-muenster.de/FNZ-Online/sozialeOrdnung/staendische/unterpunkte/kriterien.htm

▲ Industriemuseum, Lauf bei Nürnberg.

▲ Deutsches Museum, München.

Die deutsche Geschichte des 20. Jahrhunderts wurde von Demokratie und Diktatur geprägt. Von Anfang an stand die Weimarer Republik in diesem Spannungsfeld. Nach verlorenem Krieg und Novemberrevolution verknüpfte ein Teil der Bevölkerung mit der parlamentarischen Demokratie große Hoffnungen. Ein anderer Teil und die Führungskräfte in Staat, Wirtschaft und Gesellschaft hingen nach wie vor der gestürzten Monarchie und alten Wertvorstellungen an. Schließlich gewannen die Befürworter einer autoritären Staatsform die Oberhand, die die Versailler Friedensordnung revidieren wollten. Sie brachten Hitler an die Macht. „Weimars" Scheitern und die Errichtung der nationalsozialistischen Diktatur gelten als historischer Musterfall für die Zerstörung einer Demokratie. Wie kein anderer Abschnitt der deutschen Geschichte prägen und belasten nationalsozialistische Herrschaft, Zweiter Weltkrieg und Holocaust das kollektive Gedächtnis der Deutschen.

Die Geschichte nach 1945 war länger als vier Jahrzehnte nicht nur die Geschichte einer geteilten Nation, sondern auch die von Demokratie und Diktatur: Auf der einen Seite die importierte kommunistische Diktatur im Machtbereich der Sowjetunion, die ihre fehlende Legitimität bei ihren Bürgern durch das Herrschaftsmonopol der SED, durch Wahlfälschungen, Mauer und Stasi ersetzen musste, und auf der anderen Seite die ursprünglich nur als Provisorium ins Leben gerufene Bundesrepublik, die sich unter der wohlwollenden Führung des Westens zu einem demokratischen und wirtschaftlich prosperierenden Rechtsstaat entwickelte. Erst infolge des Zusammenbruchs der kommunistischen Staatenwelt in Europa konnten die Ostdeutschen die Diktatur beseitigen und sich als freie Bürger für die Wiedervereinigung Deutschlands im Sinne einer erweiterten Bundesrepublik entscheiden.

Diese Kapitel deutscher Geschichte zeigen deutlich, dass weder ein Verfassungstext noch Ideologie, Propaganda oder die Popularität eines politischen Führers das Gelingen und Scheitern politischer Ordnungen beeinflussen. Entscheidend für Erfolg oder Misserfolg eines Ordnungsmodells sind die vorherrschenden „politischen Mentalitäten" sowie die Zustimmung breiter Bevölkerungsschichten.

- Welche Ursachen und Folgen hatte die Spaltung der Nation in Gegner und Befürworter der Weimarer Republik? Woran ist die erste deutsche Demokratie gescheitert?
- Wie ist zu erklären, dass sich trotz Unrechtspolitik gegenüber Andersdenkenden und Minderheiten bis hin zum Holocaust so viele Deutsche mit der NS-Diktatur und ihrer „Volksgemeinschaft" identifizierten?
- Welche Faktoren führten in der Bundesrepublik zur Akzeptanz der demokratischen Neuordnung? Welchen Einfluss hatte dabei das „Wirtschaftswunder"?
- Welches Selbstverständnis hatte die Führung der DDR gegenüber ihren Bürgern und dem Westen? Wie standen Anspruch und Wirklichkeit in Wirtschaft und Gesellschaft zueinander?
- Welche Lehren wurden jeweils aus dem Scheitern politischer Ordnungen gezogen?

Demokratie und Diktatur - Probleme der deutschen Geschichte im 20. Jahrhundert

Die Weimarer Republik – Demokratie ohne Demokraten?

◂ **Arbeitslose im Hof des Arbeitsamtes in Hannover.**
Foto von Walter Ballhaus, 1930.

Entstehung der Republik	**1918**	Die Revolution am 9. November stürzt die Monarchie; Deutschland wird Republik.
		Der Erste Weltkrieg endet am 11. November mit bedingungsloser Kapitulation und Waffenstillstand.
		Die Generäle Erich Ludendorff und Paul von Hindenburg bekräftigen die „Dolchstoßlegende".
	1919	Der „Spartakus-Aufstand" in Berlin wird im Januar niedergeschlagen.
		Frauen und Männer wählen am 19. Januar die Verfassunggebende Nationalversammlung.
		Der Versailler Vertrag regelt die Nachkriegsordnung in Europa.
		Die Reichsverfassung tritt am 11. August in Kraft.
	1920	Der Kapp-Lüttwitz-Putsch vom 13. bis 17. März schlägt fehl.
Krisenjahre	**1921/22**	Attentate auf die „Erfüllungspolitiker" häufen sich.
	1923	Wegen unerfüllter Reparationszahlungen kommt es zu Ruhrbesetzung und „Ruhrkampf".
		Der Hitler-Putsch in München am 8./9. November scheitert.
		Die Regierung beendet die Hyperinflation mit einer Währungsreform.
Gefährdete Stabilität	**1925**	Nach dem Tod Friedrich Eberts wird Hindenburg am 26. April neuer Reichspräsident.
	1927	Die Arbeitslosenversicherung tritt in Kraft.
	1929	Der Zusammenbruch der New Yorker Börse löst eine Weltwirtschaftskrise aus.
Verfall der Demokratie	**1930**	Die Große Koalition aus SPD, Zentrum und bürgerlich-liberalen Parteien zerbricht als letzte Regierung mit einer Mehrheit im Parlament; ab 29. März regiert Heinrich Brüning als Kanzler des ersten Präsidialkabinetts dauerhaft mit Notverordnungen.
		In den Reichstagswahlen vom 14. September erhalten die radikalen Parteien einen deutlichen Stimmenzuwachs.
	1931	Nationalsozialisten, Deutschnationale und Stahlhelm formieren sich am 11. Oktober zur „Harzburger Front".
	1932	Mit 6,128 Millionen erreicht die Zahl der Arbeitslosen ihren Höchststand.
		Bei den Reichstagswahlen vom 31. Juli wird die NSDAP stärkste Partei.
		Bei den Reichstagswahlen am 6. November muss die NSDAP Verluste hinnehmen, bleibt aber stärkste Partei.
	1933	Kurt von Schleicher tritt am 28. Januar als Reichskanzler zurück, nachdem Reichspräsident Hindenburg ihm das Vertrauen entzogen hat.
		Am 30. Januar ernennt Reichspräsident Hindenburg Adolf Hitler zum Reichskanzler.

■ Die **Novemberrevolution** beendete **1918** die Monarchien im Reich und in den Ländern. Den republikanischen Politikern blieb die Aufgabe, die bedingungslose Kapitulation zu unterzeichnen, ohne die die Alliierten zu keinem Waffenstillstand bereit waren. In heftigen Auseinandersetzungen und trotz mehrerer Aufstände setzte sich in der **Weimarer Verfassung** 1919 das parlamentarische Regierungssystem gegen die revolutionären Arbeiter- und Soldatenräte und gegen konservativ-monarchische Kräfte durch.
Die junge Weimarer Republik war durch die Folgen des Weltkrieges dreifach belastet: Erstens durch die große Zahl von Toten und Versehrten sowie die von Kriegskosten und Kriegswirtschaft verursachte hohe **Inflation**; zweitens durch den Vertrag von Versailles mit Reparationsforderungen, Entmilitarisierung, Gebietsabtretungen und der als besondere „Schmach" empfundenen Behauptung der Alleinschuld des Deutschen Reiches am Kriegsausbruch; und drittens durch die nur schwer akzeptierte vollständige militärische Niederlage. Dies und den Zusammenbruch des von weiten Kreisen glorifizierten Kaiserreiches sahen viele als Folge eines meuchelmörderischen „Dolchstoßes" an: Schuld an der Niederlage sei nicht das Heer, sondern die Politik in der Heimat. Radikale von links und rechts lehnten die demokratische Republik ab und denunzierten ihre Repräsentanten als „Novemberverbrecher" oder „Erfüllungspolitiker".
So startete die Weimarer Republik mit einer mehrjährigen Krisenphase, die durch Streiks, Separatismus, Putschversuche der extremen Linken und Rechten, Attentate auf demokratische Politiker und Konflikte mit den Siegermächten gekennzeichnet war. Das Jahr **1923** markierte mit dem Ruhrkampf und dem gescheiterten **Hitler-Putsch** den Höhepunkt der Krise. Gleichzeitig war es ihr Wende- und Endpunkt, denn die Währungsreform ermöglichte erste vertragliche Vereinbarungen über die Reparationen sowie US-Kredite für die deutsche Wirtschaft.
Der einsetzende Wirtschaftsaufschwung brachte eine innenpolitische Beruhigung und Stabilisierung, die „Goldenen Zwanziger". Die Verträge von Locarno (1925) verbesserten die Beziehungen zu den Westalliierten und beendeten die außenpolitische Isolation Deutschlands durch die Aufnahme in den Völkerbund. Steigende Produktion, sinkende Arbeitslosigkeit, wachsendes Konsumniveau, kulturelle Blüte und Stabilität des parlamentarischen Systems kennzeichneten die Innenpolitik. Doch die Wahl des reaktionär-monarchistischen Weltkriegsgenerals Paul von Hindenburg zum Nachfolger des Sozialdemokraten Friedrich Ebert im Amt des Reichspräsidenten im Jahr 1925 veränderte die Lage. Nun stand ein Mann an der Spitze der Republik, dessen politische Vorstellungen dem Kaiserreich verpflichtet blieben.
Ständige Koalitionskrisen zeigten, wie instabil das politische System war. Die Instabilität wurde zur Staatskrise, als die **1929** von den USA ausgehende **Weltwirtschaftskrise** das stark verschuldete Deutschland erfasste. Unter dem Eindruck von Börsen- und Bankenkrach, Deflation, Arbeitslosigkeit und Massenarmut zerbrach 1930 die letzte demokratische Koalition. Der Reichspräsident und seine Berater nutzten von nun an die Möglichkeit, mit Notverordnungen (Artikel 48) ohne oder sogar gegen den Reichstag zu regieren. Das Recht zur Auflösung des Parlaments (Artikel 25), das eigentlich die Handlungsfähigkeit des Parlaments garantieren sollte, verlieh dem Reichspräsidenten in der Krisenzeit beinahe diktatorische Vollmacht. Da aber auch die von den Kanzlern Brüning, Papen und Schleicher geführten Präsidialkabinette die Krise nicht bewältigten, erzielten die radikalen Parteien enorme Wahlerfolge, vor allem die NSDAP. Im Januar 1933 schien die Ernennung Hitlers zum – mittlerweile vierten – Kanzler einer Präsidialregierung als vermeintlich „rettender Ausweg". Die Weimarer Republik war nicht nur in den Herzen und Köpfen vieler Deutscher, sondern auch in der politischen Realität bereits zu Ende gegangen. Wie viel Wahrheit steckt in der Einschätzung, die Weimarer Republik sei eine „Republik ohne Republikaner" und eine „Demokratie ohne Demokraten" gewesen?

■ Stellen Sie Faktoren der Stabilisierung und der Destabilisierung der Weimarer Republik einander gegenüber.
■ Veranschaulichen Sie in einem Schaubild, welche Ereignisse in welcher Weise für die Entwicklung der Weimarer Republik von Bedeutung waren.

Demokratische Errungenschaften

„Komm doch mit. Dafür haben wir Frauen uns doch lange eingesetzt", drängt Emma Kremer ihre Mutter. Sie sieht, wie ihre Mutter unsicher zu ihrem Mann schaut. Der schüttelt nur verständnislos den Kopf. „Es entspricht nicht der natürlichen Bestimmung der Frau. Für die Politik sind die Männer zuständig. Es führt nur zu Streit und zerstört den Familienfrieden", behauptet er.

Emma ist verzweifelt. Seit Jahren kämpft sie als Mitglied des Allgemeinen Deutschen Frauenvereins für politische Gleichberechtigung der Frauen. Ihre Vorbilder sind Louise Otto und Hedwig Dohm, die trotz großer Widerstände schon seit Mitte des 19. Jahrhunderts das Frauenstimmrecht fordern. Nun hat der „Rat der Volksbeauftragten" in Berlin am 12. November 1918 das Frauenwahlrecht beschlossen, und am heutigen 19. Januar 1919 finden die Wahlen zur Nationalversammlung statt. Emma kann es gar nicht erwarten, bis die Wahllokale in Bayreuth öffnen. Später möchte sie selbst kandidieren, um sich im Parlament für soziale Verbesserungen und die Rechte der Frauen einzusetzen.

Trotz ihrer Begeisterung gelingt es ihr nicht, ihre verunsicherte Mutter zu bewegen mitzugehen. Enttäuscht macht sie sich alleine auf den Weg. Ihr Vater will erst später wählen. Emma ärgert sich sehr über seine Haltung, obwohl sie weiß, dass die meisten Männer so denken.

Als sie am Wahllokal ankommt, sieht sie eine Schlange vor dem Eingang. Zu ihrer Freude sind darunter viele Frauen aus der Nachbarschaft. Vielleicht gelingt es ihr beim nächsten Mal, ihre Mutter zur Wahl mitzunehmen.

Eine neue Verfassung Nachdem die deutsche Heeresleitung im September 1918 die Niederlage im Ersten Weltkrieg eingestand, erfasste eine revolutionäre Welle das Land. Anfang November stürzten die ersten Monarchien, in allen deutschen Staaten traten die Fürsten zurück. Um einen Bürgerkrieg zu verhindern, wurde Kaiser Wilhelm II. zur Abdankung gezwungen. Das Amt des Reichskanzlers wurde ohne verfassungsrechtliche Legitimation **Friedrich Ebert** übertragen, dem Vorsitzenden der SPD, die im Reichstag die stärkste Fraktion stellte. Während er die Entscheidung über die künftige Staatsform einer rasch zu wählenden Nationalversammlung überlassen wollte, rief sein Parteifreund **Philipp Scheidemann** in Berlin die „Deutsche Republik" aus. Damit kam dieser dem Spartakusführer **Karl Liebknecht** zuvor, der zwei Stunden später die „Sozialistische Republik Deutschland" verkündete.

Aus Angst vor einer sozialistischen Räterepublik, in der die Macht nach russischem Vorbild auf Arbeiter- und Soldatenräte übergehen sollte, bemühte sich Ebert um eine Verständigung mit der Unabhängigen Sozialdemokratischen Partei Deutschlands (USPD). Die beiden Parteien bildeten am Morgen des 10. November eine Übergangsregierung, den „Rat der Volksbeauftragten": Er sollte bis zur Wahl der Nationalversammlung im Januar 1919 die Regierungsgeschäfte führen. Ein demokratisches Wahlrecht für Männer und Frauen sowie der Achtstundentag wurden verkündet.

Aus der Wahl zur Verfassunggebenden Nationalversammlung am 19. Januar 1919 ging die SPD als stärkste Partei hervor. Sie gewann jedoch nicht die erhoffte absolute Mehrheit. Ein mögliches Bündnis der sozialistischen Parteien scheiterte an dem für sie enttäuschenden Ergebnis der USPD; beide zusammen brachten es lediglich auf 45,5 Prozent der Stimmen. Die am 1. Januar 1919 gegründete Kommunistische Partei Deutschlands (KPD)

Friedrich Ebert (1871-1925): ab 1913 SPD-Vorsitzender, 1919 bis zu seinem Tod 1925 erster Reichspräident der Weimarer Republik

Philipp Scheidemann (1865-1939): Journalist und Politiker, seit 1913 Vorsitzender der SPD-Fraktion, proklamierte die Republik und wurde ihr erster Reichskanzler

Karl Liebknecht (1871-1919): Führer der Spartakisten, einem linken Flügel der 1917 von der SPD abgespaltenen Unabhängigen Sozialdemokratischen Partei Deutschlands (USPD)

▸ **Ausrufung der Republik und der Bildung des „Rats der Volksbeauftragten".**
Fotomontage als Bildpostkarte von 1918.
Am 9. November 1918 rief Philipp Scheidemann (SPD) am Fenster der Berliner Reichskanzlei die Republik aus. Die Szene wird eingerahmt von den Mitgliedern des neu gebildeten „Rats der Volksbeauftragten"; links (von o. nach u.): Hugo Haase (USPD), Otto Landsberg (SPD), Wilhelm Dittmann (USPD); rechts: Friedrich Ebert (SPD), Philipp Scheidemann und Emil Barth (USPD).

hatte die Wahlen zur Nationalversammlung boykottiert und sich gar nicht erst aufstellen lassen. Damit besaßen die bürgerlichen Parteien die Mehrheit in der Nationalversammlung.

Das Resultat zeigte, dass sich die deutschen Wähler eindeutig gegen das Rätesystem aussprachen. Aufgrund des Wahlergebnisses ergab sich die Zusammenarbeit der drei größten Fraktionen, die schon während des Krieges im Reichstag kooperiert hatten: SPD, Zentrum und Deutsche Demokratische Partei (DDP). Sie bildeten die sogenannte „Weimarer Koalition", die mit 76,1 Prozent der Stimmen die deutliche Mehrheit des Volkes hinter sich vereinigte (331 von insgesamt 423 Mandaten). Die Opposition war gespalten: Links stand die radikal sozialistische USPD und rechts die national-bürgerlich ausgerichtete Deutsche Volkspartei (DVP) sowie die völkische, konservativ-monarchistische Deutschnationale Volkspartei (DNVP).

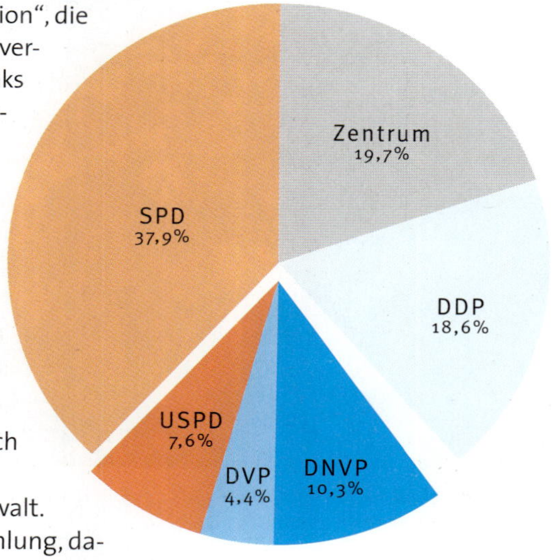

▲ **Ergebnis der Wahlen zur Nationalversammlung 1919.**

Um sich den politischen Unruhen in Berlin zu entziehen, trat die Nationalversammlung am 6. Februar 1919 in Weimar zusammen. Ihre vordringlichen Aufgaben waren es, bis zur ersten Reichstagswahl am 6. Juni 1920 eine vorläufige Regierung zu bilden und dem Deutschen Reich eine Verfassung zu geben. Ebert wurde am 11. Februar zum ersten Reichspräsidenten gewählt. Noch am selben Tag beauftragte er Scheidemann, eine Regierung zu bilden. Nach über fünfmonatiger Beratung nahm die Weimarer Nationalversammlung die neue Verfassung an (▸ M1). Das Deutsche Reich wurde zur parlamentarischen Republik erklärt.

Alle Macht lag beim Volk als dem Inhaber der Verfassunggebenden Gewalt. Repräsentant der Volkssouveränität war bis Juni 1920 die Nationalversammlung, danach der Reichstag. Am 11. August 1919 trat die neue Verfassung in Kraft. Erstmals in Deutschland musste das monarchistische Prinzip dem Grundsatz der Volkssouveränität weichen.

Der Wähler als Souverän Männer und Frauen über 20 Jahren erhielten das Recht, in allgemeinen, geheimen, unmittelbaren Wahlen alle vier Jahre die Abgeordneten des Reichstages und alle sieben Jahre den Reichspräsidenten zu wählen (▸ M2).

Um jede einzelne Stimme zur Geltung zu bringen, galt das Verhältniswahlrecht: Jede Partei erhielt für 60 000 gültige Stimmen ein Mandat. Eine Sperrklausel, die den kleinen Parteien – auch „Splitterparteien" genannt – den Zutritt zum Reichstag hätte verwehren können, gab es nicht. Anders als beim Mehrheitswahlrecht des Kaiserreichs gingen so kaum Stimmen verloren, was als besonders gerecht und demokratisch galt.

Dabei wurde übersehen, dass Wahlen nicht nur der demokratischen Gerechtigkeit dienen, sondern auch die Grundlage für regierungsfähige Mehrheiten im Parlament bilden sollen. Die durch das Verhältniswahlrecht bewirkte Parteienvielfalt im Reichstag erschwerte jedoch jede Konsensfindung. Hinzu kam, dass die Parteien keine Bereitschaft zu Kompromissen zeigten, die eigenen Interessen dem Gemeinwohl vorzogen und damit die Regierung schwächten.

Als Gegengewicht zum Reichstag führte die Weimarer Verfassung Elemente der direkten Demokratie ein: Volksbegehren und Volksentscheid. Die Staatsbürger sollten sich durch **Plebiszite** direkt an der staatlichen Willensbildung beteiligen. Jedoch konnte die plebiszitäre Komponente der Verfassung in der Praxis ihre Aufgabe nicht verwirklichen, ein „Gegengewicht zum Parteienstaat" zu bilden. Vielmehr wurden Volksabstimmungen von den Gegnern der Republik zur Manipulation der Massen einzusetzen versucht. Solche Bestrebungen, die auch ein Gradmesser für antidemokratische Einstellungen in der Bevölkerung waren, scheiterten jedoch bis 1933 an den fehlenden Mehrheiten.

Plebiszit: von lat. „plebis scitum" für Volksbeschluss, Volksabstimmung

▲ Zum ersten Mal dürfen die Frauen in Deutschland zur Wahl gehen.
Foto vom 19. Januar 1919.

Gleiche Rechte für Frauen? Zu den demokratischen Errungenschaften der Weimarer Republik gehört die verfassungsrechtliche Gleichstellung der Geschlechter (▸ M3). Schon während der Kriegsjahre waren vor allem Frauen aus der Arbeiterbewegung politisch aktiv, hatten sich an der Organisation von Streiks und Demonstrationen beteiligt und in der Frauenbewegung für ihre Rechte gekämpft. Aber auch bürgerliche Frauen engagierten sich und forderten gleiche politische Rechte. In der Revolution erfüllte der „Rat der Volksbeauftragten" bei den Wahlen zur Nationalversammlung 1918 eine sozialdemokratische Forderung: das aktive und passive Wahlrecht für Frauen.

Mit einer Wahlbeteiligung von fast 90 Prozent machten die Frauen von ihrem Stimmrecht regen Gebrauch, 41 von 310 Kandidatinnen zogen 1919 in die Weimarer Nationalversammlung ein (▸ M4). Ein solcher Anteil wurde erst wieder 1983 im zehnten Bundestag erreicht.

Nach der Reichsverfassung hatten Frauen nun „grundsätzlich dieselben staatsbürgerlichen Rechte und Pflichten" wie Männer. Die gesellschaftliche Wirklichkeit blieb jedoch weit hinter der Verfassung zurück. Weder auf dem Arbeitsmarkt, wo Frauen für die gleiche Arbeit weniger Lohn erhielten als die Männer, noch im Familienrecht galt der Gleichberechtigungsgrundsatz. Für jede Tätigkeit über die der Hausfrau und Mutter hinaus brauchten die Frauen die Erlaubnis des Ehemannes. So bestimmte es das Bürgerliche Gesetzbuch bis 1977. Auch in der Politik blieb die männliche Domäne trotz Frauenwahlrecht und steigender weiblicher Mitgliederzahlen in Parteien und Gewerkschaften unangetastet. Weiterhin nahmen die Männer die führenden Positionen ein.

Das Kräftespiel der Verfassungsorgane Dem Reichstag oblag nun neben dem Recht auf Gesetzgebung auch die Kontrolle der Regierung, d. h. Kanzler und Minister benötigten für ihre Amtsführung sein Vertrauen. Jeder von ihnen konnte durch ein Misstrauensvotum zum Rücktritt gezwungen werden. Es bestand jedoch keine Pflicht, gleichzeitig mit der Abwahl des Kanzlers einen neuen Regierungschef zu wählen. Dadurch konnte eine handlungsfähige Regierung fehlen.

Mit besonderen Vollmachten war der Reichspräsident ausgestattet. Er allein ernannte und entließ den Kanzler und konnte den Reichstag auflösen. Außerdem war er Oberbefehlshaber der Reichswehr. Bei Störung der öffentlichen Sicherheit und Ordnung im Reich konnte der Reichspräsident mit dem Artikel 48 die zu ihrer Wiederherstellung nötigen Maßnahmen treffen und notfalls die Reichswehr einsetzen. Im Laufe der Jahre wurde dieser Artikel jedoch verstärkt unter Umgehung des Parlaments herangezogen, um wirtschaftliche und soziale Probleme zu lösen.

Die Grundrechte Der Katalog der Grundrechte und Grundpflichten, den die Weimarer Verfassung als zweiten Hauptteil aufführte (Art. 109-165), erfüllte eine alte Forderung des deutschen Liberalismus. **Hugo Preuß**, der im Auftrag Eberts einen Verfassungsentwurf ausarbeitete und als „Vater der Verfassung" gilt, bezeichnete die Aufnahme der Grundrechte als einen Akt der Pietät gegenüber den Abgeordneten der Paulskirche (1848/49), die in diesen Grundrechten ein Kernstück jeder Verfassung gesehen hatten: Rechtsgleichheit, Freizügigkeit, Recht der freien Meinungsäußerung, Freiheit der Person, Glaubens- und Gewissensfreiheit sowie soziale Grundrechte.

Hugo Preuß (1860-1925): liberaler Staatsrechtslehrer und Politiker, Innenminister im Jahre 1919

Die wichtige Aufgabe der Kontrolle der Staatsmacht erfüllte dieser Katalog jedoch nicht in vollem Umfang, da viele Grundrechte in Krisenzeiten durch Notverordnungen gemäß Artikel 48 außer Kraft gesetzt werden konnten. Dass dies nicht nur zur Sicherung, sondern auch zur Zerstörung der demokratischen Ordnung geschehen konnte, vermochten sich die Verfassungsgeber nicht vorzustellen. Sie gaben der Republik eine wertneutrale Verfassung ohne normative Einschränkung, die den Gegnern der Demokratie von links und rechts die Möglichkeit bot, den Staat massiv zu bekämpfen. Die verantwortlichen Politiker sahen das Wesen der Demokratie ausschließlich in der Mehrheitsentscheidung, unabhängig davon, in welche Richtung sie ging. Außerdem bestand für die Bürger keine Möglichkeit, die Verletzung der Grundrechte durch die Staatsgewalt vor Gericht einzuklagen. Auch ein Verfassungskern, der nicht durch Parlamentsmehrheiten verändert werden durfte, wurde nicht definiert.

Erfolge der Sozialpolitik Die Weimarer Reichsverfassung schrieb erstmals einen Katalog sozialer Grundrechte fest: den Schutz und die Förderung von Ehe und Familie, das Recht auf Arbeit, den Schutz der Jugend, die Förderung des Mittelstandes und vieles mehr.

Wichtige Weichen waren im Kaiserreich mit der Kranken-, Unfall- sowie Invaliditäts- und Altersversicherung gestellt worden. Die neue Verfassung ging einen Schritt weiter, indem sie die staatlichen Organe verpflichtete, das Wirtschaftsleben nach „den Grundsätzen der Gerechtigkeit mit dem Ziele der Gewährleistung eines menschenwürdigen Daseins für alle" (Art. 151) zu gestalten. Damit schuf sie die Grundlage für den Aufbau eines Sozialstaates.

Die Folgen des Ersten Weltkrieges sowie die Forderungen der Novemberrevolutionäre hatten den Aus- und Umbau der Sozialpolitik notwendig gemacht. Die vielen Kriegsinvaliden, Witwen und Waisen mussten versorgt, sechs Millionen entlassener Soldaten sowie drei Millionen Rüstungsarbeiterinnen und -arbeiter mussten wieder in das Berufsleben integriert werden. Hinzu kam die anhaltende Wohnungsnot, die nur mit einer umfangreichen Bauförderung behoben werden konnte.

Als eine seiner ersten Maßnahmen erließ der „Rat der Volksbeauftragten" am 13. November 1918 eine Verordnung über die Erwerbslosenfürsorge. An die Stelle der traditionellen Armenfürsorge, die auch im Kaiserreich noch von karitativen Vorstellungen

▲ **„Der Streichholzhändler."**
Gemälde von Otto Dix, Öl auf Leinwand, partiell Collagen, 1920.
Das Bild ist eines von insgesamt vier von Dix gemalten „Krüppelbildern". Kümmerlich von der Wohlfahrt oder sogar ohne jede Unterstützung lebende Kriegsversehrte, die als Bettler, Musikanten oder Straßenhändler ihr Auskommen suchten, gehörten in der Weimarer Republik zum gewohnten Bild. Aus dem Mund des Streichhändlers gellt der Ruf „Streichhölzer, echte Schwedenhölzer", der mit kreidiger Ölfarbe auf die Leinwand gekritzelt ist.
- *Analysieren Sie, mit welchen Mitteln der Künstler seine Haltung ausdrückt.*

gekennzeichnet war, trat die staatliche Sozialfürsorge, auf die es einen Rechtsanspruch gab (▸ M5).

Nach Überwindung der schwierigen Nachkriegsjahre, der Inflation und Währungsreform von 1923 trat in einer Phase wirtschaftlichen Aufschwungs am 1. Oktober 1927 das Gesetz über Arbeitsvermittlung und Arbeitslosenversicherung in Kraft. Die Beiträge zur Arbeitslosenversicherung wurden zu gleichen Teilen von Arbeitnehmern und Arbeitgebern finanziert, staatliche Zuschüsse garantierten die Auszahlungen. Zusätzlich versuchte man, mit Arbeitsbeschaffungsmaßnahmen die Arbeitslosigkeit zu verringern.

Die Art. 159 und 165 der Verfassung erlaubten Gewerkschaften, Berufsverbände und Betriebsräte. Die Gewerkschaften, die damit als legitime Vertreter der Arbeitnehmerinteressen und Tarifpartner anerkannt wurden, durften bessere Arbeits- und Lohnbedingungen aushandeln und sie notfalls mit Streiks durchsetzen. Der bereits 1918 eingeführte Achtstundentag bei vollem Lohnausgleich erfüllte darüber hinaus eine der ältesten Forderungen der Arbeiterbewegung. Eine weitere wichtige Veränderung war die Regelung des bezahlten Erholungsurlaubs, der für die meisten Arbeitnehmer allerdings nur wenige Tage betrug.

Die Grenzen des Wohlfahrtsstaats Die Weimarer Republik konnte die umfassenden sozialpolitischen Garantieerklärungen der Verfassung nicht einlösen. So wurde der Achtstundentag schon Ende 1923 auf Druck der Unternehmer durch Sonderregelungen wieder aufgeweicht und längere Arbeitszeiten für zulässig erklärt.

Auf die Massenarbeitslosigkeit in der Weltwirtschaftskrise ab 1929 war der Staat nicht vorbereitet.* Die Arbeitslosenversicherung war von Anfang an auf höchstens 800 000 Erwerbslose ausgerichtet, die durchschnittliche Arbeitslosenzahl in der Weimarer Republik lag jedoch bei über einer Million und stieg 1932 auf mehr als sechs Millionen.

Die sprunghaft wachsenden Ausgaben überlasteten die Sozialsysteme, die bereits in stabileren Phasen an ihre Grenzen geraten waren. Nun waren sie nicht mehr in der Lage, die benötigten Leistungen zu erbringen. Obwohl die Höhe und Bezugsdauer des Arbeitslosengeldes immer weiter gekürzt wurden, reichten die Reserven der Reichsanstalt nicht aus. Immer mehr Menschen waren deshalb auf kommunale Fürsorgesysteme angewiesen, 1930 fast ein Fünftel der Bevölkerung. Das Versagen der sozialen Sicherungssysteme bot den Republikgegnern von links und rechts willkommene Angriffspunkte. An der Frage der Arbeitslosenversicherung zerbrach 1930 schließlich die letzte parlamentarische Regierung der Weimarer Republik.

Ungeachtet ihrer Defizite sind der Weimarer Sozialpolitik jedoch wesentliche sozialpolitische Errungenschaften und Impulse zu verdanken, welche die Grundlage unseres heutigen Sozialsystems bilden.

* siehe dazu S. 184 f. und 192 f.

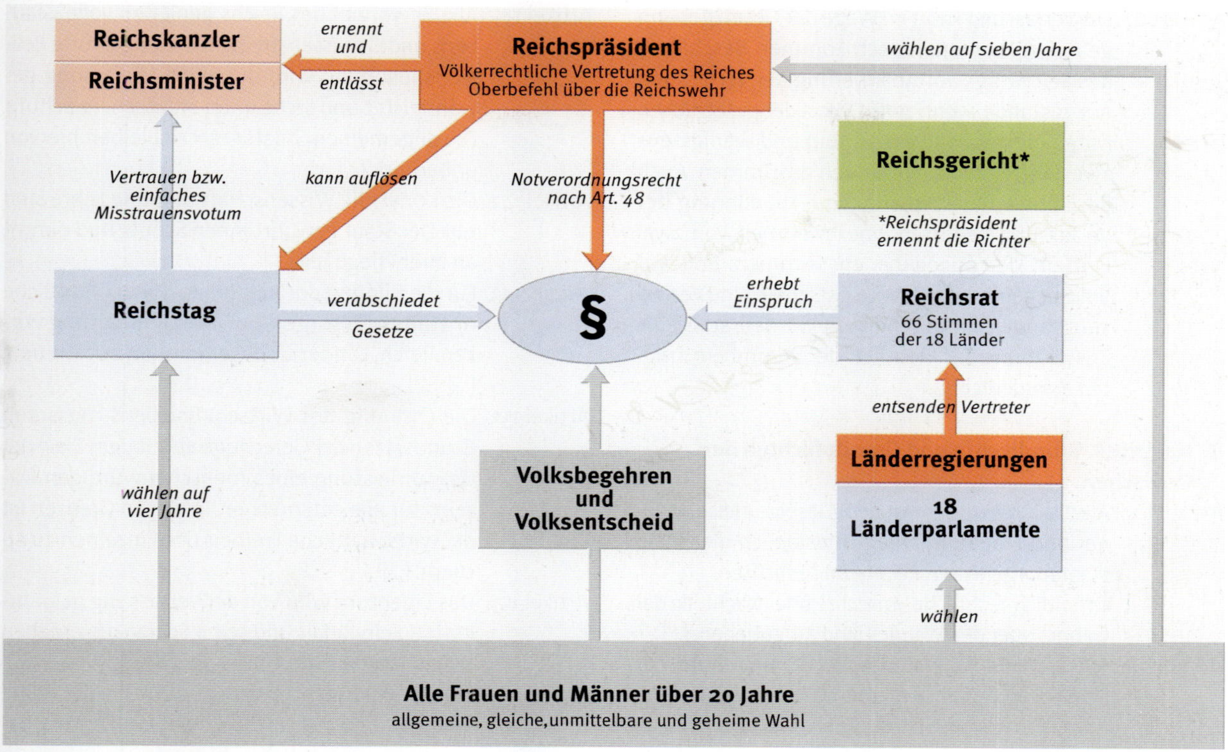

▲ Die Weimarer Verfassung von 1919.

■ *Erstellen Sie nach dem Muster ein Organigramm des Staatsaufbaus der Bundesrepublik Deutschland. Erläutern Sie wesentliche Unterschiede.*

M1 Die Weimarer Verfassung

Am 11. August 1919 tritt die Weimarer Verfassung in Kraft. In einem ersten Hauptteil (Art. 1-108) werden Aufbau und Aufgaben des Reiches geregelt, der zweite Hauptteil (Art. 109-181) enthält Grundrechte und -pflichten der Bürger:

I. Hauptteil. Aufbau und Aufgaben des Reichs

Artikel 1. Das Deutsche Reich ist eine Republik. Die Staatsgewalt geht vom Volke aus. [...]

Artikel 13. Reichsrecht bricht Landrecht. [...]

Artikel 21. Die Abgeordneten sind Vertreter des ganzen Volkes. Sie sind nur ihrem Gewissen unterworfen und an Aufträge nicht gebunden.

Artikel 22. Die Abgeordneten werden in allgemeiner, gleicher, unmittelbarer und geheimer Wahl von den über zwanzig Jahre alten Männern und Frauen nach den Grundsätzen der Verhältniswahl gewählt. [...]

Artikel 25. Der Reichspräsident kann den Reichstag auflösen, jedoch nur einmal aus dem gleichen Anlass. [...]

Artikel 41. Der Reichspräsident wird vom ganzen deutschen Volke gewählt. [...]

Artikel 48. [...] Der Reichspräsident kann, wenn im Deutschen Reiche die öffentliche Sicherheit und Ordnung erheblich gestört oder gefährdet wird, die zur Wiederherstellung der öffentlichen Sicherheit und Ordnung nötigen Maßnahmen treffen, erforderlichenfalls mithilfe der bewaffneten Macht einschreiten. Zu diesem Zwecke darf er vorübergehend die in den Artikeln 114, 115, 117, 118, 123, 124 und 153[1] festgesetzten Grundrechte ganz oder zum Teil außer Kraft setzen. [...]

Artikel 54. Der Reichskanzler und die Reichsminister bedürfen zu ihrer Amtsführung des Vertrauens des Reichstags. Jeder von ihnen muss zurücktreten, wenn ihm der Reichstag durch ausdrücklichen Beschluss sein Vertrauen entzieht. [...]

[1] In diesen Artikeln ging es vor allem um die Freiheit der Person und ihres Eigentums, Unverletzlichkeit der Wohnung, Briefgeheimnis sowie um Meinungs-, Versammlungs- und Vereinigungsfreiheit.

Artikel 76. Die Verfassung kann im Wege der Gesetzgebung geändert werden. Jedoch kommen Beschlüsse des Reichstags auf Abänderung der Verfassung nur zustande, wenn zwei Drittel der gesetzlichen Mitgliederzahl anwesend sind und wenigstens zwei Drittel der Anwesenden zustimmen. Auch Beschlüsse des Reichsrats auf Abänderung der Verfassung bedürfen einer Mehrheit von zwei Dritteln der abgegebenen Stimmen. Soll auf Volksbegehren durch Volksentscheid eine Verfassungsänderung beschlossen werden, so ist die Zustimmung der Mehrheit der Stimmberechtigten erforderlich. [...]

II. Hauptteil. Grundrechte und Grundpflichten der Deutschen

Artikel 109. Alle Deutschen sind vor dem Gesetze gleich. Männer und Frauen haben grundsätzlich dieselben staatsbürgerlichen Rechte und Pflichten.
Öffentlich-rechtliche Vorrechte oder Nachteile der Geburt oder des Standes sind aufzuheben. [...]

Artikel 118. Jeder Deutsche hat das Recht, innerhalb der Schranken der allgemeinen Gesetze seine Meinung durch Wort, Schrift, Druck, Bild oder in sonstiger Weise frei zu äußern. [...]
Eine Zensur findet nicht statt [...].

Artikel 119. Die Ehe steht als Grundlage des Familienlebens und der Erhaltung und Vermehrung der Nation unter dem besonderen Schutz der Verfassung. Sie beruht auf der Gleichberechtigung der beiden Geschlechter.
Die Reinerhaltung, Gesundung und soziale Förderung der Familie ist Aufgabe des Staats und der Gemeinden. Kinderreiche Familien haben Anspruch auf ausgleichende Fürsorge.
Die Mutterschaft hat Anspruch auf den Schutz und die Fürsorge des Staats. [...]

Artikel 122. Die Jugend ist gegen Ausbeutung sowie gegen sittliche, geistige oder körperliche Verwahrlosung zu schützen. Staat und Gemeinde haben die erforderlichen Einrichtungen zu treffen. [...]

Artikel 123. Alle Deutschen haben das Recht, sich ohne Anmeldung oder besondere Erlaubnis friedlich und unbewaffnet zu versammeln. [...]

Artikel 128. Alle Staatsbürger ohne Unterschied sind nach Maßgabe der Gesetze und entsprechend ihrer Befähigung und ihren Leistungen zu den öffentlichen Ämtern zuzulassen.
Alle Ausnahmebestimmungen gegen weibliche Beamte werden beseitigt. [...]

Artikel 135. Alle Bewohner des Reichs genießen volle Glaubens und Gewissensfreiheit. Die ungestörte Religionsausübung wird durch die Verfassung gewährleistet und steht unter staatlichem Schutz. Die allgemeinen Staatsgesetze bleiben hiervon unberührt. [...]

Artikel 142. Die Kunst, die Wissenschaft und ihre Lehre sind frei. Der Staat gewährt ihnen Schutz und nimmt an ihrer Pflege teil.

Artikel 143. Für die Bildung der Jugend ist durch öffentliche Anstalten zu sorgen. Bei ihrer Einrichtung wirken Reich, Länder und Gemeinden zusammen. [...]

Artikel 151. Die Ordnung des Wirtschaftslebens muss den Grundsätzen der Gerechtigkeit mit dem Ziele der Gewährleistung eines menschenwürdigen Daseins für alle entsprechen. In diesen Grenzen ist die wirtschaftliche Freiheit des Einzelnen zu sichern. [...]

Artikel 153. Das Eigentum wird von der Verfassung gewährleistet. Sein Inhalt und seine Schranken ergeben sich aus den Gesetzen.
Eine Enteignung kann nur zum Wohle der Allgemeinheit und auf gesetzlicher Grundlage vorgenommen werden. [...]
Eigentum verpflichtet. Sein Gebrauch soll zugleich Dienst sein für das Gemeine Beste.

Artikel 157. Die Arbeitskraft steht unter dem besonderen Schutz des Reichs.
Das Reich schafft ein einheitliches Arbeitsrecht. [...]

Artikel 159. Die Vereinigungsfreiheit zur Wahrung und Förderung der Arbeits- und Wirtschaftsbedingungen ist für jedermann und für alle Berufe gewährleistet. [...]

Artikel 161. Zur Erhaltung der Gesundheit und Arbeitsfähigkeit, zum Schutz der Mutterschaft und zur Vorsorge gegen die wirtschaftlichen Folgen von Alter, Schwäche und Wechselfällen des Lebens schafft das Reich ein umfassendes Versicherungswesen unter maßgebender Mitwirkung der Versicherten.

Artikel 162. Das Reich tritt für eine zwischenstaatliche Regelung der Rechtsverhältnisse der Arbeiter ein, die für die gesamte arbeitende Klasse der Menschheit ein allgemeines Mindestmaß der sozialen Rechte erstrebt.

Artikel 163. [...] Jedem Deutschen soll die Möglichkeit gegeben werden, durch wirtschaftliche Arbeit seinen Unterhalt zu erwerben. Soweit ihm angemessene

Arbeitsgelegenheit nicht nachgewiesen werden kann, wird für seinen notwendigen Unterhalt gesorgt.

Artikel 165. Die Arbeiter und Angestellten sind dazu berufen, gleichberechtigt in Gemeinschaft mit den Unternehmern an der Regelung der Lohn- und Arbeitsbedingungen sowie an der gesamten wirtschaftlichen Entwicklung der produktiven Kräfte mitzuwirken. Die beiderseitigen Organisationen und ihre Vereinbarungen werden anerkannt.

Günther Franz (Hrsg.), Staatsverfassungen, München ^{3}1975, S. 192-222

1. *Charakterisieren Sie anhand der Verfassung Wesen und Ziele der neuen Republik.*
2. *Definieren Sie den Begriff „Demokratie" in seiner ursprünglichen und seiner modernen Bedeutung. Welche Bestimmungen machen die Weimarer Republik zu einer Demokratie?*
3. *Die Verfassung sollte den Interessen der gesellschaftlichen Gruppen entgegenkommen und einen sozialen Ausgleich schaffen. Überlegen Sie, welche Gruppen an welchen Bestimmungen besonderes Interesse gehabt haben könnten. Begründen Sie Ihre Entscheidung.*
4. *Analysieren Sie, inwiefern die Verfassung soziale Ziele formuliert. Folgern Sie aus ihnen die Aufgaben der Regierungen.*
5. *Im Zusammenhang mit der Weimarer Verfassung wurde von einer „präsidialen Reserveverfassung" und in Bezug auf den Reichspräsidenten von einem „Ersatzkaiser" gesprochen. Überprüfen Sie anhand der Verfassungsartikel und des Schaubildes, was Anlass zu diesen Aussagen gegeben haben könnte.*
6. *Begründen Sie, warum der umfangreiche Grundrechtskatalog die Staatsmacht in Weimar kaum begrenzen konnte.*
7. *Überprüfen Sie, welche Folgerungen das Grundgesetz für die Sicherung der Grundrechte gezogen hat.*

M2 Der Reichspräsident in der Verfassung

Der Verfassungsexperte der SPD, der Jurist Max Quarck, schreibt 1919 über die Stellung des Reichspräsidenten in der neuen Verfassung:

Was der Abg. Haase im Einzelnen gegen den Reichspräsidenten angeführt hat, das hält einer ernsthaften Prüfung nicht stand. Er hat von einer unnützen dekorativen Einrichtung gesprochen [...]. Ernster ist vielleicht der Einwand zu nehmen, dass die Einrichtung eines Reichspräsidenten uns wieder in die alte Obrigkeitsherrschaft, in die alte Autoritätsherrschaft zurückführen könnte. [...] Das unabhängige Mitglied im Verfassungsausschuss, Abg. Dr. Cohn, muss doch wohl bezeugen, dass wir von den Mehrheitssozialisten sorgfältig und eifrig bemüht gewesen sind, in dieser Verfassung jede Spur von Machtbefugnissen für den Präsidenten zu tilgen, die etwa an die alte Monarchie und den alten Despotismus erinnern würden, unter dem wir so lange gelitten haben.
Die Hauptfunktion für den neuen Präsidenten wird sein die Zusammenstellung des Ministerkollegiums. Dazu braucht die neue Republik im Reichspräsidenten eine Persönlichkeit, die nicht direkt gebunden ist an Parteizusammenhänge, die einen Überblick hat über die politischen Köpfe des ganzen Reichs, die die Eignung dieser Köpfe zu Ministerämtern unabhängig von Parteikoterien[1] geltend machen kann. Ich denke, dass diese Funktion in der Geschichte unseres Landes noch eine entscheidende Rolle spielen wird.
Die Vertretung eines großen Wirtschaftsstaats, der hoffentlich bald wieder in engen Beziehungen zu den verschiedenen Ländern der Welt stehen wird, durch eine ausgeprägte Person ist weiter durchaus wünschenswert. [...] Nun wird dieser Reichspräsident genau wie das Parlament aus der Volksabstimmung hervorgehen. Er wird also von vornherein kraft seiner politischen Geburt den Zusammenhang mit denselben Kräften haben, die das Parlament in sich verkörpert. So wird ein Dualismus zwischen Präsident und Parlament von Anfang an so gut wie ausgeschlossen; die Gleichheit der Herkunft wird die Gleichheit der Ziele und Zwecke bestimmen.

Max Quarck, Der Geist der neuen Reichsverfassung, Berlin 1919, S. 13 f.

1. *Stellen Sie die Interessen der Gegner und Befürworter des Reichspräsidentenamtes zusammen.*
2. *Erläutern Sie, warum Quarck einen „Dualismus zwischen Präsident und Parlament" für ausgeschlossen hält. Bewerten Sie seine Argumentation.*

[1] Koterie: (von franz. coterie) bezeichnet eine abgeschlossene Gruppe, negativ für Clique

M3 Haben die Frauen gesiegt?

In der Sitzung der Nationalversammlung vom 19. Februar 1919 hält die SPD-Abgeordnete Marie Juchacz als erste Frau in Deutschland eine Parlamentsrede:

Ich möchte hier feststellen und glaube damit im Einverständnis vieler zu sprechen, dass wir deutschen Frauen dieser Regierung nicht etwa in dem althergebrachten Sinne Dank schuldig sind. Was diese Regierung getan hat, das war eine Selbstverständlichkeit: Sie hat den Frauen gegeben, was ihnen bis dahin zu Unrecht vorenthalten worden ist.
Wollte die Regierung eine demokratische Verfassung vorbereiten, dann gehörte zu dieser Vorbereitung das Volk, das ganze Volk in seiner Vertretung. [...]
Durch die politische Gleichstellung ist nun meinem Geschlecht die Möglichkeit gegeben zur vollen Entfaltung seiner Kräfte. Mit Recht wird man erst jetzt von einem neuen Deutschland sprechen können und von der Souveränität des ganzen Volkes. Durch diese volle Demokratie ist aber auch zum Ausdruck gebracht worden, dass die Politik in Zukunft kein Handwerk sein soll. Scharfes, kluges Denken, ruhiges Abwägen und warmes menschliches Fühlen gehören zusammen in einer vom ganzen Volk gewählten Körperschaft, in der über das zukünftige Wohl und Wehe des ganzen Volkes entschieden werden soll. [...]
Ich möchte hier sagen, dass die Frauenfrage, so wie es jetzt ist in Deutschland, in ihrem alten Sinne nicht mehr besteht, dass sie gelöst ist. Wir werden es nicht mehr nötig haben, mit Versammlungen, mit Resolutionen, mit Eingaben um unser Recht zu kämpfen. Der politische Kampf [...] wird sich von nun an in anderen Formen abspielen. [...]
Aber damit begeben wir uns nun keineswegs des Rechts, anders geartete Menschen, weibliche Menschen zu sein. Es wird uns nicht einfallen, unser Frauentum zu verleugnen, weil wir in die politische Arena getreten sind und für die Rechte des Volkes mitkämpfen.

Die Gleichheit. Zeitschrift für Arbeiterfrauen und Arbeiterinnen Nr. 12, 14.03.1919, S. 1

1. *Erläutern Sie, was für Juchacz „weibliche" Politik bedeutet.*
2. *Wie begründet sie das Wahlrecht für Frauen?*
3. *Das Wahlrecht für Frauen wurde in vielen europäischen Staaten spät eingeführt. Listen Sie Gründe auf, warum dies gerade 1919 in Deutschland der Fall war.*
4. *Nehmen Sie Stellung zu Juchacz' Beurteilung der Frauenfrage in Deutschland.*

M4 Weibliche Abgeordnete 1919-1930

Gesamtübersicht über die Frauen in den Fraktionen der deutschen Reichstage. Die kleineren Parteien sind nicht aufgeführt, jedoch in der Gesamtzahl eingeschlossen:

Partei	Zahl der Abgeordneten						davon Frauen					
	1919	1920	1924a[1]	1924b[2]	1928	1930	1919	1920	1924a	1924b	1928	1930
KPD	–	2	68	45	54	76	–	1	4	3	3	13
SPD	165	113	100	131	152	143	22	13	11	16	20	16
USPD	22	81	–	–	–	–	3	9	–	–	–	–
DDP	74	45	28	32	25	14	6	6	2	2	2	1
DVP	22	62	44	51	45	29	1	3	2	2	2	1
Zentrum	89	68	65	69	61	68	6	3	3	4	3	4
BVP	–	19	16	19	17	19	–	1	1	1	–	–
DNVP	41	65	106	111	78	41	3	3	4	5	2	3
Zusammen	423	463	472	493	490	575	41	37	27	33	35	41

Nach: Gabriele Bremme, Die politische Rolle der Frau in Deutschland. Eine Untersuchung über den Einfluss der Frauen bei Wahlen und ihre Teilnahme in Partei und Parlament, Göttingen 1956, S. 124, Tabelle 39

[1] Reichstagswahlen am 4. Mai 1924
[2] Reichstagswahlen am 7. Dezember 1924

Erläutern Sie den Anteil der weiblichen Abgeordneten in den Parteien im jeweiligen zeitlichen Kontext.

M5 Weimarer Sozialpolitik

a) Sozialversicherungsanteil der Erwerbstätigen 1885-1930:*

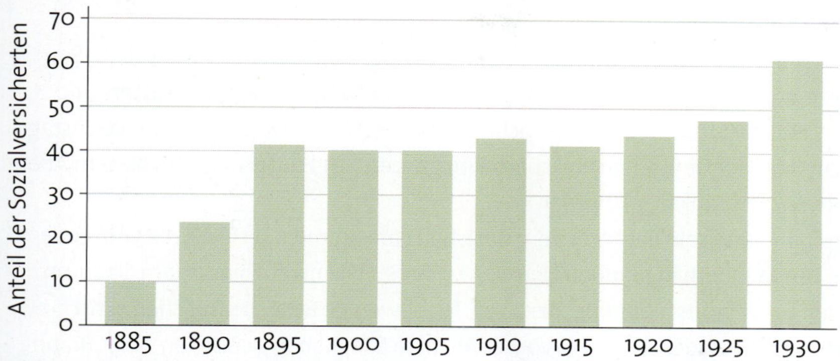

* Anteil der von den Sozialversicherungen erfassten Erwerbsbevölkerung im Durchschnitt der Sozialversicherungen in Prozent

Nach: Manfred G. Schmidt und Tobias Ostheim, Sozialpolitik in der Weimarer Republik, in: Manfred G. Schmidt, Tobias Ostheim, Nico A. Siegel und Reimut Zohlnhöfer (Hrsg.), Der Wohlfahrtsstaat. Eine Einführung in den historischen und internationalen Vergleich, Wiesbaden 2007, S. 131-143, hier S. 135

b) Öffentliche Ausgaben (Reich, Länder, Gemeinden) nach Aufgabenbereichen je Einwohner (in Preisen von 1900; 1913 = 100):

Aufgabenbereiche	1913		1925		1929		1932	
	Mark	Index	RM	Index	RM	Index	RM	Index
Krieg und Kriegsfolgen	25,1	100	21,9	87	27,7	110	14,2	57
Wirtschaftsförderung	17,0	100	15,8	93	22,1	130	18,2	107
Sozialer Bereich								
davon	20,5	100	64,7	316	101,6	496	106,3	519
Sozialversicherung	12,2	100	23,2	190	49,2	403	50,0	410
Gesundheitswesen u. Sozialhilfe	7,9	100	31,4	388	39,2	496	51,8	656
Öffentlicher Wohnungsbau	0,4	100	10,1	2525	13,2	3300	4,5	1125
Erziehung	17,5	100	20,5	117	27,8	159	24,4	139
Öffentliche Sicherheit	7,7	100	12,1	157	13,7	178	14,6	190
Dienstleistungen	9,6	100	13,7	143	14,9	155	15,5	162
Schuldendienst	5,8	100	0,9	16	4,1	71	6,7	116
Zusammen	103,2	100	150,2	146	211,9	205	199,9	194

Nach: Dietmar Petzina u. a. (Hrsg.), Sozialgeschichtliches Arbeitsbuch, Bd. 3: Materialien zur Statistik des Deutschen Reiches 1914-1945, München 1978, S. 147

1. *Erläutern Sie die Entwicklung der Sozialversicherung. Welche Probleme lassen sich erkennen?*

2. *Nehmen Sie Stellung zu der Aussage, die Sozialversicherung habe vor allem dazu beigetragen, „den demokratischen Staat unter extrem ungünstigen Rahmenbedingungen zu stabilisieren und ihm zunächst überhaupt eine Chance zu geben, sich zu bewähren“.*[1]

[1] Werner Abelshauser, Die Weimarer Republik – ein Wohlfahrtsstaat?, in: ders. (Hrsg.), Die Weimarer Republik als Wohlfahrtsstaat. Zum Verhältnis von Wirtschafts- und Sozialpolitik in der Industriegesellschaft, Wiesbaden/Stuttgart 1987, S. 9-31

Belastungen und Herausforderungen, Träger und Gegner der Republik

Ungeduldig wartet der 15-jährige Ferdinand Gruber am Abend des 25. April 1928 auf seinen Vater. Er hat versprochen, mit ihm die Wahlkampfveranstaltung des Außenministers und Friedensnobelpreisträgers Gustav Stresemann zu besuchen. Schon seit Wochen ist dieser im Reichstagswahlkampf als Spitzenkandidat der Deutschen Volkspartei im ganzen Land unterwegs. An diesem Abend wird er in den Münchener Bürgerbräukeller kommen.

Als Ferdinand und sein Vater vor dem Wirtshaus ankommen, verfliegt die Vorfreude schlagartig. Eine Gruppe von Männern in braunen Hemden und mit Hakenkreuzbinden am Oberarm versperrt den Eintretenden unter lautem Gepöbel den Weg. Nicht wenige Besucher machen kehrt, andere drängen sich verunsichert an den Männern vorbei. Auch im Saal haben sich schon viele „Braunhemden“ versammelt. Sie grölen, schwenken die Maßkrüge und rempeln die anderen Zuhörer an. Vergebens versuchen einige, die Störenfriede zur Ruhe zu bringen.

Kaum hat Stresemann die Rednertribüne betreten, steigert sich der Lärm ins Unerträgliche. Keinen Satz kann der Außenminister zu Ende bringen, ohne von den Nationalsozialisten niedergebrüllt zu werden. Schließlich zerschneiden sie die Lautsprecherleitungen. Nun ist endgültig kein Wort mehr zu verstehen. Wie viele andere verlassen Ferdinand und sein Vater noch vor dem Ende der Veranstaltung den Saal.

Am nächsten Morgen ist in den „Münchner Neuesten Nachrichten“ zu lesen, die Polizei habe den Wahlkampfauftritt nach eineinhalb Stunden aus Sicherheitsgründen abgebrochen. Unter der Überschrift „Ein Sieg der Dummheit“ heißt es in Anspielung auf den Hitler-Putsch am 9. November 1923, der Außenminister sei „in jener geistlosen und ungepflegten Weise“ niedergeschrien worden, „die allen Vertretern einer schlechten Sache als letzter Ausweg immer willkommen war. Was eine deutsche Revolution zu machen sich vermaß, endet an dem gleichen Platz mit dem geschwungenen Maßkrug des kleinsten Radaubruders“. Knapp vier Wochen später können die Nationalsozialisten bei den Reichstagswahlen am 20. Mai in Bayern – anders als im Reich – ihren Stimmenanteil erhöhen.

Belastete Friedensordnung: „Versailles“ als Diffamierungsparole Die Weimarer Republik und ihre Vertreter waren nicht erst in den letzten Jahren republikfeindlichen Angriffen ausgesetzt. Von Anfang an belastete der von den Siegermächten nach Kriegsende geschlossene Friedensvertrag die Republik schwer. Während in Deutschland noch Reichswehr und **Freikorps** die revolutionären Unruhen niederschlugen, wurde am 18. Januar 1919 in Versailles bei Paris die Friedenskonferenz ohne Beteiligung der Besiegten eröffnet. Auf ihr sollte die Nachkriegsordnung in Europa festgelegt werden. Am 7. Mai 1919 wurde der deutschen Delegation der fertige Vertrag mit 440 Artikeln, darunter die Völkerbundsatzung, vorgelegt: Deutschland verlor im Westen, Osten und Norden des Reiches 13 Prozent des Staatsgebietes sowie rund 10 Prozent der Bevölkerung. Es musste alle seine Kolonien aufgeben und weitgehende militärische Beschränkungen akzeptieren. Ferner sollten für die Kriegsschäden der anderen Mächte Ausgleichszahlungen (Reparationen) in noch festzulegender Höhe erbracht werden.

Freikorps: privat gegründete, überwiegend extrem antirepublikanische und antikommunistische Selbstschutzverbände aus ehemaligen Berufssoldaten, Abenteurern, Studenten oder Schülern, meist Männern, die nach dem Krieg kein Zuhause und keine Arbeit hatten und nicht ins bürgerliche Leben zurückfanden

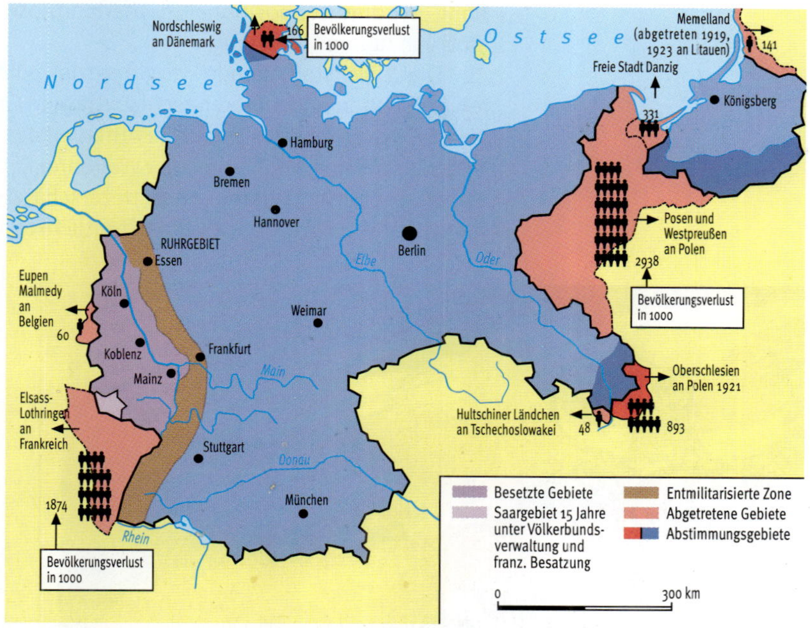

▲ **Deutschland nach dem Versailler Vertrag.**

▪ *Arbeiten Sie die Ergebnisse des Vertrags heraus und diskutieren Sie, welche Festlegungen für die deutsche Bevölkerung besonders schwer zu akzeptieren waren.*

Die Bestimmungen des Friedensvertrages lösten in der deutschen Öffentlichkeit, in der man auf einen milden „Wilson-Frieden"* gehofft hatte, Empörung und Proteststürme aus. Vor allem der Artikel 231 des Vertrags, der sogenannte Kriegsschuldartikel, wurde in Deutschland als moralische Ächtung des ganzen Volkes empfunden. Reichskanzler Scheidemann bezeichnete den Vertrag als unannehmbar.

Als die deutschen Einsprüche erfolglos blieben, trat die Regierung Scheidemann zurück. Um das Ultimatum der Alliierten zu erfüllen, wurde die neue Regierung von der Nationalversammlung beauftragt, den Vertrag zu unterschreiben. Den Politikern, die sich unter dem Druck der Verhältnisse dazu bereit erklärt hatten, gestanden anfänglich alle Parteien ehrenhafte Motive zu. Doch schon bald wurde der Versailler Vertrag von der äußersten Rechten bis hin zur Sozialdemokratie wegen des Kriegsschuldartikels und der umfangreichen Reparationen als ein „Diktat"- und „Schandfriede" abgelehnt. Republikfeindliche Kräfte nutzten die Vorbehalte der Bevölkerung aus, um mit Kampfparolen wie „Heerlos! Wehrlos! Ehrlos!" gegen die Republik zu hetzen und die „Erfüllungspolitiker" zu beschimpfen. „Versailles" wurde zur Diffamierungsparole schlechthin, die Republik für die Belastungen des Friedensvertrages verantwortlich gemacht (▸ M1).

Der Vorwurf der „Erfüllungspolitik" wurde von den Rechten in den folgenden Jahren gegen alle außenpolitischen Schritte der Regierung erhoben, die auf die Einhaltung oder Neuregelung der Vertragsbestimmungen zielten. So liefen die nationalistischen Kreise 1925 gegen den **Locarno-Vertrag** Sturm, in dem die deutsche Regierung für eine Verbesserung der Beziehungen zu Frankreich die deutsche Westgrenze anerkannte.

Locarno-Vertrag: im Oktober 1925 im Schweizer Kurort Locarno ausgehandelter Vertrag, in dem Deutschland, Frankreich und Belgien die Unveränderlichkeit ihrer Grenzen garantierten

Legende oder Lüge? Neben dem vom Reichstag widerwillig angenommenen Versailler Vertrag radikalisierte die „Dolchstoßlegende" die Bevölkerung der Nachkriegszeit. Schon im November 1918 verbreiteten rechtsradikale Zeitungen die angebliche Bemerkung eines britischen Generals, die deutsche Armee sei „von hinten erdolcht" worden. Streiks und politische Unruhen in der Heimat hätten sie zur Kapitulation gezwungen. Die beiden Generäle Erich Ludendorff und **Paul von Hindenburg** machten sich diese Version zu eigen und verbreiteten Ende 1919 eine Verschwörungstheorie, die die Schuld an der militärischen Niederlage von ihnen selbst ablenken und vor allem auf die Sozialdemokratie abwälzen sollte. Sie besagte, das deutsche Heer sei im Weltkrieg „im Felde unbesiegt" geblieben und

Paul von Hindenburg (1847-1934): 1914-16 Oberbefehlshaber der Truppen an der Ostfront, 1916-18 Chef des Generalstabes, propagierte 1919 die „Dolchstoßlegende", 1925-34 Reichspräsident

* Der US-amerikanische Präsident Woodrow Wilson hatte am 8. Januar 1918 einen „14 Punkte-Plan" vorgelegt, in dem er seine Vorstellungen von den Grundlagen einer zukünftigen Friedensordnung in Europa formulierte. Diese sollte auf dem Selbstbestimmungsrecht der Völker und dem Autonomie- und Nationalitätenprinzip basieren.

habe erst durch oppositionelle „vaterlandslose“ Zivilisten aus der Heimat einen „Dolchstoß von hinten“ erhalten.

Die „Dolchstoßlegende“ vergiftete das politische Klima und diente deutschnationalen, völkischen und anderen rechtsextremen Gruppen und Parteien zur Propaganda gegen die Novemberrevolution, die Auflagen des Versailler Vertrags, die Linksparteien, die ersten Regierungskoalitionen der Weimarer Republik, die Verfassung und den Parlamentarismus. Die Sozialdemokraten unterschätzten die Auswirkungen der „Dolchstoßlegende“ und versäumten es, die Öffentlichkeit über die wahren Gründe des Kriegsausbruchs und die Ursachen der Niederlage aufzuklären, sodass ein Großteil der Bevölkerung der bewusst konstruierten Tatsachenfälschung glaubte. Vergessen schien, dass die Politik des Kaiserreichs Deutschland in einen Krieg gegen eine übermächtige Allianz von Gegnern geführt hatte.

Republikaner ohne Mehrheit? Friedensvertrag und Verfassung brachten der ersten deutschen Republik nicht die erhoffte innenpolitische Beruhigung. Von Anfang an waren im Reichstag nicht nur staatstragende Politiker vertreten. Nur drei der zahlreichen Parteien bekannten sich ausdrücklich zur parlamentarisch-demokratischen Republik: die SPD, die DDP und das Zentrum, die Parteien der „Weimarer Koalition“. Doch bereits bei den ersten Reichstagswahlen am 6. Juni 1920 verloren sie ihre Mehrheit und erreichten sie danach auf Reichsebene nicht mehr.

Wie bei den Wahlen zur Nationalversammlung 1919 ging die SPD bis 1930 aus den Reichstagswahlen stets als stärkste Kraft hervor und konnte auch während des Aufstiegs der NSDAP ihren Wählerstamm halten. Die absolute Mehrheit gewann sie jedoch nie. Bis zum Ende der Republik befand sich die SPD auf Reichsebene mit wenigen Ausnahmen – zuletzt von Juni 1928 bis März 1930 – in der Opposition.

◂ **Wahlplakat der DNVP von 1924.**

- *Erläutern Sie den Plakattext. Analysieren Sie die Zielsetzung des Plakats sowie die Wirkung von Text und Bild.*

Unterschiedliche soziale, nationale und politische Vorstellungen hatten Ende Dezember 1918 zum Bruch zwischen SPD und USPD geführt. Nachdem Ebert ein Bündnis mit der Obersten Heeresleitung, den alten kaiserlichen Führungsspitzen, geschlossen hatte und einstimmige Beschlüsse der Arbeiter- und Soldatenräte vom SPD-angeführten „Rat der Volksbeauftragten" nicht befolgt worden waren, schieden die USPD-Politiker aus. Hauptforderung der Räte war die Demokratisierung von Militär, Verwaltung und Wirtschaft, während es Ebert vor allem um eine schnelle Stabilisierung der politischen, wirtschaftlichen und sozialen Verhältnisse ging.

Zum endgültigen Bruch der politischen Arbeiterbewegung kam es, als im Januar 1919 Reichswehrtruppen und Freikorps den „Spartakus-Aufstand" blutig niederschlugen. Verantwortlich war dafür der im „Rat der Volksbeauftragten" für das Militär zuständige Sozialdemokrat Gustav Noske. Die an dem Aufstand beteiligten KPD-Führer **Rosa Luxemburg** und Karl Liebknecht wurden von Freikorpssoldaten festgenommen und ermordet. Die Folge war eine tiefe Kluft zwischen den Kräften der politischen Arbeiterbewegung, die eine Zusammenarbeit bis zum Ende der Weimarer Republik unmöglich machte. Die USPD schloss sich zwar 1922 wieder der SPD an, durch den Beitritt der radikalen Teile der USPD zur KPD wurde diese jedoch von einer Splitterpartei zu einer ernst zu nehmenden Kraft.

Rosa Luxemburg (1870-1919, ermordet): jüdische Journalistin und sozialistische Theoretikerin; 1918 Mitbegründerin der KPD

Haltung und Rolle der bürgerlichen Parteien Neben dem sozialistischen Flügel des Parteienspektrums (KPD, USPD, SPD) und einigen kleinen Splitterparteien unterschiedlicher Ausrichtung, zu denen ab 1924 auch die rechtsradikale Nationalsozialistische Deutsche Arbeiterpartei (NSDAP) hinzukam, gehörten dem Reichstag die sogenannten „bürgerlichen" Parteien an. Diese umfassten in Abgrenzung zu den Arbeiterparteien das gemäßigt „rechte" Lager der konservativen, konfessionellen und liberalen Parteien:

- Die linksliberale DDP vertrat vor allem das Bildungsbürgertum, Kaufleute, Beamte und Angestellte. Neben der SPD war sie die Partei, die sich am entschiedensten zur Weimarer Republik bekannte. Mit **Walther Rathenau** stellte die DDP 1922 den Außenminister. Schon ab 1920 verlor sie jedoch in großem Maße Stimmen und sank zur Splitterpartei ab.
- Das betont national gesinnte liberale Bürgertum und die Großindustrie schlossen sich mehrheitlich der DVP an. In den Anfangsjahren noch monarchistisch und republikfeindlich geprägt, wurde sie durch **Gustav Stresemann** auf einen entschieden demokratischen und republikanischen Kurs gebracht, der jedoch stets auf innerparteiliche Opposition stieß. Nach Stresemanns Tod tendierte die DVP immer stärker nach rechts, blieb jedoch gegenüber den radikal rechten Parteien DNVP und NSDAP gemäßigt und sank 1932 zur Bedeutungslosigkeit herab.
- Die DNVP war ein Sammelbecken völkisch-nationalistischer, konservativ-monarchistischer Kreise, dem vor allem die alten Eliten aus Adel, Militär, Großgrundbesitz und höherem Bürgertum angehörten. In den Anfangsjahren bekämpfte die Partei die Republik. Mitte der 1920er-Jahre setzten konservativ-gemäßigte Parteikräfte die Regierungsbeteiligung durch. Nach 1928 rückte die Partei stark nach rechts und kooperierte mit der NSDAP, an die sie ab 1930 viele Wähler verlor.
- Das Zentrum, die Partei des politischen Katholizismus, bezog ihre Anhängerschaft aus fast allen sozialen Schichten der Bevölkerung. Als Partei der politischen Mitte kam ihr eine bedeutende Stellung zu, da sie mit fast allen Parteien koalitionsfähig war. Von 1919 bis 1932 war sie in nahezu jeder Reichsregierung vertreten. 1920 entstand mit der Bayerischen Volkspartei (BVP) die bayerische Variante des Zentrums.

Walther Rathenau (1867-1922, ermordet): Großindustrieller und liberaler Politiker, 1918 Mitbegründer der DDP, 1921 Reichsminister für Wiederaufbau, 1922 Reichsaußenminister

Gustav Stresemann (1878-1929): 1918 Mitbegründer der DVP, 1919/20 Mitglied der Nationalversammlung, 1923 Reichskanzler, 1923-29 Außenminister, erhielt 1926 den Friedensnobelpreis

Auch wenn die Wahlbeteiligung während der Weimarer Republik mit durchschnittlich 80 Prozent hoch lag, war die Skepsis der Bevölkerung gegenüber den Parteien groß. Wie schon im Kaiserreich warf man ihnen auch in der Weimarer Republik vor, die Gesellschaft zu spalten. Schuld daran waren ihre enge programmatische Ausrichtung und ihre Bindung an Interessengruppen. Im Kaiserreich hatte es keinen Zwang zur Koalitionsbildung gegeben, da die Regierung vom Parlament unabhängig war. Die Parteien hatten nicht gelernt, Kompromisse zu schließen, und vertraten nur die Interessen ihrer Wähler. Zudem existierten bei einem großen Teil der Bevölkerung noch obrigkeitliche Vorstellungen von einer über den Parteien stehenden Politik des Allgemeinwohls (▸ M2).

	politische Morde von Linksstehenden	begangen von Rechtsstehenden	Gesamtzahl
Gesamtzahl der Morde	22	354	376
– davon ungesühnt	4	326	330
– teilweise gesühnt	1	27	28
– gesühnt	17	1	18
Zahl der Verurteilten	38	24	62
Geständige Täter freigesprochen	–	23	23

▲ **Die Sühne der politischen Morde 1918-1922.**
Nach: Emil Julius Gumbel, Vier Jahre politischer Mord, Berlin 1924, S. 81

Angriffe von links und rechts Die links- und rechtsradikalen Gruppierungen und Parteien lehnten die Republik grundsätzlich ab. Sie strebten nicht nach Regierungsverantwortung innerhalb der vorgegebenen Verfassungsordnung, sondern bekämpften den Parlamentarismus mit allen Mitteln – wenn auch mit unterschiedlichen Zielvorstellungen.

KPD und USPD lehnten die Republik ab, weil ihnen die Revolution nicht weit genug gegangen war. Die linken Parteien betrachteten alle Gegner des Rätesystems, besonders die SPD, als „Handlanger des Kapitalismus". Zu den Sympathisanten der radikalen Rechten zählten die Anhänger des Kaiserreiches, vor allem Offiziere, Professoren, Richter, Unternehmer und Landwirte. Die einen fürchteten um Einfluss und Vorteile, die sie zuvor in den führenden Kreisen des Kaiserreichs hatten geltend machen können. Die anderen sahen in der Demokratie nur eine verachtenswerte Herrschaft der Masse.

Zu den „Kampfmitteln" der Links- und Rechtsradikalen gehörten Verleumdungen führender Politiker, Streiks und Straßenkämpfe, aber auch politische Morde (▸ M3). Nach der Unterzeichnung des Versailler Friedensvertrages und dem Beginn der Reparationszahlungen häuften sich Attentate radikaler Rechter auf die „Erfüllungspolitiker" und „Novemberverbrecher". Mord wurde zum Mittel der politischen Auseinandersetzung. Illegale Nachfolgeorganisationen der seit 1920 verbotenen Freikorps agierten als Kampfbünde unter Tarnnamen weiter. Am berüchtigtsten war die „Organisation Consul" (OC). Am 26. August 1921 ermordeten Angehörige der OC Matthias Erzberger, den ehemaligen Reichsfinanzminister und Unterzeichner des Waffenstillstandsabkommens von 1918. Als am 24. Juni 1922 Außenminister Walther Rathenau Opfer eines Anschlages wurde, sollte mit einem „Gesetz zum Schutz der Republik" den Terrorgruppen Einhalt geboten werden. Die erhoffte Wirkung blieb jedoch aus, da die Justizbehörden Mordanschläge von links und rechts nicht gleichermaßen verfolgten. Viele Urteile konnten geradezu als Verhöhnung der Republik aufgefasst werden. Das national gesinnte Bürgertum brachte den brutalen Ausschreitungen häufig sogar Verständnis entgegen und verhalf Attentätern zur Flucht.

Neue Staatsform, alte Eliten Dass selbst Gesetze den rechten Terror nicht stoppen konnten, hing mit der Rolle der Justiz in der Weimarer Republik zusammen. Nahezu alle Richter aus dem Kaiserreich blieben in ihren Ämtern. Viele Urteile zeigten ihre Abneigung gegen die Republik. Attentäter von rechts konnten vor Gericht mit weitgehendem Entgegenkommen und milden Strafen für ihre „nationale Tat“ rechnen, während Terroranschläge von links mit der vollen Härte des Gesetzes geahndet wurden.

Wie in der Justiz konnten sich auch in der Reichswehr die alten Eliten an der Macht halten. Die militärische Führung übernahm die Strukturen des Kaiserreichs und entzog sich allen Demokratisierungsversuchen. Sie blieb ein „Staat im Staate“ (▸ M4). Bei Putschversuchen von links ging sie mit aller Konsequenz vor, wie etwa beim Spartakus-Aufstand. Bei Angriffen von rechts hielt sie sich weitgehend zurück. Dies zeigte sich bei dem Putsch einer rechtsextremen Gruppe um General Erich Ludendorff und den Gründer der Deutschen Vaterlandspartei Wolfgang Kapp. Sie unternahmen mit der Unterstützung von Freikorps vom 13. bis 16. März 1920 einen Umsturzversuch (Kapp-Putsch). Die meisten Reichswehrkommandeure standen zwar dem Putsch ablehnend gegenüber, setzten aber die Reichswehr nicht zum Schutze des Staates ein. Angeblich wollten sie verhindern, dass Reichswehreinheiten aufeinander schießen müssten.

Viele Deutsche, die dem pompös-militaristischen Auftreten der kaiserlichen Führungsschichten nachtrauerten, wollten die neue Staatsform nicht akzeptieren. Die Unruhen und blutigen Kämpfe der Anfangsjahre verstärkten ihre Abneigung gegen eine Republik, bei der sie den Glanz und die innere Sicherheit des Kaiserreichs vermissten. In der überwiegend monarchistisch-konservativ geprägten Beamtenschaft fand die Republik keine Stütze. Auch bei den Führungskräften der Wirtschaft sowie an den Universitäten herrschten antidemokratische und antirepublikanische Ressentiments vor. 1934 schrieb die SPD rückblickend: „Dass sie den alten Staatsapparat fast unverändert übernahm, war der schwere historische Fehler, den die deutsche Arbeiterbewegung beging.“

▲ **Karikatur von Gerhard Holler aus der Beilage zum Berliner Tageblatt „Ulk“ von 1927.**
Die Bildunterschrift zu den linksgerichteten Angeklagten lautet: „Ich werde die Republik vor Ihnen zu schützen wissen!“ Die rechten Uniformierten werden angesprochen mit „Ich werde Sie vor der Republik zu schützen wissen!“

Der Hitler-Putsch in München Besonders München wurde zu einem Sammelbecken der rechten Kräfte. Ehemalige Freikorps-Führer und rechtsradikale Prominenz, wie Ludendorff und weitere Akteure des gescheiterten Kapp-Putsches, fanden dort ein neues Betätigungsfeld. Unter dem Einfluss rechtskonservativer und republikfeindlicher Kräfte betrieb die bayerische Regierung eine gegen Berlin gerichtete Politik. Mehrfach kam es zwischen Bayern und der Reichsregierung zu heftigen Konflikten. So wurde das 1922 mit dem „Republikschutzgesetz“ erlassene Freikorps-Verbot nicht oder nur nachlässig umgesetzt und die noch unbedeutende NSDAP unter ihrem Vorsitzenden Adolf Hitler geduldet, obwohl sie aufgrund des Republikschutzgesetzes in Preußen, Sachsen, Thüringen und Hamburg, 1923 dann auch in Hessen und Braunschweig verboten wurde.

1919 war **Adolf Hitler** der kurz zuvor in München gegründeten Deutschen Arbeiterpartei (DAP) beigetreten, die sich 1920 in NSDAP umbenannte. Mit gehässigen Reden gegen die Republik und maßloser Hetze gegen die Juden machte Hitler die Partei bald zum Tagesgespräch in München (▸ M5). Im Herbst 1923 wollte Hitler nach dem Vorbild des italienischen Faschisten Benito Mussolini einen „Marsch auf Berlin“ durchführen. Am 8. November 1923 erklärte er auf einer republikfeindlichen Veranstaltung im Münchener

Adolf Hitler (1889-1945, Selbstmord): nach frühem Scheitern als Künstler 1914 freiwillige Teilnahme am Ersten Weltkrieg in bayerischem Regiment, Verwundung und Auszeichnung, 1919 Propagandist der DAP, seit 1920 NSDAP; 1921 Vorsitzender der Partei, 1923 Hitler-Putsch und Festungshaft, 1925 Neugründung der NSDAP und Aufstieg zur Massenpartei, 1933 Ernennung zum Reichskanzler, ab 1934 „Führer und Reichskanzler“

▲ **Satirische Bronzemedaille zum Hitler-Putsch.**
Im allgemeinen Chaos, das im Herbst 1923 in Deutschland herrschte, nahmen die Zeitgenossen die eigentlichen Hintergründe des Putschversuches kaum zur Kenntnis. Erleichtert über Hitlers Scheitern machte man sich gern über das „Münchener Theater" lustig.

Bürgerbräukeller den Ausbruch der „nationalen Revolution" und die Absetzung der Reichsregierung. Am folgenden Tag unternahm er mit General Ludendorff einen Demonstrationszug zur Feldherrnhalle, um die Bevölkerung für seine Umsturzpläne zu gewinnen (Hitler-Putsch). Doch die Landespolizei stoppte den Zug mit Waffengewalt. Viele Putschisten wurden getötet, die Anführer verhaftet. Obwohl Hitler als österreichischer Staatsbürger hätte ausgewiesen werden können, erhielt er fünf Jahre Festungshaft in Landsberg am Lech, wurde jedoch bereits nach neun Monaten wieder entlassen. Ludendorff wurde freigesprochen. In den milden Strafen zeigte sich die Sympathie, die die Putschisten in den führenden Justiz- und Regierungskreisen genossen.

Putsch und Prozess hatten die Popularität Hitlers und seiner Partei vergrößert. Nach seiner Haftzeit änderte er nicht sein Ziel, sondern nur die Taktik: 1925 gründete er die NSDAP unter seiner uneingeschränkten Führerschaft neu und versuchte nun, durch die Schaffung einer Massenbasis die Regierung auf legalem Wege zu übernehmen.

Weitere Hypotheken Neben den Angriffen von links und rechts hatte die Weimarer Republik seit ihrer Gründung mit vielen weiteren Problemen zu kämpfen. Die Kriegskosten hatten zu einer hohen Verschuldung des Reiches und einer Inflation geführt. Die Versorgung der Kriegsinvaliden, Witwen und Waisen und die Reparationen belasteten die Staatsfinanzen. Die Industrie war infolge des Krieges geschwächt. Das Deutsche Reich hatte wichtige Wirtschaftszentren und Rohstoffquellen verloren. Steigende Inflation und Arbeitslosigkeit ließen die Unzufriedenheit mit der Republik in der Bevölkerung wachsen.

Die Lage spitzte sich Anfang 1923 dramatisch zu, nachdem französische Truppen das Ruhrgebiet besetzt hatten. Die Regierung in Paris hatte Deutschland vorgeworfen, Reparationen vorsätzlich nicht zu leisten. Französische Soldaten sollten die deutsche Kohle- und Stahlproduktion kontrollieren und die Einhaltung der Lieferungen überwachen. Die Reichsregierung ließ alle Reparationen sofort einstellen, rief die Bevölkerung zum passiven Widerstand gegen die Besatzungsbehörden auf und unterstützte die streikenden Arbeiter mit Geld. Doch schon bald erschöpfte sich die Leistungsfähigkeit Deutschlands. Im November 1923 erreichten Staatsverschuldung und Inflation eine neue Rekordhöhe, Löhne und Gehälter wurden wegen des rapiden Wertverfalls des Geldes wöchentlich, bald sogar täglich ausbezahlt. Unter dem Einfluss der Inflation und dem Druck der Alliierten brach die Regierung den Ruhrkampf ab und führte eine **Währungsreform** durch. Bereits Anfang 1924 war die Inflation weitgehend überwunden.

Die Hyperinflation und die Währungsreform von 1923 blieben vielen als traumatisches Erlebnis in Erinnerung. Weite Teile des Mittelstandes, kleine Unternehmer, Handwerker, Händler, Beamte, Angestellte und Rentner hatten ihre Ersparnisse verloren. Sie fühlten sich von der Republik betrogen und waren deswegen anfällig für radikale Parolen, die ihnen Rettung vor dem Absinken ins Proletariat versprachen.

Währungsreform: Umstellung im Deutschen Reich von der „Mark" (M) auf die „Rentenmark" (später „Reichsmark", RM), bei der der Wechselkurs neu festgelegt (1 Dollar = 4,20 Mark) und die Währung statt durch Goldreserven durch eine Hypothek auf Grundbesitz und individuelle Sachwerte gedeckt wurde

M1 „Wehrlos ist nicht ehrlos!"

Reichskanzler Gustav Bauer (SPD), der Nachfolger Philipp Scheidemanns, fordert am 23. Juni 1919, wenige Stunden vor Ablauf des alliierten Ultimatums, die Nationalversammlung auf, den Friedensvertrag unterzeichnen zu lassen.

Die Entente [...] will uns das Schuldbekenntnis auf die Zungen zwingen, sie will uns zu Häschern unserer angeschuldeten Landsleute[1] machen; es soll uns nichts, gar nichts erspart bleiben. Zur Verknechtung wollen uns die Feinde auch noch die Verachtung aufbürden!

[...] Unsere Hoffnung, mit dem einzigen Vorbehalt einer Ehrenbewahrung bei unseren Gegnern durchzudringen, war nicht sehr groß. Aber wenn sie auch noch geringer gewesen wäre: Der Versuch musste gemacht werden. Jetzt, wo er misslungen, an dem sträflichen Übermut der Entente gescheitert ist, kann und muss die ganze Welt sehen: Hier wird ein besiegtes Volk an Leib und Seele vergewaltigt wie kein Volk je zuvor. [...] Unterschreiben wir! Das ist der Vorschlag, den ich Ihnen, im Namen des gesamten Kabinetts, machen muss. Bedingungslos unterzeichnen! Ich will nichts beschönigen. Die Gründe, die uns zu diesem Vorschlag zwingen, sind dieselben wir gestern. Nur trennt uns jetzt eine Frist von knappen vier Stunden von der Wiederaufnahme der Feindseligkeiten. Einen neuen Krieg könnten wir nicht verantworten, selbst wenn wir Waffen hätten. Wir sind wehrlos. Wehrlos ist aber nicht ehrlos! Gewiss, die Gegner wollen uns an die Ehre; daran ist kein Zweifel. Aber dass dieser Versuch der Ehrabschneidung einmal auf die Urheber selbst zurückfallen wird, dass es nicht unsere Ehre ist, die bei dieser Welttragödie zugrunde geht, das ist mein Glaube bis zum letzten Atemzug.

Wolfgang Elben, Die Weimarer Republik, Frankfurt am Main [6]1975, S. 40 f.

1. *Diskutieren Sie, warum Reichskanzler Bauer die Annahme des Vertrages empfahl, obwohl er einige Bestimmungen als unannehmbar bezeichnete.*
1. *Entwerfen Sie als Antwort auf Bauer eine Rede aus der Perspektive eines Gegners des Vertrages.*

[1] Neben der Anerkennung der Kriegsschuld verlangten die Alliierten in den Artikeln 227 und 228 die Auslieferung des Kaisers und weiterer Personen, die gegen das Kriegsrecht verstoßen haben sollen, um sie vor ein alliiertes Militärgericht zu stellen.

▲ **„Sie tragen die Buchstaben der Firma – aber wer trägt den Geist?!"**
Karikatur von Thomas Theodor Heine aus dem „Simplicissimus", 21. März 1927.

- *Benennen Sie die gezeigten gesellschaftlichen Gruppen. Halten Sie die Auswahl für repräsentativ?*
- *Diskutieren Sie die Frage, ob eine Republik nur funktionieren kann, wenn die Bürger ihren „Geist" tragen.*

M2 „So ist der deutsche Parlamentarismus"

Oswald Spengler, dessen pessimistische Kultur- und Geschichtsphilosophie nach dem verlorenen Krieg vom deutschen Bürgertum begeistert gelesen wird, ist ein entschiedener Gegner des Parlamentarismus und der Parteien. 1924 schreibt er:

Über den Trümmern der deutschen Weltmacht, über zwei Millionen Leichen umsonst gefallener Helden, über dem in Elend und Seelenqual vergehenden Volke wird nun in Weimar mit lächelndem Behagen die Diktatur des Parteiklüngels aufgerichtet, derselben Gemeinschaft beschränktester und schmutzigster Interessen, welche seit 1917 unsere Stellung untergraben und jede Art von Verrat begangen hatte, vom Sturz fähiger Leute ihrer Leistungen wegen bis zu eigenen Leistungen im Einverständnis mit Northcliffe[1], mit Trotzki[2], selbst mit Clemenceau. [...] Nachdem sich die Helden der

[1] Lord Alfred Northcliffe (1865-1922): englischer Pressemagnat, der durch eine Pressekampagne die Reduzierung der deutschen Reparationslasten verhinderte

[2] Leo Trotzki (1879-1940): russischer Revolutionär; er war einer der führenden Köpfe der russischen Revolution von 1917.

Koalition vor dem Einsturz in alle Winkel geflüchtet hatten, kamen sie mit plötzlichem Eifer wieder hervor, als sie die Spartakisten allein über der Beute sahen. Aus der Angst um den Beuteanteil entstand auf den großherzoglichen Samtsesseln und in den Kneipen von Weimar die deutsche Republik, keine Staatsform, sondern eine Firma. In ihren Satzungen ist nicht vom Volk die Rede, sondern von Parteien; nicht von Macht, von Ehre und Größe, sondern von Parteien. Wir haben kein Vaterland mehr, sondern Parteien; keine Rechte, sondern Parteien; kein Ziel, keine Zukunft mehr, sondern Interessen von Parteien. Und diese Parteien [...] entschlossen sich, dem Feinde alles, was er wünschte, auszuliefern, jede Forderung zu unterschreiben, den Mut zu immer weitergehenden Ansprüchen in ihm aufzuwecken, nur um im Inneren ihren eigenen Zielen nachgehen zu können. [...]
So ist der deutsche Parlamentarismus. Seit fünf Jahren keine Tat, kein Entschluss, kein Gedanke, nicht einmal eine Haltung, aber inzwischen bekamen diese Proletarier Landsitze und reiche Schwiegersöhne, und bürgerliche Hungerleider mit geschäftlicher Begabung wurden plötzlich stumm, wenn im Fraktionszimmer hinter einem eben bekämpften Gesetzantrag der Schatten eines Konzerns sichtbar wurde.

Oswald Spengler, Neubau des Deutschen Reiches, München 1924, S. 8 f.

1. *Beschreiben Sie, was Spengler unter „Diktatur des Parteiklüngels" versteht. Bewerten Sie seine Wortwahl.*
2. *Erläutern Sie seine Aussage, die deutsche Republik sei „keine Staatsform, sondern eine Firma".*
3. *Suchen Sie Argumente, die Spenglers Behauptung, die Weimarer Republik habe seit „fünf Jahren keine Tat, kein[en] Entschluss, kein[en] Gedanke[n], nicht einmal eine Haltung" (Zeile 26 f.) gezeigt, widerlegen können.*

M3 Mordhetze gegen demokratische Politiker

Die Hasstiraden von rechts und links gegen demokratische Politiker nehmen zwischen 1919 und 1922 Besorgnis erregende Formen an. In rechtsradikalen, deutsch-völkischen Kreisen wird eine Unmenge von Hetzversen folgender Art verbreitet:

Haut immer feste auf den Wirth[1],
Haut seinen Schädel, dass er klirrt.
Auch Rathenau, der Walther,
Erreicht kein hohes Alter.
Knallt ab den Walther Rathenau,
Die gottverfluchte Judensau!

Zitiert nach: Paul Fröhlich, Wider den weißen Mord, Berlin/Leipzig ²1922, S. 1

[1] Karl Joseph Wirth (1879-1956): Politiker der Zentrumspartei, von 1921 bis 1922 Reichskanzler

1. *Erläutern Sie, worin die Gründe für die maßlose Hetze der Rechten gegen die demokratischen Politiker lagen.*
2. *Bewerten Sie die Sprache und Wirkung dieses Aufrufs.*

M4 Die Reichswehr – ein „Staat im Staate"?

Am 26. Mai 1925 kommentiert der SPD-Abgeordnete Daniel Stücklen im Reichstag die Entwicklung der Reichswehr:

Wir haben heute ein Heer der Republik, das, wie ich feststellen will, diesem Staate dient, dessen Leitung erklärt, wir stehen auf dem Boden der Verfassung [...].
Es sind aber [...] recht deutliche Anzeichen dafür vorhanden, dass die Entwicklung der Reichswehr dahin geht, eine Art Staat im Staate zu werden. Das war das, was früher bei den Verhandlungen über die Reichswehr im Hauptausschuss und im Plenum dieses Hauses immer wieder betont wurde, eine gewisse Abgeschlossenheit, ein Korpsgeist, der zur Abgeschlossenheit führen musste und letzten Endes bewirkte, dass die alte Armee wirklich ein Staat im Staate war, mit einem eigenen Ehrbegriff, ihrem eigenen Strafkodex, mit einem Wort eine Menge Einrichtungen, die von den Einrichtungen der zivilen Bevölkerung losgelöst waren. [...] Die Gefahr ist umso größer, als früher der Soldat nur zwei Jahre diente und nach zwei Jahren in die Massen des Volkes zurücktrat, aus denen er gekommen war. Heute dient der Reichswehrsoldat zwölf Jahre. Zwölf Jahre verlebt er in einer ganz anderen Umwelt. Er ist ganz anderen Einflüssen und Eindrücken preisgegeben; das führt letzten Endes dazu, dass eine gewisse Entfremdung nicht vermieden werden kann.

Wolfgang Michalka und Gottfried Niedhard (Hrsg.), Die ungeliebte Republik. Dokumente zur Innen- und Außenpolitik Weimars 1918-1933, München 1992, S. 220

1. *Erläutern Sie den Ausdruck „Staat im Staate".*
2. *Informieren Sie sich, wie bei der Gründung der Bundeswehr den von Stücklen angesprochenen Problemen begegnet wurde.*

M5 „Gegen die verlogene Parole“

Aus einem Anschlagzettel für „Protestkundgebungen“ der NSDAP am 13. Dezember 1922 in zehn Münchener Veranstaltungssälen. Laut Ankündigung spricht Adolf Hitler im fliegenden Wechsel auf allen Versammlungen:

Nationalsozialisten! Deutsche! Antisemiten!
Die Partei der Novemberverbrecher, der Dokumentenfälscher und Landesverräter wendet sich in einem Plakat an ihre „lieben Volksgenossen“ mit dem Ziele, die gesunkene „revolutionäre Begeisterung“ wieder etwas aufzupulvern.
So viele Sätze, so viele Lügen.
1. „Der ‚verlorene Krieg' ist schuld an unserer Not.“
Vor 4½ Jahren hat die gleiche Partei dem Volk verkündet, dass es sich ganz gleich bleibt für das Wohl des Volkes, ob der Krieg gewonnen oder verloren wird.
2. „Die Entente bedrückt uns.“
Vor 4½ Jahren hat noch die gleiche Partei erklärt, dass nur das „imperialistische Deutschland“ den Weltfrieden gefährde, Frankreich, England usw. aber immer humane Staaten wären. Die gleiche Partei forderte auf, denen den Schädel einzuschlagen, die an die schwindelhaften Phrasen des ihr verwandten Erzgauners Wilson[1] nicht glaubten. Heute gibt sie zu, dass das damals alles Betrug, Krampf war.
3. „Nationalistische Kreise missbrauchen heute die Not.“
Vor 4½ Jahren, als das deutsche Volk in der größten Not seiner ganzen Geschichte war, hat aber diese gleiche Partei diese gleiche Not in der ungeheuerlichsten Weise missbraucht, den Novemberputsch inszeniert und Deutschland dem internationalen Weltbörsenbanditentum wehrlos ausgeliefert. Also Schwindler und Heuchler zugleich.
4. „Das Großkapital fördert die nationalistische Bewegung.“
In Wirklichkeit hat die 4½-jährige marxistische Judenherrschaft Deutschland zur Kolonie des internationalen Kapitals gemacht. Es hat also gerade dieses Kapital alles Interesse, die Sozialdemokratie zu fördern. [...]
5. „Die Nationalisten wollen die ‚wenigen Sicherungen gegen Volksausbeutung' beseitigen.“
Eigentümlich! Im November 1918 erklärte man, dass die Ausbeutung des Volkes von jetzt ab überhaupt aufhören würde und siehe da, das Volk ist jetzt nur „wenig“ gesichert. Ein Schwindel, ihr Herren Bonzen! Das Volk ist heute gegen Ausbeutung überhaupt nicht nur nicht gesichert, nein es ist noch nie so infam bewuchert, begaunert und bestohlen worden als unter euerem Regiment!
6. „Die Nationalsozialisten stören die organische Entwicklung.“
Seit 4½ Jahren hat sich in Deutschland noch nichts organisch entwickelt, außer Schiebern und Wucherern, Preissteigerung und Armut. [...] In Ahnung einer kommenden Abrechnung, die das deutsche Volk an seinen Betrügern vornehmen wird, versucht das gesamte Schiebergesindel auf politischem und wirtschaftlichem Gebiet nun die Schuld von sich abzuwälzen. Dass dieser neue Volksbetrug nicht gelingt, soll nun unsere Aufgabe sein.
Als Gegenprotest gegen die verlogene Parole zu den fünf heutigen Massenversammlungen fordern wir nun alles das, was deutsch ist in dieser Stadt, auf: Kommt heute Mittwoch, den 13. Dezember 1922 abends 8.30 Uhr in unsere zehn Protestkundgebungen [...].
Thema: „Jüdisch-internationaler Marxismus und Freimaurerei als Totengräber Deutschlands, die Entente, ihr Nutznießer.“

Münchener Stadtmuseum (Hrsg.), München – „Hauptstadt der Bewegung“. Ausstellungskatalog, München 2005, S. 79

[1] Anspielung auf US-Präsident Woodrow Wilson und seinen „14 Punkte-Plan“; siehe S. 175

1. *Erläutern Sie den Aufruf. Mit welchen Argumenten begegnet die Partei den Vorwürfen?*

2. *Arbeiten Sie Ziele und programmatische Ausrichtung der NSDAP heraus. An wen und gegen wen wendet sie sich?*

3. *Bewerten Sie Sprache und Argumentation des Aufrufs.*

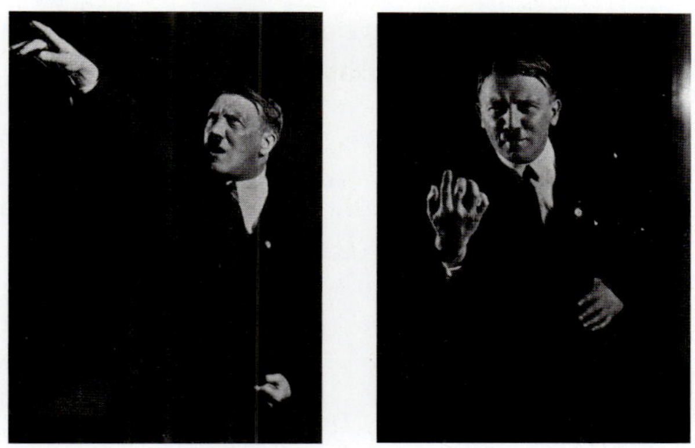

▲ **„Adolf Hitler als Redner.“**
Fotos von Heinrich Hoffmann, Hitlers „Hoffotograf“, um 1926. Hitler studierte seine Redner-Posen vor dem Spiegel ein. Die in Hoffmanns Atelier aufgenommenen Fotos erschienen als Bildpostkartenserie. Der Schriftsteller Carl Zuckmayer, der 1923 eine der Versammlungen Hitlers aus Neugier besuchte, beschreibt ihn als „heulenden Derwisch“, der es verstand, die „Menschen aufzuputschen und mitzureißen; nicht durch Argumente, die bei den Hetzreden ja nie kontrollierbar sind, sondern durch den Fanatismus seines Auftretens, das Brüllen und Kreischen, mit biedermännischen Brusttönen gepaart, vor allem aber: durch das betäubende Hämmern der Wiederholungen, in einem bestimmten, ansteckenden Rhythmus. Das war gelernt und gekonnt und hatte eine furchterregende, barbarisch-primitive Wirksamkeit.“

- *Diskutieren Sie, inwieweit heute Rhetorik und Körpersprache für eine Rede von Bedeutung sind.*

Die Krise der Demokratie – Die Republik wird untergraben

Der 7. Oktober 1930 ist ein nasskalter, grauer Tag mit tief hängenden Wolken. Fröstelnd schaut Martha, die in der Küche mit einer Stopfarbeit beschäftigt ist, aus dem Fenster. Sie wartet nun schon seit vielen Stunden auf ihren Mann. Seit er vor knapp sechs Monaten mit 55 Jahren seine Arbeit als Ingenieur in einem großen Elektrowerk in Nürnberg verloren hat, sucht er täglich das Arbeitsamt auf. In den Fabriken der Stadt und der Umgebung fragt er verzweifelt nach Beschäftigung jeder Art. Wenn er zurückkommt, scheint er jedes Mal ein Stück verbitterter geworden zu sein. Die Enttäuschung über seine erfolglosen Versuche hat sich tief in sein Gesicht eingegraben. Martha weiß, wie sehr Gustav leidet und sich wegen der Arbeitslosigkeit vor ihr und den drei Kindern schämt. Seit vor wenigen Wochen ein Mann aus dem Nachbarhaus, der sein Elend nicht mehr ertragen konnte, Selbstmord begangen hat, bangt sie um ihren Mann.

Obwohl die Haustüre nur leise ins Schloss fällt, hört sie das Geräusch. Gustav ist endlich zurück. Schnell legt sie das Nähzeug weg. Ihr Mann soll nicht sehen, dass sie durch Heimarbeit ein paar Mark hinzuverdient, um die größte Not in der Familie zu lindern. Von den staatlichen Sozialleistungen, die durch Reichskanzler Heinrich Brüning immer weiter eingeschränkt werden, kann eine Familie mit drei Kindern nicht leben. „Zum Sterben zu viel, zum Leben zu wenig", sagen die Leute auf der Straße. Über Wochen hinweg nur Brot und Kartoffeln, selten mal etwas Margarine – das ist auf Dauer unzumutbar.

Als Gustav die Wohnzimmertür öffnet, braucht er kein Wort zu sagen. Sein Gesicht ist grau und eingefallen, die Augen schauen ausdruckslos an ihr vorbei. Wortlos reicht sie ihm eine Tasse dünnen Malzkaffee, den sie sich von einer Nachbarin ausgeliehen hat, und setzt sich zu ihm aufs Sofa.

Von der „Great Depression" zur Weltwirtschaftskrise Nach Überwindung der Hyperinflation und des Hitler-Putsches 1923 empfanden die meisten die Jahre bis 1929 als politisch und wirtschaftlich relativ stabil. Besonders wegen der beeindruckenden Entwicklungen im kulturell-gesellschaftlichen Bereich bezeichnet man diese Phase als die sogenannten „Goldenen Zwanziger". Deutschland hatte zu internationaler Reputation zurückgefunden. Ausländische Kapitalgeber, insbesondere aus den USA, gewährten Kredite in Milliardenhöhe. Dies versetzte das Reich in die Lage, die Reparationen zu finanzieren.

Trotzdem gelang es nicht, die Republik zu stabilisieren. Dazu trug auch bei, dass die Löhne seit dem Ende der Inflation wesentlich stärker gestiegen waren als der Produktivitätsfortschritt. Ähnliches galt für die sich vervielfachenden Sozialleistungen. Die Unternehmen konnten nicht ausreichend investieren, Arbeitsproduktivität und Exportleistungen erreichten nicht einmal das Vorkriegsniveau. Entlassungen und Arbeitslosenzahlen, die zwischen 1924 und 1929 im Jahresdurchschnitt nicht unter die Einmillionengrenze sanken, waren die Folge. Streiks und Aussperrungen häuften sich.

Die Prosperitätsphase der zwanziger Jahre hatte an der New Yorker Aktienbörse ein hektisches Spekulationsfieber ausgelöst. Viele Anleger kauften Wertpapiere auf Kredit, um sie nach einem Kursanstieg gewinnbringend veräußern zu können. In wenigen Jahren vervierfachte sich der Wert vieler Aktien und übertraf damit den tatsächlichen Wert der Unternehmen bei Weitem. Am 24. Oktober 1929 und noch einmal am 29. Oktober brach die Börse zusammen. Durch Panikreaktionen von Anlegern, die aus Angst um ihre

Ersparnisse die Geldinstitute stürmten oder ihre Aktien verkauften, gerieten die Banken in Zahlungsschwierigkeiten. Das gesamte amerikanische Wirtschaftssystem kollabierte.

Die Krise in den USA wirkte sich wegen der internationalen Wirtschaftsverflechtungen zwangsläufig auch auf andere Länder aus. Um zahlungsfähig zu bleiben, zogen die amerikanischen Banken ihre kurzfristigen Kredite aus Europa ab. Zugleich erhöhten die Industriestaaten zum Schutz der eigenen Wirtschaft ihre Einfuhrzölle, was zu einem radikalen Einbruch des Welthandels führte. Deutschland traf die weltweite Depression besonders heftig, da es in hohem Maße auf den Export und ausländische Kredite angewiesen war. Produktionsrückgänge, Firmenzusammenbrüche, Bankenschließungen und massive Arbeitslosigkeit waren die Folge (▸ M1, M2). Im Februar 1932 meldeten sich 6,1 Millionen Menschen arbeitslos. Wahrscheinlich lag die tatsächliche Zahl noch höher, sodass in Deutschland nahezu jede zweite Familie unter der Krise zu leiden hatte. Die Unterstützung für Arbeitslose bewegte sich bereits am Rande des Existenzminimums (▸ M3). Trotzdem wurde sie ab Juni 1932 noch einmal gekürzt. Eine allgemeine Katastrophenstimmung machte sich breit. Sie schürte die Anfälligkeit für radikale Patentrezepte von rechts und links.

▲ Vor dem Arbeitsamt in Hannover, Frühjahr 1932.

Der Parlamentarismus auf dem Prüfstand Nachdem eine bürgerliche Koalition bereits nach einem Jahr wieder auseinandergebrochen war, fanden am 20. Mai 1928 Neuwahlen statt. Dabei verloren die Parteien der bürgerlichen Mitte erhebliche Stimmenanteile. Vernichtend fiel das Ergebnis für die extreme Rechte aus: Die NSDAP blieb mit 12 Mandaten bedeutungslos, während die DNVP mit dem Verlust von 30 Parlamentssitzen die große Verliererin war. Ausschließlich SPD und KPD konnten Gewinne verbuchen. Dem Fraktionsvorsitzenden der SPD, Hermann Müller, gelang es, mit DVP, DDP, BVP und Zentrum eine „Große Koalition" zu bilden. Die unübersehbaren programmatischen Gegensätze zwischen den regierenden Parteien führten jedoch von Anfang an zu Spannungen. Allein der integrativen Persönlichkeit Gustav Stresemanns war es zu verdanken, dass die Große Koalition nicht schon nach kurzer Zeit auseinanderbrach.

Als mit dem **Young-Plan** ein neuer Reparationsplan in Kraft treten sollte, wurde er von der rechten Opposition heftig bekämpft. DNVP, **Stahlhelm** und NSDAP bezeichneten ihn als „Versklavung des deutschen Volkes" und initiierten ein Volksbegehren dagegen. Wenn auch der Volksentscheid Ende 1929 deutlich scheiterte, so profitierten Hitler und die NSDAP von der monatelangen aggressiven Agitation und der damit verbundenen politischen Emotionalisierung der Bevölkerung. Die bisherige Splitterpartei wurde dadurch einer breiten deutschen Öffentlichkeit bekannt.

Nach Stresemanns Tod 1929 war der Bruch der Großen Koalition nur noch eine Frage der Zeit. In allen Parteien dominierten Partikularinteressen vor dem Gemeinwohl. Man glaubte, eine „Politik schädlicher Kompromisse" vor den eigenen Anhängern nicht länger vertreten zu können. Als die SPD-Reichstagsfraktion einen Vorschlag zur Sanierung der Arbeitslosenversicherung ablehnte, trat am 30. März 1930 Reichskanzler Müller zurück. Bereits zu diesem Zeitpunkt, so der Historiker Hans-Ulrich Wehler, war mit dem Zerfall der Großen Koalition „die parlamentarische Republik gescheitert".

Young-Plan: unter dem Vorsitz des amerikanischen Finanzmanagers Owen D. Young ausgehandelte Neuregelung der deutschen Reparationsverpflichtungen, bei der erstmals die Gesamtsumme auf 112 Milliarden Goldmark über einen Zeitraum von 59 Jahren festgelegt wurde

Stahlhelm, Bund der Frontsoldaten: im Dezember 1918 gegründeter paramilitärischer Wehrverband und bewaffnete Schutztruppe der DNVP

▲ **„Notverordnung."**
Karikatur von Erich Schilling aus dem „Simplicissimus" vom 16. Februar 1931. Sie trägt folgende Unterschrift: „Nach den Erfahrungen der letzten Wochen ist verfügt worden, dass jeder Demonstrationszug seinen eigenen Leichenwagen mitzuführen hat."

- *Beschreiben Sie, welche Gefühlslage bei den Menschen durch diese Karikatur zum Ausdruck gebracht werden soll.*
- *Diskutieren Sie die Gefahren für ein demokratisches Staatswesen, wenn das Gewaltmonopol nicht mehr ausschließlich beim Staat liegt.*

Regieren ohne Mehrheit Für Reichspräsident Paul von Hindenburg und seinen antidemokratischen Beraterstab sowie für die Reichswehrführung ergab sich mit dem Scheitern der Großen Koalition die Gelegenheit, schon länger erwogene außerparlamentarische Lösungen zur Bewältigung der ständigen Krisen umzusetzen. Unterstützung fand dieser Plan in den rechten Kreisen des Bürgertums und bei den großen Interessenverbänden der Industrie sowie der Agrarlobby. Das Parlament sollte entmachtet und die SPD, die mit Abstand stärkste Fraktion im Reichstag, aus dem politischen Entscheidungsprozess entfernt werden. Hindenburg wollte mit dieser Regierungsbildung neuen Stils die alten Eliten, also die Repräsentanten der konservativ-bürgerlichen Parteien, der Reichswehr sowie adlige Gutsherren und Industrielle, wieder an die Macht bringen.

Eine der treibenden Kräfte war General **Kurt von Schleicher**, Chef des Ministeramtes im Reichswehrministerium. Er schlug Hindenburg vor, eine nach rechts orientierte bürgerliche Regierung zu ernennen, die nur dem Reichspräsidenten verantwortlich sein sollte („Präsidialkabinett"). Der Präsident sollte dabei die Handlungsfähigkeit der Regierung durch Einsatz der Verfassungsartikel 48 (Notverordnungsrecht) und 25 (Reichstagsauflösung) sicherstellen.

Hindenburg stimmte zu und ernannte am 29. März 1930 den konservativ-nationalen Fraktionsvorsitzenden des Zentrums, **Heinrich Brüning**, zum Reichskanzler. Dieser nahm mit einer rigiden Sparpolitik die hohe Arbeitslosigkeit und das Elend großer Bevölkerungsteile in Kauf, um den Alliierten die Unerfüllbarkeit ihrer Reparationsforderungen vor Augen zu führen. Gehaltskürzungen im öffentlichen Dienst, Leistungsabbau im sozialpolitischen Bereich und Steuererhöhungen führten allerdings dazu, dass die Kaufkraft der Bevölkerung sank und die Einnahmen des Staates weiter zurückgingen.

Als sich der Reichstag im Juli 1930 weigerte, einem Bündel weiterer einschneidender sozialpolitischer Maßnahmen der Regierung zuzustimmen, löste ihn der Reichspräsident auf und setzte für den 14. September Neuwahlen fest. In der Zwischenzeit regierte Brüning weiter mit Notverordnungen.

Kurt von Schleicher (1882-1934, erschossen): 1932 Reichswehrminister und 1932/33 Reichskanzler

Heinrich Brüning (1885-1970): Gewerkschafter und Politiker (Zentrum), 1930-1932 Reichskanzler; 1934 emigrierte er in die USA.

Krise der Demokratie: das Verhalten der Parteien Schon vor der Wirtschaftskrise war bei vielen Zeitgenossen der Eindruck entstanden, Parlament und Parteien seien nicht mehr in der Lage, die Probleme zu lösen. Nun ging das Vertrauen in die politischen Institutionen auch bei den Bürgern verloren, die die Republik bisher akzeptiert hatten. Diejenigen, die die Republik seit ihrer Gründung verachteten, fühlten sich in ihrer Ablehnung bestärkt.

Die radikalen Parteien führten einen Wahlkampf, wie man ihn bisher in Deutschland noch nicht erlebt hatte. NSDAP und KPD schürten die Angst der Menschen vor einem sozialen Abstieg, vor dem die etablierten Parteien nicht zu schützen schienen, und versprachen „Arbeit und Brot". Mit ihren nationalistisch-antisemitischen Parolen, die sie mithilfe moderner Wahlkampf- und Propagandamethoden, wie organisierten Massenaufmärschen mit Uniformen, Marschmusik, Fahnen und Plakaten, Flugblättern und geschulten Rednern, verbreiteten, mobilisierte vor allem die NSDAP viele Bürger, die zwei Jahre vorher noch nicht gewählt hatten. Ihr Stimmenanteil wuchs von 800 000 (1928) auf nun 6,4 Millionen. Dies machte sie hinter der SPD zur zweitstärksten Fraktion im Reichstag.

	1928	1930	1932/1	1932/2	1933
Autoritäres Lager (NSDAP, DVP, DNVP)	16	30	45	42	55
Demokratisches Lager (SPD, DDP, Zentrum, DVP)	49	43	38	36	33
Linkes Lager (KPD)	11	13	14	17	12
Splitterparteien	14	14	3	5	–

▲ **Politische Grundorientierung im deutschen Parteienspektrum 1928 - 1933 (in %).**
Nach: Hans-Ulrich Wehler, Deutsche Gesellschaftsgeschichte, Bd. 4, München 2003, S. 359

Nach den „Erbitterungswahlen" von 1930 war im Reichstag eine parlamentarische Mehrheitsbildung nahezu unmöglich geworden. Der Verfall des Parlamentarismus setzte sich rapide fort. Während der Reichstag 1930 noch 94 Sitzungen abhielt, sank ihre Zahl 1932 auf nur noch 13. Waren es 1930 noch 98 Gesetze, die der Reichstag verabschiedete, so blieben es 1932 gerade noch fünf. Im Gegenzug schnellte die Zahl der Notverordnungen von fünf (1930) auf 66 (1932) hoch.

Der Reichstag musste tatenlos zusehen, wie die politische Macht in die Hände der Regierung und der Bürokratie überging. Trotz fehlender Mehrheit im Parlament konnte Reichskanzler Brüning nach der Wahl seine Notverordnungspraxis fortführen, da die SPD aus Gründen der Staatsräson und Furcht vor einer weiteren Radikalisierung bei Neuwahlen, eventuell sogar mit einem Kabinett unter Beteiligung der Nationalsozialisten, seinen Kurs tolerierte.

Gründe für den Aufstieg der NSDAP ■ Als sich die NSDAP 1920 ihr Parteiprogramm gegeben hatte, war sie eine unter zahllosen radikalen Splitterparteien. Bis Januar 1933 wuchs die Zahl ihrer Mitglieder auf 849 000 an. Wer wählte Hitler? Was machte die Partei für so viele Menschen attraktiv?

Die rasch gewachsene Akzeptanz der Nationalsozialisten allein mit der durch die Weltwirtschaftskrise ausgelösten hohen Arbeitslosigkeit zu erklären, greift zu kurz. Nährboden für die Entwicklung von einer Splitter- zu einer Massenpartei war eine deutsche Gesellschaft, die seit Beginn der Republik und verstärkt mit Ausbruch der Weltwirtschaftskrise politisch, wirtschaftlich und mental gespalten war. Der Schock der Kriegsniederlage mit dem als nationale Demütigung empfundenen Versailler Vertrag, die Revolution mit ihren blutigen Auseinandersetzungen sowie die negativen psychologischen Folgen von Massenarbeitslosigkeit und Inflation ließen die radikalnationalistischen Parolen eines Adolf Hitler auf fruchtbaren Boden fallen. Seine antisemitische, antiliberale und antimarxistische, die Bolschewismusangst schürende Agitation traf bei großen Teilen der Bevölkerung, vor allem beim bürgerlichen Mittelstand, den Nerv der Zeit. Viele von der Republik enttäuschte Bürger erhofften sich einen starken Mann, einen Führer und „Erlöser", der die Nation vor dem drohenden Untergang retten und sie endlich wieder zu nationaler Größe führen würde.

Stand die erste Generation der „alten Kämpfer" noch unter dem Eindruck von Schützengräben und der „nationalen Schande" des verlorenen Krieges, so suchte die folgende Generation die Geschlossenheit einer Gemeinschaft, die stark genug schien, durch Protest gegen die bestehende Ordnung die Welt nach ihrer Vorstellung neu zu gestalten. Die Furcht vor dem sozialen Abstieg einte Menschen ganz unterschiedlicher Herkunft.

Viele waren auf der Suche nach einem „dritten Weg" zwischen Kapitalismus und Sozialismus. Dies gilt vor allem für Angehörige des Mittelstandes, die sich durch linke Bewegungen bedroht sahen. Außerdem zogen Tatkraft und Durchsetzungsvermögen der NSDAP Mitglieder und Wähler an. Emotionale Bezüge wie „Ehre, Größe, Heroismus, Opferbereitschaft, Hingabe", nicht wirtschaftliche Versprechungen, führten der „Bewegung" ihre Wähler und Sympathisanten zu. Viele von ihnen wollten mit ihrem Wahlverhalten nur ihre Unzufriedenheit mit den gegenwärtigen Verhältnissen ausdrücken. Dies erklärt auch die starken Schwankungen der NSDAP in der Gunst der Wähler.

Mitglieder und Wähler der NSDAP Diejenigen, die in den zwanziger Jahren der Partei beitraten, stammten vor allem aus der unteren Mittelschicht, waren Handwerker, Gewerbetreibende und Angestellte. Daneben wuchs der Anteil der Arbeiter, vor allem der Heim- und Landarbeiter, erheblich an. Seit 1930 traten Angehörige der oberen Mittelschicht der „Bewegung" bei. Agrarkrise und Depression trieben selbstständige Bauern und kleine Geschäftsleute sowie die Beamten und Angestellten der neuen Mittelschicht in die Reihen der NSDAP (▸ M4). Die alten Eliten und Kreise der Großindustrie blieben meist reserviert. Sie neigten eher zu einer autoritären Regierung im Stile der letzten Weimarer Präsidialkabinette.

▲ Wahlkampfveranstaltung der SPD im Berliner Lustgarten 1930.

Das Mitgliederprofil der NSDAP entsprach weitgehend dem anderer faschistischer Parteien in Europa. Der Anteil der Frauen war gering, denn die Partei, militaristisch, wie sie sich gab, glich eher einem „Männerbund". Auffallend war die Dominanz der jungen Generation (▸ M5). Viele Mitglieder hatten noch keine feste Anstellung. Jugendlichkeit und Dynamik zählten zu den Charakteristika der NSDAP, auf die sie großen Wert legte.

Erst als die NSDAP ihre Macht im Staat gefestigt hatte, setzte der große Ansturm all derer auf die Hitlerpartei ein, die sich in Politik, Verwaltung und Gesellschaft eine angesehene oder zumindest gesicherte Position versprachen, wenn sie ihre Zugehörigkeit zum neuen Regime dokumentierten. Auch Industrie und Großfinanz waren darauf bedacht, sich schnell mit dem Regime zu arrangieren, zumal ein starker Staat und die Beseitigung einer selbstständigen Gewerkschaftsbewegung der Wirtschaft günstige Rahmenbedingungen verhießen. Die NSDAP wurde eine „Integrationspartei" für alle sozialen Schichten, eine Bewegung mit „Volksparteicharakter", die das ganze Volk vertreten wollte.

Plakate sind öffentliche Aushänge oder Anschläge, die informieren, werben oder zu Aktionen aufrufen. Um möglichst viele Menschen anzusprechen, werden sie überwiegend an stark frequentierten Standorten platziert. Ihr Ziel ist es, durch „plakative", also auffällige gestalterische Mittel und Schlagworte (Slogans) auf den ersten Blick zu wirken und durch eine meist suggestive, an das Unterbewusstsein gerichtete Botschaft in Erinnerung zu bleiben.

Plakate als historisches Massenmedium

Politische Plakate analysieren

Politische Plakate gibt es – ob als Bekanntmachung der Regierung, als Protest gegen soziale Missstände oder zur Verteufelung des Kriegsgegners – in Deutschland seit Anfang des 19. Jahrhunderts. Ihre Bedeutung als Massenmedium erreichten sie jedoch erst in der Weimarer Republik. Da es nun zwar Pressefreiheit, aber noch kein Fernsehen oder Radio gab, nutzten die Parteien Plakate als schlagkräftige Agitations- und Propagandamittel im Kampf um Wählerstimmen.

In dem Maße, wie sich die politischen Auseinandersetzungen in der Anfangs- und Endphase der Republik zuspitzten, wurden auch die Texte und Bilder der Parteien radikaler. Die politischen Gegner wurden diffamiert, Feindbilder aufgebaut und Bedrohungsszenarien beschworen. Obwohl durch die unterschiedlichen künstlerischen Stilrichtungen der Epoche beeinflusst, bedienten sich die Parteien für ihre Plakate häufig derselben Motive und Gestaltungsmittel: überdimensionale Figuren, etwa der politische Gegner als „Untermensch" oder der unbeugsame Arbeiter als Ideal des „Kämpfers", Symbole wie der stolze Adler, die giftige Schlange, die Fahne oder Fackel in der Hand des Arbeiters.

Wahlplakate geben keine Auskunft über das Wählerverhalten. Sie spiegeln jedoch in Wort und Bild die politischen Auseinandersetzungen und Ziele der Parteien sowie den Alltag, die Probleme und Grundhaltungen der Zeit.

Formale Kennzeichen

- Um welche Art von Plakat handelt es sich?
- Wer hat das Plakat geschaffen oder in Auftrag gegeben?
- Wann und wo ist es entstanden bzw. veröffentlicht worden?

Plakatinhalt

- Wen oder was zeigt das Plakat auf welche Weise?
- Was wird thematisiert?
- Wie ist das Plakat aufgebaut? Welche Gestaltungsmittel werden verwendet (Verhältnis von Text und Bild, Perspektive, Haltung der Figuren, Schriftgröße und -art, Farben, Symbole, Übertreibungen, Verwendung bestimmter Stilmittel)?
- Was bedeuten die Gestaltungsmittel?

Historischer Kontext

- Auf welches Ereignis, welchen Sachverhalt oder welche Person bezieht sich das Plakat?
- Was ist der Anlass für die Veröffentlichung?

Intention und Wirkung

- An wen wendet sich das Plakat?
- Ist es gegen jemanden gerichtet? Werden Feindbilder dargestellt?
- Welche Aussageabsicht verfolgt der Künstler bzw. Auftraggeber?
- Welche Wirkung soll das Plakat beim zeitgenössischen Betrachter erzielen?

Beispiel und Analyse

SA-Mann mit Schirmmütze und Hakenkreuz: personifizierter „Feind der Demokratie" von rechts

Farbgebung: Rot als Farbe der Sozialdemokratie, Schwarz-Rot-Gold als Nationalfarben Deutschlands während der Weimarer Republik; Symbol der republiktreuen Kräfte

Totenkopf mit Reichswehrhelm: Allegorie auf Gefahr des Militarismus und die Toten des Ersten Weltkrieges

Schriftzug / Wahlslogan: Verweis auf politische Gegner („Feinde der Demokratie!") und eigenes demokratisches Selbstverständnis

Kommunist mit rotem Stern auf der Kappe: personifizierter „Feind der Demokratie" von links, symbolisiert Gefahr des Bolschewismus

Dolch: Symbol für Gewalt und Hinterhältigkeit, Verweis auf „Dolchstoßlegende"

Schriftzug / Wahlaufruf: nennt Wahlziel (politische Gegner durch Wahl ausschalten; Erhalt von Republik und Demokratie), Verweis auf Auftraggeber und Listenplatz

▲ Wahlplakat der SPD, 1930.

Formale Kennzeichen Das Wahlplakat wurde 1930 von der SPD in Auftrag gegeben. Wer es gestaltet hat, ist nicht bekannt.

Plakatinhalt Das Plakat zeigt die „Feinde der Demokratie" in dreifacher Personifizierung: Den Hauptteil füllt ein schwarz gezeichneter, nur an wenigen weißen Konturen erkennbarer Mann aus; Schirmmütze und Hakenkreuz identifizieren ihn als Mitglied der SA. In seiner linken Faust hält er einen Dolch, der die Gewaltbereitschaft des politischen Gegners verdeutlichen und auf die „Dolchstoßlegende" anspielen soll. Die Oberste Heeresleitung hatte sie 1918 verbreitet, um die Schuld an der deutschen Niederlage im Ersten Weltkrieg auf die revolutionären Ereignisse in der Heimat und vor allem die Sozialdemokratie zu schieben. Die rechte Hand des Mannes ist nach dem Betrachter ausgestreckt, den er aus dem Dunkel heraus anzugreifen und anzubrüllen scheint. Die schemenhaft umrissene Figur links hinten trägt eine Kappe mit rotem Stern, was sie als Kommunist zu erkennen gibt. Rechts ragt ein Totenkopf mit Reichswehrhelm und Bajonett hervor, wohl eine Allegorie auf die Gefahr des nationalistischen Militarismus oder die Toten des Ersten Weltkrieges.
Die Schriftzüge bestehen aus Großbuchstaben und nennen das Motto: Die „Feinde der Demokratie" sollen beseitigt („Hinweg damit!") und die Republik gerettet werden. Die dominierenden Farben Schwarz-Rot-Gold stehen als Nationalfarben der ersten deutschen Republik für die demokratischen Kräfte; Rot ist zudem die Farbe der Sozialdemokratie.

Historischer Kontext Anlass für die Veröffentlichung des Wahlplakats war die Reichstagswahl vom 14. September 1930. Es wendet sich gegen die politischen Gegner der SPD von rechts und links, die die Republik seit ihrer Gründung bekämpften. Vor allem die Parteien der extremen Rechten, DNVP und NSDAP, nutzten die „Dolchstoßlegende" zur hasserfüllten Agitation gegen die politischen Vertreter der Weimarer Republik. 1930 hatte sich durch Wirtschaftskrise und Arbeitslosigkeit die parteipolitische Landschaft geändert: Während die liberalen Parteien DDP und DVP immer mehr Anhänger verloren, gewannen NSDAP und KPD von der politischen und sozialen Lage frustrierte Wähler hinzu. Mit dem Rücktritt der letzten sozialdemokratisch geführten Regierung im März 1930 entfiel die Hauptstütze der Weimarer Demokratie. Die SPD kämpfte daher für einen deutlichen Wahlsieg und die Zurückdrängung der extremen Flügelparteien, um wieder eine regierungsfähige Mehrheit im Parlament bilden zu können.

Intention und Wirkung Die SPD will den Wählern die von den links- und rechtsextremen Parteien ausgehende Gefahr für Demokratie und Republik veranschaulichen, indem sie ein Bedrohungsszenario aus Gewalt, Terror, Angst und Tod entwirft. Dazu bedient sie sich der Feindbilder und Stereotypen, die die politischen Gegner bei ihren Angriffen gegen die Republik benutzen. Durch die Umkehrung der Vorwürfe sollen sie als Lügner und Geschichtsklitterer (vgl. das Plakat S. 176) entlarvt werden. Die Schriftzüge lösen auf, was das Feinbild suggeriert; zugleich wirbt das „Rettungsversprechen" für die eigene Partei: Die SPD will die „Feinde der Demokratie" nicht durch Gewalt, sondern mit demokratischen Mitteln beseitigen.

Bewertung und Fazit Das Plakat war 1930 überall in Deutschland verbreitet. Die Bedrohung wird durch ideenreiche Gestaltung, starke Farben und markanten Zeichenstil, schlagkräftige Slogans, bekannte Symbole und Stereotypen eindrucksvoll und verständlich in Szene gesetzt. Seine beabsichtigte Wirkung hat das Plakat jedoch verfehlt: Bei der Reichstagswahl von 1930 verlor die SPD fast 3 Prozent der Stimmen, blieb aber stärkste Partei. Die KPD gewann 2,5 Prozent Stimmenanteil, die NSDAP stieg mit 18,2 Prozent sogar zur zweitstärksten Partei auf.

M1 Arbeitslosigkeit* in ausgewählten Ländern 1925-1933 (in Prozent)

Jahr	Deutschland	Großbritannien	USA	Frankreich
1925	6,8	11,3	5,9	3,0
1926	18,0	12,5	2,8	3,0
1927		9,7	5,9	11,0
1928	8,6	10,8	6,4	4,0
1929	13,3	10,4	4,7	1,0
1930	22,7	16,1	13,0	2,9
1931	34,3	21,3	23,3	6,5
1932	43,8	22,1	34,0	15,4
1933	36,2	19,9	35,3	14,1

* Als arbeitslos wurde nur gezählt, wer Anspruch auf staatliche Unterstützung hatte. Verlor ein Arbeitnehmer im Deutschen Reich seinen Arbeitsplatz, bekam er ein Jahr lang eine monatliche Unterstützung. Hörte diese auf, wurde er in den amtlichen Statistiken nicht mehr als arbeitslos geführt. Die offiziellen Zahlen beschönigen somit den tatsächlichen Zustand.

Dietmar Petzina, Die deutsche Wirtschaft in der Zwischenkriegszeit, Wiesbaden 1977, S. 16 f.

1. *Übertragen Sie die Tabelle in ein Diagramm.*

2. *Vergleichen Sie die deutschen Arbeitslosenzahlen mit denen der drei anderen Staaten. Suchen Sie nach Gründen für die Unterschiede.*

3. *Vergleichen Sie die deutschen Arbeitslosenzahlen von 1930 bis 1932 mit aktuellen Zahlen in der Bundesrepublik. Nennen Sie die Punkte, die bei einem solchen Vergleich zu beachten sind.*

M2 Industrieproduktion 1925-1933 (1913 = 100)

Jahr	Welt	USA	D	GB	F	UdSSR	Italien
1925	120,7	148,0	94,9	86,3	114,3	70,2	156,8
1926	126,5	156,1	90,9	78,8	129,8	100,3	162,8
1927	134,5	154,5	122,1	96,0	115,6	114,5	161,2
1928	141,8	162,8	118,3	95,1	134,4	143,5	175,2
1929	153,3	180,8	117,3	100,3	142,7	181,4	181,0
1930	137,5	148,0	101,6	91,3	139,9	2350,5	164,0
1931	122,5	121,6	85,1	82,4	122,6	293,9	145,1
1932	108,4	93,7	70,2	82,5	105,4	326,1	123,3
1933	121,7	111,8	79,4	83,3	119,8	363,2	133,2

Nach: Paul Kennedy, Aufstieg und Fall der großen Mächte, Frankfurt am Main 1989, S. 451

1. *Vergleichen Sie die Entwicklung der Industrieproduktion mit M1.*

2. *Erklären Sie, warum die USA und Deutschland besonders vom Rückgang betroffen waren.*

M3 Arbeitslos – und dann?

Ein anonymer Betroffener beschreibt 1930 in der „Arbeiter Illustrierten Zeitung" seine Situation:

Du hast eines Tages den berühmten „blauen Brief" erhalten; man legt auf deine Arbeitskraft kein Gewicht mehr, und du kannst dich einreihen in die große „graue Masse" der toten Hände und überflüssigen Hirne, denn die Maschine ersetzt dich, und jüngere Arbeitskräfte leisten für weniger Geld deine Arbeit. [...]
Was dir zunächst als persönliches Schicksal und individuelles Unglück erscheint auf dem Arbeitsnachweis[1], wo du dich zunächst melden musst, damit du später (nach der zufriedenstellenden Beantwortung von über 300 Fragen auf X Fragebögen) die Erwerbslosenfürsorge in Anspruch nehmen kannst, auf dem Arbeitsnachweis merkst du: Wie dir geht es tausenden. [...] Hier beginnt dein Leidensweg. Man fragt dich aus, wo du in den letzten vier Jahren beschäftigt warst, du musst deinen Lebenslauf schreiben, den Besuch der Schulen angeben, schreiben, warum du entlassen worden bist usw. [...] Nach peinlicher Befragung erhältst du deine Stempelkarte und gehst damit los zur Erwerbslosenfürsorge. Und hier setzt man dir mit Fragen zu, bis du keinen trockenen Faden mehr am Leibe hast. Dass du lebst, glaubt man dir noch, aber wo du in den letzten drei Jahren gelebt hast, musst du aufgrund polizeilichen Stempels und amtlicher Unterschrift nachweisen. [...] Normalerweise hast du drei bis vier Tage zu tun, um alle Papiere beisammen zu haben, und dann kriegst du Unterstützung? So schnell geht das nicht! Erst wenn dein Antrag geprüft und von X Beamten unterschrieben ist, kannst du im günstigsten Fall nach vierzehn Tagen dein erstes Geld holen. [...]
Deine Unterstützung richtet sich nach deinem Arbeitsverdienst in den letzten 26 Wochen. Aber ganz gleich, ob du 8,80 Mk oder 22,05 Mk (Höchstsatz) als Lediger pro Woche erhältst, die paar Pfennige sind zum Leben zu wenig und zum Sterben zu viel. 26 Wochen darfst du stempeln und Unterstützung beziehen, dann steuert man dich aus, und du kommst in die Krisenfürsorge, deren Sätze erheblich niedriger sind. Und nach weiteren 26 oder 52 Wochen erhältst du gar nichts mehr und gehörst zu den gänzlich Unterstützungslosen.

Arbeiter Illustrierte Zeitung 1930, Nr. 5; zitiert nach: Wochenschau für politische Erziehung, Sozial- und Gemeinschaftskunde, 48 (1997) 1, S. 33

▲ Berliner Arbeitslose mit einer warmen Mahlzeit aus der Volksküche.
Foto um 1929.

1. *Beschreiben Sie die Hindernisse, die Arbeitslose zu überwinden hatten, bevor sie Unterstützung bekamen. Finden Sie heraus, was die Betroffenen heute tun müssen.*
2. *Diskutieren Sie, welche Auswirkungen Arbeitslosigkeit auf die politische Einstellung der Betroffenen haben kann.*

[1] Erfassungsstelle für Arbeitslose

▲ **Nationalsozialistisches Wahlplakat von 1932.**
■ *Was suggeriert das Plakat möglichen Wählern?*

M4 Wer wählte Hitler?

a) Die soziale Zusammensetzung der NSDAP-Wähler nach Berufsgruppen in Prozent, unabhängig von einer tatsächlichen Erwerbstätigkeit:

	1928	1930	1932[1]	1932[2]	1933	Alle[3]
Selbstständige/ Mithelfende	26	27	31	30	31	24
Angestellte/ Beamte	12	13	11	12	12	15
Arbeiter	30	26	25	26	26	32
Berufslose[4]	13	17	17	17	16	13
Hausfrauen etc.	17	17	16	16	16	17
Alle[5]	98	100	100	100	101	101

Nach: Jürgen Falter, Hitlers Wähler, München 1991, S. 288

b) Die nationalsozialistischen Hochburgen
Die Zahlen (Anteil der Wähler in Prozent) ermöglichen einen Vergleich der Sozialstruktur jener Kreise, in denen die NSDAP bei der Reichstagswahl im November 1932 überdurchschnittlich viele Stimmen bekommen hat, mit der Sozialstruktur des Deutschen Reiches insgesamt:

	NSDAP-Hochburgen	Reich
Katholiken	9	32
Stadtbewohner	22	54
in der Landwirtschaft tätig	51	31
in der Industrie tätig	31	41
Selbstständige, mithelfende Angehörige	41	28
Beamte	3	4
Angestellte	5	12
Arbeiter	26	27
arbeitslose Angestellte	1	2
arbeitslose Arbeiter	9	13

Nach: Jürgen Falter, a. a. O., S. 353

1. *Analysieren Sie den Anteil der Berufsgruppen an der Gesamtstimmenzahl der NSDAP in Tabelle a).*

2. *Skizzieren Sie die Entwicklung zwischen 1928 und 1933.*

3. *Deuten Sie die Abweichungen zwischen den NSDAP-Hochburgen und dem Reichsdurchschnitt in Tabelle b).*

4. *Vergleichen Sie die Ergebnisse von Tabelle a) und b).*

[1] Reichstagswahlen vom 31. Juli 1932
[2] Reichstagswahlen vom 6. November 1932
[3] Anteil der Berufsgruppe an allen Wahlberechtigten
[4] davon ca. 90 Prozent Rentner und Pensionäre (1933)
[5] Summe der NSDAP-Wähler in dem jeweiligen Jahr; Abweichungen von 100 sind die Folge von Rundungsfehlern

M5 „Macht Platz, ihr Alten!"

Der Journalist Jan Friedmann beschreibt in einem Artikel Ursprung und Wesen der völkischen Jugendbewegung in der Weimarer Republik:

„Weil wir die echten, wahren und unerbittlichen Feinde des Bürgers sind, macht uns seine Verwesung Spaß", höhnte der Rebell und Jugendführer. Was wie eine Parole von 1968 anmutet, ist ein Satz von Ernst Jünger über sich selbst und seine Altersgenossen aus dem Jahr 1929.

„Wir sind Söhne von Kriegen und Bürgerkriegen", fuhr der Rechtsintellektuelle in seinem Generationenporträt fort. Eines Tages werde es gelingen, die bestehende „krustige, schmutzige Decke wegzusprengen" und darunter eine „stolzere, kühnere und noblere Jugend" zum Vorschein zu bringen, die „Aristokratie von morgen und übermorgen".

Dem Schriftsteller, Studienabbrecher und Freischärler war die bürgerliche Demokratie genauso verhasst wie vielen Menschen seiner Generation. Jünger, Jahrgang 1895, wurde eine der prominentesten Stimmen der völkischen Jugendbewegung, die während der Weimarer Republik maßgeblich den Weg in die Diktatur ebnete. [...]

In keinem anderen Jahrzehnt prallten die Generationen so heftig aufeinander wie in den zwanziger Jahren. „Macht Platz, ihr Alten!", schleuderte der Reichspropagandaleiter der NSDAP, Gregor Strasser, im Jahr 1927 dem Establishment der Weimarer Republik entgegen. „Macht Platz, ihr Unfähigen und Schwachen, ihr Blinden und Tauben, ihr Ehrlosen und Gemeinen, ihr Verräter und Feiglinge, macht Platz, ihr seid gewogen und zu leicht befunden worden." Ihren ideologischen Fundus hatte sich die selbstbewusste Avantgarde in den Schützengräben des Ersten Weltkriegs angeeignet. Tatsächlich waren es zwei Generationen von Jugend, die dort geprägt wurden. Da waren zum einen die Jahrgänge der zwischen 1880 und 1900 Geborenen, die eigentliche Frontgeneration. Angetreten in rauschhafter Begeisterung, erlebten sie den Krieg als ungeheure Schlachtbank [...]. Jeder dritte der zwischen 1892 und 1895 geborenen deutschen Männer verlor hier sein Leben.

So schlossen die Überlebenden: Nur wer in der Gemeinschaft funktioniert und sich im Gegenzug auf die unbedingte Kameradschaft seiner Mitkämpfer verlassen kann, hat eine Chance. Der Einzelmensch gilt nichts, erst im Kollektiv der feldgrauen Uniformen wird er zu einer Macht.

Doch die Heroisierung der Härte und des Opfers prägte auch die Jüngeren. Sie absorbierten die kaiserliche Kriegspropaganda, die Durchhalteparolen der Lehrer und Amtsleute, sie glaubten an die Dolchstoßlegende. [...]

Ihr Credo der Härte und Unerbittlichkeit übertrugen beide Generationen, die Frontkämpfer und ihre jüngeren Brüder, auf die Zivilgesellschaft von Weimar. Kompromisse galten ihnen als Zeichen von Schwäche. Heroisches Handeln musste stattdessen rein, radikal und sachlich sein. Anstelle des schalen Parlamentarismus wollten sie das Ideal einer klassenlosen Volksgemeinschaft setzen, frei von störenden Fremdkörpern. [...]

Ihre Ideale von Kameradschaft, soldatischer Männlichkeit und freiwilliger Unterordnung fand die Jugend in den zahlreichen paramilitärischen Verbänden und bündischen Organisationen. Alle politischen Parteien schufen sich solche Nebenorganisationen: die Kommunisten etwa den „Roten Frontkämpferbund" (1924), die Sozialdemokraten das „Reichsbanner Schwarz-Rot-Gold" (1924), die Katholiken die „Windthorstbünde" (1920), die DDP den „Jungdeutschen Orden" (1920), die DNVP ihren „Stahlhelm" (1918) – und die NSDAP warb mit der Parole „Jugend führt Jugend" für ihre Sturmabteilung SA (1921).

Alle Bünde boten Marschieren in Kolonnen und Wehrertüchtigung, das Reichsbanner zum Beispiel Geländelauf, Gepäckmarsch oder Kleinkaliberschießen. Sie hielten den Großen Krieg in Ehren und stählten ihre Mitglieder für künftige Schlachten. Ziel sei die „geistige und seelische Rüstung der wehrhaften Jugend", hieß es im Manifest des Jungdeutschen Ordens – und die äußerte sich am besten in jugendlich-viriler Gewalt.

Jan Friedmann, „Macht Platz, ihr Alten", in: Spiegel Special Geschichte 1/2008, S. 38-42

1. *Erläutern Sie das hier gezeichnete Bild der Weimarer Jugend.*
2. *Analysieren Sie, inwiefern sich in der Jugend die gesellschaftlichen Verhältnisse spiegeln, und zeigen Sie die Folgen auf.*
3. *Überlegen Sie, ob und inwiefern sich dies auf die heutige Zeit übertragen lässt.*

Die Demokratie wird zerstört – Warum scheiterte die Weimarer Republik?

Am Abend des 29. Januar 1933 erscheint Werner von Alvensleben, ehemaliger Offizier aus dem politischen Kreis um Reichskanzler Kurt von Schleicher, unangemeldet in der Wohnung des NS-Propagandaleiters Joseph Goebbels am Reichskanzlerplatz, der gerade mit Hitler und Reichstagspräsident Hermann Göring zusammensitzt. Mit einer Falschmeldung will Alvensleben die Bildung eines konservativen Kabinetts Hitler beschleunigen. Reichspräsident Hindenburg habe vor, am nächsten Tag eine von Schleichers Vorgänger Franz von Papen geführte Minderheitsregierung zu berufen, was aber die Reichswehr mit einem Militärputsch verhindern wolle. Hektisch lässt die NSDAP-Führung Papen und Staatssekretär Otto Meissner informieren, den engsten Mitarbeiter Hindenburgs.

Auch Papen bleibt nicht untätig. Gemeinsam mit Meissner und dem Hindenburg-Sohn Oskar versucht er seit Wochen, den Reichspräsidenten von der Ernennung Hitlers zum Reichskanzler zu überzeugen. Wie einfach sei es doch, Hitler in einem Kabinett der nationalen Rechten „einzurahmen" und in Wirklichkeit selbst die Macht auszuüben. Am diesem Abend erhält er endlich Hindenburgs Einverständnis. Gleich am nächsten Morgen spricht er mit dem DNVP-Vorsitzenden Alfred Hugenberg, der jedoch die Forderungen der Nationalsozialisten nach Neuwahlen ablehnt. Damit stünde die Regierungsbeteiligung der DNVP auf dem Spiel.

Um 10 Uhr 45, eine Viertelstunde vor dem mit Hindenburg vereinbarten Termin für die Kabinettsvereidigung, steht die Neuwahlfrage nach wie vor im Raum. Im Vorzimmer des Reichspräsidenten, wo sich die vorgesehenen Minister versammelt haben, geraten Hitler und Hugenberg darüber so heftig aneinander, dass die geplante Kabinettsbildung zu scheitern droht. Erst durch Papens Zureden und Hitlers Versprechen, auch nach einer Neuwahl die Regierungszusammensetzung nicht zu verändern, kommt es zu einer Einigung. Eilig betritt das neue Kabinett unter Reichskanzler Hitler das Amtszimmer Hindenburgs, um den Eid auf die Verfassung zu leisten.

Attacken auf die Republik Reichskanzler Brüning hatte sich mehrfach bemüht, die Nationalsozialisten in die Regierungsverantwortung einzubinden, um sie zu „zähmen" und ihre Unterstützung für die Wiederwahl Hindenburgs 1932 zu erlangen. Als die NSDAP jedoch mit Hitler einen eigenen Kandidaten für die Reichspräsidentenwahl stellte, war Hindenburg auf die Stimmen der Anhänger von SPD und Zentrum angewiesen. Er gab Brüning die Schuld dafür, dass sich die nationale Rechte nicht für ihn aussprach. Dies führte zwischen beiden Politikern zu einer Entfremdung. Wenige Tage nach Hindenburgs Wiederwahl wurden auf Druck mehrerer Länderregierungen die 1925 in die NSDAP eingegliederte **Sturmabteilung (SA)** und die **Schutzstaffel (SS)** wegen blutigen Straßenterrors verboten, um die bürgerkriegsähnlichen Auseinandersetzungen auf der Straße zu beenden und die staatliche Autorität zu sichern. Brüning gelang es nicht mehr, Hindenburgs Vertrauen wiederzugewinnen. Als er Bauern auf überschuldeten landwirtschaftlichen Gütern ostpreußischer Großgrundbesitzer ansiedeln wollte, lief die ostelbische Agrarlobby bei Hindenburg Sturm gegen diesen „Agrarbolschewismus". Hindenburg stoppte das Vorhaben. Am 30. Mai entließ er Brüning und sein Kabinett.

Sturmabteilung (SA): 1920 gebildete, militärisch organisierte und uniformierte Saalschutz- und Kampftruppe der NSDAP

Schutzstaffel (SS): 1925 gegründete Parteiformation zum persönlichen Schutz Hitlers, ab 1934 „selbstständige Organisation" der NSDAP mit polizeilicher Machtbefugnis

Brüning hatte sich als Chef des ersten Präsidialregimes bemüht, mit dem Reichstag zusammenzuarbeiten, auch wenn er sich nicht an parlamentarische Entscheidungen gebunden fühlte. Seine Nachfolger dagegen suchten, gestützt auf eine breite antiparlamentarische, republikfeindliche Allianz, die offene Auseinandersetzung mit dem Reichstag. **Franz von Papen** bildete ein neues Kabinett, in dem von elf Ministern sieben adlig waren („Kabinett der Barone"). Der Reichstag wurde am 4. Juni aufgelöst, die verbotene SA am 14. Juni wieder zugelassen und Neuwahlen für den 31. Juli ausgeschrieben. Hitler verweigerte auch dieser Regierung die Zusammenarbeit und attackierte sie schonungslos (▸ M1).

Franz von Papen (1879-1969): stammt aus westfälischem Adelsgeschlecht; 1913 als deutscher Militärattaché in den USA; ab 1916 Militärkarriere; 1919 Abschied aus dem deutschen Heer im Rang eines Oberstleutnants; danach Politiker (Zentrum, 1932 ausgetreten); 1932 Reichskanzler; 1933-1934 Vizekanzler im ersten Kabinett Hitler

Politische Gewalt ■ Seit ihrer Gründung war die Weimarer Republik von politisch motivierter Gewalt geprägt. Die Ängste vor einem Bürgerkrieg brachen in der Endphase der Republik wieder auf, als mit den sich verschärfenden wirtschaftlichen und politischen Krisen ab 1929 auch der politische Terror wuchs. Dem Staat gelang es nicht mehr, seinen Anspruch auf das Gewaltmonopol durchzusetzen.

Politische Verbände und vor allem die radikalen Parteien von links und rechts bildeten Kampfverbände, die die eigenen Veranstaltungen schützen und die des politischen Gegners stören sollten. Marschierende Kolonnen in Uniformen mit Waffen, militaristischem Gebaren, Gewalt verherrlichenden Parolen und martialischen Gesängen gehörten in den Krisenjahren zum Alltagsbild vieler deutscher Städte.

Am aggressivsten gingen die SA und der zur KPD gehörige „Rote Frontkämpferbund" (RFB) vor, die sich untereinander blutige Saal- und Straßenschlachten lieferten. Auch der Stahlhelm, der „bewaffnete Arm" der DNVP, radikalisierte den politischen Kampf. Die Mitgliederzahlen der Kampfverbände stiegen rasch. Der RFB hatte 1927 etwa 130 000, die SA im Jahre 1932 etwa 400 000 Mitglieder.

Das blutigste Jahr war 1932. Die Aufhebung des SA-Verbots im Juni wirkte als Startsignal für den erneuten Ausbruch der Gewalt. Die Medien heizten die Situation an, vor allem die Parteizeitungen schürten den Hass auf den politischen Gegner. Allein in den Monaten Juli und August 1932 kamen über 300 Menschen durch politischen Terror ums Leben. Die Polizei war überfordert, oft sympathisierte sie jedoch mit den rechten Verbänden.

Die Auflösung der Republik ■ Bei den Neuwahlen am 31. Juli konnte die NSDAP die Zahl ihrer Mandate von 107 auf 230 mehr als verdoppeln und wurde stärkste Fraktion im Reichstag. Nun war Hitler nicht mehr bereit, sich mit dem Vizekanzlerposten zufriedenzugeben. Hindenburg lehnte jedoch seine Forderung nach einer Neubildung des Kabinetts unter nationalsozialistischer Führung ab und beließ Papen im Amt. Als ihm das neu gewählte Parlament gleich in seiner ersten Sitzung mit deutlicher Mehrheit das Misstrauen aussprach, ließ Papen es sofort wieder auflösen und setzte Neuwahlen für den 6. November an. Die KPD konnte ihren Stimmenanteil wiederum steigern, während die NSDAP gegenüber der Juli-Wahl überraschend zwei Millionen Wähler verlor.

Unter Papen hatte sich das Verhältnis zum Reichstag so verschlechtert, dass ein Kompromiss zwischen Parlament und Regierung nicht mehr möglich war. Um weitere Parlamentsauflösungen und Neuwahlen zu vermeiden, schien sich als einziger Ausweg die Ausrufung des Staatsnotstandes mit der Ausschaltung des Reichstags und einem Verbot sämtlicher Parteien anzubieten. Als General von Schleicher erklärte, dass die Reichswehr nicht in der Lage sei, einen möglichen Widerstand der Bevölkerung gegen diesen Verfassungsbruch zu unterbinden, war Papens „Kabinett der nationalen Konzentration"

▲ **„Der Reichstag wird eingesargt."**
Collage von John Heartfield zum 30. August 1932.

- *Wofür steht bei John Heartfield der Reichstag?*
- *Begründen Sie, warum der Künstler die SPD ins Blickfeld rückt.*
- *Analysieren Sie, inwiefern die Abbildung Heartfields Haltung gegenüber der politischen Entwicklung ausdrückt.*

gescheitert. Hindenburg entließ den Kanzler und ernannte am 3. Dezember Schleicher zum Nachfolger. Dieser rückte von Brünings Deflationspolitik ab und versuchte, mit einem „sozialen Programm" unter Einbeziehung der Gewerkschaften („Querfront") neue Arbeitsplätze zu schaffen. Er scheiterte, weil Gewerkschaften und SPD ihre Mitarbeit verweigerten.

Reichspräsident von Hindenburg wurde nun von seinen engsten Beratern, führenden Unternehmern aus Wirtschaft und Industrie und vor allem von Papen bedrängt, Hitler zum Reichskanzler zu ernennen (▸ M2, M3). Papen winkte der Vizekanzlerposten. Mit den anderen konservativen Ministern glaubte er, die Nationalsozialisten ausreichend „einrahmen" zu können. Am 28. Januar 1933 trat Schleicher zurück. Zwei Tage später ernannte Hindenburg Hitler zum Reichskanzler.

Hitler ließ das Parlament durch den Reichspräsidenten auflösen und setzte für den 5. März Neuwahlen an. Um allein die absolute Mehrheit zu erreichen, organisierten die Nationalsozialisten einen intensiven Wahlkampf, in dem vor allem die linken Parteien behindert wurden, sodass von freien Wahlen nicht die Rede sein konnte. Selbst Politiker, die in der Regierungsverantwortung standen, scheuten in ihren Auftritten nicht vor einer Verunglimpfung der demokratischen und sozialpolitischen Errungenschaften der Republik zurück (▸ M4).

Warum scheiterte Weimar? ■ Bei der Frage nach den Gründen für den Untergang der Weimarer Republik und den Machtantritt der Nationalsozialisten ist es nahezu einhellige Ansicht der Geschichtswissenschaft, dass nicht eine einzelne Ursache ausschlaggebend war (▸ M5, M6). Für Zeitgenossen wie Otto Braun, den ehemaligen sozialdemokratischen Ministerpräsidenten von Preußen, waren der Vertrag von Versailles und die Radikalität der deutschen Kommunisten entscheidend. Amerikanische Historiker legten den Schwerpunkt auf die autoritären Traditionen der Deutschen. Andere sehen im Versagen führender Persönlichkeiten aus Politik, Wirtschaft und Militär zwischen 1930 und 1933 eine wesentliche Ursache des Zusammenbruchs, da die alten Eliten Hitler unterschätzten. Allerdings bleibt trotz der unterschiedlichen Gewichtung einzelner Ursachen heute die Erkenntnis, dass für das Scheitern der Republik viele Faktoren und Prozesse zusammenspielten (▸ M7).

M1 „Nicht unser Staat“

Der sozialdemokratische Reichstagspräsident Paul Löbe berichtet in seinen Lebenserinnerungen von der parlamentarischen Arbeit nach den Reichstagswahlen von 1930:

Einige Jahre konnte der Reichstag wieder ordnungsgemäß arbeiten. Als aber 1930 das deutsche Volk 107 Nationalsozialisten neben 77 Kommunisten [...] entsandte und 40 deutschnationale Hugenbergianer[1] ihre schützende Hand über die Nazis hielten, brach der Sturm aufs Neue los. Äußerste Rechte und äußerste Linke warfen sich die Bälle zu, unterstützten gegenseitig ihre Obstruktionsanträge[2], begleiteten die jeweiligen Schimpfkonzerte ihrer Antipoden mit tosendem Beifall und versuchten durch unsinnige und demagogische Anträge die Arbeit des Parlaments und der Regierung lahmzulegen. [...]
Bei einer Reichshaushaltsberatung stellten die Kommunisten eine Reihe von Anträgen, unsympathische Steuern und Abgaben aufzuheben oder herabzusetzen, sodass bei Annahme dieser Anträge die Reichseinnahmen von zehn Milliarden auf sechs vermindert worden wären. Bei dem Ausgabenetat kamen dann so viel populäre Anträge auf Rentenerhöhungen, Wohnhausbauten, Erweiterung des Kreises der Versorgungsberechtigten, dass die Ausgaben des Etats von zehn auf 14 Milliarden steigen mussten. Als ich den kommunistischen Wortführer fragte, woher die Mittel für eine solche Wirtschaft kommen, wie das Defizit von acht Milliarden gedeckt werden sollte, erwiderte er kaltschnäuzig, darüber könne sich ja die Regierung den Kopf zerbrechen, „es ist ja nicht unser Staat, sondern der eure“. Genauso unehrlich war die Taktik der nationalsozialistischen Fraktion. Sie beantragte, dass niemand im Reich mehr als tausend Mark Monatseinkommen beziehen sollte, dachte aber gar nicht daran, selbst diesen Grundsatz zu befolgen, sondern wollte mit solch demagogischen Anträgen nur die anderen Parteien in Verlegenheit bringen [...].

Günter Schönbrunn (Bearb.), Weltkriege und Revolutionen, München [5]1995, S. 249

1. *Erläutern Sie, wie Radikale von links und rechts die parlamentarische Arbeit beeinflussten.*
2. *Diskutieren Sie, welche Wirkung dies auf die Öffentlichkeit haben musste.*

[1] Alfred Hugenberg (1865-1951): Medienunternehmer, von 1928 bis 1933 Vorsitzender der DNVP
[2] Obstruktion: Verschleppung, Verhinderung

M2 Verfassungspläne

Noch als Reichskanzler stellt der ehemalige Zentrumspolitiker Franz von Papen am 12. Oktober 1932 bayerischen Industriellen folgende Pläne vor:

Wir wollen eine machtvolle und überparteiliche Staatsgewalt schaffen, die nicht als Spielball von den politischen und gesellschaftlichen Kräften hin- und hergetrieben wird, sondern über ihnen unerschütterlich steht [...]. Die Reform der Verfassung muss dafür sorgen, dass eine solche machtvolle und autoritäre Regierung in die richtige Verbindung mit dem Volke gebracht wird. An den großen Grundgesetzen [...] soll man nicht rütteln, aber die Formen des politischen Lebens gilt es zu erneuern. Die Reichsregierung muss unabhängiger von den Parteien gestellt werden. Ihr Bestand darf nicht Zufallsmehrheiten ausgesetzt sein. Das Verhältnis zwischen Regierung und Volksvertretung muss so geregelt werden, dass die Regierung und nicht das Parlament die Staatsgewalt handhabt.
Als Gegengewicht gegen einseitige, von Parteiinteressen herbeigeführte Beschlüsse des Reichstags bedarf Deutschland einer besonderen Ersten Kammer mit fest abgegrenzten Rechten und starker Beteiligung an der Gesetzgebung. Heute ist das einzige Korrektiv gegen das überspitzte parlamentarische System und gegen das Versagen des Reichstags die Verordnungsgewalt des Reichspräsidenten aufgrund des Artikels 48 der Reichsverfassung. Sobald aber wieder stetige und normale Verhältnisse herrschen, wird auch kein Anlass mehr sein, den Artikel 48 in der bisherigen Weise anzuwenden. [...]
Nichts kann das Vertrauen in den Aufstieg der Nation mehr hindern als die Unstabilität der politischen Verhältnisse, als Regierungen, die nur Treibholz sind auf den Wellen der Partei und abhängig von jeder Strömung. Diese Art der Staatsführung der Parteiarithmetik ist im Urteil des Volkes erledigt.

Heinz Hürten (Hrsg.), Weimarer Republik und Drittes Reich 1918-1945 (Deutsche Geschichte in Quellen und Darstellung, Bd. 9), Stuttgart 1995, S. 132 ff.

1. *Erläutern Sie, wie Papen seine Pläne begründet.*
2. *Erörtern Sie, welche von ihm geplanten Verfassungsänderungen nicht mit dem Grundgesetz vereinbar wären.*
3. *Manche Geschichtswissenschaftler sind der Ansicht, dass die Praxis der Präsidialkabinette die letzte Chance für die Demokratie gewesen sei, andere sehen darin den „Todesstoß“ für die Weimarer Republik. Diskutieren Sie diese Auffassungen.*

M3 „Zu bejahender Kraft mitreißen"

Mitte November 1932 richten Persönlichkeiten aus Wirtschaft und Industrie sowie aus großagrarischen Kreisen an den Reichspräsidenten die Bitte, Hitler zum Kanzler zu ernennen:

Mit Eurer Exzellenz bejahen wir die Notwendigkeit einer vom parlamentarischen Parteiwesen unabhängigen Regierung, wie sie in dem von Eurer Exzellenz formulierten Gedanken eines Präsidialkabinetts zum Ausdruck kommt.
Der Ausgang der Reichstagswahl vom 6. November d. J. hat gezeigt, dass das derzeitige Kabinett [...] für den von ihm eingeschlagenen Weg keine ausreichende Stütze im deutschen Volk gefunden hat.
[...] Gegen das bisherige parlamentarische Parteiregime sind nicht nur die Deutschnationale Volkspartei und die ihr nahe stehenden kleineren Gruppen, sondern auch die Nationalsozialistische Deutsche Arbeiterpartei grundsätzlich eingestellt und haben damit das Ziel Eurer Exzellenz bejaht. [...] Es ist klar, dass eine des Öfteren wiederholte Reichstagsauflösung mit sich häufenden, den Parteikampf immer wieder zuspitzenden Neuwahlen nicht nur einer politischen, sondern auch jeder wirtschaftlichen Beruhigung und Festigung entgegenwirken muss. Es ist aber auch klar, dass jede Verfassungsänderung, die nicht von breitester Volksströmung getragen ist, noch schlimmere wirtschaftliche, politische und seelische Wirkungen auslösen wird. [...]
Die Übertragung der verantwortlichen Leitung eines mit den besten sachlichen und persönlichen Kräften ausgestatteten Präsidialkabinetts an den Führer der größten nationalen Gruppe wird die Schlacken und Fehler, die jeder Massenbewegung notgedrungen anhaften, ausmerzen und Millionen Menschen, die heute abseits stehen, zu bejahender Kraft mitreißen.

Wolfgang Michalka und Gottfried Niedhart (Hrsg.), Deutsche Geschichte 1918-1933, Frankfurt am Main 2002, S. 224 f.

1. *Analysieren und bewerten Sie die Argumente für eine Berufung Hitlers zum Reichskanzler.*

2. *Erörtern Sie über den Text hinaus die Absichten der Verfasser.*

3. *Diskutieren Sie anhand der Quellen M1 bis M3, wer die Verantwortung für die Ernennung Hitlers zum Reichskanzler trug.*

M4 Ein Blick in die Zukunft

In der Münchener Zeitung „Der gerade Weg" schreibt der in der Jugendseelsorge tätige Pater Ingbert Naab im Juni 1932:

Hitler und sein bewusster Anhang plädieren für ein völlig neues Haus. Unsere bürgerlichen Politiker sehen das immer noch zu wenig. Sie haben das wahre Wesen der Hitlerbewegung noch gar nicht erfasst, auch die Herren in Berlin nicht. Hitler aber spricht immer von der nationalsozialistischen Weltanschauung und mit dem Blut dieser Weltanschauung will er alle Adern des zukünftigen Staates durchdringen. Er will nicht in der Reichsverfassung einige Änderungen durchdrücken, sondern erstrebt eine völlig neue Verfassung, die mit den Ideen Ernst macht, die er in seinem Buch „ Mein Kampf" niedergelegt hat [...].
Es dreht sich nicht darum, dass im zukünftigen Parlament die Hitlerleute in der Mehrzahl sind und die anderen, mit denen die Abgeordneten in langen Redeschlachten herumlaufen, überstimmen. Es dreht sich darum, dass überhaupt kein Parlament mehr da ist, dass kein Zentrum und keine Deutschnationalen und keine Sozialisten mehr existieren. Es dreht sich darum, dass keine Abstimmungen mehr stattfinden, sondern nur noch Beratungen des Ständestaates: Bestimmen wird überall ein Verantwortlicher, der nur nach oben Verantwortung trägt.
Vom obersten Führer bis herunter in die unterste Blockstelle ist alles durchorganisiert. Wahlen werden nicht mehr notwendig sein. Denn jede verantwortliche Stelle wählt sich in ihrem Verantwortungskreis ihre Leute selber aus.
Die jetzige Regierung mag mit derartigen Plänen einige gemeinschaftliche Linien haben, Hitler will trotzdem etwas ganz anderes als die Regierung. Die jetzige Regierung strebt mehr auf frühere Formen zurück, wie es der Tradition ihrer Zusammensetzung entspricht, Hitler hat mit den alten Formen gar nichts zu tun. Die beiden werden sich nur so lange vertragen, als die Regierung Hitler die Wege ebnen hilft und soweit sie ihm dazu hilft. Aber die Regierung hat gar nicht im Sinn abzutreten. Im Grunde genommen möchte sie doch Hitler völlig ausschalten, indem sie ihm den Wind aus den Segeln nimmt durch die Erfüllung seiner Forderungen. Hier freilich irrt sich der Herr von Papen. Das „Baronenkabinett" ist eben doch wesentlich etwas anderes, als sich die zu einem guten Teil revolutionären Anhänger Hitlers unter der künftigen Reichsregierung vorstellen. Und die in neuer Gestalt erscheinende SA wird für andere Ideale kämpfen und sich nicht damit zufriedengeben, den Rechtskurs und die Auffassung der Staatsaufgaben des Herrn von Papen mitzumachen [...].
Die deutschnationalen Kreise möchten Konstruktionen früherer Art [...]. Die Mittelparteien hatten keine Ideen und keine

▸ **„Auferstehung."**
Fotomontage von John Heartfield, 1932.
Das Bild zeigt eine nächtliche Szene auf dem Dorotheenstädtischen Friedhof in Berlin.
Rechts im Bild Adolf Hitler und Kronprinz Wilhelm von Preußen, der Sohn Kaiser Wilhelms II., hinter ihnen Bankiers und Industrielle; links außen Franz von Papen, im Vordergrund Prinz Oskar von Preußen in kaiserlicher Heeresuniform. In der Mitte steigt Generalfeldmarschall August von Mackensen aus dem Grab, gekleidet in der Uniform der Totenkopfhusare, der kaiserlichen Husaren-Regimenter.

- *Analysieren Sie die Aussage der Collage.*
- *Informieren Sie sich über die abgebildeten Personen, ihre Einstellung zur Weimarer Republik und zu Hitler. Erläutern Sie den Bildtitel.*
- *Stellen Sie einen Dialog zwischen zwei Vertretern der alten und neuen Elite her, z. B. zwischen Mackensen und Hitler oder Prinz Oskar von Preußen und Papen. Wo liegen mögliche politische Schnittmengen?*

Ziele. Sie sind zerrieben worden. Die Kommunisten wollen eine völlig andere Ordnung. Die Vertreter der christlichen Weltanschauung sind zu einem Teil noch zu sehr in den gewohnten Auffassungen festgefahren, als dass sie an einen radikalen Umbau denken möchten. Sie wollen immer flicken, abbröckelndes Mauerwerk ergänzen und Risse verschmieren. Zum Teil, sagen wir. Es gibt andere, die klar sehen [...]. Wir wissen auch um die völlige Entmündigung unsres Volkes, die mit dem Sieg der Hitlerbewegung einsetzen soll. Diese Entmündigung werden unsere Massen nicht ertragen.

Ingbert Naab, Der gerade Weg. Deutsche Zeitung für Wahrheit und Recht vom 19. 06. 1932; zitiert nach: Anton Grossmann und Alfred J. Gahlmann (Hrsg.), Nationalsozialismus. Arbeitsmaterial Sekundarbereich II, München 1983, S. 31 ff.

1. *Arbeiten Sie Naabs Argumente und seine Intention heraus. Vergleichen Sie mit M1 bis M3.*

2. *Beurteilen Sie seine Aussagen im Hinblick auf die Vorgänge nach 1933.*

3. *Nehmen Sie Stellung zu der Frage, inwieweit die Regierung die weitere Entwicklung hätte absehen können. Überlegen Sie, ob es Alternativen gab.*

M5 Woran ist Weimar gescheitert?

Der Historiker Hagen Schulze fasst die Ursachen des Scheiterns der Weimarer Republik zusammen:

Woran ist also Weimar gescheitert? Die Antwort ist nicht mit letzter wissenschaftlicher Präzision zu geben, aber einiges lässt sich doch ausmachen: Die wichtigsten Gründe liegen auf dem Feld der Mentalitäten, der Einstellungen und des Denkens. In der Mitte des Ursachenbündels finden sich eine Bevölkerungsmehrheit, die das politische System von Weimar auf die Dauer nicht zu akzeptieren bereit war, sowie Parteien und Verbände, die sich den Anforderungen des Parlamentarismus nicht gewachsen zeigten. Die Ursachen für diese Defekte dürften überwiegend in langfristigen, aus den besonderen Bedingungen der preußisch-deutschen Geschichte zu erklärenden Zusammenhängen zu suchen sein, verstärkt durch die Entstehungsbedingungen des Weimarer Staatswesens und seiner außenpolitischen Belastungen. Die Übertragung dieser ungünstigen Gruppenmentalitäten auf das Weimarer Regierungssystem wurde durch den Wahlrechtsmodus erheblich begünstigt; andere Merkmale der formalen Verfassungsordnung, wie ihr mangelnder normativer Cha-

rakter oder der Föderalismus, wirkten nur in zweiter Linie destabilisierend, während das starke präsidiale Moment daneben auch stabilisierende Komponenten enthielt, die allerdings letzten Endes nicht zum Zuge kamen. Die antirepublikanischen Tendenzen in Armee, Bürokratie und Justiz waren grundsätzlich beherrschbar, eine Frage des Machtbewusstseins von Parteien und Regierung. Die gesellschaftlichen und wirtschaftlichen Rahmenbedingungen waren hauptsächlich langfristig wirksam, indem sie auf die Mentalitäten von Bevölkerung und einzelnen Gruppen einwirkten; aktuelle ökonomische Krisen verstärkten die destabilisierenden Momente, verursachten sie aber nicht.
Lapidar lässt sich also schließen: Bevölkerung, Gruppen, Parteien und einzelne Verantwortliche haben das Experiment Weimar scheitern lassen, weil sie falsch dachten und deshalb falsch handelten. Auch auf dem Umweg über die Strukturanalyse gelangt man so zu dem Schluss, dass Weimar nicht schicksalhaft oder bedingt durch anonyme Sachzwänge scheitern musste – die Chance der Gruppen wie der Einzelnen, sich für Weimar zu entscheiden und dem Gesetz der parlamentarischen Demokratie zu gehorchen, nach dem man angetreten war, hat immer bestanden.

Hagen Schulze, Weimar. Deutschland 1917-1933, Berlin [2]1982, S. 425

1. *Arbeiten Sie die Gründe für das Scheitern der Republik heraus. Formulieren Sie knappe Thesen und diskutieren Sie deren Gewichtung für ein Gesamturteil.*

2. *Stimmen Sie den Ansichten des Autors zu? Ergänzen Sie weitere Gründe.*

M6 War die „Machtergreifung" unvermeidlich?

Der Historiker Eberhard Kolb untersucht, welche Faktoren zum „Scheitern" Weimars beigetragen haben:

Wie wurde Hitler möglich? War die „Machtergreifung" der Nationalsozialisten unter den gegebenen Bedingungen unvermeidlich? Diese Frage, um die alle Erörterungen über das Scheitern Weimars kreisen, wird von der bisherigen Forschung auf recht unterschiedliche Weise beantwortet. Allerdings sind die in der wissenschaftlichen Diskussion zunächst dominierenden monokausalen Erklärungsversuche, in denen der Aufstieg des Nationalsozialismus und die Machtübertragung an Hitler auf eine einzige oder eine allein ausschlaggebende Ursache zurückgeführt wurden, inzwischen ad acta gelegt worden, denn alle derartigen einlinigen Deutungen haben sich als untauglich erwiesen. Die Historiker sind sich heute zumindest darin einig, dass das Scheitern der Republik und die nationalsozialistische „Machtergreifung" nur plausibel erklärt werden können durch die Aufhellung eines sehr komplexen Ursachengeflechts. Dabei sind vor allem folgende Determinanten zu berücksichtigen: institutionelle Rahmenbedingungen, etwa die verfassungsmäßigen Rechte und Möglichkeiten des Reichspräsidenten, zumal beim Fehlen klarer parlamentarischer Mehrheiten; die ökonomische Entwicklung mit ihren Auswirkungen auf die politischen und gesellschaftlichen Machtverhältnisse; Besonderheiten der politischen Kultur in Deutschland (mitverantwortlich z. B. für die Republikferne der Eliten, die überwiegend der pluralistisch-parteienstaatlichen Demokratie ablehnend gegenüberstanden); Veränderungen im sozialen Gefüge, beispielsweise Umschichtungen im „Mittelstand" mit Konsequenzen u. a. für politische Orientierung und Wahlverhalten mittelständischer Kreise; ideologische Faktoren (autoritäre Traditionen in Deutschland; extremer Nationalismus, verstärkt durch Kriegsniederlage, Dolchstoßlegende und Kriegsunschuldspropaganda; „Führererwartung" und Hoffnung auf den „starken Mann", wodurch einem charismatischen Führertum wie dem Hitlers der Boden bereitet wurde); massenpsychologische Momente, z. B. Erfolgschancen einer massensuggestiven Propaganda infolge kollektiver Entwurzelung und politischer Labilität breiter Bevölkerungssegmente; schließlich die Rolle einzelner Persönlichkeiten an verantwortlicher Stelle, in erster Linie zu nennen sind hier Hindenburg, Schleicher, Papen.
Die Antwort, die auf die Frage nach dem Scheitern der Weimarer Demokratie und der Ermöglichung Hitlers gegeben wird, hängt in ihrer Nuancierung wesentlich davon ab, wie die verschiedenen Komponenten gewichtet und dann zu einem konsistenten Gesamtbild zusammengefügt werden, denn Gewichtung und Verknüpfung sind nicht durch das Quellenmaterial in einer schlechthin zwingenden Weise vorgegeben, sie bilden die eigentliche Interpretationsleistung des Historikers.

Eberhard Kolb, Die Weimarer Republik, München [7]2009, S. 215 f.

1. *Arbeiten Sie die Ursachen für das Scheitern der Weimarer Republik heraus. Vergleichen Sie mit der Gewichtung der Argumente in M5.*

2. *Erarbeiten Sie ein Schaubild, in dem Sie Ursachen, Zusammenhänge und Wirkungen der Faktoren berücksichtigen.*

3. *„Das Scheitern der Weimarer Republik war vermeidbar." Nehmen Sie Stellung zu dieser These.*

M7 „Weit entfernt von simplen Antworten"

In einem Interview gibt der Historiker Andreas Wirsching Antworten auf die Fragen nach Defiziten und Scheitern der Weimarer Republik:

SPIEGEL: *Professor Wirsching, vor 75 Jahren wurde Adolf Hitler Reichskanzler – das Ende der Weimarer Republik war besiegelt. Woran scheiterte die erste deutsche Demokratie?*

WIRSCHING: Es gibt eine Vielzahl von Gründen, ein regelrechtes Bündel. [...] Heute sind wir weit entfernt von simplen Antworten. Aber eine der kurzen Antworten wäre: Hitler ist maßlos unterschätzt worden von den politischen Führungskräften, und der Versuch, ihn einzuspannen für ihre eigenen Zwecke, schlug bekanntlich grandios fehl.

SPIEGEL: *Und die längere Fassung der Geschichte?*

WIRSCHING: Der 30. Januar 1933 ist zuerst einmal ein politisches Datum, die Ernennung eines Reichskanzlers Hitler, und damit wurden andere Möglichkeiten aus der Hand gegeben. Es gibt Gründe, die in der Wirtschaftsentwicklung liegen, es geht nicht nur um die Weltwirtschaftskrise, die Weimarer Republik insgesamt war geprägt von prekären wirtschaftlichen und konjunkturellen Abläufen. Es gibt vor allem Gründe, die in der politischen Kultur liegen, etwa die im Bürgertum verbreitete Vorstellung vom Staat, der alles richtet.

SPIEGEL: [...] *Für wie gravierend halten Sie in diesem Zusammenhang die Reparationsforderungen der Siegermächte?*

WIRSCHING: Man muss unterscheiden zwischen der materiell-ökonomischen Seite und der psychologischen. Eine Volkswirtschaft wie die Weimarer Republik hätte die Forderungen schultern können. Aber die psychologische Belastung war ziemlich verheerend, weil die Deutschen sich absolut ungerecht behandelt fühlten. Ich möchte aber ganz stark betonen, dass die Reparationsfrage ab 1930 bis eben zum 30. Januar 1933 nicht mehr im Mittelpunkt stand. [...]
Entscheidend war die innenpolitische Polarisierung, die schon im Kaiserreich existierte, das Freund-Feind-Denken. Für viele war die Revolution 1918/19 als inneres Ereignis gravierender als der Komplex Kriegsniederlage/Reparationen. Jene, die der Weimarer Republik später skeptisch gegenüberstanden, empfanden die Revolution als Zäsur. Für sie war der Stachel der Revolution ein dauerhafter, er konnte auch nicht wirklich vergessen werden. Das sind mentale Dispositionen, die dann in der Krise nach 1930 der Einstellung Vorschub leisteten, das Rad könnte zurückgedreht werden auf eine vorparlamentarische, vielleicht sogar vordemokratische Lösung.

SPIEGEL: *Und wenn die Sozialdemokratie unmittelbar nach dem Ersten Weltkrieg die alten Eliten abgelöst hätte?*

WIRSCHING: Teilweise hat sie es ja getan, in Preußen etwa. Mir scheinen zwei andere Überlegungen wichtiger. Erstens: Es hat keine Sozialisierung der Großindustrie gegeben, im Gegensatz zum Programm der SPD. Und es gab keine durchgreifende Demokratisierung der neu aufgestellten Reichswehr. Das waren Defizite in der sozialdemokratischen Konzeption. Die SPD wollte, ganz wichtig, demokratisch legitimiert handeln, um entsprechend tiefe Einschnitte gerade im Wirtschaftsleben vornehmen zu können. Die notwendigen Mehrheiten dafür hat sie nie bekommen – und so war der Zug abgefahren.

SPIEGEL: *Wie es scheint, hätte die SPD solche Pläne nur revolutionär, also mit Gewalt, durchsetzen können. Die Angst vor einem Bürgerkrieg, die ständig vorhanden war, wäre dadurch noch verstärkt worden.*

WIRSCHING: Diese Angst, besser gesagt: die Perhorreszierung, die dramatisierte Angst vor einem Bürgerkrieg, war damals ein gemeineuropäisches Phänomen. [...] Dieses Gegeneinanderstehen, links gegen rechts, war auch ein gefundenes Fressen für die Republikgegner hierzulande. Das Argument hieß: Der Staat ist zu schwach, er kann die Ordnung nicht garantieren. Insoweit hat das Bürgermotiv auch bei den Politikern eine große Rolle gespielt.

SPIEGEL: *Aber warum führte das gerade in Deutschland in die Katastrophe?*

WIRSCHING: Einmal mehr gilt: Die Revolution 1918/19 ist entscheidend, sie hat die Dinge ins Rutschen gebracht und in hohem Maße zur politischen Mobilisierung geführt, das rechte Lager hat sie regelrecht traumatisiert. [...]

Spiegel Special Geschichte, 1/2008, S. 20-23

1. *Erläutern Sie, welche Rolle die Revolution von 1918/19 nach Meinung Wirschings für das Scheitern der Weimarer Republik spielte. Welche Möglichkeiten und Grenzen beschreibt er für das Handeln der Sozialdemokratie?*
2. *Die Geschichtsforschung betont seit einigen Jahren, die Weimarer Republik nicht allein als „Vorgeschichte zum Nationalsozialismus" zu betrachten. Nehmen Sie Stellung.*

Hitlers willige Volksgenossen? Die Deutschen und der Holocaust

◂ **Aufmarsch in Nürnberg zum „Reichsparteitag der Arbeit“.**
Foto vom September 1937.

Der Weg in die Diktatur: „Gleichschaltung“

1933 Hitler wird am 30. Januar vom Reichspräsidenten zum Reichskanzler ernannt.

Die Verordnung „Zum Schutz von Volk und Staat“ vom 28. Februar setzt die Grundrechte außer Kraft.

Durch das „Ermächtigungsgesetz“ vom 23. März erhält die Regierung Hitler diktatorische Vollmacht.

Die Länder werden „gleichgeschaltet“ (31. März - 7. April).

Ausgrenzung und Verfolgung: der totalitäre Staat

Am 1. April werden jüdische Unternehmen, Geschäfte und Praxen boykottiert.

Das „Gesetz zur Wiederherstellung des Berufsbeamtentums“ vom 7. April schließt politische Gegner und Juden vom Staatsdienst aus.

Nach der Zerschlagung der Gewerkschaften (2. Mai) wird am 27. November die „Deutsche Arbeitsfront“ (DAF) gegründet.

Parteien, die sich nicht selbst auflösen, werden verboten (Juni/Juli).

Das Deutsche Reich tritt am 14. Oktober aus dem Völkerbund aus.

1935 Die „Nürnberger Gesetze“ (15. September) entziehen den Juden ihre staatsbürgerlichen Rechte und verbieten „arisch“-jüdische Eheschließungen.

1936 Ein Vierjahresplan soll Deutschland auf den Krieg vorbereiten.

1938 Österreich wird an das Deutsche Reich „angeschlossen“.

Die Nationalsozialisten gehen in der Nacht vom 9. auf den 10. November gewaltsam gegen Juden vor („Novemberpogrom“); jüdische Vermögen werden eingezogen.

Krieg und Holocaust

1939 Mit dem deutschen Angriff auf Polen am 1. September beginnt der Zweite Weltkrieg.

Im Herbst beginnt die als „Euthanasie“ bezeichnete Ermordung Behinderter (T4-Aktion).

1941 Die systematische Vernichtung der europäischen Juden setzt ein.

1942 Auf der „Wannsee-Konferenz“ am 20. Januar wird die begonnene „Endlösung der Judenfrage“ koordiniert und organisiert.

1943 Im Februar werden die Geschwister Scholl bei einer Flugblattaktion ergriffen und hingerichtet.

Die SS schlägt den Aufstand im Warschauer Ghetto (April/Mai) nieder.

1944 Das Attentat auf Hitler am 20. Juli scheitert.

1945 Am 27. Januar wird das Vernichtungslager Auschwitz-Birkenau befreit (Holocaustgedenktag).

Am 7. / 9. Mai kapituliert das Deutsche Reich bedingungslos.

■ Als Reichspräsident Paul von Hindenburg am **30. Januar 1933** den „Führer" der NSDAP **Adolf Hitler** zum **Reichskanzler** ernannte, glaubten er und seine Berater, den „Emporkömmling" und seine „Rabauken"-Partei „zähmen" und ihren großen Wählerzulauf für eigene Ziele nutzen zu können. Ein Großteil der deutschen Bevölkerung erhoffte sich von der neuen Regierung Rettung aus der Wirtschaftskrise und eine neue Weltmachtstellung des Deutschen Reiches. Sie alle übersahen, dass Hitler und die NSDAP die Regierungsübergabe, die sie als **„Machtergreifung"** und Beginn eines **„Dritten Reiches"** feierten, nicht als autoritäre Herrschaft auf Zeit und erst recht nicht als demokratischen Regierungsauftrag verstanden. Sie rechneten nicht damit, dass Hitler und seine Helfer in erstaunlich kurzer Zeit und mit verbrecherischer Energie eine Diktatur errichten würden.

Vom 30. Januar 1933 an baute Hitler die nationalsozialistische Herrschaft aus. Bereits im Februar 1933 setzte die „Reichstagsbrand-Verordnung" die Grundrechte außer Kraft. Mit dem **„Ermächtigungsgesetz"** übergab der Reichstag das Gesetzgebungsrecht an die Regierung und entmachtete sich damit selbst. Die Parteien lösten sich unter Zwang auf oder wurden verboten. Sozialdemokraten und Kommunisten wurden verfolgt, missliebige Künstler verfemt. Im März entstanden die ersten Konzentrationslager. Die Länder wurden aufgelöst und mit dem Reich „gleichgeschaltet". Dasselbe Schicksal erlitten bis zum Frühjahr 1934 Verbände, Vereine, Wirtschaft, Kultur und Medien. Durch die Entmachtung der Sturmabteilung (SA) im Zusammenhang mit dem angeblichen „Röhm-Putsch" entledigte sich Hitler im Juni 1934 nicht nur einer möglichen Opposition der NS-„Bewegung", vielmehr ordnete er die gesamte Justiz sich selbst als „Oberster Gerichtsherr des deutschen Volkes" unter. Seinen Abschluss fand der Prozess der Machtsicherung und **„Gleichschaltung"** nach dem Tod Hindenburgs im August 1934, als Hitler – fortan „Führer und Reichskanzler" genannt – auch das Amt des Reichspräsidenten übernahm und die Reichswehr auf sich vereidigen ließ. Damit gehörten in der totalitären Einparteiendiktatur Rechtsstaat und Gewaltenteilung sowie die Beachtung demokratischer Prinzipien der Vergangenheit an. Ziel der „Gleichschaltung" war es nicht nur, die Macht zu sichern, sondern auch die Menschen in allen Lebensbereichen in neu geschaffenen Organisationen zu „erfassen", auf die Weltanschauung des **Nationalsozialismus** einzuschwören und einem auf der „Volksgemeinschaft" aufbauenden Führerprinzip unterzuordnen.

Kennzeichen des Nationalsozialismus und seiner Ideologie waren der **Antisemitismus** und eine Rassenlehre, die sich mit der Vorstellung vom „notwendigen Kampf der Rasse um Lebensraum" vermischten. Was mit einem radikaler werdenden Antisemitismus in den 1920er-Jahren begann, mündete in eine rücksichtslose und menschenverachtende Ausgrenzung und Vertreibung von Andersdenkenden und „Rassefeinden". Ihren grausamen Höhepunkt erreichte die NS-Herrschaft mit dem **Holocaust** (Shoa), der sich bereits in den **„Nürnberger Gesetzen"** von 1935 und dem **„Novemberpogrom" vom 9. auf den 10. November 1938** angekündigt hatte: die systematische Verfolgung und Ermordung von Millionen europäischer Juden in den **Konzentrations- und Vernichtungslagern**. Der am **1. September 1939** begonnene **Zweite Weltkrieg** war die Konsequenz der auf dieser Ideologie basierenden NS-Außenpolitik, die von der Revision des Versailler Vertrages ausging und auf Eroberung und Unterwerfung anderer Völker zielte.

Gegen Krieg, NS-Herrschaft sowie die Judenverfolgung, die spätestens im Zweiten Weltkrieg zum „offenen Geheimnis" wurde, regte sich zwar kein breiter **Widerstand**; die „Weiße Rose", die Verantwortlichen des **Attentats vom 20. Juli 1944**, der Widerstand aus den Kirchen und der Arbeiterbewegung, die vielfältigen Formen der Ablehnung im Alltag, unangepasstes Verhalten oder Hilfe für die Verfolgten, zeigen jedoch, dass nicht alle das Regime akzeptierten. Beendet wurde die NS-Diktatur erst durch die militärische Niederlage und die **bedingungslose Kapitulation** des Deutschen Reiches am **8. Mai 1945**.

■ Machtergreifung, Machtübernahme, Machtübertragung: Begründen Sie, welche Bezeichnung Sie für den Regierungsantritt Hitlers für angemessen halten.

■ Entwickeln Sie ein Konzept für einen Raum zum Thema Nationalsozialismus in einem Museum zur deutschen Geschichte.

Juden in Deutschland vor 1933

Bei der Versammlung der Ortsgruppe München des Centralvereins deutscher Staatsbürger jüdischen Glaubens geht es im Frühjahr 1919 turbulent zu. Lautstark machen die Mitglieder ihrer Empörung über den unversöhnlichen und unverbesserlichen Hass Luft, der den Juden aus vielen Äußerungen und Publikationen seit Monaten wieder unverhohlen entgegenschlägt. Nun sollen sie auch noch für den Kriegsausbruch und die Niederlage verantwortlich sein!

Und dabei hatten sie geglaubt, dass dies nun vorbei sei, war doch von antisemitischen Anfeindungen in den Jahren vor dem Krieg immer weniger zu spüren gewesen. Noch nie hatte die jüdische Bevölkerung so viele Rechte und Freiheiten gehabt, sich so mit Deutschland verbunden gefühlt. Ohne zu zögern waren tausende jüdischer Männer bereit gewesen, für ihr Vaterland zu kämpfen. Sie hatten mitgelitten, mitgehungert und waren auf dem Schlachtfeld gefallen. Soll es nun erlaubt sein, der jüdischen Gemeinschaft die Schuld an allem Unglück und an allen Nöten zuzuweisen?

Doch wie sollen die Juden reagieren? Was können sie gegen so viel Voreingenommenheit tun? Am Ende der aufgeregten Debatte sind sich die Mitglieder der Ortsgruppe einig: Die unhaltbaren Vorwürfe dürfen nicht länger ohne Antwort bleiben. Sie müssen wie ihre Gegner an die Öffentlichkeit gehen und das fortführen, was der Centralverein seit über zwanzig Jahren als sein wichtigstes Ziel verfolgt: sich gegen die antisemitischen Anfeindungen zu wehren, die nichtjüdische Bevölkerung aufzuklären und die Juden in ihrem Selbstbewusstsein als Deutsche zu stärken. Flugblätter müssen verteilt, Plakate geklebt und Zeitungen gedruckt werden, die möglichst viele nichtjüdische Leser erreichen. Mit aller Entschlossenheit wird der Text für ein Flugblatt entworfen, das wenigstens die bösartigsten Behauptungen richtigstellen soll.

Der Erste Weltkrieg und seine Folgen Die Verfassung des neu gegründeten Deutschen Reiches hatte 1871 den deutschen Juden erstmals die rechtliche und politische Gleichberechtigung gewährt, die ihrer tatsächlichen gesellschaftlichen und wirtschaftlichen Stellung Rechnung trug. Die Mehrheit der rund 560 000 im Deutschen Reich lebenden Juden gehörte dem Bürgertum an, übte akademische Berufe aus oder betätigte sich erfolgreich in Handel und Industrie. Seit dem 19. Jahrhundert hatten sich die Juden „assimiliert“, waren in Selbstverständnis und Lebensweise ebenso deutsch wie ihre nichtjüdischen Mitbürger. Viele Juden waren so weit integriert, dass ihr Judentum für sie nur noch konfessionelle Bedeutung besaß; für andere hatte ihre jüdische Herkunft

◄ **Soldaten feiern 1916 während eines Kriegszuges in Osteuropa den Gottesdienst zu Chanukka, dem jüdischen Tempelweihfest.**
Die Soldaten in der Bildmitte halten den achtarmigen Leuchter. Er ist das wichtigste Symbol des etwa zeitgleich mit Weihnachten gefeierten Festes.

gar keine Bedeutung mehr. Trotz oder gerade wegen des wirtschaftlichen und sozialen Aufstiegs der Juden gab es nach wie vor einen latenten, teilweise sogar offenen Antisemitismus, der sich zur Jahrhundertwende hin noch steigerte (▸ M1).

Als der Erste Weltkrieg ausbrach, sahen viele Juden die Gelegenheit, ihre Loyalität und Vaterlandsliebe unter Beweis zu stellen. Kaiser Wilhelm II. untermauerte dies, indem er die Deutschen am 2. August 1914, dem Tag der deutschen Kriegserklärung an Russland, dazu aufforderte, gemeinsam und „ohne Stammesunterschied, ohne Konfessionsunterschied" gegen den Feind zusammenstehen. Begeistert zogen junge jüdische Männer mit den nichtjüdischen Kameraden in den Krieg. Selbst aus dem Ausland kamen emigrierte deutsche Juden zurück, um sich freiwillig für die Armee zu melden.

Je länger der Krieg dauerte und der siegesgewisse „Geist von 1914" verflog, desto deutlicher wurden die antisemitischen Vorurteile wieder spürbar. Angestoßen durch eine immer lauter werdende Propaganda antisemitischer Organisationen, die Juden würden sich vor der Wehrpflicht drücken und sich bereichern, veranlasste das Kriegsministerium 1916 eine statistische Erhebung, die den jüdischen Anteil unter den deutschen Streitkräften feststellen sollte.

▲ Flugblatt des „Reichsbundes jüdischer Frontsoldaten E.V." von 1924.

Das Ergebnis wurde nie veröffentlicht, denn es hätte das Gegenteil dokumentiert: Fast 100 000 Juden hatten in Heer und Marine gedient, 30 000 Kriegsauszeichnungen waren an jüdische Soldaten verliehen worden und rund 12 000 von ihnen waren gefallen. Dies entsprach prozentual den Opfern unter den nichtjüdischen Soldaten. Die „Judenzählung" löste in der jüdischen Bevölkerung Verbitterung aus, denn sie zeigte, dass sich Vorurteile und Judenhass nicht überwinden ließen (▸ M2).

Hetzparolen gaben den Juden die Schuld an der Kriegsniederlage und ließen eine antijüdische Variante der „Dolchstoßlegende" entstehen. Damit wurden die Juden nicht nur als „Sündenböcke" für die Revolutionswirren, sondern auch für die wirtschaftliche Notlage und die „Schmach" des Versailler Vertrages verantwortlich gemacht (▸ M3).

Stellung der Juden in der Weimarer Republik Gerade nationalistisch-konservative Kreise lenkten das Augenmerk der Öffentlichkeit auf die führende Rolle, die Frauen und Männer jüdischer Herkunft bei der Revolution von 1918 in Berlin und München gespielt hatten: Links orientierte Politiker wie Kurt Eisner oder Rosa Luxemburg wurden als „Verräter am deutschen Volk" gebrandmarkt, die Weimarer Republik als „Judenrepublik" verleumdet.

Die Mehrheit der parteipolitisch engagierten Juden war im Lager der Deutschen Demokratischen Partei (DDP) zu finden, zu deren Gründern prominente jüdische Persönlichkeiten wie Walther Rathenau, Albert Einstein und der Staatsrechtler Hugo Preuß gehörten, der maßgeblich die Weimarer Verfassung ausgearbeitet hatte.

Die meisten Juden begrüßten und unterstützten die freiheitliche und demokratische Weimarer Republik. Sie gewährte der jüdischen Bevölkerung volle Gleichberechtigung, verbot im öffentlichen Dienst eine Diskriminierung aus religiösen Gründen und bestätigte

▲ **Bedeutende jüdische Wissenschaftler und Künstler.**
Von oben nach unten: Albert Einstein (1879-1955), Sigmund Freud (1856-1939), Max Reinhardt (1873-1943) und Kurt Tucholsky (1890-1935).

die 1871 festgelegte Unabhängigkeit der bürgerlichen Rechte vom religiösen Bekenntnis. Darüber hinaus wurden die jüdischen Gemeinden als Körperschaften des öffentlichen Rechts anerkannt. Juden übernahmen Beamtenberufe, politische Ämter und Professuren an den Universitäten. In vielen Bereichen des öffentlichen Lebens konnten sie nun Schlüsselpositionen einnehmen, die ihnen zuvor verwehrt waren. In den meisten deutschen Ländern gab es jüdische Minister, 24 Juden saßen im Reichstag, und zwischen 1919 und 1924 gab es sechs jüdische Reichsminister. Dies reichte aus, dass die Juden von der deutschen Bevölkerung als „privilegierte Minderheit“ wahrgenommen und von vielen beneidet wurden.

Anders die ostjüdische Bevölkerung, die im und nach dem Ersten Weltkrieg vor den Kriegshandlungen und antijüdischen Ausschreitungen in Osteuropa zu Tausenden in das Deutsche Reich geflüchtet war. Die Ostjuden wurden aufgrund ihrer fremdartigen kulturellen Prägung und Lebensart zur Zielscheibe antisemitischer Vorurteile, die sich als Stereotyp auf alle Juden übertrugen. Die deutschen Juden begegneten ihnen mit einer Mischung aus Misstrauen und wohltätigem Mitleid. Viele der unfreiwillig zugewanderten Ostjuden emigrierten während der Weimarer Republik in andere europäische Staaten und die USA. Manche kehrten in ihre osteuropäische Heimat zurück. Etwa 60 000 blieben in Deutschland.

Leistungen in Kunst, Kultur und Wissenschaft Unbestreitbar hoch war der Einfluss jüdischer Deutscher in der Presse und in allen Bereichen des intellektuellen Lebens (▸ M4). Viele Neuerungen in Film, Theater, Literatur, Malerei, Musik, Architektur und Wissenschaft gingen auf sie zurück. Sigmund Freud und Alfred Adler gelten als Väter der Psychoanalyse, Arnold Schönberg revolutionierte die Musik mit seiner Kompositionslehre. Max Reinhardts Deutsches Theater war weit über Berlin hinaus bekannt. Max Liebermann gehörte zu den bedeutendsten Malern des Impressionismus. Mit Filmen wie „Metropolis“ setzte der Drehbuchautor und Regisseur Fritz Lang neue Maßstäbe. Die Schriftsteller Franz Werfel, Jakob Wassermann, Alfred Döblin, Ernst Toller, Kurt Tucholsky und Stefan Zweig prägten die deutsche Literatur. In der Philosophie machten sich Theodor W. Adorno, Max Horkheimer, Erich Fromm, Herbert Marcuse und Ernst Bloch einen Namen.

Die Leistung jüdischer Naturwissenschaftler förderte die deutsche Forschung. Fünf von dreizehn Nobelpreisen, die während der Weimarer Republik an Deutsche verliehen wurden, gingen an Juden: Albert Einstein (Physik), Otto Meyerhof (Medizin), James Franck (Physik), Gustav Hertz (Physik) und Otto H. Warburg (Medizin). Der Chemiker Otto Stern erhielt den Preis erst 1943.

Aber was auch immer Juden für die Nation leisteten, von der Gegenseite wurde es als „Verjudung“ und „Überfremdung“ des deutschen Volkes und seiner Kultur diffamiert. Trotz ihrer großen Bedeutung lag der Anteil der deutschen Juden in Musik und Theater jedoch nur bei 2,4 Prozent, ähnliches traf auf Presse und Literatur zu. Seit 1929 wurden jüdische Künstler und Wissenschaftler häufig behindert und unterdrückt. Viele von ihnen wandten sich enttäuscht und verbittert ab und emigrierten.

Der Antisemitismus wächst: vom Vorurteil zur Ideologie Der Antisemitismus in der Weimarer Republik war nicht neu, jedoch radikalisierte sich sein Inhalt. Der moderne Antisemitismus lehnte den im 19. Jahrhundert erreichten wirtschaftlichen und sozialen Status der Juden ab und wollte ihn rückgängig machen. Im Zentrum stand eine pseudowissenschaftliche Rassentheorie, die die Überlegenheit „arischen Blutes“ und die Minderwertigkeit der „Semiten“ unterstellte und alte Vorurteile und Sündenbocktheorien ausbaute.

Bücher, Broschüren und weit über 500 antisemitische Zeitungen verbreiteten eine zunehmend radikalere Propaganda. Seit 1923 tat sich der von **Julius Streicher** gegründete „Stürmer" mit judenfeindlichen Hetzkampagnen hervor. Zu den erfolgreichsten und am weitesten verbreiteten Schriften zählten die „Protokolle von Zion", die vorgaben, eine jüdische Weltverschwörung beweisen zu können.

Zu Beginn der Weimarer Republik gab es rund 400 völkische Organisationen. Ein Zentrum für antisemitische Kampagnen war der „Deutschvölkische Schutz- und Trutzbund". In seinem Gründungsjahr 1919 zählte er etwa 5 000 Mitglieder, 1922 waren es bereits fast 200 000, darunter Angestellte, Beamte, Lehrer und Akademiker, Ärzte und Anwälte sowie Handwerker und Händler. Unter dem Motto „Deutschland den Deutschen" agierte der Bund gegen die Demokratie, gegen linke Bewegungen und gegen Juden. Nach der Ermordung Rathenaus im Jahre 1922 wurde zwar seine Tätigkeit in den meisten Ländern des Deutschen Reiches verboten, jedoch unterstützte er weiterhin gewalttätige Aktionen, so die Attentate der „Organisation Consul" auf Matthias Erzberger und Philipp Scheidemann.

Auch politische Parteien, allen voran die NSDAP, propagierten den Antisemitismus. Dieser fand vor allem in Phasen wirtschaftlicher Depression oder nach Agrarkrisen unter den städtischen Mittelschichten und der Landbevölkerung Anhänger. Die Deutschnationale Volkspartei (DNVP) verpflichtete sich 1920 in ihrem Programm zum Kampf gegen die „Vorherrschaft des Judentums in Regierung und Öffentlichkeit". Zwar konnten diese Parteien zwischen 1924 und 1929 nicht mehr als 8 Prozent der Wähler gewinnen, doch die Zustimmung zu antisemitischen Anschauungen in der Bevölkerung wuchs. Der Antisemitismus war längst gesellschaftsfähig.

Julius Streicher (1885-1946, hingerichtet): 1921 Beitritt zur NSDAP, 1923 Gründung des antisemitischen Hetzblattes „Der Stürmer", seit 1928 Gauleiter in Franken, 1933-1945 Mitglied des Reichstages, seit 1933 Leitung des „Zentralkomitees zur Abwehr der jüdischen Greuel- und Boykotthetze", 1940 wegen Korruption und Parteizwist aller Ämter enthoben

Boykott und Gewalt Eine grundsätzliche Forderung der Antisemiten war der Ausschluss der Juden aus Wirtschaft und Kultur. Dabei waren der von der antisemitischen Propaganda geschürte Vorwurf des jüdischen „Finanzwuchers" und die Vorurteile, die Juden würden die deutsche Wirtschaft kontrollieren, völlig haltlos. Zwar waren Juden überrepräsentativ stark in medizinischen Berufen, als Rechtsanwälte, im Textilgeschäft, dem Viehhandel, im privaten Bankwesen und im Einzelhandel tätig, insgesamt jedoch besaßen die Juden in der Wirtschaft entgegen der weitverbreiteten Meinung kein großes Gewicht und gehörten überwiegend dem Mittelstand an.

Vor allem während der Inflation und der großen Wirtschaftskrise fanden Boykotte gegen Juden Unterstützung. Im Krisenjahr 1923 kam es immer wieder zu gewaltsamen Ausschreitungen gegen Juden, Plünderungen von Geschäften, Attacken und Pogromen, so etwa im Berliner Scheunenviertel, wo rund hundert Geschäfte beschädigt, neun Menschen getötet und zahlreiche verletzt wurden. Die Nationalsozialisten begannen mit der Organisation von Boykotten ab 1927, wobei sie sich auf Organisationen des Mittelstandes stützten, die gegen jüdische Konkurrenz mobilisiert werden konnten. In den Städten und Ländern, in denen die Nationalsozialisten bereits vor 1932 an der Macht waren, wie etwa in Thüringen, wurde der Boykott offiziell verordnet.

Während sich die Lage Mitte der 1920er-Jahre wieder zu beruhigen schien, nahmen ab 1929 die Gewalttätigkeiten deutlich zu. Übergriffe der SA auf jüdische Geschäfte und Bürger, Terroranschläge gegen Synagogen und andere jüdische Einrichtungen häuften sich.

Was ist jüdisch? Die Suche nach einem Selbstverständnis Die Anfeindungen und Vorurteile richteten sich grundsätzlich gegen „die Juden". Dabei handelte es sich beim jüdischen Bevölkerungsteil keineswegs um eine einheitliche sozial, politisch, kulturell und konfessionell geschlossene Gruppe. Im Gegenteil: Jeder Einzelne war in Haltung und

▲ **Plakat der jüdischen Wohlfahrtspflege.**
In der Weimarer Republik gab es ein breites Netz von Einrichtungen der Wohlfahrtspflege und Sozialfürsorge, das sich weitgehend durch Spenden finanzierte. Angesichts der wirtschaftlichen und politischen Entwicklung wurden diese Einrichtungen für die jüdische Bevölkerung immer wichtiger.

Selbstverständnis unterschiedlich stark durch Religion, Bildung, Familie, die politische Orientierung sowie den Grad der Assimilierung geprägt.

Seit dem 19. Jahrhundert hatten sich viele Juden von ihrer Religion entfernt und an den Kulturkreis assimiliert, in dem sie lebten. Was bedeutete es eigentlich noch, jüdisch zu sein? War Judentum Religion, Schicksalsgemeinschaft, Nationalität, Stamm oder Rasse? Besonders die jüngere Generation stellte sich diese Fragen.

Nach dem Ersten Weltkrieg schlossen sich viele Juden dem Zionismus an, einer jüdischen Nationalbewegung. Auf Initiative des österreichischen Journalisten Theodor Herzl war 1897 mit der Zionistischen Weltorganisation (ZWO) ein internationaler Verband geschaffen worden. Ziel der Zionisten war es, den auf der Welt verstreut lebenden Juden in Palästina (Zion) eine Heimat zu geben. Ihre vordringliche Aufgabe bestand darin, den Aufbau Palästinas und die Auswanderung vorzubereiten. Im Judentum hatte die zionistische Position viele Kritiker, für die die Lösung nicht in Auswanderung, sondern in Integration und Annäherung bestand.

Der Centralverein deutscher Staatsbürger jüdischen Glaubens (CV), die mit 60 000 Mitgliedern größte und wichtigste Organisation der deutschen Juden, sah keinen Widerspruch zwischen Deutschtum und Judentum. Stattdessen trat der CV für eine tolerantere Gesellschaft ein, in der die Juden als gleichberechtigte und anerkannte Staatsbürger leben sollten. Die wichtigste Aufgabe sah er in der Bekämpfung des Antisemitismus. Er bot den Mitgliedern Rechtsschutz und organisierte wirtschaftliche Beratung und Kulturarbeit. Mit eigenen Publikationen versuchte er, die Öffentlichkeit auf die Gefahr des Antisemitismus aufmerksam zu machen und sich gegen Angriffe zu wehren.

Abwarten oder reagieren? Die Abwehr des Antisemitismus scheiterte, da es keine starken und engagierten Kräfte in der Gesellschaft gab. Für die demokratischen Parteien, die Gewerkschaften und die Kirchen war der Antisemitismus ein nachrangiges Problem. Viele Juden und Nichtjuden nahmen weder die Hetzkampagnen noch die schon in den zwanziger Jahren regelmäßig vorkommenden Ausschreitungen ernst. Diese wurden eher als Randerscheinungen der zahlreichen anderen, meist politischen Straßenschlachten wahrgenommen. Kampagnen der „Liga für Menschenrechte" oder des überkonfessionellen „Vereins zur Abwehr des Antisemitismus" verhallten meist ergebnislos.

Der Staat konnte den Schutz seiner Bürger nicht gewährleisten und stellte sich damit selbst infrage. Immer wieder setzte er sogar Freikorps zur Niederschlagung linker Aufstandsversuche ein, die sich offen zum Antisemitismus bekannten. Die DDP trat dem Antisemitismus entschieden entgegen und wurde von nationalen Politikern deshalb als „Judenpartei" verunglimpft.

Viele Juden stellten sich die Frage, wie man auf die antisemitischen Anfeindungen reagieren solle und könne. Übergriffe und Straftaten wurden oft nicht angezeigt, in der Hoffnung, dass sich die Lage bald wieder entspannen würde. Die zunehmenden Wahlerfolge der Nationalsozialisten wurden zwar mit Sorge zur Kenntnis genommen, die meisten Juden wollten ihre deutsche Heimat jedoch nicht verlassen. An Warnungen vor den Gefahren des Nationalsozialismus in der Politik und der Literatur fehlte es nicht. Aber mit welch mörderischer Konsequenz die Parolen der Partei umgesetzt werden würden, konnte zu diesem Zeitpunkt niemand ahnen.

M1 Sozialer Makel

In seiner Schrift „Staat und Judentum. Eine Polemik" von 1911 analysiert der spätere Außenminister der Weimarer Republik Walther Rathenau die Stellung der deutschen Juden in der Gesellschaft des deutschen Kaiserreiches, vor allem Preußens. Rathenau ist zu diesem Zeitpunkt Vorstandsmitglied der „Allgemeinen Elektricitäts-Gesellschaft" (AEG) in Berlin, die sein Vater gegründet hat, sowie einflussreicher Schriftsteller und Politiker:

Den Juden trifft ein sozialer Makel. In die Vereinigungen und den Verkehr des besseren christlichen Mittelstandes wird er nicht aufgenommen. Zahlreiche Geschäftsunternehmungen schließen ihn als Beamten aus. Die Universitätsprofessur ist ihm durch stille Vereinbarung versperrt, die Regierungs- und Militärlaufbahn, der höhere Richterstand durch offizielle Maßnahmen. In den Jugendjahren eines jeden deutschen Juden gibt es einen schmerzlichen Augenblick, an den er sich zeitlebens erinnert: wenn ihm zum ersten Mal voll bewusst wird, dass er als Bürger zweiter Klasse in die Welt getreten ist, und dass keine Tüchtigkeit und kein Verdienst ihn aus dieser Lage befreien kann. Gleichzeitig aber erfährt er, dass ein Glaubensakt[1], gleichviel ob innerlich gerechtfertigt oder äußerlich herbeigeführt, seine Abstammung zu verdunkeln, seinen Makel zu tilgen, seine bürgerlichen Nachteile zu beseitigen vermag.
Dass der generationsweise wiederkehrenden, täglich erneuten Versuchung, die dieser eigenartige Ausfluss unsrer Staatsweisheit herbeiführt, ein verhältnismäßig kleiner Prozentsatz der deutschen Juden erliegt, offenbart meines Erachtens die stärkste Eigenschaft des modernen Judentums. Ich weiß, dass Menschen, die sich von ganzem Herzen zum Christentume hingezogen fühlen, auf die äußere Zugehörigkeit verzichten, weil sie mit Belohnung verbunden ist. Diesem Verzicht liegt die Überzeugung zugrunde, dass ein ideeller Schritt seine Reinheit verliert, wenn er zu materiellen Vorteilen führt; eine Erwägung, die nicht ganz zu der Vorstellung passt, die man gemeinhin von der kühlen Berechnung des jüdischen Geistes sich bildet. Die Forderung der Taufe enthält somit für den gebildeten und gewissenhaften Juden eine doppelt schwere Zumutung: Sie legt ihm auf, ein altertümlich-dogmatisch gefasstes Glaubensbekenntnis abzulegen, von dem er weiß, dass gerade die Verlegenheit, die es ihm bereitet, zur Beibehaltung beiträgt; sie legt ihm ferner auf, sich als einen Menschen zu empfinden, der von der Ablehnung seines Väterglaubens geschäftlich oder sozial profitiert; und zu guter Letzt nötigt sie ihn, durch den Akt löblicher Unterwerfung sich einverstanden zu erklären mit der preußischen Judenpolitik, die nicht weniger bedeutet als die schwerste Kränkung, die ein Staat einer Bevölkerungsgruppe zuzufügen vermag.

[1] die Taufe

▲ **Walther Rathenau.**
Gemälde von Emil Orlik, 1926.

Jens Flemming u. a. (Hrsg.), Quellen zur Alltagsgeschichte der Deutschen 1877-1914, Darmstadt 1997, S. 84 f.

1. *Die Reichsverfassung von 1871 räumte den deutschen Juden volle politische Bürgerrechte ein. Erläutern Sie, inwiefern Juden (vor allem in Preußen) dennoch „Bürger zweiter Klasse" blieben.*

2. *Bewerten Sie die Argumentation, mit der Rathenau die Taufe ablehnt.*

3. *Informieren Sie sich über die Entstehung des modernen Antisemitismus und seine Repräsentanten, wie z. B. den preußischen Hofprediger Adolf Stoecker, den Historiker Heinrich von Treitschke oder den Schriftsteller Houston Stewart Chamberlain. Tragen Sie Ihre Ergebnisse in einem Referat vor.*

4. *Aktuelle Studien zeigen, dass antisemitische Vorurteile auch heute in Deutschland weitverbreitet sind. Recherchieren Sie und diskutieren Sie über Maßnahmen und Möglichkeiten, dem Antisemitismus zu begegnen.*

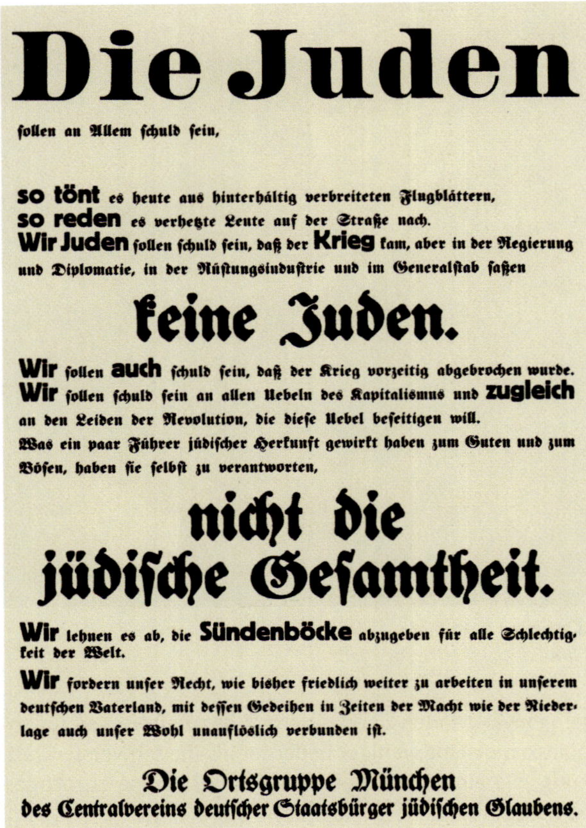

Die Juden
sollen an Allem schuld sein,

so tönt es heute aus hinterhältig verbreiteten Flugblättern,
so reden es verhetzte Leute auf der Straße nach.
Wir Juden sollen schuld sein, daß der Krieg kam, aber in der Regierung und Diplomatie, in der Rüstungsindustrie und im Generalstab saßen

keine Juden.

Wir sollen auch schuld sein, daß der Krieg vorzeitig abgebrochen wurde.
Wir sollen schuld sein an allen Uebeln des Kapitalismus und zugleich an den Leiden der Revolution, die diese Uebel beseitigen will.
Was ein paar Führer jüdischer Herkunft gewirkt haben zum Guten und zum Bösen, haben sie selbst zu verantworten,

nicht die jüdische Gesamtheit.

Wir lehnen es ab, die Sündenböcke abzugeben für alle Schlechtigkeit der Welt.
Wir fordern unser Recht, wie bisher friedlich weiter zu arbeiten in unserem deutschen Vaterland, mit dessen Gedeihen in Zeiten der Macht wie der Niederlage auch unser Wohl unauflöslich verbunden ist.

Die Ortsgruppe München des Centralvereins deutscher Staatsbürger jüdischen Glaubens.

▲ Plakat der Ortsgruppe München des Centralvereins deutscher Staatsbürger jüdischen Glaubens von 1919.

M2 Tief wurzelnder Antisemitismus

In der „Jüdischen Rundschau" erscheint 1916 folgende zionistische Stellungnahme zur „Judenzählung" im deutschen Heer:

Der Beschluss des deutschen Reichshaushaltsausschusses […] bestätigt die Befürchtungen, dass der deutsche Antisemitismus während des Krieges nicht abgenommen habe, und dass die Hoffnungen auf eine Besserung der politischen Stellung der deutschen Juden nach dem Kriege verfrüht seien. Gewisse jüdische Kreise Deutschlands waren seit Ausbruch des Krieges voll hochgespannter Hoffnungen für die Zeit nach dem Weltkrieg, schwelgten im Ausmalen der glänzenden staatsbürgerlichen Stellung, deren sich die Juden in Anerkennung ihrer patriotischen und militärischen Bewährung nach dem Kriege zu erfreuen haben werden, und konnten sich nicht genug tun in apologetischen[1] Hinweisen auf die vaterländische Haltung des deutschen Judentums. Sie werden einsehen müssen, dass der Antisemitismus nicht, wie sie meinen, eine Reaktion auf „schlechte jüdische Gewohnheiten" ist, sondern eine im Bewusstsein des umgebenden Volkes tief wurzelnde Macht, deren man sich sogar manchmal – und nicht bloß in Russland – zur Ablenkung des Interesses der Massen von brennenden, aber unbequemen innenpolitischen Fragen bedient. Diese tief wurzelnde antisemitische Grundstimmung wird weder durch Apologie und Hinweise auf Verdienste aus der Welt geschafft, noch durch das Streben nach Anpassung auch nur vermindert. Es gibt nur einen Weg zur wirksamen Bekämpfung des Judenhasses. Es ist der Weg der Erlösung der Juden aus ihrer Vereinzelung durch Konzentrierung auf einem gemeinsamen Territorium.

Jehuda Reinharz (Hrsg.), Dokumente des deutschen Zionismus 1882-1933, Tübingen 1981, S. 187 f.

[1] Apologetik: theologische Verteidigung, Rechtfertigung der christlichen Lehren; hier: sich verteidigend

1. *Ordnen Sie die Stellungnahme in den historischen Kontext ein.*
2. *Analysieren Sie, wie die Zionisten den Antisemitismus beschreiben. Welche Konsequenz ziehen sie aus ihrer Bewertung?*
3. *Schließen Sie aus dem Artikel auf Ziele und Selbstverständnis der Zionisten. Überlegen Sie, welche Motivation mit der Veröffentlichung des Artikels verbunden ist.*

M3 „Fanfaren gegen das Judentum"

Der Historiker Christoph Jahr zeigt in einem Artikel, wie der Antisemitismus im Ersten Weltkrieg und in der Weimarer Republik politisch instrumentalisiert wird:

Seit Ende 1915 überschwemmten die Antisemiten das Preußische Kriegsministerium mit anonymen Eingaben. Am 11. Oktober 1916 ordnete der Preußische Kriegsminister Wild von Hohenborn schließlich unter dem aktenstaubtrockenen Titel „Nachweisung der beim Heere befindlichen wehrpflichtigen Juden" eine von den Zeitgenossen schlicht „Judenzählung" genannte Statistik an. Zwar lautete deren offizielle Begründung, man wolle den Vorwurf der „Drückebergerei" lediglich nachprüfen, um ihm „gegebenenfalls entgegentreten zu können". Doch alle gegenteiligen Beteuerungen halfen nichts: Mit diesem Erlass übernahm das Ministerium antisemitische Stereotypen. […]
Die „Judenzählung" kann nicht allein durch den Antisemitismus erklärt werden. Sie stand vielmehr im Zusammenhang mit der Ausbildung der „verdeckten Militärdiktatur" unter

Generalstabschef Paul von Hindenburg und seinem Adlatus[1] Erich Ludendorff, der totalen Mobilmachung aller menschlichen Ressourcen sowie der aggressiven Agitation gegen den Reichskanzler Theobald von Bethmann Hollweg. Der war gewiss kein Liberaler oder Demokrat. Aber er war doch Realist genug, um zu erkennen, dass innenpolitische Reformen notwendig waren und der Krieg notfalls auch ohne militärischen Sieg beendet werden musste.

Das genügte, um ihn als „Flaumacher" zu diffamieren und das Schreckbild einer Regierung unter „alljüdischer" Leitung zu malen. Angesichts der Niederlage rief Heinrich Claß, Führer des antisemitischen und ultranationalistischen „Alldeutschen Verbandes", im Oktober 1918 dazu auf, die katastrophale Lage Deutschlands „zu Fanfaren gegen das Judentum und die Juden als Blitzableiter" zu benutzen. Die „Dolchstoßlegende" war geboren, der zufolge Deutschland nicht militärischer Überlegenheit, sondern einer internationalen Verschwörung von Sozialisten, Pazifisten und Juden erlegen war, obwohl beispielsweise Walther Rathenau bis zuletzt zum „Durchhalten" aufrief.

Seit der Oktoberrevolution in Russland gewann auch die Behauptung der Identität von Revolution und Judentum durch den Hinweis auf führende Revolutionäre jüdischer Herkunft wie Leo Trotzki eine scheinbare Plausibilität im verunsicherten Bürgertum. 1941 diente der „Kampf gegen den jüdischen Bolschewismus" als Propagandafanfare für den Überfall auf die Sowjetunion und half, Hemmungen vor dem systematischen Judenmord abzubauen. [...]

So kamen im Krieg all jene Zutaten zusammen, aus denen die Antisemiten nach 1918 einen Giftcocktail mischten. Das uralte Motiv des „jüdischen Schmarotzers" entstand in Gestalt des „Kriegsgewinnlers" neu. Der vermeintlich „zersetzende", liberal-individualistische Jude des 19. Jahrhunderts wandelte sich in den „bolschewistischen Revolutionär". Und einmal mehr galten die Juden als national illoyale, „wurzellose Kosmopoliten". Die deutsch-nationalen Kräfte verhöhnten die erste deutsche Demokratie daher als angeblich „undeutsch" und als „Judenrepublik". Viele Deutsche akzeptierten diesen Wahn als Realität. Der Schriftsteller Jakob Wassermann schrieb 1921 verbittert über seine Mitbürger: „Es ist vergeblich, in das tobsüchtige Geschrei Worte der Vernunft zu werfen ... Es ist vergeblich, für sie zu leben und für sie zu sterben. Sie sagen: Er ist ein Jude."

Christoph Jahr, Sündenböcke der Niederlage. Warum der deutsche Antisemitismus im Ersten Weltrieg immer radikaler wurde, in: Spiegel Special 1/2004, S. 88 f.

[1] Gehilfe, Helfer

1. *Erläutern Sie den Zusammenhang zwischen „Judenzählung" und der Diffamierung der Weimarer Republik. Nehmen Sie Stellung zu Jahrs Argumentation.*

2. *Analysieren Sie den Wandel des „Judenbildes" nach dem Ersten Weltkrieg. Nennen Sie weitere gegen die Juden verwendete Stereotypen und Vorurteile. Erläutern Sie, wie diese eingesetzt wurden.*

M4 Jüdische Leistungen

Der österreichische Schriftsteller und Journalist jüdischer Abstammung Joseph Roth schreibt 1930 über die deutschen Juden:

Die deutschen Juden bekamen ihre bürgerliche und menschliche Gleichberechtigung nicht von den Deutschen, sondern von den Franzosen. Trotzdem haben die Juden Deutschlands, in wahrer Selbstverleugnung, Deutschland gegen die christlich-europäische Welt immer und mit allen Mitteln verteidigt: mit dem Schwert, mit der Feder, mit dem Pinsel, ja sogar mit der Chemie. Juden waren in Deutschland Ingenieure, Flieger, Wissenschaftler, Dichter, Regisseure, Schauspieler, Verleger, Journalisten. Juden haben in Deutschland nichtjüdische Genies und Talente gefördert. Juden haben Wagner populär gemacht. Juden haben Goethe zum Genie der Nation ernannt. Juden haben die deutschen Romantiker dem übrigen Europa verständlich gemacht. Juden haben die deutsche Presse groß gemacht, die deutsche Wissenschaft bereichert, das deutsche Theater begnadet, ja sogar das deutsche Offizierskorps, in dem sie immer Parias[1] waren, mit kriegerischen Talenten beschenkt. [...] Es gibt kein Volk in der Welt, das den Juden so viel zu verdanken hätte, wie das deutsche. Und deshalb dieser Dank!

Klaus Westermann (Hrsg.), J. Roth. Werke 3, Köln 1991, S. 544 f.

1. *Erklären Sie Roths Aussage, die Juden hätten ihre Gleichberechtigung nicht von den Deutschen, sondern von den Franzosen erhalten.*

2. *Nehmen Sie Stellung zu Roths Schlusssatz.*

3. *Belegen Sie die von Roth genannten Beispiele für kulturelle und wissenschaftliche Leistungen der jüdischen Bevölkerung mit Namen. Wählen Sie eine Person aus und stellen Sie ihr Leben und Werk vor.*

[1] Paria: kastenloser Inder; übertragener Begriff für einen von der Gesellschaft Ausgestoßenen

„Volksgemeinschaft": Ideologie und inszenierte Lebenswirklichkeit im NS-Staat

Am Abend des 7. September 1937 um Punkt 20 Uhr betritt Hitler das Zeppelinfeld auf dem etwa 1 000 Hektar großen, noch nicht vollendeten Reichsparteitagsgelände in Nürnberg. Das Volk jubelt auf und im selben Moment schicken 152 Flakscheinwerfer, die außerhalb der Arena im Kreis angeordnet sind, ihre weißen Lichtsäulen senkrecht in die Höhe. Kilometer hoch reichen die Strahlen. Im Abendhimmel vereinen sie sich zu einem einzigen Strahlenbündel und wölben sich wie eine gigantische Kuppel über die faszinierten Massen. Auf ein Kommando beginnt der Einmarsch von 15 000 Hakenkreuzfahnenträgern, die sich im Scheinwerferlicht wie breite rote Lavaströme zwischen den aufmarschierenden Politischen Leitern hindurch auf die Führerloge zubewegen.

Auch im fünften Jahr nach der „Machtergreifung" haben sich wieder Hunderttausende von Parteifunktionären, SA- und SS-Männern, Arbeitsdienstmännern, Hitlerjungen und BdM-Mädchen versammelt, um mit über 60 000 jubelnden Zuschauern auf den Tribünen das Regime zu feiern. Wie in einem Rausch lassen sich die Männer und Frauen von dem aufwändig inszenierten Gemeinschaftserlebnis mitreißen. Es befriedigt ihre Sensationslust und erfüllt ihr Bedürfnis nach Geborgenheit.

Der „Führer" scheint allgegenwärtig. Er steht oben auf der Haupttribüne über der Menschenmasse, die in genau bestimmter Ordnung vor ihm aufmarschiert. Die Sinfonie aus Licht, Musik und Farben bildet den Rahmen für die Demonstration von Geschlossenheit und Macht der Volksgemeinschaft: „Du bist nichts, dein Volk ist alles!"

Entstehung des Begriffs „Volksgemeinschaft" Der Begriff der „Volksgemeinschaft" ist keine „Erfindung" der Nationalsozialisten. Bereits um 1900 wurde das Wort von Gelehrten und Politikern verwendet. In seinem Buch „Gemeinschaft und Gesellschaft" von 1887 unterscheidet der Soziologe Ferdinand Tönnies beim modernen Menschen zwischen zwei Arten von sozialer Bindung: „Gesellschaften" wie ökonomische und politische Verbindungen oder Vereine bezeichnet er als lose Verknüpfungen von Individuen, die ihre eigennützigen Ziele verfolgen. Dagegen seien „Gemeinschaften" wie die Familie und das Volk von Zugehörigkeitsgefühl, emotionalen Bindungen und gegenseitigem Vertrauen geprägt und handelten im Hinblick auf das Gemeinwohl. Besonders die Jugend im Kaiserreich idealisierte die Idee einer eingeschworenen, von allen Klassen- und Standesgegensätzen befreiten „Volksgemeinschaft" und stellte sie der modernen, anonymen Gesellschaft entgegen, die von Konflikten und sozialen Gegensätzen geprägt war.

Die eigentliche Geburtsstunde der „Volksgemeinschaft" war der Erste Weltkrieg. Das „Augusterlebnis von 1914", die Kriegsbegeisterung über alle politischen und sozialen Grenzen hinweg und die Kameradschaft im Feld wurden zur Erfahrung von „Gemeinschaft und Einheit" des deutschen Volkes stilisiert und der „Geist von 1914" in der politischen Diskussion der Weimarer Zeit nahezu von allen deutschen Parteien immer wieder beschworen. Während Liberale, Bürgerliche und Sozialdemokraten mit „Volksgemeinschaft" jedoch die politische und soziale Einheit des demokratischen Volksstaats meinten, verstanden ihn die rechten Parteien, allen voran die NSDAP, im republikfeindlichen, auf gewaltsamen Ausschluss zielenden Sinne.

Nationalsozialistische Ideologie der „Volksgemeinschaft“ Für die Nationalsozialisten bildete die Volksgemeinschaftsideologie ein Kernstück ihrer Weltanschauung. „Volksgemeinschaft“ war für sie in erster Linie durch gemeinsames „deutsches Blut“ und einen einheitlichen „Rassekern“ bestimmt. Diese zum Mythos erhobene deutsche „Bluts- und Schicksalsgemeinschaft“ führten die Nationalsozialisten bis auf die Germanen zurück, in deren Stammesgesellschaften es keine Klassen und sozialen Schranken gegeben habe. Seither sei die Geschichte des deutschen Volkes durch innere Kämpfe und Spaltungen geprägt gewesen. Daher galt es, alle Klassen- , Gruppen- und Parteieninteressen zu beseitigen und die Einheit der Volksgenossen in einem „sozialen Volksstaat“ herzustellen, in dem alle Unterschiede zum Wohle der Gemeinschaft eingeebnet werden sollten (▸ M1).

Damit war jedoch keine soziale Gleichheit gemeint. Im Gegenteil: Die Nationalsozialisten traten für eine klare Schichtung des Volkes in oben und unten, für politische, gesellschaftliche und geschlechtsspezifische Hierarchien ein. Vor allem aber stützten sich die Nationalsozialisten auf die Lehre von der angeblichen Ungleichheit der Rassen. Nur ein von „Minderwertigen“, „Fremdrassigen“ und „Gemeinschaftsfremden“ gereinigtes Volk könne „Volksgemeinschaft“ sein. Rassismus und Antisemitismus wurden damit zum Instrument der Ausgrenzung und Verfolgung von Minderheiten, zu denen besonders die Juden, die Sinti und Roma zählten.*

Damit die NSDAP ihre Ziele überhaupt erreichen konnte, sollte die nationalsozialistische „Volksgemeinschaft“ auch eine Gesinnungsgemeinschaft sein, in der sich jeder Einzelne widerspruchslos zur nationalsozialistischen Weltanschauung bekannte. Wer sich abwartend verhielt, sollte durch Propaganda erzogen werden. Wer sich widersetzte, den „rassischen“, politischen oder moralischen Normen und den Leistungsanforderungen der Partei nicht genügte, wurde als „Volksschädling“ oder „Gemeinschaftsfremder“ ausgeschlossen und bekämpft. „Rassereinheit“ und politisches Wohlverhalten bestimmten darüber, wer zur „Volksgemeinschaft“ gehörte und wer nicht.

▲ **Plakat von 1934.**
Das Plakat nutzt ein bekanntes Propagandafoto von Adolf Hitler und wurde vermutlich zur Volksabstimmung vom 19. August 1934 (nach dem Tod des Reichspräsidenten Paul von Hindenburg) über die Zusammenlegung des Reichspräsidenten- und des Reichskanzleramtes in der Person des „Führers und Reichskanzlers“ Adolf Hitler hergestellt.

- *Beurteilen Sie das Plakat.*
  Inwiefern spiegelt sich darin der Charakter der Wahlen seit 1933?

„Führer“ und Volk Die „Volksgemeinschaft“ bestand nicht aus freien Individuen, sondern war durch das Verhältnis von „Führer“ und „Gefolgschaft“ bestimmt. Der Einzelne hatte seine Interessen dem Gemeinwohl unterzuordnen. Was dem Gemeinwohl diente, darüber entschied allein Hitler. Die „Volksgemeinschaft“ war das Instrument, mit dem sich die weltanschaulichen und politischen Ziele des Nationalsozialismus durchsetzen ließen. „Ein Volk, ein Reich, ein Führer“ war die Parole, nach der ab 1933 der Rechtsstaat und die Gewaltenteilung abgeschafft, der Einparteienstaat errichtet, alle politischen und gesellschaftlichen Lebensbereiche „gleichgeschaltet“ und durchdrungen wurden (▸ M2). Demokratische Willensbildung und Mehrheitsentscheid gab es nicht mehr. Da das Parlament als Gegengewicht zur Exekutive praktisch ausgeschaltet war, konnte Hitler mit „Führererlassen“ regieren, die an die Stelle von Gesetzen traten.

„Führer befiehl, wir folgen!“ war das Prinzip blinden Gehorsams und bedingungsloser Treue zu Hitler. Es entstand das Bild eines ganz auf den „Führer“ ausgerichteten, totalen Herrschaftssystems. Herausragende Persönlichkeiten sollten, so Hitler, eine führende Rolle innerhalb der „Volksgemeinschaft“ einnehmen. Die Auswahl erfolgte nicht auf

* zur nationalsozialistischen Rassenlehre vgl. S. 230 f., 238 f.

Sicherheitsdienst (SD): 1931 als Geheimdienst der SS zur Überwachung politischer Gegner und Parteimitglieder eingerichtet, ab 1934 parteiinterner Nachrichtendienst der NSDAP

demokratische Weise, sondern durch Berufung von oben. „Autorität jedes Führers nach unten und Verantwortung nach oben“ lautete die von Hitler aufgestellte Maxime, die er auf Partei, Staat, Wirtschaft und die gesamte Gesellschaftsordnung übertrug (▸ M3). Hinter der sorgfältig aufgebauten Fassade des unumschränkten Führerwillens tobten zwar Machtkämpfe zwischen staatlicher Bürokratie, NSDAP, SS, **Sicherheitsdienst (SD)**, Gestapo und Reichswehr. Prinzipiell hatte jedoch Hitler stets das letzte und entscheidende Wort.

Emotional untermauerte die NSDAP das Ganze durch die Inszenierung eines am italienischen Vorbild orientierten Führerkults. Hier flossen Ideen der obrigkeitsstaatlichen Ordnung des 18. und 19. Jahrhunderts ein, die Hitler zum „Ersatzmonarchen“ emporhoben und den Einzelnen in widerspruchslose Unterordnung zwangen. Für das Regime war es überlebenswichtig, den „Führerkult“ immer wieder zu beleben.

Mit der Zeit galt Hitler als nahezu unfehlbar. Unzufriedenheit über die Partei oder politische Ereignisse stand für viele in keinem Widerspruch zum grundsätzlichen Glauben an Adolf Hitler. Die Verehrung des „Führers“ nahm kultische oder religiöse Züge an. Führerbilder hingen in allen Amts- und Schulräumen und sollten jede Wohnung zieren. „Heil Hitler“ war der offizielle „Deutsche Gruß“.

▲ Das Einholen der Fahne auf dem Schulhof einer Berliner Volksschule im Bezirk Tempelhof.
Foto vom 31. März 1939. Im Laufe eines Schuljahres fanden zahlreiche von der NS-Führung vorgeschriebene Feierlichkeiten statt. Dazu gehörte auch das mit einer Zeremonie verbundene gemeinsame Einholen der Fahne am Ende jeden Schuljahres.

Propaganda und Massenmedien Die Inszenierung von Führerkult und „Volksgemeinschaft“ hatte viele Gesichter, doch besonders wirkungsvoll waren die Großveranstaltungen. Dabei wurden Erkenntnisse aus der Massenpsychologie eingesetzt, um die Identifikationsbereitschaft zu erhöhen. Offizieller Höhepunkt aller Massenmobilisierung war der jährliche Reichsparteitag in Nürnberg: Auf einem nie ganz vollendeten Gelände hielt die NS-Regie beeindruckende Aufmärsche und sportliche Wettkämpfe ab, die der Bevölkerung nationale Größe suggerierten und sie für die Partei und ihren „Führer“ vereinnahmen sollten. Ein fester Feiertagszyklus wurde eingeführt, der den Jahresablauf durch „gemeinschaftsbildende“ und „gemeinschaftserhaltende“ pseudokultische Veranstaltungen strukturierte und den Massen das äußere Gepräge religiöser Feste vermittelte. Staatsbesuche, Empfänge, Sport- und Turnfeste sowie lokale Parteiveranstaltungen ergänzten diesen Feiermarathon (▸ M4, M5). Höhepunkt waren meist Hitlers Reden. Er verstand es, die Massen zu begeistern.

Da nicht alle „Volksgenossen“ an den Großveranstaltungen teilnehmen konnten, erhielten die Massenmedien eine besondere Bedeutung. Presse, Film und Rundfunk wurden dem „Reichsministerium für Volksaufklärung und Propaganda“ unterstellt und „gleichgeschaltet“. Für Propagandaminister **Joseph Goebbels** galt ein „neuer Begriff der Meinungs- und Pressefreiheit“, der alle Berichterstattung an das „nationale und völkische Interesse“ band. Die Wochenschau, die vor den viel besuchten Spielfilmen in den Kinos lief, zeigte eine ausgewählte Zusammenstellung politischer, gesellschaftlicher und kultureller Ereignisse. Unerwünschte Presseorgane wurden verboten, Bücher, Illustrierte und Zeitschriften unterlagen der Zensur.

Als eines der wichtigsten Propagandainstrumente der Massenbeeinflussung diente der Rundfunk. Der eigens im Auftrag von Goebbels entwickelte „Volksempfänger“ war für jeden erschwinglich und erreichte ab 1933 eine immer größer werdende Anzahl von Hörern.

Joseph Goebbels (1897-1945, Selbstmord): Germanist, Schriftsteller, seit 1926 Gauleiter von Berlin, seit 1930 Reichspropagandaleiter der NSDAP, seit 1933 Reichsminister für Volksaufklärung und Propaganda, 1944 Generalbevollmächtigter für den totalen Kriegseinsatz

„Deutsche Frau“ und „deutsche Jugend“ Ideologisch wie personell war die NSDAP eine Männerpartei. Doch die Partei brauchte auch Wählerinnen, sodass sie die Frauen entsprechend umwarb. Das ideologische Konzept war einfach: Die deutsche Frau sollte als treu sorgende Gattin und Mutter den „artgerechten“ Fortbestand des Volkes gewährleisten und dem Mann zu Hause den Rücken freihalten für seine Pflichten am Arbeitsplatz und im Krieg. Von Anfang an versuchten die Nationalsozialisten mit einer Reihe von Gesetzen, die Frauen aus dem Arbeitsleben, vor allem aus akademischen Berufen, zu verdrängen und Anreize für Eheschließungen zu schaffen. Vielen Frauen erschien die ihnen zugewiesene Rolle attraktiv. Wie den Männern wurde ihnen eine Gemeinschaft und ein Solidaritätsgefühl angeboten, deren negative Seiten – der Ausschluss von Kranken, Gebärunfähigen, Jüdinnen, lesbisch Veranlagten und anderen unerwünschten Minderheiten – nur wenigen zu Bewusstsein kam. Die „Nationalsozialistische Frauenschaft“ (NSF) oder das „Deutsche Frauenwerk“ (DFW) versammelten Millionen Frauen zu häuslichen Arbeiten und karitativen Tätigkeiten. Hilfswerke für Mutter und Kind, Mütterschulen und der zum offiziellen Feiertag erhobene Muttertag werteten die „deutsche Frau“ und ihren Beitrag für die Gemeinschaft propagandistisch auf. Die kinderreiche Familie wurde verherrlicht und durch Beihilfen gefördert.

Besonders die Jugend sollte von Beginn an im Sinne der „Volksgemeinschaft“ erzogen werden. Bereits ab dem zehnten Lebensjahr sollten die Jugendorganisationen der NSDAP, Hitler-Jugend (HJ) und Bund Deutscher Mädel (BDM), alle Kinder eines Jahrgangs erfassen. Andere Jugendverbände wurden in HJ und BDM überführt. Per Gesetz erhoben die Nationalsozialisten die HJ 1936 zur „Staatsjugend“ und damit neben Elternhaus, Schule und Kirche zum wichtigsten Kontroll- und Erziehungsinstrument. In beiden Organisationen und in den Schulen wurde die Jugend ideologisch gedrillt, um sie zu „treuen Dienern des nationalsozialistischen Staates“ zu erziehen. Nicht mehr die liberalen Bildungsziele der Weimarer Zeit zählten, sondern Gleichschritt, Opferbereitschaft und Wehrertüchtigung. Gemeinschaftserlebnisse wie Fahrten und Zeltlager, Geländespiele und Wettkämpfe sollten nicht nur Anreize bieten, sondern auch die sozialen Unterschiede einebnen und damit die Kameradschaft fördern.

▲ **„Ehrenkreuz der Deutschen Mutter.“**
Ab 1938 wurde kinderreichen Müttern für ihre Verdienste im „Geburtenkrieg“ diese Auszeichnung verliehen: für die Geburt von vier oder fünf Kindern in Bronze, bei sechs oder sieben in Silber und ab acht Kindern in Gold.

Wirtschaftliche Erfolge Hitler war mit dem Versprechen angetreten, innerhalb von vier Jahren die wirtschaftlichen und sozialen Probleme zu überwinden. 1933 gab es noch sechs Millionen Arbeitslose. Nur drei Jahre später herrschte scheinbar „Vollbeschäftigung“. Der allgemeine Lebensstandard stieg. Für das Selbstbewusstsein, das Gefühl von Stolz und Zuversicht und die Loyalität zum Staat war der Aufschwung, den das Regime als Erfolg verkaufte, von großer Bedeutung.

Doch für einige wesentliche Faktoren des wirtschaftlichen Aufschwungs war die Hitler-Regierung kaum verantwortlich. Bereits vor der „Machtergreifung“ zeichnete sich ein Ende der Weltwirtschaftskrise ab. Jedoch wurde die Trendwende in der Öffentlichkeit bis 1933 in der Öffentlichkeit kaum zur Kenntnis genommen, da sich die meisten Unternehmer mit der Einstellung von Arbeitnehmern noch zurückgehalten hatten. Aber auch den Preis für die wirtschaftlichen „Erfolge“, den die Bevölkerung mit längeren Arbeitszeiten, der Aufrüstung und einer rasanten Staatsverschuldung zu bezahlen hatte, schienen nur wenige wahrzunehmen.

▲ **Werbeplakat des Winterhilfswerks von 1934/35.**
- *Analysieren Sie, welche Assoziationen das Bild weckt und welche Rolle es dem Regime zuweist.*

„Sozialer Volksstaat" Hitler versprach den „Aufbau des sozialen Volksstaates", in dem „alle Staatsbürger die gleichen Rechte und Pflichten besitzen sollten". Zwar waren die innerbetrieblichen Mitbestimmungsrechte durch die Zwangsvereinigung der Arbeitnehmerverbände in die Deutsche Arbeitsfront (DAF) entfallen, auf der anderen Seite erhielt die „Gefolgschaft" durch eine moderne Absicherung mehr, als die Gewerkschaften bis 1933 erstritten hatten: Kündigungsschutz, Verlängerung des bezahlten Urlaubs (von drei auf sechs bis zwölf Tage), verbesserte Sozialleistungen der Unternehmen. Ihre Unterorganisation „Kraft durch Freude" (KdF) gestaltete das Arbeitsleben angenehmer: Belegschaftsräume wurden verbessert, Kantinenessen, Filme und Theatervorstellungen verbilligt angeboten. In einem der DAF gehörenden Werk wurde der „KdF-Wagen", der spätere „Volkswagen", gebaut. Zum Preis von 990 Reichsmark sollte er auch für den „kleinen Mann" erschwinglich sein. Mit für den Massentourismus bereitgestellten Erholungsmöglichkeiten suchte das Regime in bisher nicht gekanntem Ausmaß lang gehegte Urlaubsträume zu erfüllen. All diese Angebote und Vergünstigungen dienten dem Zweck, die Arbeits- und Produktionsleistungen zu steigern und alle Bevölkerungsschichten in die „Volksgemeinschaft" zu integrieren (▶ M6).

Sozialpolitisch führte die NS-Regierung zum Teil Errungenschaften der Weimarer Zeit wie die Arbeitslosenversicherung weiter, setzte aber auch neue Schwerpunkte. Zu den wichtigsten Einrichtungen gehörte die Parteiorganisation Nationalsozialistische Volkswohlfahrt (NSV), die in der Armenfürsorge, der Jugendhilfe und der Mutter-und-Kind-Betreuung tätig war. Hinzu kam das im Herbst 1933 gegründete Winterhilfswerk des Deutschen Volkes (WHW), das sich durch Haus-, Straßen- und Betriebssammlungen sowie seit Herbst 1937 durch Zwangsabzüge von Löhnen und Gehältern finanzierte und Sachmittel an bedürftige Haushalte verteilte.

Schwache erhielten Hilfe zur Selbsthilfe, um sie im Sinne der nationalsozialistischen Leistungsgemeinschaft zu „nützlichen" Gliedern des Volksganzen zu erziehen. Unterstützt wurden nur „rassisch wertvolle" und vorübergehend in Not geratene Menschen; „Nichtarier", „Asoziale" und andere „Gemeinschaftsfremde" blieben von vornherein ausgeschlossen.

Die nationalsozialistische Sozialpolitik und Wohlfahrtspflege verfolgte klare politische Ziele: die akute Not zu lindern und damit soziale Unruhen zu vermeiden, die Fürsorge als breit angelegtes Kontroll- und Selektionsinstrument zu nutzen und die Bevölkerung für das Regime einzunehmen.

Mythos oder Wirklichkeit? War die nationalsozialistische „Volksgemeinschaft" ein Mythos, eine inszenierte Propagandaanstrengung oder ein erfahrbares, verbindendes Element und damit ein wirksames Instrument der Herrschaftsstabilisierung?

Für die Forschung ist es nicht einfach, die Einstellungen der Bevölkerung zu verallgemeinern und zu quantifizieren. Die über 90 Prozent Ja-Stimmen in verschiedenen Volksabstimmungen legitimierten zwar offiziell die Diktatur, doch können sie nicht als freie Meinungsäußerung gelten. Nachzuweisen ist aber, dass die Bindungs- und Integrationskraft während der Vorkriegszeit zunahm. Die „Volksgemeinschaft" wurde von vielen zumindest in Teilbereichen als alltäglich erfahrbar erlebt. Die zunächst eher labile NS-Herrschaft festigte sich dadurch, dass die Menschen durch persönliche Vorteile korrumpiert wurden.

Sozialer Aufstieg durch Leistung war das Versprechen, mit dem Kleinbürgertum und Proletariat an das Regime gebunden wurden. Besonders die Parteizugehörigkeit wurde zum Schlüssel des Erfolgs und ermöglichte einen Aufstieg aus einfachen Verhältnissen in politische oder wirtschaftliche Führungspositionen. Meist geschah dies auf Kosten anderer, vor allem der jüdischen Bevölkerung, an deren Positionen und Besitz sich Privatleute, Unternehmen und Staat gleichermaßen bereicherten (▸ M7).

Dies galt auch für die Kriegszeit. Die Anfangserfolge der Wehrmacht sorgten für eine euphorische Stimmung. Die NS-Machthaber waren bemüht, die Belastungen für die deutsche Bevölkerung in Grenzen zu halten. Niemand sollte Hunger leiden, denn Hitler lebte ständig in Angst vor Streiks und Unruhen, wie sie am Ende des Ersten Weltkrieges stattgefunden hatten. Rücksichtslos wurde die Bevölkerung in den besetzten Ländern enteignet, die fremden Staaten bis zum Bankrott mit riesigen Zwangsabgaben belastet. In die deutschen Kriegskassen flossen auch die Milliardenbeträge aus der Enteignung der europäischen Juden. Durch einen Raub- und Rassekrieg konnte das „Volkswohl" lange gesichert werden. Erst nach der Niederlage von Stalingrad Ende Januar 1943 und der massiven Ausweitung der Luftangriffe seit dem Frühsommer 1943, die im Reich viele Opfer forderten und ganze Städte zerstörten, verschlechterte sich die Stimmung. Das Vertrauen in den „Führer" schwand. Dennoch brach der NS-Staat im Mai 1945 nicht durch breiten Widerstand, sondern nur unter dem Druck äußerer militärischer Gewalt zusammen.

Unterdrückung von Opposition Um jede Opposition im Keim zu ersticken, entstand gleich nach der „Machtergreifung" ein ausgeklügeltes Spitzelsystem. Es diente nicht nur dem Aufspüren und Ausschalten von Regimegegnern, sondern auch der Erkundung der Volksstimmung (▸ M8). Die Gestapo wurde dabei von breiten Teilen der Bevölkerung unterstützt, die ihre Arbeitskollegen, Nachbarn oder Verwandten denunzierten. Ohne diese Mitarbeit und die Amtshilfe der Kriminalpolizei, Schutzpolizei und Gendarmerie wäre der Aufbau des engmaschigen Überwachungs- und Terrorapparates nicht möglich gewesen. Neben der Überredung und Überzeugung für das System war er ein weiteres Mittel, um die „Volksgemeinschaft" zu schließen.

Von Anfang an wurden politische Gegner und Andersdenkende verfolgt, verhaftet, gefoltert und getötet. Die „Schutzhaft", die ab 1916 von den deutschen Justizbehörden in Ausnahmefällen als streng begrenzte Vorbeugehaft verhängt worden war, entwickelte sich im „Dritten Reich" zu einem planmäßig eingesetzten Instrument politischen Terrors, das keiner richterlichen Kontrolle unterlag. Schon wenige Wochen nach der „Machtergreifung" entstanden die ersten Konzentrationslager (KZ) in Deutschland in Dachau nahe München und in Oranienburg bei Berlin. Seit Anfang März 1933 wurden vor allem Sympathisanten und Mitglieder der KPD und der SPD eingewiesen, unter dem Deckmantel der „Umerziehung" zur Arbeit gezwungen und gefoltert. Ende Juli verzeichnete die amtliche Statistik etwa 27 000 Häftlinge.

Ab 1935 dienten die Lager nicht mehr ausschließlich der „Umerziehung" oder „Ausschaltung" von politischen Gegnern, sondern als Ort für Personengruppen, die generell zu „Volksschädlingen" erklärt worden waren. Dazu zählten Juden, Sinti und Roma, aber auch religiöse Minderheiten wie die Zeugen Jehovas, nationale Randgruppen wie Polen oder Emigranten, „Gewohnheitsverbrecher" sowie sozial gebrandmarkte Menschen wie „Arbeitsscheue" und Homosexuelle, später auch Partisanen und Kriegsgefangene aus den besetzten Gebieten.

M1 Die nationalsozialistische „Volksgemeinschaft"

Aus der Rede Hitlers zum Erntedankfest im niedersächsischen Bückeberg am 1. Oktober 1933:

Der Nationalsozialismus hat weder im Individuum noch in der Menschheit den Ausgangspunkt seiner Betrachtungen, seiner Stellungnahmen und Entschlüsse. Er rückt bewusst in den Mittelpunkt seines ganzen Denkens das Volk. Dieses Volk ist für ihn eine blutmäßig bedingte Erscheinung, in der er einen von Gott geweihten Baustein der menschlichen Gesellschaft sieht.
Das einzelne Individuum ist vergänglich, das Volk ist bleibend. Wenn die liberale Weltanschauung in ihrer Vergötterung des einzelnen Individuums zur Zerstörung des Volkes führen muss, so wünscht dagegen der Nationalsozialismus das Volk zu schützen, wenn nötig, auf Kosten des Individuums. Es ist notwendig, dass der Einzelne sich langsam zur Erkenntnis durchringt, dass sein eigenes Ich unbedeutend ist, gemessen am Sein des ganzen Volkes [...], dass vor allem die Geistes- und Willenseinheit einer Nation höher zu schätzen sind als die Geistes- und Willenseinheit des Einzelnen.

In seiner Rede am Heldengedenktag am 10. März 1940 sagt Hitler über die „Volksgemeinschaft":

Kein Volk hat mehr Recht zu feiern als das deutsche!
In schwerster geopolitischer Lage konnte das Dasein unseres Volkes immer wieder nur durch den heroischen Einsatz seiner Männer sichergestellt werden. Wenn wir seit 2000 Jahren ein geschichtliches Dasein leben, dann nur, weil in diesen 2000 Jahren immer Männer bereit gewesen sind, für dieses Leben der Gesamtheit ihr eigenes einzusetzen und – wenn nötig – zu opfern. [...]
Für was sie einst kämpften, kämpfen nunmehr auch wir. Was ihnen hoch genug war, um – wenn notwendig – dafür zu sterben, soll uns in jeder Stunde zu gleicher Tat bereit finden. Der Glaube aber, der sie beseelte, hat sich in uns allen nur noch verstärkt. Wie immer auch das Leben und das Schicksal des Einzelnen sein mag, über jedem steht das Dasein und die Zukunft der Gesamtheit. Und hier hebt uns etwas noch über vergangene Zeiten empor: Uns allen ist das erschlossen worden, für was in früheren Zeiten so viele noch unbewusst kämpfen mussten: Das deutsche Volk!
In seiner Gemeinschaft leben zu dürfen, ist unser höchstes irdisches Glück. Ihr anzugehören, ist unser Stolz. Sie in bedingungsloser Treue in den Zeiten der Not zu verteidigen, unser fanatischer Trotz. [...] Wenn die andere Welt der plutokratischen[1] Demokratien gerade gegen das nationalsozialistische Deutschland den wildesten Kampf ansagt und seine Vernichtung als oberstes Kriegsziel ausspricht, dann wird uns damit nur das bestätigt, was wir ohnedies wissen: dass nämlich der Gedanke der nationalsozialistischen Volksgemeinschaft das deutsche Volk auch in den Augen unserer Gegner besonders gefährlich, weil unüberwindlich macht. Über Klassen und Stände, Berufe, Konfessionen und alle übrige Wirrnis des Lebens hinweg erhebt sich die soziale Einheit der deutschen Menschen ohne Ansehen des Standes und der Herkunft, im Blute fundiert, durch ein tausendjähriges Leben zusammengefügt, durch das Schicksal auf Gedeih und Verderb verbunden.
Die Welt wünscht unsere Auflösung. Unsere Antwort kann nur der erneute Schwur zur größten Gemeinschaft aller Zeiten sein. Ihr Ziel ist die deutsche Zersplitterung. Unser Glaubensbekenntnis – die deutsche Einheit. Ihre Hoffnung ist der Erfolg der kapitalistischen Interessen, und unser Wille ist der Sieg der nationalsozialistischen Volksgemeinschaft!

Erster Text zitiert nach: Johannes Hampel, Der Nationalsozialismus, Bd. 2: 1935-1939. Friedenspropaganda und Kriegsvorbereitung, hrsg. von der Bayerischen Landeszentrale für politische Bildung, München ^{2}1993, S. 271
Zweiter Text zitiert nach: Max Domarus, Hitler. Reden und Proklamationen 1932-1945, kommentiert von einem deutschen Zeitgenossen, Bd. 2.1, Würzburg 1963, S. 1477 ff.

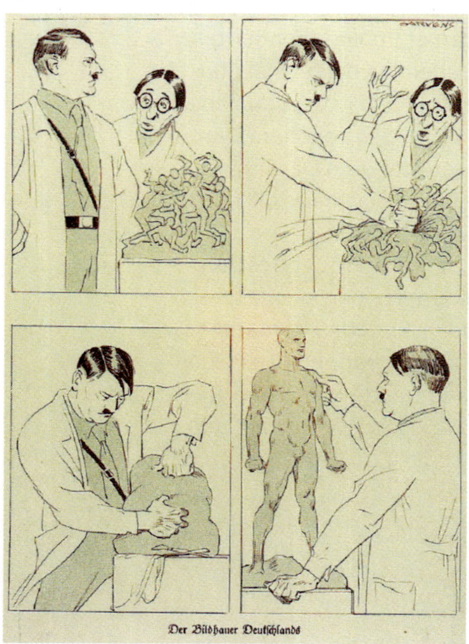

▶ **Der Bildhauer Deutschlands.** *Karikatur von Oskar Garvens aus der politischen Satirezeitschrift „Kladderadatsch" vom 3. Dezember 1933.*
- *Analysieren Sie die Aussage der Karikatur. Bestimmen Sie den Standort des Zeichners.*

1. *Charakterisieren Sie Hitlers Vorstellung von der deutschen „Volksgemeinschaft".*

2. *Erläutern Sie die Stellung des Individuums und die sich daraus ergebenden Konsequenzen für den Einzelnen. Vergleichen Sie mit unserem heutigen Menschenbild und heutigen Rechtsvorstellungen.*

3. *Zeigen Sie, welches Geschichtsbild Hitler zeichnet und zu welchem Zweck er dies tut.*

[1] Plutokratie: Geldherrschaft bzw. Staatsform, in der allein der Besitz politische Macht garantiert

M2 Der Wille des Volkes

In seiner 1939 veröffentlichten Darstellung des nationalsozialistischen Staates äußert sich der deutsche Staatsrechtler Ernst Rudolf Huber über die Verfassung:

Der Grundzug der neuen Verfassung ist, dass die parlamentarische Demokratie durch das völkische Reich ersetzt worden ist. Die parlamentarische Demokratie ging von der Ideologie aus, dass in ihr der Wille des Volkes, der sich in Wahlen und Abstimmungen manifestiere, maßgebend sei. Das völkische Führerreich beruht auf der Erkenntnis, dass der wahre Wille des Volkes nicht durch parlamentarische Wahlen und Abstimmungen gefunden werden kann, sondern dass der Wille des Volkes nur durch den Führer rein und unverfälscht hervorgehoben wird. [...]

Dass sich der Volkswille im Führer verkörpert, schließt nicht aus, dass der Führer die lebenden Volksangehörigen zur Abstimmung über eine bestimmte Frage aufruft. Durch diese „Volksbefragung" gibt der Führer die Entscheidung allerdings nicht an das abstimmende Volk ab. Der Sinn der Abstimmung ist nicht, dass das Volk von sich aus anstelle des Führers handelt und dass das Ergebnis der Abstimmung an die Stelle des Führerwillens tritt. Die Abstimmung hat vielmehr den Sinn, das gesamte lebende Volk für ein vom Führer aufgestelltes politisches Ziel aufzurufen und einzusetzen. [...]

Die Volksbefragung hat den Sinn, den Willen des Führers nach außen zu kräftigen und deutlich als Willen der völkischen Einheit in die Erscheinung treten zu lassen. Der eigentliche Willensträger des Volkes aber bleibt der Führer selbst.

Ernst Rudolf Huber, Verfassungsrecht des Großdeutschen Reiches, zweite, stark erweiterte Auflage der „Verfassung", Hamburg 1939, S. 194, 199 f. und 202

1. *Fassen Sie die Verfassungsgrundsätze zusammen. Wie stellt sich das Verhältnis zwischen „Führer" und Volk dar?*
2. *Erläutern Sie die Funktion der „Volksbefragungen".*

M3 „Gleichschaltung" im Alltag

Ernst Niekisch, 1939 wegen „literarischen Hochverrats" zu einer lebenslänglichen Zuchthausstrafe verurteilt, beschreibt um 1935 die Veränderungen in der Gesellschaft:

Ein Taumel der „Gleichschaltung" erfasste das ganze Volk. Alle öffentlichen und privaten Einrichtungen, Organisationen und Korporationen, alle wirtschaftlichen Betriebe und kulturellen Gesellschaften, alle Verbände und Vereine „schalteten sich gleich". Zweck der Gleichschaltung war die Herstellung der „Volksgemeinschaft". Die „Volksgemeinschaft" ist kein gesellschaftlicher Ordnungszustand höherer Art. Nirgends trügt der Schein mehr, als er hier es tut. [...] in der „Volksgemeinschaft" soll das ganze Volk auf die formlos chaotische Existenzweise menschlichen Abschaums heruntergebracht werden. Sinn und Inhalt der Volksgemeinschaft ist lediglich die Solidarität des lumpenproletarischen Gesindels.

Irgendwelche untergeordneten Organe oder Angestellte zogen plötzlich ihr nationalsozialistisches Mitgliedsbuch, das sie bisher sorgfältig verborgen gehabt hatten, aus der Tasche und trumpften damit auf; zuweilen war es der Portier, der sich überraschend als Vertrauensmann der nationalen Revolution entpuppte und sich über Nacht zum wichtigsten und ersten Mann emporschwang. Das Mitgliedsbuch und das braune Hemd waren Ausweise, durch welche sich die Inhaber befugt hielten, nach den Zügeln zu greifen und die Leitung zu übernehmen. [...]

Der Punkt, an dem der Hebel ansetzt, welcher den Menschen gleichschaltet, ist die Existenzfrage. Wenn der Mann nicht richtig liegt, bekommt er kein Futter mehr. Unverhüllter wurde noch niemals auf den Magen gedrückt, um die richtige Gesinnung herauszupressen. Der Beamte zitterte um Gehalt und Versorgung: Das „Gesetz zur Wiederherstellung des Berufsbeamtentums" brachte den festen Turm seiner „wohlerworbenen Rechte" zum Einsturz. [...] Die nationalsozialistische Empörung über marxistische „Parteibuchbeamte" entlarvte sich als purer Brotneid; die „Wiederherstellung des Berufsbeamtentums" bestand darin, alle Ämter mit nationalsozialistischen Parteibuchbeamten zu überschwemmen. Die bürokratische Gleichschaltung war eine groß angelegte Veranstaltung allgemeiner „Umbonzung".

Angestellten und Arbeitern erging es nicht besser; sie verloren die Arbeitsplätze, wenn ihr Eifer der Gleichschaltung enttäuschte. [...] Die nationalsozialistische Weltanschauung zog ihre überzeugende Kraft aus der Sorge um den Futterplatz; weil der nationalsozialistische Herr den Brotkorb monopolisiert hatte, sang jedermann sein Lied.

Ernst Niekisch, Das Reich der niederen Dämonen, Hamburg 1953, S. 131-135

1. *Wie definiert Niekisch den Begriff „Gleichschaltung"?*
2. *Erläutern Sie die Gründe dafür, dass die „Gleichschaltung" nach Meinung des Autors so reibungslos verlief.*
3. *Analysieren Sie Anspruch und Wirklichkeit der nationalsozialistischen „Volksgemeinschaft".*

◄ **Der nationalsozialistische Führerkult als Ersatzreligion.**
Foto, nach 1933.
Zum Erntedankfest wird das Bild Hitlers geschmückt.

▲ **„Heilige Stätte" des Nationalsozialismus an der Münchener Feldherrnhalle.**
Foto, nach 1933.
An der Seitenwand der Feldherrnhalle in München war eine Tafel zum Gedenken an den gescheiterten Putsch Hitlers vom 9. November 1923 angebracht. Rechts und links der Tafel standen vor großen Lorbeerkränzen zwei SS-Posten Wache. Jeder, der dort vorüberging, hatte dieser „heiligen Stätte" mit dem „Deutschen Gruß" seine Ehrerbietung zu erweisen.

M4 Der nationalsozialistische Feiertagskalender

30. Januar	Jahrestag der „Machtergreifung"
24. Februar	Jahrestag der Gründung der NSDAP
fünfter Sonntag vor Ostern	Heldengedenktag, getragen von Wehrmacht und NSDAP; ab 1939 wurde daraus der jeweils am 16. März begangene „Tag der Wehrfreiheit"
20. April	„Führers Geburtstag", am Vorabend feierliche Aufnahme der 14-Jährigen in die HJ
1. Mai	1933 zum „Tag der nationalen Arbeit" erhoben, 1934 in „nationaler Feiertag des deutschen Volkes" umgewandelt
zweiter Maisonntag	Muttertag, ab 1934 „Gedenk- und Ehrentag der deutschen Mütter", an dem ab 1939 das „Mutterkreuz" verliehen wurde
23. Juni	Sonnwendfeier, die zur Sommersonnenwende mit dem Abbrennen von Feuern nach „altgermanischer Tradition", „Feuerreden" lokaler Parteigrößen und Fackelzügen vor allem von der Hitler-Jugend gefeiert wurde. Jeweils am Wochenende darauf fanden die von Gauleiter Julius Streicher veranstalteten „Frankentage" auf dem Hesselberg bei Nürnberg mit Sonnenwendfeier, Tanz- und Sportwettkämpfen sowie Massenkundgebungen statt.
Anfang September	Reichsparteitage in Nürnberg
Ende September/ Anfang Oktober	Erntedankfest auf dem Bückeberg in Hameln und Reichsbauerntage in Goslar
8./9. November	Gedenken an den Hitler-Putsch von 1923 und Gedenktag für die „Gefallenen der Bewegung"; in diesem Rahmen wurden ältere HJ-Mitglieder in die NSDAP aufgenommen und der SS-Nachwuchs leistete seine Treueschwüre.

Nach: Kurt Bauer, Nationalsozialismus. Ursprünge, Anfänge, Aufstieg und Fall, Wien/Köln/Weimar 2008, S. 265-270

1. *Klären Sie die Funktion der Feiern. Ziehen Sie ergänzende Informationen aus der Literatur oder dem Internet hinzu.*

2. *Analysieren Sie, inwiefern der Kalender der nationalsozialistischen Ideologie und Propaganda entspricht.*

M5 „Massensuggestion“

In „Mein Kampf“ erläutert Hitler die Aufgabe der Massenveranstaltungen:

Die Massenversammlung ist auch schon deshalb notwendig, weil in ihr der Einzelne [...] das Bild einer größeren Gemeinschaft erhält, was bei den meisten Menschen kräftigend und ermutigend wirkt. [...] Wenn er [der Einzelne] aus seiner kleinen Arbeitsstätte oder aus dem großen Betrieb, in dem er sich recht klein fühlt, zum ersten Mal in die Massenversammlung hineintritt und nun Tausende und Tausende von Menschen gleicher Gesinnung um sich hat, wenn er als Suchender in die gewaltige Wirkung des suggestiven Rausches und der Begeisterung von drei- bis viertausend anderen mitgerissen wird, wenn der sichtbare Erfolg und die Zustimmung von Tausenden ihm die Richtigkeit der neuen Lehre bestätigen [...] dann unterliegt er selbst dem zauberhaften Einfluss dessen, was wir mit dem Wort Massensuggestion bezeichnen. Das Wollen, die Sehnsucht, aber auch die Kraft von Tausenden akkumuliert[1] sich in jedem Einzelnen. Der Mann, der zweifelnd und schwankend eine solche Versammlung betritt, verlässt sie innerlich gefestigt: Er ist zum Glied einer Gemeinschaft geworden.

Adolf Hitler, Mein Kampf. Zwei Bände in einem Band, München [469-473]1939, S. 535 f.

Arbeiten Sie heraus, welche Ziele das Regime mit den Massenveranstaltungen verfolgte. Nehmen Sie Stellung zu der beschriebenen Wirkungsabsicht. Vergleichen Sie mit den Abbildungen unten.

[1] verstärkt

▸ **Reichsparteitag 1936 in Nürnberg.**
Die SS ist zum „Großen Appell“ angetreten.

◂ **Der nächtliche Appell der Politischen Leiter beim „Reichsparteitag der Ehre“ auf dem Zeppelinfeld in Nürnberg.**
Foto des NS-Fotografen Heinrich Hoffmann, September 1936.
Das Zeppelinfeld, eine Aufmarscharena mit Tribünen und Rednerkanzel, war Teil einer Reihe von Bauten, die für das elf Quadratkilometer große Reichsparteitagsgelände geplant worden waren. Der sogenannte „Lichtdom“ wurde von rings um das Gelände angebrachten Flakscheinwerfern erzeugt.

▲ **NS-Propaganda.**
Von links nach rechts: Sporttag des BDM, Plakat der Abteilung Presse und Propaganda Bielefeld, um 1936; Werbung für den „Volksempfänger", 1936; Werbeplakat der NS-Organisation „Kraft durch Freude" für den Volkswagen, 1938.

M6 Wie erfolgreich war die Propaganda?

Der Historiker Bernd Jürgen Wendt untersucht die Wirkung der nationalsozialistischen Propaganda:

Dringend muss davor gewarnt werden, unkritisch aus den oft eindrucksvollen Produkten der nationalsozialistischen Propaganda etwa durch die unkommentierte Vorführung von Wochenschauen oder Propagandafilmen bereits auf ihre tatsächliche Wirkung zu schließen.
Resistenz oder Anfälligkeit gegenüber nationalsozialistischer Propaganda und Indoktrination waren wesentlich abhängig von der politischen Einstellung, dem sozialen und politischen Milieu, in dem man aufgewachsen war und lebte, von Erziehung und Schulbildung, Wohnort und persönlichem Umfeld. Goebbels war stets bemüht, in einer taktischen „Variationstoleranz" (Bracher) propagandistische Indoktrination differenziert nach den Adressaten und schichtenspezifisch einzusetzen, auch gewisse Rücksichten auf kulturelles Erbe und bürgerliche Traditionspflege zu nehmen, sterile Uniformität zu vermeiden und dort, wo er es für angebracht hielt, etwa bei der Darbietung eines deutschen (!) Jazz, in der Schlagerkultur oder bei Hollywoodfilmen selbst noch mit der emigrierten Marlene Dietrich[1] die Zügel zu lockern. [...]
Die Propagierung der Idee des Nationalsozialismus, so verschwommen und eklektisch[2] sie auch sein mochte, stieß dort auf eine zusätzliche Resonanz, wo sie offenkundig Erfolge aufweisen konnte. Denn das Leben damals verhieß vielen, die vorher davon nicht einmal zu träumen gewagt hatten, um den Preis der politischen Anpassung einen höheren Grad an Mobilität, freiere Lebensformen etwa für junge Mädchen, die über BDM und Beruf dem Mief dörflicher Enge entwachsen konnten, materielle Vorteile wie einen Arbeitsplatz, die Chance individueller Bewährung, nichtakademische Karrieremuster, soziale Betreuung oder auch ein reiches Angebot für die Gestaltung der Freizeit mit KdF[3]-Reisen, Kulturveranstaltungen usf.

Bernd Jürgen Wendt, Deutschland 1933-1945. Das Dritte Reich, Hannover 1995, S. 142-144

1. *Erörtern Sie, warum die NS-Propaganda nach Wendt nur teilweise erfolgreich war.*
2. *Sind wir heute weniger anfällig für politische Propaganda? Begründen Sie Ihre Meinung.*

[1] Marlene Dietrich (1901-1992) war nach ihrem Welterfolg mit „Der blaue Engel" von 1930 die bekannteste deutsche Schauspielerin. Sie stellte sich gegen die Nationalsozialisten und ging in die USA.
[2] zusammengesucht, ohne eigenen Stil
[3] Kraft durch Freude, Unterorganisation der Deutschen Arbeitsfront (DAF); siehe dazu S. 218

M7 Der NS-Staat als „sozialer Volksstaat“?

Der Historiker Götz Aly beschreibt in seinem Buch „Hitlers Volksstaat“ die Maßnahmen des NS-Regimes zur Verwirklichung des „sozialen Volksstaats“:

Von Anfang an förderte der NS-Staat die Familien, stellte Unverheiratete wie Kinderlose schlechter und schützte die Bauern vor den Unwägbarkeiten des Weltmarkts und des Wetters. Die Grundlagen der EU-Agrarordnung, das Ehegattensplitting, die Straßenverkehrsordnung, die obligatorische Haftpflichtversicherung für Autos, das Kindergeld, die Steuerklassen oder auch die Grundlagen des Naturschutzes stammen aus jenen Jahren. Nationalsozialistische Sozialpolitiker entwickelten die Konturen des seit 1957 in der Bundesrepublik selbstverständlichen Rentenkonzepts, in dem alt und arm nicht länger gleichbedeutend sein sollten [...]. Zu den ersten NS-Gesetzen gehörten solche, mit denen die Rechte der Gläubiger zugunsten der Schuldner beschränkt wurden. Sie sollten der „Verelendung des Volkes“ entgegenwirken. [...]
Mit Beginn des Zweiten Weltkriegs durfte bei Einberufenen und deren Familien nicht mehr gepfändet werden [...]. Ebenso verbesserte die NS-Regierung den Mieterschutz für die Einberufenen. Auch wenn später wieder härter verfahren wurde, so blieb der Schuldnerschutz doch zentrale Aufgabe jedes einzelnen Gerichtsvollziehers, um auf diese Weise „zum Siege unseres schwer um seine Existenz kämpfenden Volkes sein gewichtig Teil beizutragen“. Auf derselben Linie lag die Lohnpfändungsverordnung vom 30. Oktober 1940, die den Schutz der Deutschen vor der Zwangsvollstreckung weiter verbesserte. Sie stellte einen Teil des Lohns für Überstunden pfändungsfrei, außerdem Urlaubsgeld, Weihnachtsgeld, Kinderbeihilfen und Versehrtenrenten.
Sie legte hohe, erstmals auf den Netto- statt auf den Bruttolohn bezogene pfändungsfreie Grundbeträge pro Person und Familienmitglied fest. Im Sinne eines höheren Maßes an Gleichheit zwischen den Deutschen annullierte das Gesetz jenes aus frühbürgerlichen Zeiten überkommene Privileg, das Beamte und Geistliche vor Pfändungen in besonderer Weise geschützt hatte. Es waren solche Gesetze, die den nationalen Sozialismus populär machten und in denen auch Konturen der späteren Bundesrepublik Deutschland durchscheinen. [...]
Im Nachhinein wird die Rassenlehre des Nationalsozialismus als pure Anleitung zu Hass, Mord und Totschlag verstanden. Doch für Millionen Deutsche lag das Attraktive in dem an sie adressierten völkischen Gleichheitsversprechen. Die NS-Ideologie betonte die Unterschiede nach außen und nivellierte sie nach innen. Um es mit einem Ausruf Hitlers zu sagen: „Innerhalb des deutschen Volkes höchste Volksgemeinschaft und Möglichkeit der Bildung für jedermann, nach außen aber absoluter Herrenstandpunkt!“ Für diejenigen, die zu der als rassisch einheitlich definierten Großgruppe zählten – das waren 95 Prozent der Deutschen –, verringerten sich die Unterschiede im Binnenverhältnis.
Für viele wurde das staatspolitisch gewollte Einebnen der Standesdifferenzen in der Staatsjugend fühlbar, im Reichsarbeitsdienst, in den Großorganisationen der Partei und langsam selbst in der Wehrmacht.

Götz Aly, Hitlers Volksstaat. Raub, Rassenkrieg und nationaler Sozialismus, Frankfurt am Main 2005, S. 20 ff. und S. 28 f.

▲ **Propagandaplakat von 1934.**
Die Nationalsozialistische Volkswohlfahrt (NSV) war eine der größten und populärsten NS-Massenorganisationen und neben der Arbeitsbeschaffung wichtigste Grundlage der nationalsozialistischen Arbeits- und Sozialpolitik. Die als Verein gegründete Einrichtung dehnte ihre Zuständigkeit auf nahezu alle freien, staatlichen und kirchlichen Bereiche der Wohlfahrtspflege aus. 1943 gehörten ihr 17 Millionen Mitglieder an.

- *Analysieren Sie, inwiefern das Plakat der nationalsozialistischen Gesellschaftsideologie entspricht.*
- *Überlegen Sie, warum die Nationalsozialisten in besonderem Maße sozialpolitische Maßnahmen propagierten.*

1. *Einer der Leitsätze Hitlers lautete: „Deutschland wird dann am größten sein, wenn seine ärmsten seine treuesten Bürger sind." Erläutern Sie Hintergründe und Ziele dieser Maxime. Berücksichtigen Sie, welche „Fehler" Hitler im Hinblick auf den Ersten Weltkrieg und die Weimarer Republik vermeiden wollte.*
2. *Setzen Sie sich kritisch mit den Begriffen „Sozialstaat" und „Sozialpolitik" auseinander. Prüfen Sie, inwieweit sich die hier skizzierte Politik mit der im heutigen Deutschland vergleichen lässt. Wer profitierte von den nationalsozialistischen Maßnahmen, wer war ausgeschlossen?*
3. *Aly bezeichnet das NS-Regime als „Gefälligkeitsdiktatur". Setzen Sie sich mit diesem Begriff kritisch auseinander.*

M9 Stimmungsberichte

Aus dem Lagebericht des Landrats von Bad Kreuznach, Hellmuth Rademacher, über den Dezember 1935:

In den mir vorliegenden Berichten der Amtsbürgermeister wird die politische Lage als „ruhig" oder als „nicht schlechter" bezeichnet. Die Berichte weisen erstmalig Sätze auf wie: „Zu irgendwelchen Störungen der öffentlichen Ordnung" oder „Zu politischen Unzuträglichkeiten ist es nicht gekommen". Für die Beurteilung der innenpolitischen Entwicklung sind diese Wendungen bezeichnend. Wenn auch die große politische Linie der Staatsführung allgemeine Zustimmung findet, so deutet die Gesamthaltung der Bevölkerung im täglichen Leben nicht darauf hin, dass positive Erfolge in der Ausbreitung und Vertiefung nationalsozialistischen Gedankengutes erzielt wurden. Jedenfalls fehlte gegenüber der gerade im Berichtsmonat hervorgetretenen größeren Aktivität der Partei und ihrer Gliederungen die bejahende Einstellung der großen Masse, von einer politischen Hochstimmung ganz zu schweigen. Jedoch mag hier auch eine gewisse Ermüdung und Abstumpfung den zahlreichen Veranstaltungen der Partei gegenüber mitspielen, die sich meistens in den gleichen Bahnen bewegen. Der deutsche Gruß – immerhin ein Gradmesser für politische Stimmungsschwankungen – ist außerhalb der Kreise der Parteigenossen und Beamten fast völlig den sonst üblichen Grußworten gewichen oder wird nur flüchtig erwidert. In den politischen Versammlungen, deren Besuch nur in den Städten und größeren Ortschaften befriedigen kann, findet man immer wieder dieselben Teilnehmer, sodass selbst alte Parteigenossen diese Art der Volksaufklärung für veraltet halten und Volksabende mit zugkräftigen Mitteln wünschen, deren Besuch nicht von vornherein organisiert wird. Insgesamt gesehen ist es schwierig, ein richtiges Stimmungsbild wiederzugeben. Die Zahl der Staatsfeinde, die offen hervortreten, ist gering. Andererseits sind große Teile der katholischen Bevölkerung unzufrieden [...], desgleichen ehemalige Stahlhelmer wegen der Auflösung des Stahlhelms, ferner Handwerker wegen mangelnder Aufträge, ein Teil der Arbeiter wegen geringer Löhne und der hohen Lebenshaltungskosten, und nicht zuletzt die Bauern, weil der Widerspruch nun einmal zu ihrem Lebensnerv gehört. Wenn man alles dieses zusammennimmt, muss man zu dem Ergebnis kommen, dass ein sehr großer Teil der Bevölkerung die Jahre vor 1933, die dauernde Unsicherheit, die Überfälle, die Wirtschaftskrisen, die große Arbeitslosigkeit usw. vollkommen vergessen hat und auch dem heutigen Staate gegenüber ablehnend oder zum Mindesten gleichgültig gegenübersteht. Hierzu gehören auch sehr viele frühere begeisterte Anhänger und Wähler der NSDAP. Der Höhepunkt in der politischen Einstellung zum 3. Reich ist wohl bei der Novemberwahl gewesen. Von da ab ist mit gewissen Schwankungen eine ständig absteigende Tendenz in der innenpolitischen Entwicklung zu verzeichnen.

Franz Josef Heyen (Hrsg.), Nationalsozialismus im Alltag. Quellen zur Geschichte des Nationalsozialismus vornehmlich im Raum Mainz-Koblenz-Trier, Boppard am Rhein 1967, S. 290 f.

1. *Fassen Sie zusammen, wie der Landrat die Volksstimmung beurteilt. Welche Ursachen sieht er für die Entwicklung?*
2. *Bewerten Sie den Unterschied zwischen dieser Schilderung und dem Bild, das in der Propaganda gezeichnet wurde.*
3. *Überlegen Sie, wie die Regierung auf solche Lageberichte reagieren konnte.*
4. *Analysieren Sie, was der Bericht über das Denken und Handeln der Bevölkerung und über den Berichterstatter aussagt.*

Sekundär- oder Fachliteratur ist der Sammelbegriff für jede Form der wissenschaftlichen Auseinandersetzung mit historischen Quellen oder Themen. Der Begriff umfasst Textsorten wie wissenschaftliche Bücher (Monografien), Aufsätze in (Fach-)Zeitschriften, gedruckte Vorträge, Lexikonartikel und Rezensionen (Buchbesprechungen).

Sekundärliteratur als interpretierte Vergangenheit

Umgang mit Sekundärliteratur

Die Fachliteratur über den Nationalsozialismus, das „Dritte Reich" und den Holocaust ist unüberschaubar. Eine Bibliografie aus dem Jahr 2000 nennt 17 609 Monografien, 11 857 Beiträge aus Sammelwerken und 7 557 Zeitungs- und Zeitschriftenaufsätze aus dem Zeitraum von 1945 bis 2000. Seitdem sind zahlreiche weitere Veröffentlichungen hinzugekommen. Zu vielen Monografien sind Rezensionen erschienen, die die Veröffentlichung in die Forschung einordnen, bewerten und oft gegensätzliche Auffassungen vertreten.
Es gibt keine objektive, ein für alle Mal gültige oder richtige und verbindliche Geschichtsschreibung. Sie ist immer abhängig von der Person, die ein Thema mit einem bestimmten Erkenntnisinteresse subjektiv bearbeitet, von der Zeit, in der geforscht wird, von den ausgewählten oder zur Verfügung stehenden Quellen und der verwendeten Fachliteratur. Für das Verständnis eines Textes, seine Einordnung und Bewertung ist es daher notwendig, ihn mit anderen Darstellungen zu vergleichen und ihn nach bestimmten Kriterien zu untersuchen.

Formale Kennzeichen

- Wer ist der Autor oder Rezensent?
- Welche Funktion, welchen Beruf oder welche Stellung hat er?
- Um welche Textsorte handelt es sich (z. B. Lexikonartikel, Fachbuch oder Rezension)?
- Wann, wo und aus welchem Anlass ist der Text veröffentlicht worden?

Textinhalt

- Was wird thematisiert?
- Welche Behauptungen oder Thesen werden aufgestellt?
- Mit welchen Argumenten bzw. Belegen (Quellen, Sekundärliteratur) begründet der Autor seine Aussagen?
- Wie ist der Text aufgebaut? Welche besonderen Merkmale gibt es (Sprache, Stil)?

Historischer Kontext

- Welchen Zeitraum, welches Ereignis oder welche Person behandelt der Text?
- Auf welche wissenschaftliche oder politische Diskussion geht er ein?
- In welchem Bezug steht der Autor/der Rezensent zum behandelten Thema?

Intention

- An welche Adressaten wendet sich der Text?
- Welche Aussageabsicht hat er?
- Welchen Standpunkt nimmt der Autor/der Rezensent ein?

Bewertung

- Wie lässt sich der Text bzw. die Publikation insgesamt einordnen und bewerten?
- Wurde das Thema schlüssig und überzeugend bearbeitet oder ist die Argumentation lückenhaft? Wurden mehrere Perspektiven berücksichtigt?
- Nimmt der Autor Wertungen vor oder stellt er Vermutungen auf?

Beispiel und Analyse

Provokante Überschrift als Anspielung auf Daniel Jonah Goldhagen, Hitlers willige Vollstrecker. Ganz gewöhnliche Deutsche und der Holocaust, Berlin 1996

Knappe Vorstellung des besprochenen Autors/Buches: Götz Aly, Hitlers Volksstaat. Raub, Rassenkrieg und nationaler Sozialismus, Frankfurt am Main 2005

Beurteilung: keine Ein- und Abgrenzung zentraler Begriffe

Alys These: NS-Staat als „Wohlfühl-Diktatur“

Positive Bewertung von Alys Forschungsansatz

Alys These/Beispiel: NS-Sozialpolitik

Alys These/Beispiel: NS-Außen- und Judenpolitik

Beurteilung: Aly schärft den Blick für den „konsequentesten Massenraubmord der modernen Geschichte“; aber gemessen an seinem Anspruch ist das Buch „kein großer Wurf“

Begründung I: Rechenfehler, Berufung auf J. Adam Tooze
Begründung II: „plakative Neuauflage der Kollektivschuldthese“
Begründung III: Massenmord wird zu einseitig gesehen; Vergleich mit Goldhagen

Negatives Fazit: keine Auseinandersetzung mit kontroversen Positionen bzw. ideologischen Antriebskräften

Marcus Sander: Hitlers willige Räuber?

Götz Aly beleuchtet, wie die Nazis die Deutschen mit sozialen Wohltaten bei Laune hielten. [...] Am Anfang stehen zwei Fragen: „Wie konnte das geschehen? Wie konnten die Deutschen aus ihrer Mitte heraus beispiellose Massenverbrechen zulassen und begehen – insbesondere den Mord an den europäischen Juden?“ Der 1947 in Heidelberg geborene Historiker vertritt eine spannende, aber im Kern alte These: Der NS-Staat, den Aly als „Gefälligkeitsdiktatur“ begreift, habe sich mit Wohltaten die Loyalität gesichert. Die Nazis „erkauften sich den öffentlichen Zuspruch oder wenigstens die Gleichgültigkeit jeden Tag neu.“

Götz Aly veranlasst uns zu einem Perspektivwechsel, indem er den Blick auf das Spannungsverhältnis zwischen Volk und Führung lenkt und das „sozialistische“ Moment des Dritten Reiches beleuchtet. Leider verzichtet er darauf, den Begriff des „Sozialismus“, den er praktisch mit „Sozialpolitik“ gleichsetzt, nachvollziehbar ein- und abzugrenzen. Aly argumentiert wie folgt: Das NS-Regime war ein Räuberstaat, Hitler eine Art Räuberhäuptling, der sich auf Kosten Schwacher, insbesondere der europäischen Juden, finanzierte, bereicherte und der sein Volk an seiner Beute teilhaben ließ. Das Dritte Reich erscheint nicht als ein System des Terrors, sondern als Regime der sozialen Wärme, „als eine Art Wohlfühl-Diktatur“ [...].

[...] Während die bisherige Forschung NS-Vokabeln wie „Volksgemeinschaft“ und „Volkswohl“ zu wenig Ernst genommen hat, klopft Aly sie auf ihren sozialpolitischen Kern ab. Dabei wertet er erstmals eine Fülle von finanzpolitischen Akten aus. Hitler, der „klassische Stimmungspolitiker“, führte das Kindergeld ein. Das Einkommensteuergesetz von 1934 entlastete Geringverdienende. Hitler betrieb laut Aly eine Politik der kleinen Leute, er forcierte sie mit Kriegsbeginn. [...]

Wer zahlte den Krieg? Alys Antwort ist eindeutig: die okkupierten Länder. Das Dritte Reich bürdete ihnen demnach horrende Besatzungskosten und Abgaben auf [...]. Die Erlöse aus dem Hab und Gut der verjagten und ermordeten Juden flossen in die Kriegskasse. Doch willige Räuber gab es, so Aly, auch im Reichsinneren. In Hamburg waren es allein mindestens 100 000 Bürger, die Gegenstände aus jüdischem Besitz ersteigerten.

Aly schärft den Blick für den „konsequentesten Massenraubmord der modernen Geschichte“. Seine These: „Wer von den Vorteilen für die Millionen einfacher Deutscher nicht reden will, der sollte vom Nationalsozialismus und vom Holocaust schweigen.“* Dennoch ist das Buch, gemessen an seinem Anspruch, eine Gesamtdeutung der Shoah zu geben, kein großer Wurf. Erstens hat der Wirtschaftshistoriker J. Adam Tooze in der „Tageszeitung“** dem Buch Rechenfehler vorgeworfen. [...] Zweitens läuft Alys These auf eine plakative Neuauflage der Kollektivschuldthese hinaus. Seine Behauptung, dass „95 Prozent“ der Deutschen von Hitlers „Wohltaten“ profitiert hätten [...], belegt er mitnichten.

Vor allem mangelt es dem Buch an einer differenzierenden Analyse der Ursachen des Massenmords. Alys These, dass „die Sorge um das Volkswohl der Deutschen die entscheidende Triebkraft für die Politik des Terrorisierens, Versklavens und Ausrottens“ gewesen sei, ist so nicht haltbar. Im Grunde ist sein Buch ein materialistisch argumentierender Goldhagen: Wo der den mörderischen Antisemitismus witterte, wittert Aly allerorten einen Drang zum Rauben. Besonders enttäuschend ist, dass der Autor Gegenpositionen der Forschung, die stärker von einem „Primat der Ideologie“, also den ideologischen Antriebskräften für die Judenmorde, ansetzen, ausblendet.

Stuttgarter Zeitung, 24.03.2005, S. 42

* Anspielung auf eine Feststellung des Philosophen Max Horkheimer von 1939: „Wer aber vom Kapitalismus nicht reden will, sollte auch vom Faschismus schweigen.“ ** taz

Formale Kennzeichen Unter dem Titel „Hitlers willige Räuber?“ rezensierte Marcus Sander in der Stuttgarter Zeitung vom 24. März 2005 das kurz zuvor erschienene und kontrovers diskutierte Buch „Hitlers Volksstaat“ des Historikers Götz Aly. Der 1972 geborene Marcus Sander hat Germanistik, Geschichte und Philosophie studiert und ist Redakteur bei der Stuttgarter Zeitung.

Textinhalt In seiner Rezension stellt Sander das Buch von Götz Aly für den Leser vor, indem er dessen Argumentation erläutert und beurteilt. Die Überschrift ist eine Anspielung auf das 1996 erschienene Buch „Hitlers willige Vollstrecker“ des amerikanischen Historikers Daniel Goldhagen. Dieser stellt darin die These auf, der Antisemitismus habe die gesamte deutsche Bevölkerung erfasst und sei der Grund für die massenhafte Zustimmung der Deutschen zu Nationalsozialismus und Holocaust gewesen. Das Buch rief eine heftige Kontroverse unter Geschichtswissenschaftlern und in den Medien hervor.
Im ersten Teil der Rezension fasst Sander Alys Thesen und Ergebnisse zusammen. Aly beantworte die Leitfrage des Buches, wie es zu erklären sei, dass die Deutschen zwischen 1933 und 1945 beispiellose Massenverbrechen zulassen und begehen konnten, mit der Feststellung, dass ihr Zuspruch oder ihre Gleichgültigkeit durch den NS-Staat mit materiellen Wohltaten erkauft worden sei. Das Ergebnis sei „eine Art Wohlfühl-Diktatur“ gewesen. Aly belege dies an sozialpolitischen Maßnahmen, wie Kindergeld und steuerliche Entlastung der Geringverdienenden. Außenpolitisch sei diese „Politik der kleinen Leute“ auf Kosten der okkupierten Länder und der Juden in Form von Besatzungskosten, massenhaften Plünderung und Enteignungen finanziert worden.

Historischer Kontext Mit seiner Rezension beteiligt sich Sander an der Debatte, die Alys Buch nach seinem Erscheinen im Frühjahr 2005 in Publizistik und Wissenschaft ausgelöst hat. Neben vielen positiven Besprechungen wurde Aly unter anderem vorgeworfen, er wiederhole nur Goldhagens Thesen, aber materialistisch-ökonomisch begründet. In seinen Gegendarstellungen bestritt Aly dies. Vor allem habe er entgegen mancher Kritik die überkommene „These von der Kollektivschuld“ nicht neu beleben wollen.

Intention Sander hat die Rezension für die Leser der Stuttgarter Zeitung verfasst. Er bewertet Alys Forschungsansatz grundsätzlich positiv, da er die „Begriffe ‚Volksgemeinschaft‘ und ‚Volkswohl‘“ „ernst“ nehme und bisher unberücksichtigtes Quellenmaterial ausgewertet habe. Insgesamt schärfe Aly den Blick für den „konsequentesten Massenraubmord der Geschichte“.
Im zweiten Teil seiner Rezension kritisiert Sander jedoch seine Thesen: 1. weil Aly von dem britischen Wirtschaftshistoriker Adam Tooze in der Tageszeitung (taz) vom 12. März 2005 Rechenfehler bei der Kriegskostenverteilung nachwiesen wurden, weil 2. sein Buch „auf eine plakative Neuauflage der Kollektivschuldthese“ hinauslaufe, und er 3. vor allem die NS-Gräuel zu undifferenziert auf eine „materialistisch[e]“ Ursache, das „Volkswohl der Deutschen“ zurückführe, und „Gegenpositionen der Forschung“ ausblende, die die NS-Ideologie als Ursachen von Holocaust und Lebensraumpolitik herausgearbeitet haben. Seinen eigenen hohen Anspruch, „eine Gesamtdeutung der Shoah“ (Holocaust) geben zu wollen, genüge Aly jedoch nicht.

Bewertung Sanders Argumentation ist sachlich, ausgewogen und berücksichtigt mehrere Perspektiven. Er würdigt Alys breite Quellenbasis und deren Auswertung, folgt in seiner Beurteilung jedoch den kritischen Stimmen in Wissenschaft und Publizistik, die Alys Thesen mit jenen Goldhagens vergleichen und sein Buch als einseitig und undifferenziert kritisieren.

NS-Antisemitismus: von der Entrechtung zur Ermordung

In der Nacht vom 9. auf den 10. November 1938 sehen die 19-jährige Friedel Stranka und ihre Mutter von ihrer Wohnung in Fürth ein Feuer. Ihr erster Gedanke ist, es brenne in der Blumenstraße, wo die Großmutter wohnt. Hastig brechen sie mit ihren Rädern auf. Als sie wie gewohnt über den „Judenheckisch", einen kleinen Platz am israelitischen Friedhof, fahren wollen, versperren ihnen SA-Männer den Weg. Um sie herum stehen fassungslose Menschen: Die Hauptsynagoge der Stadt, seit 1617 Symbol für ein jahrhundertelanges Miteinander der jüdischen und christlichen Gemeinschaft, steht in Flammen! Was die beiden Frauen noch nicht wissen: In dieser Nacht brennen in ganz Deutschland jüdische Gotteshäuser und andere Einrichtungen. Jüdische Geschäfte und Wohnungen werden demoliert, jüdische Bürger gedemütigt und gequält.

Als sich Friedel und ihre Mutter näher heranwagen, hören sie einen der Männer sagen, dass „die Juden jetzt wohl begreifen werden, dass die Geduld des deutschen Volkes zu Ende ist". Die meisten Menschen stehen nur herum und sehen schweigend zu, wie die Synagoge ausbrennt.

Bis tief in die Nacht harren Schaulustige aus. Sie werden Zeugen, wie um halb 2 Uhr nachts alle Mitglieder der jüdischen Gemeinde aus ihren Wohnungen geholt und auf dem Schlageterplatz zusammengetrieben werden, auch die 42 Kinder aus dem Waisenhaus. Am nächsten Tag müssen die Fürther mitansehen, wie viele ihrer jüdischen Mitbürger abtransportiert werden. Einige Fürther wissen, viele ahnen wohin: in das KZ Dachau.

Verhängnisvolle Rassenlehre Die nationalsozialistische Weltanschauung setzte sich aus verschiedenen Versatzstücken zusammen, die ihre Wurzeln überwiegend im späten 19. Jahrhundert hatten. In deren Zentrum standen Rassismus und Antisemitismus. Hitler und seine Anhänger griffen dabei unter anderem auf die Vorstellungen des Sozialdarwinismus zurück, der die Lehre des englischen Naturforschers Charles Darwin von der „natürlichen Auslese der Arten" (1859) verfälschend auf die menschliche Gesellschaft übertrug. In seiner radikalen Ausprägung propagierte der Sozialdarwinismus, im „Kampf ums Dasein" werden nur die „Stärkeren" überleben.

Hinzu kamen rassenbiologische Theorien von Joseph Arthur de Gobineau, der die Unterteilung der Menschheit in höhere und niedere Rassen vertrat und die Überlegenheit der „nordischen Rasse" der Germanen propagierte. Hitler radikalisierte Elemente dieser vorgeblich wissenschaftlichen Theorien und verband sie unter Missachtung geistiger, sittlicher und religiöser Werte zu einer menschenverachtenden Ideologie. Danach sollte es Aufgabe des Nationalsozialismus sein, der „arischen Herrenrasse" (**„Arier"**) in Mitteleuropa ein Machtzentrum zu schaffen.

> **„Arier"**: Der Begriff bezeichnet im ethnologisch-sprachwissenschaftlichen Sinne Völker der indogermanischen Sprachfamilie. Im 19. Jahrhundert wurde der Begriff im Sinne rassischer Überlegenheit der „weißen" bzw. „germanischen Rasse" umgedeutet und in der NS-Rassenideologie zum Inbegriff der überlegenen „Herrenrasse" erhoben.

Voraussetzung war für Hitler die „Reinhaltung der Rasse". Da eine Vermischung zur Degeneration und Schwächung der höherwertigen Rasse führe, sollte das nach seiner Auffassung kranke und minderwertige Erbgut aus der „Volks- und Blutsgemeinschaft" entfernt werden.

Als biologisch definierter Verband ging die „Blutsgemeinschaft" über das Staatsvolk und damit über die Grenzen Deutschlands hinaus. Der „Herrenrasse" gebühre, so Hitler, in ihrer Bedeutung für die Weltkultur angemessener Lebensraum in Europa, der durch

Krieg erobert und langfristig gesichert werden müsse. Die nationalsozialistische „Blut- und Boden"-Ideologie war eine entscheidende Triebkraft des nationalsozialistischen Eroberungs- und Vernichtungskrieges.

NS-Antisemitismus Nach einer Volkszählung von 1933 gab es im Deutschen Reich etwa 500 000 Bürger, die sich zum Judentum bekannten. Das waren nicht einmal 0,8 Prozent der Bevölkerung. Eine statistisch nicht erfasste Zahl weiterer Deutscher war jüdischer Abstammung, das heißt ihre Eltern, Großeltern oder frühere Vorfahren hatten einer jüdischen Gemeinschaft angehört. Obwohl Juden und Deutsche jüdischer Abstammung also eine kleine Minderheit darstellten, betrachteten Hitler und seine Anhänger sie als ihre Hauptfeinde.

Dominierten bis ins 19. Jahrhundert religiöse und wirtschaftliche Motive für die Judenfeindschaft, so traten gegen Ende des Jahrhunderts rassische Argumente in den Vordergrund (▸ M1). Die Juden wurden nicht mehr als eine Glaubensgemeinschaft betrachtet, sondern als eine eigene Rasse. Da sich nach der nationalsozialistischen Theorie die rassischen Anlagen vererbten, könne sich ein jüdischer Bürger durch keine noch so große Anpassung an die Mehrheitsgesellschaft davon befreien.

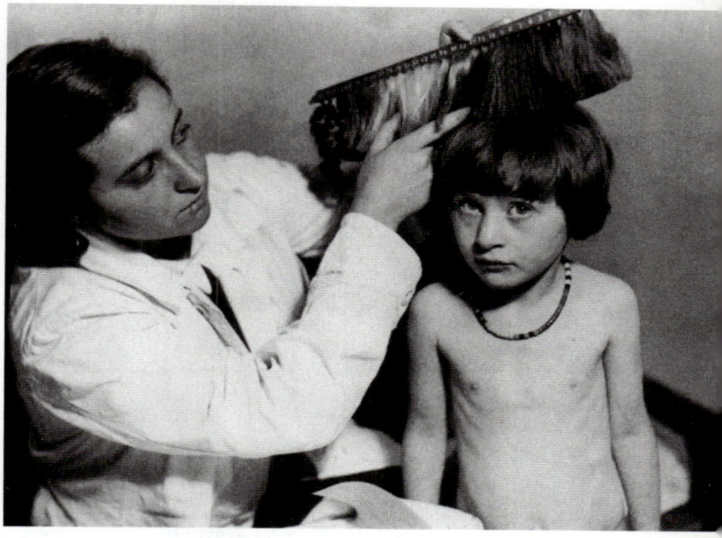

▲ **Feststellung der Haarfarbe an einem jüdischen Kind während einer „rassenhygienischen" Untersuchung.**
Foto von 1936.
Um „Rassenachweise" zu erstellen, ermittelten „Rasseexperten" auf der Grundlage pseudowissenschaftlicher Gutachten mit Schädelvermessungsgeräten und Farbbestimmungstafeln besondere Merkmale, an denen sich rassisch oder erbbiologisch „minderwertige" Gruppen erkennen und aus der Volksgemeinschaft „aussortieren" ließen.

Hitler und seine Anhänger sahen in der Auseinandersetzung mit den Juden eine „weltgeschichtliche Aufgabe": Sie seien ein „parasitäres Volk", das andere Völker zersetze und nach der „Weltherrschaft" strebe. Damit gefährdeten sie die „Reinheit der arischen Rassegemeinschaft". Dies zu verhindern, erklärte die NS-Ideologie zur Aufgabe des „Ariers", der dadurch zum Retter der Weltkultur werde. Durch diesen Rassenwahn, von Historikern als „Erlösungsantisemitismus" (Saul Friedländer) und „Antisemitismus der Tat" (Michael Wildt) bezeichnet, unterschied sich der Judenhass der NSDAP vom traditionellen Antisemitismus der Kaiserzeit sowie dem anderer faschistischer Parteien.

Mit der Ernennung Adolf Hitlers zum Reichskanzler übernahm eine Partei die Regierungsverantwortung, die offen einen zur „Staatsreligion" erklärten Rassenantisemitismus vertrat. Die Ausgrenzung und Verfolgung der jüdischen Mitbürger wurde fortan staatlich organisiert. Die historische Forschung ist sich allerdings weitgehend einig, dass es keinen geradlinigen Weg „von der Machtergreifung nach Auschwitz" gab. Vielmehr wurden nach und nach die Voraussetzungen für neue Maßnahmen geschaffen. Von großer Bedeutung für die sich radikalisierende Entwicklung war, dass es auf vielen mittleren und unteren Führungsebenen von Staat und Partei, in Kommunen, Behörden und Polizeidienststellen Männer und Frauen gab, die diese Politik unterstützten, umsetzten und teilweise sogar beschleunigten.

Diskriminierung und Entrechtung Schon bald nach der „Machtergreifung" begann die Entrechtung und Ausgrenzung der Juden, die schrittweise radikaler wurde (▸ M2). Bereits ab Februar 1933 setzte die gewaltsame Vertreibung jüdischer Richter und Staatsanwälte aus den Gerichten, der Boykott gegen jüdische Arztpraxen, Anwaltskanzleien, Geschäfte und Warenhäuser ein. SA-Leute postierten sich vor jüdischen Läden, pöbelten deren Inhaber an, versperrten Kunden den Eingang und beschmierten die Schaufenster mit judenfeindlichen Parolen.

Kennort: Berlin
Kennummer: A 427 425
Gültig bis 15. März 1944
Name: Blumenthal geb.
Vornamen: Susanne Sara
Geburtstag: 17. Mai 1898
Geburtsort: Stettin
Beruf:
Unveränderliche Kennzeichen: fehlen
Veränderliche Kennzeichen: fehlen
Bemerkungen:
Rechter Zeigefinger
Linker Zeigefinger
Susanne Sara Blumenthal
(Unterschrift des Kennkarteninhabers)
Berlin, den 15. März 1939
Der Polizeipräsident in Berlin
Abteilung II
(Ausstellende Behörde)
(Unterschrift des ausfertigenden Beamten)

▲ Ausweis einer jüdischen Bürgerin, ausgestellt am 15. März 1939.
Ab dem 1. Januar 1939 mussten Juden die Zwangsnamen „Sara" und „Israel" als zweite Vornamen führen.

Der 1. April markierte den Übergang zur staatlich gelenkten und systematischen Verfolgung. Das „Gesetz zur Wiederherstellung des Berufsbeamtentums" vom April 1933 verlangte von allen Beamten den Nachweis arischer Abstammung. Wer als arisch gelten durfte, bestimmte der „Arierparagraf". Ähnliche Gesetze traten später für andere Berufsgruppen in Kraft. Das „Gesetz gegen die Überfüllung der deutschen Schulen und Hochschulen" begrenzte zudem die Zahl der Juden in den Bildungsanstalten. 1938 erfolgte der vollständige Ausschluss.

Die „Nürnberger Gesetze" von 1935 gingen noch einen Schritt weiter (▸ M3): Das „Reichsbürgergesetz" machte die arische Abstammung zur Bedingung für die Anerkennung als Bürger und erklärte Juden zu bloßen „Staatsangehörigen" ohne politische Bürgerrechte. Das „Gesetz zum Schutze des deutschen Blutes und der deutschen Ehre" verbot Eheschließungen und außereheliche Beziehungen zwischen „Ariern" und Juden als „Rassenschande", die mit Haft, später mit dem Tode bestraft wurden. Bestehende Ehen wurden für nichtig erklärt.

Wie die Juden wurden auch die etwa 150 000 in Deutschland lebenden Sinti und Roma durch „Rassegesetze" diskriminiert und entrechtet. Die Diskriminierung dieser Volksgruppe steigerte sich Mitte der 1930er-Jahre zur Verfolgung. Nach der Vorstellung der Nationalsozialisten galten die Sinti und Roma als „Volksschädlinge" und „Untermenschen". Juden sowie Sinti und Roma erhielten Ausgangsverbote, durften keine öffentlichen Schulen, Theater, Kinos oder Cafés mehr besuchen. Jüdischen Haushalten wurden Gas und Strom abgesperrt. Ab 1938 wurden die Pässe der Juden mit einem „J" gestempelt, Sinti und Roma erhielten ab März 1939 besondere „Rasseausweise". Die zunehmende Ausgrenzung aus dem sozialen und gesellschaftlichen Umfeld machte das Leben für die Betroffenen unerträglich.

Gewalt von Anfang an Nach dem 30. Januar 1933 nahmen die gewaltsamen Übergriffe auf Juden zu. Polizei und Behörden reagierten jedoch nicht.

Das Attentat des 17-jährigen Juden Herschel Grynszpan auf den Diplomaten Ernst vom Rath in der deutschen Botschaft in Paris lieferte Propagandaminister Joseph Goebbels den willkommenen Anlass für das als „spontanen Sühneakt" erklärte Pogrom vom 9. auf den 10. November 1938 („Novemberpogrom" oder verharmlosend „Reichskristallnacht") (▸ M4). Reichsweit wurden Hunderte von Synagogen in Brand gesteckt, über 8 000 jüdische Geschäfte und zahllose Wohnungen zerstört, etwa 100 Juden getötet und rund 30 000 in Konzentrationslager verschleppt. Viele starben an den Folgen der Misshandlungen oder nahmen sich selbst das Leben.

Die Polizei sah lediglich zu, die Feuerwehr hatte die Anordnung, nur die Nachbargebäude vor dem Übergreifen der gelegten Brände zu schützen. Für den „öffentlichen Schaden" und die „Wiederherstellung des Straßenbildes" mussten die Juden auch noch zahlen: Eine Verordnung legte die „Sühneleistung der Juden" in Höhe von einer Milliarde Reichsmark fest. Versicherungsleistungen wurden zugunsten des Reiches eingezogen. Zusammen mit der Ausschaltung aus der Wirtschaft brachte dieses „Sühnegeld" vielen Familien den Ruin.

Enteignung und Vertreibung Viele Juden dachten, das „Novemberpogrom" sei der Höhepunkt des Schreckens gewesen. Nach Diskriminierung und Entrechtung zielten die nun folgenden Maßnahmen jedoch darauf, den jüdischen Bürgern ihre Existenz zu rauben und ein Leben in Deutschland damit unmöglich zu machen.

Bereits im April 1933 hatte mit einem Boykottaufruf gegen jüdische Geschäfte der Ausschluss der Juden aus dem Wirtschaftsleben begonnen. Der Entzug öffentlicher Aufträge, ausbleibende Kundschaft und bürokratische Schikanen zwangen viele jüdische Gewerbetreibende, ihre Geschäfte zu schließen oder zu Spottpreisen zu verkaufen. Diese Aufkäufe durch „Arier", die die Notlage ihrer jüdischen Mitbürger ausnutzten, wurden als „Arisierung" bezeichnet. Von 100 000 jüdischen Betrieben existierten im April 1938 noch knapp 40 000.

Wenig später machten weitere Berufsverbote und die „Zwangsarisierung" jüdischen Immobilienbesitzes dem jüdischen Geschäftsleben ein Ende. Die „Verordnung zur Ausschaltung der Juden aus dem deutschen Wirtschaftsleben" vom 12. November 1938 vernichtete die noch verbliebenen Existenzen: Juden mussten Wertpapiere, Schmuck, Edelmetall und Kunstgegenstände weit unter Wert an den Staat verkaufen. Da für die Juden kein Mieterschutz mehr galt, wurde die Einweisung in „Judenhäuser" vorbereitet, auch um deren Überwachung zu erleichtern.

Mit Beginn des Zweiten Weltkrieges radikalisierte sich die „Judenpolitik". Die deutschen Juden wurden nun offiziell als „Reichsfeinde" behandelt. Das NS-Regime richtete Sperrstunden ein, in denen sie ihre Wohnungen nicht verlassen durften (▸ M6). Rundfunkempfänger und Telefone wurden eingezogen. Juden erhielten keine Kleiderkarten mehr. Ihre Lebensmittelkarten waren mit einem „J" markiert, einkaufen durften sie täglich erst nach 15.30 Uhr, wenn die meisten Regale in den Läden bereits leer waren.

Seit dem 15. September 1941 mussten alle Juden vom sechsten Lebensjahr an einen gelben Stern auf der Kleidung tragen, der sie öffentlich stigmatisierte. Ab dem 1. Juli 1943 waren die Juden unter Polizeirecht gestellt und damit endgültig entrechtet. Zu diesem Zeitpunkt lebten jedoch nicht mehr viele Juden in Deutschland. Wer es nicht geschafft hatte, das Reich zu verlassen oder in einem sicheren Versteck unterzutauchen, wurde mit Sammeltransporten in eines der Konzentrationslager im Reich oder den besetzten Gebieten deportiert.

Emigration Zwischen 1933 und 1945 ergriffen allein im deutschsprachigen Raum über eine halbe Millionen Menschen die Flucht ins Ausland, um dem wachsenden Terror des NS-Regimes zu entgehen. Über 90 Prozent waren jüdischer Herkunft; die übrigen Emigranten gehörten zu den politischen Gegnern des Nationalsozialismus, die von Verfolgung und KZ-Haft bedroht waren oder wie viele Künstler und Wissenschaftler keine Existenzmöglichkeiten mehr hatten.

Die jüdische Emigration vollzog sich in Schüben und erreichte 1938 nach dem „Novemberpogrom" ihren Höhepunkt. Bis zu diesem Zeitpunkt hatten etwa 130 000 Juden das Land verlassen; in den folgenden zwei Jahren flohen fast noch einmal so viele. Abgesehen davon, dass viele Deutsche ihre Heimat nicht verlassen wollten, raubte ihnen der NS-Staat durch die Beschlagnahmung von Besitz und Vermögen das notwendige Geld für die Auswanderung. Zusätzlich waren die Ausreisewilligen von den NS-Behörden systematischen Schikanen und Demütigungen im Kampf um die notwendigen Ausreisepapiere ausgesetzt: Sie mussten von Amt zu Amt laufen, stundenlang Schlange stehen, zermürbende Hinhaltetaktiken hinnehmen, hohe Auswanderungsabgaben entrichten und ein Visum des Ziellandes vorlegen, das nur über persönliche Kontakte vor Ort zu erhalten war. Mit Unterstützung ausländischer Hilfsorganisationen bemühten sich

▲ **Jüdische Emigranten protestieren in New York gegen die Abschiebung.**
Foto vom 12. Juni 1936. Das jüdische Ehepaar Richter protestiert auf der amerikanischen Einwandererinsel Ellis Island gegen die drohende Abschiebung zurück nach Deutschland, weil es keine gültigen Einreisepapiere besaß.

jüdische Hilfsvereine, die Ausreisewilligen zu beraten, Kontakte in alle Welt herzustellen und Mittel für die Auswanderung ins Exil zu beschaffen.

Angesichts der wachsenden Flüchtlingsströme verschärften jedoch viele Länder ihre Aufnahmebedingungen, da sie soziale und wirtschaftliche Belastungen befürchteten. Daneben sorgten in einigen Ländern Fremdenfeindlichkeit und Antisemitismus für die Durchsetzung strikterer Einwanderungsgesetze. Auch eine im Sommer 1938 im französischen Evian-les-Bains einberufene Flüchtlingskonferenz änderte an der Haltung des Auslands nichts. Erst nach dem „Novemberpogrom" öffneten einige Länder ihre Grenzen in größerem Umfang für Juden. Bis September 1939 retteten sich 75 000 Flüchtlinge – darunter 10 000 Kinder ohne ihre Eltern – nach Großbritannien (▸ M5). Zu den wichtigsten Emigrationsländern wurden die lateinamerikanischen Staaten mit 80 bis 90 000 sowie Palästina mit rund 55 000 Flüchtlingen. Vor allem in den USA, die mit über 130 000 jüdischen Einwanderern an der Spitze der Exilländer standen, fanden danach mehr Menschen Aufnahme, für die dort aus dem Exil eine meist dauerhafte Auswanderung wurde.

Mit Beginn der systematischen Deportationen wurde Juden im Oktober 1941 offiziell die Ausreise verboten. Viele unternahmen verzweifelte Versuche, illegal über die Grenzen zu gelangen, oder blieben hilflos zurück, was den sicheren Tod bedeutete.

Deutsch-jüdische Emigration 1933 - 1945 (Schätzungen)

1933	1934	1935	1936	1937	1938	1939	1940	1941	1942 - 45
37 000	23 000	21 000	25 000	23 000	40 000	78 000	15 000	8 000	8 500

Vorstufe zum Völkermord: das „Euthanasie"-Programm Nach den pseudobiologischen Lehren von „Rassenhygiene" und „Erbgesundheit", wie sie die Nationalsozialisten vertraten, galten alle „sozial oder rassisch Unerwünschten" wie die Sinti und Roma und alle slawischen Völker, darunter vor allem Russen und Polen, die Zeugen Jehovas, Homosexuelle oder **„Asoziale"** als „minderwertig" und „lebensunwert". Dazu zählten auch „erbkranke", geistig und körperlich behinderte Menschen. Das „Gesetz zur Verhütung erbkranken Nachwuchses" vom 14. Juli 1933 ordnete die Zwangssterilisation von Menschen mit vermeintlich verändertem Erbgut an. Schwangere Frauen, bei denen eine „Erbkrankheit" diagnostiziert wurde, zwang man zur Abtreibung.

In den Monaten vor Kriegsbeginn wurden konkrete Vorbereitungen für den ersten systematischen Massenmord des NS-Regimes getroffen. Seit April 1939 mussten Hebammen und Ärzte den Gesundheitsämtern alle behinderten Neugeborenen und Kleinkinder melden. Diese Meldepflicht war die Grundlage der im Herbst 1939 einsetzenden, verharmlosend als **„Euthanasie"** bezeichneten Ermordung kranker Kinder in eigens eingerichteten „Kinderfachabteilungen". Bis zum Kriegsende forderte die „Kindereuthanasie" rund 5 000 Opfer.

Unter dem Deckmantel des Krieges wurde das „Euthanasie"-Programm auf Erwachsene ausgedehnt. Hitler erteilte der Ärzteschaft in einem Schreiben die Befugnis, „unheilbar Kranken" den „Gnadentod" zu gewähren. Tarngesellschaften organisierten die als **Aktion T4** benannte „Vernichtung unwerten Lebens". Ab 1940 wurden etwa 70 000 Menschen in zu Tötungsanstalten umgerüsteten „Heil- und Pflegeanstalten" ermordet, meist durch Vergasung oder Injektionen.

„Asoziale": in der NS-Zeit als minderwertig geltende, „arbeitsscheue" oder unangepasst lebende Menschen u. a. aus sozialen Unterschichten, wie Bettler, Landstreicher, Prostituierte, Fürsorgeempfänger oder Alkoholiker

„Euthanasie": Sterbehilfe, abgeleitet von griech. „guter" oder „leichter Tod"

Aktion T4: nach dem Verwaltungssitz der Vernichtungsaktion in der Tiergartenstraße 4 in Berlin bezeichneter Code

▶ **Kosten-Nutzen-Rechnung zum Wohle der „Volksgemeinschaft".**
Schon früh versuchte das NS-Regime, die Akzeptanz in der Bevölkerung für die heuchlerisch als „Euthanasie" bezeichneten Krankenmorde zu erhöhen. Wichtigstes Argument für die Vorbereitung und Durchführung war das Argument der wirtschaftlichen Nützlichkeit. In der „Volksgemeinschaft" wurde nur geduldet, wer stark, gesund und arbeitsfähig war.

Trotz aller Geheimhaltung und Verschleierungsversuche waren die Morde spätestens im Frühjahr 1941 in weiten Teilen des Reichs bekannt. In der Bevölkerung regte sich öffentlicher Protest, vor allem vonseiten der Angehörigen der Opfer und auch einiger Bischöfe, wie dem evangelischen Landesbischof Theophil Wurm oder dem Münsteraner Bischof Clemens August Graf von Galen. Ende August 1941 ließ Hitler das „Euthanasie"-Programm offiziell einstellen. Bald darauf begann der organisierte Krankenmord in den besetzten sowjetischen Gebieten und wurde – in anderer Form und weniger auffällig – auch im Reich fortgesetzt. Viele tausend Kranke ließ man verhungern oder tötete sie durch überdosierte Medikamente. Die Methoden und das Personal der T4-Aktion kamen nun bei der systematischen Ermordung der Juden, Sinti und Roma zum Einsatz.

Beginn der Massenmorde und Pläne für eine „Endlösung" Nach der Ausgrenzung und Vertreibung der deutschen Juden begann mit dem Zweiten Weltkrieg die Vernichtung der europäischen Juden.

Bereits im Herbst 1939 zeigte sich, welch neuartige Dimension der von Hitler vom Zaun gebrochene Krieg erreichen sollte, der im Osten als „Kampf um Lebensraum" geführt wurde. Unter der Leitung des von **Heinrich Himmler** neu geschaffenen und von **Reinhard Heydrich** geführten Reichssicherheitshauptamtes (RSHA) rückten Einsatzgruppen der SS hinter der Wehrmacht vor, um Hitlers rassenideologisches Völkermordkonzept in die Tat umzusetzen. Ein Großteil des eroberten Landes sollte ins Deutsche Reich eingegliedert und von umgesiedelten Deutschen aus den baltischen Staaten und anderen osteuropäischen Gebieten „germanisiert" werden. Die jüdische Bevölkerung wurde ins überbevölkerte **Generalgouvernement** vertrieben, in Ghettos zusammengepfercht oder sofort erschossen. Repräsentanten der polnischen Oberschicht, Intellektuelle, Geistliche, aber auch Arbeiter und Gewerkschafter wurden zu Tausenden ermordet oder in Konzentrationslager deportiert. Wer nicht „germanisiert" werden konnte – nach deutschen Schätzungen über 95 Prozent der polnischen Bevölkerung – musste harte Zwangsarbeit verrichten.

Zwischen 1939 und 1941 wurden in den verschiedenen Ressorts des Auswärtigen Amts und des RSHA Pläne für eine „territoriale Endlösung der Judenfrage" ausgearbeitet. Diese sahen vor, alle Juden aus dem deutschen Machtbereich in große Judenreservate in Osteuropa, auf die Insel Madagaskar („Madagaskar-Plan") vor der Ostküste Afrikas oder andere entfernte Orte zu deportieren. Während diese Pläne wieder fallen gelassen wurden, begann sich ein Programm für eine „Endlösung" herauszubilden, die von Anfang an auf einen Völkermord (Genozid) zielte. Das bei den improvisierten Vertreibungs- und Tötungsaktionen erreichte Ausmaß von Gewalt und Terror stellte dafür die Weichen.

Heinrich Himmler (1900-1945, Selbstmord): Reichsführer SS, ab 1936 zudem Chef der Dt. Polizei, 1943 Reichsinnenminister; hauptverantwortlich für den Holocaust und zahlreiche Kriegsverbrechen der Waffen-SS

Reinhard Heydrich (1904-1942, ermordet): Leiter des Reichssicherheitshauptamts (RSHA), „rechte Hand" Himmlers, seit 1941 stellvertretender Reichsprotektor von Böhmen und Mähren, mit der „Endlösung der Judenfrage" beauftragt, 1942 Leiter der „Wannsee-Konferenz"

Generalgouvernement: Bezeichnung für die besetzten polnischen Gebiete, die nicht unmittelbar dem Reich angegliedert worden waren

◂ Polnische Briefmarke von 1948 zum fünften Jahrestag des Warschauer Ghettoaufstandes.
Die Juden waren keineswegs nur passive Opfer der NS-Herrschaft. Eindrucksvollster Beweis dafür ist der jüdische Aufstand im 1940 eingerichteten Warschauer Ghetto, wo die Nazis 500 000 Juden in einem kleinen abgeriegelten Stadtbezirk unter brutaler Bewachung und unmenschlichen Lebensbedingungen eingepfercht hatten.
Als immer mehr Juden in Lager deportiert wurden, bildete sich die „Jüdische Kampforganisation", die im Frühjahr 1943 einen bewaffneten Aufstand organisierte: Etwa vier Wochen lang führten die Juden einen erbitterten Häuserkampf gegen die übermächtigen deutschen Kommandos. Der Aufstand scheiterte zwar, jedoch wirkte er wie eine Aufforderung: In zahlreichen Ghettos und Konzentrationslagern gab es Revolten.

Terror und Holocaust Der deutsche Angriff auf die Sowjetunion im Juni 1941 kann als eigentlicher Beginn der systematischen Massenmorde an den Juden angesehen werden. In der UdSSR waren die einmarschierenden deutschen Truppen an manchen Orten als Befreier vom Bolschewismus begrüßt worden. Doch die Brutalität von Wehrmacht, SS und anderen „Sonderkommandos" ließ die Stimmung rasch umschlagen. Von Anfang an war der Feldzug gegen die Sowjetunion – wie der gegen Polen – ein Raub- und Vernichtungskrieg.

Spätestens im Sommer 1941 fiel im engsten Führungszirkel des Regimes die Entscheidung für den Völkermord an den europäischen Juden (▸ M7). Planung und Verwirklichung galten als „Geheime Reichssache". Einen schriftlichen Befehl Adolf Hitlers gab es nicht. Der „Wille des Führers" reichte den NS-Instanzen aus, um die Tötungsaktionen vorzubereiten und durchzuführen. Die Verwaltung der „Endlösung der Judenfrage" übernahm Heydrich, die Organisation der Deportationen wurde **Adolf Eichmann** übertragen.

Adolf Eichmann (1906-1962, hingerichtet): SS-Obersturmbannführer, seit 1939 Leiter beim RSHA, Amt IV, Referat IV D 4 „Auswanderung und Räumung", dann Referat IV B 4 „Judenangelegenheiten", zentraler Organisator der Deportation von 3 Mio. Juden und der „Endlösung"

Noch vor dem Überfall auf die Sowjetunion erhielten die Einsatzgruppen der SS und Polizeieinheiten Sondervollmachten, „in eigener Verantwortung gegenüber der Zivilbevölkerung Exekutivmaßnahmen zu treffen". Auch Angehörige der Wehrmacht, der Zivilverwaltung sowie Freiwilligenverbände aus den besetzten Gebieten beteiligten sich an den Massakern.

Zwischen Juni 1941 und April 1942 ermordeten die Einsatzgruppen über eine halbe Million Menschen. Nahezu die ganze jüdische Bevölkerung der eroberten Gebiete, Sinti und Roma, Kriegsgefangene und Kommunisten wurden durch Massenerschießungen und durch Autoabgase in LKWs getötet (▸ M8). Bei der größten dieser Mordaktionen in der Schlucht von Babi Jar bei Kiew im September 1941 starben innerhalb von zwei Tagen mehr als 33 000 Juden. Seit Oktober 1941 wurden Juden, Sinti und Roma sowie andere Verfolgte im Reich und in den besetzten Ländern systematisch in Konzentrationslagern und Ghettos zusammengezogen und anschließend in neu eingerichtete Vernichtungslager im Osten deportiert.

Am 20. Januar 1942 trafen sich hohe Verwaltungsbeamte, SS-Offiziere und Staatssekretäre aus den Innen-, Justiz- und Außenministerien unter der Leitung von Heydrich in einer Villa am Berliner Wannsee, um die „praktische Durchführung" der bereits begonnenen „Endlösung der Judenfrage" zu koordinieren. Laut Konferenzprotokoll der nach ihrem Tagungsort benannten „Wannsee-Konferenz" sollten über 11 Millionen europäische Juden ermordet werden. Auf ein Programm zur Ermordung sämtlicher Sinti und Roma legte sich das NS-Regime nie fest, jedoch erließ Heinrich Himmler Ende 1942 den Befehl, alle im Deutschen Reich und in den besetzten Ländern lebenden „zigeunerischen Sippen" und „Zigeuner-Mischlinge" in Konzentrationslager einzuweisen.

Die Massaker und Exekutionen mündeten nun in einen industriell betriebenen Massenmord (▸ M9, M10). Bereits im Frühjahr 1940 war auf polnischem Boden das größte Konzentrations- und Vernichtungslager Auschwitz errichtet worden. Seit Herbst 1941 entstanden mit Belzec, Sobibor, Treblinka, Lublin-Majdanek und Chelmno weitere Vernichtungslager, das Lager Auschwitz wurde um mehrere Teillager erweitert.

Die Menschen, die die Transporte in den Güter- und Viehwaggons überlebten, wurden nach ihrer Ankunft in den Vernichtungslagern meist sofort in Gaskammern durch das Blausäurepräparat Zyklon B getötet oder durch Zwangsarbeit, Folter, medizinische Versuche und unmenschliche Lebensbedingungen vernichtet.

Etwa 1,5 Millionen jüdische Opfer sind für Auschwitz dokumentiert, 900 000 wurden zwischen Juli 1942 und August 1943 in Treblinka ermordet, 600 000 in Belzec, 250 000 in Sobibor, 152 000 in Chelmno, mindestens 60 000 in Lublin-Majdanek. Als seit 1944 die Ostfront näher rückte und die Vernichtungslager auf Befehl Himmlers geräumt wurden, kamen zudem unzählige KZ-Insassen auf den grausamen „Todesmärschen" in den Westen durch Hunger, Kälte oder die Schüsse von SS-Männen ums Leben. Insgesamt fielen dem Holocaust mindestens 5,29 Millionen, wahrscheinlich aber knapp über 6 Millionen Juden aus ganz Europa zum Opfer.

Die Zahl der ermordeten Sinti und Roma ist schwer zu bestimmen. Hochrechnungen gehen von 200 000 bis 500 000 Opfern aus, die von den Einsatzgruppen hinter den Fronten in Osteuropa und in den Vernichtungslagern getötet wurden. Allein in Auschwitz starben etwa 23 000 Sinti und Roma aus elf Staaten.

Darüber hinaus kostete der Vernichtungskrieg im Osten zehntausende Angehörige der slawischen Bevölkerungsgruppen, vor allem Polen und Russen, sowie der Sorben in der Lausitz, der Masuren in Ostpreußen und der Kaschuben in Westpreußen das Leben.

▸ Gefangene Sinti und Roma im KZ Belzec, 1942.
Bereits 1938 wurden alle „arbeitsfähigen" Sinti und Roma zur Zwangsarbeit nach Dachau, Buchenwald und Mauthausen verschleppt und schließlich durch Massendeportationen in Konzentrationslager gebracht und ermordet.

▲ **„Gesunde Eltern – gesunde Kinder!“**
Werbeplakat für die „Aufklärungsschriften“ der NS-Volkswohlfahrt (NSV), Berlin um 1936.
Eine wichtige Aufgabe der NS-Volkswohlfahrt war die Schulung in „Erbhygiene“. Nur „gesunde“, „arische“ Eltern sollten Kinder bekommen.

M1 Die Rassenideologie des Nationalsozialismus

Während seiner neunmonatigen Haftzeit in Landsberg diktiert Hitler 1924 den ersten Band seiner programmatischen Schrift „Mein Kampf“. Er erscheint 1925 mit dem Untertitel „Eine Abrechnung“ im parteieigenen Verlag. Der zweite Band folgt 1926. Das Werk wird in 16 Sprachen übersetzt, erreicht eine Auflage von 10 Mio. Exemplaren und macht Hitler zu einem reichen Mann. Im Mittelpunkt der Ausführungen stehen rassistische, antisemitische und völkische Anschauungen:

Die Sünde wider Blut und Rasse ist die Erbsünde dieser Welt und das Ende einer sich ihr ergebenden Menschheit. [...]
Es ist ein müßiges Beginnen, darüber zu streiten, welche Rasse oder Rassen die ursprünglichen Träger der menschlichen Kultur waren und damit die wirklichen Begründer dessen, was wir mit dem Worte Menschheit alles umfassen. Einfacher ist es, sich diese Frage für die Gegenwart zu stellen, und hier ergibt sich auch die Antwort leicht und deutlich. Was wir heute an menschlicher Kultur, an Ergebnissen von Kunst, Wissenschaft und Technik vor uns sehen, ist nahezu ausschließlich schöpferisches Produkt des Ariers. Gerade diese Tatsache aber lässt den nicht unbegründeten Rückschluss zu, dass er allein der Begründer höheren Menschentums überhaupt war, mithin den Urtyp dessen darstellt, was wir unter dem Worte „Mensch“ verstehen. [...]
Der Arier ist nicht in seinen geistigen Eigenschaften an sich am größten, sondern im Ausmaße der Bereitwilligkeit, alle Fähigkeiten in den Dienst der Gemeinschaft zu stellen. Der Selbsterhaltungstrieb hat bei ihm die edelste Form erreicht, indem er das eigene Ich dem Leben der Gesamtheit willig unterordnet und, wenn die Stunde es erfordert, auch zum Opfer bringt. [...]
Den gewaltigsten Gegensatz zum Arier bildet der Jude. Bei kaum einem Volke der Welt ist der Selbsterhaltungstrieb stärker entwickelt als beim sogenannten auserwählten. [...] Da nun der Jude – aus Gründen, die sich sofort ergeben werden – niemals im Besitze einer eigenen Kultur war, sind die Grundlagen seines geistigen Arbeitens immer von anderen gegeben worden. Sein Intellekt hat sich zu allen Zeiten an der ihn umgebenden Kulturwelt entwickelt. Niemals fand der umgekehrte Vorgang statt. Denn wenn auch der Selbsterhaltungstrieb des jüdischen Volkes nicht kleiner, sondern eher noch größer ist als der anderer Völker, wenn auch seine geistigen Fähigkeiten sehr leicht den Eindruck zu erwecken vermögen, dass sie der intellektuellen Veranlagung der übrigen Rassen ebenbürtig wären, so fehlt doch vollständig die allerwesentlichste Voraussetzung für ein Kulturwerk, die idealistische Gesinnung. [...] Der Jude ist nur einig, wenn eine gemeinsame Gefahr ihn dazu zwingt oder eine gemeinsame Beute lockt; fallen beide Gründe weg, so treten die Eigenschaften eines krassesten Egoismus in ihre Rechte, und aus dem einigen Volk wird im Handumdrehen eine sich blutig bekämpfende Rotte von Ratten. Wären die Juden auf dieser Welt allein, so würden sie ebensosehr in Schmutz und Unrat ersticken wie in hasserfülltem Kampf sich gegenseitig zu übervorteilen und auszurotten versuchen, sofern nicht der sich in ihrer Feigheit ausdrückende restlose Mangel jedes Aufopferungssinnes auch hier den Kampf zum Theater werden ließe. [...]
Demgegenüber erkennt die völkische Weltanschauung die Bedeutung der Menschheit in deren rassischen Urelementen. Sie sieht im Staat prinzipiell nur ein Mittel zum Zweck und fasst als seinen Zweck die Erhaltung des rassischen Daseins der Menschen auf. Sie glaubt somit keineswegs an eine Gleichheit der Rassen, sondern erkennt mit ihrer Verschiedenheit auch ihren höheren oder minderen Wert und fühlt

sich durch diese Erkenntnis verpflichtet, gemäß dem ewigen Wollen, das dieses Universum beherrscht, den Sieg des Besseren, Stärkeren zu fördern, die Unterordnung des Schlechteren und Schwächeren zu verlangen. Sie huldigt damit prinzipiell dem aristokratischen Grundgedanken der Natur und glaubt an die Geltung dieses Gesetzes bis herab zum letzten Einzelwesen. Sie sieht nicht nur den verschiedenen Wert der Rassen, sondern auch den verschiedenen Wert der Einzelmenschen. [...]
Nein, es gibt nur ein heiligstes Menschenrecht, und dieses Recht ist zugleich die heiligste Verpflichtung, nämlich: dafür zu sorgen, dass das Blut rein erhalten bleibt, um durch die Bewahrung des besten Menschentums die Möglichkeit einer edleren Entwicklung dieser Wesen zu geben. Ein völkischer Staat wird damit in erster Linie die Ehe aus dem Niveau einer dauernden Rassenschande herauszuheben haben, um ihr die Weihe jener Institution zu geben, die berufen ist, Ebenbilder des Herrn zu zeugen und nicht Missgeburten zwischen Mensch und Affe.

Adolf Hitler, Mein Kampf. Zwei Bände in einem Band, München [469-473]1939, S. 272, 317, 326, 329-331, 420 f. und 444 f.

1. *Erläutern Sie die Wertmaßstäbe, die Hitler an menschliches Dasein anlegt.*
2. *Analysieren Sie die Wendung „Ebenbilder des Herrn zu zeugen" (Zeile 73 f.). Vergleichen Sie das Menschenbild Hitlers mit dem christlich-humanistischen.*
3. *Stellen Sie die Argumente zusammen, mit denen Hitler die „arische" von der „jüdischen Rasse" unterscheidet.*
4. *Grenzen Sie den traditionellen Antisemitismus gegenüber dem NS-Antisemitismus ab. Worin bestehen die Unterschiede?*
5. *Erörtern Sie den hier verwendeten Begriff der Rasse.*

▲ **Plakat für die Propaganda-Ausstellung „Der ewige Jude" in München 1937.**

- *Beschreiben Sie die Merkmale, mit denen der „ewige Jude" charakterisiert wird. Erläutern Sie die Bildsymbolik sowie die verwendeten Stereotypen.*

M2 Ein Abschiedsbrief

In Gennstadt begeht Fritz Rosenfelder im Frühjahr 1933 Selbstmord. Dort hat er seit Jahren den allgemeinen Turnverein geleitet und sich außerordentliche Verdienste erworben. An seine zahlreichen Freunde richtet er folgenden Abschiedsbrief:

Euch lieben Freunde! Hierdurch mein letztes Lebewohl!
Ein deutscher Jude konnte es nicht über sich bringen zu leben in dem Bewusstsein, von der Bewegung, von der das nationale Deutschland die Rettung erhofft, als Vaterlandsverräter betrachtet zu werden! Ich gehe ohne Hass und Groll! Ein inniger Wunsch beseelt mich: Möge in Bälde die Vernunft Einkehr halten! Da mir bis dahin überhaupt keine – meinem Empfinden entsprechende – Tätigkeit möglich ist, versuche ich durch meinen Freitod meine christlichen Freunde aufzurütteln. Wie es in uns deutschen Juden aussieht, mögt Ihr aus dem Schritt ersehen. Wie viel lieber hätte ich mein Leben für mein Vaterland gegeben! Trauert nicht, sondern versucht aufzuklären und der Wahrheit zum Siege zu verhelfen. So erweist Ihr mir die größte Ehre. Euer Fritz.

Nürnberg-Fürther Israelitisches Gemeindeblatt, Mai 1933, S. 38, zitiert nach: Akademie für Lehrerfortbildung und Personalführung, Jüdisches Leben. Landesgeschichtliche Beispiele, Materialien, Unterrichtshilfen (Akademiebericht Nr. 316), Dillingen 1998, S. 181

1. *Nennen Sie die Gründe Rosenfelders für seinen Freitod. Stellen Sie Vermutungen darüber an, wie es – laut Rosenfelder – in den Juden aussah.*
2. *Überlegen Sie, welche Handlungsmöglichkeiten die Juden 1933 noch hatten.*

M3 „Nürnberger Gesetze“

Aus dem „Reichsbürgergesetz“ und dem „Blutschutzgesetz“ („Nürnberger Gesetze“) vom 15. September 1935:

3 a) „Reichsbürgergesetz“, 15. September 1935:

§ 1 (1) Staatsangehöriger ist, wer dem Schutzverband des Deutschen Reiches angehört und ihm dafür besonders verpflichtet ist.
(2) Die Staatsangehörigkeit wird nach den Vorschriften des Reichs- und Staatsangehörigkeitsgesetzes erworben.

§ 2 (1) Reichsbürger ist nur der Staatsangehörige deutschen oder artverwandten Blutes, der durch sein Verhalten beweist, dass er gewillt und geeignet ist, in Treue dem deutschen Volk und Reich zu dienen.
(2) Das Reichsbürgerrecht wird durch Verleihung des Reichsbürgerbriefes erworben.
(3) Der Reichsbürger ist der alleinige Träger der vollen politischen Rechte nach Maßgabe der Gesetze.

3 b) „Gesetz zum Schutze des deutschen Blutes und der deutschen Ehre“, 15. September 1935:
Durchdrungen von der Erkenntnis, dass die Reinheit des deutschen Blutes die Voraussetzung für den Fortbestand des deutschen Volkes ist, und beseelt von dem unbeugsamen Willen, die deutsche Nation für alle Zukunft zu sichern, hat der Reichstag einstimmig das folgende Gesetz beschlossen, das hiermit verkündet wird: [...]

§ 1 (1) Eheschließungen zwischen Juden und Staatsangehörigen deutschen oder artverwandten Blutes sind verboten. Trotzdem geschlossene Ehen sind nichtig, auch wenn sie zur Umgehung dieses Gesetzes im Ausland geschlossen sind.
(2) Die Nichtigkeitsklage kann nur der Staatsanwalt erheben.

§ 2 Außerehelicher Verkehr zwischen Juden und Staatsangehörigen deutschen oder artverwandten Blutes ist verboten.

§ 3 Juden dürfen weibliche Staatsangehörige deutschen oder artverwandten Blutes unter 45 Jahren in ihrem Haushalt nicht beschäftigen.

§ 4 (1) Juden ist das Hissen der Reichs- und Nationalflagge und das Zeigen der Reichsfarben verboten.
(2) Dagegen ist ihnen das Zeigen der jüdischen Farben gestattet. Die Ausübung dieser Befugnis steht unter staatlichem Schutz.

§5 (1) Wer dem Verbot des § 1 zuwiderhandelt, wird mit Zuchthaus bestraft.
(2) Der Mann, der dem Verbot des § 2 zuwiderhandelt, wird mit Gefängnis oder Zuchthaus bestraft.
(3) Wer den Bestimmungen der §§ 3 oder 4 zuwiderhandelt, wird mit Gefängnis bis zu einem Jahr und mit Geldstrafe oder mit einer dieser Strafen bestraft.

Wolfgang Michalka (Hrsg.), Deutsche Geschichte 1933-1945, Frankfurt am Main 1993, S. 95 f.

1. *Erläutern Sie die Auswirkungen des „Reichsbürgergesetzes“.*

2. *Arbeiten Sie die Folgen des Gesetzes „Zum Schutze des deutschen Blutes und der deutschen Ehre“ für das Zusammenleben der jüdischen und nichtjüdischen Bevölkerung heraus.*

M4 Ein Fernschreiben mit Folgen

Am 7. November 1938 erschießt der 17-jährige Herschel Grynszpan, dessen Eltern von den deutschen Behörden aus Hannover nach Polen abgeschoben worden sind, in Paris den deutschen Diplomaten Ernst vom Rath. Folgendes Fernschreiben (FS) des Geheimen Staatspolizeiamtes geht an alle Leiter oder Stellvertreter der Staatspolizeistellen:

1. Es werden in kürzester Frist in ganz Deutschland Aktionen gegen Juden, insbesondere gegen deren Synagogen, stattfinden. Sie sind nicht zu stören. Jedoch ist im Benehmen mit der Ordnungspolizei sicherzustellen, dass Plünderungen und sonstige besondere Ausschreitungen unterbunden werden können.
2. Sofern sich in Synagogen wichtiges Archivmaterial befindet, ist dieses durch eine sofortige Maßnahme sicherzustellen.
3. Es ist vorzubereiten die Festnahme von etwa 20-30 000 Juden im Reiche. Es sind auszuwählen vor allem vermögende Juden. [...]
4. Sollten bei den kommenden Aktionen Juden im Besitz von Waffen angetroffen werden, so sind die schärfsten Maßnahmen durchzuführen. Zu den Gesamtaktionen können herangezogen werden Verfügungstruppen der SS sowie Allgemeine SS. [...] Dieses FS ist geheim.

Hans-Jürgen Döscher, „Reichskristallnacht“. Die Novemberpogrome 1938, Frankfurt am Main 1990, S. 89

1. *Untersuchen Sie die Rechtsgrundlagen der Aktionen.*

2. *Erläutern Sie, warum die Geheimhaltung des Fernschreibens wichtig war.*

M5 Mit dem „Kindertransport" ins Exil

1939 wird der zehnjährige Felix Weil als eines unter etwa zehntausend jüdischen Kindern aus Deutschland und Österreich mit einem „Kindertransport" nach England evakuiert, das seine Einwanderungsbestimmungen in Reaktion auf das „Novemberpogrom" gelockert hat. In seinen Lebenserinnerungen beschreibt Felix Weil die Zeit vor seiner Abreise:

Soweit ich von meiner Tante gehört habe, baten die beiden meine Eltern, so schnell wie möglich eine Nummer beim Konsulat zu beantragen. Meine Tante erzählte mir, dass mein Vater jedoch absolut kein Interesse daran hatte, Deutschland zu verlassen [...]. Mein Vater war der Ansicht, dass das Ganze bald vorbei sei, die Nazis die Macht wieder verlieren und die Dinge sich bald wieder normalisieren würden. Warum sollte er gehen? Er war Deutscher und fühlte sich mehr deutsch als jüdisch [...]. Er hatte das Eiserne Kreuz im Ersten Weltkrieg erworben, hatte für die Deutschen gekämpft und hatte keinerlei Angst davor, dass es ihn treffen könnte.
Natürlich war das alles eine Selbsttäuschung, die wahrscheinlich genährt wurde durch die Olympischen Spiele. Die Deutschen versuchten zu dieser Zeit, das Gesicht eines guten Weltbürgers aufzusetzen [...]. Alle Zeichen des Antisemitismus wie die Schilder „Juden nicht erlaubt" wurden entfernt. Für meinen Vater bestätigte dies seine Haltung. „Ihr seht, ich hatte Recht. Das ist bald vorüber." Leider war das eine Täuschung, und als er dann die Auswanderungsnummer beantragte, war es zu spät [...].
In der Zwischenzeit wurde ich in ein Heim in Frankfurt geschickt. Das war, glaube ich, Ende 1938. Dieses Heim nahm jüdische Kinder auf, die mit einem Kindertransport nach England geschickt werden sollten. Am Wochenende durfte ich nach Hause, aber während der Woche musste ich dort bleiben und natürlich weiterhin zur Schule gehen. Ich war dort ziemlich unglücklich. Ich hasste dieses Gemeinschaftsleben. Ich lebte lieber zu Hause in der Familie [...]. Zu dieser Zeit war ich zehn Jahre alt. Ich lebte viele Monate in diesem Heim [...].
Während des Sommers war ich zu Hause. Plötzlich bekamen wir, etwa im Juni 1939, einen Brief oder Telefonanruf von der Jüdischen Gemeinde oder einer ähnlichen Institution. Die Mitteilung besagte, dass ich für einen Kindertransport ausgewählt worden sei, der am 10. August 1939 Deutschland verlassen sollte, drei Wochen, bevor der Krieg mit Polen ausbrach. Für meine Eltern war diese Aufforderung eine ziemliche Überraschung und sie waren in heller Aufregung. Sie hatten sehr gemischte Gefühle. Auf der einen Seite waren sie glücklich, dass ich Deutschland verlassen konnte. Zur selben Zeit waren sie, da bin ich mir ganz sicher, sehr unglücklich darüber, dass die Familie auseinandergerissen würde. Alle Vorbereitungen wurden in ziemlicher Hektik getroffen [...].
Am Abreisetag sah ich meine Mutter am Morgen weinend an meinem Bett sitzen. Für mich war die ganze Sache eher ein Abenteuer, auf eine so lange Reise in ein fremdes Land zu gehen. Natürlich habe ich in diesem Moment nicht realisiert, dass ich meine Familie nie wiedersehen würde.
Am frühen Morgen des 10. August brachten mich meine Eltern zum Hauptbahnhof, zu diesem langen Zug mit hunderten von Kindern. Ich habe immer noch vor Augen, wie meine Eltern und meine Schwester auf dem Bahnsteig stehen, als wir abfuhren. Für meine Eltern muss es viel dramatischer gewesen sein. Für mich war es einfach aufregend. Ich dachte, ich würde meine Familie bald wiedersehen. Sie sagten mir: „In ein paar Monaten werden wir in England sein und dich wiedersehen, und alles wird gut."

Gottfried Kößler, Angelika Rieber und Feli Gürsching, ... dass wir nicht erwünscht waren. Novemberpogrom 1938 in Frankfurt am Main. Berichte und Dokumente, Frankfurt am Main 1993, S. 133 ff.

1. *Ordnen Sie die zeitlichen Abschnitte des Berichts in den politischen Kontext ein. Wie sah das Leben der jüdischen Bevölkerung in den beschriebenen Jahren aus? Welchen Maßnahmen und Repressalien war sie jeweils ausgesetzt?*
2. *Erläutern Sie die Haltung, die Weils Vater gegenüber dem NS-Regime und dem Thema Emigration einnimmt. Überlegen Sie, warum Einstellung und Verhalten der Familie für viele andere Juden in Deutschland typisch gewesen sein könnten.*
3. *Führen Sie die Erzählung Felix Weils fort. Wie könnte es ihm, wie seinen Eltern und Geschwistern danach ergangen sein?*

M6 „Der Würger wird immer enger angezogen"

Der Romanist Victor Klemperer ist schon vor der nationalsozialistischen „Machtergreifung" ein renommierter Literaturwissenschaftler gewesen. Wegen seiner jüdischen Abstammung verliert er 1935 seinen Lehrstuhl, kann aber, geschützt durch seine als „arisch" geltende Frau Eva, unter Repressionen in Dresden weiterleben und teilweise seine Studien fortsetzen. In seinem Tagebuch notiert er am Abend des 2. Juni 1942:

Neue Verordnungen in judaeos[1]. Der Würger wird immer enger angezogen, die Zermürbung mit immer neuen Schikanen betrieben. Was ist in diesen letzten Jahren alles an Großem und Kleinem zusammengekommen! Und der kleine Nadelstich ist manchmal quälender als der Keulenschlag. Ich stelle einmal die Verordnungen zusammen: 1) Nach acht oder neun

[1] gegen die Juden

Uhr abends zu Hause sein. Kontrolle! 2) Aus dem eigenen Haus vertrieben. 3) Radioverbot, Telefonverbot. 4) Theater-, Kino-, Konzert-, Museumsverbot. 5) Verbot, Zeitschriften zu abonnieren oder zu kaufen. 6) Verbot zu fahren; dreiphasig: a) Autobusse verboten, nur Vorderperron der Tram erlaubt, b) alles Fahren verboten, außer zur Arbeit, c) auch zur Arbeit zu Fuß, sofern man nicht 7 km entfernt wohnt oder krank ist (aber um ein Krankheitsattest wird schwer gekämpft). Natürlich auch Verbot der Autodroschke. 7) Verbot, „Mangelware" zu kaufen. 8) Verbot, Zigarren zu kaufen oder irgendwelche Rauchstoffe. 9) Verbot, Blumen zu kaufen. 10) Entziehung der *Milch*karte. 11) Verbot, zum Barbier zu gehen. 12) Jede Art Handwerker nur nach Antrag bei der Gemeinde bestellbar. 13) Zwangsablieferung von Schreibmaschinen, 14) von Pelzen und Wolldecken, 15) von Fahrrädern – zur Arbeit darf geradelt werden (Sonntagsausflug und Besuch zu Rad verboten), 16) von Liegestühlen, 17) von Hunden, Katzen, Vögeln. 18) Verbot, die Bannmeile Dresdens zu verlassen, 19) den Bahnhof zu betreten, 20) das Ministeriumsufer, die Parks zu betreten, 21) die Bürgerwiese und die Randstraßen des Großen Gartens (Park- und Lennéstraße, Karcherallee) zu benutzen. Diese letzte Verschärfung seit gestern erst. Auch das Betreten der Markthallen seit vorgestern verboten. 22) Seit dem 19. September der *Judenstern*. 23) Verbot, Vorräte an Esswaren im Hause zu haben. (Gestapo nimmt auch mit, was auf Marken gekauft ist.) 24) Verbot der Leihbibliotheken. 25) Durch den Stern sind uns alle Restaurants verschlossen. Und in den Restaurants bekommt man immer noch etwas zu essen, irgendeinen „Stamm", wenn man zu Haus gar nichts mehr hat. Eva sagt, die Restaurants seien übervoll. 26) Keine Kleiderkarte. 27) Keine Fischkarte. 28) Keine Sonderzuteilung wie Kaffee, Schokolade, Obst, Kondensmilch. 29) Die Sondersteuern. 30) Die ständig verengte Freigrenze. Meine zuerst 600, dann 320, jetzt 185 Mark. 31) Einkaufsbeschränkung auf *eine* Stunde (drei bis vier, Sonnabend zwölf bis eins). Ich glaube, diese 31 Punkte sind alles. Sie sind aber alle zusammen gar nichts gegen die ständige Gefahr der Haussuchung, der Misshandlung, des Gefängnisses, Konzentrationslagers und gewaltsamen Todes.

Victor Klemperer, Ich will Zeugnis ablegen bis zum letzten. Tagebücher 1942-1945, hrsg. von Walter Nowojski unter Mitarbeit von Hadwig Klemperer, Berlin 1995 S. 107

1. *Ordnen Sie die Verbote nach Lebensbereichen. Überlegen Sie, wie der Alltag unter diesen Umständen für die Betroffenen überhaupt noch zu bewältigen war.*
2. *Überlegen Sie, welchen Zwecken die Verbote dienten.*

▲ **Ausgrenzung im Alltag.**

M7 Die Entscheidung für die „Endlösung"

Die Frage, wann die Entscheidung gefallen ist, alle europäischen Juden zu ermorden, ist bis heute in der Forschung umstritten, weil es keinen schriftlichen Befehl dazu gibt. Adolf Hitler erklärt am 30. Januar 1939:

Wenn es dem internationalen Finanzjudentum inner- und außerhalb Europas gelingen sollte, die Völker noch einmal in einen Weltkrieg zu stürzen, dann wird das Ergebnis nicht die Bolschewisierung der Erde und damit der Sieg des Judentums sein, sondern die Vernichtung der jüdischen Rasse in Europa.

Zwei Jahre danach, auf dem Höhepunkt des Zweiten Weltkrieges, macht sich Joseph Goebbels Aufzeichnungen über eine Rede Hitlers vom 12. Dezember 1941 auf einer Tagung der Reichs- und Gauleiter der NSDAP:

Bezüglich der Judenfrage ist der Führer entschlossen, reinen Tisch zu machen. Er hat den Juden prophezeit, dass, wenn sie noch einmal einen Weltkrieg herbeiführen würden, sie dabei ihre Vernichtung erleben würden. Das ist keine Phrase gewesen. Der Weltkrieg ist da, die Vernichtung des Judentums muss die notwendige Folge sein. Diese Frage ist ohne jede Sentimentalität zu betrachten. Wir sind nicht dazu da, Mitleid mit den Juden, sondern nur Mitleid mit unserem deutschen Volk zu haben. Wenn das deutsche Volk jetzt wieder im Ostfeldzug an die 160 000 Tote geopfert hat, so werden die Urheber dieses blutigen Konflikts dafür mit ihrem Leben bezahlen müssen.

Christian Gerlach, Krieg, Ernährung, Völkermord. Forschungen zur deutschen Vernichtungspolitik im Zweiten Weltkrieg, Hamburg 1998, S. 123 f.

1. *Erklären Sie, warum die Nationalsozialisten die Schuld am Krieg den Juden zuschoben.*
2. *Überlegen Sie, welche Bedeutung dem Zweiten Weltkrieg für die Durchführbarkeit der Judenvernichtung zukam.*

M8 Serbien ist von Juden und Zigeunern frei

Das Reichssicherheitshauptamt hat entschieden, dass die in Serbien lebenden oder dorthin verbrachten Juden umzubringen seien. Mit Befehl vom 4. Oktober 1941 wird die Massenexekution von Juden und Zigeunern eingeläutet – begründet als Mittel zur Bekämpfung des Widerstandes. Bis zum November 1941 wird der größte Teil der männlichen Juden vom 14. Lebensjahr an aufwärts sowie der Zigeuner ermordet. Der mit der Erschießungsaktion beauftragte Oberleutnant Hans-Dieter Walther verfasst am 1. November 1941 einen Geheimbericht über die „Erschießung von Juden und Zigeunern“:

Nach Vereinbarung mit der Dienststelle der SS holte ich die ausgesuchten Juden bzw. Zigeuner vom Gefangenenlager Belgrad ab. Die Lkw. der Feldkommandantur 599, die mir hierzu zur Verfügung standen, erwiesen sich als unzweckmäßig aus zwei Gründen:

1. Werden sie von Zivilisten gefahren. Die Geheimhaltung ist dadurch nicht sichergestellt.
2. Waren sie alle ohne Verdeck oder Plane, sodass die Bevölkerung der Stadt sah, wen wir auf den Fahrzeugen hatten und wohin wir dann fuhren. Vor dem Lager waren Frauen der Juden versammelt, die heulten und schrien, als wir abfuhren.

Der Platz, an dem die Erschießung vollzogen wurde, ist sehr günstig. Er liegt nördlich von Pančevo unmittelbar an der Straße Pančevo – Jabuka, an der sich eine Böschung befindet, die so hoch ist, dass ein Mann nur mit Mühe hinauf kann. Dieser Böschung gegenüber ist Sumpfgelände, dahinter ein Fluss. Bei Hochwasser (wie am 29.10.), reicht das Wasser fast bis an die Böschung. Ein Entkommen der Gefangenen ist daher mit wenig Mannschaften zu verhindern. Ebenfalls günstig ist der Sandboden dort, der das Graben der Gruben erleichtert und somit auch die Arbeitszeit verkürzt.

Nach Ankunft etwa 1½-2 km vor dem ausgesuchten Platz stiegen die Gefangenen aus, erreichten im Fußmarsch diesen, während die Lkw. mit den Zivilfahrern sofort zurückgeschickt wurden, um ihnen möglichst wenig Anhaltspunkte zu einem Verdacht zu geben. Dann ließ ich die Straße für sämtlichen Verkehr sperren aus Sicherheits- und Geheimhaltungsgründen.

Die Richtstätte wurde durch 3 l. M. G. und 12 Schützen gesichert:

1. Gegen Fluchtversuch der Gefangenen.
2. Zum Selbstschutz gegen etwaige Überfälle von serbischen Banden.

Das Ausheben der Gruben nimmt den größten Teil der Zeit in Anspruch, während das Erschießen selbst sehr schnell geht (100 Mann 40 Minuten).

Gepäckstücke und Wertsachen wurden vorher eingesammelt und in einem Lkw. mitgenommen, um sie dann der NSV zu übergeben.

▲ Massenexekution.
Ein Soldat einer Einsatzgruppe ermordet einen Juden am Rand eines Massengrabs bei Winniza in der Ukraine, Foto von 1941.

Das Erschießen der Juden ist einfacher als das der Zigeuner. Man muss zugeben, dass die Juden sehr gefasst in den Tod gehen – sie stehen sehr ruhig –, während die Zigeuner heulen, schreien und sich dauernd bewegen, wenn sie schon auf dem Erschießungsplatz stehen.

Einige sprangen sogar vor der Salve in die Grube und versuchten sich totzustellen.

Anfangs waren meine Soldaten nicht beeindruckt. Am 2. Tag jedoch machte sich schon bemerkbar, dass der eine oder andere nicht die Nerven besitzt, auf längere Zeit eine Erschießung durchzuführen. Mein persönlicher Eindruck ist, dass man während der Erschießung keine seelischen Hemmungen bekommt. Diese stellen sich jedoch ein, wenn man nach Tagen abends in Ruhe darüber nachdenkt.

Zitiert nach: Walter Manoschek, „Serbien ist judenfrei“. Militärische Besatzungspolitik und Judenvernichtung in Serbien 1941/42, München ^{2}1995, S. 100 f.

1. *Beschreiben Sie das Vorgehen des deutschen Heeres in Serbien.*

2. *Nehmen Sie Stellung dazu, wie Walther von den Juden und Zigeunern spricht.*

3. *Erläutern Sie das Verhalten der Soldaten. Welche Erklärung hat Walther dafür?*

4. *Analysieren Sie die Sprache, in der hier über die Massenmorde berichtet wird.*

M9 „Posener Rede“

Am 4. Oktober 1943 hält Heinrich Himmler bei der SS-Gruppenführertagung im Posener Schloss eine Rede:

Ich will hier vor Ihnen in aller Offenheit auch ein ganz schweres Kapitel erwähnen. Unter uns soll es einmal ganz offen ausgesprochen sein, und trotzdem werden wir in der Öffentlichkeit nie darüber reden. [...]
Ich meine jetzt die Judenevakuierung, die Ausrottung des jüdischen Volkes. Es gehört zu den Dingen, die man leicht ausspricht. – „Das jüdische Volk wird ausgerottet“, sagt ein jeder Parteigenosse, „ganz klar, steht in unserem Programm, Ausschaltung der Juden, Ausrottung, machen wir.“ Und dann kommen sie alle an, die braven 80 Millionen Deutschen, und jeder hat seinen anständigen Juden. Es ist ja klar, die anderen sind Schweine, aber dieser eine ist ein prima Jude. Von allen, die so reden, hat keiner zugesehen, keiner hat es durchgestanden. Von Euch werden die meisten wissen, was es heißt, wenn 100 Leichen beisammen liegen, wenn 500 daliegen oder wenn 1000 daliegen. Dies durchgehalten zu haben, und dabei – abgesehen von Ausnahmen menschlicher Schwächen – anständig geblieben zu sein, das hat uns hart gemacht. Dies ist ein niemals geschriebenes und niemals zu schreibendes Ruhmesblatt unserer Geschichte, denn wir wissen, wie schwer wir uns täten, wenn wir heute noch in jeder Stadt – bei den Bombenangriffen, bei den Lasten und bei den Entbehrungen des Krieges – noch die Juden als Geheimsaboteure, Agitatoren und Hetzer hätten. [...] Die Reichtümer, die sie hatten, haben wir ihnen abgenommen. Ich habe einen strikten Befehl gegeben, den SS-Obergruppenführer Pohl durchgeführt hat, dass diese Reichtümer selbstverständlich restlos an das Reich abgeführt wurden. Wir haben uns nichts davon genommen. Einzelne, die sich verfehlt haben, werden gemäß einem von mir zu Anfang gegebenen Befehl bestraft, der androhte: Wer sich auch nur eine Mark davon nimmt, der ist des Todes. [...] Wir hatten das moralische Recht, wir hatten die Pflicht gegenüber unserem Volk, dieses Volk, das uns umbringen wollte, umzubringen. Wir haben aber nicht das Recht, uns auch nur mit einem Pelz, mit einer Uhr, mit einer Mark oder mit einer Zigarette oder mit sonst etwas zu bereichern. Wir wollen nicht am Schluss, weil wir einen Bazillus ausrotteten, an dem Bazillus krank werden und sterben. Ich werde niemals zusehen, dass hier auch nur eine kleine Fäulnisstelle entsteht [...]. Insgesamt aber können wir sagen, dass wir diese schwerste Aufgabe in Liebe zu unserem Volk erfüllt haben. Und wir haben keinen Schaden in unserem Inneren, in unserer Seele, in unserem Charakter daran genommen.
[...] Im Großen und Ganzen war unsere Haltung gut. Manches ist auch in unseren Reihen noch zu bessern. Dieses auszusprechen, ist mit der Sinn dieses Appells der Kommandeure und der Gruppenführer. Ich möchte dieses Kapitel überschreiben mit der Überschrift „Wir selbst“.

Zitiert nach: www.nationalsozialismus.de/dokumente/heinrich-himmler-posener-rede-vom-04101943-volltext [14.05.2009]

1. *Analysieren Sie Himmlers Menschenbild und seine moralischen Vorstellungen, die aus der Rede deutlich werden. Von welchem Bild des SS-Mannes geht er aus?*

2. *Erläutern Sie, was die Rede über die Öffentlichkeit der Verbrechen aussagt.*

3. *Inwiefern kann die Rede als „Schlüsseldokument“ für die „Endlösung der Judenfrage“ und den Holocaust angesehen werden?*

M10 „Ganz normale Männer“ als Mörder?

Der amerikanische Historiker Daniel Jonah Goldhagen untersucht die Hauptursache der Judenmorde:

Es musste sich etwas ändern, unbedingt. Das Wesen der Juden galt den Deutschen jedoch als unveränderlich, da in ihrer „Rasse“ begründet, und nach vorherrschender deutscher Auffassung waren die Juden eine Rasse, die der germanischen Rasse in unüberwindlicher Fremdheit gegenüberstand. Hinzu kam, dass der „Augenschein“ den Deutschen zeigte, dass die Mehrheit der Juden sich bereits assimiliert hatte, zumindest in dem Sinne, dass sie Manieren, Kleidung und Sprache des modernen Deutschland übernommen hatte. Also hatten die Juden jede erdenkliche Möglichkeit gehabt, zu guten Deutschen zu werden – und diese ausgeschlagen. Der unumstößliche Glaube an die Existenz einer „Judenfrage“ führte mehr oder weniger selbstverständlich zu der Annahme, die einzige „Lösung“ bestehe darin, alles „Jüdische“ in Deutschland zu „eliminieren“: auszugrenzen und zu beseitigen. [...]
Hätten die ganz gewöhnlichen Deutschen die eliminatorischen Ideale ihrer Führung nicht geteilt, dann hätten sie dem sich stetig verschärfenden Angriff auf ihre jüdischen Landsleute und Brüder mindestens ebenso viel Widerstand und Verweigerung entgegengesetzt wie den Angriffen ihrer Regierung gegen die Kirchen oder dem sogenannten Euthanasieprogramm. [...]
Hitler und die Nationalsozialisten taten also nichts anderes, als den bestehenden und angestauten Antisemitismus freizusetzen und zu aktivieren.

Der Jurist Claus Arndt, der in den 1960-Jahren an Untersuchungen über die belasteten Polizeieinheiten beteiligt ist, schreibt in einem 1998 veröffentlichten Brief an Goldhagen:

▸ Die Vernichtungs- und Konzentrationslager. *In den Vernichtungslagern wurden 165 000 Juden aus Deutschland, 66 000 aus Österreich, 105 000 aus Frankreich und Belgien, mehr als 100 000 aus den Niederlanden, 60 000 aus Griechenland, ebenso viele aus Jugoslawien, über 140 000 aus der Tschechoslowakei, 550 000 aus Ungarn, 2 100 000 aus der Sowjetunion und 2 700 000 aus Polen umgebracht. Dazu fielen zwischen 200 000 und 500 000 Sinti und Roma dem Völkermord zum Opfer. Darüber hinaus wurden in den Konzentrationslagern im Reich weitere 500 000 Menschen umgebracht. Diese Werte gelten als „gesicherte Minimalzahlen" (Wolfgang Benz).*

Ich muss jedoch erhebliche Zweifel anmelden gegen die Richtigkeit jener These von Ihnen, dass die Mordtaten der Polizeiangehörigen in Polen und anderswo [...] antisemitisch begründet waren. Bei aller Würdigung der Abscheulichkeit des Antisemitismus halte ich diese Ursachenfeststellung für eine Verharmlosung der Motivierung der Täter.
Leider war deren Motivation viel schlimmer: Sie bestand in ihrem ethisch-moralischen Unvermögen, von menschlichen Werten getragen zu handeln. Ihr Motto war: „Befehl ist Befehl". Es war die Weigerung und totale Unfähigkeit, nach menschlichen und moralischen Grundsätzen zu handeln. Dies wurde nicht zuletzt dadurch bewiesen, dass die Betroffenen sich nicht nur Juden gegenüber so verhielten, sondern auch jeder Menschengruppe gegenüber, die von den ihnen erteilten Befehlen betroffen war. Die gleichen Polizisten sind bei der Vernichtung und Ermordung zum Beispiel der polnischen Intelligenz gegen die Frauen und Kinder dieser Gruppe mit ebenderselben Grausamkeit, Gefühllosigkeit und Brutalität vorgegangen wie gegen Juden.

Der amerikanische Historiker Christopher R. Browning untersucht am Beispiel des Reserve-Polizeibataillons 101, das in Polen 1942 etwa 1 200 Juden erschossen hat, die Motive der ausführenden Männer:

Im Bataillon kristallisierten sich einige ungeschriebene „Grundregeln" heraus. Für kleinere Erschießungsaktionen wurden Freiwillige gesucht beziehungsweise die Schützen aus den Reihen derjenigen genommen, die bekanntermaßen zum Töten bereit waren [...]. Bei großen Einsätzen wurden die, die nicht töten wollten, auch nicht dazu gezwungen. [...] Neben der ideologischen Indoktrinierung war ein weiterer entscheidender Aspekt [...] das gruppenkonforme Verhalten. Den Befehl, Juden zu töten, erhielt das Bataillon, nicht aber jeder einzelne Polizist. Dennoch machten sich 80 bis 90 Prozent der Bataillonsangehörigen ans Töten, obwohl es fast alle von ihnen – zumindest anfangs – entsetzte und anwiderte. Die meisten schafften es einfach nicht, aus dem Glied zu treten und offen nonkonformes Verhalten zu zeigen. Zu schießen fiel ihnen leichter. Warum? Zunächst einmal hätten alle, die nicht mitgemacht hätten, die „Drecksarbeit" einfach den Kameraden überlassen. Da das Bataillon die Erschießungen auch dann durchführen musste, wenn einzelne Männer ausscherten, bedeutete die Ablehnung der eigenen Beteiligung die Verweigerung des eigenen Beitrags bei einer unangenehmen kollektiven Pflicht. Gegenüber den Kameraden war das ein unsozialer Akt. [...]
Es gibt auf der Welt viele Gesellschaften, die durch rassistische Traditionen belastet und aufgrund von Krieg oder Kriegsdrohung in einer Art Belagerungsmentalität befangen sind. Überall erzieht die Gesellschaft ihre Mitglieder dazu, sich der Autorität respektvoll zu fügen, und sie dürfte ohne diese Form der Konditionierung wohl auch kaum funktionieren. [...] In jeder modernen Gesellschaft wird durch die Komplexität des Lebens und die daraus resultierende Bürokratisierung und Spezialisierung bei den Menschen, die die offizielle Politik umsetzen, das Gefühl für die persönliche Verantwortung geschwächt. In praktisch jedem sozialen Kollektiv übt die Gruppe, der eine Person angehört, gewaltigen Druck auf deren Verhalten aus und legt moralische Wertmaßstäbe fest. Wenn die Männer des Reserve-Polizeibataillons 101 unter solchen Umständen zu Mördern werden konnten, für welche Gruppe von Menschen ließe sich dann noch Ähnliches ausschließen?

Erster Text: Daniel Jonah Goldhagen, Hitlers willige Vollstrecker. Ganz gewöhnliche Deutsche und der Holocaust, übers. v. Klaus Kochmann, Berlin 1996, S. 107 f., 489 und 518
Zweiter Text: Claus Arndt, in: „Die Zeit" vom 15. 01. 1998
Dritter Text: Christopher R. Browning, Ganz normale Männer. Das Reserve-Polizeibataillon 101 und die „Endlösung" in Polen, übers. v. Jürgen Peter Krause, Reinbek bei Hamburg [4]2007, S. 224, 241 und 246 f.

1. *Vergleichen Sie die Erklärungsansätze.*

2. *Diskutieren Sie anhand Brownings Überlegungen, ob sich Massenverbrechen wie der Holocaust wiederholen können.*

„Davon haben wir nichts gewusst"? Die Wahrnehmung der Judenverfolgung und die Beteiligung an ihr

Gegen Mittag am 29. April 1945 treffen die 42. und 45. Infanteriedivision der 7. US-Armee im Konzentrationslager Dachau ein. Hunderte von Leichen stapeln sich an der Ostseite der Baracken, vor der Totenkammer und bei den „Invalidenblocks". Im Krematorium türmen sich über 3 000 Tote in verschiedenen Verwesungsstadien. Einen weiteren grausigen Fund machen die Befreier auf den Anschlussgleisen des SS-Lagers: Waggons angefüllt mit mindestens tausend verhungerten und erschossenen Häftlingen, die am Tag zuvor aus Buchenwald eingetroffen sind.

Schockiert und sprachlos durchqueren die Soldaten und amerikanische Journalisten, die die Truppen begleiten und die Ereignisse für die Öffentlichkeit dokumentieren, das Lager. Etwa 30 000 Überlebende finden sie auf dem Gelände und in den Baracken. Die meisten sind von Hunger und Krankheit erschöpft, sitzen oder liegen auf dem nackten Boden, abgemagert bis auf die Knochen. Am Leib tragen sie gestreifte, dünne Hosen und Jacken, meist nur Fetzen, an den Füßen schmutzige Lumpen und plumpe Holzpantoffeln. Unerträglich sind der Anblick der katastrophalen Zustände und der Gestank von Verwesung und Fäkalien.

Sofort beginnen die amerikanischen Befreier, die Kranken zu versorgen, die Fleckfieberepidemie zu bekämpfen und die Toten zu bestatten. Auf offenen Fuhrwerken müssen Dachauer Bauern die KZ-Opfer aus dem Lager bringen, um sie in Massengräbern zu bestatten – vorbei an den entsetzten Einwohnern der Stadt. In Gruppen sollen die Dachauer das Krematorium besichtigen. Man will ihnen vor Augen führen, welche Verbrechen direkt vor ihrer Haustür verübt worden sind. Erbittert fragen sich die amerikanischen Soldaten und bald auch Menschen in der ganzen Welt: Was haben die Deutschen von den Gräueltaten in den KZs gewusst? Und warum hat niemand etwas dagegen getan?

Was man wissen konnte „Davon haben wir nichts gewusst!" – Diese Aussage hörte man in der Nachkriegszeit oft, wenn es um das Thema Judenverfolgung und Holocaust ging. In Meinungsumfragen antworteten 32-40 Prozent der Deutschen nach dem Krieg auf die Frage, ob sie vor 1945 von der Vernichtung der Juden erfahren hätten, mit „ja". Schätzungen gehen von mindestens 20-25 Millionen „wissender" Deutscher aus. Bei diesen Zahlen muss jedoch berücksichtigt werden, dass viele diese schuldbelastete Frage nicht wahrheitsgetreu beantworteten und ihr Wissen pauschal leugneten. Der Judenhass der Nationalsozialisten und die Maßnahmen gegen die Juden waren zu keinem Zeitpunkt ein Geheimnis:

- Ausgrenzung, Entrechtung und Verfolgung fanden in aller Öffentlichkeit statt. Man konnte die immer gewaltsameren Aktionen, die Vertreibung oder Deportation seiner Nachbarn, Arbeitskollegen oder Schulkameraden mit eigenen Augen sehen. Oft wurden Informationen über das weitere Schicksal durch Berichte von Augenzeugen bekannt.
- Regierung und Partei erklärten Judenverfolgung und -vernichtung zu ihrem ausdrücklichen Ziel und begleiteten sie über die Jahre mit zahlreichen Propagandakampagnen.
- Seit 1942 informierten die Alliierten die deutsche Bevölkerung über Rundfunksender, Flugblätter und Flugschriften über die Massenmorde in den besetzten Gebieten.

Damit verkehrt sich die Frage, wie viel der Einzelne wissen konnte, in die Frage, wie viel der Einzelne wissen wollte.

Einstellungen und Verhaltensweisen Noch schwieriger ist die Frage nach der Einstellung der deutschen nichtjüdischen Bevölkerung zur Judenverfolgung zu beantworten und ob überhaupt in der nationalsozialistischen Diktatur eine mehrheitliche „Volksmeinung“ zur Judenpolitik vorherrschte, da es keine freie Öffentlichkeit mehr gab.
Wie die internen Lageberichte des NS-Regimes zeigen, stimmte die deutsche Bevölkerung zu keinem Zeitpunkt vollständig mit der nationalsozialistischen „Judenpolitik“ überein. Neben der Begeisterung für das System und dem bloßen Mitmachen gab es in allen sozialen Schichten auch abweichende Stimmen, die moralische Bedenken äußerten und gewalttätige Aktionen ablehnten. Demzufolge lassen sich auch unterschiedliche Verhaltensweisen feststellen. Sie reichten von der aktiven Unterstützung über das Akzeptieren bis zum Ignorieren der Ereignisse. Verweigern des Hitlergrußes, Umgehung einzelner Gesetze, das Hören ausländischer „Feindsender“ sowie das Verteilen von Flugblättern, Hilfe für Verfolgte und Attentate auf NS-Größen zeigen, dass die „Volksgemeinschaft“ nicht so geschlossen war, wie es die Propaganda zu vermitteln suchte. In Einzelfällen versteckten Deutsche jüdische Mitbürger, leisteten Fluchthilfe oder protestierten öffentlich, beispielsweise für die Freilassung ihrer jüdischen Ehemänner. Eine geschlossene, politisch und moralisch fundierte Gegenbewegung gab es jedoch nicht.

Antisemitischer Konsens Zu Beginn der NS-Herrschaft gab es noch öffentlichen Widerspruch gegen die Judenverfolgung. Nichtjüdische Deutsche ignorierten etwa den Boykott jüdischer Geschäfte und demonstrierten ihre Solidarität. Je mehr jedoch mit den wirtschaftlichen und außenpolitischen „Erfolgen“ des Regimes und der zunehmenden Popularität Hitlers die Zustimmung zum Regime wuchs, desto mehr wuchs auch der Zuspruch zur antijüdischen Politik. Die NS-Propaganda stellte die immer radikalere „Judenpolitik“ als einen für die Verwirklichung der „Volksgemeinschaft“ unumgänglichen „Säuberungsprozess“ dar. Gestützt auf den gesellschaftlichen Antisemitismus setzte sich die weitverbreitete Auffassung durch, dass die Juden als „Gemeinschaftsfremde“ nicht zur „Volksgemeinschaft“ gehörten und „gesetzmäßig“ ausgeschlossen werden sollten.

Gerade in Dörfern, Landgemeinden und Kleinstädten, in denen jeder jeden kannte, vollzogen sich Isolierung und Verdrängung der Juden schnell. In Großstädten konnte die Anonymität viele Menschen zumindest eine Zeitlang schützen. Fast überall machten die Juden aber die Erfahrung, dass ihre Isolation und Verdrängung im Alltag weiter ging, als es die Gesetze verfügten. Willkürliche antijüdische Aktionen wurden von der Polizei oder den Gerichten oft nicht verfolgt und verurteilt, sondern „nach der jetzt herrschenden nationalsozialistischen Anschauung“ und dem „herrschenden Volksbewusstsein“ bewertet.

▲ **„Juden nicht erwünscht.“**
Foto aus Behringersdorf bei Nürnberg von 1933. Solche Schilder gab es in vielen deutschen Städten und Dörfern.

Die „Nürnberger Gesetze“ 1935 wurden den Lageberichten zufolge mit „großer Befriedigung“, ja sogar mit „lebhafter Zustimmung“ aufgenommen. Viele hofften, dass nun durch gesetzliche Regelungen klare Fronten geschaffen würden, die antisemitische „Einzelaktionen“ überflüssig machten. Die Masse der nichtjüdischen Bevölkerung unterstützte oder akzeptierte die „Politik der legal drapierten Ausplünderung“ (Frank Bajohr) und Entrechtung der Juden (▸ M1, M2). Gewaltsame Übergriffe auf Juden lehnte der überwiegende Teil der Bevölkerung hingegen als Störung der öffentlichen Ordnung ab (▸ M3). Nur wenige beteiligten sich aktiv an antisemitischen Ausschreitungen. Die forcierte Auswanderung nach dem „Novemberpogrom“ 1938/39 rief in der nichtjüdischen deutschen Bevölkerung aber kaum noch öffentliche Reaktionen hervor.

Motive Neben offenem Judenhass und ideologischer Überzeugung beschleunigten die Verhaltensanpassung der Nichtjuden sowie persönliche Interessen den Verfolgungsprozess. In einem Klima der gegenseitigen Sozialkontrolle brachen viele Deutsche den Kontakt mit Juden ab. Man fürchtete Nachteile oder Strafen, wenn man sich mit jüdischen Bekannten in der Öffentlichkeit zeigte oder gar als „Judenfreund" galt. Selbst enge Freundschaften oder Ehen zerbrachen (▸ M4).

Durch Denunziation konnte man sich an missliebigen Kollegen oder Nachbarn rächen, mögliche Konkurrenten ausschalten oder Macht ausüben. Jahrzehntelanger Neid auf den Erfolg der jüdischen Minderheit und wirtschaftliche Interessen veranlassten viele Deutsche, die Verdrängung der Juden aus Wirtschaftsleben und Öffentlichkeit hinzunehmen, sie sogar zu begrüßen oder sich an der „Arisierung" zu bereichern.

Auf der anderen Seite führten ökonomische Interessen dazu, dass sich jüdische Geschäftsleute trotz vieler Repressalien und ständiger Existenzängste halten konnten. Gerade im Viehhandel waren die Bauern nicht bereit, ihre Geschäfte mit „arischen" Viehhändlern abzuschließen, da diese keine vergleichbar attraktiven Angebote machen konnten wie ihre jüdischen Konkurrenten. Insgesamt scheinen ideologische Motive für die deutsche Bevölkerung gegenüber wirtschaftlichen Problemen von untergeordneter Bedeutung gewesen zu sein.

Massenvernichtung als „offenes Geheimnis" Unterschiedliche Haltungen und Verhaltensweisen ließen sich auch beobachten, als das NS-Regime den Schritt zur offenen Gewalt vollzog. Das „Novemberpogrom" war ebenso ein öffentliches Ereignis wie die Ghettoisierung und die massenhafte Deportation der Juden, sodass nahezu alle Deutschen zumindest von ihnen wussten, sofern sie sie nicht selbst beobachtet hatten (▸ M5).

Im Hinblick auf den Völkermord an den Juden ist die Sachlage komplexer, denn dieser fand in den besetzten Ländern statt. Man musste jedoch nicht selbst in der Nähe von Mordstätten gewesen sein, um so viele Informationen sammeln zu können, die an den systematischen Massenmorden keinen Zweifel ließen. Die deutsche Bevölkerung erfuhr von Soldaten auf Fronturlaub, Angehörigen der Besatzungsverwaltung oder anderen Augenzeugen in den besetzten Gebieten von Massenerschießungen, den Lagern und Gaskammern (▸ M6).

Spätestens seit 1942 wusste ein großer Teil der deutschen und internationalen Öffentlichkeit von der Vernichtung der Juden. Die westlichen Alliierten und Kriegsgegner Deutschlands waren über die Deportationen und Mordaktionen in Osteuropa informiert. Britische Geheimdienste hörten den deutschen Polizeifunk sowie den Funkverkehr der Konzentrationslager ab. Der deutschsprachige „Feindsender" der BBC berichtete sogar mehrmals täglich und nannte konkrete Zahlen zu den Deportationen, Vernichtungslagern und Massenmorden.

▲ **„Auszug der Juden."**
Jüdische Männer werden am 10. November 1938 an Schaulustigen vorbei aus Regensburg zum Transport in das KZ Dachau abgeführt. An manchen Orten führten die Deportationen zu Volksaufläufen.

Das NS-Regime selbst war bemüht, eine öffentliche Erörterung der Massenmorde zu unterbinden. Richter und Staatsanwälte ahndeten Gerüchte und wahre Tatsachenbehauptungen als „Gräuellügen" und „Heimtücke". Auf der anderen Seite bekannte sich das Regime unmissverständlich zur Vernichtung der Juden und erhob diese sogar zum Kriegsziel. Dabei herrschte eine Technik der verschlüsselten Information. In Reden von Hitler oder Goebbels wurden Worte wie „Vernichtung" oder „Ausrottung" der Juden öffentlich ausgesprochen, ohne konkrete Maßnahmen oder Einzelheiten zu nennen. Begleitet wurden diese Anspielungen durch massive antisemitische Propagandaaktionen. So stellte man den Krieg gegen die Sowjetunion als Kampf gegen das „bolschewistisch-jüdische System" dar und stilisierte ihn zur Existenzfrage des deutschen Volkes. Auch der Eintritt der USA in den Krieg wurde mit einer „jüdischen Weltverschwörung" erklärt. Auf diese Weise wurde die Bekämpfung und Vernichtung der europäischen Juden legitimiert und zur zentralen Aufgabe erhoben.

Bestrafungsängste und schlechtes Gewissen Die neuere Forschung geht davon aus, dass zwar nur wenige Deutsche die Komplexität des Mordgeschehens überschauen konnten oder wollten. Die Verbrechen an den Juden waren jedoch im allgemeinen Bewusstsein präsent (▸ M7, M8).

Die Frage der Verantwortung für die Verbrechen stellte sich nicht, solange die deutsche Armee siegreich blieb. Erst nach Stalingrad fürchtete eine Bevölkerungsmehrheit eine Niederlage. Die Stimmung schlug um. Die Kriegsereignisse, vor allem die Bombardierung deutscher Städte, wurden nun mit dem Mord an den Juden verknüpft: „Hätte man die Juden im Lande gelassen, würde heute wohl keine Bombe auf Frankfurt fallen." Solche Äußerungen konstruierten ein Schuld-Sühne-Prinzip und offenbarten ein schlechtes Gewissen. Die Angst vor Vergeltung und Bestrafung wuchs.

Das Regime nutzte diese Angst, um das Volk zu einer „Schuldgemeinschaft" der Täter und Nutznießer zusammenzuschweißen. Die Mobilisierung der Bevölkerung für den „Totalen Krieg" im Frühjahr 1943 begründete Goebbels damit, dass es in dem angeblichen „Rassenkrieg" gegen die Juden nur für den Sieger ein Überleben gebe. An der „Judenfrage" entscheide sich nicht nur die Existenz des „Dritten Reiches", sondern auch die des deutschen Volkes.

Je wahrscheinlicher die Niederlage wurde, desto mehr wuchs die Distanz zum Regime und desto größer wurde das Bedürfnis, sich dem Wissen über die Verbrechen und damit jeder Verantwortung zu entziehen. Dies erklärt, warum nach Kriegsende kaum Unrechtsbewusstsein zu spüren war und der Ruf nach einem Schlussstrich und einem unbelasteten Neuanfang immer lauter wurde.

▲ Geschäftspostkarte aus München von 1939.

M1 Beschleunigte „Arisierung“

Nach 1933 beginnen die Nationalsozialisten, jüdische Geschäftsleute und Gewerbetreibende dazu zu zwingen, ihre Unternehmen weit unter Wert an „Arier“ zu veräußern. Bis zur „Reichskristallnacht“ (9. November 1938) sind bereits 60 Prozent der jüdischen Betriebe „arisiert“. Ein Vorstandsmitglied der Deutschen Bank notiert am 25. Juli 1938:

Von 700 in der Zentrale[1] erfassten jüdischen Unternehmungen sind (bis 25. 7. 1938) ca. 200 arisiert. Für zahlreiche weitere schweben noch Verhandlungen. Es laufen jetzt täglich Mitteilungen ein, dass Objekte arisiert sind. In einigen Branchen lässt das Angebot an wirklich guten Objekten stark nach. Die Nachfrage hier ist weitaus größer, z. B. in der Metall- und Chemie-Branche. Es ist nicht immer möglich, diese Interessenten auf andere Branchen hinzulenken. Eine weitere Beschleunigung der Arisierung kann dann erwartet werden, wenn die Genehmigungen schneller erteilt werden. Es dauert häufig 2 Monate, bis alle Instanzen ihr placet[2] gegeben haben.

Dietrich Eichholtz und Wolfgang Schumann (Hrsg.), Anatomie des Krieges. Neue Dokumente über die Rolle des deutschen Monopolkapitals bei der Vorbereitung und Durchführung des Zweiten Weltkrieges, Berlin 1969, S. 188

1. *Arbeiten Sie heraus, wer an der „Arisierung“ beteiligt war. Schließen Sie auf die Akzeptanz in der Bevölkerung.*
2. *Erläutern Sie Perspektive und Absichten des Vorstandsmitglieds.*

M2 „Wie die Aasgeier“

1938 kommt es in München verstärkt zu „Arisierungen“. Dies veranlasst einen nichtjüdischen Münchener Kaufmann am 16. April 1938 zu einem Schreiben an die Industrie- und Handelskammer:

In den letzten Zeiten war ich öfters bei der Arisierung von jüdischen Geschäften als Sachverständiger, Experte und Gutachter etc. zugezogen und bin von den hierbei zu Tage getretenen brutalen Maßnahmen der zuständigen Stellen der Handelskammern, nationalsozialistischen Wirtschaftsstellen etc. und überhaupt von all dieser Art von Erpressungen an den Juden derart angeekelt, dass ich von nun ab jede Tätigkeit bei Arisierungen ablehne, obwohl mir dabei ein guter Verdienst entgeht.
Ich bin Nationalsozialist, S. A. Mann, und ein Bewunderer Adolf Hitlers! Aber ich kann als alter, rechtschaffener, ehrlicher Kaufmann nicht mehr zusehen, in welcher schamlosen Weise von vielen arischen Geschäftsleuten, Unternehmern etc. versucht wird, unter der Flagge der Arisierung und im Interesse der nationalsozialistischen Wirtschaft die jüdischen Geschäfte, Fabriken [...] möglichst wohlfeil und um einen Schundpreis zu erraffen. Diese Leute kommen mir vor wie Aasgeier, die sich mit triefenden Augen und heraushängenden Zungen auf den jüdischen Kadaver stürzen, um ein möglichst großes Stück Fleisch herauszureißen.

Zitiert nach: Angelika Baumann und Andreas Heusler (Hrsg.), München arisiert. Entrechtung und Enteignung der Juden in der NS-Zeit, München 2004, S. 48

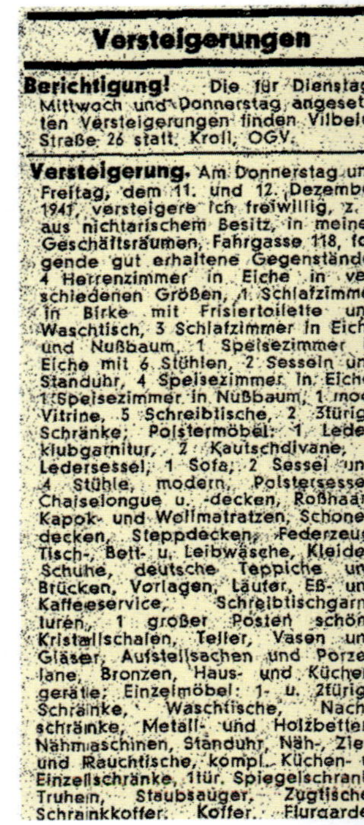
Versteigerungen

Berichtigung! Die für Dienstag, Mittwoch und Donnerstag angesetzten Versteigerungen finden Vilbeler Straße 26 statt. Kroll, OGV.

Versteigerung. Am Donnerstag und Freitag, dem 11. und 12. Dezembe[r] 1941, versteigere ich freiwillig, z. T. aus nichtarischem Besitz, in meinen Geschäftsräumen, Fahrgasse 118, folgende gut erhaltene Gegenstände 4 Herrenzimmer in Eiche in verschiedenen Größen, 1 Schlafzimme[r] in Birke mit Frisiertoilette und Waschtisch, 3 Schlafzimmer in Eiche und Nußbaum, 1 Speisezimmer i[n] Eiche mit 6 Stühlen, 2 Sesseln und Standuhr, 4 Speisezimmer in Eiche 1 Speisezimmer in Nußbaum, 1 mod. Vitrine, 5 Schreibtische, 2 3türige Schränke; Polstermöbel: 1 Lederklubgarnitur, 2 Kautschdivane, 3 Ledersessel; 1 Sofa; 2 Sessel und 4 Stühle, modern, Polstersessel, Chaiselongue u. -decken, Roßhaar-, Kapok- und Wollmatratzen, Schonerdecken, Steppdecken, Federzeug, Tisch-, Bett- u. Leibwäsche, Kleider, Schuhe, deutsche Teppiche und Brücken, Vorlagen, Läufer, Eß- und Kaffeeservice, Schreibtischgarnituren, 1 großer Posten schöne Kristallschalen, Teller, Vasen und Gläser, Aufstellsachen und Porzellane, Bronzen, Haus- und Küchengeräte; Einzelmöbel: 1- u. 2türige Schränke, Waschtische, Nachtschränke, Metall- und Holzbetten, Nähmaschinen, Standuhr, Näh-, Zier- und Rauchtische, kompl. Küchen- u. Einzelschränke, 1tür. Spiegelschrank, Truhen, Staubsauger, Zugtische, Schrankkoffer, Koffer, Flurgarde-

▲ Versteigerungsanzeige von „nicht-arischem“ Besitz in der Frankfurter Zeitung 1941.
In den Kriegsjahren fanden fast täglich Versteigerungen von jüdischem Besitz statt, der bei den Deportationen zurückgelassen we[rden] musste. Nur wenige Deutsche empfanden bei den Käufen Skrupe[l].

1. *Bewerten Sie das Schreiben des Münchener Kaufmannes und seine Kritik.*
2. *Vergleichen Sie mit M1.*

[1] Gemeint ist die Zentrale der Deutschen Bank.
[2] placet (lat.): „es gefällt“; Zustimmung

M3 Das „Novemberpogrom" in unterschiedlicher Perspektive

Die Sopade, wie sich die SPD im Prager, später Pariser Exil nennt, gibt seit 1934 regelmäßig „Deutschland-Berichte" heraus und informiert mithilfe eines geheimen Berichterstattersystems über die Situation im nationalsozialistischen Deutschland. Nach dem 9./10. November berichtet sie:

Alle Berichte stimmen dahin überein, dass die Ausschreitungen von der großen Mehrheit des deutschen Volkes scharf verurteilt werden. In den ersten Pogromtagen sind im ganzen Reich viele hundert Arier verhaftet worden, die ihren Unwillen laut geäußert haben. Oft wird die Frage gestellt: „Wer kommt nach den Juden an die Reihe?" – Man muss sich allerdings – wie groß die allgemeine Empörung auch sein mag – darüber klar werden, dass die Brutalitäten der Pogromhorden die Einschüchterung gesteigert und in der Bevölkerung die Vorstellung gefestigt haben, jeder Widerstand gegen die uneingeschränkte nationalsozialistische Gewalt sei zwecklos. [...] Bemerkenswert ist übrigens, dass, wie nach jeder früheren Welle von Ausschreitungen so auch diesmal wieder, das Gerede auftaucht, Hitler habe das nicht gewollt. „Hitler will zwar, dass die Juden verschwinden, aber er will doch nicht, dass sie totgeschlagen und so behandelt werden" usw. usw.

Aus den Ermittlungsakten der Staatsanwaltschaft beim Landgericht Wiesbaden zum Judenpogrom in Wiesbaden-Biebrich am 10. November 1938:

Die Übergriffe begannen damit, dass am 10. November 1938 mit Tagesbeginn eine Personengruppe die Biebricher Synagoge erbrach und das Innere verwüstete. Aufgrund dieses Ereignisses waren an diesem Morgen bereits sehr viel Leute in den Biebricher Straßen unterwegs. Etwa gegen 8 Uhr versammelte sich eine große, zahlenmäßig kaum schätzbare Menschenmenge vor dem Konfektionshaus der jüdischen Kaufleute Halberstadt und Bloch in der Hopfgartenstr. 13. Nachdem einige Leute Backsteine gegen die Fenster und Türen geworfen hatten, drang eine Anzahl von ihnen in das Haus und in die im ersten Stock dieses Hauses gelegenen einzigen Wohnungen der beiden Geschäftsinhaber ein. Die Möbel wurden durcheinandergeworfen und größtenteils völlig zertrümmert. Während die jüdischen Wohnungen Biebrichs nacheinander heimgesucht wurden, erschien gegen Mittag eine große Menschenzahl in der Rathausstraße. Sie versammelte sich vor dem Grundstück Nr. 44. Unter Drohrufen drang ein Teil in die im ersten Stock gelegenen Wohnung des jüdischen Apothekers Oppenheimer und zerstörte das gesamte Inventar. Nachdem der größte Teil zerschlagen war, wälzte sich die Menge zum Haus Nr. 69, in dem der jüdische Getreidehändler Oppenheim wohnte. Von da aus ging es vor das Haus Nr. 8 des Kaufmanns Lewy. In beide Wohnungen drang von den unten versammelten Leuten eine Anzahl ein und verwüstete die gesamte Inneneinrichtung.
Im Verlaufe des Nachmittags erschien auch in der Elisabethenstr., vor dem Haus des jüdischen Kaufmanns Stern, eine große Menschenmenge. Unter den Rufen „Wo ist der Jude? Wir schneiden ihm den Hals ab!" drang ein Teil von den Leuten mit Gewalt in die Sternsche Wohnung. Der Zeuge Stern war zu dieser Zeit nicht in seinen Räumen. Die Eindringlinge trafen ihn in der Wohnung seines nichtjüdischen Schwiegersohnes Teidicksmann im Parterre. Einige Leute nahmen Stern fest und brachten ihn mit einem Lastkraftwagen zur Polizeiwache. Anschließend wurde die Wohnung Sterns zerstört. Sämtliche Küchenmöbel wurden zerschlagen, das Geschirr zertrümmert und die Federbetten aufgeschlitzt.

Erster Text: Klaus Behnke (Hrsg.), Deutschland-Berichte der Sozialdemokratischen Partei Deutschlands (Sopade) 1934-1940, Bd. 5 (1938), Frankfurt am Main 980, S. 1204 f. und S. 1209
Zweiter Text: Hessisches Hauptstaatsarchiv Wiesbaden Abt. 468 Nr. 260, Bd. 3, Blatt 346/347

▲ Jüdische Geschäfte in Berlin nach der „Reichskristallnacht".

1. *Vergleichen Sie die Berichte miteinander und erklären Sie das unterschiedliche Verhalten.*

2. *Überlegen Sie, welche Ziele das Regime mit solchen Lage- und Stimmungsberichten verfolgte.*

M4 „Die leiseste Drohung genügt“

Lina Haag und ihr Mann, ein KPD-Abgeordneter, werden nach 1933 in verschiedenen Konzentrationslagern und Gefängnissen festgehalten. Nach ihrer Freilassung kämpft sie für die Haftentlassung ihres Mannes und beginnt, ihre Verfolgungsgeschichte aufzuschreiben. Über ihre Gefangenschaft im KZ Lichtenberg berichtet sie:

Am Ostersonntag peitscht er [der Lagerkommandant] eigenhändig drei Frauen aus. Die Genossin Steffi ist dabei. Sie hatte ihrem Freund, einem Juden, zur Flucht ins Ausland verholfen. Sie ist schön, intelligent und ein guter Kamerad. Bald darauf stirbt sie. Sie hält das nicht aus. So feiert der Kommandant des Konzentrationslagers Lichtenberg Ostern. Mit drei nackten, auf den Holzpflock geschnallten Frauen, die er auspeitscht, bis er nicht mehr kann. Würde das draußen ein Mensch glauben?

Angenommen, es würde einer glauben, vielleicht sogar weitererzählen – ein Gestapodaumennagel[1] auf die Knöchelsehne gedrückt, genügt, um ihn augenblicklich alles so vollständig vergessen zu lassen, als hätte er nie davon gehört. Was sage ich, ein Gestapodaumennagel, nein, die leiseste Drohung genügt, und das Volk schweigt. Schweigt nicht nur, jubelt, marschiert, denunziert, steht geschlossen hinter dem Führer, wie es der Führer will.

Die Drohung ist seine Staatskunst, seine Außenpolitik und seine Innenpolitik, Drohung und Angst, Grausamkeit und Feigheit sind die Fundamente seines Staates. [...] Hinter jeder Drohung steht das KZ, ein Abgrund von Verworfenheit, Verbrechen und tiefster Schuld. Die Bürger ahnen es. Das genügt. Mehr darüber zu wissen, ist schädlich. Es soll nicht Empörung, sondern Angst erzeugt werden. Sie wird erzeugt.

Wir können es zur Not verstehen, dass die Menschen draußen eingeschüchtert sind. Unbegreiflich ist uns nur, dass es so viele Sadisten gibt. Sind es wirklich Sadisten, Verbrecher von Grund auf, Mörder? Ich glaube es nicht, und Doris glaubt es auch nicht. Es sind Spießbürger. Nur sind sie zufällig nicht beim Finanzamt, sondern bei der Polizei, zufällig keine Magistratsschreiber oder Metzgermeister oder Kanzleigehilfen oder Bauarbeiter oder Standesbeamte, sondern Gestapoangestellte und SS-Männer. Sie unterscheiden nicht zwischen Gut und Böse, sie tun ganz einfach das, was ihnen befohlen ist. Es ist ihnen nicht befohlen, zwischen Gut und Böse zu unterscheiden oder zwischen Recht und Unrecht, sondern die Staatsfeinde auszurotten und zu vertilgen. Sie tun dies mit derselben sturen Pedanterie, mit demselben deutschen Fleiß und mit derselben deutschen Gründlichkeit, mit der sie sonst Steuererklärungen geprüft oder Protokolle geschrieben oder Schweine geschlachtet hätten. Sie peitschen eine wehrlos an einen Pflock gebundene Frau mit sachlichem Eifer und gewissenhaftem Ernst aus, in der vollen Überzeugung, damit dem Staat zu dienen oder ihrem Führer, was für sie das Gleiche ist. Mag in letzterem Fall ein kleines Vergnügen dabei sein, ausschlaggebend ist das deutsche Pflichtbewusstsein, von einem Dämon ins Dämonische gesteigert. Deshalb steht auf ihrem Koppelschloss „Meine Ehre heißt Treue“.

Lina Haag, Eine Hand voll Staub. Widerstand einer Frau 1933-1945. Mit einem Nachwort von Barbara Distel, Tübingen 2004, S. 171 ff.

[1] Gestapo: Geheime Staatspolizei

1. *Welche Funktion hat nach Haags Meinung das System der Konzentrationslager?*

2. *Nehmen Sie Stellung zu der Interpretation der KZ-Aufseher als „Spießbürger“. Welche Konsequenzen ergeben sich daraus für die Schuldfrage?*

M5 „Vollkommene Gleichgültigkeit“

Ursula von Kardorff ist in den Kriegsjahren Redakteurin bei der Berliner „Deutschen Allgemeinen Zeitung“. Am 3. März 1943 notiert sie in ihrem Tagebuch:

Frau Liebermann ist tot. Tatsächlich kamen sie noch mit einer Bahre, um die Fünfundachtzigjährige zum Transport nach Polen abzuholen. Sie nahm in dem Moment Veronal[1], starb einen Tag später im jüdischen Krankenhaus, ohne das Bewusstsein wiedererlangt zu haben. [...] Durch welche Veränderung ist es eigentlich möglich geworden, aus einem im Durchschnitt gutmütigen und herzlichen Menschenschlag solche Teufelsknechte zu formen? Das spielt sich in einem kaltbürokratischen Vorgang ab, bei dem der Einzelne schwer zu greifen ist, Zecken, die sich in den Volkskörper einsaugen und plötzlich ein Stück von ihm geworden sind.

Der Metteur[2] Büssy erzählt mir heute beim Umbruch, dass sich in seiner Gegend am Rosenthaler Platz die Arbeiterfrauen zusammengerottet und laut gegen die Judentransporte protestiert hätten. Bewaffnete SS mit aufgepflanztem Bajonett und Stahlhelm holte Elendsgestalten aus den Häusern heraus. Alte Frauen, Kinder, verängstigte Männer wurden auf Lastwagen geladen und fortgeschafft. „Lasst doch die alten Frauen in Ruhe!“, rief die Menge. „Geht doch endlich an die Front, wo ihr hingehört.“ Schließlich kam ein neues Aufgebot SS und zerstreute die Protestierenden, denen sonst nichts weiter geschah.

[1] starkes Schlafmittel
[2] alte Bezeichnung für Schriftsetzer

In unserem Viertel sieht man so etwas nie. Hier werden die Juden des Nachts geholt. [...] Wie schnell haben wir uns alle an den Anblick des Judensterns gewöhnt.
Die meisten reagieren mit vollkommener Gleichgültigkeit, so wie ein Volontär, der neulich zu mir sagte: „Was interessieren mich die Juden, ich denke nur an meinen Bruder bei Rshew, alles andere ist mir völlig gleichgültig."
Ich glaube, das Volk verhält sich anständiger als die sogenannten Gebildeten oder Halbgebildeten. Typisch dafür ist die Geschichte von dem Arbeiter, der in einer Trambahn einer Jüdin mit dem Stern Platz machte: „Setz dir hin, olle Sternschnuppe", sagte er, und als ein PG[3] sich darüber beschwerte, fuhr er ihn an: „Üba meenen Arsch verfüge ick alleene."

Ursula von Kardorff, Berliner Aufzeichnungen. Aus den Jahren 1942 bis 1945, München 1962, S. 36 f.

1. *Wie reagierte die nichtjüdische Bevölkerung auf die Judenverfolgung?*

2. *Von Kardorff versucht, ein „Täterprofil" zu erstellen. Vergleichen Sie ihr Ergebnis mit Lina Haags Analyse in M4.*

[3] Parteigenosse; Mitglied der NSDAP

▲ Selektion an der Rampe von Birkenau.
Foto vom Mai 1944.
Da das Konzentrationslager Auschwitz völlig überfüllt war, wurde im Oktober 1941 auf Befehl Heinrich Himmlers im drei Kilometer vom Stammlager Auschwitz entfernten Birkenau mit dem Bau eines weiteren Lagers (Auschwitz II) begonnen. Mit vier Gaskammern und mehreren Krematorien ausgestattet, wurde Auschwitz-Birkenau ab 1942 zu einem der größten Konzentrations- und Vernichtungslager und zentralen Deportationsziel fast aller europäischen Juden im deutschen Herrschaftsbereich. Im August 1942 entstand ein zusätzliches Teillager für Frauen, 1943 wurde ein „Zigeunerlager" errichtet. Nach Ankunft der Züge wurden die Menschen an der Rampe „selektiert": Die „Arbeitsfähigen" teilte man zur Zwangsarbeit den Lagern selbst und den Rüstungsbetrieben zu oder überstellte sie den KZ-Ärzten um Dr. Josef Mengele für „medizinische" Experimente. Die große Mehrzahl der Ankommenden, vor allem Alte, Kranke, schwangere Frauen und Mütter mit Kindern, wurde jedoch als „arbeitsunfähig" eingestuft und – unter dem Vorwand, sich duschen und desinfizieren zu müssen – unverzüglich in die Gaskammern geschickt.

M6 Zivilisten in Auschwitz

Der österreichische Historiker Hermann Langbein wird 1941 als kommunistischer Widerstandskämpfer in das KZ Dachau eingeliefert, von wo er nach Auschwitz deportiert wird. 1945 gelingt ihm auf dem Evakuierungstransport die Flucht. In den Lagern gehört Langbein jeweils zur Leitung der internationalen Widerstandsbewegung, nach 1945 ist er Generalsekretär des Internationalen Auschwitzkomitees. In seinem Buch „Menschen in Auschwitz" beschreibt er, was die vielen in und um die Konzentrationslager arbeitenden und lebenden Zivilisten wissen konnten und wie sie mit ihrem Wissen umgingen:

„Wir wussten wirklich nichts von Auschwitz und der Judenvernichtung", beteuerten viele Zeugen vor den Frankfurter Richtern, die hohe Funktionen im Staatsapparat oder in der Partei innehatten, als in Auschwitz die Krematorien Tag und Nacht gebrannt hatten; derlei Versicherungen bekommt man nicht nur in deutschen Gerichtssälen zu hören. Viele, die im Dritten Reich Rang und Namen hatten, bemühen sich nachträglich um den Nachweis, die Menschenvernichtung sei ein strengstens gehütetes Geheimnis der SS gewesen. Ihnen gab Kaduk[1] eine drastische Antwort, als er während des Frankfurter Auschwitz-Prozesses einmal lospolterte: „Wenn die Öfen gebrannt haben, dann war eine Stichflamme von fünf Meter Höhe, die hat man vom Bahnhof aus gesehen. Der ganze Bahnhof war voll von Zivilisten. Niemand hat etwas gesagt. Auch Urlauberzüge waren dort. Oft haben die Urlauberzüge Aufenthalt in Auschwitz gehabt und der ganze Bahnhof war vernebelt. Die Wehrmachtsoffiziere haben aus dem Fenster geguckt und haben gefragt,

[1] Oswald Kaduk (1906-1997) war Aufseher im Konzentrationslager Auschwitz, wo er als einer der grausamsten, brutalsten und ordinärsten SS-Männer galt. Im ersten Auschwitz-Prozess 1963-1965 gehörte er zu den Hauptbeschuldigten.

warum es so riecht, so süß. Aber keiner hat den Mut gehabt zu fragen: Was ist denn los? Hier ist doch keine Zuckerfabrik. Wozu sind denn die Schornsteine da?" [...]

Die Tausende an den Vernichtungsstätten eingesetzten SS-Männer waren zwar zu Stillschweigen verpflichtet. Dass jedoch eine solche Verpflichtung nicht jahrelang von so vielen Menschen strikt eingehalten werden kann, liegt auf der Hand, noch dazu, wenn man die Demoralisierung dieser Truppe in Betracht zieht.

Der Schweizer René Juvet berichtet, dass ihn einmal während einer Bahnfahrt durch Bayern ein ihm unbekannter SS-Mann ansprach, der offenbar unter der Wirkung von Alkohol schilderte, wie furchtbar es im KZ Mauthausen zugehe, wo er stationiert war. Sollte Juvet der einzige gewesen sein, der auf einem solchen Weg zufällig Kenntnis von in KZs begangenen Verbrechen erhalten hat?

Wie viele haben Pakete aus den Vernichtungslagern nach Hause geschickt, so wie der Universitätsprofessor Kremer, der in seinem Tagebuch darüber Buch geführt hat? Sollte sich kein Empfänger jemals darüber Gedanken gemacht haben, woher diese im Krieg rar gewordenen Güter stammten?

SSler in gehobenen Stellungen wohnten mit ihren Familien im Lagerbereich. Wer kann glauben, dass alle Frauen und Kinder – die in Auschwitz Vergasen gespielt haben – das Schweigegebot jahrelang eisern eingehalten haben? Eisenbahner kamen bis zur Rampe und sahen aus unmittelbarer Nähe, was vorging. Angestellte der Reichsbahn nahmen Monat für Monat viele Kilo schwere Sendungen von Zahngold in Empfang. In der Filzfabrik Alex Zink in Roth bei Nürnberg wurden Frauenhaare verarbeitet, die diese Firma laufend säckeweise von der Kommandantur in Auschwitz kaufte – eine halbe Mark pro Kilogramm. Das Räderwerk der Tötungsorganisation reichte weit über die Vernichtungsstätten hinaus. [...] Die alliierten Rundfunkanstalten berichteten immer wieder über den organisierten Massenmord im Osten.

[...] Allerdings war es so, wie Ernest K. Bramsted schreibt: „Für viele wurden die falschen Gräuelmärchen der Alliierten (während des Ersten Weltkrieges) eine Art schützender Vorhang, hinter dem sich ihre Gemüter verstecken konnten, um sich nicht über die aktuellen Gräuel informieren zu müssen, die das Naziregime verübte." Wer sich nicht durch unheilvolle Nachrichten seine Ruhe stören lassen wollte, fand Gründe, um alle Gerüchte von sich wegzuschieben.

Nicht wenige Deutsche, die keine SS-Uniform trugen, haben aber nicht nur von der Menschenvernichtung gehört; viele sind als Zivilangestellte mit Auschwitz in Berührung gekommen und haben selbst gesehen, was dort geschah. [...]

Wenn man die Wahrheit nicht erfahren wollte, dann konnte man sich selbst im Bereich des Feuerscheins der Krematorien und des widerlichen Geruchs, den verbranntes Menschenfleisch verbreitet, blind stellen. Der so wie Heydrich[2] bei den IG-Werken beschäftigte Schlosser Hermann Hausmann beteuerte, es sei zwar damals von Vergasungen der Gefangenen gesprochen worden, aber „wir sträubten uns, das zu glauben". Wer sich erfolgreich gesträubt hat, kann nachträglich versichern, er hätte damals nichts von alldem erfahren.

Hermann Langbein, Menschen in Auschwitz, Frankfurt am Main u. a. 1980, S. 502-505

1. *Nennen Sie die Personengruppen, die direkt oder indirekt mit den Konzentrationslagern in Berührung kamen. Ergänzen Sie um weitere.*

2. *Überlegen Sie, aus welchem Grund sich die SS nachträglich bemüht hat, die Massenvergasungen als Geheimnis darzustellen.*

▲ **Erholung für SS-Helferinnen in Solahütte bei Auschwitz.**
Privatfoto, um 1944.
SS-Helferinnen amüsieren sich mit Karl Höcker (Bildmitte), dem Adjudant des Lagerkommandanten, in Solahütte, dem Erholungsgebiet der Lagermannschaft in der Nähe von Auschwitz.

[2] Reinhard Heydrich; vgl. S. 235

M7 „Was haben wir gewusst?"

Der deutsche Sozialpsychologe und Psychoanalytiker Peter Brückner, Sohn einer englischen Konzertsängerin jüdischer Herkunft, besucht bis zu seinem Abitur 1941 ein Internat in Zwickau. In seinem autobiografischen Bericht über Kindheit und Jugend im NS-Staat setzt er sich mit der Frage auseinander, was er und die deutsche Bevölkerung insgesamt über die nationalsozialistischen Verbrechen und besonders über die Judenverfolgung wissen konnten und wollten:

Doch obwohl ich ein Internatsschüler war, eine Lage, die breitere Kommunikation erschwert hat, weil sie aus dem Alltag des NS-Staats ausschloss, erreichten mich auch 1936/37 zwei Gruppen von Informationen: Die erste bezog sich auf den Umstand, dass Leute verschwanden, von der Polizei oder der GESTAPO abgeholt, und ich verstand durchaus, das es sich da nicht um jenen Typ von Verhaftung handelte, der unseren Hausmeister 1932 vor Gericht und ins Gefängnis gebracht hatte. Es gab neben der öffentlichen Gerichtsbarkeit eine zweite, terroristische „Justiz", die während der Nacht kam. [...]
Die zweite Gruppe von Informationen war jedermann zugänglich, wie mir scheint. Sie betraf das Schicksal der Juden. Der langsame Prozess ihrer Entrechtung vollzog sich öffentlich. Aber dennoch hat es sehr lange gedauert, bis mir die eigentliche und furchtbare Bedeutung des praktizierten Antisemitismus aufging. Ich meine damit, dass ich keine zureichende Vorstellung, keine Fantasie über das Elend hatte, das die NS-Gesetzgebung über die Juden brachte [...].
Nicht die „Kristallnacht", sondern die Emigration des Vaters meiner Halbbrüder brachte hier die Zäsur. Bis dahin, Herbst 1938, blieb das Schicksal der Juden für mich viel randständiger als das der Kommunisten oder der Homosexuellen. Dazu trug zweifellos bei, dass es zwar wenigstens Gerüchte über KZ-Lager, politische Verfolgung gab; auch über Erschlagene, Gefolterte, Erschossene, Verschwundene, aber keine Gerüchte über das Leben – oder das langsame Sterben – der Juden. Man sah sie ja auch nicht mehr, oder kaum. Und wenn man sie sah, hätte man sie nicht erkannt. Woran denn? [...]
Es gab bei manchem sonst Hellhörigen eine spürbare Abwehr dagegen, gewisse Nachrichten über das Grauen im NS-Staat zur Kenntnis zu nehmen: Man erschrak, aber verstummte, wurde unwillig, vergaß. Ich wollte wissen, und das „Vergessen" erschien uns als unwürdig. Und doch erinnerte ich mich, dass ich gelegentlich den Impuls verspürte, mich zuzuschließen, wie ein indischer Affe nichts zu sehen und nichts zu hören. Warum? Doch nicht um mich der Einsicht in Struktur, Charakter und Zielsetzung des „Dritten Reichs" zu entziehen. Manchmal aus Scham: Es gab Verbrechen, denen gegenüber es fast unerträglich sein konnte, Zuhörer zu sein. Im Zugabteil reichten junge Soldaten Fotos herum – nicht die ihrer Bräute, sondern die aufgehängter Polen und Russen; der Soldat, grinsend, im Vorder- oder Hintergrund, je nachdem. Manchmal aus Angst: vor der Sühne. (War ich denn nicht unschuldig? Gibt es denn im geschichtlichen Kontext Unschuld?) Manchmal – aus Grauen. Ich wollte ja leben, und nicht nur überleben, das heißt aber: Ich wollte auch lachen, mich verlieben, mit Genuss meinen Tee trinken und Gedichte schreiben, und das – oder Ähnliches – wollten auch meine Freunde. Wie soll man das Leben nicht lieben? Und wie konnte man das – nur zu genau wissend, was im Machtbereich des NS-Staates und seiner Heere geschah? [...]
Mir scheint, dass die so lückenhafte, ja manchmal ausgebliebene Gerüchtebildung über die „Endlösung" und über manche inländische KZs im Deutschland der Jahre vor 1945 etwas mit dem Umstand zu tun hat, dass es vielfach eine instinktive Abwehr gegen Nachrichten und facts gegeben hat, die niemand, der sie wirklich erfuhr (d. h. wahrnehmend nachvollzog), glaubte bewältigen zu können. Diese Abwehr funktionierte, wenn ich richtig sehe, besonders bei Menschen, die nicht ins Leben verliebt sind – ein Paradox, über das man nachdenken soll.
Und selbst bei Menschen von geringer Sensibilität wurde doch von der erahnten Wirklichkeit des Grauens mehr als ein vordem „gutes Gewissen" infrage gestellt. Die sich der Wirklichkeit annähernden Gerüchte, Erzählungen, Informationen gefährdeten jene verbreiteten Anpassungssysteme des Alltags, mit deren Hilfe Leute sich eben zurechtfinden können; was von der Gewalt des NS-Regimes infrage gestellt wurde, war die Normalität selbst.

Peter Brückner, Das Abseits als sicherer Ort. Kindheit und Jugend zwischen 1933 und 1945, Berlin [2]1982, S. 145-147 und 149

1. *Stellen Sie die Informationen über die NS-Verbrechen zusammen, die Brückner gehabt hat. Erläutern Sie seine „Gruppen von Informationen".*
2. *Analysieren Sie seine Position gegenüber der Frage, was „man wissen konnte". Wie erklärt er die Haltung anderer?*
3. *Nehmen Sie Stellung zu seiner Begründung des „Wegschauens" sowie seiner Erklärung der „Gerüchtebildung".*

M8 Reaktionen und Alltagsverhalten

In seinem 2006 veröffentlichten Buch über die Frage, wie viel die Deutschen vom Holocaust wissen konnten, skizziert der Historiker Peter Longerich die Forschungsergebnisse Otto Dov Kulkas, Professor an der Hebräischen Universität in Jerusalem, die dieser aus der Auswertung einer umfassenden Sammlung von offiziellen Stimmungs- und Lageberichten der NS-Führung gewonnen hat:

In seiner Auswertung der Reaktion der deutschen Bevölkerung auf die Nürnberger Gesetze entwickelte Kulka eine Typologie von vier verschiedenen Reaktionen auf die Judenverfolgung, die sich seiner Auffassung nach auf die gesamte Zeit bis 1939 anwenden lässt: Erstens Akzeptanz von Segregation[1] und Diskriminierung aus rassistischen Gründen als dauerhafte Grundlage zur „Lösung der Judenfrage"; die Zustimmung zur Judenpolitik des Regimes war demnach an strikte Einhaltung gesetzlicher Grundlagen gebunden. Zweitens Bedenken, Kritik, ja Opposition gegen die Rassengesetze sowie gegen die gesamte „Judenpolitik", vor allem aber gegen „wilde Aktionen" aus politischen, religiösen, aber auch pragmatischen Motiven; Furcht vor ökonomischer Vergeltung gegen Deutschland mochte beispielsweise eine Rolle spielen. Drittens Kritik an der offiziellen antijüdischen Politik als zu moderat, verbunden mit dem Versuch, die antisemitische Politik durch direkte Aktionen weiter zu radikalisieren. Antijüdische Gesetze wurden aus dieser Perspektive vor allem als Ermächtigung zu einer weiteren Verschärfung der Judenverfolgung verstanden. Viertens Indifferenz und Passivität, ohne dass sich aus den Quellen eine Begründung für diese Haltung entnehmen ließe.

Longerich selbst fasst das Verhalten der Bevölkerung gegenüber der NS-„Judenpolitik" so zusammen:

Während des gesamten Zeitraums von 1933 bis 1945 zeigt sich in den Stimmungsberichten und in anderen Quellen, dass die NS-„Judenpolitik" in der Bevölkerung ein erhebliches Maß an Verständnislosigkeit, Skepsis und Kritik zu überwinden hatte. Große Teile der Bevölkerung waren offenbar nicht ohne Weiteres bereit, durch ihr Alltagsverhalten Zustimmung zur antisemitischen Politik und Propaganda zu signalisieren. Solche negativen Reaktionen äußerten sich allerdings auf disparate Weise. Eine geschlossene, politisch und moralisch fundierte Gegenbewegung konnte sich unter den herrschenden Bedingungen nicht formieren. Am ehesten kann man diese unbestimmten negativen Reaktionen die mangels alternativer kollektiver Meinungsbildung unterhalb der Ebene des Protests oder gar des Widerstandes blieben, wohl mit dem Begriff des „Unwillens" erfassen. Dieser Unwille, die Weigerung, sein Verhalten in der „Judenfrage" an die vom Regime verordneten Normen anzupassen, war die einfachste und risikoloseste Form für die Masse der Bevölkerung, abweichende Einstellungen zur „Judenpolitik" zum Ausdruck zu bringen; auf solche Verhaltensweisen konnte man sich auch ohne verbale Kommunikation im Alltag leicht verständigen. Zugleich ließen sich solche öffentlichen Äußerungen des Unwillens – im Gegensatz zur wahren „Einstellung" der Bevölkerung – verhältnismäßig zuverlässig erfassen. Aus heutiger Sicht kann man ihnen daher am ehesten Glauben schenken. Bei der Analyse der Reaktionen der Deutschen auf die Judenverfolgung konzentrieren wir uns daher auf die Momente, in denen die Bemühungen des Regimes zur antisemitischen Ausrichtung der Öffentlichkeit deutlich auf Schwierigkeiten stießen.
Überblickt man den gesamten Zeitraum der NS-Diktatur, wird ein deutlicher Trend erkennbar: Der Unwille der Bevölkerung, ihr Verhalten zur „Judenfrage" entsprechend dem vom Regime verordneten Normen auszurichten, wuchs, je radikaler die Verfolgung wurde. Das Regime war jedoch entschlossen, sich bei seinen Anstrengungen zur Ausrichtung der Öffentlichkeit gegen solche Äußerungen des Unwillens durchzusetzen und die Bevölkerung mehr und mehr in die „Judenpolitik" zu involvieren, selbst wenn dies einen immer größeren Aufwand an Propaganda und Repression erforderte und die Geheimhaltung der „Endlösung" zumindest teilweise aufgegeben werden musste.

Peter Longerich, „Davon haben wir nichts gewusst!" Die Deutschen und die Judenverfolgung 1933-1945, Bonn 2006, S. 12 f. und 320 f.

1. *Fassen Sie Kulkas Typologie mit eigenen Worten zusammen.*
2. *Vergleichen Sie Kulkas Ergebnisse mit denen Longerichs. Gibt es unterschiedliche Erklärungsansätze?*
3. *Erläutern Sie, vor welchen Schwierigkeiten die Forschung steht, wenn es um die Frage nach der Einstellung und der Beteiligung der Gesellschaft bei der Judenverfolgung geht.*

[1] Absonderung einer Bevölkerungsgruppe nach Hautfarbe oder Religion

Wenn wir ein Thema knapp, kenntnisreich, kritisch, klar und sprachlich ausgefeilt auf wissenschaftlichem Niveau erörtern, ist uns ein Essay gelungen. Ein historischer Essay ist der Versuch, eine Antwort auf ein Problem oder eine zentrale Frage zu geben.
Anders als das systematisch angelegte Referat erhebt der Essay weder Anspruch auf eine detailgenaue Darstellung von Sachverhalten noch referiert er den aktuellen Forschungsstand. Ziel ist es, das Thema in einem größeren Zusammenhang aus verschiedenen Perspektiven verständlich zu diskutieren, eigene Positionen zu entwickeln und dem Leser subjektive, zur weiteren Auseinandersetzung anregende Antworten zu geben.

Essay – was ist das?

Einen Essay verfassen

Vorarbeit

- Grundlage ist zunächst eine Idee für ein Thema. Als Anregungen können aktuelle Ereignisse oder Anlässe wie Jubiläen, historische Jahrestage dienen.
- Anschließend ist eine gründliche Recherche und intensive Auseinandersetzung mit dem Thema notwendig, um ein Konzept mit einer tragfähigen Leitfrage entwickeln zu können. Sammeln Sie Argumente für und gegen bestimmte Thesen und ordnen Sie diese Ihrem Konzept zu. Konzentrieren Sie sich auf wesentliche Aspekte.
- Entwerfen Sie einen realistischen Zeitplan für die Bearbeitungsschritte Recherche, Konzept, Schreiben und Überarbeitung.

Aufbau

- Ausgangspunkt ist ein Problem, eine offene Frage oder eine provokante These. Die Überschrift sollte bereits die Kernaussage wiedergeben und den Leser neugierig machen, etwa als Zitat, Metapher, Frage.
- Ein motivierender Einstieg („Aufhänger") führt anschaulich in das Thema ein und kann die Gründe für die Wahl des Themas sowie seine Relevanz erklären.
- Das Problem wird genannt, in den historischen Kontext eingeordnet und seine Bedeutung erläutert, indem etwa kontroverse Positionen argumentativ gegenübergestellt werden.
- Die These/Stellungnahme gibt die Argumentationslinie vor.
- Der Hauptteil enthält die Argumentation, die den eigenen Standpunkt plausibel erläutert, mit Beispielen, eigenen und fremden Thesen (Sekundärliteratur, Zeitungsartikel) oder Belegen (Statistiken, Daten, Fakten) untermauert und Gegenpositionen widerlegt. Der Essay ist frei von Quellennachweisen und Fußnoten, fremde Positionen und Zitate werden jedoch im Text kenntlich gemacht („Wie Autor A belegt ..." oder „Autor B meint dazu ...").
- Das Fazit fasst das Ergebnis der Erörterung knapp zusammen, spitzt sie auf eine abschließende Stellungnahme zu und nennt offene oder weiterführende Aspekte.

Überarbeitung

- Bevor Sie an die Überarbeitung gehen, sollten Sie den Essay einige Zeit ruhen lassen, um innere Distanz zu ihm zu gewinnen. Prüfen Sie dann die Argumentation noch einmal gründlich. Stimmt der Bezug zum Thema? Ist der Aufbau logisch? Weicht die Darstellung vom „roten Faden" ab? Wurden nur Fakten gereiht statt argumentiert? Ist das Fazit schlüssig?
- Feilen Sie abschließend an der Sprache, denn sprachliche und inhaltliche Klarheit sind nicht zu trennen. Formulieren Sie präzise, voraussetzungslos, verständlich und anschaulich.

Kernaussage als offene Frage und provokante These

Waren Holocaust und Krieg nach dem Machtantritt Hitlers unvermeidbar?

Volk ohne Grenzen

Ein Essay von Michael Wildt

Motivierender, anschaulicher Einstieg mit aussagekräftigen Zitaten

Nur vier Tage nach seiner Ernennung zum Reichskanzler traf sich Adolf Hitler mit den Befehlshabern der Reichswehr in der Privatwohnung des Chefs der Heeresleitung, General der Infanterie Kurt Freiherr von Hammerstein. Was er den zwei Dutzend versammelten Generälen am Abend dieses 3. Februar zu sagen hatte, bildete den Kern seines politischen Programms: „Völlige Umkehrung der gegenwärtigen innenpolitischen Zustände in Deutschland", so notierte Generalleutnant Curt Liebmann Hitlers Ausführungen. „Keine Duldung der Betätigung irgendeiner Gesinnung, die dem Ziel entgegensteht (Pazifismus!). Wer sich nicht bekehren lässt, muss gebeugt werden. Ausrottung des Marxismus mit Stumpf und Stiel." Und: „Beseitigung des Krebsschadens der Demokratie" sowie „Eroberung neuen Lebensraums im Osten und dessen rücksichtslose Germanisierung". [...]

Problem mit knappen Hintergrundinformationen (Kriegsziele und Aufrüstung)

Von Anfang an wollte die nationalsozialistische Führung den Krieg um „Lebensraum" führen. Der dazu notwendigen Aufrüstung galten alle Aufmerksamkeit, alle Ressourcen ihrer Politik. Dazu mobilisierte sie die deutsche Bevölkerung und sämtliche ökonomischen Mittel, selbst mit der Konsequenz, durch die immense Schuldenwirtschaft die deutsche Volkswirtschaft zu zerrütten. In ihrem zynischen Kalkül würden die Beschlagnahmungen, die Kontributionen und der Raub von Vermögen aus den eroberten Gebieten die volkswirtschaftliche Bilanz Deutschlands wieder ausgleichen. Und die jungen Eliten in Staat, Militär und Wirtschaft unterstützten diese Politik, weil sie Gestaltungskraft, Expansion und Machtzuwachs bedeutete.

These/Stellungnahme (Krieg war nicht unvermeidbar)

Argumentation (Frühes Eingreifen der Westmächte hätte Krieg verhindern können)

So eindeutig die nationalsozialistische Politik von 1933 an auf den Krieg ausgerichtet war, so unvermeidlich war er dennoch nicht. Wie Hitlers vorsichtiges Taktieren bei der Besetzung des Rheinlands zeigt, war er sich in diesen ersten Jahren der NS-Herrschaft keineswegs sicher, dass seine Politik aufgehen könnte. Eine entschlossene Reaktion der europäischen Nationen, insbesondere Frankreichs, Englands und auch Italiens, hätte der deutschen Expansionspolitik durchaus Einhalt gebieten können.

Thesen, Beispiele und Belege untermauern die eigene Position (Westmächte erkannten die Gefahr zu spät)

Doch deuteten die Westmächte die deutsche Außenpolitik als bloße Revision des Versailler Vertrags, dessen Bestimmungen sie mittlerweile durchaus als zu hart beurteilten. Als der britische Premier Chamberlain nach Abschluss des Münchener Abkommens 1938 nach London zurückkehrte, wurde er als „peacemaker" gefeiert, der einen drohenden europäischen Krieg abgewendet habe. Italien betrieb selbst eine Eroberungspolitik im Mittelmeerraum, für die es deutsche Unterstützung brauchte. Und alle, einschließlich des Vatikans, sahen es gern, wenn sich die nationalsozialistische Aggressivität gegen den Bolschewismus und die Sowjetunion richtete. Den Kern der nationalsozialistischen Politik, den Krieg um „Lebensraum", der an den europäischen Grenzen von 1914 nicht haltmachte, haben die übrigen europäischen Mächte zu spät erkannt, um rechtzeitig eingreifen zu können. Erst als Hitler Polen überfiel, erklärten Großbritannien und Frankreich dem Nazi-Regime den Krieg.

Verknüpfung der Kernaspekte Krieg und Holocaust; ergänzende These/Stellungnahme (Holocaust war nicht unvermeidbar)

Der Krieg entschied auch über das Schicksal der europäischen Juden. Unvermeidbar war der Holocaust jedoch nicht, obwohl das neue Regime von Anfang an unmissverständlich klarmachte, dass es eine radikal antisemitische Politik betreiben würde. Der Boykott jüdischer Geschäfte am 1. April 1933, die gleich nachfolgenden Gesetze zum Ausschluss von Juden aus dem Öffentlichen Dienst sowie die zahlreichen antisemitischen Verordnungen und Schikanen im Reich ließen an der Entschlossenheit des NS-Regimes, die Juden aus Deutschland zu vertreiben, keinen Zweifel. [...]

These

Die Grundlinien der antisemitischen Politik des NS-Regimes in der Vorkriegszeit waren bereits 1933 zu erkennen: die deutschen Juden sozial zu isolieren, sie zu berauben und aus Deutschland zu vertreiben. Das Parteiprogramm der NSDAP von 1920 hatte unmissverständlich unter

Punkt 4 festgelegt: „Staatsbürger kann nur sein, wer Volksgenosse ist. Volksgenosse kann nur sein, wer deutschen Blutes ist, ohne Rücksichtnahme auf Konfession. Kein Jude kann daher Volksgenosse sein." 37 000 deutsche Juden verließen 1933 das Land, in den folgenden vier Jahren waren es jeweils gut über 20 000.

Beispiel für Beleg

Den Flüchtlingen wurden zahlreiche Steuern, Abgaben, Gebühren auferlegt, sodass sie von ihrem Vermögen nur einen geringen Bruchteil für ihr neues Leben im Ausland mitnehmen konnten. [...]

Doch geriet die antisemitische Politik des Regimes, die deutschen Juden zugleich auszurauben und vertreiben zu wollen, in einen unüberbrückbaren Widerspruch, denn mittellose jüdische Menschen waren im Ausland nicht erwünscht und besaßen kaum eine Chance, irgendwohin emigrieren zu können. So behinderten die Nationalsozialisten durch ihre Raubpolitik selbst, was sie erreichen wollten: die Vertreibung der Juden aus Deutschland. Die Auswanderung, stellte der Oberabschnitt Süd des Sicherheitsdienstes der SS (SD) Ende 1937 fest, sei „praktisch zum Stillstand gekommen".

Hintergrundinformationen (jüdische „Emigrationspolitik")

Solche selbstgeschaffenen Sackgassen führten im NS-Regime nicht dazu, pragmatisch auf Schwierigkeiten zu reagieren und die Zielvorgaben zu überprüfen. Vielmehr versuchte man, die Hindernisse mit noch größerer Radikalität und Entschlossenheit des Willens zu überwinden. [...] Das Regime begann, die „Judenfrage" mit systematischer Gewalt zu „lösen".

These (Hindernisse bei Vertreibung führten zu größerer Radikalität des NS-Regimes)

Die Atmosphäre in Deutschland im Jahr 1938 blieb gewalttätig aufgeladen. Die vom NS-Regime inszenierte Sudetenkrise führte zu einer immer schriller werdenden Pressekampagne für die „unterdrückten" Sudetendeutschen in der Tschechoslowakei, die „heim ins Reich" geholt werden sollten. Zugleich wuchs die Angst vor einem Krieg, der um das Sudetenland geführt werden müsste. In Behördenberichten war von einer „wahren Kriegspsychose", sogar von „Panik" die Rede. [...]

Die Zerstörungswut, die hasserfüllten Emotionen, die wenige Wochen später den Novemberpogrom beherrschten, sind nur mit der gewalttätigen Aufladung des Jahres 1938 und den Spannungen, die Europa an den Rand des Krieges brachten, zu begreifen. [...]

These (spannungsgeladene Vorkriegsatmosphäre steigerte Gewaltbereitschaft)

Die kleinen Pogrome in der Provinz im September und Oktober sowie die Gewaltexzesse am 9. und 10. November 1938 zielten nicht mehr allein auf Diskriminierung und Isolierung der jüdischen Nachbarn, sondern auf deren endgültige Vertreibung und auf die Auslöschung der jüdischen Kultur in Deutschland. Morde wurden dabei billigend in Kauf genommen. [...]

Im Schatten des Krieges radikalisierte sich die nationalsozialistische Verfolgungspolitik zum Massenmord. Zwar lag die Auslöschung ganzer jüdischer Gemeinden, wie sie im Vernichtungskrieg gegen die Sowjetunion im Spätsommer 1941 geschah, ebenso wie die systematische Deportation der europäischen Juden in die Vernichtungslager oder der Massenmord von Hunderttausenden in den Gaskammern noch außerhalb des Horizonts der Täter. Aber ihrem Denken, ihrer Absicht, ein „judenfreies" Europa zu schaffen, war der Völkermord inhärent.

Aber erst der Krieg ließ die Verfolgung zur Vernichtung werden. Der Holocaust, die systematische, organisierte Ausrottung der europäischen Juden, war keineswegs mit der Machtergreifung unvermeidlich, er lag 1933 noch außerhalb des Horizonts antisemitischer Politik. Aber die Unerbittlichkeit, mit der alle Juden aus dem deutschen Machtbereich zum Verschwinden gebracht werden sollten, sowie der unbedingte Wille zum Krieg machten den Holocaust zu einer Handlungsoption, die der Politik der Nationalsozialisten innewohnte. Es führte kein zwangsläufiger Weg von der Machtergreifung 1933 nach Auschwitz, doch unter den Gewaltverhältnissen, in der rassistischen Logik, die mit kaltem Kalkül Menschen in Problemfälle verwandelte, schien der Massenmord schließlich für viele Deutsche eine „Endlösung" zu sein.

Fazit als knappe Zusammenfassung der Argumente/ eigene Stellungnahme (erst durch Krieg steigerte sich antisemitische Verfolgung zum Massenmord)

Abschließende undogmatische Stellungnahme

Michael Wildt, Volk ohne Grenzen. Waren Holocaust und Krieg nach dem Machtantritt Hitlers unvermeidbar?, in: Spiegel Special Geschichte 1/2008, S. 136-143, hier S. 136, 139 und 141-143

Die frühe Bundesrepublik – Erfolg der Demokratie durch „Wohlstand für alle“?

◂ **Der „Vater des Wirtschaftswunders“.**
Wirtschaftsminister Ludwig Erhard posiert mit seinem Markenzeichen, einer Zigarre, für ein Werbebild. Foto von 1959.

Kriegsende und Besatzungszeit

1945 In der „Berliner Erklärung“ vom 5. Juni übernehmen die Siegermächte des Zweiten Weltkriegs die Regierungsgewalt (Alliierter Kontrollrat) in Deutschland; auf der Potsdamer Konferenz legen sie im Juli / August Grundsätze zur Behandlung Deutschlands fest.

1945/46 Im Nürnberger Prozess werden die Hauptkriegsverbrecher verurteilt; bis 1949 folgen zwölf weitere Verfahren.

Die Westalliierten bilden Länder und setzen Regierungen ein.

1945-1948 Rund 14 Millionen Deutsche im Osten des ehemaligen Deutschen Reiches und den deutschen Siedlungsgebieten in Ost- und Südosteuropa werden aus ihrer Heimat vertrieben.

Wiederaufbau und Westbindung

1945-1950 Die von den Alliierten begonnene „Entnazifizierung“ der deutschen Bevölkerung wird 1946 / 47 in den westlichen Besatzungszonen an deutsche Behörden übergeben.

1946 In den Westzonen finden die ersten demokratischen Wahlen seit 1933 statt.

1948 Am 20. Juni wird in den Westzonen durch eine Währungsreform die D-Mark eingeführt.

Die Sowjetunion blockiert im Juni den freien Zugang nach Westberlin (bis Mai 1949). Amerikaner und Briten versorgen die Stadt durch eine Luftbrücke.

1948-50 Mit dem Marshall-Plan (European Recovery Program, ERP) helfen die USA Westeuropa beim Wiederaufbau der Wirtschaft.

1949 Zwölf westliche Staaten schließen sich unter der Führung der USA zum Militärbündnis der NATO zusammen.

Auf dem Weg zur Bundesrepublik

Mit der Unterzeichnung des Grundgesetzes am 23. Mai wird die Bundesrepublik gegründet; am 14. August finden Wahlen zum ersten Deutschen Bundestag (14. August) statt; Konrad Adenauer (CDU) wird Bundeskanzler (bis 1963).

Die Westdeutsche Regierung erkennt die am 7. Oktober 1949 gegründete DDR nicht als Staat an (Alleinvertretungsanspruch).

„Wirtschaftswunder“ und Sozialstaat

1952 Die Bundesrepublik und Israel vereinbaren ein „Wiedergutmachungsabkommen“.

Das Lastenausgleichsgesetz hilft bei der Integration von Flüchtlingen und Vertriebenen.

1955 Die Pariser Verträge regeln die Beziehungen zwischen den Staaten der „westlichen Gemeinschaft“. Die BRD erhält ihre Souveränität zurück und wird am 9. Mai Mitglied der NATO.

1957 Rentenreform: Die Renten werden an die allgemeine Lohnentwicklung angepasst.

Die BRD und fünf westeuropäische Staaten schließen sich am 25. März zur Europäischen Wirtschaftsgemeinschaft (EWG) zusammen.

1959 Im Godesberger Programm bekennt sich die SPD zur Marktwirtschaft und Westintegration.

■ Nach der **bedingungslosen Kapitulation Deutschlands am 8. Mai 1945** und dem **Ende des Zweiten Weltkrieges** in Europa erschien es fraglich, ob auf deutschem Boden eine stabile freiheitlich-parlamentarische Demokratie mit einer pluralistischen Gesellschaft entstehen könnte. Die Erinnerung an die gescheiterte Weimarer Republik als einer „Republik ohne Republikaner" oder einer „Demokratie ohne Demokraten" sowie an die Barbarei des Nationalsozialismus nährten den Pessimismus.
Die Bedingungen für den politischen, gesellschaftlichen, wirtschaftlichen und kulturellen Neubeginn gaben die Grundüberzeugungen der Alliierten und deren Interessen vor, wie sie während der **Konferenz von Potsdam** 1945 diskutiert und formuliert wurden. Die zunehmenden ideologischen und politischen Spannungen zwischen der Sowjetunion und den USA sowie ihren jeweiligen Verbündeten im beginnenden **Kalten Krieg** beendeten jedoch nicht nur die Zusammenarbeit zwischen den Alliierten, sondern verhinderten durch die **Gründung der Bundesrepublik Deutschland und der Deutschen Demokratischen Republik** im Jahr **1949** auch die Lösung der **Deutschen Frage**.
Auch unter den Deutschen wurde diskutiert, welche positiven, für die Zukunft tragfähigen Traditionen der deutschen Geschichte beim Neubeginn berücksichtigt werden sollten. Ihre Vorstellungen fanden in den drei westlichen **Besatzungszonen** Eingang in die Arbeit am **Grundgesetz für die Bundesrepublik Deutschland**, das am **23. Mai 1949** unterzeichnet wurde.
Nach 1945 stand Deutschland vor einer Vielzahl sozialer, wirtschaftlicher und politischer Probleme. Zu den zu bewältigenden Aufgaben gehörten die Auseinandersetzung mit dem Nationalsozialismus und die als **Entnazifizierung** bezeichneten Maßnahmen der politischen Säuberung, außerdem die Beseitigung der Kriegsschäden, der Neuaufbau der Wirtschaft auf der Grundlage der **Währungsreform** von 1948 sowie die Integration der Millionen durch **Flucht und Vertreibung** entwurzelten Menschen in den Westzonen.
Historiker fassen die Ausgangssituation 1945 überwiegend mit der These zusammen, dass es damals keine „Stunde Null", also keinen absoluten Neuanfang, gegeben habe. Ziel sei es aber gewesen, aus der Vergangenheit zu lernen. Häufig beschreiben sie die Geschichte der Bundesrepublik als eine „Erfolgsgeschichte". Dabei ist nicht zu übersehen, dass bereits in der Gründungs- und Anfangsphase der Bundesrepublik politische Grundsatzentscheidungen wie die Wiederbewaffnung und **Westintegration** der Bundesrepublik sowie ihr Beitritt zur **NATO** heftige innenpolitische Kontroversen auslösten. In den 1950er-Jahren zeigten erste „Halbstarkenproteste" eine wachsende Unzufriedenheit vor allem der nachwachsenden Generation mit der „restaurativ-konservativen" Adenauerzeit, die sich in den 1960er-Jahren bis hin zur **„68er-Bewegung"** erheblich steigern sollte.
Die Kontroversen und Proteste gegen die angeblich zu einseitige und bedingungslose Anlehnung an den „kapitalistischen" Westen, gegen das zu selbstgerechte Feindbild des Kommunismus oder die zu oberflächliche Art der „Bewältigung" des Nationalsozialismus waren heftig. Sie führten jedoch nicht zu einer Staatskrise. Extreme Gruppierungen oder Parteien von links und rechts blieben chancenlos. „Bonn ist nicht Weimar!", meinte der Schweizer Publizist Fritz René Allemann schon in den fünfziger Jahren. Es lohnt sich die Frage, was dazu beitrug, dass sich diese Aussage dauerhaft als richtig erweisen sollte.

■ Untersuchen Sie mithilfe des Grundwissens ab dem 19. Jh., auf welche Traditionen der deutschen Geschichte in der frühen Bundesrepublik zurückgegriffen wurde.
■ Ordnen Sie in einem Mind-Map Ereignisse und Entwicklungen zwischen 1945 und 1990 an, die die Geschichte der Bundesrepublik zu einer „Erfolgsgeschichte" machten.

Nachkriegszeit und Erfahrungen der Deutschen mit dem „Dritten Reich"

Der 5. März 1945 ist ein Montag, Frühling liegt in der Luft. Von Nordwesten rücken die Amerikaner in die Kölner Innenstadt vor. Hunderte deutscher Soldaten ergeben sich, in den Fenstern schwenken die Menschen weiße Fahnen. Nur in Worringen haben sich Jugendliche mit Panzerfäusten verschanzt. Die Soldaten können ihnen die Waffen jedoch abnehmen.

Das Rasseln der Panzerketten erschüttert den Boden, und dann donnert es gegen die Haustür: „Aufmachen!" Anne öffnet vorsichtig die Tür, die ältere Schwester Martha, die etwas Englisch kann, erklärt dem Offizier, dass keine deutschen Soldaten im Haus sind. Die Amerikaner sind misstrauisch, lassen sich alle Räume zeigen. Bibbernd öffnet Anne Türen und Schränke, deckt die Betten auf – alles mit einem Gewehrlauf im Rücken. Als die Soldaten endlich gehen, dreht sich der eine von ihnen noch einmal um: „You are lucky, the war is over for you!"

Ja, glücklich sind Anne und ihre Schwester, weil sie und die Mutter den Krieg überlebt haben und ihr Haus noch steht. Aber was soll nun werden? In den nächsten Monaten scheint die Lage hoffnungslos: Vom Vater gibt es seit Monaten kein Lebenszeichen, große Teile der Stadt liegen in Schutt und Asche, die Menschen frieren und hungern. Alltag heißt für Lisa und Martha, das Überleben zu organisieren: beim Kohlenklau und den „Hamsterfahrten" aufs Land, beim Handeln auf dem Schwarzmarkt oder beim stundenlangen Anstehen an der Verteilungsstelle für ein paar Schuhe, einen Topf oder Eimer zum Kochen und Wasserholen.

Eine „Stunde Null"? Der Zusammenbruch des staatlichen und gesellschaftlichen Lebens in Deutschland bei Kriegsende brachte zugleich die Befreiung von einem menschenverachtenden Regime. 750 000 Häftlinge in den Konzentrationslagern waren gerettet. Millionen von Menschen fühlten sich von einem Alpdruck befreit, doch viele wussten nicht, wie es weitergehen sollte. Erleichterung und Bedrückung, Apathie und ein Hochgefühl der Freiheit vermischten sich zu einer verschwommenen Stimmungslage, die häufig als „Stunde Null" bezeichnet wurde. Dieser Begriff enthält sowohl die Vorstellung vom totalen Zusammenbruch als auch die Hoffnung auf einen radikalen Neubeginn. Er darf aber nicht darüber hinwegtäuschen, dass nach 1945 viele politische und gesellschaftliche Kontinuitäten wirksam blieben (▸ M1).

◂ **Einmarsch der Amerikaner.**
Foto aus Bensheim (Bergstraße), März 1945.

Hunger, Not und Vertreibung Weite Teile Europas lagen in Trümmern. Not und Hunger gehörten zum Alltag. Deutschland schien im Mai 1945 ein in Auflösung befindliches Land zu sein. Viele Städte waren nahezu entvölkert, mehr als drei Viertel der Wohnungen vernichtet. Die Versorgung mit Gas, Wasser und Strom, der Post- und Telefonverkehr waren zusammengebrochen. Straßen, Schienen und Flüsse mussten erst wieder passierbar gemacht werden. Zahllose Familien waren zerrissen, Frauen suchten ihre Männer, Eltern ihre Kinder, viele waren auf der Flucht. Hinzu kamen etwa acht bis zehn Millionen ausländische Kriegsgefangene und Zwangsarbeiter sowie aus den Konzentrationslagern Befreite (Displaced Persons, „DPs"), von denen die meisten Deutschland schnell verlassen wollten.

▲ **Flüchtlinge schleppen sich bei Kriegsende über die Elbbrücke bei Tangermünde.**
Foto vom 1. Mai 1945.
Ganze Trecks verließen den Osten Deutschlands, um der Verfolgung zu entkommen und im Westen neu anzufangen. Hunderttausende kamen auf der Flucht ums Leben.

Etwa elf Millionen deutsche Soldaten waren in alliierte Gefangenschaft geraten. Die Westmächte entließen die meisten von ihnen bald nach Kriegsende, die letzten 1948. Von den drei Millionen Soldaten in sowjetischer Kriegsgefangenschaft kam über eine Million ums Leben, die anderen mussten jahrelang bei Hunger, Kälte und Krankheit schwerste Zwangsarbeit leisten. Die letzten sowjetischen Kriegsgefangenen kehrten erst im Januar 1956 zurück.

Die Wohnungsnot der Obdachlosen wurde durch die etwa zwölf Millionen deutschen Flüchtlinge aus Ostpreußen, Pommern, Brandenburg und Schlesien sowie den deutschen Siedlungsgebieten in Ost- und Südosteuropa verschärft. Obwohl 1945 auf der Konferenz von Potsdam die Ausweisung der Deutschen aus Polen, der Tschechoslowakei und Ungarn in „ordnungsgemäßer und humaner Weise" beschlossen worden war, blieb der Rachegedanke zunächst vorherrschendes Motiv für die Vertreibung, die erst nach 1947 in eine vermeintlich „geordnete Umsiedlung" mündete. Die Vertriebenen und Flüchtlinge konnten nur wenig Besitz retten. Ein Zimmer diente häufig als Wohnraum für ganze Familien. Keller, Dachböden, Viehställe, stillgelegte Fabriken, primitive Baracken wurden zu Notunterkünften. Zudem fehlte es an Brennstoffen, an Kleidung und Hausrat.

Zeitweilig katastrophale Ausmaße nahm in der ersten Nachkriegszeit die unzureichende Lebensmittelversorgung der Bevölkerung in den Städten an. Während der durchschnittliche Kalorienverbrauch einer Person kurz vor Kriegsende bereits von 3 000 auf knapp 2 000 Kalorien abgesunken war, halbierte er sich bis Mitte 1946 noch einmal. Für einen „Normalverbraucher" hieß dies, dass er täglich mit zwei Scheiben Brot, etwas Margarine, einem Löffel Milchsuppe und zwei Kartoffeln auskommen musste. Krankheiten wie Typhus, Diphtherie und Keuchhusten grassierten. Ein Teil der produzierten Waren kam bei den Verbrauchern nicht an, weil sie als Tauschgegenstände auf dem florierenden Schwarzmarkt gehandelt wurden.

▶ **Zerbombtes Wohnhaus in München 1946.**
Das Wohnen in den Ruinen war lebensgefährlich. Mauern drohten einzustürzen, unter dem Schutt lagen oft Blindgänger. Angesichts der ungeheuren Zerstörungen in den Städten waren jedoch selbst solche Behausungen besser als gar nichts.

▲ **Die Besatzungszonen und die 1946/47 gebildeten Länder.**

Besatzungszonen Auf den militärischen, politischen und moralischen Zusammenbruch Deutschlands folgten für die Besiegten Jahre der Fremdherrschaft. Die Siegermächte USA, Großbritannien, Frankreich und die Sowjetunion übernahmen die Regierungsgewalt in Deutschland. Sie teilten das Land in Besatzungszonen auf, in denen jede Macht ihre eigene Militärregierung einsetzte. Berlin, die ehemalige Hauptstadt des Deutschen Reiches, wurde in vier Sektoren geteilt und lag wie eine Insel in der Sowjetischen Besatzungszone (SBZ).

In Berlin wurde der Alliierte Kontrollrat als eine Art Regierung der vier Militärgouverneure eingerichtet, der alle Deutschland gemeinsam betreffenden Maßnahmen einstimmig festlegen sollte. Von der Lage vor Ort geleitet, bemühten sich die alliierten Besatzungstruppen, die Verwaltung in Gang zu bringen, damit die lebensnotwendigen Einrichtungen funktionierten. Sie setzten Bürgermeister, Landräte und andere Verwaltungsfachleute ein, die unter der Kontrolle der Besatzungsoffiziere tätig werden durften. Mit der Einfuhr von Nahrungsmitteln und Kohle sowie „Schulspeisungen“ für Kinder und Jugendliche versuchten die Militärregierungen, die Not zu mildern. Karitative Organisationen vor allem in den USA schickten bis 1960 Lebensmittel, **„CARE-Pakete“**, im Wert von 177 Millionen Euro nach West-Berlin und Westdeutschland.

CARE: Cooperative for American Remittances to Europe, später: to Everywhere

Ziele der Besatzungsmächte Über die politischen Grundsätze der zukünftigen Behandlung Deutschlands bestand zwischen den Alliierten Einigkeit:

- Entwaffnung und Entmilitarisierung,
- Demontage kriegswichtiger Industrieanlagen,
- politische Säuberung der deutschen Gesellschaft (Entnazifizierung),
- Demokratisierung des politischen Lebens und der Wiederaufbau der lokalen Selbstverwaltung „nach demokratischen Grundsätzen“ sowie
- Dezentralisierung der staatlichen Ordnung und der Wirtschaft.

► **„Care-Pakete“ aus dem Ausland.**
Ausstellungsstücke aus dem Haus der Geschichte in Bonn.

Allerdings verbanden die Westmächte und die Sowjetunion mit den gefundenen „Formelkompromissen" unterschiedliche Inhalte. Amerikaner, Briten und Franzosen waren bestrebt, in ihren Zonen eine „Demokratie von unten" aufzubauen. Unter Führung der USA wollten sie den Deutschen ihre demokratischen Werte nahe bringen, die in der totalitären Diktatur Hitlers außer Kraft gesetzt worden waren: Menschenrechte, Rechtsstaat, Freiheit und Gleichheit. Das ursprüngliche Besatzungsziel, „Deutschland daran zu hindern, je wieder eine Bedrohung des Weltfriedens zu werden", blieb unverändert bestehen. Dies sollte aber nicht primär durch Bestrafung, sondern durch Umerziehung (Re-education) sowie die politische und wirtschaftliche Integration in die westliche Welt erreicht werden. Wiedergutmachungsansprüche wollten die Westmächte von einer funktionierenden Wirtschaft abhängig machen. Nur so sahen sie eine Chance für eine rasche Stabilisierung Westdeutschlands, die eine Ausweitung des kommunistischen Einflusses verhindern konnte.

Die Sowjetunion hingegen wollte sich die Option zur Einflussnahme auf ganz Deutschland offenhalten, weil sie umfangreiche Reparationen für ihr zerstörtes Land benötigte. Vor allem ging es um die Sicherung ihres Einflusses in der SBZ, in der Strukturreformen ein kommunistisches Herrschafts- und Gesellschaftssystem als Vorbild für Gesamtdeutschland vorbereiten sollten.

Konfrontation mit Schuld und Verantwortung Nach 1945 stand für Opfer und Befreier die Frage nach der Schuld im Vordergrund. Die Deutschen sollten sich mit ihrer Vergangenheit und den Folgen der Hitler-Diktatur auseinandersetzen und die Verantwortung für die Verbrechen übernehmen. Hunderttausende von Deutschen hatten sich schuldig gemacht, noch mehr hatten das Unrecht nicht sehen wollen. Die Alliierten veröffentlichten Bilder und Berichte aus den Konzentrationslagern und zwangen die Bewohner der nahe gelegenen Städte, die Lager und die Opfer anzusehen.

In den ersten Nachkriegsjahren schien sich in der deutschen Bevölkerung eine Verweigerungshaltung durchzusetzen. Nur eine Minderheit war dazu bereit, über die persönliche oder kollektive Mitverantwortung nachzudenken. Ungläubig oder voller Scham, verstockt oder erschüttert reagierten die Menschen auf die Erkenntnis, dass sie Opfer für eine schlechte Sache gebracht hatten. Es dauerte lange, bis die meisten erkannten, dass der „Führer" das Land vorsätzlich in einen aussichtslosen Krieg geführt und Verbrechen angeordnet hatte, wie sie niemals zuvor verübt worden waren (▸ M2). Für Scham und Trauer über das schuldhafte Verhalten und die Massenverbrechen fehlte es vielfach an Einsicht, aber auch an Kraft. Nach Krieg, Flucht und Vertreibung waren die Menschen bemüht, das eigene Schicksal und den Alltag zu bewältigen. Zudem war die NS-Zeit zu sehr mit dem eigenen Leben verbunden und der zeitliche Abstand für eine selbstkritische Betrachtung oder Infragestellung zu gering. Andererseits gab es einige Intellektuelle und Politiker, die ein Eingeständnis der Schuld und eine „Wiedergutmachung" forderten.

▲ **„Diese Schandtaten: Eure Schuld!"**
Foto aus Bad Mergentheim, Juli 1945. Mit Bildern und Berichten aus den Konzentrationslagern wurde die deutsche Bevölkerung mit den nationalsozialistischen Verbrechen konfrontiert.

▲ Auf der Anklagebank im Nürnberger Prozess.
Foto von November 1945.
An diesem Tag begann vor dem Internationalen Militärgerichtshof in Nürnberg der Prozess gegen die Hauptkriegsverbrecher. Hinter der Absperrung sitzen in der ersten Reihe (von links): Hermann Göring (Reichsminister für Luftfahrt), Rudolf Heß (stellvertretender Parteiführer der NSDAP bis 1941), Joachim von Ribbentrop (Reichsminister des Auswärtigen), Wilhelm Keitel (Chef des Oberkommandos der Wehrmacht), Ernst Kaltenbrunner (ab 1943 Chef des Reichssicherheitshauptamtes), Alfred Rosenberg (ab 1941 Reichsminister für die besetzten Gebiete), Hans Frank (Generalgouverneur von Polen), Wilhelm Frick (1933-1943 Reichsinnenminister, ab 1943 Reichsprotektor in Böhmen und Mähren), Walter Funk (ab 1938 Reichswirtschaftsminister), Julius Streicher (1924-1940 Gauleiter in Franken und Herausgeber des „Stürmer") und Hjalmar Schacht (1935-1937 Reichswirtschaftsminister).

NS-Prozesse: Beginn einer Aufarbeitung? Die Ahndung der nationalsozialistischen Verbrechen übernahmen zunächst die Siegermächte: Von November 1945 bis Oktober 1946 wurden die Hauptkriegsverbrecher – führende Politiker, Beamte und Funktionäre der NSDAP sowie Generäle – vor ein internationales Militärgericht gebracht (Nürnberger Prozess). Bis 1949 folgten weitere Prozesse gegen NS-Täter. Insgesamt verurteilten die westlichen Besatzungsmächte über 5 000 Angeklagte, 486 von ihnen wurden hingerichtet, die übrigen Verurteilten zwischen 1950 und 1958 wieder freigelassen. Etwa 45 000 Personen wurden von sowjetischen Militärgerichten verurteilt, ein Drittel von ihnen in Arbeitslager deportiert.

Die Folgen der Nürnberger Prozesse waren ambivalent: Einerseits ließen die vielen tausend belastenden Dokumente und Zeugenaussagen keinen Zweifel daran, dass die Aburteilung gerechtfertigt war. Auch war die Kriegsschuld des Hitler-Regimes in der deutschen Öffentlichkeit fortan unstrittig. Die Politiker der ersten Stunde mussten sich nicht einer neuen „Dolchstoßlegende" erwehren.

Andererseits besaßen die Prozesse für die Bevölkerung eine Entlastungsfunktion: Indem sie die Hauptverantwortlichen aus Partei und SS zur Verantwortung zogen, unterstützten sie damit das weitverbreitete Deutungsmuster, dass Deutschland Opfer eines verbrecherischen Führers und seiner Clique geworden sei. Auf diese Weise konnte die Schuld auf wenige Nazis geschoben und damit das Mitläufertum sowie die Verstrickung der Bevölkerung und der Wehrmacht verdrängt werden.

Entnazifizierung Neben der Aburteilung der Kriegsverbrecher gehörte auch eine umfassende politische Säuberung zum Entnazifizierungskonzept der Alliierten im besetzten Deutschland. Vor allem die Amerikaner betrieben die Entnazifizierung mit großer Strenge und einem gewaltigen bürokratischen Aufwand. Ehemalige NS-Aktivisten sollten aus Ämtern entfernt und bestraft werden. Von 18 000 Volksschullehrern in Bayern verloren 10 000 ihre Stellen. In Hessen wurden jeder zweite Beamte und jeder dritte Angestellte entlassen. Insgesamt waren in den Westzonen über 500 000 Männer und Frauen von den Massenentlassungen betroffen; etwa 200 000 NS-Aktivisten wurden in Internierungslager gebracht, die meisten von ihnen aber bis 1948 wieder entlassen.

1946/47 wurde die Entnazifizierung in den westlichen Besatzungszonen in deutsche Hände übertragen. Jeder Deutsche über 18 Jahre musste einen Fragebogen mit 131 Fragen über seine berufliche und politische Vergangenheit ausfüllen. Spruchkammern stuften die erfassten Personen in fünf Kategorien ein: Hauptschuldige, Belastete, Minderbelastete, Mitläufer und Entlastete. Straffrei sollten nur Entlastete und Mitläufer ausgehen. Den übrigen drohten Gefängnis oder Straflager, Geldstrafe und Berufsverbot.

▲ Wahlplakat der Freien Demokratischen Partei (FDP) zur Bundestagswahl 1949.

Der Versuch, durch Entnazifizierung und Spruchkammerverfahren alle Täter ihrer gerechten Strafe zuzuführen und aus Millionen Verantwortlichen und Mitläufern Demokraten zu machen, scheiterte letztlich an Art und Umfang des Vorhabens. Viele kamen ungestraft davon; die wenigen, die vor Gericht gestellt wurden, erhielten geringe Strafen. Es war die Zeit der **„Persilscheine"**, die man sich wechselseitig ausstellte, aber auch die Zeit der Denunziation und der Korruption. Schuldigen gelang es immer wieder, durch Fälschung ihrer Angaben oder Entlastungszeugen als „Mitläufer" eingestuft zu werden. Die große Mehrheit der Bevölkerung fühlte sich diskriminiert und forderte ein schnelles Ende der Überprüfungen. Viele lehnten das Vorgehen grundsätzlich ab (▸ M3).

„Persilscheine": So hießen im Volksmund die Bestätigungen, dass jemand Gegner oder wenigstens kein Sympathisant des Nationalsozialismus gewesen war. „Persil" war ein Waschmittel, dessen Werbung versprach, alles rein zu waschen.

Der Beginn des Kalten Krieges trug dazu bei, dass die Entnazifizierung um 1950 in den westlichen Besatzungszonen eingestellt wurde. Die meisten NS-Täter konnten die Gefängnisse bereits in den frühen fünfziger Jahren wieder verlassen. In zahlreichen Fällen wurden die Strafen gemildert, Täter begnadigt oder nachträglich als „Mitläufer" eingestuft. Viele Belastete konnten später wieder in ihre Positionen zurückkehren. In jedem Fall bedeutete die zeitweise Diskriminierung und Ausschaltung aus dem öffentlichen und wirtschaftlichen Leben für die Betroffenen einen nicht zu unterschätzenden und nachhaltig wirkenden Bruch in der mentalen Existenz und ihrem sozialen Status.

Umerziehung Besonders für die Amerikaner war die „Denazification" mit einer „Reeducation", der Umerziehung der Bürger, verbunden. Traditionelles autoritäres Denken, Obrigkeitshörigkeit, militaristische und nationalistische Gesinnung sollten überwunden werden, die Jugend neue Perspektiven erhalten (▸ M4). Mit einer Fülle gesellschaftlicher Reformen und kultureller Angebote wollten sie die Deutschen „demokratietauglich" machen. Dazu zählten Kurse in Kriegsgefangenenlagern für ehemalige deutsche Gymnasiasten, später Austauschprogramme für Studenten und Führungskräfte aus Wirtschaft, Parteien und Verbänden. Vielfältige Initiativen wurden entwickelt, um die

▲ **Rückgabe von Nazibüchern in der Schule.**
Foto um 1945.

Lehrpläne und das Erziehungswesen, den öffentlichen Dienst, die Rundfunkprogramme, den Buch- und Zeitungsmarkt nach den eigenen demokratischen Erfahrungen und Traditionen umzugestalten.

Amerikahäuser wurden eingerichtet, in denen die deutsche Bevölkerung die Bücher aller in der Nazizeit verbotenen deutschen und amerikanischen Autoren fand. Mit Filmen, Vorträgen und Diskussionen zogen die amerikanischen Kultureinrichtungen ein großes Publikum an und verbreiteten in vielen westdeutschen Städten den Hauch der großen weiten Welt. Darüber hinaus organisierten US-Offiziere Veranstaltungen für Jugendliche und Bürgerversammlungen, bauten Bibliotheken und Leseräume auf oder unterstützten Austauschprogramme und kirchliche Aktivitäten. Durch die Vergabe von Lizenzen an politisch unbelastete Journalisten stellten die Besatzungsmächte die Weichen für die Entwicklung einer demokratischen Publizistik und Öffentlichkeit. So vergaben die Amerikaner 1946 in München die Lizenz für die „Süddeutsche Zeitung“. Daneben brachten die Alliierten eigene deutschsprachige Zeitungen heraus wie etwa „Die Welt“ in der britischen Zone.

Aber auch in der Sowjetischen Besatzungszone wurden Umerziehungsmaßnahmen entwickelt. 1947 gründete die Sowjetische Militäradministration (SMAD) in Berlin (Ost) das „Haus der Kultur der Sowjetunion“ (heute Palais am Festungsgraben), wo unter anderem Ausstellungen über sowjetische Malerei gezeigt wurden. Die Einrichtung sollte vor allem der ideologischen Umerziehung und der Verbreitung von Kenntnissen über die Sowjetunion dienen.

Mehr als die offizielle Entnazifizierung und Umerziehung waren es die ganz unterschiedlichen persönlichen Erfahrungen mit den Besatzungsmächten, die die Haltung der Bevölkerung gegenüber den neuen Systemen bestimmten und eine Neuorientierung bewirkten. Zu den positiv erlebten Erinnerungen gehörten etwa das vorbildliche Verhalten des britischen Offiziers, der „lässige Ami“, der den Kindern Kaugummi und Schokolade schenkte oder der liebenswürdige russische Soldat, der sich das Fahrradfahren beibringen ließ. Andererseits sind es die negativen Bilder von Gewalt und Willkür, die vor allem die Erinnerung der Menschen in der Sowjetischen Besatzungszone prägten: von der Straße weg verhaftete Männer und Frauen, rohes und unzivilisiertes Verhalten der Soldaten, die Vergewaltigung sogar von Kindern und Großmüttern.

Was die Menschen, besonders die Jugendlichen, aber am meisten schätzten, waren die neue amerikanische Unterhaltungsmusik und die Hollywood-Filme, die zur raschen Verwestlichung von Geschmack und Kultur der Westdeutschen und zu ihrer Wertschätzung für alles beitrugen, was aus Amerika kam. Gerade in diesem Bereich hatten die Sowjets nichts Vergleichbares anzubieten.

Grundgesetz und „Lehren aus Weimar" Für die sich entwickelnde demokratische politische Kultur war die Entscheidung der Westalliierten zur Gründung der Bundesrepublik von besonderer Bedeutung. Seit Ende 1947 waren Amerikaner und Briten entschlossen, ihre Besatzungszonen in einen westdeutschen Teilstaat umzuwandeln. Die Franzosen stimmten erst zu, als sie ausreichende Sicherheitsgarantien gegen ein wieder erstarkendes Westdeutschland erhielten. Am 1. Juli 1948 beauftragten die drei westlichen Militärgouverneure die Ministerpräsidenten der elf westdeutschen Länder, die Verfassungsberatungen aufzunehmen.

Die Einzelheiten waren in den sogenannten Frankfurter Dokumenten festgelegt: Eine einberufene Verfassunggebende Versammlung sollte eine demokratische Verfassung für einen föderalistischen Staat erarbeiten. In einer Volksabstimmung sollte dann die Verfassung in Kraft gesetzt werden. Die Ministerpräsidenten stimmten einer beschränkten Selbstverwaltung zu. Um die Möglichkeit eines vereinigten deutschen Staates offenzuhalten, sollte nicht von einer Verfassunggebenden Versammlung, sondern von einem Parlamentarischen Rat, nicht von einer Verfassung, sondern von einem Grundgesetz die Rede sein.

Ein Sachverständigenausschuss der Länder erarbeitete auf der Insel Herrenchiemsee vom 10. bis 23. August 1948 einen Verfassungsentwurf für die in Bonn vorgesehenen Beratungen. Alle Mitglieder des Parlamentarischen Rates hatten den Untergang der Weimarer Republik erlebt und waren von den Erfahrungen mit dem nationalsozialistischen Unrechtsstaat geprägt. Alle wollten aus der Geschichte lernen, die Fehler der Weimarer Verfassung nicht wiederholen und aus der Hitler-Diktatur die richtigen Schlüsse ziehen (▸ M5). Viele Verfassungsfragen konnten deshalb rasch und einvernehmlich gelöst werden. Dazu gehörten die Aufwertung der Grundrechte als unmittelbar geltendes Recht, die starke Stellung des Bundeskanzlers, das konstruktive Misstrauensvotum, die reduzierten Funktionen des Bundespräsidenten, die Ablehnung von Plebisziten und die Schaffung eines parlamentarisch-repräsentativen Regierungssystems (▸ M6).

▲ **Die „Mütter des Grundgesetzes".**
Foto von 1949.
Vor allem dem Engagement dieser vier Frauen ist es zu verdanken, dass der Gleichberechtigungsartikel (Art. 3) in das Grundgesetz aufgenommen wurde, obwohl er zunächst im Parlamentarischen Rat mehrheitlich abgelehnt worden war. Das Bild zeigt von links: Helene Wessel (Zentrum), Helene Weber (CDU), Friederike Wadig (SPD) und Elisabeth Selbert (SPD).

Gründung der Bundesrepublik Am 8. Mai 1949, vier Jahre nach der deutschen Kapitulation, stimmten 53 Abgeordnete des Parlamentarischen Rates für und zwölf gegen das Grundgesetz. Nachdem es die Militärgouverneure am 12. Mai 1949 genehmigt hatten, wurde es in allen Ländern der westlichen Besatzungszonen mit Ausnahme Bayerns* ratifiziert. Am 23. Mai 1949 unterzeichneten die Ministerpräsidenten der Länder und die Landtagspräsidenten in Bonn feierlich das Grundgesetz. Damit war die Bundesrepublik Deutschland gegründet. Nach der ersten Bundestagswahl am 14. August wurde **Konrad Adenauer** (Christlich Demokratische Union, CDU) Bundeskanzler. Erster Bundespräsident wurde **Theodor Heuss** von der Freien Demokratischen Partei (FDP). Aus den westlichen Besatzungszonen war ein Staat unter alliierter Aufsicht geworden.

Konrad Adenauer (1876-1967): seit 1906 Zentrumspolitiker; 1917-33 und 1945 Kölner Oberbürgermeister; ab 1946 Parteivorsitzender der CDU in der britischen Zone, 1948 Präsident des Parlamentarischen Rates, 1949-63 Bundeskanzler und von 1951 bis 1955 zugleich Bundesminister des Auswärtigen; 1950-66 Bundesvorsitzender der CDU

Theodor Heuss (1884-1963): Mitbegründer der DVP, 1945 Mitglied des Landtags von Württemberg-Baden, 1948 Vorsitzender der neu gegründeten FDP, Mitglied des Parlamentarischen Rates, von 1949-59 Bundespräsident

* Das bayerische „Nein" vom 20. Mai 1949 blieb ohne Konsequenzen, weil der bayerische Landtag gleichzeitig beschloss, das Grundgesetz anzunehmen, wenn zwei Drittel der Länder ihre Zustimmung gegeben hatten.

David Ben Gurion, gebürtig David Grün (1886-1973): 1906 Auswanderung von Polen nach Palästina, 1947 Leiter des israelischen Unabhängigkeitskampfes, 1948-53 und 1955-63 israelischer Premierminister, 1948-63 Vorsitzender der Arbeiterpartei Israels

Claims Conference: Abk. für Conference on Jewish Material Claims Against Germany; 1951 als Zusammenschluss jüdischer Organisationen gegründet, um die Ansprüche der außerhalb Israels lebenden Juden zu vertreten

Das Verhältnis zu Israel Schon bald nach der Gründung der Bundesrepublik sah es Kanzler Adenauer als eine moralische Verpflichtung des jungen Staates an, für eine materielle Wiedergutmachung des an den Juden begangenen Unrechts im „Dritten Reich“ zu sorgen. Wichtigster Ansprechpartner dafür war der 1948 in Palästina gegründete Staat Israel. Nach geheimen Kontakten mit Ministerpräsident **David Ben Gurion** wandte sich dieser Anfang 1951 an die vier Siegermächte und machte Ansprüche auf deutsche Entschädigungszahlungen geltend: Es ging dabei um die Entschädigung jüdischer Einzelpersonen und die Rückerstattung ihres Eigentums sowie Entschädigungszahlungen an den jüdischen Staat für die Eingliederungskosten von 450 000 aus Europa eingewanderter Juden. Von den über sechs Milliarden DM sollte die DDR ein Drittel zahlen. Die Sowjetunion lehnte allerdings mit Hinweis auf einen fehlenden Friedensvertrag mit Deutschland alle Forderungen ab.

Auf Druck der Amerikaner und gegen den Willen großer Teile der Bevölkerung bestätigte Adenauer in einer zuvor mit der israelitischen Seite abgestimmten Regierungserklärung im September 1951 die Bereitschaft der Bundesrepublik zu einer „Wiedergutmachung“ für die jüdischen Opfer. Im Bundestag gab es Einwände wegen der exorbitanten Kosten. In Israel sah sich Ben Gurion heftiger Kritik ausgesetzt, weil er überhaupt mit den Deutschen verhandelte. Er musste die Armee rufen, um zu verhindern, dass eine wütende Menschenmenge das Parlament in Jerusalem stürmte.

Nach schwierigen Verhandlungen einigten sich beide Seiten im deutsch-israelischen Wiedergutmachungsabkommen vom 10. September 1952 in Luxemburg („Luxemburger Abkommen“): Die Bundesrepublik verpflichtete sich gegenüber dem Staat Israel und der **Claims Conference** zu einer Globalentschädigung von 3 Milliarden DM – verteilt auf zwölf Jahre und zu einem großen Teil in Form von Waren und Dienstleistungen. Die für damalige Verhältnisse ungeheuere Summe rief heftigen Protest arabischer Länder im Nahen Osten hervor. Die Gegner Ben Gurions sprachen von „Blutgeld“, mit dem sich Deutschland von seiner Schuld loskaufen wolle.

Im Bundestag konnte Adenauer die Ratifizierung des Vertrags am 4. März 1953 nur durch die geschlossene Zustimmung der Sozialdemokraten durchsetzen, da zahlreiche Abgeordnete der CDU/CSU ihre Zustimmung verweigerten und er in den eigenen Reihen keine Mehrheit fand.

Dieses erste deutsch-israelische Abkommen, dem weitere folgten, war in der Bundesrepublik nicht populär. Das Ausland sah darin jedoch eine wichtige Voraussetzung für den Weg der Bundesrepublik in die westliche Staatengemeinschaft. Mit ihm legten Adenauer und Ben Gurion das Fundament für die „besonderen deutsch-israelischen Beziehungen“, die sich bis heute als tragfähig erwiesen haben. Diplomatische Beziehungen nahmen beide Länder zwar erst 1965 auf; die politische, wirtschaftliche und kulturelle Zusammenarbeit zwischen Israel, der Bundesrepublik und den hier lebenden Juden bewirkte jedoch, dass sich immer mehr von ihnen entschieden, ihre Koffer auszupacken und sich auf Dauer in der Bundesrepublik einzurichten (▶ M7). 1989 lebten hier rund 30 000 Juden.

▲ Eintrittskarte zur Kundgebung „Versöhnung mit den Juden“ des Kongresses für Kulturelle Freiheit und der Gesellschaft für Christlich-Jüdische Zusammenarbeit am 17. Februar 1952 im Berliner Titania-Palast.

M1 Gute Stimmung in Ruinen?

Der Schriftsteller Alfred Döblin, der vor allem durch seinen 1929 veröffentlichten Großstadtroman „Berlin Alexanderplatz" bekannt geworden ist, kehrt nach Jahren der Emigration als französischer Besatzungsoffizier nach Deutschland zurück. Über die Lage in Südwestdeutschland Ende 1945 berichtet er:

▲ „Trümmerfrauen" in Berlin.
Foto von 1945.
Durch zahlreiche Abbildungen hat sich das Bild der „Trümmerfrauen" ins Bewusstsein eingegraben, obwohl es nur einen kleinen Ausschnitt aus der Lebenswirklichkeit im Nachkriegsdeutschland zeigt.

Ein Haupteindruck im Lande, und er löst Ende 1945 bei dem, der hereinkommt, das größte Staunen aus, ist, dass die Menschen hier wie Ameisen in einem zerstörten Haufen hin und her rennen, erregt und arbeitswütig zwischen den Ruinen, und ihr ehrlicher Kummer ist, dass sie nicht sofort zugreifen können, mangels Material, mangels Direktiven. Die Zerstörung wirkt auf sie nicht deprimierend, sondern als intensiver Reiz zur Arbeit. Ich bin überzeugt: Wenn sie die Mittel hätten, die ihnen fehlen, sie würden morgen jubeln, nur jubeln, dass man ihre alten, überalterten, schlecht angelegten Ortschaften niedergelegt hat und ihnen Gelegenheit gab, nun etwas Erstklassiges, ganz Zeitgemäßes hinzustellen.
Das Menschengewimmel in einer volksreichen Stadt wie Stuttgart. Durch Zuwanderung von Flüchtlingen aus anderen Städten und Gegenden noch mehr geworden, bewegten sich hier die Menschen, auf der Straße zwischen den fürchterlichen Ruinen, wahrhaftig, als wenn nichts geschehen wäre und als wenn die Stadt immer so aussah. Auf sie jedenfalls wirkt der Anblick der zerbrochenen Häuser nicht.
Und wenn einer glaubt oder früher geglaubt hat, das Malheur im eigenen Lande und der Anblick einer solchen Verwüstung würde die Menschen zum Denken bringen und würde politisch erzieherisch auf sie wirken, – so kann er sich davon überzeugen: Er hat sich geirrt. Man sagt mir und zeigt mir bestimmte Häusergruppen und konstatiert: Das war dies Bombardement und das war jenes, und man schließt gewisse Episoden an. Und das ist alles. Es erfolgen darauf keine besonderen Mitteilungen, und bestimmt werden keine weiteren Überlegungen angestellt. Man geht an seine Arbeit, steht Schlange hier wie überall nach Lebensmitteln.
Schon gibt es da und dort Theater, Konzerte und Kinos und ich höre, alle sind stark besucht. Die Elektrischen[1] fahren, grauenhaft voll wie überall. Man ist praktisch und hilft sich. Man kümmert sich um das Heute und Morgen in einer Weise, die den Nachdenklichen schon beunruhigt. [...]

Fast überall aber hat man schon die brauchbaren Ziegelsteine ausrangiert und sauber an den Hauswänden aufgestapelt. Sie warten auf neue Verwendung. Denn wie ich schon sagte, hier lebt unverändert ein arbeitsames, ein ordentliches Volk. Sie haben, wie immer, einer Regierung, so zuletzt dem Hitler pariert, und verstehen im Großen und Ganzen nicht, warum Gehorchen diesmal schlecht gewesen sein soll. Es wird viel leichter sein, ihre Städte wieder aufzubauen als sie dazu zu bringen zu erfahren, was sie erfahren haben und zu verstehen, wie es kam.

Hans Magnus Enzensberger (Hrsg.), Europa in Trümmern. Augenzeugenberichte aus den Jahren 1944-1948, Frankfurt am Main 1990, S. 188 f.

1. *Erläutern Sie die Mentalität, mit der die Deutschen nach Döblins Meinung auf das Chaos nach dem Krieg reagierten.*

2. *Diskutieren Sie die Bewertungen des Autors. Bedenken Sie, dass er zuvor mehrere Jahre im Ausland gewesen ist und seine Aufzeichnungen erst 1949 veröffentlicht hat.*

[1] Straßenbahnen

▲ Titelblatt der satirischen Nachkriegszeitschrift „Ulenspiegel“ von Oktober 1946.

■ *Analysieren Sie die Aussage des Bildes.*

M2 Mentalitätsbrüche

Der Historiker Hans-Ulrich Wehler spricht von einem vierfachen Mentalitätsbruch, der die Ausgangslage der neu gegründeten Bundesrepublik begünstigt habe:

1. Jedes Liebäugeln mit der Diktatur traf nach 1945 in Westdeutschland auf unüberwindbaren Widerstand. Die Erfahrungen mit dem Führerabsolutismus hatten alle Illusionen, die dieses politische System unlängst noch umhüllt hatten, aufgelöst. [...]

2. Mit dem Untergang des „Dritten Reiches“ wurde außerdem die Fata Morgana eines deutschen „Sonderwegs“ in die Moderne endgültig aufgegeben. Zwar hatte Deutschland seit jeher zum Okzident: zum westlichen Kulturkreis und europäischen Staatensystem, gehört – insofern ist die Formel vom „langen Weg nach Westen“ irreführend. Doch war es seit der zweiten Hälfte des 19. Jahrhunderts mit fatalen Folgen von dessen Modernisierungspfad abgewichen. Das niederschmetternde Resultat des nationalsozialistischen „Sonderwegs“ blieb um so wirkungsvoller, als die Blockkonfrontation zwischen sowjetischer Diktatur und westlicher Demokratie die vermeintliche Option für einen neuen „Dritten Weg“, den einige irrlichternde Schwarmgeister noch immer für begehbar hielten, denkbar unattraktiv machte.

3. Nachdem der Vulkan des deutschen Radikalnationalismus erstickt worden war, erloschen auch die Leidenschaften, die ihn von einer Eruption zur anderen getrieben hatten. Damit verlor der politische Verband der Deutschen einen seiner Tragpfeiler, insbesondere aber eine Antriebskraft, die ihn seit hundert Jahren bewegt hatte. Die große Frage lautet seither, welcher Loyalitätspol an die Stelle der Nation treten kann, da auch moderne westliche Staaten weiterhin einer integrierenden Programmatik bedürfen. [...]

4. Auch der Bann des charismatischen „Führers“ war 1945 endgültig gebrochen worden, nachdem der Selbstmörder ein bis dahin unvorstellbares Chaos heraufgeführt hatte. Trotzdem: Da der Hitler-Mythos sozialpsychisch viel tiefer verankert war, als mancher Kritiker der Führerherrschaft später wahrhaben wollte, ist seine Ausstrahlungskraft nicht über Nacht erloschen. Die ersten Meinungsumfragen ergaben, dass Hitlers Leistungen in den sechs Friedensjahren noch rundum auf Anerkennung trafen. Im Sommer 1952 etwa hielt ihn ein Drittel der Befragten für einen „großen Staatsmann“, ein weiteres Viertel besaß eine „gute Meinung“ von ihm. Auch 1955 glaubte immerhin fast die Hälfte (48 Prozent), dass Hitler ohne den Krieg als einer „der großen deutschen Staatsmänner“ dagestanden hätte. Selbst 1967, als die westdeutsche Wirtschaft und die Bonner Republik schon jahrelang florierten, hielten noch immer 32 Prozent an diesem positiven Urteil fest. Heutzutage mag man das mit einem ungläubigen Kopfschütteln registrieren, aber die zuverlässig ermittelten empirischen Befunde beweisen noch einmal die außergewöhnliche Faszination, die Hitlers charismatische Herrschaft auf seine Deutschen ausgeübt hatte.

Hans-Ulrich Wehler, Deutsche Gesellschaftsgeschichte, Bd. 4: Vom Beginn des Ersten Weltkriegs bis zur Gründung der beiden deutschen Staaten 1914-1949, München 2003, S. 981 f.

1. *Arbeiten Sie die Kernthesen heraus.*

2. *Die These vom „deutschen Sonderweg“ ist unter Historikern umstritten, da jede Nation historisch ihren „eigenen Weg“ gegangen sei. Diskutieren Sie, ob die These vom „Sonderweg“ zum Verständnis der Geschehnisse zwischen 1933 und 1945 beitragen kann.*

3. *Erörtern Sie, welche integrierende Idee heute im wiedervereinigten Deutschland als Antriebskraft wirken könnte.*

M3 NS-Zeit im öffentlichen Bewusstsein

Anfang 1952 führt das Allensbacher Institut für Demoskopie eine Umfrage unter Männern der Geburtsjahrgänge 1927-1934 durch:

Frage: *„Was glauben Sie: War der Nationalsozialismus eine gute oder eine schlechte Idee?"*

Teils, teils	41 %
Gute Idee	33 %
Schlechte Idee	14 %
Keine Meinung	12 %
	100 %

Frage: *„Was, glauben Sie, ist der Grund dafür, dass Deutschland den Krieg verloren hat?"*

		(Männliche Bev. in Bundesgebiet und West-Berlin insgesamt Feb. 1952)
Eigene Schwäche (Wahnsinn, dass wir die ganze Welt gegen uns aufbrachten – Gegen die gewaltige Übermacht der Feindstaaten war ein Sieg unmöglich – Die Materialübermacht der Amerikaner usw.)	39 %	(32 %)
Verrat, Sabotage (Verrat im eigenen Lager – Die Leute des 20. Juli – Verrat der militärischen Geheimnisse an die Feinde etc.)	29 %	(27 %)
Schlechte Führung, schlechte Politik (Die Regierung hat versagt, nicht getaugt – Zu hochgesteckte Ziele – Verfehlte, überhebliche Politik – War alles schlecht organisiert usw.)	10 %	(19 %)
Hitler (Sein Größenwahnsinn, sein Machthunger – Der Radikalismus Hitlers – Weil sich Hitler als den größten Feldherrn aller Zeiten bezeichnete und seine Generale in den Hintergrund schob)	10 %	(11 %)
Falsche Kriegsführung (Zu schlecht vorbereitet und zu wenig Jäger – Zu wenig Soldaten und zu wenig Munition – Der Vier-Fronten-Krieg – Der weite Vorstoß nach Russland usw.)	9 %	(6 %)
Innere Uneinigkeit (Zwischen den Führenden – Zwischen den Offizieren und Politikern usw.)	6 %	(6 %)

Nach: Hans-Erich Volkmann (Hrsg.), Quellen zur Innenpolitik der Ära Adenauer, Darmstadt 2005, S. 122 f.

1. *Analysieren Sie ausgehend von der Darstellung auf den Seiten 262 bis 270 die Gründe für die Einstellung der deutschen Bevölkerung zu Nationalsozialismus und Krieg im Jahr 1952. Beachten Sie das Alter der Befragten.*
2. *Vergleichen Sie die Statistiken mit der Wertung Wehlers in M2.*

M4 Die Jugend braucht eine Perspektive

Der spätere Bundeskanzler Willy Brandt[1] ist in seiner Jugend Mitglied der Sozialistischen Arbeiterpartei. Deshalb muss er nach der „Machtergreifung" der Nationalsozialisten emigrieren. Brandt nimmt die norwegische Staatsbürgerschaft an und arbeitet als Journalist. Im Juni 1946 erscheint in Oslo ein Buch, in dem der spätere SPD-Parteivorsitzende und deutsche Bundeskanzler seine Eindrücke über die Lage im besetzten Nachkriegsdeutschland für das norwegische Publikum schildert:

Wer ein Kind war, als Hitler an die Macht kam, konnte sich nicht groß an die Verhältnisse vor 1933 erinnern. Und das, woran sie sich erinnerten, war nicht mehr erhebend. Es war die Krisendemokratie mit Arbeitslosigkeit, Schlägereien und Auflösung. [Die Kinder] wurden in die nazistische Jugendbewegung hineingepresst. Die meisten Lehrer unterrichteten sie so, wie die Nazis es wünschten. Die Älteren haben sie zu Nazis gemacht. Einige wenige überwanden die Einwirkung aus eigener Kraft oder mithilfe älterer Freunde. Die meisten sahen einfach keine andere Möglichkeit. Sie meinten, keine Wahl zu haben. Nun ist alles zusammengebrochen.

Viele der Jungen sind endgültig stumm. Viele der anderen sind wortkarg geworden. Sie haben viel durchgemacht. Nicht alle lebten gut auf Kosten der unterdrückten Völker. Viele waren an der Front. Sie sahen, wie ihre Kameraden ums Leben kamen. Aus Kindern wurden Männer. Jungen im Alter von 17 Jahren erzählen von schrecklichen Kriegserlebnissen, als ob es ganz alltägliche Dinge wären. Sie sind jetzt 25 Jahre alt und acht Jahre lang Soldat gewesen. Einige waren es noch länger, wenn man den Arbeitsdienst mitzählt.

Die Soldaten kehren heim. Das Haus, in dem sie aufgewachsen sind, steht in vielen Fällen nicht mehr. Wenn sie Glück gehabt haben, besitzen sie noch ihre Arme und Beine. Sonst ist ihnen tatsächlich nicht viel geblieben. [...]

Arbeit ist vielleicht das Wichtigste für junge Menschen. Sie ist aber nicht alles. Viel hängt von der Aufklärungsarbeit für die junge Generation ab. Diejenigen, die merken, wo der Schuh drückt, wissen, dass es den neuen Parteien und der mehr oder weniger von den Alliierten gelenkten Presse schwerfällt, zu einer Sprache zu finden, die die deutsche Jugend versteht. Auch noch so viele Redensarten, dass „wir die Jugend gewinnen müssen", nützen nichts. Es geht jedenfalls nicht an, zur Jugend zu sprechen, als bestünde sie nur aus Banditen und hoffnungslosen Nazi-Terroristen. Man muss im Gegenteil klar zwischen einem verbrecherischen Regime und einem ursprünglichen jugendlichen Idealismus unterscheiden, der von den Propagandisten und Verführern dieses Regimes missbraucht wurde.

Ich will die deutsche Jugend nicht besser machen als sie ist. Ich möchte aber gern, dass sie besser wird. Ein Teil der Arbeitsgrundlage liegt darin, dass die Jugend die Propaganda leid ist. Sie ist auch der „Parteipolitik" gegenüber misstrauisch. Ihr fällt es nicht leicht, die Schlagworte aus der Zeit vor 1933 zu verstehen. Sie ist jedoch für eine realistische Sprache empfänglich. Sie erträgt es – und soll es ertragen –, dass man sie über die tatsächlichen Verhältnisse aufklärt, ohne einen Versuch billiger Idealisierung. Das bedeutet nicht, dass die Jugend in schwarzem Pessimismus gehalten werden soll. Sie braucht eine Perspektive, ein Ziel, für das sie sich begeistern kann, einen „neuen Glauben", wenn man so will. Ist nicht die Arbeit am Wiederaufbau des Landes eine große Aufgabe, die an ein wahres Heldentum appelliert? Insbesondere, wenn diesem Aufbau eine europäische Perspektive verliehen wird, an der sie sich orientieren kann. Sie muss wissen, dass die Deutschen einen Platz in der neuen Welt erhalten sollen, nicht militärisch, sondern wirtschaftlich und kulturell.

Willy Brandt, Verbrecher und andere Deutsche. Ein Bericht aus Deutschland 1946, bearbeitet von Einhart Lorenz. Willy-Brandt-Dokumente 1, Bonn 2007, S. 195 und 201

[1] vgl. S. 337

1. *Charakterisieren Sie die Maßnahmen der Alliierten und Brandts Vorschläge für die Umerziehung der Jugend.*

2. *Brandt nennt Perspektiven für die Jugendlichen. Prüfen Sie, inwieweit die Ziele die Gesellschaft der Bundesrepublik in der zweiten Hälfte des 20. Jahrhunderts geprägt haben. Gelten diese Ziele heute noch?*

M5 „Wehrhafte Demokratie"

Professor Carlo Schmid (SPD) ist Vorsitzender im Hauptausschuss des Parlamentarischen Rates und einer der Väter des Grundgesetzes. Am 8. September 1948 nimmt er in einer Rede vor dem Plenum Stellung zum Prinzip der „wehrhaften Demokratie":

Das Erste ist, dass das Gemeinwesen auf die allgemeine Gleichheit und Freiheit der Bürger gestellt und gegründet sein muss. [...]

Nun erhebt sich die Frage: Soll diese Gleichheit und Freiheit völlig uneingeschränkt und absolut sein, soll sie auch denen eingeräumt werden, deren Streben ausschließlich darauf ausgeht, nach der Ergreifung der Macht die Freiheit selbst auszurotten? Also: Soll man sich auch künftig so verhalten, wie man sich zur Zeit der Weimarer Republik zum Beispiel den Nationalsozialisten gegenüber verhalten hat? Auch diese

Frage wird in diesem Hohen Hause beraten und entschieden werden müssen. Ich für meinen Teil bin der Meinung, dass es nicht zum Begriff der Demokratie gehört, dass sie selber die Voraussetzungen für ihre Beseitigung schafft. Ja, ich möchte weiter gehen. Ich möchte sagen: Demokratie ist nur dort mehr als ein Produkt einer bloßen Zweckmäßigkeitsentscheidung, wo man den Mut hat, an sie als etwas für die Würde des Menschen Notwendiges zu glauben. Wenn man aber diesen Mut hat, dann muss man auch den Mut zur Intoleranz denen gegenüber aufbringen, die die Demokratie gebrauchen wollen, um sie umzubringen.

Jürgen Weber (Hrsg.), Das Jahr 1949 in der deutschen Geschichte. Die doppelte Staatsgründung, Landsberg am Lech 1997, S. 45

■ *Erläutern Sie die Idee der „wehrhaften Demokratie". Nehmen Sie Stellung.*

▲ Festakt bei der Eröffnung des Parlamentarischen Rates 1948 in Bonn.
Am 1. September 1948, Punkt 13 Uhr, begann der Festakt zur Eröffnung des Parlamentarischen Rates im Bonner Zoologischen Museum Alexander Koenig. Die Giraffen, Büffel und anderen ausgestopften Tiere wurden hinter Säulen und Vorhängen versteckt. Die zukünftigen Verfassungsväter und die wenigen Verfassungsmütter sitzen im Mittelblock. In der ersten Reihe links sitzen die Vertreter der drei westlichen Besatzungsmächte.

■ *Klären Sie den Symbolgehalt der Mitwirkung der Westalliierten an der Eröffnung des Parlamentarischen Rats.*

M6 Aus der Geschichte lernen

Der Historiker Heinrich August Winkler beschreibt die Lehren, welche die „Mütter und Väter des Grundgesetzes" aus dem Scheitern der Weimarer Republik gezogen haben:

Der Bonner Parlamentarische Rat war drei Jahrzehnte später in einer radikal anderen Situation als die Verfassunggebende Deutsche Nationalversammlung in Weimar. Er konnte auf die Erfahrungen einer gescheiterten parlamentarischen Demokratie und einer von außen niedergeworfenen totalitären Diktatur zurückblicken und gleichzeitig, in der Sowjetischen Besatzungszone, den Aufbau einer neuen Diktatur beobachten. Vor diesem Hintergrund lag nichts näher als der Versuch, einen anderen Typ von Demokratie zu entwickeln als den, der nach 1930 Schiffbruch erlitten hatte. [...]
Die Verwirkung von Grundrechten, das Verbot verfassungswidriger Parteien durch das Bundesverfassungsgericht, die „Ewigkeitsklausel" des Artikels 79, Absatz 3, die eine Änderung des Grundgesetzes für unzulässig erklärt, durch welche die Gliederung des Bundes in Länder, die grundsätzliche Mitwirkung der Länder bei der Gesetzgebung oder die in den Grundrechtsartikeln niedergelegten Grundsätze berührt werden: Das waren einige der Vorkehrungen, die der Parlamentarische Rat traf, um aus der Bundesrepublik Deutschland eine wertorientierte und wehrhafte Demokratie zu machen. Die Weimarer Erfahrungen schlugen sich in Bindungen des Gesetzgebers und Einschränkungen des Wählerwillens nieder, wie sie es wohl in keiner anderen demokratischen Verfassung gibt. Mehrheiten dadurch vor sich selber zu schützen, dass bestimmte unveräußerliche Werte und freiheitssichernde Institutionen ihrem Willen entzogen werden: diese Entscheidung des Verfassunggebers setzte die Erfahrung voraus, dass Mehrheiten so fundamental irren können, wie die Deutschen sich geirrt hatten, als sie 1932 mehrheitlich für Parteien stimmten, die ihre Demokratiefeindschaft offen zur Schau trugen.
Weimarer Erfahrungen entsprach auch die Einsicht, dass nur ein funktionstüchtiges parlamentarisches System demokratischen Legitimitätsglauben zu bewirken vermag. Deshalb sorgte der Parlamentarische Rat dafür, dass parlamentarische Mehrheiten ihre Verantwortung nicht mehr auf das Staatsoberhaupt abschieben und einen Regierungschef nur noch durch ein „konstruktives Misstrauensvotum", also die Wahl eines Nachfolgers, stürzen konnten. Die Weimarer Verfassung hatte es zugelassen, dass der vom Volk direkt gewählte Reichspräsident in der Lage war, eine höhere Legitimität für sich zu beanspruchen als das in Parteien gespaltene Parlament. [...]
Von der ersten deutschen Demokratie sollte sich die zweite auch in anderer Hinsicht unterscheiden. Gesetzgebung, vollziehende Gewalt und Rechtsprechung waren fortan uneingeschränkt an die Grundrechte gebunden, die, anders als in der Weimarer Republik, unmittelbar geltendes Recht waren, also nicht bloß programmatische Bedeutung hatten. Im Gegensatz zur Weimarer Reichsverfassung durfte das Grundge-

setz auch nur noch durch ein Gesetz geändert werden, das den Wortlaut der Verfassung ausdrücklich änderte oder ergänzte. Abweichungen von der Verfassung, die der Gesetzgeber mit verfassungsändernder Mehrheit beschloss, ohne die Verfassung formell zu ändern, waren mithin nicht mehr möglich. Beim Nein zu plebiszitären Formen von Demokratie wie Volksbegehren und Volksentscheid spielte freilich nicht nur die Erinnerung an Weimar eine Rolle, sondern mindestens ebenso sehr die Furcht, die Kommunisten könnten sich dieser Instrumente auf demagogische Weise für ihre Zwecke bedienen.

Heinrich August Winkler, Der lange Weg nach Westen, Bd. 2: Deutsche Geschichte vom „Dritten Reich" bis zur Wiedervereinigung, München 2000, S. 133 f.

1. *Listen Sie die „Korrekturen" des Parlamentarischen Rats auf, mit denen dieser den Erhalt der Demokratie sichern wollte.*

2. *Die Annahme des Grundgesetzes erfolgte durch Ratifizierung in den Länderparlamenten. Begründen Sie, warum es nicht der Bevölkerung zur Abstimmung vorgelegt wurde.*

M7 „Wie ein Störenfried"

Die Publizistin Inge Deutschkron spricht in einem Interview über ihre Erfahrungen als Jüdin und Holocaust-Überlebende im Nachkriegsdeutschland:

SPIEGEL: Frau Deutschkron, Sie gingen 1946 zu Ihrem Vater nach England, kehrten aber 1955 in die Bundesrepublik zurück. Warum?

DEUTSCHKRON: Ich wollte helfen, ein neues demokratisches Deutschland mit aufzubauen. Das war ich nach meinem Empfinden auch den Menschen schuldig, die in Berlin ihr Leben riskiert hatten, um meine Mutter und mich vor der Vernichtungsmaschinerie der Nazis zu retten.

SPIEGEL: Sie kamen nach Bonn, die damalige Hauptstadt der Bundesrepublik. Wie wurden Sie dort empfangen?

DEUTSCHKRON: Eigentlich wäre ich gerne nach Berlin gegangen, aber meine Eltern waren wegen des Kalten Krieges dagegen. Also zog ich nach Bonn, und dort begann für mich eine schreckliche Zeit. Ich hatte erwartet, dass man eine von den Nazis verfolgte Jüdin, die mit ihrer Rückkehr doch auch Vertrauen in einen Neubeginn bekundete, mit Freude empfangen würde. Das Gegenteil war der Fall.

SPIEGEL: Inwiefern?

DEUTSCHKRON: Das erste unangenehme Erlebnis hatte ich schon gleich zu Beginn im Passamt. Die Beamtin bestand darauf, auch Sara in meinen neuen Pass zu schreiben, weil der Name samt Hakenkreuz 1938 in meine Geburtsurkunde aufgenommen worden war. Als ich sie auf das Datum aufmerksam machte und darauf hinwies, dass mir Sara von den Nazis aufgezwungen worden war, herrschte sie mich an: „Das geht mich nichts an."

SPIEGEL: Und der Name stand dann in Ihrem ersten bundesdeutschen Pass?

DEUTSCHKRON: So weit ging sie schließlich doch nicht. Wahrscheinlich hat sie vorher jemand zurückgepfiffen.

SPIEGEL: Hat sie sich entschuldigt?

DEUTSCHKRON: Keineswegs. Als ich den Pass abgeholt habe, sprach niemand mit mir ein Wort. Im Nachhinein muss ich sagen, das war typisch für diese Zeit. Dieses Schweigen, diese Gefühlskälte. Der Geist des Nationalsozialismus lebte überall fort, und die meisten Deutschen fanden nichts dabei.

SPIEGEL: Fragten Menschen nach Ihrem Schicksal im „Dritten Reich"?

DEUTSCHKRON: Das interessierte niemanden. Man wollte möglichst schnell zur Tagesordnung übergehen. Da war ich als Überlebende des Nazi-Terrors so etwas wie ein Störenfried. Immer wieder wurde ich aufgefordert: „Nun vergessen Sie das doch. Das ist doch schon so lange her. Man muss doch auch vergeben können." Die Deutschen fühlten sich ja selbst als Opfer.

SPIEGEL: Und rechneten die eigenen Leiden gegen die der Holocaust-Opfer auf?

DEUTSCHKRON: Sehr oft. Mal waren es tatsächliche Leiden, mal vorgegebene. Zu mir sagte ein Beamter im Wirtschaftsministerium: „Ich habe von Ihrer Lebensgeschichte gehört, das ist ja ganz furchtbar, aber wissen Sie, wir waren ja auch ständig in Gefahr und standen mit einem Bein im KZ." Ich wusste, dass der Mann während des „Dritten Reichs" in einer NS-Devisenstelle die Vermögen von Juden aufgelistet hat. Er selbst hatte es in meinem Beisein erzählt. Solche Sachen sind mir dauernd passiert. Oft habe ich mich gefragt: Was machst du bloß hier?

SPIEGEL: Was hielt Sie dennoch in der Bundesrepublik?

DEUTSCHKRON: Ich konnte ja während der Nazi-Zeit nichts Richtiges lernen. In Bonn arbeitete ich als Journalistin, zunächst frei, dann ab 1959 als Deutschlandkorrespondentin der israelischen Abendzeitung „Maariv". So verdiente ich nicht nur Geld, das gab mir auch Halt. Wo sollte ich sonst hin? In England galt ich nach dem Krieg als „feindliche Ausländerin", nach Israel hatte ich zunächst keine Verbindungen. [...]
In London habe ich für die Sozialistische Internationale gearbeitet und dort schon viele deutsche Sozialdemokraten kennengelernt. Die haben mich damals ermutigt, wieder nach Deutschland zurückzukehren. Als ich dann in Bonn vor ihrer Tür stand, gaben sie mir allerdings eher das Gefühl, ständig

▸ **Geschändete Synagoge in Köln.**
Foto, von 1959.

vor mir auf der Flucht zu sein. Dauernd hatten sie angeblich Termine oder waren nicht da.

SPIEGEL: Wie erklären Sie sich das? Die SPD hatte doch viele ehemalige Emigranten in Ihren Reihen.

DEUTSCHKRON: Vielleicht gerade deshalb. Denken Sie an Willy Brandt, wie der beschimpft, verunglimpft wurde, auch von Konrad Adenauer. Ich hatte mir nach dem Krieg vorgestellt, die Deutschen würden alle Emigranten bitten, zurückzukehren und beim Aufbau der Demokratie zu helfen. Das war eine Illusion. Die Sozialdemokraten hatten schneller als ich begriffen, dass es im Nachkriegsdeutschland viele Nazis und Antisemiten gab. Die SPD war windelweich, wenn es um deren Zurückweisung ging – die waren auch Wähler.

SPIEGEL: Sie haben die Bundesrepublik 1972 enttäuscht verlassen und sind nach Israel gezogen. Jetzt leben Sie seit drei Jahren wieder in Berlin. Was hat Sie ermutigt zurückzukehren?

DEUTSCHKRON: Nach den Aufführungen von „Ab heute heißt du Sara" im Berliner Grips-Theater fragten mich immer wieder Lehrer, ob ich nicht kommen und in ihren Klassen erzählen könnte. Zunächst bin ich zwischen Tel Aviv und Berlin gependelt, bis mir das zu anstrengend wurde. Ich habe mit meinen Veranstaltungen große Erfolge bei meinen jungen Zuhörern. Die hören sehr genau zu. Das macht mir Freude. Auf diese jungen Leute setze ich.

Spiegel Special 1/2006, S. 122 f.

1. *Erläutern Sie die Schwierigkeiten Deutschkrons bei ihrer Rückkehr nach Deutschland. Inwiefern wurden ihre Erwartungen enttäuscht?*

2. *Nehmen Sie Stellung zu dem Verhalten der deutschen Bevölkerung. Vergleichen Sie mit M2.*

3. *Überlegen Sie auf der Grundlage der Schilderungen Deutschkrons, welche Probleme die Rückkehr der Juden nach Deutschland in Bezug auf Identifikation, Heimat, Erinnerung, die Suche nach beruflichen und persönlichen Aufgaben oder Zielen mit sich brachte.*

Integration im Westen – Folge des „Kalten Krieges“

Am 23. Juni 1948, kurz vor Mitternacht, gehen in West-Berlin die Lichter aus. Die Sowjets haben das Stromkraftwerk abgeschaltet. In den nächsten Tagen wird der Personen- und Güterverkehr zwischen den Westzonen und Berlin gestoppt. Keine Lieferung kommt mehr durch. Zwei Millionen West-Berliner und 8 000 alliierte Soldaten mit ihren Familien sind von der Außenwelt abgetrennt. Schnell wird klar, dass die Lebensmittelvorräte nur für 36, die Kohle für 45 Tage reichen.

„Die Sowjets wollen uns aushungern!“, wettert der Vater beim Abendessen. „Aber das werden sich die Alliierten bestimmt nicht gefallen lassen.“ „Oh nein“, denkt Hartmut. „Nicht schon wieder Krieg!“ Fünfzehn Jahre ist er alt und er will endlich keine Angst mehr haben, nicht mehr hungern und keine Bombennacht mehr in feuchten Kellern verbringen müssen.

Am nächsten Tag bricht in der Stadt Panik aus. Erst nach einer Weile wird klar, dass die Skymaster-Maschinen da oben am Himmel keine Kampf-, sondern Versorgungsflugzeuge sind. Wie ein Lauffeuer verbreitet sich die Nachricht: „Die Alliierten fliegen Lebensmittel ein!“ Sofort laufen Hartmut und seine Freunde zum Flughafen Tempelhof. Sechsunddreißig Flugzeuge landen an diesem Tag; in den nächsten Wochen werden es immer mehr. Rund 4 500 Tonnen müssen sie täglich nach West-Berlin bringen, um die Bevölkerung mit dem Nötigsten zu versorgen. An Tagen, wenn die Sicht schlecht ist und die Flieger nicht landen können, lassen sie Rosinen, Bonbons und Schokolade an Fallschirmen, zusammengeknotet aus Taschentüchern, auf die jubelnden Kinder unten an der Piste trudeln.

Am 12. Mai 1949 geben die Sowjets auf, die Blockade ist beendet. 322 Tage hat sie gedauert, aber verhungern musste niemand. Mit 277 000 Flügen haben die „Rosinenbomber“ mehr als zwei Millionen Tonnen nach Berlin geschafft. 76 Menschen kamen dabei ums Leben.

„Kalter Krieg“ und Politik der Eindämmung Nach dem gemeinsamen Sieg über Hitler-Deutschland im Zweiten Weltkrieg erschütterte der Streit um die Demokratisierung der osteuropäischen Staaten das alliierte Kriegsbündnis. Der sowjetische Diktator Stalin sicherte seine Macht in den eroberten Ländern, indem er ihnen das sowjetische Gesellschaftssystem überstülpte. Umgekehrt waren die Amerikaner in den Krieg gezogen, um ihren Idealen von der Selbstbestimmung der Nationen und freien Wahlen zum Durchbruch in Europa zu verhelfen. Nicht zuletzt war ihnen auch die Bedeutung einer freiheitlichen Staats- und Gesellschaftsordnung für die im amerikanischen Interesse liegende liberale Wirtschafts- und Handelspolitik bewusst. Nach und nach verdichtete sich das Misstrauen der Westmächte zu der Befürchtung, die weltrevolutionäre Ideologie der Sowjetunion werde eines Tages auch vor Westeuropa nicht haltmachen. Der ideologisch motivierte Systemgegensatz mündete in einen Wettkampf um die weltpolitische Vorrangstellung, in einen „Kalten Krieg“ (▸ M1). Nirgendwo standen die Sowjetunion und die Westmächte in so enger Verbindung wie in dem zwischen ihnen aufgeteilten Deutschland.

Bereits im März 1946 hatte der frühere britische Ministerpräsident Winston Churchill von einem „Eisernen Vorhang“ gesprochen, der von der Ostsee bis zur Adria den europäischen Kontinent spalte. Zu einer Wende der amerikanischen Deutschlandpolitik führte schließlich die ergebnislose Konferenz der Außenminister in Paris Mitte 1946. Von nun an setzte die US-Regierung unter Präsident **Harry S. Truman** auf die wirtschaftliche, politische und militärische Stabilisierung der nicht unter sowjetische Herrschaft geratenen Regionen in Europa.

Harry S. Truman (1884-1972): 1945-1952 US-amerikanischer Präsident (Demokrat)

In seiner Botschaft an den amerikanischen Kongress am 12. März 1947 erklärte Präsident Truman die „Eindämmung“ (containment) des Kommunismus und der Sowjetunion zum Grundsatz der US-Außenpolitik (▸ M2). Um die eigene Sicherheit und Freiheit zu schützen, gelte es, „freie Völker gegen kommunistische Aggression und Subversion zu stärken“. Das amerikanische Konzept sollte den drohenden ökonomischen Zusammenbruch in Europa und die befürchteten Folgen von Chaos und verstärktem kommunistischem Einfluss verhindern. Ein wirtschaftliches Wiederaufbauprogramm der USA (European Recovery Program, ERP) sah vor, den ökonomischen Wiederaufbau der demokratischen Länder Westeuropas mit Krediten, Rohstoffen, Lebensmitteln und Waren voranzutreiben (▸ M3). Das nach seinem Initiator, dem US-Außenminister George C. Marshall, „Marshall-Plan“ benannte Hilfsprogramm war auf vier Jahre begrenzt und zugleich an die Forderung nach zwischenstaatlicher Zusammenarbeit der Empfängerländer geknüpft.

Blockbildung Stalin zwang die osteuropäischen Staaten zum Verzicht auf die Marshall-Plan-Hilfe und proklamierte offen seine Theorie von der Teilung der Welt in zwei feindliche Lager (▸ M4). 1948 war die Sowjetisierung Ostmitteleuropas abgeschlossen. Überall hatten kommunistische Minderheiten die Macht übernommen und die Opposition ausgeschaltet.

Erneut verbreitete sich Kriegsfurcht in Westeuropa. Als erste Gegenmaßnahme riefen Großbritannien, Frankreich und die drei Beneluxstaaten 1948 den Brüsseler Pakt ins Leben und versicherten sich gegenseitigen Beistand gegen jeden Angriff (17. März 1948).

Im Sommer 1948 nahm Stalin die von den USA in die Wege geleitete Währungsreform* in Westdeutschland und den Westsektoren Berlins zum Anlass, die Landverbindung zwischen Berlin und den Westzonen zu sperren. Über zwei Millionen Westberliner saßen in der Falle. Als sich im Herbst zeigte, dass Amerikaner und Briten die Versorgung der Millionenbevölkerung durch eine Luftbrücke sichern konnten, musste Stalin einsehen, dass seine Aktion gescheitert war. Die Blockade beschleunigte die

▲ **Ein „Rosinenbomber“ bei der Landung in Berlin im Mai 1949.**
„Ihr Völker der Welt, schaut auf diese Stadt.“ Mit diesen berühmt gewordenen Worten rief der Berliner Bürgermeister Ernst Reuter am 9. September 1948 zur Hilfe für das eingeschlossene West-Berlin auf. Über die als „Berliner Luftbrücke“ berühmt gewordenen Luftkorridore nach Berlin versorgten die Westmächte die Bevölkerung.

- *Die Blockade West-Berlins machte die frühere Hauptstadt in der westlichen Welt zu einem Symbol für Freiheit. Überlegen Sie, welche Auswirkungen diese Wahrnehmung hatte.*
- *Diskutieren Sie die Alternativen der amerikanischen Politik. Was hätte ein Nachgeben gegenüber dem sowjetischen Erpressungsversuch bedeutet?*

* vgl. dazu S. 288 f. und 292 f.

▲ Plakat des CDU-Pressedienstes, um 1950.

▲ SED-Plakat gegen Adenauers Politik der Westintegration von 1951.

- *Benennen Sie die einzelnen Bildmotive und ihre Funktion. Mit welcher Argumentation nehmen die Plakate zur westdeutschen Wiederbewaffung Stellung?*

Blockbildung: Amerikaner, Briten und Westdeutsche verstanden sich jetzt als Verbündete.

Noch während der Blockade schlossen zwölf westliche Staaten unter Führung der USA mit der Gründung der NATO (North Atlantic Treaty Organization) am 4. April 1949 auch militärisch ihre Reihen. Damit war im Westen ein kollektives Verteidigungsbündnis entstanden. Ein Angriff auf ein Land galt als Angriff auf alle Vertragspartner. Noch gehörten die drei Westzonen aber nicht dazu.

Die Außenpolitik Adenauers Die Bundesregierung besaß nach dem westalliierten Besatzungsstatut vom 10. April 1949 nur eine beschränkte Handlungsfreiheit. Der Bundestag durfte kein Gesetz ohne die ausdrückliche Zustimmung der drei Hohen Kommissare verabschieden, die als zivile Vertreter der drei Westmächte die Bundes- und Länderregierungen kontrollierten.

In der Außenpolitik und im Außenhandel war die Bundesregierung völlig von den Westalliierten abhängig. Das hinderte Bundeskanzler Adenauer jedoch nicht, gerade dieses Politikfeld zum Kernstück seiner Arbeit zu machen. Außenpolitik hieß für ihn zunächst fast ausschließlich, alle besatzungsrechtlichen Beschränkungen schrittweise und im Einvernehmen mit den Hohen Kommissaren abzubauen, die Bundesrepublik vom Objekt der Politik der Westmächte zu ihrem gleichberechtigten Partner zu machen und die Deutschen so an die westliche Welt zu binden (▸ M5).

Vorleistungen und erste Erfolge Für das Ziel der politischen Gleichberechtigung und Selbstbestimmung (Souveränität) war Adenauer bereit, Vorleistungen zu erbringen und die Kontroll- und Sicherheitsbedürfnisse der Westmächte zu akzeptieren. Das bezog sich vor allem auf Frankreich und dessen wirtschaftliche Interessen im Kohle- und Stahlsektor im Ruhrgebiet und im Saarland, das unter französischer Verwaltung stand. Diese Politik trug Adenauer zwar die heftige Kritik der Sozialdemokratie ein, doch konnte er durch freiwillige Bindungen bald Erfolge verzeichnen und neue Handlungsfreiheit gewinnen: Der Beitritt im Jahr 1949 zur Ruhrbehörde, einem Kontrollgremium der Westmächte über die deutsche Kohle- und Stahlproduktion, beendete die alliierten Demontagen von großen Industriebetrieben. Ebenso vertrauensbildend wirkten ein Jahr später der deutsche Beitritt zum Straßburger Europarat und Adenauers Zustimmung zu dem Vorschlag des französischen Außenministers Robert Schuman, die Kohle- und Stahlindustrien der westeuropäischen Staaten zu vereinigen (Schuman-Plan). Kooperation und Verflechtung der Schlüsselindustrien sollten künftige Kriege in Europa verhindern und den alten Gegensatz zwischen Frankreich und Deutschland beenden. Frankreich wollte sich nicht länger der von den USA geforderten Westintegration Deutschlands in den Weg stellen, weil es von den USA wirtschaftlich und militärisch abhängig war. Zugleich bot der Schuman-Plan die Möglichkeit, die eigenen Sicherheitsinteressen gegenüber Deutschland zu wahren.

Der Schuman-Plan führte 1951 zur Gründung der Europäischen Gemeinschaft für Kohle und Stahl (Montanunion), in der sechs Länder – Frankreich, die Bundesrepublik Deutschland, die Benelux-Staaten und Italien – zusammenarbeiteten. Sie schuf das Muster für die 1957 mit den Römischen Verträgen gegründete Europäische Wirtschaftsgemeinschaft (EWG), aus der die Europäische Union (EU) hervorging. Der noch nicht souveräne westdeutsche Staat gewann dank supranationaler Verflechtungen Stück für Stück an politischer Gleichberechtigung hinzu.

Wiedervereinigung in Frieden und Freiheit Adenauer misstraute der politischen Reife der Deutschen. Er glaubte, dass sie nur durch eine Verankerung in der westlichen Staatenwelt vor sich selbst geschützt werden konnten. Die verhängnisvolle deutsche Tradition, zur Stärkung der eigenen Machtposition zwischen Ost und West zu lavieren und hegemoniale Ziele zu verfolgen, sollte ein für alle Mal gebrochen werden. Seine Strategie der Westbindung sollte sowohl garantieren, dass die Sieger von 1945 nicht noch einmal ohne Mitwirkung der Deutschen über deren zukünftiges Schicksal befinden konnten, als auch Schutz vor dem imperialen Vorgehen der kommunistischen Sowjetunion gewähren.

Im Gegensatz zu anderen Politikern seiner Zeit hielt Adenauer vor dem Hintergrund des Ost-West-Konflikts die Teilung Deutschlands vorläufig für unumkehrbar. Die Einheit Deutschlands gab er so lange für verloren, wie in Ostdeutschland die Rote Armee stand und deutsche Kommunisten im Auftrag Moskaus die Macht ausübten. Eine Wiedervereinigung des geteilten Landes kam für ihn nur „in Frieden und Freiheit“ infrage. Vereinbarungen mit der totalitären Sowjetmacht, die auf eine Neutralisierung Gesamtdeutschlands hinausliefen, lehnte er ab. Adenauers große Wahlerfolge 1953 und 1957 zeigten, dass die Deutschen in ihrem Verlangen nach Sicherheit dem Kanzler folgten.

Die Folgen des Korea-Krieges Am 25. Juni 1950 fielen Truppen des kommunistischen Nordkorea in Südkorea ein, um das Land „wiederzuvereinigen“. Stalin und das kommunistische China leisteten Hilfe. Unter amerikanischem Oberbefehl schlugen UN-Truppen die nordkoreanischen Streitkräfte zurück, doch erst nach dem Tod Stalins wurde im Juli 1953 die alte Grenze zwischen Nord- und Südkorea wiederhergestellt.

Die weltpolitische Bedeutung des Korea-Krieges lag darin, dass die amerikanische Öffentlichkeit nun die zuvor strikt abgelehnte Aufrüstung ihres Landes und einen dauernden militärischen Verbleib in Europa akzeptierte (▸ M6). Erst jetzt wurde die NATO zu einer wirksamen Militärallianz unter amerikanischem Oberbefehl ausgebaut.

Unter dem Eindruck des Korea-Krieges wurde die Wiederbewaffnung Deutschlands zum Thema. Die USA machten ihre weitere Präsenz in Europa von der Bereitschaft der Europäer abhängig, selbst verstärkte Rüstungsanstrengungen zu unternehmen und die Wiederbewaffnung der Bundesrepublik zu akzeptieren. Alle Militärexperten stimmten darin überein, dass Westeuropa ohne einen deutschen Verteidigungsbeitrag weder finanziell noch personell ausreichend gestärkt werden konnte. Die Aufrüstungspläne waren damals nicht populär, weder in der Bundesrepublik noch in Frankreich, das ein Wiedererstarken Deutschlands und eine Revanchepolitik fürchtete. Der Bundestag lehnte eine nationale Wiederbewaffnung ab, denn im geteilten Deutschland musste jede Militarisierung zu einer weiteren Spaltung des Landes führen. Zugleich nahm jedoch diesseits und jenseits des Rheins die Angst der Bevölkerung vor einem kommunistischen Angriff zu.

Wiederbewaffnung und Souveränität im Zeichen der Westbindung Adenauer nutzte den Korea-Schock, um das Besatzungsregime schneller als erwartet zu beenden und von den USA eine militärische Sicherheitsgarantie für die Bundesrepublik zu erhalten. Die deutsche Wiederbewaffnung war der Preis, den er dafür zu zahlen bereit war.

Frankreich akzeptierte erst nach hinhaltendem Widerstand die gleichberechtigte Aufnahme der Bundesrepublik in das westliche Bündnissystem. Nach mehreren Rückschlägen und dem vergeblichen Versuch der UdSSR, diesen Prozess durch das Angebot der Wiedervereinigung für ein neutrales Deutschland zu stoppen, erklärten die Westalliierten im Deutschland-Vertrag vom 26. Mai 1952 das Besatzungsregime für beendet. Seit dem 9. Mai 1955 ist die Bundesrepublik Mitglied der NATO.

Die innenpolitische Auseinandersetzung um den NATO-Beitritt und die Schaffung einer Bundeswehr war begleitet von heftigen parteipolitischen Auseinandersetzungen und Demonstrationen von SPD, Gewerkschaften und Kreisen der evangelischen Kirche. Dennoch: Als gleichberechtigter Partner des westlichen Verteidigungsbündnisses hatte die Bundesrepublik – nur zehn Jahre nach Kriegsende – den Status eines souveränen Landes unter gewissen Vorbehalten erreicht. Diese betrafen die alliierten Sonderrechte für ihre Truppen in Westdeutschland, die Rechte der Westmächte in Berlin und „Deutschland als Ganzes" bei einem späteren Friedensvertrag. Die Einschränkungen galten bis zur Wiedervereinigung 1990.

Fortan garantierte die NATO Sicherheit für Westdeutschland und zugleich im Bündnis Sicherheit vor Deutschland. Das amerikanische Konzept einer „doppelten Eindämmung" – Abwehr des sowjetischen Hegemonialstrebens, Einbindung der Westdeutschen in die westliche Staatengemeinschaft – war verwirklicht. Adenauer sah darin die Voraussetzung für das langfristige Ziel einer Wiedervereinigung. Seine politischen Gegner sprachen von einer Festschreibung der Teilung Deutschlands (▸ M7).

▲ **Demonstration der bayerischen Gewerkschaftsjugend gegen die Wiederbewaffnung der Bundesrepublik in der Münchener Innenstadt.** *Foto vom 20. November 1954.*

Da die Demonstranten nicht marschierend gegen das Marschieren demonstrieren wollten, fuhren sie auf Fahrrädern und Lastwagen durch die Straßen. Während die Wiederbewaffnung in der Bundesrepublik nur gegen heftige Proteste und Demonstrationen durchgesetzt werden konnte, kam es in der DDR zu keiner öffentlichen Diskussion. Bereits 1948 setzte in der SBZ die Aufstellung bewaffneter Einheiten ein. Nach geheimen Vorbereitungen wurde 1956 offiziell die Nationale Volksarmee (NVA) gegründet, die ihre Ausrüstung überwiegend von der Sowjetunion erhielt.

M1 „Drahtbericht aus Moskau“

Am 22. Februar 1946 skizziert der damalige Berater des US-amerikanischen Botschafters in Moskau, George F. Kennan, in einem 13-seitigen Telegramm nach Washington Grundsätze der späteren amerikanischen Außenpolitik:

Die UdSSR lebt immer noch inmitten feindseliger „kapitalistischer Einkreisung“, mit der es auf die Dauer keine friedliche Koexistenz geben kann. [...]

Die Erfordernisse ihrer eigenen vergangenen und gegenwärtigen Position sind es, die die sowjetische Führung dazu zwingen, ein Dogma zu verkünden, nach dem die Außenwelt böse, feindselig und drohend, aber zugleich von einer schleichenden Krankheit befallen und dazu verurteilt ist, von immer stärker werdenden inneren Kämpfen zerrissen zu werden, bis sie schließlich von der erstarkenden Macht des Sozialismus den Gnadenstoß erhält und einer neuen und besseren Welt weicht. [...]

Wo es angezeigt und Erfolg versprechend scheint, wird man versuchen, die äußeren Grenzen der Sowjetmacht zu erweitern. Im Augenblick beschränken diese Bemühungen sich auf gewisse Punkte in der Nachbarschaft, die man hier für strategisch notwendig hält [...].

Die Russen werden sich offiziell an solchen internationalen Organisationen beteiligen, die ihnen Gelegenheit geben, sowjetische Macht auszuweiten und die Macht der anderen auszuschalten oder zu verwässern. Moskau sieht die UNO nicht als einen Mechanismus für eine stabile Weltgemeinschaft, die auf gemeinsamen Zielen und Interessen aller Nationen aufgebaut ist, sondern als eine Arena, in der man die eigenen Ziele mit Aussicht auf Erfolg verfolgen kann. [...]

Alles in allem haben wir es mit einer politischen Kraft zu tun, die sich fanatisch zu dem Glauben bekennt, dass es mit Amerika keinen dauernden Modus Vivendi[1] geben kann, dass es wünschenswert und notwendig ist, die innere Harmonie unserer Gesellschaft, unsere traditionellen Lebensgewohnheiten und das internationale Ansehen unseres Staates zu zerstören, um der Sowjetmacht Sicherheit zu verschaffen [...].

Aber ich möchte meiner Überzeugung Ausdruck geben, dass es in unserer Macht steht, das Problem zu lösen, und zwar ohne uns in einen großen militärischen Konflikt zu flüchten. [...]

Sie [die Sowjetunion] arbeitet nicht nach festgelegten Plänen. Sie geht keine unnötigen Risiken ein. Der Logik der Vernunft unzugänglich, ist sie der Logik der Macht in hohem Maße zugänglich. Daher kann sie sich ohne Weiteres zurückziehen – und tut das im Allgemeinen –, wenn sie irgendwo auf starken Widerstand stößt. Wenn also dem Gegner genügend Hilfsmittel zur Verfügung stehen und er die Bereitschaft zu erkennen gibt, sie auch einzusetzen, wird er das selten tun müssen. Wenn die Situation richtig gehandhabt wird, braucht es zu keiner das Prestige verletzenden Kraftprobe zu kommen. [...]

Viel hängt von der Gesundheit und Kraft unserer eigenen Gesellschaft ab. Der Weltkommunismus ist wie ein bösartiger Parasit, der sich nur von erkranktem Gewebe nährt. Das ist der Punkt, in dem Innen- und Außenpolitik einander begegnen.

George F. Kennan, Memoiren eines Diplomaten, Stuttgart [5]1969, S. 553 ff.

▲ **„Churchill und seine Vorläufer.“**
Karikatur aus der sowjetischen Zeitschrift „Krokodil“ vom März 1946. Auf den Flaggen steht: „Eiserner Vorhang über Europa“ und „Die Angelsachsen sollten die Welt beherrschen“.

- *Identifizieren Sie die Personen in Churchills Schatten. Analysieren Sie die Aussage der Karikatur.*
- *Bewerten Sie die sowjetische Reaktion auf Churchills Warnungen.*

1. *Beschreiben Sie das Bild, das George F. Kennan von der sowjetischen Außenpolitik zeichnet.*

2. *Erläutern Sie mögliche Konsequenzen der amerikanischen Regierung.*

[1] (lat.) Zustand erträglichen Zusammenlebens

▲ Westdeutsches Plakat von 1947.

M2 Die Truman-Doktrin

In seiner Rede vor dem amerikanischen Kongress am 12. März 1947 fordert Präsident Truman 400 Millionen Dollar zur Unterstützung Griechenlands und der Türkei. Dadurch soll verhindert werden, dass Kommunisten im griechischen Bürgerkrieg die Macht an sich reißen. Die bislang eher zahlungsunwillige republikanische Kongressmehrheit hat Trumans Haushaltsplan kurz zuvor spürbar gekürzt. Nach der Rede bewilligt der Kongress die geforderten Gelder:

Eins der ersten Ziele der Außenpolitik der Vereinigten Staaten ist es, Bedingungen zu schaffen, unter denen wir und andere Nationen uns ein Leben aufbauen können, das frei von Zwang ist. Das war ein grundlegender Faktor im Krieg gegen Deutschland und Japan. Wir überwanden mit unserem Sieg Länder, die anderen Ländern ihren Willen und ihre Lebensweise aufzwingen wollten. [...]

In einer Anzahl von Ländern waren den Völkern kürzlich gegen ihren Willen totalitäre Regimes aufgezwungen worden. Die Regierung der Vereinigten Staaten hat mehrfach gegen Zwang und Einschüchterung bei der Verletzung des Jalta-Abkommens in Polen, Rumänien und Bulgarien protestiert. Und weiter muss ich feststellen, dass in einer Anzahl anderer Staaten ähnliche Entwicklungen stattgefunden haben. Im gegenwärtigen Abschnitt der Weltgeschichte muss fast jede Nation ihre Wahl in Bezug auf ihre Lebensweise treffen. Nur allzu oft ist es keine freie Wahl. Die eine Lebensweise gründet sich auf den Willen der Mehrheit und zeichnet sich durch freie Einrichtungen, freie Wahlen, Garantie der individuellen Freiheit, Rede- und Religionsfreiheit und Freiheit vor politischer Unterdrückung aus. Die zweite Lebensweise gründet sich auf den Willen einer Minderheit, der der Mehrheit aufgezwungen wird. Terror und Unterdrückung, kontrollierte Presse und Rundfunk, fingierte Wahlen und Unterdrückung der persönlichen Freiheiten sind ihre Kennzeichen.

Ich bin der Ansicht, dass es die Politik der Vereinigten Staaten sein muss, die freien Völker zu unterstützen, die sich der Unterwerfung durch bewaffnete Minderheiten oder durch Druck von außen widersetzen. Ich glaube, dass wir den freien Völkern helfen müssen, sich ihr eigenes Geschick nach ihrer eigenen Art zu gestalten. [...]

Die Saat der totalitären Regimes gedeiht in Elend und Mangel. Sie verbreitet sich und wächst in dem schlechten Boden von Armut und Kampf. Sie wächst sich vollends aus, wenn in einem Volk die Hoffnung auf ein besseres Leben ganz erstirbt. Wir müssen diese Hoffnung am Leben erhalten. Die freien Völker der Erde blicken auf uns und erwarten, dass wir sie in der Erhaltung der Freiheit unterstützen.

Herbert Michaelis u. a. (Hrsg.), Ursachen und Folgen. Vom deutschen Zusammenbruch 1918 und 1945 bis zur staatlichen Neuordnung in der Gegenwart, Bd. 25, Berlin o. J., S. 148 ff.

1. *Begründen Sie, inwiefern die Rede Trumans eine Neuorientierung der amerikanischen Außenpolitik signalisiert.*
2. *Informieren Sie sich über die US-Außenpolitik nach dem Ersten Weltkrieg. Vergleichen Sie.*

M3 Marshall-Plan-Hilfe von 1948-1952

Angaben in Milliarden Dollar	
Großbritannien	3,44
Frankreich	2,81
Italien	1,52
Drei Westzonen/Bundesrepublik	1,41
Die übrigen 13 Staaten erhielten	4,73
Insgesamt	13,91

Nach: Bundesministerium für den Marshallplan (Hrsg.), Wiederaufbau im Zeichen des Marshallplanes 1948-52, Bonn 1953, S. 158

Bewerten Sie die Ziele des Marshall-Plans vor dem Hintergrund der Statistik und der Rede Trumans in M2.

M4 Die Welt ist in zwei Lager geteilt

Der sowjetische Delegierte Shdanow entwickelt auf Veranlassung Stalins bei der Gründung des Kommunistischen Informationsbüros (Kominform) am 30. September 1947 in Warschau die folgende Theorie:

Die Sowjetunion und die demokratischen Länder betrachteten als Hauptziele des Krieges die Wiederherstellung und Festigung der demokratischen Systeme in Europa, die Liquidierung[1] des Faschismus, Verhütung der Möglichkeit einer neuen Aggression Deutschlands und allseitige dauernde Zusammenarbeit der Völker Europas. Die USA, und in Übereinstimmung mit ihnen Großbritannien, setzten sich im Krieg ein anderes Ziel: Beseitigung ihrer Konkurrenten auf dem Weltmarkt (Deutschland und Japan) und Festigung ihrer eigenen Vormachtstellung. Die Meinungsverschiedenheiten in der Zielsetzung des Krieges und der Aufgaben der Nachkriegsgestaltung haben sich in der Nachkriegszeit vertieft. Es bildeten sich zwei einander entgegengesetzte politische Richtungen heraus: auf dem einen Pol die Politik der UdSSR und der demokratischen Länder, die auf Untergrabung des Imperialismus und Festigung der Demokratie gerichtet ist, auf dem anderen die Politik der USA und Großbritanniens, die auf Stärkung des Imperialismus und Drosselung der Demokratie abzielt. Da die UdSSR und die Länder der neuen Demokratie ein Hindernis bei der Durchführung der imperialistischen Pläne des Kampfes um die Weltherrschaft und der Zerschlagung der demokratischen Bewegung sind, wurde ein Kreuzzug gegen die UdSSR und die Länder der neuen Demokratie proklamiert, der auch durch Drohungen mit einem neuen Krieg vonseiten der besonders eifrigen imperialistischen Politiker der USA und Englands bestärkt wird. Auf diese Weise entstanden zwei Lager: das imperialistische, antidemokratische Lager, dessen Hauptziel die Weltherrschaft des amerikanischen Imperialismus und die Zerschlagung der Demokratie ist, und das antiimperialistische und demokratische Lager, dessen Hauptziel die Untergrabung des Imperialismus, die Festigung der Demokratie und die Liquidierung der Überreste des Faschismus ist.

Keesings Archiv der Gegenwart 1947, S. 1207 f.

1. *Nennen Sie die Länder, welche die Sowjetunion zu den demokratischen zählt. Erläutern Sie den sowjetischen Demokratiebegriff.*

2. *Begründen Sie, inwiefern Shdanows Ausführungen eine Antwort auf Truman-Doktrin und Marshall-Plan sind.*

[1] Beseitigung

▲ DDR-Plakat von 1950 gegen den „Dollar-Kapitalismus" der USA.

3. *Beurteilen Sie die Bedeutung der sogenannten Zwei-Lager-Theorie für das Verhältnis zwischen Moskau und den kommunistischen Parteien Osteuropas.*

M5 Vertrauen gewinnen!

In einer Rede vor dem Deutschen Bundestag am 24. November 1949 erläutert Bundeskanzler Adenauer die Grundzüge seiner Außenpolitik:

Wir Deutschen auf der einen Seite und die Alliierten auf der anderen Seite sehen naturgemäß den gleichen Tatbestand von zwei verschiedenen Gesichtspunkten aus. Ich meine: Wir Deutschen sollten nicht vergessen, wir dürfen auch nicht vergessen, welches Unglück durch die nationalsozialistische Regierung über die ganze Welt gekommen ist. Ich meine: Wir dürfen weiter nicht vergessen, dass noch heute fast alle Völker der Erde schwer unter den Folgen dieses Krieges zu leiden haben. Endlich glaube ich, dass wir uns bei allem, was wir tun, klar darüber sein müssen, dass wir infolge des totalen Zusammenbruchs ohne Macht sind. Man muss sich deswegen darüber klar sein, dass bei den Verhandlungen, die wir Deutschen mit den Alliierten zu führen haben, um fortschreitend in immer größeren Besitz der staatlichen Macht zu kommen, das psychologische Moment eine sehr große Rolle spielt, dass man aber von vornherein nicht ohne Weiteres volles Vertrauen verlangen und erwarten kann. Wir können und dürfen nicht davon ausgehen, dass nun bei den anderen plötzlich ein völliger Stimmungsumschwung gegenüber Deutschland eingetreten ist, dass vielmehr das Vertrauen nur langsam, Stück für Stück, wiedergewonnen werden kann. So unwürdig und falsch es sein würde, wenn wir eine Politik sklavischer Unterwürfigkeit verfolgen würden, eine dumme, unkluge und aussichtslose Politik wäre es, wenn wir etwa auftrumpfen wollten.

Klaus-Jörg Ruhl (Hrsg.), „Mein Gott, was soll aus Deutschland werden?“ Die Adenauer-Ära 1949-1963, München 1985, S. 82 f.

1. *Beschreiben Sie Adenauers Prämissen gegenüber den westlichen Besatzungsmächten.*

2. *Analysieren Sie die Ziele, die Adenauer daraus entwickelt.*

M6 Und so sehen es die Alliierten

Am 3. Juni 1950, kurz nach Ausbruch des Korea-Kriegs, legt US-Außenminister Dean Acheson in einem „streng geheimen“ Bericht an den Nationalen Sicherheitsrat die Ziele der US-Außenpolitik in Europa dar:

Im Hinblick auf Deutschland und auf die Einstellung der Europäer gegenüber Deutschland entwickeln sich die Dinge überaus rasch. Die Regierung der Vereinigten Staaten ist entschlossen, und die britische und französische Regierung haben jüngst ihre völlige Übereinstimmung zum Ausdruck gebracht, dass wir Deutschland so schnell wie möglich eng und fest an den Westen binden müssen und dass wir Verhältnisse schaffen müssen, unter denen die Stärke Westdeutschlands endgültig der Stärke des Westens hinzugefügt werden kann. Das bedeutet nicht nur, dass Deutschland Mitglied westlicher Organisationen werden sollte, sondern dass dies in einer Weise geschieht, die Deutschland so endgültig zu einem Teil des Westens werden lässt, dass über seine zukünftige Entscheidung zwischen Ost und West keinerlei Zweifel besteht. [...] Die drei Regierungen sind übereingekommen, in London in diesem Sommer die Frage der Modifizierung der Kontrollen und Beschränkungen Deutschlands genau zu studieren. Wenn es nicht zu unvorhergesehenen Entwicklungen kommt, dann sind wir auf dem besten Weg, zahlreiche Sicherheitskontrollen (mit Ausnahme der grundlegenden) zu lockern. Dadurch kann Deutschland rechtlich und praktisch seinen normalen Platz in Europa einnehmen.

Foreign Relations of the United States 1950, Vol. IV, Washington 1980, S. 691-695 (dt. Übers. von Monika Weber)

1. *Nennen Sie die Ziele der US-Außenpolitik. Überlegen Sie, welchen Einfluss die internationale Entwicklung seit 1945 auf sie hatte.*

2. *Vergleichen Sie Achesons Bericht mit der Regierungserklärung Adenauers. Worin treffen sich die beiden Konzeptionen? Welche Hindernisse sind zu überwinden?*

M7 Unterschiedliches Urteil über die Ära Adenauer

Der Historiker Rolf Steininger bewertet die Politik Bundeskanzler Adenauers:

Adenauer hat die politische, wirtschaftliche und ab 1950 auch militärische Integration der Bundesrepublik in den Westen forciert betrieben und entsprach damit genau den Vorstellungen der Westmächte. So wie sie war auch er von der latenten Gefahr für Westdeutschland und Europa durch die Sowjetunion überzeugt. Er hoffte durch seine Politik auf die Rückgewinnung der Souveränität durch die Bundesrepublik; damit wollte er gleichzeitig die Stärkung Westeuropas und des Westens insgesamt sowie – gemeinsam und gleichberechtigt mit den Westmächten – aus einer Position der Stärke heraus mit der Sowjetunion die Wiedervereinigung aushandeln. [...]
Der Weg der Westbindung war das, was die Westmächte wollten. Jeder andere Weg wäre für einen deutschen Politiker schwieriger gewesen, im Sinne der Einheit aber doch wohl lohnender. Ein Versuch auf diesem Weg wäre daher schon sehr viel wert gewesen, der deutsche Kanzler hätte jedenfalls mehr riskieren können – wenn er gewollt hätte. [...]
Was wäre wohl geschehen, wäre Adenauer bereit gewesen, dieses „Spiel“ ebenfalls mitzuspielen? Er hat es nicht getan. Er schlug mit seiner Politik das Tor zur Einheit jedenfalls für lange Zeit zu – mit all den bekannten Konsequenzen. Und daran ändert auch die Tatsache nichts, dass es 1990 zur Wiedervereinigung kam.
Und die Westmächte? Sie – allen voran Briten und Franzosen – hatten kein ernsthaftes Interesse an einer Wiedervereinigung (und das blieb so bis 1989/90), ganz zu schweigen von möglichen Korrekturen der Oder-Neiße-Linie. Die Oder-Neiße-Linie war ein Thema, das für sie seit Potsdam de facto erledigt

war, öffentlich aber weiter benutzt wurde, um bei den Deutschen falsche Hoffnungen am Leben zu erhalten und vor allen Dingen Verhandlungen mit der Sowjetunion zu verhindern. Die öffentlichen Bekenntnisse der Westmächte zur Wiedervereinigung waren lediglich Lippenbekenntnisse, nicht mehr als diplomatische Pflichtübungen.

Dass es Adenauer gelang, seine Politik der Westintegration als den einzig möglichen Weg (west)deutscher Politik und gleichzeitig einzigen und kürzesten Weg zur Wiedervereinigung mehrheitsfähig zu machen – woran selbst die Amerikaner 1952 zweifelten –, war eine bemerkenswerte Leistung. Es war gleichzeitig die Lebenslüge der Bundesrepublik, mit der die Bevölkerung allerdings, ganz im Sinne der Bonner Politik, leicht fertig wurde. Der angeblich drohende Kommunismus, der Eiserne Vorhang, die Verteidigung von Freiheit und neuem Wohlstand im Bündnis mit den USA: Man ließ sich gern beruhigen. Man arrangierte sich schnell im „Provisorium" und stellte als Ausdruck gesamtdeutscher „Gewissensnot" im Gedanken an die „Brüder und Schwestern" in der „Zone" einmal im Jahr Kerzen in die Fenster.

Den Preis für Adenauers Entscheidung mussten letztlich die 18 Millionen Mitteldeutschen[1] bezahlen. Auch wenn Adenauer dies wohl nicht bewusst so gewollt hat – es war die Folge auch seiner Politik.

Zu einem anderen Ergebnis kommt der Politikwissenschaftler Kurt Sontheimer:

Die Dauerhaftigkeit und Stabilität des von Konrad Adenauer maßgeblich bestimmten Aufbaus einer neuen deutschen Demokratie hat sich als so durchschlagend erwiesen, dass die rechtliche und politische Verfassung der Bundesrepublik auch zum Rahmen für das wiedervereinigte Deutschland werden konnte. Adenauer selbst hat sich die Wiedervereinigung Deutschlands in etwa so vorgestellt, wie sie sich im Jahre 1990 vollzogen hat, doch sie war zu seiner Zeit in dieser Gestalt nicht erreichbar, ja, er musste sich im Gegenteil dauernd vorwerfen lassen, durch seine Politik der Verankerung der Bundesrepublik im Westen die deutsche Spaltung erst recht zu vertiefen und die Wiedervereinigung unmöglich zu machen. Dass sich die Wiedervereinigung Deutschlands im Rahmen der westlichen Demokratie und unter Beibehaltung der Bindungen Deutschlands an den Westen vollziehen konnte, ist eine späte Rechtfertigung seiner Politik der Westintegration.

Doch auch ohne diese Rechtfertigung in Sachen Wiedervereinigung bleibt Adenauers Name verbunden mit der Grundlegung der Bundesrepublik. Unter seiner Kanzlerschaft sind die politischen, wirtschaftlichen und kulturellen Grundlagen geschaffen worden, auf denen die Bundesrepublik auch heute noch steht. Als er begann, gab es zwar das Grundgesetz und eine sich gerade entfaltende Soziale Marktwirtschaft, aber noch keine sichere Aussicht auf die Festigung der demokratischen Staatsform und auf die Überwindung der ungeheuren wirtschaftlichen, sozialen und geistigen Nöte und Probleme, die das schmähliche Ende der Hitler-Diktatur hinterlassen hatte. Am Ende seiner Kanzlerschaft war die freiheitliche Demokratie akzeptiert, der Wiederaufbau gelungen, ein lebendiger demokratischer Staat mit funktionierenden Institutionen geschaffen. Der Weg dahin war nicht mit Blumen bestreut. Die Ära Adenauer gehört zu den umkämpftesten und umstrittensten Perioden in der Geschichte der Bundesrepublik. Es zeugt für die prinzipielle Richtigkeit dieses Weges, dass auch der 1969 vollzogene Machtwechsel zugunsten der SPD/FDP-Fraktion mit Willy Brandt als Bundeskanzler die von Konrad Adenauer geschaffenen Grundlagen der Bundesrepublik und ihre Verankerung im Westen nicht infrage gestellt hat, sondern die neuen politischen Schritte im Schutze der Kontinuität des Bestehenden gewagt hat. Die Adenauer-Ära schuf der Bundesrepublik ein sicheres Fundament für ihre weitere Zukunft.

▲ Konrad Adenauer auf den Stufen des Capitols in Washington im April 1953. *Es war der erste offizielle Besuch eines deutschen Regierungschefs nach dem Zweiten Weltkrieg und Zeichen für das wiedergewonnene internationale Ansehen der Bundesrepublik Deutschland.*

Erster Text: Rolf Steininger, Deutsche Geschichte. Darstellung und Dokumente in vier Bänden, Bd. 2: 1948-1955, Frankfurt am Main 2002, S. 326 ff.
Zweiter Text: Kurt Sontheimer, Die Adenauer-Ära. Grundlegung der Bundesrepublik, München ^{4}2005, S. 9 f.

1. *Arbeiten Sie die Argumente Steiningers und Sontheimers heraus. Stellen Sie sie einander gegenüber.*

2. *Bemühen Sie sich um eine eigene Bewertung. Diskutieren Sie diese mit Ihren Mitschülern.*

[1] Gemeint sind die Bürger der DDR.

Wirtschaftlicher Aufstieg der Bundesrepublik nach dem Krieg: das „Wirtschaftswunder“

Am Wochenende des 19. und 20. Juni 1948 ist Klaus-Jürgen wieder einmal mit den Falken, dem sozialistischen Jugendverband, in ein Zeltlager auf das Land gefahren. Diesmal müssen sie jedoch früher als sonst zurück nach München aufbrechen, denn es ist Währungsstichtag. Wer nicht selbst in einer der Umtauschstellen erscheint, kann die 40 DM Kopfgeld, wie die erste Ausgabe der neuen Währung an die Bewohner der drei Westzonen genannt wird, nicht eintauschen.

In der Stadt herrscht Chaos. Zu den Zukunftssorgen der Menschen kommt Ärger: Bis zu acht Stunden müssen sie Schlange stehen, noch dazu hat es angefangen zu regnen. An manchen Orten gibt es Auseinandersetzungen und sogar Prügeleien. Die 2 000 Beamten und Angestellten der Stadtverwaltung wissen gar nicht, wie sie den Ansturm bewältigen sollen. 30 Millionen Deutsche Mark gegen 40 Millionen Reichsmark an 750 000 Münchener in nur neun Stunden ausbezahlen – was haben „die da oben“ sich bloß dabei gedacht!

Abends, als sich Klaus-Jürgen und seine Freunde in der Gaststätte treffen, trauen sie ihren Augen nicht: Plötzlich gibt es Wein zu kaufen! Vorher bekamen sie dort immer nur Dröppelbier, das Bier, das der Wirt unter der Zapfsäule in Glasschalen aufgefangen hatte. Am nächsten Tag geht das Staunen weiter: überall volle Schaufenster und Waren, die es noch vor dem Wochenende nirgendwo zu kaufen gab. Fahrräder, Kochtöpfe, sogar Obst. Wie Klaus-Jürgen fragen sich viele andere Deutsche: Woher kommt das alles plötzlich?

◄ **Fleischerladen nach der Währungsreform am 20. Juni 1948.**
Noch Jahre nach dem Krieg waren die wichtigsten Artikel des täglichen Bedarfs rationiert und nur gegen Lebensmittelkarten erhältlich. Nach der Währungsreform hatten sich die Schaufenster über Nacht mit allen Waren gefüllt, auf die man so lange verzichten musste.

Wirtschaftliche und soziale Weichenstellungen

Neben der Wiedergewinnung der (außen)politischen Handlungsfreiheit war der wirtschaftliche Wiederaufstieg prägend für Selbstverständnis und Identitätsgefühl der jungen Bundesrepublik. Die wichtigsten Entscheidungen für den unvorhersehbaren Wirtschaftsboom wurden bereits 1948 getroffen: Währungsreform und Soziale Marktwirtschaft.

Um den wirtschaftlichen Wiederaufbau vorantreiben und den Marshall-Plan umsetzen zu können, musste zunächst der zur Finanzierung des Krieges aufgeblähte inflatorische Geldüberhang beseitigt werden, dem keine entsprechenden Güter gegenüberstanden. Da das Geld seinen Wert verloren hatte, behalfen sich die Menschen durch den Tausch von

Ware gegen Ware auf den „Schwarzmärkten". Nur dort gab es die knappen Nahrungsmittel und Güter, die man zum Leben brauchte – meist zu extrem überhöhten Preisen.

Da eine notwendige Währungsreform seit Kriegsende an der Uneinigkeit der vier Siegermächte gescheitert war, ordnete die US-Regierung eine Währungsreform allein für den sich anbahnenden Weststaat an. Mit Wirkung vom 20. Juni 1948 erhielt jeder in den drei Westzonen zunächst 40 Deutsche Mark als „Kopfgeld" (etwa 20 Euro), später noch einmal 20 DM. Löhne, Gehälter, Pensionen und Mieten wurden im Verhältnis 1:1, Schulden auf ein Zehntel in DM-Beträge umgewertet. Sparer wurden nahezu enteignet, denn die Reichsmarkguthaben konnten nur 10:1 umgewandelt werden. Die Besitzer von Sachwerten blieben von solchen Eingriffen zunächst verschont.

Der schmerzhafte Währungsschnitt hatte etwas Befreiendes. Mit einem Schlag waren die Schaufenster mit all den Waren gefüllt, die man so lange vermisst hatte. Der Handel hatte sie zum Teil vorher gehortet, da er sie für das wertlose Geld nicht verkaufen wollte. Der Impuls, den der jahrelang aufgestaute und nun seit der Währungsreform schrittweise befriedigte Konsumbedarf auslöste, wirkte wie eine Initialzündung für den wirtschaftlichen Aufschwung in Westdeutschland.

Ebenfalls mit Unterstützung der Amerikaner und gegen den Widerstand von SPD, Gewerkschaften und Bevölkerung propagierte **Ludwig Erhard** als Direktor des Frankfurter Wirtschaftsrates, dem Parlament in der angloamerikanischen Besatzungszone und Vorläufer des Deutschen Bundestages, seit April 1948 eine marktwirtschaftliche Neuorientierung (▸ M1, M2). Nach der jahrelangen staatlich reglementierten Wirtschaftsordnung ging es Erhard um eine allmähliche Wiederbelebung der Marktkräfte. Leitgedanken dieses Wirtschaftsmodells, für das der Wirtschaftsexperte Alfred Müller-Armack den Begriff der Sozialen Marktwirtschaft prägte, waren Wettbewerb als zentrales Element einer freiheitlichen Wirtschaftsordnung und eine staatliche Ordnungspolitik, in der die Spielregeln der Wirtschaft festgelegt werden. Zu den staatlichen Aufgaben zählt vornehmlich der Schutz des freien Wettbewerbs sowie die Steuerung der Einkommens- und Vermögensverteilung. Eine gesicherte Marktwirtschaft schaffe „Wohlstand für alle" und sorge damit für einen sozialen Ausgleich in der Gesellschaft.

Im Sommer 1948 hob der Frankfurter Wirtschaftsrat die Bewirtschaftung der meisten Produkte auf und gab deren Preise frei. Tatsächlich setzte die Wirtschaftsreform Kräfte frei, die allen Krisen zum Trotz zum enormen wirtschaftlichen Aufstieg der Bundesrepublik beitrugen. 1959 bekannte sich auch die SPD grundsätzlich zur Sozialen Marktwirtschaft.

▲ **„Erhard hält, was er verspricht."**
Plakat von 1957.
Im Bundestagswahlkampf 1957 setzt die CDU auf die Erfolge des Wirtschaftsministers Ludwig Erhard, „Vater des Wirtschaftswunders".

Ludwig Erhard (1897-1977): Wirtschaftswissenschaftler, von 1949-1963 Wirtschaftsminister und von 1963-1966 Nachfolger Konrad Adenauers als Bundeskanzler

Das „Wirtschaftswunder" Die Erfolge der Sozialen Marktwirtschaft wurden von einigen Faktoren begünstigt:

- Es gab genügend qualifizierte und motivierte Arbeitskräfte, unter anderem durch den Zuzug von Millionen Flüchtlingen und Vertriebenen.
- Eine zunächst maßvolle Tarifpolitik der Gewerkschaften versetzte die Unternehmen in die Lage, ihre Gewinne zu einem großen Teil für Investitionen zu verwenden.
- Vorhanden war eine gut ausgebaute und moderne industrielle Infrastruktur (Maschinen und Fabrikanlagen), weil die Kriegsschäden geringer waren als befürchtet.
- Der Außenhandel vervielfachte sich in wenigen Jahren; unter anderem profitierte die Bundesrepublik von der Einfuhr moderner Technik aus den USA und vom Güteraustausch in der Europäischen Wirtschaftsgemeinschaft ab 1957.
- Es gab eine wachsende Nachfrage nach Investitions- und Konsumgütern aller Art (Nachholbedarf) sowie nach Wohnungen.
- Nicht zu unterschätzen sind die psychologischen Faktoren wie Zukunftsvertrauen der Bevölkerung, Überlebenswille, Sehnsucht nach Normalität.

▲ **Feier für den einmillionsten „Käfer“ im Wolfsburger Volkswagenwerk.**
Foto vom 5. August 1955.
140 000 Menschen, darunter viele Vertreter der „Käfer-Importnationen“, feiern den Volkswagen, der insgesamt 21,5 Millionen Mal gebaut wurde. Der VW-Käfer wurde zum Symbol für den Erfolg der deutschen Autoindustrie, der zunehmenden Motorisierung und des deutschen Wirtschaftsaufstiegs.

- In Engpasssektoren (Wohnungen, Grundnahrungsmittel und Energie) wurde die staatliche Verwaltungswirtschaft beibehalten, bis sich die Märkte normalisiert hatten.
- Die 1957 gegründete und von der Bundesregierung unabhängige Deutsche Bundesbank sorgte für die Stabilität der „harten“ D-Mark.

Das Bruttosozialprodukt nahm in den fünfziger Jahren jährlich um durchschnittlich acht Prozent zu. Auch die Arbeitnehmer profitierten vom Aufschwung: Ihr verfügbares Einkommen wuchs deutlich an, ab 1959 herrschte mit einer Arbeitslosenquote von unter fünf Prozent Vollbeschäftigung. Seit 1955 wurden die ersten ausländischen „Gastarbeiter“ angeworben (▸ M3). Gleichzeitig vollzog sich ein Strukturwandel: Die Landwirtschaft schrumpfte, während zunächst die industrielle Produktion und später auch der Dienstleistungssektor immer mehr an Bedeutung gewannen.

Der Sozialstaat schafft Stabilität Als wichtiger Stützpfeiler der jungen Bonner Demokratie erwies sich neben dem wachsenden Wohlstand ihre erfolgreiche Sozialpolitik (▸ M4). Das Sozialstaatsgebot des Grundgesetzes (Artikel 20 Absatz 1) legte den Staat auf eine Politik sozialer Gerechtigkeit und Sicherheit fest. Denn die Not weiter Teile der Bevölkerung am Ende der Weimarer Republik und deren Anfälligkeit für radikale Parteien waren noch in lebhafter Erinnerung. Ohne sozialen Frieden würde der politische und wirtschaftliche Wiederaufbau nicht gelingen, würde die Demokratie nicht Wurzeln schlagen. Gesichert wurde dieser Frieden durch

- die Sozialversicherung (Kranken-, Renten-, Arbeitslosenversicherung) sowie Arbeitsvermittlungen, Sozial- und Arbeitsgerichte,
- die Tarifautonomie für Gewerkschaften und Arbeitgeber,
- die Bewältigung der unmittelbaren Kriegsfolgen für die Kriegsbeschädigten und -hinterbliebenen, Flüchtlinge und Vertriebenen, Ausgebombten und Opfer nationalsozialistischer Verfolgung durch finanzielle Unterstützung und Hilfen bei der beruflichen Wiedereingliederung (**„Lastenausgleich“**),
- die staatliche Förderung des sozialen und privaten Wohnungsbaus.

„Lastenausgleich“: seit 1952 gesetzlich gewährte finanzielle Hilfe, die für die Schäden und Verluste der Vertriebenen und Flüchtlinge aus den deutschen Ostgebieten und der Sowjetischen Besatzungszone Ausgleich schaffen sollte

Eine der wichtigsten sozialpolitischen Neuerungen der Nachkriegszeit brachte die Rentenreform von 1957. Zu den „Stiefkindern“ des wirtschaftlichen Aufschwungs gehörten die älteren Menschen. Mit der Reform wurden die Renten um 60 Prozent erhöht und künftig jährlich an die Lohnentwicklung angepasst („dynamisiert“). Nun war Alter nicht mehr gleichbedeutend mit materieller Not. Der im Arbeitsleben erworbene Lebensstandard sollte über den „Generationenvertrag“ gesichert werden: Die Renten wurden nun durch die laufenden Beiträge der Arbeitnehmer finanziert, nicht mehr aus einer angesparten Versicherungssumme. Die Rentenreform wurde von der Bevölkerung als wegweisend empfunden und zeugte von wirtschaftlichem Optimismus. Denn sie setzte voraus, dass die Wirtschaft weiterhin wuchs und es auch in Zukunft mehr Beitragszahler als Rentenempfänger gab.

Mit dem Bundessozialhilfegesetz folgte 1961 eine umfassende Modernisierung der traditionellen Armenfürsorge. Was damals allerdings in der verbreiteten Aufbruchsstimmung nicht beachtet wurde: Erstmals ließ die Regierung die Ausgaben des Bundes stärker anwachsen als es der Zunahme des Sozialprodukts entsprach. Haushaltsdisziplin wurde hinfort klein geschrieben, weil die Politik Wählerstimmen mit sozialen Wohltaten gewinnen wollte.

„Wir sind wieder wer" Der ökonomische Beitrag zur Stabilisierung der Bonner Demokratie seit Anfang der fünfziger Jahre kann nicht hoch genug eingeschätzt werden. Kaum etwas hat die Zeitgenossen mehr beeindruckt als der wirtschaftliche Erfolg in den ersten beiden Jahrzehnten nach Gründung der Bundesrepublik. Vor allem: In Westdeutschland stiegen die Verlierer des Weltkriegs zu ökonomischen Siegern auf, die wirtschaftlich gesehen auf Augenhöhe mit den Großmächten der Vorkriegszeit verkehrten und sich der Unterstützung der amerikanischen Supermacht erfreuten.

Der demokratische Verfassungsstaat erhielt breite Anerkennung, weil er den Bürgern materielle Verbesserungen bescherte (▸ M5, M6). Dass sich die wirtschaftliche Situation der Menschen dabei ungleichmäßig entwickelte und die soziale Ungleichheit keineswegs geringer wurde, störte nicht, weil die gesamte Gesellschaft ein bisher noch nie gekanntes Wohlstandsniveau erreichte.

▲ **WM-Sieg 1954: Deutschland ist wieder wer.**
Ein neues Selbstwertgefühl gewannen die Bundesbürger nicht nur durch wirtschaftliche, sondern auch durch sportliche Erfolge. Den größten Triumph feierte die Bundesrepublik mit dem Gewinn der Fußballweltmeisterschaft 1954 in Bern. Die Spieler der Mannschaft – im Bild Fritz Walter mit Pokal, daneben Horst Eckel – wurden als Nationalhelden gefeiert.

Die Parteienlandschaft in der akzeptierten Demokratie Neben wachsendem Wohlstand und geringen sozialen Konflikten festigte auch die Handlungsfähigkeit der Regierungen unter Bundeskanzler Adenauer die Bonner Demokratie. Starke Regierungen mit klaren Mehrheiten im Bundestag wurden nicht zuletzt durch den Konzentrationsprozess im Parteiensystem gefördert. 1949 war die Gefahr einer politischen Radikalisierung der Bevölkerung angesichts ungesicherter wirtschaftlicher Verhältnisse und einer nicht geringen Anzahl politisch Unbelehrbarer noch durchaus real. Mit der erfolgreichen Integration der Vertriebenen und der über drei Millionen Flüchtlinge aus der DDR* im Laufe der fünfziger Jahre verloren radikale Parteien an Bedeutung, zumal eine Sperrklausel Splittergruppen den Einzug ins Parlament verwehrte.

Nach der Bundestagswahl 1953 nahm die Zahl der im Bundestag vertretenen Parteien ab (1953: sechs, 1957: vier, 1961: drei). Vor allem CDU/CSU und SPD entwickelten sich zu Sammlungsbewegungen, die für alle sozialen Gruppen und Schichten wählbar waren. Pragmatisch suchten sie den Ausgleich zwischen den sozialen Interessen und ihren innerparteilichen Gruppierungen.

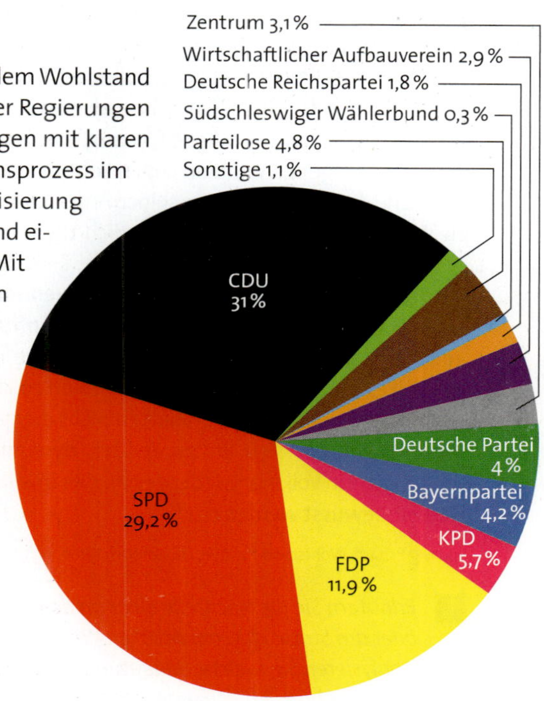

▲ **Ergebnis der Bundestagswahl von 1949.**
■ *Recherchieren Sie die Wahlergebnisse des 2. bis 5. Bundestages (1953-1965). Erläutern Sie den Trend.*

* zu der Integration der Vertriebenen vgl. S. 300 f. und 305 ff., zu den Flüchtlingen aus der DDR S. 324 und 333 f.

◄ Gegen die Wirtschaftspolitik.
SPD und Gewerkschaften bekämpften heftig die Politik Erhards, die auch in dessen eigener Partei umstritten war. Erst als die Erfolge der Sozialen Marktwirtschaft unübersehbar waren, fand sich die Sozialdemokratie mit ihr ab.

M1 Die Verwaltung des Mangels ist keine Lösung

Ludwig Erhard beschreibt in einer Rede in Antwerpen am 31. Mai 1954 die in Westdeutschland kurz vor der Währungsreform verbreitete Stimmung:

Das war die Zeit, in der die meisten Menschen es nicht glauben wollten, dass dieses Experiment der Währungs- und Wirtschaftsreform gelingen könnte. Es war die Zeit, in welcher man in Deutschland errechnete, dass auf jeden Deutschen nur alle fünf Jahre ein Teller komme, alle zwölf Jahre ein Paar Schuhe, nur alle fünfzig Jahre ein Anzug, dass nur jeder fünfte Säugling in eigenen Windeln liegen könnte, und jeder dritte Deutsche die Chance hätte, in seinem eigenen Sarge beerdigt zu werden. Das schien auch wirklich die einzige Chance gewesen zu sein, die uns noch winkte. Es zeugte von dem grenzenlosen Illusionismus und der Verblendung planwirtschaftlichen Denkens, wenn man von Rohstoffbilanzen oder anderen statistischen Grundlagen her glaubte, das Schicksal des Volkes für lange Zeit vorausbestimmen zu können. Diese Mechanisten und Dirigisten hatten nicht die geringste Vorstellung von der sich entzündenden dynamischen Kraft, sobald sich ein Volk nur wieder des Wertes und der Würde der Freiheit bewusst werden darf.

Ludwig Erhard, Wohlstand für Alle, Düsseldorf/Wien 1957, S. 18

1. *Erläutern Sie die Nachteile einer an der Vergangenheit oder am Status quo orientierten Wirtschaftspolitik.*
2. *Analysieren Sie, welche Bedeutung Erhard der Freiheit im Wirtschaftsleben beimisst.*

M2 Planwirtschaft oder Marktwirtschaft?

Auf einer Sitzung des Zonenausschusses der CDU der britischen Zone erläutert Erhard vom 25. Februar 1949 das Modell der Planwirtschaft:

Jede Planwirtschaft beruht auf der Vorstellung, dass irgendeine Behörde so weise sein kann und dass sie einen so großen Apparat hat mit Statistiken usw., dass es möglich ist, besser als das Volk selbst zu entscheiden, was dem Volke frommt. Auf Grundlage solcher Überlegungen muss dann notwendigerweise ein vorgefasster Produktionsplan entstehen. Der Produktionsplan kann nur so entstehen, dass die Behörde sich einbildet, annehmen zu können, der durchschnittliche Mensch will soundso viel sparen und soundso viel verbrauchen, und für den Normalverbraucher wird gewissermaßen eine optimale Verbrauchsregelung konstruiert. Und diese wird mit 45 Millionen multipliziert, und dann bildet sich die Planwirtschaft ein, dass das der Verbrauch des Volkes wäre und dass diese Methode die Harmonie der Gesellschaft verbürgen würde.
Was da herauskommt, ist nicht der soziale Verbrauch eines Volkes, sondern das ist vollendeter Unfug im wirtschaftlichen Sinn. Und was auf der soziologischen Ebene herauskommt, ist nicht die Harmonie, sondern das ist das Chaos und die Tyrannei. Wohl oder übel muss die Planwirtschaft sehr bald zur Aufhebung jeder menschlichen Freizügigkeit kommen.

Peter Bucher (Hrsg.), Nachkriegsdeutschland 1945-1949, Darmstadt 1990, S. 469

1. *Arbeiten Sie Erhards wirtschaftspolitisches und weltanschauliches Grundkonzept heraus.*
2. *Informieren Sie sich über die wirtschaftspolitischen Vorstellungen der SPD und der Gewerkschaften in der unmittelbaren Nachkriegszeit. Vergleichen Sie sie mit Erhards Vorstellungen.*

M3 Das „Wirtschaftswunder" in Zahlen

a) Wirtschaftsleistung 1950-1965
Entwicklung des Bruttosozialprodukts insgesamt und je Einwohner:

	in Mrd. DM	in DM je Einwohner in jeweiligen Preisen	Wachstum in % in konstanten Preisen
1950	97,9	2100	–
1952	136,6	2900	9,0
1954	157,9	3200	7,2
1956	198,8	4000	7,0
1958	231,5	4500	3,3
1960	279,8	5400	8,8
1962	360,5	6300	4,7
1964	419,6	7200	6,6

Fischer-Chronik Deutschland 1949-1999, Frankfurt am Main 1999, S. 1209

b) Beschäftigte, Arbeitslose, offene Stellen, Gastarbeiter (Jahresmitte in 1000):

Jahr	Beschäftigte	registrierte Arbeitslose	Quote in %	offene Stellen	Gastarbeiter
1950[1]	20376	1584	11,0	142	–
1952	21300	1385	9,5	128	–
1954	22395	1225	7,6	166	72
1956	23830	765	4,4	236	98
1958	25530	780	3,7	258	127
1960	26247	271	1,3	539	279
1962	26783	154	0,7	607	629
1964	26979	169	0,8	670	902

Werner Abelshauser, Die Langen Fünfziger Jahre. Wirtschaft und Gesellschaft der Bundesrepublik Deutschland 1949-1966, Düsseldorf 1987, S. 80

c) Durchschnittliches Monatseinkommen 1950-1970:

Jahr	Arbeiter	Angestellte/ Beamte	Selbst-ständige	Rentner
1950	283	346	437	145
1955	474	570	754	232
1960	683	804	1154	359
1970	1272	1469	2736	737

Michael von Prollius, Deutsche Wirtschaftsgeschichte nach 1945, Göttingen 2006, S. 134

[1] ohne Berlin

d) Indikatoren der Wirtschaftsentwicklung der BRD im Vergleich zu den Staaten der OECD (jährliche Wachstumsraten in Prozent):

Periode	Reales Einkommen pro Kopf		Inflation		Export (Volumen)	
	OECD	BRD	OECD	BRD	OECD	BRD
1948-1952	4,7	12,17	6,85	1,2	13,98	54,89
1953-1957	3,91	7,1	2,3	1,1	8,79	16,01
1958-1962	4,29	5,16	2,83	2	9,05	9,15
1963-1967	3,52	2,77	3,97	2,6	7,89	11,04

Richard H. Tilly, Gab oder gibt es ein „deutsches Modell" der Wirtschaftsentwicklung?, in: Jürgen Osterhammel, Dieter Langewiesche und Paul Nolte (Hrsg.), Wege der Gesellschaftsgeschichte, Göttingen 2006, S. 229

1. *Vergleichen Sie die Wirtschaftsleistung mit der Entwicklung bei den Beschäftigten und den Einkommen.*

2. *Erklären Sie die unterschiedlichen Trends der Staaten.*

M4 Sozialbudget (in Milliarden DM) 1950-1965

	1950	1955	1960	1965
Rentenversicherung	3,9	7,8	18,3	29,0
Altershilfe für Landwirte	–	–	0,2	0,5
Krankenversicherung und Mutterschutz	2,5	4,7	9,6	15,9
Unfallversicherung	0,6	1,0	1,7	3,1
Arbeitslosenversicherung	1,9	1,8	1,1	1,4
Kindergeld	–	0,5	0,9	2,8
Sozialhilfe	1,0	1,3	1,6	2,5
Jugendhilfe	0,03	0,05	0,05	0,8
Wohngeld	–	–	–	0,2
Öffentlicher Gesundheitsdienst	0,1	0,2	0,3	0,7
Pensionen	2,5	5,1	6,9	10,4
Kinderzuschläge im öffentlichen Dienst	0,4	0,8	1,0	1,6
Zusatzverordnung	–	–	–	0,5
Kriegsopferversorgung	2,1	3,2	3,7	5,8
Lastenausgleich*	0,7	1,0	1,3	2,0
Sonstige Entschädigung	–	–	–	0,7
Sozialbudget insgesamt	15,7	27,3	46,7	77,9

* vgl. dazu S. 290 und 301

Werner Abelshauser, a. a. O., S. 80, und Globus Schaubild Nr. 1854

Welche Teilbereiche des „sozialen Netzes" erfuhren eine besonders starke Steigerung? Nennen Sie Gründe.

M5 Die „Langen Fünfziger Jahre"

Der Wirtschaftshistoriker Werner Abelshauser schreibt über die wirtschaftliche Hochkonjunktur in der Ära Adenauer:

In den Langen Fünfziger Jahren wandelte sich die Bundesrepublik in eine reife Industrienation. Alle Indikatoren – ob sie nun die Bevölkerungsentwicklung oder die Sozial- und Wirtschaftsstruktur betreffen – zeigen die westdeutsche Industriegesellschaft auf dem Höhepunkt ihrer Ausdehnung und Bedeutung. Gerade diejenigen Faktoren, die eine volle Entfaltung der Rekonstruktionskräfte ermöglicht hätten – die Ausweitung des Weltmarktes und die wachstumsbedingte Expansion des Binnenmarktes – sorgten auch dafür, dass die Bundesrepublik stärker als vergleichbare Volkswirtschaften ihren industriellen Sektor entwickelte.
Am Ende der besonderen Wachstumsbedingungen der Rekonstruktionsperiode, am Anfang der sechziger Jahre, war die Krise der Industriewirtschaft, die ein Jahrzehnt später einsetzen sollte, noch nicht erkennbar. Wohl aber machte die Rezession von 1966 – zusammen mit einer erneuten Verschärfung der Bergbaukrise an der Ruhr – den Westdeutschen deutlich, dass ihr wirtschaftspolitisches Konzept, ihr ordnungspolitischer Stil, nicht auf Dauer verhindern konnten, dass die aus der Erfahrung in den Nachbarländern vertrauten Schwankungen von Produktion und Beschäftigung auch ihre Wirtschaft erfassten, und dass mit der „Normalisierung" des wirtschaftlichen Wachstums neue soziale Probleme auftraten. Damit erwiesen sich zahlreiche Hoffnungen, die sich an den reformerischen Anspruch der Sozialen Marktwirtschaft knüpften, als Illusionen. Es war dieser Verlust an ordnungspolitischer Selbstsicherheit und Stabilitätsgewissheit, der die Erschütterungen in der westdeutschen Gesellschaft der Mitte der sechziger Jahre auslöste und nicht der relativ geringfügige Anstieg der Arbeitslosigkeit.

Werner Abelshauser, a. a. O., S. 74 f.

▲ **Spiegel-Titel aus dem Jahr 2006.**
■ *Erläutern Sie die Bildauswahl.*

1. *Skizzieren Sie den wirtschaftlichen Wandel in der Bundesrepublik Deutschland.*
2. *Diskutieren Sie die Risiken eines lang anhaltenden Wirtschaftsaufschwungs in Bezug auf die Anspruchshaltung einer Gesellschaft. Vergleichen Sie mit der heutigen Situation*
   a) im Verhältnis zwischen alten und neuen Bundesländern.
   b) im Verhältnis zwischen Deutschland und anderen Staaten, beispielsweise hochindustrialisierten Nationen, Schwellenländern und Entwicklungsländern.

▲ Schaufensterauslage eines Textilgeschäftes mit dem Porträt des Wirtschaftsministers Ludwig Erhard.
Foto von 1949/50.
Nach der Währungsreform und der Einführung des neuen Wirtschaftssystems gab es beträchtliche Anfangsschwierigkeiten. Die Arbeitslosenzahlen nahmen zu und die Preise stiegen gewaltig. Mit „Preisregeln" steuerte der Wirtschaftsminister dagegen.
▪ *Nehmen Sie Stellung zu dem Werbeslogan.*

M6 Demokratie – eine Veranstaltung von oben?

Der Politikwissenschaftler Kurt Sontheimer über die politische Kultur der frühen Bundesrepublik:

Die wachsende Identifikationsbereitschaft der großen Mehrzahl der Deutschen mit einer wirtschaftlich erfolgreichen Demokratie bedeutete freilich nicht, dass die politische Kultur der Westdeutschen von Anfang an von einer Vorherrschaft demokratischer Einstellungen und Verhaltensweisen geprägt gewesen wäre. Die Nachwirkungen des nationalsozialistischen Totalitarismus wurden erst langsam überwunden und blieben bei 10-15 Prozent der Bevölkerung latent vorhanden, aber sie haben sich auf die Institutionen des demokratischen Systems kaum mehr störend ausgewirkt. Die politischen Parteien und die von ihnen getragenen Verfassungsinstitutionen praktizierten in der Ära Adenauer und bis in die sechziger Jahre hinein eine rein repräsentative, mit autoritären Zügen versehene Variante der Demokratie. Erst die mit der Studentenbewegung in Gang gesetzte antiautoritäre Protestwelle ab 1967 brachte einen Schub Demokratisierung und ein höheres Maß an Partizipation in die deutsche politische Kultur. Diese hat dadurch die ihr früher noch teilweise innewohnenden autoritären Elemente weitgehend abgestreift. Noch Anfang der sechziger Jahre hatte eine erste große empirische Untersuchung über die politische Kultur der Bundesrepublik festgehalten, wie sehr die Deutschen, etwa im Vergleich zu den angelsächsischen Demokratien, Demokratie als eine Veranstaltung von oben verstanden und sie vorwiegend nach dem beurteilten, was diejenigen, die in der Politik stehen und sie gestalten, für die Bevölkerung und den Staat insgesamt zu leisten in der Lage sind, während sie die Bedeutung des eigenen „Impuls" (der Partizipation) eher gering schätzten.

Kurt Sontheimer, Deutschlands politische Kultur, München 1990, S. 26 f.

1. *Beschreiben Sie das Demokratieverständnis der Deutschen in den Nachkriegsjahrzehnten, wie Sontheimer es darstellt. Berücksichtigen Sie dabei auch die Beteiligung bei Wahlen oder die Mitgliederzahlen der Parteien des Bundestags.*

2. *Vergleichen Sie mit dem Demokratieverständnis in den angelsächsischen Staaten. Welche Unterschiede sehen Sie heute?*

Karikaturen als gezeichnete Geschichte

Karikaturen (von ital. caricare für „überladen", „übertreiben") sind gezeichnete historische Quellen: Sie nehmen zu aktuellen politischen oder gesellschaftlichen Ereignissen, Entwicklungen, Zuständen oder Personen kritisch Stellung. Mit den Mitteln der Parodie, der Ironie, der Komik und des Witzes heben sie zentrale Aspekte bewusst hervor, vereinfachen sie oder stellen sie verzerrt dar. Die Öffentlichkeit soll auf politische oder soziale Missstände und Fehlentwicklungen aufmerksam gemacht, zum Nachdenken und Diskutieren angeregt werden.

Karikaturen analysieren

Worüber die Zeitgenossen lachten oder sich ärgerten, was ihnen gefiel oder was sie ablehnten, erfassen wir nicht auf Anhieb. Um die Aussage einer Karikatur zu entschlüsseln, bedarf es daher der genauen Interpretation und Analyse. In der Regel legen kurze Texte den gezeichneten Figuren Worte in den Mund oder bieten als plakative Unterschriften Hilfen für Deutung und Reflexion. Neben dem Text sind auch Daten wichtige Erschließungshilfen. Generell setzen die Zeichner nicht nur die Kenntnis des dargestellten Sachverhalts voraus, sondern auch die für Karikaturen typische Symbol- und Bildersprache:

- Symbole und Metaphern (Krone und Zepter für Monarchie, Waage für Gerechtigkeit)
- Personifikation und Allegorie („Uncle Sam" für die USA, „Germania" oder der „Deutsche Michel" mit Zipfelmütze für die Deutschen, Engel oder Taube als Friedensbringer)
- Tiervergleiche (der „russische Bär", der „gallische Hahn")
- visualisierte Redensarten („alle sitzen in einem Boot", „den Gürtel enger schnallen")
- historische Bildzitate („Der Lotse geht von Bord", „Die Freiheit führt das Volk")

Formale Kennzeichen

- Wer hat die Karikatur geschaffen oder in Auftrag gegeben?
- Wann und wo ist sie entstanden bzw. veröffentlicht worden?

Bildinhalt

- Wen oder was zeigt die Karikatur?
- Was wird thematisiert?
- Welche Darstellungsmittel werden verwendet und was bedeuten sie?

Historischer Kontext

- Auf welches Ereignis, welchen Sachverhalt oder welche Person bezieht sich die Karikatur?
- Auf welche politische Diskussion spielt sie an?
- Wozu nimmt der Karikaturist konkret Stellung?

Intention und Wirkung

- An welche Adressaten wendet sich die Karikatur?
- Welchen Standpunkt nimmt der Karikaturist ein?
- Welche Aussageabsicht verfolgt er?
- Inwiefern unterstützt ein eventueller Text die Wirkung der Zeichnung?
- Welche Wirkung wollte der Karikaturist beim zeitgenössischen Betrachter erzielen?

Bewertung und Fazit

- Wie lässt sich die Aussage der Karikatur insgesamt einordnen und bewerten?
- Wurde das Thema aus heutiger Sicht sinnvoll und überzeugend gestaltet?
- Welche Auffassung vertreten Sie zu der Karikatur?

Beispiel und Analyse

Schwarzer Horizont
Metapher für ungewisse (politische) Zukunft

Katholische Krankenschwesterntracht
Hervorhebung/Ironisierung typischer Eigenschaften (Katholik, Adenauers autoritärer Führungsstil)

Gesichtszüge
klare Identifikation Adenauers

Kanonenrohr
Hinweis auf NATO-Beitritt und Wiederbewaffnung

„Deutscher Michel"
Personifikation des typischen Deutschen

VW-Käfer, Kühlschrank, TV-Gerät und Geldsack
Symbole für den wirtschaftlichen Aufstieg

▲ **Zufrieden – „Nicht wahr, Michelchen – keine Experimente!"**
Karikatur von H. E. Köhler in der Frankfurter Allgemeinen Zeitung, 1957.

Formale Kennzeichen Die Zeichnung stammt von Hanns Erich Köhler (1905-1983), einem der bekanntesten Karikaturisten der frühen Bundesrepublik. Er veröffentlichte sie 1957 in der Frankfurter Allgemeinen Zeitung, der führenden überregionalen, politisch eher konservativ ausgerichteten deutschen Tageszeitung.

Bildinhalt Die Karikatur zeigt den an seinen charakteristischen Gesichtszügen erkennbaren ersten deutschen Bundeskanzler und CDU-Vorsitzenden Konrad Adenauer. In Anspielung auf seine Prägung als rheinischer Katholik und seinen autoritären Führungsstil ist er als Krankenschwester in Ordenstracht gekleidet. Lächelnd schiebt er eine Kreuzung aus Kinderwagen und Volkswagen, an dem vorn ein Kanonenrohr angedeutet ist. Im Kinderwagen liegen ein Geldsack und der als zufrieden schlafendes Baby dargestellte „Deutsche Michel" mit typischer Zipfelmütze, die Personifikation des deutschen Durchschnittsbürgers. Er hält einen Kühlschrank und einen Fernseher in den Armen. Thema der Karikatur ist die gesellschaftspolitische Situation Mitte der 1950er-Jahre (1957), die von Adenauers langjähriger Kanzlerschaft (1949-1963) und dem „Wirtschaftswunder" geprägt war, das VW-Käfer, Fernseher, Kühlschrank und D-Mark symbolisieren.

Historischer Kontext Mit dem Slogan „Keine Experimente" errangen die CDU/CSU und ihr Spitzenkandidat Adenauer in der Bundestagswahl 1957 mit 50,2 Prozent der Mandate ihren bislang größten Sieg. Es war das erste und einzige Mal, dass eine Partei die absolute Mehrheit erhielt und die alleinige Regierungsfraktion stellen konnte.
Grundlagen für Adenauers Popularität waren der steigende Lebensstandard und die sinkende Arbeitslosigkeit. 1955 hatte die Bundesrepublik zudem mit dem Ende der Besatzungsherrschaft, dem NATO-Beitritt und der folgenden Wiederbewaffnung ihre Souveränität wiedererlangt. Adenauer konnte in seiner dritten Legislaturperiode nun vier Jahre lang ohne Koalitionspartner regieren und seine umstrittenen Ziele auch in der Außenpolitik verwirklichen. Dazu gehörte u. a. der Aufbau der Bundeswehr im NATO-Bündnis, worauf das angedeutete Kanonenrohr und die als schwarzer Horizont ausgemalte ungewisse oder gar dunkle Zukunft anspielen.
Mit seiner Karikatur nimmt Köhler Stellung zur politischen Einstellung der Bevölkerung, die sich in der Bundestagswahl spiegelt. Die meisten Deutschen hielten sich nach dem Krieg politisch zurück, konzentrierten sich auf den wirtschaftlichen Wiederaufbau und ihren privaten Lebensstandard. In Adenauer sahen sie den Garanten für Wohlstand und Stabilität. Für das „Experiment" eines politischen Wechsels gab es keinen Bedarf.

Intention und Wirkung Der Karikaturist will dem Wähler einen Spiegel vorhalten und ihn daran erinnern, seine politische Verantwortung ernst zu nehmen. Adenauer hat sich in den acht Jahren im Kanzleramt ein so hohes Ansehen verschafft, dass ihm der Bundesbürger – mit den Errungenschaften des „Wirtschaftswunders" materiell zufriedengestellt – im Schlaf vertraut und freie Hand lässt, ohne zu wissen, wohin der Weg führt. Der Karikaturist wendet sich nicht gegen Adenauers Politik, sondern das Desinteresse, mit dem sich die Deutschen um ihre gerade erst zurückgewonnene politische Mündigkeit bringen oder sich diese aus Bequemlichkeit abnehmen lassen.

Bewertung und Fazit Zeichenstil und Bildkomposition sind einfach, die Personen leicht zu erkennen und auf wenige charakteristische Elemente reduziert. Die Karikatur ist eine gelungene Allegorie, da sie die komplexen Zusammenhänge des gesellschaftspolitischen Klimas der Adenauerzeit mit Text und Symbolik treffend, einfach und damit wirkungsvoll zusammenfasst.

Gesellschaftliche Entwicklungen im „Wirtschaftswunderland“

Lange hat Elke dem 23. Juni 1958 entgegengefiebert: Endlich ist sie dreizehn und ein „Teenager“, so wie die meisten ihrer Klassenkameradinnen am Coburger Alexandrinum – und das ist schick! Ihre Oma und die meisten älteren Verwandten sagen dazu „Backfisch“. Elke findet das furchtbar altmodisch. Das riecht nach Mief, genauso wie die langweiligen Jugendgruppentreffen der Kirchengemeinde, in die sie und ihre Freundinnen längst nicht mehr gehen.

Elke und ihre Freundinnen wollen anders sein, am liebsten so wie die Teenager in den Musikfilmen oder in der „Bravo“, so wie Peter Kraus und Conny Froboess, mit Petticoats, Pumps, Pferdeschwanz und Ballerinaschuhen. Bevor sie samstags ins Eiscafé gehen, schminken sie sich unterwegs im Park. Manchmal rauchen sie auch – heimlich natürlich. Wenn das die Eltern erfahren würden, dann dürften sie wohl nicht mehr ausgehen. Und mit den „Halbstarken“, wie die Eltern und andere Erwachsene die etwas älteren Jungen abschätzig nennen, dürfen sie sich erst recht nicht sehen lassen. Kürzlich hat Elkes Vater in ihrem Zimmer eine „Bravo“ gefunden und ihr eine runtergehauen. Wenigstens erlauben ihr die Eltern, den Plattenspieler etwas lauter zu drehen, wenn sie in ihrem Zimmer Rock' n' Roll-Musik hört.

Trotz aller Verbote – Elke weiß, wie gut es ihr und ihrer Familie im Vergleich zu anderen geht. In ihrer Klasse ist ein Mädchen, Irene, die mit ihrem Vater, der Großmutter und zwei älteren Brüdern vor über zehn Jahren aus Ostpreußen geflohen ist und die immer noch zu fünft in der kleinen Zweizimmerwohnung bei den Hoffmanns zur Untermiete wohnen. Wenn Elke und ihre Klassenkameraden zusammen Eis essen oder ins Kino gehen, kommt Irene nie mit. Woran das liegt, weiß Elke nicht. Vielleicht hat sie keine Zeit, weil sie anstelle der verstorbenen Mutter den Haushalt führen muss, oder sie hat kein Geld dafür. Ich lade sie das nächste Mal einfach ein, nimmt sich Elke vor.

Flüchtlinge und Vertriebene Unter den 1960 registrierten 55,4 Millionen Einwohnern in der Bundesrepublik und in West-Berlin waren rund 25 Prozent Flüchtlinge und Vertriebene. Sie kamen aus den ehemaligen Ostgebieten des Deutschen Reiches, der Tschechoslowakei, der SBZ bzw. DDR sowie aus ehemaligen deutschen Gebieten in Osteuropa, vor allem Polen. Anfangs schien die Eingliederung so vieler heimatlos gewordener Menschen eine unlösbare Aufgabe zu sein (▸ M1):

- Millionen Flüchtlinge lebten jahrelang in Lagern oder engen Notunterkünften.

◂ **Notunterkünfte für Ausgebombte, Flüchtlinge und Vertriebene.**
Foto aus Bonn von 1956.
Solche Barackenlager waren bis in die siebziger Jahre ein gewohnter Anblick am Rand der deutschen Städte. Trotz des massiv vom Staat geförderten Sozialen Wohnungsbaus lebten noch lange viele Arbeiterfamilien in Notunterkünften.

- Die Einheimischen empfingen sie selten mit offenen Armen, sondern begegneten ihnen im Gegenteil oft mit Gleichgültigkeit oder Vorurteilen, denn sie mussten in den Nachkriegsjahren eigenen Wohnraum an die Zuwanderer abgeben und das Wenige, was sie zum Essen hatten, teilen.
- 1951 war jeder dritte Arbeitslose ein Vertriebener. Wer Arbeit hatte, musste sich häufig mit einer Tätigkeit unter seiner Qualifikation zufriedengeben.

Geglückte Integration Die rasche wirtschaftliche Aufwärtsentwicklung der Bundesrepublik ermöglichte im Laufe der Zeit die soziale Integration der Zuwanderer. Die wichtigsten Instrumente der Eingliederungspolitik waren der staatlich geförderte Wohnungsbau und der seit 1952 gesetzlich festgeschriebene „Lastenausgleich", eine Vermögensabgabe der Besitzenden für die besonders von Krieg und Vertreibung betroffenen Bevölkerungsgruppen, die Kriegsinvaliden, Ausgebombten und Flüchtlinge. Durch individuell bemessene Entschädigungsleistungen und Beihilfen zum Aufbau einer neuen Existenz erhielten die Betroffenen einen Rechtsanspruch auf staatliche Hilfe. Dieser Solidaritätsbeitrag (bis 2001: 74,3 Milliarden Euro) half, das Vertrauen der Vertriebenen in die demokratischen Institutionen zu stärken und radikale und systemfeindliche Strömungen innerhalb der Vertriebenenverbände zu verhindern.

Die enorme Verbesserung der Beschäftigungssituation seit Beginn der sechziger Jahre war ein zweiter, wahrscheinlich sogar wichtigerer Grund für die gelungene Integration. Die aufstiegsorientierten und arbeitsamen Menschen, die nahezu alles verloren hatten und mehr als ihre Landsleute im Westen für die Folgen von Hitlers Krieg büßen mussten, trugen ihrerseits erheblich zum wirtschaftlichen Aufstieg und zu einer gesellschaftlichen Modernisierung bei.

Der zunehmende Bedeutungsverlust der Flüchtlings- und Vertriebenenpartei „Block der Heimatvertriebenen und Entrechteten" (BHE) seit Ende der fünfziger Jahre ist ein Indiz für die weitgehende Eingliederung der Vertriebenen in die westdeutsche Gesellschaft (▸ M2, M3). Zum politischen Sprengstoff entwickelten sich die Heimatvertriebenen nicht, weil sich ihre Vertretungen (Landsmannschaften) früh für eine gewaltfreie, demokratische Politik entschieden.

Von der Arbeits- zur Konsumgesellschaft In den Anfangsjahren des „Wirtschaftswunders" lebten die meisten Bundesbürger recht bescheiden, geprägt von den erst kurz zurückliegenden Jahren des Mangels. Es wurde mit jedem Pfennig gerechnet, eifrig gespart und lange gearbeitet. Bis Mitte der fünfziger Jahre betrug die durchschnittliche Wochenarbeitszeit in der Industrie über 49 Stunden. Der Samstag wurde erstmals 1956 für die Metallarbeiter zum arbeitsfreien Tag, der Jahresurlaub betrug zwei bis drei Wochen. 1955 mussten noch immer 20 Prozent der Erwachsenen mit einem Haushaltseinkommen von monatlich 250

▸ **Idyll der heilen Welt: westdeutsches Wohnzimmer.**
Foto aus Bonn von 1958.

▲ **Bundesbürgerinnen bei der Schnäppchenjagd.**
Foto aus Frankfurt von 1958. Der Sommerschlussverkauf lockte Tausende in die Warenhäuser wie hier in den Frankfurter Kaufhof. Nach der Öffnung am Montagmorgen konnten rund um die Warentische regelrechte Kampfszenen beobachtet werden.

DM auskommen und lagen damit an der Grenze des Existenzminimums. Über die Hälfte der Bevölkerung verfügte über nicht mehr als drei Wohnräume, Bad und Küche mitgerechnet. Nur elf Prozent besaßen einen Kühlschrank, ein Drittel hatte noch nie eine Urlaubsreise gemacht. Unternehmer oder Freiberufler konnten den Wohlstand wesentlich früher genießen als abhängig Beschäftigte. Die „Neureichen" zeigten, was sie hatten.

Der nahe liegende Vergleich mit der Kriegs- und unmittelbaren Nachkriegszeit sorgte für eine optimistische Grundstimmung und einen ungetrübten Fortschrittsglauben. Die meisten waren überzeugt, dass man sich die Errungenschaften der Konsumgesellschaft – Kühlschrank, Waschmaschine, Auto, Ferienreise, Eigenheim – in absehbarer Zeit erarbeiten könne. Der Vorkriegsverbrauch von Bohnenkaffee und Fleisch wurde zum Beispiel erst 1956/57 erreicht. Dann aber verbesserten sich die Lebensverhältnisse rapide. Nach der „Fresswelle" der Anfangsjahre folgten eine „Kaufwelle" bei langlebigen Gebrauchsgütern und Möbeln, eine „Reisewelle", die viele Deutsche in ihr Traumland Italien führte, und schließlich die „Motorisierungswelle" (▸ M4).

Die Nivellierung der Konsumchancen hatte eine egalisierende Wirkung auf das gesellschaftliche Zusammenleben. Allmählich verwischten sich die Unterschiede zwischen Angestellten und Facharbeitern. Die große Mehrheit der Arbeitnehmer bewegte sich in einem mittleren Einkommensbereich. Von der Herausbildung einer „nivellierten Mittelstandsschicht" (Helmut Schelsky), von der damals die Politiker der Regierungsparteien gerne sprachen, konnte allerdings erst in Ansätzen die Rede sein.

Lebensformen und Mentalitäten Ein spezifisches Lebensgefühl bildete sich heraus: ein unbändiger Wille, die „verlorenen Jahre" des Krieges im Zeichen des angehenden Wohlstandes nachzuholen, eine kollektive Sehnsucht nach bürgerlicher Normalität sowie eine Grundstimmung materieller Zufriedenheit. Das hieß: viel und gerne arbeiten, in der Familie leben, die Konsumfreiheit genießen und sich nicht um Politik kümmern. Die große Mehrheit der Westdeutschen ging zwar zu den Wahlen, wollte aber sonst von der Politik in Ruhe gelassen werden – eine Reaktion auf die permanente politische Mobilisierung während der NS-Zeit. Das galt vor allem für Jugendliche, für die Politik ein abstrakter Begriff blieb, dem sie skeptisch gegenüberstanden.

Während Bindungen an Familie und Kirche an Gewicht verloren, prägte der einsetzende Auslandstourismus das Lebensgefühl breiter Schichten. Begleiterscheinungen des Massenwohlstandes wie Motorisierung, besseres Wohnen, gewandeltes Freizeitverhalten veränderten das Bild der Städte und Dörfer. Neue Industriegebiete, Straßen, Autobahnen und Hochhäuser entstanden. Die Kehrseite dieser Entwicklung – Lärm, Zersiedelung, Gewässerverschmutzung und Unfalltote – wurde hingenommen.

Amerikanisierung und Verwestlichung Die von der „großen Politik" seit den späten vierziger Jahren eingeführte Westorientierung fand ihre Entsprechung in der persönlichen Lebenswelt der Bürger. Insofern machte die amerikanische Massenkultur gerade in der Bundesrepublik die Werte der amerikanischen Demokratie populär (▸ M5). Liberalismus, Pluralismus, Rechtsstaatlichkeit und freiheitliche Demokratie stellten obrigkeitliches Denken und patriarchalische Strukturen infrage. Ein neues staatsbürgerliches Selbstbewusstsein zeigte sich zum Beispiel Ende 1962, als sich in der **„Spiegel-Affäre"** erstmals eine breite Öffentlichkeit im Protest gegen die Bundesregierung artikulierte. Die Pressefreiheit, das hatte man inzwischen gelernt, galt es gegen jegliche politische Manipulationen zu verteidigen. Die Bundesrepublik begann, ein „normales" westliches Land zu werden.

▲ **Kippe an der Lippe und Frisur wie James Dean.**
Foto aus Dortmund, 1959.

Amerikanische Lebensart, Kleidung, Verhaltensweisen, Literatur, Filmidole wurden zum Vorbild für große Teile der Bevölkerung und wirkten stilbildend. Mit dem „American Way of life" gelangten nahezu unbemerkt die für den „Westen" stehenden amerikanischen Wertvorstellungen in den Wahrnehmungshorizont vor allem der jungen Generation: Individualismus, Freiheitsdrang, Optimismus.

Auch die „Halbstarkenkrawalle" der Jahre 1956/58 folgten westlichen „Vorbildern". Die von den USA ausgehende Massenkultur in Mode („Jeans") und Musik („Rock'n'Roll") verband sich überall in Westeuropa mit dem Protest und einem veränderten Lebensgefühl vieler Jugendlicher, die nach Freiräumen von Arbeitsethos und Bürgerlichkeit verlangten (▸ M6). Die Protestwelle der späten sechziger Jahre kündigte sich an.

„Spiegel-Affäre": Politskandal, ausgelöst durch einen im Nachrichtenmagazin „Spiegel" veröffentlichten kritischen Artikel über die NATO. Die Bundesregierung ließ Redakteure und Herausgeber des Magazins wegen angeblichen Landesverrats verhaften und die Redaktionsräume polizeilich durchsuchen. In der Folge musste Verteidigungsminister Franz Josef Strauß zurücktreten; das Magazin wurde vollständig rehabilitiert.

„Schlussstrich-Mentalität" Die Nürnberger Prozesse und die auf halber Strecke beendete politische Säuberung ließen die deutsche Bevölkerung glauben, die Vergangenheit genügend „aufgearbeitet" zu haben. Eine „Schlussstrich-Mentalität" machte sich breit, weil, so meinten viele, die eigentlichen Schuldigen schon längst bestraft worden seien (▸ M7).

Erst mit der Gründung der Zentralen Stelle der Landesjustizverwaltungen zur Aufklärung nationalsozialistischer Gewaltverbrechen 1958 in Ludwigsburg und der systematischen strafrechtlichen Verfolgung von NS-Tätern in den Vernichtungslagern begann in der Bundesrepublik eine neue Phase im Umgang mit der Vergangenheit. 1961 wurde Adolf Eichmann, dem Organisator der jüdischen Deportationen, in Jerusalem der Prozess gemacht; 1963 bis 1965 folgte der Frankfurter Auschwitz-Prozess, dem sich weitere Verfahren (Majdanek-Prozess 1975/81 in Düsseldorf) anschlossen. 750 weitere NS-Täter wurden seit Gründung der Ludwigsburger Zentralstelle 1958 rechtskräftig verurteilt.

Die großen NS-Prozesse der 1960er-Jahre förderten das ganze Ausmaß der Massenvernichtung zutage und die Medien sorgten dafür, dass die Auseinandersetzung mit den Verbrechen zu einer öffentlichen Angelegenheit wurde. Das im Zusammenhang mit den Prozessen veröffentlichte Aktenmaterial zeigte, wie weit die NS-Herrschaft in alle

▲ **Demonstrationsplakat gegen Kurt Georg Kiesinger.**
Berlin 1967/69.
Mit diesem Protestplakat empfingen Studenten Bundeskanzler Kiesinger bei einem Besuch an der Freien Universität Berlin. Aufgrund seiner NS-Vergangenheit stand Kiesinger in den Augen der Studentenbewegung, aber auch großer Teile der Bevölkerung stellvertretend für die bundesdeutschen Eliten und ihre Haltung zum Nationalsozialismus. Kiesinger war Mitglied der NSDAP und während des Krieges im Auswärtigen Amt (AA) als stellvertretender Abteilungsleiter für Propaganda in der Rundfunkabteilung tätig. Nach 1945 zunächst als Mitläufer eingestuft, wurde er 1948 durch ein Spruchkammergericht vollständig entlastet. Von 1966 bis 1969 war er Bundeskanzler und von 1967 bis 1971 Vorsitzender der CDU.

Bereiche von Staat und Wirtschaft hineingereicht hatte, wie groß die Unterstützung gewesen war, die sie dort gefunden hatte, und dass von einer totalen Durchdringung und Überwachung des Alltags durch das Regime keine Rede sein konnte. Besonders erschreckend war die Erkenntnis, dass ein erheblicher Teil der deutschen Bevölkerung, teils unter Druck, teils bewusst kalkulierend, freiwillig und regelmäßig Auskünfte über andere Personen gegeben und damit die Gewaltherrschaft aktiv gestützt hatte.

Regierung, Parlament und Medien ließen es an eindeutigen Verurteilungen des NS-Regimes und seiner Verbrechen nicht fehlen. Bundespräsident Theodor Heuss kritisierte wiederholt alle Tendenzen zur Verdrängung der Vergangenheit und unterstrich immer wieder die Ehrenhaftigkeit der Widerstandskämpfer des 20. Juli 1944 und anderer Gegner des Nationalsozialismus. Dennoch blieb der Umgang mit der jüngsten Vergangenheit in der Adenauerära zwiespältig. Zahlreiche NS-Täter hatten neben den vielen Mitläufern im großen Vergessen untertauchen, ihre Karrieren in der Bundesrepublik fortsetzen und erneut in Schlüsselpositionen aufsteigen können. Einerseits trug dies zur Stabilisierung der noch ungefestigten Demokratie bei, denn eine gründliche Säuberung und Inhaftierung Hunderttausender hätte wie nach dem Ersten Weltkrieg zur Bildung radikaler Gruppierungen und Widerstand gegen die Republik führen können. Andererseits entzündete sich an der NS-Vergangenheit von Richtern, Politikern und hohen Beamten in den späten sechziger Jahren der Protest der jüngeren Generation. Sie kritisierte die fehlende Auseinandersetzung der Deutschen mit dem „Dritten Reich" und die Selbstverständlichkeit, mit der ehemalige Mitläufer nach 1945 die Entwicklung der Bundesrepublik bestimmten. Dies führte oftmals zu einer pauschalen Verurteilung der Vätergeneration, die sich in den 1960er- und frühen 1970er-Jahren zu einem Generationenkonflikt um die Schuldfrage an den NS-Verbrechen zuspitzte.

Die Frage nach Schuld und Verantwortung bleibt bis heute umstritten. Die Auseinandersetzung mit der NS-Vergangenheit gewinnt jedoch umso mehr an Bedeutung, je kleiner die Zahl der Zeitzeugen wird. Sie darf auch deshalb nicht beendet werden, weil bis heute nationalsozialistisches Gedankengut in Form von Rassismus, Antisemitismus und Ausländerfeindlichkeit zu beklagen ist. Nur wer über ein gesichertes Wissen über das „Dritte Reich" verfügt, kann eindeutig Position gegen jede Form von Rechtsextremismus und die Lügen von Holocaust-Leugnern beziehen.

Entschädigung für NS-Opfer ■ Ähnlich wie dem Staat Israel stellte die Bundesrepublik auch anderen NS-Opfern, die aus politischen, rassischen, religiösen und weltanschaulichen Gründen verfolgt worden waren, Entschädigungen in Aussicht (▸ M8). Über zwei Millionen Anträge zur Wiedergutmachung wurden anerkannt. Allerdings waren die Leistungen für den Einzelnen eher bescheiden: Für einen Monat KZ-Haft gab es einen einmaligen Betrag von 150 DM, für nachgewiesene Gesundheitsschäden waren Renten vorgesehen. Viele Opfer der NS-Gewaltherrschaft gingen lange Zeit leer aus, wie all jene, die außerhalb des damaligen Deutschen Reiches in den Grenzen von 1937 Verfolgungen zu erdulden hatten, oder die später als Zwangsarbeiter aus Osteuropa die deutsche Kriegsmaschinerie in Gang halten mussten. Erst nach Entschädigungsklagen in den USA gegen deutsche Firmen, die im Krieg Zwangsarbeiter beschäftigt hatten, gründeten die Bundesregierung und deutsche Wirtschaftsunternehmen im Jahr 2000 die Stiftung „Erinnerung, Verantwortung und Zukunft", die bis Ende 2006 über 4,3 Millionen Euro an ehemalige Zwangsarbeiter und andere NS-Opfer ausbezahlte.

M1 Die Vertriebenen in der Bundesrepublik – schwierige Startbedingungen

In einer Studie aus dem Jahr 2008 analysiert der Historiker Andreas Kossert das Verhältnis zwischen Vertriebenen und Einheimischen:

▲ Protest bei einem Fastnachtszug im badischen Lahr. *Foto von 1949.*

„Der Prozeß der Aufnahme und der Seßhaftmachung der Flüchtlinge war ein langer – zum Teil bis heute noch nicht vollständig abgeschlossener – spannungsreicher und vielfach von Rückschlägen begleiteter Vorgang und keineswegs eine ungebrochene Erfolgsgeschichte, und er erforderte nicht nur Anpassungen und Veränderungen von der neu hinzugekommenen Bevölkerung, sondern in ähnlichem Maße auch von den Einheimischen", resümiert Rainer Schulze.[1] Die Fremden brachen ein in die bis dahin weitgehend homogenen Gesellschaften auf dem Land. Ihre Andersartigkeit führte dazu, daß überkommene Abgrenzungen sich auflösten und Gegensätze aufeinandertrafen. Mit der Ankunft der Vertriebenen veränderte sich das Antlitz West- und Mitteldeutschlands in einem bis dahin ungekannten Ausmaß. Sie leisteten einen substantiellen Beitrag zu Entprovinzialisierung, Säkularisierung und Urbanisierung Deutschlands und stellten damit einen gewichtigen Modernisierungsfaktor dar. [...]

Bei den Vertriebenen, die die schlechtesten Startbedingungen hatten und sich mehr als alle anderen nach Normalität sehnten, war der Drang, einen höheren Lebensstandard zu erreichen, besonders stark ausgeprägt. Sie legten in bezug auf Anstand, Sauberkeit, Arbeitsethos, Fleiß und Außenwirkung strenge Maßstäbe an – ein Zeichen für Überanpassung, der ein innerer Integrationsdruck zugrunde lag. Den Vertriebenen wurde sprichwörtlicher Fleiß nachgesagt und geringe Konfliktbereitschaft im Vergleich zu den westdeutschen Industriearbeitern, bei denen gewerkschaftliche Traditionen stärker ausgeprägt waren. Als Angelernte waren sie bald allgemein geschätzt.

„Mitte der 1950er Jahre hatten beispielsweise, wie eine Auswertung der Unterlagen von 5,7 Millionen Antragstellern auf einen Vertriebenenausweis ergab, 93 Prozent der vertriebenen Ärzte und Zahnärzte wieder in ihrem Beruf Fuß gefasst."[2]

Als Arzt zu praktizieren bedeutete aber keineswegs, daß man integriert oder gar anerkannt war. Das bestätigt Roland Chmelirsch, der aus dem Sudetenland vertrieben wurde und sich als Arzt im fränkischen Erlangen niederließ: „Für diese Menschen war ich der ‚Flüchtlingsdoktor', und den brauchten sie nicht, den riefen sie nur nachts oder am Wochenende, wenn der ortsansässige Arzt keinen Dienst hatte und nicht aufstehen wollte oder auf Notrufe ungnädig reagiert hätte. Sicherlich spielte dabei auch eine Rolle, dass ich den Dialekt der Menschen nicht gesprochen habe. [Im] eigentlichen Sinne heimisch bin ich hier nie geworden."

Auch Handwerker, denen es gelang, im Westen einen eigenen Betrieb aufzubauen, hatten damit zu kämpfen, daß sie sozusagen zweite Wahl waren, profitierten aber auf der anderen Seite davon, daß die Vertriebenen als fleißig und zuverlässig galten.

Andreas Kossert, Kalte Heimat. Die Geschichte der deutschen Vertriebenen nach 1945, vierte, überarb. Aufl., München 2009, S. 14 f. und 90

Diskutieren Sie die Probleme der Zuwanderung aus der Sicht der betroffenen Gruppen. Ziehen Sie die Karte von S. 307 hinzu.

[1] Rainer Schulze, Zuwanderung und Modernisierung – Flüchtlinge und Vertriebene im ländlichen Raum, in: Klaus J. Bade (Hrsg.), Neue Heimat im Westen, Münster 1990, S. 81-105, hier S. 95

[2] Thomas Grosser, Die Integration der Vertriebenen in der Bundesrepublik Deutschland. Annäherung an die Situation der Sudetendeutschen in der westdeutschen Nachkriegsgesellschaft am Beispiel Bayerns, in: Hans Lemberg, Jan Kren, Dušan Kováč (Hrsg.), Im geteilten Europa. Tschechen, Slowaken und Deutsche und ihre Staaten 1948-1989, Essen 1998, S. 41-94, hier S. 65

M2 Charta der deutschen Heimatvertriebenen

Am 5. August 1950 wird auf einer Großkundgebung in Stuttgart die Charta der deutschen Heimatvertriebenen verkündet. Sie trägt die Unterschriften der Sprecher der Landsmannschaften der Vertriebenen sowie der Vorsitzenden des Zentralverbandes der vertriebenen Deutschen und seiner Landesverbände:

Im Bewusstsein ihrer Verantwortung vor Gott und den Menschen, im Bewusstsein ihrer Zugehörigkeit zum christlich-abendländischen Kulturkreis, im Bewusstsein ihres deutschen Volkstums und in der Erkenntnis der gemeinsamen Aufgabe aller europäischen Völker, haben die erwählten Vertreter von Millionen Heimatvertriebenen nach reiflicher Überlegung und nach Prüfung ihres Gewissens beschlossen, dem deutschen Volk und der Weltöffentlichkeit gegenüber eine feierliche Erklärung abzugeben, die die Pflichten und Rechte festlegt, welche die deutschen Heimatvertriebenen als ihr Grundgesetz und als unumgängliche Voraussetzung für die Herbeiführung eines freien und geeinten Europas ansehen.

1. Wir Heimatvertriebenen verzichten auf Rache und Vergeltung. Dieser Entschluss ist uns ernst und heilig im Gedenken an das unendliche Leid, welches im Besonderen das letzte Jahrzehnt über die Menschheit gebracht hat.
2. Wir werden jedes Beginnen mit allen Kräften unterstützen, das auf die Schaffung eines geeinten Europas gerichtet ist, in dem die Völker ohne Furcht und Zwang leben können.
3. Wir werden durch harte, unermüdliche Arbeit teilnehmen am Wiederaufbau Deutschlands und Europas.

Wir haben unsere Heimat verloren. Heimatlose sind Fremdlinge auf dieser Erde. Gott hat die Menschen in ihre Heimat hineingestellt. Den Menschen mit Zwang von seiner Heimat zu trennen, bedeutet, ihn im Geiste zu töten.

Wir haben dieses Schicksal erlitten und erlebt. Daher fühlen wir uns berufen zu verlangen, dass das Recht auf die Heimat als eines der von Gott geschenkten Grundrechte der Menschheit anerkannt und verwirklicht wird.

Solange dieses Recht für uns nicht verwirklicht ist, wollen wir aber nicht zur Untätigkeit verurteilt beiseitestehen, sondern in neuen, erläuterten Formen verständnisvollen und brüderlichen Zusammenlebens mit allen Gliedern unseres Volkes schaffen und wirken.

Darum fordern und verlangen wir heute wie gestern:

1. Gleiches Recht als Staatsbürger nicht nur vor dem Gesetz, sondern auch in der Wirklichkeit des Alltags.
2. Gerechte und sinnvolle Verteilung der Lasten des letzten Krieges auf das ganze deutsche Volk und eine ehrliche Durchführung dieses Grundsatzes.
3. Sinnvollen Einbau aller Berufsgruppen der Heimatvertriebenen in das Leben des deutschen Volkes.
4. Tätige Einschaltung der deutschen Heimatvertriebenen in den Wiederaufbau Europas.

Die Völker der Welt sollen ihre Mitverantwortung am Schicksal der deutschen Heimatvertriebenen als der vom Leid dieser Zeit am schwersten Betroffenen empfinden.

Die Völker sollen handeln, wie es ihren christlichen Pflichten und ihrem Gewissen entspricht.

Die Völker müssen erkennen, dass das Schicksal der deutschen Heimatvertriebenen wie aller Flüchtlinge ein Weltproblem ist, dessen Lösung höchste sittliche Verantwortung und Verpflichtung zu gewaltiger Leistung fordert.

Wir rufen Völker und Menschen auf, die guten Willens sind, Hand anzulegen ans Werk, damit aus Schuld, Unglück, Leid, Armut und Elend für uns alle der Weg in eine bessere Zukunft gefunden wird.

Alexander von Plato und Almut Leh (Hrsg.), „Ein unglaublicher Frühling“. Erfahrene Geschichte im Nachkriegsdeutschland 1945-1948, Bonn 1997, S. 30

1. *Erläutern Sie die Forderungen der Vertriebenen. Welche dienten dem Integrationsprozess, welche standen ihm entgegen?*

2. *Überlegen Sie, welche innen- und außenpolitische Wirkung die Charta hatte.*

▲ **Deutsche Flüchtlinge und Vertriebene 1945-1961.**

M3 Eheschließungen zwischen Vertriebenen und Einheimischen

Lebensphase bei Kriegsende	Ehepartner Einheimische	Ehepartner Heimatvertriebene
mittleres Erwachsenenalter % (30 bis 45 Jahre)	4	96
junges Erwachsenenalter % (22 bis 29 Jahre)	33	67
Übergang zwischen Jugend- und Erwachsenenalter % (18 bis 21 Jahre)	52	49
Jugendalter % (14 bis 17 Jahre)	50	50

Michael von Engelhardt, Generation und historisch-biographische Erfahrung. Die Bewältigung von Flucht und Vertreibung im Generationenvergleich, in: Dierk Hoffmann u. a. (Hrsg.), Vertriebene in Deutschland, München 2000, S. 345

1. *Suchen Sie Gründe für das Heiratsverhalten der verschiedenen Altersgruppen.*

2. *Recherchieren Sie in Ihrem persönlichen Umfeld: Leben in Ihrer Familie, in der Familie von Freunden und Verwandten noch Personen, die als Flüchtlinge aus dem Osten kamen? Sprechen Sie mit ihnen über die Erfahrungen in der neuen Heimat. Fassen Sie die Ergebnisse in einem Zeitungsartikel zusammen.*

▲ **Urlaubende Bundesbürger vor Souvenirläden in Südtirol.**
Foto von 1958.

M4 Chancen und Grenzen der Konsumgesellschaft

Der Wirtschaftshistoriker Werner Abelshauser arbeitet Merkmale der bundesdeutschen Konsumgesellschaft heraus:

Überraschenderweise konnte die Konsumgesellschaft Bundesrepublik in vielem, was für sie charakteristisch geworden ist, an die Entwicklung der dreißiger Jahre anknüpfen [...]. Neu für die fünfziger Jahre war hingegen, dass der Konsum langlebiger Gebrauchsgüter nicht mehr auf mittlere und gehobene Einkommensklassen begrenzt war, sondern mit wachsendem Realeinkommen in nahezu allen Schichten der Bevölkerung einsickerte. Für den Besitz mancher Konsumgüter wie zum Beispiel für Fernsehgeräte, Musiktruhen oder Kühlschränke spielte in der zweiten Hälfte der fünfziger Jahre die soziale Stellung kaum noch eine bestimmende Rolle. Die „Demokratisierung des Konsums" [...] setzte sich [...] durch. Kennzeichnend für diese Entwicklung ist das Scheitern schichtspezifisch konzipierter Automobile (z. B. die „Kabinenroller" von Gutbrod, Maico oder Messerschmidt) [...] und der Siegeszug des auf technische Funktionalität und ein (Käufer-) schichtübergreifendes Image angelegten Volkswagen-Käfers [...]. Das private Automobil wurde in den fünfziger Jahren zum Schlüsselbegriff für soziales Wohlbefinden, bürgerliches Freiheitsgefühl, wirtschaftliche Erwerbschancen und gesellschaftliches Prestige. Die Konsequenzen, die sich daraus für Städtebau, Siedlungspolitik, Freizeitgestaltung, Kommunikationsverhalten, Wirtschaftsstruktur, Umwelt, ja nahezu für alle Bereiche des menschlichen Lebens ergaben, revolutionierten das Alltagsleben. [...]

In dieselbe Richtung zeigten die Herausbildung des Tourismus als Kollektivphänomen und die Expansion des neuen Massenmediums „Fernsehen". Beide ebenfalls epochemachenden Entwicklungen haben in Deutschland ihren Ursprung in den dreißiger Jahren, sodass auch hier auf eigene Erfahrungen zurückgegriffen werden konnte. [...]

Es gibt keinen Zweifel daran, dass die Hauptstützen der „Konsumgesellschaft" – Motorisierung, Tourismus und Massenmedien – ihre tiefen Spuren im öffentlichen Bewusstsein und im Lebensgefühl der Massen erst im Laufe der fünfziger und sechziger Jahre hinterlassen haben und daher zu Recht als Ergebnis des „Wirtschaftswunders" nach dem Zweiten Weltkrieg gesehen werden. [...]

Vor der generellen Verbesserung der wirtschaftlichen Lage traten andere Probleme der „Wirtschaftswunderzeit" zurück. [...] Je weiter die Motorisierung voranschritt und die Freiheit des Einzelnen zu erweitern versprach, desto mehr stiegen die sozialen Kosten einer „autogerechten" Welt, in der die Mehrheit der Bundesbürger nunmehr wohnen wollte, und verringerten sich in den Verdichtungsräumen des Straßenverkehrs die Entfaltungsmöglichkeiten des einzelnen Autofahrers. Ursprüngliche Lebensqualität schlug um in Umweltbelastung. Ähnliches gilt für den Massentourismus, dessen Reiz gerade durch die Folgen seiner steigenden Popularität und der Erschwinglichkeit von Pauschalreisen zwangsläufig Schaden nehmen musste, und für die elektronischen Medien, deren kulturelle Problematik im vollen Maße erst in den siebziger Jahren erkannt worden ist.
Schließlich: In dem Maße, wie die Bundesrepublik in den fünfziger Jahren zur Industriegesellschaft par excellence geworden ist, hat sie auch deren außerordentliche Probleme in Kauf nehmen müssen. Hohe Abhängigkeit vom Weltmarkt, von Energieimporten und knappen Rohstoffen, starke Umweltbelastungen durch industrielle Emissionen und Abfälle, Zersiedelung der Landschaft durch dezentrale Industrieansiedlung oder Beschäftigungskrisen durch wirtschaftlichen Strukturwandel waren noch keine dringenden Fragen der sechziger Jahre. Aber all diese Probleme, die die Bundesrepublik jenseits der „Grenzen des Wachstums" besonders hart trafen, sind in den Langen Fünfziger Jahren entstanden.

Werner Abelshauser, Deutsche Wirtschaftsgeschichte seit 1945, München 2004, S. 336-341

1. *Arbeiten Sie die Kennzeichen der Konsumgesellschaft in der Zeit des „Wirtschaftswunders" heraus.*

2. *Welche Folgen hatte die „Demokratisierung des Konsums" (Zeile 11/12)?*

3. *Beurteilen Sie aus heutiger Sicht das damalige Konsumverhalten.*

M5 Amerikanisierung

In seinen sozialhistorischen Forschungen über den „Zeitgeist" der fünfziger Jahre befasst sich der Historiker Axel Schildt mit dem Phänomen der zunehmenden Amerikanisierung der jungen Generation in der Bundesrepublik Deutschland:

Die steigende Anziehungskraft von Elementen der amerikanischen Massenkultur, besonders bei den Jugendlichen, ging mit einem deutlichen Anstieg der Akzeptanz und Beliebtheit der Amerikaner seit dem letzten Drittel der fünfziger Jahre einher. [...] Und während bei der Allensbacher Erhebung im Auftrag der Bundesregierung im September 1953 mit 29 % ebenso viele „überwiegend positive" wie „überwiegend negative" Aussagen zur Frage „Was denken Sie so über die Amerikaner?" geäußert worden waren, antworteten 1957 bereits 37 % auf die Frage: „Einmal ganz allgemein gefragt: Mögen Sie die Amerikaner oder mögen Sie sie nicht besonders?": „Mag sie"; 24 % entschieden sich für die Antwort: „Mag sie nicht besonders"; der Rest war unentschieden oder mochte keine Einstellung äußern. 1961 hatte sich der positive Anteil der Äußerungen auf 51 % gesteigert, der negative war auf 16 % gefallen. Unter allen Kennzeichnungen des amerikanischen Charakters, die bei einer Allensbacher Erhebung 1958 den Befragten zur Auswahl angeboten worden waren, wurden „geschäftstüchtig" und „modern, fortschrittlich" am meisten (von jeweils zwei Dritteln) genannt. Die Ende der 50er-Jahre zunehmende Beliebtheit, die im Folgenden auch anderen Konjunkturen unterlag, änderte allerdings nichts an der Zählebigkeit von Restbeständen der überkommenen deutschen bzw. europäischen Dünkel gegenüber den USA, die seit der Mitte der 1960er-Jahre periodisch revitalisiert wurden.

Axel Schildt, Moderne Zeiten. Freizeit, Massenmedien und „Zeitgeist" in der Bundesrepublik der 50er Jahre, Hamburg 1995, S. 422 f.

1. *Fassen Sie die politischen und kulturellen Ursachen zusammen, die zur Beliebtheit der Amerikaner geführt haben.*

2. *Der Autor spricht auch von „anderen Konjunkturen" im Verhältnis der Deutschen zu den Amerikanern. Erläutern Sie die Gründe.*

3. *Informieren Sie sich über die heutigen Beziehungen zwischen den USA und Deutschland. Diskutieren Sie die Ursachen möglicher Veränderungen.*

M6 Nachruf auf Elvis

Der deutsche Rockmusiker Udo Lindenberg erinnert sich 1980 an seine Jugendzeit:

Damals 1957, ich war elf, schoss aus dem Radio Elvis Presley mit „Tutti Frutti", und die ersten Takte verbannten meine bisherigen Lieblingslieder „Ave Maria", „Was hat der Hans mit der Grete getan", „Der lachende Vagabund" und sogar „Marina" schlagartig aus meinem Frischlingsherzen. Worum es ging, verstand ich nicht, aber dieser Schluckaufgesang und die elektrisierende Musik rockten mich durch, und ich rannte in die Küche, schnappte Töpfe und Kochlöffel, trommelte die letzte Minute von „Tutti Frutti" mit, und damit war die für mich damals gerade aktuelle Berufsentscheidung zwischen

▲ **Elvis Presley an seinem ersten „Ausgehtag" während seines Militärdienstes in Deutschland 1958.**

Seefahrer und Trommler gefallen. Elvis Presley hatte mich angezündet, und ich dachte: Jetzt ist Erdbeben. [...]

Was mit Elvis' Hüften los war, verstand ich damals auch noch nicht so gut, aber die Mädchen, die mit verdrehten Augen von ihm sprachen, stiegen sehr in meiner Achtung, weil sie einen genauso guten Musikgeschmack hatten wie ich. Erst eine Weile später kriegte ich mit, was an Rock'n'Rollern außer Musik noch wichtig ist. Elvis hatte es drauf: mit eingebauten Kugellagern in den Gelenken und dem verträumt-trotzig-verletzbaren Erosblick hat er sogar den aufrechten Westfälinnen in meiner kleinen Heimatstadt Gronau in die Unterkleider geguckt.

Er hat uns gegen unsere Eltern, denen ja sonst alles gehörte, etwas Eigenes gegeben. Bis jetzt hatten wir immer nur zu hören bekommen: „Dafür bis du noch zu jung." Mit Elvis in den Ohren konnten wir zurückbrüllen: „Dafür seid ihr schon zu alt." [...] So kriegte ich durch Elvis auch Bill Haley mit, den es schon vorher gab, und bald hatte ich eine Sammlung von Platten mit „Amigeheul" und „Negermusik", und meine Oma fiel in Ohnmacht.

Christoph Kleßmann und Georg Wagner (Hrsg.), Das gespaltene Land. Leben in Deutschland 1945 bis 1990, München 1993, S. 294 f.

1. *Vergleichen Sie Lindenbergs Erinnerungen mit Ihren Lebensumständen heute.*

2. *Beschreiben Sie die Unterschiede im Verhältnis zu den Eltern sowie Änderungen im jugendlichen Lebensgefühl und Lebensstil zwischen damals und heute.*

M7 Vergangenheitsbewältigung im Spiegel der Demoskopie

a) Einstellungen zu Hitler und dem Nationalsozialismus (Angaben in Prozent):

Fragen	1953	1955	1956	1957	1958	1959	1960	1961	1962	1966	1967	1977	1978
Hitler, einer der größten Staatsmänner?													
Ja	–	48	43	–	–	42	34	30	37	–	32	34	31
Nein	–	36	37	–	–	41	43	43	44	–	52	50	55
Weiß nicht	–	16	20	–	–	17	23	27	19	–	16	16	14
Eine neue nationalsozialistische Partei?													
Dafür	16	–	25	11	11	11	–	–	8	7	6	7	–
Dagegen	62	–	61	66	64	62	–	–	71	74	78	79	–
Indifferent	22	–	24	23	25	27	–	–	21	19	16	14	–

David P. Conradt, The German Policy, New York/London 1978, S. 49, zitiert nach: Heinz Rausch, Politische Kultur in der Bundesrepublik, Berlin 1980, S. 36

b) Pro und Kontra zur Bestrafung von NS-Tätern:

„Hier unterhalten sich zwei Männer darüber, ob man heute noch Prozesse führen soll wegen Verbrechen, die im oder vor dem Krieg begangen wurden. Wem von beiden würden Sie zustimmen?" (in Prozent)

	1958	1963	1965	1969
„Ich finde, man sollte endlich aufhören, Menschen für Taten, die sie vor so vielen Jahren begangen haben, jetzt vor Gericht zu stellen. Ich meine, es wäre gut, endlich einen Schlussstrich unter die Vergangenheit zu ziehen."	34	54	52	67
„Ich finde, wenn heute herauskommt, dass jemand damals ein Verbrechen begangen hat, so muss er auch heute noch dafür bestraft werden. Es ist nicht einzusehen, warum jemand, der andere Menschen gequält oder getötet hat, straffrei ausgehen soll."	58	34	38	23
Unentschieden	12	12	10	10

Detlef Siegfried, Zwischen Aufarbeitung und Schlussstrich. Der Umgang mit der NS-Vergangenheit in den beiden deutschen Staaten 1958 bis 1969, in: Axel Schildt u. a. (Hrsg.), Dynamische Zeiten. Die 60er Jahre in den beiden deutschen Gesellschaften, Hamburg 2000, S. 108

1. *Beschreiben Sie die Trends in den Statistiken a) und b) und bemühen Sie sich um eine Erklärung.*

2. *Fragen Sie in Ihrem Bekanntenkreis: Welche Antworten erhalten Sie heute auf die gestellten Fragen a) und b)?*

3. *Überlegen Sie, wo die Schwierigkeiten und Herausforderungen der „Vergangenheitsbewältigung" bis heute liegen.*

4. *Unser Strafgesetzbuch hat 1985 das Leugnen der Judenverfolgung und -vernichtung im „Dritten Reich" als eine Fortsetzung der Diskriminierung der betroffenen Menschen unter Strafe gestellt. Erläutern Sie, warum dieses Gesetz notwendig geworden war. Ist es auch heute noch erforderlich? Informieren Sie sich in der Fachliteratur oder im Internet (z. B. www.h-ref.de/index.php) über die Lügen und konstruierten Theorien der Holocaust-Leugner.*

M8 Entschädigung für NS-Opfer

Anfangs erhalten vor allem deutsche Staatsbürger Wiedergutmachungszahlungen. Für Angehörige anderer Länder werden erst nach und nach Entschädigungsvereinbarungen getroffen:

Leistungen Deutschlands für Opfer des Nationalsozialismus in Mrd. Euro	
Bundesentschädigungsgesetz (BEG)	44,54
Weitere gesetzliche Regelungen	1,94
Härtefallregelungen	2,78
Leistungen an den Staat Israel	1,76
Globalverträge mit Staaten u. a. (z. B. Claims Conference)	1,46
Rückerstattung geraubten Vermögens	2,02
Sonderfonds der Bundesländer außerhalb des BEG	1,53
Sonstige Leistungen	4,63
Stiftung „Erinnerung, Verantwortung und Zukunft"[1]	2,56
Gesamt:	63,22

1. *Recherchieren Sie, wer Ansprüche aus dem Bundesentschädigungsgesetz hatte.*

2. *Fühlen Sie sich als junger Bundesbürger verantwortlich für die Verbrechen, die zwischen 1933 und 1945 „im deutschen Namen" begangen wurden? Halten Sie es für gerechtfertigt, dass die Bundesrepublik heute noch Entschädigungsleistungen aufbringt? Diskutieren Sie.*

[1] Entschädigung der Zwangsarbeiter (die deutsche Wirtschaft zahlte ebenfalls 2,56 Mrd. Euro in den Fonds)

Antikommunismus als Integrationsideologie?

Als das Landgericht die Sitzung nach der Urteilsverkündung am späten Vormittag des 14. Februar 1965 schließt, kann es Peter Rudolf nicht fassen: Gerade hat man ihn zu neun Monaten Gefängnis verurteilt, weil er vor drei Jahren bei der Maikundgebung der Gewerkschaften am 1. Mai auf dem Dortmunder Marktplatz rote Nelken verteilt hatte. Er erinnert sich noch gut daran, wie plötzlich der Bürgermeister ein Megaphon an sich gerissen und die rund 600 Teilnehmer des Zuges aufgefordert hatte, die angesteckten roten Nelken zu entfernen. Wer das Anzeichen trage, demonstriere damit für die Schandmauer in Berlin und für SED-Chef Walter Ulbricht. Dabei ist doch die rote Nelke das traditionelle Abzeichen bei den Maiumzügen!

Das Gericht sieht das anders. In der mehr als fünf Seiten langen Urteilsbegründung heißt es, der Symbolgehalt der roten Nelke habe sich nach dem KPD-Verbot 1956 geändert. Seither sei es ein Zeichen der Verbundenheit mit dieser Partei. Obwohl er, der Angeklagte Rudolf, dies gewusst habe, seien er und einige andere trotz des Verbots durch den Bürgermeister mit ihren roten Nelken im Knopfloch am Schluss des Zuges weitermarschiert. Rudolf bleibt nicht anderes übrig, als seine Haft anzutreten: wegen staatsgefährdender Nelken.

Alleinvertretungsanspruch der Bundesrepublik Die Bundesrepublik verstand sich als Kernstaat des nach dem Zweiten Weltkrieg geteilten Deutschland. Das Ziel der Wiederherstellung der Einheit Deutschlands hatte Verfassungsrang – allerdings nicht um jeden Preis, sondern nur im Rahmen einer freiheitlichen Ordnung nach westlichem Muster. Die praktischen politischen Schritte auf diesem Weg waren zwischen Regierung und Opposition umstritten.

Ihren Alleinvertretungsanspruch verdichtete die Bundesregierung 1955 zu dem außenpolitischen Grundsatz der Bundesrepublik, keine Beziehungen zu Staaten zu unterhalten, die die DDR diplomatisch anerkannten (**Hallstein-Doktrin**) (▸ M1). Nur im Falle der Sowjetunion musste Bundeskanzler Adenauer eine Ausnahme zulassen. Mit der Hallstein-Doktrin machte es die Bundesrepublik bis Ende der 1960er-Jahre unmöglich, dass ein Staat gleichzeitig diplomatische Beziehungen zur BRD und zur DDR unterhielt. Von der Respektierung der Hallstein-Doktrin machte sie auch ihre wirtschaftliche Hilfe für Länder der Dritten Welt abhängig oder brach – wie im Falle Jugoslawiens 1957 – die diplomatischen Kontakte ab. Die Signalwirkung solcher Maßnahmen war beachtlich. Die DDR blieb lange Zeit international isoliert.

Hallstein-Doktrin: benannt nach Walter Hallstein (CDU), von 1951-1958 Staatssekretär im Auswärtigen Amt der Bundesrepublik

Antitotalitärer Grundkonsens im Zeichen des Antikommunismus Politiker und Bürger in der Bundesrepublik fühlten sich vom Sowjetkommunismus bedroht. Das lag zum einen an der erfolgreichen jahrelangen Propaganda der Nationalsozialisten vom „bolschewistischen Untermenschen". Hinzu kamen die Erfahrungen und Ereignisse der Nachkriegszeit: Gefangenschaft in der Sowjetunion, Plünderungen und Vergewaltigungen, Flucht und Vertreibung von Millionen aus ihrer Heimat im Osten, die sowjetische Reparationspolitik und die Maßnahmen des Regimes in der DDR – im Westen weiterhin „Sowjetzone" oder „Ostzone" genannt. All dies zeigte deutlich die Schattenseiten marxistisch-sozialistischer Politik. In den (politischen) Gefangenenlagern der DDR schienen die Konzentrationslager des „Dritten Reichs" ihre konsequente Fortsetzung gefunden zu haben. In der immer wieder verwendeten Formel von der „Verteidigung der Freiheit gegen den Bolschewismus" trafen sich Konservative, Liberale und Sozialdemokraten ungeachtet ihrer sonstigen parteipolitischen Gegensätze (▸ M2). Alternativen zu Demokratie und Parlamentarismus wurden in der Bonner Republik, anders als in der Weimarer Republik, nicht geduldet.

Im Sinne der „wehrhaften Demokratie" bekämpfte die Bundesregierung sowohl rechts- als auch linksextreme Parteien. Bereits 1952 hatte das Bundesverfassungsgericht die Sozialistische Reichspartei (SRP) als Nachfolgeorganisation der NSDAP verboten. Die westdeutsche KPD war Instrument der SED, weitgehend von Ost-Berlin finanziert und gelenkt. Obwohl zahlenmäßig unbedeutend, galt sie als prinzipielle Gefahr für die demokratische Verfassungsordnung. Deshalb ging die Bundesregierung gegen Kommunisten im öffentlichen Dienst vor, bis die Partei schließlich 1956 vom Bundesverfassungsgericht verboten wurde. Staatlich geförderte politische Bildungseinrichtungen betrieben eine umfassende Aufklärungsarbeit über Ideologie und Praxis kommunistischer Staaten, besonders der DDR. Umgekehrt konnte der Import von Propagandabroschüren aus der DDR als „Einfuhr verfassungsverräterischer Publikationen" geahndet werden. Wer in die DDR reiste, lief Gefahr, wegen „landesverräterischer Beziehungen" verdächtigt zu werden.

Vor allem der Kalte Krieg verschaffte dem Antikommunismus immer neue Nahrung. Eine Neigung zur Schwarz-Weiß-Malerei in der bundesdeutschen Gesellschaft – hier die heile Welt des Westens, dort die böse kommunistische Welt des Ostens – war weitverbreitet. Spätestens seit der Berlin-Blockade sah die im westlichen Teilstaat lebende Mehrheit der Deutschen ihre Zukunft an der Seite der Westalliierten. Adenauers antikommunistisch begründete Politik der Stärke, der Westintegration und der Sozialen Marktwirtschaft war nun unumstritten. So wurde der Antikommunismus zur tragfähigen Integrationsideologie für die noch ungefestigte Demokratie in Westdeutschland. Sie trug aber zugleich zur Verdrängung der NS-Vergangenheit bei (▸ M3).

Antikommunismus im Parteienkampf Der Antikommunismus wurde auch parteipolitisch instrumentalisiert. Übte die Opposition etwa Kritik an den Eigentumsverhältnissen und außerparlamentarischen Aktionen Adenauers in der Außenpolitik, wurde dies von den Regierungsparteien als kommunistischer Angriff diffamiert. Vor allem Konrad Adenauer stellte die Sozialdemokraten gerne in die Nähe der Kommunisten und nahm damit bewusst in Kauf, dass sich das Feindbild Kommunismus zum Feindbild Sozialdemokratie ausdehnte. Obwohl sich die SPD nach 1949 stets vom Kommunismus distanzierte, stand sie wegen ihres sozialistischen Wirtschaftskonzepts und ihrer zunächst optimistischen Einschätzung der sowjetischen Deutschlandpolitik bei Teilen der Bevölkerung im Verdacht, mit kommunistischen Zielen zu sympathisieren. Die Quittung bekam die SPD mit ihrer deutlichen Wahlniederlage im Bundestagswahlkampf von 1953, den Adenauer als Entscheidungskampf über die Grundsatzfrage führte: Demokratie und Freiheit an der Seite des Westens oder gefährliche Neutralität und Rücksicht auf die Sowjetunion. Die Bevölkerung entschied deutlich: Die CDU erhielt 45,2 Prozent der Stimmen und über die Hälfte der Mandate.

Die parteipolitische Polarisierung fand erst ein Ende, als die SPD 1959 in ihrem Godesberger Programm die Lehren aus ihren Wahlniederlagen zog und Abschied von ihrem marxistisch geprägten Wirtschaftsprogramm nahm. Gleichzeitig erkannte sie die Realität einer in Ost und West geteilten Welt an: Zur Wiederherstellung der staatlichen Einheit Deutschlands wurde der Westintegration der Bundesrepublik Vorrang eingeräumt. Damit akzeptierte die SPD die Fundamente der Politik Adenauers.

M1 „Die Bundesrepublik Deutschland ist allein befugt ..."

Nach der Gründung der DDR erklärt Bundeskanzler Adenauer am 21. Oktober 1949 vor dem Deutschen Bundestag:

Ich stelle Folgendes fest: In der Sowjetzone gibt es keinen freien Willen der deutschen Bevölkerung. Das, was jetzt dort geschieht, wird nicht von der Bevölkerung getragen und damit legitimiert. Die Bundesrepublik Deutschland stützt sich dagegen auf die Anerkennung durch den frei bekundeten Willen von rund 23 Millionen stimmberechtigter Deutscher. Die Bundesrepublik Deutschland ist somit bis zur Erreichung der deutschen Einheit insgesamt die alleinige legitimierte staatliche Organisation des deutschen Volkes. [...] Die Bundesrepublik Deutschland fühlt sich auch verantwortlich für das Schicksal der 18 Millionen Deutschen, die in der Sowjetzone leben. Sie versichert sich ihrer Treue und ihrer Sorge. Die Bundesrepublik Deutschland ist allein befugt, für das deutsche Volk zu sprechen. Sie erkennt Erklärungen der Sowjetzone nicht als verbindlich für das deutsche Volk an.

Julia Angster, Ankunft im Westen: Die Bundesrepublik Deutschland, in: Edgar Wolfrum (Hrsg.), Die Deutschen im 20. Jahrhundert, Darmstadt 2004, S. 30

1. *Arbeiten Sie heraus, worauf Adenauer die höhere Legitimität der Bundesrepublik im Vergleich zur DDR zurückführt.*
2. *Diskutieren Sie die Probleme, die damit auf künftige Bundesregierungen zukamen.*

M2 Gegen den sowjetischen Kommunismus

Auf einer Kundgebung in West-Berlin am 17. August 1951 übt der Parteivorsitzende der SPD, Kurt Schumacher, Kritik an Stalins Deutschland- und Europapolitik:

Wer hat, frage ich euch, denn Deutschland gespalten? 1945 ist die Spaltung Deutschlands vorgenommen worden durch den politischen Egoismus und die ökonomische Raubgier der Reparationspolitik der Sowjets in ihrer Zone. Sie haben ihre Zone abgedichtet, sie haben sie für jede Beobachtung und Kritik unzugänglich gemacht. Die Sowjets sollten sich besser gar nicht anstrengen mit einer großen Kampagne für die deutsche Einheit. Sie brauchten nur ihre eigenen Taten während der letzten sechs Jahre in der Absperrung und Isolierung ihrer Zone zu annullieren – und Deutschland ist einig. (Starker Beifall.) Aber was jetzt vom Osten her als deutsche Einheit gepredigt wird, ist ja gar keine Einheit, sondern das ist der Versuch, den Deutschen zu erklären: Wenn ihr unser System akzeptiert, dann schenken wir euch die deutsche Einheit. [...] Was uns versprochen wird, ist ja gar nicht die deutsche Einheit. Man sagt uns zwar, wir würden eine [Einheit] werden, aber man verlangt dabei, dass wir aufhören sollen, Deutsche zu sein. Es ist also gar keine deutsche Einheit, es ist die Einheit einer russischen Provinz. [...] Ich glaube, wer die deutsche Einheit will, der muss als ersten grundlegenden und entscheidenden Schritt freie und gleiche, direkte und geheime Wahlen (Beifall) in allen vier Besatzungszonen und Berlin durchführen. (Beifall.) Das ist nur möglich unter den gleichen tatsächlichen Voraussetzungen und rechtlichen Bedingungen für alle Beteiligten demokratischer Färbung. Wer das ablehnt, kann noch so viel von deutscher Einheit reden; wenn er von Deutschland mit dem Munde spricht, meint er in seinem Herzen immer Russland. [...]
Vergesst doch nicht: Seit 1945 haben alle Kriegführenden abgerüstet. Sowjetrussland hat aufgerüstet. Die Sowjets sind die einzige Macht, die sich einer internationalen Kontrolle und Inspektion des Rüstungsstandards, auch des russischen Rüstungsstandards widersetzt. Die Sowjets sind auch die einzige Macht, die sich geweigert hat und weigert, sich einer internationalen Kontrolle der Atombombe zu unterwerfen. Die Sowjets haben damit die Furcht und die moralische und soziale Zersetzung in die Welt der ermüdeten und überanstrengten Völker getragen. Wenn heute im Westen die Lebenshaltung nicht in jedem Lande und für jede Berufssparte den Grad der Zulänglichkeit erreicht, wie er zu wünschen wäre, und wenn im Osten die Lebenshaltung unter menschenunwürdigen Verhältnissen liegt, dann ist der Grund dafür die ungeheuer kostspielige Rüstungspolitik. Die Sowjets haben von dem Sozialprodukt der Menschen in allen Ländern, am meisten in den Ländern ihrer politischen Färbung, zu viel weggenommen für die Rüstung. Die Sowjets vereiteln mit ihrer Rüstungspolitik den sozialen Aufstieg der arbeitenden Massen.

Zitiert nach: Jürgen Weber (Hrsg.), Geschichte der Bundesrepublik Deutschland, Bd. 4: Die Bundesrepublik wird souverän 1950-1955, München [3]1998, S. 159 f.

1. *Arbeiten Sie Schumachers Kritikpunkte an der Politik Stalins heraus.*
2. *Bewerten Sie Schumachers Argumentation und Sprache: Welche Kritik erscheint berechtigt, welche nicht?*

M3 Antikommunismus als Deckmantel?

Der Historiker Hans-Ulrich Wehler nennt einen weiteren Aspekt des Antikommunismus:

Schärfste Kritik aber verdient in der Tat die Bedenkenlosigkeit, die in den Gründungsjahren des neuen Staates in der Personalpolitik wichtiger Bundesinstitutionen praktiziert wurde. Dabei darf man nicht nur an den klassischen Fall denken, wie sich ein Großteil des Mitarbeiterstabes aus dem Auswärtigen Amt in der Berliner Wilhelmstraße wieder im Bonner Auswärtigen Amt einfand. Vielmehr wurden auch beim Auf- und Ausbau des Bundeskriminalamtes, des Bundesnachrichtendienstes und des Verfassungsschutzes ehemalige Schergen der NS-Diktatur laufend eingestellt. Das effizient operierende Netzwerk dieser „Ehemaligen" vermochte nicht allein die Einstellungsentscheidungen unter Berufung auf eine ominöse, früher bereits bewiesene Sachkompetenz maßgeblich zu beeinflussen. Vielmehr gelang es ihm auch, jede gerichtliche Verfolgung und erst recht jede Entlassung zu verhindern; drang Kritik dennoch einmal vor, kam es allenfalls zu einer zeitlich begrenzten Versetzung auf einen unauffälligen Posten.

Auf diese Weise kamen Aberdutzende von leitenden Mitarbeitern des Reichssicherheitshauptamtes von Himmlers und Heydrichs Gnaden, der mörderischen Einsatzgruppen, der Geheimen Feldpolizei, der Gestapo-Leitstellen trotz ihrer Mitwirkung am Vernichtungskrieg, den das „Dritte Reich" gegen Juden, Slawen und jede Form des Widerstands geführt hatte, erneut auf eine sichere Beamtenstellung. In ihren neuen Ämtern bearbeiteten die Herren mit der dunklen Vergangenheit manchmal sogar dieselben Sachgebiete wie vor 1945. Was allein zählte, war die antikommunistische Grundhaltung im Zeitalter des Kalten Krieges, die alle diese Männer keineswegs zu heucheln brauchten. Wie es nahezu 60 Jahre gelang, diese braune Vergangenheit zu tarnen, zu verbergen, zu leugnen, bis endlich zaghaft die Aufklärung einsetzte, bleibt ein schwarzes Blatt in jeder Geschichte der Innenpolitik der Bundesrepublik.

Hans-Ulrich Wehler, Deutsche Gesellschaftsgeschichte, Bd. 5: Bundesrepublik und DDR 1949-1990, München 2008, S. 21 f.

1. *Kommentieren Sie Wehlers Ausführungen.*
2. *Überlegen Sie, inwiefern der Antikommunismus als „Integrationsideologie" wirkte.*
3. *Diskutieren Sie, ob es in unserer heutigen Gesellschaft auch „Integrationsideologien" gibt.*

▲ **Wahlplakate der FDP und der CDU zur Bundestagswahl 1953.**
Erich Ollenhauer wurde nach dem Tod Kurt Schumachers 1952 SPD-Vorsitzender und Kanzlerkandidat der Partei.
- *Analysieren Sie Aussage und Wirkung der Wahlplakate.*

Die DDR – eine deutsche Alternative?

◂ **Fotomontage zum Vereinigungstag von KPD und SPD am 21. / 22. April 1946.**
Abgebildet sind Wilhelm Pieck (KPD, links) und Otto Grotewohl (SPD, rechts).

Kriegsende und Besatzungszeit	**1945-48**	Die Sowjetunion führt in ihrer Zone eine „strukturelle Entnazifizierung“ durch.
	1946	KPD und SPD schließen sich am 21. / 22. April unter dem Druck der Sowjetunion zur Sozialistischen Einheitspartei Deutschlands (SED) zusammen.
	1949	Der Deutsche Volksrat erklärt sich zur „Provisorischen Volkskammer“ und ruft unter Annahme einer Verfassung am 7. Oktober die DDR aus.
Aufbau von Sozialismus und Planwirtschaft	**1950**	Walter Ulbricht wird Generalsekretär der SED (bis 1971).
		Die SED richtet das Ministerium für Staatssicherheit (MfS) ein.
	1952	Ulbricht verkündet den „planmäßigen Aufbau des Sozialismus“ nach sowjetischem Vorbild.
Ostbindung und Militarisierung	**1953**	Der Volksaufstand in der DDR gegen das SED-Regime am 17. Juni wird von sowjetischen Militärs niedergeschlagen.
	1955	Die DDR wird Mitglied des Warschauer Pakts, dem Militärbündnis der Ostblock-Staaten.
		Wegen des Alleinvertretungsanspruchs der Bundesrepublik wird die DDR außerhalb des Ostblocks zunächst nicht als Staat anerkannt.
Geteiltes Deutschland im Zeichen des Ost-West-Konflikts	**1961**	Die SED lässt in Berlin eine Mauer errichten und baut die innerdeutsche Grenze zu einem „Todesstreifen“ aus.
	1968	Die DDR beteiligt sich an der Niederschlagung des „Prager Frühlings“.
	1971	Erich Honecker löst Walter Ulbricht als 1. Sekretär der SED ab (bis 1989).
Wandel durch Annäherung	**1972**	Im Rahmen der sozial-liberalen Ostpolitik von Bundeskanzler Willy Brandt erkennt die Bundesrepublik die DDR als gleichberechtigten deutschen Staat an.
	1972-75	Die KSZE-Konferenz in Helsinki stellt die Beziehungen zwischen den europäischen Staaten auf eine neue Grundlage.
	1973	Beide deutsche Staaten werden Mitglieder der Vereinten Nationen (UN).
	1983	Gegen einen Milliardenkredit der Bundesregierung erleichtert die SED-Führung den innerdeutschen Grenzübergang.
	1985-91	Michail Gorbatschow beginnt in der Sowjetunion eine Reformpolitik.
	1987	Generalsekretär Honecker besucht erstmals offiziell die Bundesrepublik.
Friedliche Revolution und Wiedervereinigung	**1989**	Von August bis Oktober verliert die SED durch Massenflucht und Demonstrationen jeglichen Rückhalt; am 18. Oktober tritt Honecker, am 7./8. November die übrige DDR-Führung zurück.
		Am 9. November fällt die Mauer; die innerdeutschen Grenzen sind offen.
	1990	Am 3. Oktober wird die Wiedervereinigung vollzogen: „Tag der deutschen Einheit“.
	1997-99	Führende DDR-Funktionäre werden wegen ihrer Verantwortung für die Tötungen an der innerdeutschen Grenze angeklagt und verurteilt.

■ Mit Unterstützung der Roten Armee stellten in der Sowjetischen Besatzungszone kommunistische Politiker unter Walter Ulbrichts Führung zügig die Weichen für den Umbau von Staat, Wirtschaft und Gesellschaft nach dem Muster der UdSSR. Sie nutzten die Entnazifizierung zu personellen „Säuberungen", der Enteignung von Grundbesitz und Produktionsmitteln sowie zur Einführung der Planwirtschaft – die Grundlagen zum Aufbau einer kommunistischen Gesellschaftsordnung waren gelegt. Darüber hinaus etablierten sie nach der Zwangsvereinigung von KPD und SPD zur SED deren Einparteiendiktatur. Nach der Gründung der Deutschen Demokratischen Republik 1949 wurde nicht nur der „Aufbau des Sozialismus" fortgesetzt, sondern auch die Einbindung des ostdeutschen Teilstaates in das System der sowjetischen Satellitenstaaten vollzogen, die formal mit dem Beitritt der DDR zum Rat für gegenseitige Wirtschaftshilfe (RGW / COMECON) und zum **Warschauer Pakt** besiegelt wurde.
Die Unzufriedenheit in der Bevölkerung über die sich nur langsam bessernden materiellen Lebensverhältnisse und über die Verweigerung grundlegender Freiheiten durch das SED-Regime führte am **17. Juni 1953** zu einem **Volksaufstand**, der mit brutaler Waffengewalt niedergeschlagen wurde. Da in den folgenden Jahren viele qualifizierte Arbeitskräfte über die Sektorengrenze in Berlin in den Westen abwanderten, schloss die SED-Führung mit Duldung der UdSSR dieses letzte Schlupfloch **1961** durch den **Bau der Mauer um West-Berlin (13. August)**. Parallel errichtete das 1950 gegründete Ministerium für Staatssicherheit (MfS) ein System der Kontrolle, Bespitzelung und Verfolgung von Regimegegnern.
Im Rahmen der globalen **Entspannungspolitik** bemühten sich die Regierungen der Bundesrepublik seit der sozial-liberalen Koalition auf der Basis der **Ostverträge** und des **Grundlagenvertrages** um humanitäre Verbesserungen und eine Normalisierung der Beziehungen zwischen den beiden deutschen Staaten. Eine Lösung der Deutschen Frage blieb aber einem Friedensvertrag vorbehalten. Die Regierung in Bonn bekräftigte die Wiedervereinigung als Ziel. Der Widerspruch zwischen dem in der Propaganda unverändert erhobenen Anspruch, der Sozialismus verkörpere die menschlichere und erfolgreichere Alternative zum westlichen Kapitalismus, und der Wirklichkeit im „real existierenden Sozialismus" in der Ära Honecker, wurde für viele DDR-Bürger immer unübersehbarer und unerträglicher.
Die DDR-Führung verkannte, dass mit der **ab 1985 in der UdSSR betriebenen Reformpolitik von Michail Gorbatschow (Glasnost und Perestroika)** der militärische Bestandsschutz ihrer Diktatur wegbrach. Während sie sich und ihren Staat anlässlich des 40. Jubiläums der Staatsgründung im Herbst feiern ließ, formierte sich eine friedliche Revolution. Massendemonstrationen führten **1989** nicht nur zum **Sturz kommunistischer Regierungen in Osteuropa**, sondern am **9. November 1989** auch zum **Mauerfall**. Er machte die innerdeutsche Grenze zunächst nur durchlässig, war aber schließlich der Auftakt für die **Wiedervereinigung Deutschlands**, die am **3. Oktober 1990** durch den Beitritt der fünf neuen Bundesländer staats- und völkerrechtlich vollzogen wurde. Damit war die Deutsche Frage 45 Jahre nach dem Ende des Zweiten Weltkrieges beantwortet.
Nur wenigen war 1990 klar, wie lange es dauern würde, das politische und wirtschaftliche Erbe der DDR aufzuarbeiten und die bei vielen fortbestehende „Mauer in den Köpfen" nach den Jahrzehnten der Teilung zu überwinden.

■ Tragen Sie das Grundwissen zur DDR und das zur BRD jeweils auf den gegenüberliegenden Seiten eines Zeitstrahls ein. Begründen Sie, ob es vor 1989 eine gemeinsame deutsche Geschichte gab.
■ Stellen Sie das Grundwissen zur deutschen Geschichte von 1918 bis 1990 zusammen, das für das Thema „Demokratie und Diktatur" von Bedeutung ist.

Anspruch und Wirklichkeit im „Arbeiter- und Bauernstaat“

„Endlich tut sich etwas!“, denkt Gerhard am Morgen des 17. Juni 1953. Schon auf dem Weg zur Arbeit hat er erfahren, dass überall in Wolfen gestreikt werden soll, auch in seinem Betrieb. So kann es auch nicht länger weitergehen: Wir Arbeiter schuften und schuften, und das Arbeitssoll steigt und steigt. Und gleichzeitig wissen wir nicht, wie wir unsere Familien ernähren sollen! Überall fehlt es an Kohle, Gemüse, Obst und sogar Brot und Kartoffeln.

Kaum im Betrieb angekommen, versammeln sich alle Kollegen in der Werkshalle. Eine Streikleitung wird gewählt, die Werksleitung abgesetzt und aus dem Betrieb vertrieben. Vormittags macht sich Gerhard gemeinsam mit den Kollegen und den etwa 12 000 Arbeitern der Agfa-Filmfabrik, der Farbenfabrik und anderen Betrieben Wolfens auf den Weg nach Bitterfeld. Immer mehr Belegschaften aus der Umgebung strömen hinzu.

Um 11.00 Uhr stehen auf dem „Platz der Jugend“ und in den angrenzenden Straßen etwa 50 000 Menschen; einige Redner sprechen über eine Lautsprecheranlage zu der Menge. Einer der Redner verliest ein Telegramm, das an die Regierung der Deutschen Demokratischen Republik gerichtet ist. „Wir, die Werktätigen des Kreises Bitterfeld“, ruft er, „fordern: 1. sofortiger Rücktritt der Regierung, die durch Wahlmanöver an die Macht gekommen ist, 2. Einsetzung einer provisorischen Regierung, 3. freie, demokratische, geheime und direkte Wahlen in vier Monaten, 4. Zurückziehung der deutschen Polizei von den Zonengrenzen und sofortiger Durchgang für alle Deutschen, 5. sofortige Freilassung der politischen Häftlinge und Rückkehr aller Gefangenen aus aller Welt, 6. sofortige Normalisierung des Lebensstandards ohne Lohnsenkung, 7. Zulassung aller großen deutschen demokratischen Parteien Westdeutschlands in unserer Zone, 8. keine Repressalien gegen die Streikenden, sofortige Abschaffung der sogenannten Volksarmee, 10. Zulassung der Delegationen aus der Ostzone, die eine der westdeutschen Parteien gründen wollen.“ Die Menge jubelt. Immer wieder wird die dritte Strophe des „Deutschlandliedes“ gesungen. Dann stürmen sie das Rathaus, das Landratsamt, die SED-Kreisleitung, die MfS-Kreisdienststelle und das Gefängnis.

Plötzlich laute Schreie: „Achtung! Militär!“ Gerhard traut seinen Augen nicht: Von überall her, so scheint es, rückt Militär an. Sowjetische Panzer rollen auf die Streikenden zu. Tausende von Demonstranten, darunter auch Gerhard selbst, werden verhaftet.

Walter Ulbricht (1893-1973): 1919 Beitritt zur KPD, organisierte 1945 die Neugründung der KPD und 1946 deren Vereinigung mit der SPD zur SED; übernahm 1950 als Generalsekretär bzw. ab 1953 als Erster Sekretär des ZK der SED die eigentliche Führung in der DDR, obwohl er nie Regierungschef war. 1971 wurde er zum Rücktritt gezwungen.

Die DDR: der sozialistische Gegenentwurf zur Bundesrepublik Der sowjetische Diktator Stalin betrieb seit Kriegsende eine Doppelstrategie. Vor allem wollte er die USA zum Rückzug aus Europa bewegen, um danach die Vorherrschaft über den Kontinent auszuüben. Dazu musste er sich zunächst so viel Einfluss wie möglich auf Gesamtdeutschland sichern. Doch auch für den Fall einer Teilung Deutschlands war er vorbereitet, indem er schrittweise eine kommunistische Gesellschaftsordnung in der Sowjetischen Besatzungszone vorbereiten ließ.

Während die westlichen Besatzungstruppen zunächst viel improvisierten, um das Leben in halbwegs geordnete Bahnen zu lenken, ging die sowjetische Besatzungsmacht gezielter ans Werk. Schon Anfang Mai 1945 war eine Gruppe deutscher Exilkommunisten mit dem ehemaligen Reichstagsabgeordneten **Walter Ulbricht** an der Spitze aus Moskau in die SBZ eingeflogen worden. Er und weitere KPD-Spitzenfunktionäre sollten mit der Besatzungsmacht für eine wirtschaftlich-soziale Umwälzung sorgen und den Einfluss von Sozialdemokratie und sogenannten bürgerlichen Kräften beseitigen. „Es muss demokratisch aussehen, aber wir müssen alles in der Hand haben", lautete Ulbrichts Anweisung. Die Ost-SPD wurde durch Drohungen, Redeverbote und Verhaftungen gefügig gemacht und stimmte schließlich einer Vereinigung mit der KPD zur Sozialistischen Einheitspartei Deutschlands (SED) zu (21./22. April 1946).

Als bei Kreis- und Landtagswahlen 1946 oppositionelle Parteien trotz Manipulation mehr als die Hälfte der Stimmen erhielten, erhöhte die Sowjetische Militäradministration (SMAD) den Druck: Politiker wurden abgesetzt oder verhaftet.

Im Mai 1949 fanden in der Sowjetzone Wahlen statt. Gewählt wurde nach einer Einheitsliste, auf der nur „Ja" oder „Nein" angekreuzt werden konnte. Die Verteilung der Mandate erfolgte nach einem zuvor festgelegten Schlüssel. Trotz Manipulation und Wahlfälschung stimmten nur 66,1 Prozent der Wähler für die Einheitsliste. Die nach den Wahlergebnissen vom Mai zusammengesetzte Provisorische Volkskammer gründete am 7. Oktober 1949 die Deutsche Demokratische Republik (DDR). Die regierende SED passte sich immer mehr dem sowjetischen Vorbild an.

▲ **Plakat der Nationalen Front, Sammelbecken aller „patriotischen Kräfte Deutschlands", von 1960.**
Im Vordergrund: die Skulpturengruppe an der Mahn- und Gedenkstätte des ehemaligen Konzentrationslagers Buchenwald.

- *Erläutern Sie die Bildelemente. Analysieren Sie Wirkung und Aussage des Plakats.*

Die Suche nach Legitimität „Die Gründung der friedliebenden Deutschen Demokratischen Republik ist ein Wendepunkt in der Geschichte Europas." Mit diesem Telegramm begrüßte der sowjetische Diktator Stalin im Oktober 1949 den soeben aus der Taufe gehobenen deutschen Teilstaat. Von Anfang an begriff sich die DDR als Gegenmodell zur Bundesrepublik und als der „bessere" der beiden deutschen Staaten. Aus vier Gründen glaubte die SED diesen Anspruch untermauern zu können: Sie verstand die DDR als „antifaschistisches Bollwerk", als Friedensstaat und natürlich als sozialistischen Staat, der damit in besonderem Maße als Wohlfahrtsstaat den Menschen diente (▸ M1).

Auf der Suche nach Legitimität machte die Parteiführung den kommunistischen Widerstand gegen den Nationalsozialismus, in dessen Nachfolge sie den SED-Staat stellte, zum „Gründungsmythos". Die Ablehnung des Faschismus wurde mit der Zustimmung zur DDR gleichgesetzt. Aus ehemals kommunistischen Widerstandskämpfern wurden damit moralisch unangreifbare politische Führer. Gerade junge Menschen und Intellektuelle befürworteten den Staat, weil sie so deutlich Abstand zur NS-Vergangenheit wahren konnten.

Tatsächlich hatte gleich nach Kriegsende noch die SMAD in einer konsequenten Entnazifizierung über eine halbe Million Menschen aus dem beruflichen und öffentlichen Leben ausgeschaltet, darunter auch viele Gegner der Kommunisten, die keine NS-Aktivisten gewesen waren. 150 000 Menschen wurden in Internierungslager gebracht oder in die UdSSR deportiert, rund 70 000 starben dort unter furchtbaren Haftbedingungen. Andererseits wurden bereits frühzeitig ehemalige kleine Parteigenossen von einer Bestrafung ausgenommen, um sie in die neuen Verhältnisse zu integrieren. Anders als im Westen wurde neben der personellen Säuberung eine „strukturelle Entnazifizierung" zur „Ausrottung der Überreste des Faschismus" mit dem Ziel durchgeführt, durch Enteignung von Unternehmen und Bauern eine sozialistische Wirtschaftsordnung zu schaffen. 1948 wurde die Entnazifizierung in der SBZ eingestellt.

Die etwa 3 500 Juden, die nach Kriegsende in die Sowjetische Besatzungszone gekommen waren, darunter viele Kommunisten, wurden in der DDR als „Opfer des Faschismus"

◂ Propaganda für den Volksentscheid in Sachsen zum „Gesetz über die Übergabe von Betrieben von Kriegs- und Naziverbrechern in das Eigentum des Volkes".
Foto aus Leipzig, 1946.
1946 wurden die Bürger in Sachsen zu einem Volksentscheid über die Enteignung wichtiger Industrie- und Gewerbebetriebe aufgerufen. Zwei Drittel der Bevölkerung stimmten zu. Dies genügte der SED, um die Enteignung auch in allen übrigen Gebieten Ostdeutschlands durchzuführen. Sachsen galt damit für die Partei als „Motor der weiteren antifaschistisch-demokratischen Bewegung".

anerkannt. Die Zahl der Juden in der DDR sank jedoch rasch; 1967 waren noch 1 200, 1989 noch 350 registriert. Die Frage nach Wiedergutmachungen gegenüber Israel und den Juden stellte sich in der DDR nicht. Das SED-Regime lehnte dies mit dem Hinweis ab, die DDR habe mit der Vergangenheit vollständig gebrochen und sei nicht Rechtsnachfolgerin des NS-Staates.

Die von Politik und Presse unermüdlich hervorgehobene angebliche Friedensliebe der DDR sollte den jungen Staat sowohl von der deutschen Vergangenheit als auch von den angeblich „imperialistischen" Nachbarn in der Bundesrepublik abgrenzen. Doch ließ die SED nur ihre eigene Vorstellung von Friedenspolitik gelten. Sie bekämpfte die Mitglieder der Friedensbewegung im eigenen Land als Staatsfeinde. Das Verweigern des Wehrdienstes war nicht gestattet. Auch beteiligte sich die Nationale Volksarmee (NVA), die Armee der DDR, an Einsätzen gegen „Bruderstaaten": Im August 1968 unterstützte sie die Truppen des Warschauer Pakts, der von der Sowjetunion 1955 als Gegenbündnis zur NATO gegründet worden war, bei der Niederschlagung des **Prager Frühlings** in der Tschechoslowakei.

Prager Frühling: Der Vorsitzende der Kommunistischen Partei der Tschechoslowakei (KPČ) Alexander Dubček wollte einen „Kommunismus mit menschlichem Antlitz" praktizieren und die Einparteiendiktatur öffnen. Die Sowjetunion sah dadurch die Vorherrschaft der KPdSU gefährdet und stellte mit Militärgewalt die alte Ordnung wieder her.

„Soziale Revolution" von oben Im Auftrag der Sowjets waren die ökonomischen Voraussetzungen für den Aufbau einer sozialistischen Gesellschaftsordnung geschaffen worden: Unter der Parole „Junkerland in Bauernhand" wurde 7 000 Großgrundbesitzern ihr Land entschädigungslos entzogen und zum größten Teil an 500 000 Landarbeiter, landlose Bauern, Flüchtlinge und Vertriebene verteilt. Ein Drittel blieb im öffentlichen Besitz („Volkseigene Güter"). Die Bodenreform ging ebenfalls auf einen sowjetischen Befehl zurück. In einer mit staatlichem Druck betriebenen Kollektivierung schlossen sich Bauern seit 1952 in Landwirtschaftlichen Produktionsgenossenschaften (LPGs) zusammen. Die meisten Höfe hatten so wenig Land zugewiesen bekommen, dass keine funktionsfähigen Familienbetriebe entstehen konnten. Durch hohe Ablieferungsbedingungen wurden selbstständige Bauern in die LPGs gepresst. Zum „planmäßigen Aufbau des Sozialismus" gehörte auch der Ausbau der Volkseigenen Betriebe, die bereits rund 80 Prozent zur industriellen Produktion beisteuerten. Damit einher ging die Enteignung und politische Verfolgung der bürgerlichen Mittelschichten, die als private Unternehmer, kleine Handels- und Gewerbetreibende, eine wichtige Stütze für die ostdeutsche Wirtschaft bildeten. Durch eine extrem hohe Besteuerung und bürokratische Gängeleien wurde ihre berufliche Existenz vielfach vernichtet. Ohne Rücksicht auf die wachsenden Versorgungsengpässe für die Bevölkerung erfolgte eine einseitige Förderung der Schwerindustrie und des militärischen Komplexes, verbunden mit einer Erhöhung der geforderten Arbeitsleistung. Der Ausbau von „nationalen Streitkräften" wurde wiederum durch Steuererhöhungen und Einsparungen im sozialen Bereich finanziert.

Mit der weitgehenden Abschaffung des Privateigentums an den Produktionsmitteln und einem Wirtschaftssystem, das nicht Marktgesetzen folgte, sondern dem von der Partei vorgegebenen Plan, wurde eine Kernidee des Sozialismus von Beginn an zielstrebig umgesetzt. Dies empfanden die Führer der SED als ihre historische Mission. Im Sozialismus sahen sie die gerechtere Gesellschaftsordnung, die nicht nur gleiche Chancen, sondern jedem im „Arbeiter- und Bauernstaat" gleiche Lebensverhältnisse und eine staatlich garantierte Sicherheit boten. Viele Bürger folgten diesem Sozialismus-Ideal. Doch die Entwicklung zu einer modernen Industrie- und Dienstleistungsgesellschaft ließ sich mit dieser Ideologie nicht bewerkstelligen.

Der „Wohlfahrtsstaat DDR" hatte durchaus Erfolge aufzuweisen: Es gelang unter schwierigsten Startbedingungen, die Lebensverhältnisse der Menschen allmählich zu verbessern. Gleichzeitig wurden Einkommensunterschiede eingeebnet. Trotzdem fiel der Lebensstandard gerade im Vergleich zur Bundesrepublik immer weiter zurück (▸ M2).

▲ **Kollektivierung in der Landwirtschaft.**
Foto von 1960.
Mit großem propagandistischen Aufwand warb das Regime für den Eintritt in Landwirtschaftliche Produktionsgenossenschaften (LPGs). Die Kollektivierung wurde 1960 abgeschlossen. Zu diesem Zeitpunkt gab es in acht von vierzehn Bezirken der DDR keine selbstständigen Bauern mehr.

Sozialistische Demokratie: Herrschaft ohne demokratische Legitimität

Unter Rückgriff auf die Lehrsätze des Marxismus-Leninismus von der Diktatur des Proletariats erklärte die SED den sozialistischen Staat zu einem „weltgeschichtlich höheren Typus der Demokratie" (▸ M3). Er sei demokratischer als die westlichen, sogenannten „bürgerlichen" Verfassungsstaaten. Er garantiere, so erklärte es SED-Chef Ulbricht, die Bedingungen realer Freiheit, weil „die politische Herrschaft fest in den Händen der Arbeiterklasse und ihrer Verbündeten" liege „Besteht die demokratische Freiheit darin, dass jemand [...] alle vier Jahre einmal einen Stimmzettel abgeben darf, oder besteht Demokratie in der ständigen Mitarbeit, in der Mitwirkung des tätigen Volkes, und darin, dass das werktätige Volk die Produktionsmittel besitzt und über sie verfügt?"

Gemäß der marxistisch-leninistischen Staatslehre galt das Herrschaftsmonopol der Partei. In freien Wahlen hatte die SED diese Macht nicht errungen. Dort hatte sie nie eine Mehrheit erhalten. Über eine demokratische Legitimität verfügte sie zu keinem Zeitpunkt. Und auch eine Abwahl war nicht möglich: Die „bürgerlichen" Parteien Ost-CDU und Liberal-Demokratische Partei Deutschlands (LDPD) mussten in ihren Satzungen „die führende Rolle der SED als der Partei der Arbeiterklasse" anerkennen. Außerdem gehörten der Volkskammer auch Vertreter der Massenorganisationen wie dem Freien Deutschen Gewerkschaftsbund an, die ebenfalls SED-Mitglieder waren. Zusammen mit dem System der „Einheitsliste" war die dauerhafte Herrschaft der SED damit garantiert, das Wahlrecht der DDR verfügte über keinerlei demokratische Glaubwürdigkeit (▸ M4, M5).

▲ **Erfolge des ersten Fünfjahresplans.**
Plakat, Mitte der 1950er-Jahre.
Mit dem ersten Fünfjahresplan von 1951 bis 1955 sollten die Industrieproduktion verdoppelt und die Folgen von Kriegszerstörung, Demontage und Reparationen beseitigt werden. Die Planziele wurden – anders als bei späteren Plänen – im Wesentlichen erreicht und zur Propaganda genutzt.

Machtsicherung nach sowjetischem Vorbild Neben der Beseitigung eines freien Wahlrechts beschritt die kommunistische Führungsgruppe der SED zur Durchsetzung ihres Machtmonopols mehrere Wege:

- Innere Umgestaltung der SED zu einer „Partei neuen Typus": Nach dem Vorbild der KPdSU galt der „demokratische Zentralismus", also die strikte Herrschaftsausübung von oben nach unten ohne jede innerparteiliche Demokratie. Abweichler wurden ihrer Parteifunktionen enthoben oder verhaftet.

▲ **Wandbild am Haus der Ministerien.**
Aus Porzellanfliesen zusammengesetztes Wandbild (3 x 24 m, hier nur rechter Ausschnitt) von Max Lingner, 1952/53.
1950 schrieb das Ministerium für Aufbau der DDR einen Wettbewerb zur künstlerischen Gestaltung der Pfeilerhalle am Haus der Ministerien in Berlin an der Ecke Leipziger Straße / Wilhelmstraße mit dem Leitthema aus: „Die Bedeutung des Friedens für die kulturelle Entwicklung der Menschheit und die Notwendigkeit des kämpferischen Einsatzes für ihn." Lingner erhielt den Zuschlag, jedoch wurde erst sein sechster Entwurf genehmigt.

- *Die ersten Entwürfe Lingners wurden u. a. mit der Begründung abgelehnt, sie seien politisch oberflächlich und die Rolle der Arbeiterklasse im Bündnis mit der Intelligenz und mit den Bauern sei „falsch" interpretiert. Analysieren Sie die dargestellten Bildelemente. Interpretieren Sie den Ausschnitt des Wandbildes. Welche Vorstellung von Staat und Gesellschaft propagiert die DDR-Führung?*

- Unterordnung der Justiz unter die Partei: Im Justizapparat platzierte die SED zuverlässige Parteigänger und nutzte das Strafrecht zur Bekämpfung ihrer Gegner. Inszenierte (Schau-)Prozesse liefen nach Anweisungen der SED-Führung ab. Die Zahl der politisch Verfolgten in 40 Jahren DDR wird auf 150 000 bis 200 000 geschätzt.
- Missbrauch des Zivil-, Familien- und Arbeitsrechts: Um Andersdenkende, Kritiker oder Systemgegner einzuschüchtern, wurden Schulabschlüsse, die Berufsausbildung, der berufliche Aufstieg von Menschen verhindert, die unliebsam aufgefallen waren. Ihnen wurden die Wohnungszuteilung oder die Reiseerlaubnis versagt, der Personalausweis entzogen oder der Arbeitsplatz gekündigt. Wer sich nicht öffentlich zur Partei bekannte, verlor seine Karrierechancen, blieb aber in aller Regel unbehelligt. Wer aber als Dissident oder Regimegegner aufgefallen war, dem drohten Berufsverbot, Ausbürgerung oder Haft unter menschenrechtswidrigen Bedingungen.
- Allgegenwart der Geheimpolizei: Das Ministerium für Staatssicherheit (MfS; umgangssprachlich Stasi) baute einen gigantischen Überwachungsapparat auf. Am Ende der SED-Diktatur verfügte das MfS über 91 000 hauptamtliche Mitarbeiter und rund 189 000 Zuträger (Spitzel) in der Bevölkerung. Ein Inoffizieller Mitarbeiter (IM) kontrollierte im Durchschnitt 89 Einwohner. Genutzt wurden alle Mittel: Öffnung von Briefen, heimliche Wohnungsdurchsuchungen, Einbau von Abhörwanzen, Beschattung, Einschleusen von Agenten im Freundeskreis, am Arbeitsplatz, in der Familie.

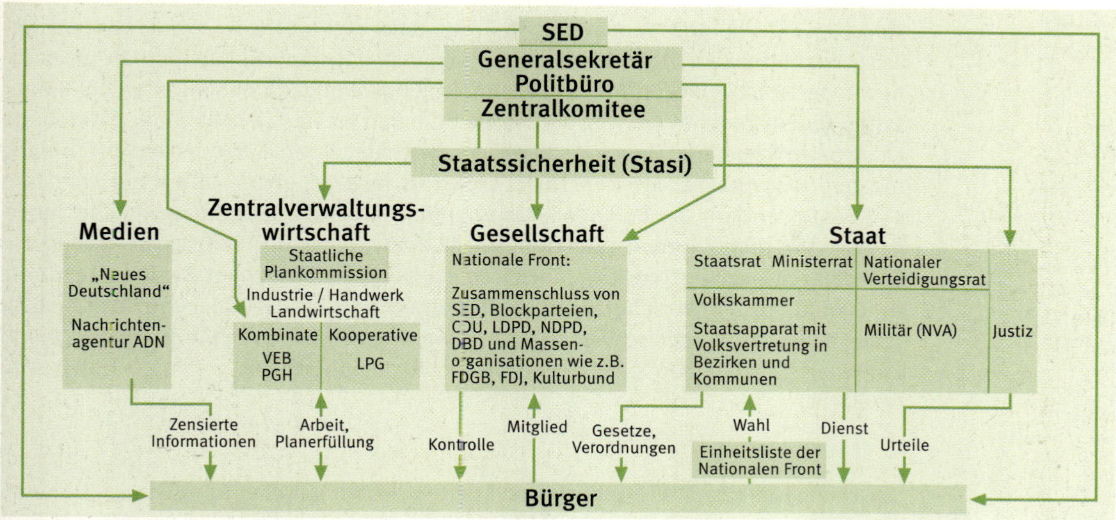

▲ **Die Verfassungswirklichkeit in der DDR.**
Grafik nach Eberhard Wilms.

Gescheiterter Widerstand Eine Opposition war nicht erlaubt (▸ M6). Im Sommer 1953 entlud sich die Unzufriedenheit der Bevölkerung. Angesichts wirtschaftlicher Not und Beschneidung von Freiheitsrechten flohen immer mehr Menschen nach West-Berlin und in die Bundesrepublik. Die SED-Führung antwortete mit verschärften Repressionsmaßnahmen und einer Erhöhung der Arbeitsnormen. In mehreren Städten brachen Warnstreiks aus, Bauern traten wieder aus den LPGs aus, vielerorts wurde vor Gefängnissen demonstriert.

Am 16. Juni formierten sich die Bauarbeiter in der Ostberliner Stalinallee zu einem Protestmarsch gegen die Beibehaltung der Normenerhöhung. Fast alle Betriebe in Berlin schlossen sich an. Die Demonstranten verlangten freie Wahlen, den Sturz der Regierung und kündigten einen Generalstreik an. Jetzt erst entschied sich das Politbüro für die Zurücknahme der Normenerhöhung. Doch die Arbeiter ließen sich nicht mehr beschwichtigen. Innerhalb weniger Stunden weitete sich am 17. Juni die Streikwelle zu einem landesweiten Aufstand der Bevölkerung gegen die SED aus. In über 700 Städten und Ortschaften beteiligten sich rund eine halbe Million Menschen an Demonstrationen, besetzten öffentliche Gebäude, Parteibüros und Dienststellen der Staatssicherheit, stürmten Gefängnisse und befreiten über 1300 Häftlinge. Mehr als 1000 Betriebe streikten.

Die sowjetische Besatzungsmacht verhängte das Kriegsrecht und walzte mit Panzern den Aufstand nieder. Über 13 000 Menschen wurden festgenommen, 1800 von DDR-Gerichten verurteilt und 20 Todesurteile verhängt. Hunderte wurden in Lager nach Sibirien verbracht oder mussten hohe Zuchthausstrafen absitzen. Auch zahlreiche Parteifunktionäre verloren ihre Ämter. Eine zweite Säuberungswelle verordnete Ulbricht nach dem gescheiterten Aufstand gegen die sowjetische Unterdrückung in Ungarn im Oktober 1956.

Obwohl die SED ihre Macht retten und weiter festigen konnte, blieb der angeblich vom Westen gesteuerte „faschistische Putsch" von nun an das Trauma der Parteiführung (▸ M7). Auf der anderen Seite hatte die Bevölkerung die bittere Erfahrung machen müssen, dass Widerstand gegen das eigene Regime aussichtslos war, solange die Sowjetunion dessen Existenz garantierte.

Nikita Sergejewitsch Chruschtschow (1894-1971): seit 1939 Mitglied des Politbüros der KPdSU, setzte sich nach Stalins Tod in der sowjetischen Führung durch. 1964 setzte ihn das Politbüro ab.

Fluchtbewegung und Mauerbau Trotz einer schrittweisen Verbesserung der Lebensverhältnisse sorgten die Versorgungsengpässe für eine andauernde Unzufriedenheit in der Bevölkerung. Immer mehr, zumeist jüngere und gut qualifizierte DDR-Bürger, sahen keinen anderen Ausweg als die Flucht in den Westen (▸ M8). Ulbricht fürchtete einen neuerlichen Volksaufstand sowie einen wirtschaftlichen Kollaps. Nach Abstimmung mit dem sowjetischen Parteichef **Nikita Chruschtschow** ließ er deshalb am 13. August 1961 eine Mauer entlang der Berliner Sektorengrenze errichten; Sperranlagen an der innerdeutschen Grenze wurden mit Beton, Stacheldraht, Minen und Selbstschussanlagen in der Folgezeit zu einem todbringenden Sicherheitssystem ausgebaut. Beim Versuch, trotz des „antifaschistischen Schutzwalls" zu fliehen, verloren bis 1989 über 700 Menschen ihr Leben, Tausende wurden schwer verletzt (▸ M9, M10). Im selben Zeitraum wurden 71 000 Bürger als „Staatsfeinde" oder wegen „versuchter Republikflucht" zu langen Haftstrafen verurteilt.

„Nischengesellschaft" Dennoch stabilisierten sich für annähernd 30 Jahre die inneren Verhältnisse. Nachdem die Parteiführung die ideologisch bedingten Eingriffe in die Gesellschaft vollzogen hatte, konnte sie jetzt einen pragmatischen Kurs steuern. Die politische Stabilität blieb jedoch vordergründig und führte nicht zur Aussöhnung zwischen Bürgern und Staat. Trotz pausenloser ideologischer Indoktrination behielt die große Mehrheit der Bevölkerung innere Distanz zum „real existierenden Sozialismus". Da eine Flucht nahezu ausgeschlossen war, mussten sich die DDR-Bürger mit dem Regime arrangieren (▸ M11). Die meisten versuchten, das Beste aus ihrer Lage zu machen, arbeiteten hart und suchten nach persönlichen Freiräumen und Nischen. Die „Nischengesellschaft" stiftete Solidarität zwischen den gegängelten Bürgern; vielfach bestimmten aber auch Neid, Unaufrichtigkeit und Misstrauen ihre Beziehungen untereinander als Folge von Bespitzelung und Überwachung.

◂ **Mauerbau.**
Foto vom August 1961. „Niemand hat die Absicht, eine Mauer zu errichten", sagte Walter Ulbricht am 15. Juni 1961 in einem Interview. Am 13. August riegelten Bautruppen der Nationalen Volksarmee mit Mauer, Stacheldraht und Panzersperren die Grenze nach West-Berlin hermetisch ab.

Fotografien als historische Momentaufnahmen

Fotografien prägen unser Bild von der jüngeren Geschichte mehr als jedes andere Medium. Sie halten politische und gesellschaftliche Ereignisse für die Nachwelt fest und geben uns eine Fülle alltagsgeschichtlicher Informationen: Sie zeigen, wie die Menschen früher aussahen, wie sie gekleidet waren, wie sie lebten oder wie sie arbeiteten. In der ersten Hälfte des 20. Jahrhunderts wurde Fotografieren für breite Bevölkerungskreise erschwinglich. Seitdem wuchs die Zahl der oft spontan gemachten Bilder aus dem bislang wenig beachteten Alltag der Menschen aus allen Schichten der Gesellschaft. Fotos wurden zu einer immer wichtigeren Quelle.

Fotografien interpretieren

Fotografien scheinen die Welt wiederzugeben, „wie sie ist". Mit dem Druck auf den Auslöser wird jedoch kein „objektives" Abbild der Wirklichkeit hergestellt. Fotos sind Momentaufnahmen und zeigen immer nur einen ausgewählten und bearbeiteten Ausschnitt der Realität. Bereits durch die Wahl des Motivs, des Bildausschnitts und der Perspektive stellt der Fotograf ein subjektives, „komponiertes" Bild der Wirklichkeit her. Retuschen, Montagen und andere Manipulationen, etwa das Wegschneiden oder Vergrößern bestimmter Bildtteile, machen die Fotografie zu einer schwer zu beurteilenden Quelle. Durch die digitale Bildbearbeitung ist das Problem noch gewachsen.
Um Fotos als historische Quelle nutzen zu können, müssen sie unter bestimmten Fragestellungen interpretiert und in den historischen Gesamtzusammenhang eingeordnet werden. Da der Betrachter in der Regel nicht weiß, wen oder was das Foto zeigt, von wem, wann und aus welchem Anlass es aufgenommen wurde, bedarf es einer Bildlegende, die den Inhalt des Fotos erläutert und es in die „Geschichte" einbettet.

Formale Kennzeichen
- Wer hat das Foto gemacht, in Auftrag gegeben oder veröffentlicht?
- Wann, wo und aus welchem Anlass ist das Foto gemacht bzw. veröffentlicht worden?

Bildinhalt
- Wer oder was ist auf dem Foto abgebildet? Was wird thematisiert?
- Welche Darstellungsmittel werden verwendet (Schwarzweiß- oder Farbbild, Kameraperspektive, Aufbau, Schnappschuss oder gestellte Szene, Profi- oder Amateuraufnahme)?
- Sind Hinweise auf Bildbearbeitung oder nachträgliche Veränderungen erkennbar (Retusche, Montage, Beschnitte bzw. Ausschnittvergrößerungen)?
- Welche Informationen lassen sich der Bildlegende entnehmen?

Historischer Kontext
- Auf welches Ereignis oder welche Person bezieht sich das Foto?
- Wie lässt sich das Foto in den historischen Kontext einordnen?

Intention und Wirkung
- Für wen und in welcher Absicht wurde das Foto gemacht bzw. veröffentlicht?
- Welche Botschaft, welche Deutung vermittelt das Foto beabsichtigt oder unbeabsichtigt?
- Welche Wirkung soll beim Betrachter erzielt werden?

Bewertung und Fazit
- Wie lässt sich das Foto insgesamt einordnen und bewerten?
- Welche Informationen fehlen? Enthält die Legende Falschinformationen oder Wertungen?
- Welche Auffassung vertreten Sie zu dem Bild?

Beispiel und Analyse

Brandenburger Tor in Berlin:
Symbol für die deutsche Teilung und Wiedervereinigung, Demokratie und Diktatur

Bildaufbau:
großer Bildausschnitt mit dem vollständig abgebildeten Brandenburger Tor im Zentrum: Demonstranten in der unteren Bildhälfte nehmen ein Drittel der unteren Bildhälfte ein; rechts und links von ihnen unbeteiligte Passanten

Perspektive und Wirkung:
scheinbar in Augenhöhe aus etwa 50 Meter Entfernung zu den marschierenden Männern aufgenommenes Foto

Schwarz-rot-goldene Fahne:
Symbol für gemeinsame deutsche Tradition und vereinigtes Deutschland

▲ **Arbeiter entfernen die schwarz-rot-goldenen Fahnen vom Brandenburger Tor und ziehen damit in den Westteil Berlins.**
Foto vom 17. Juni 1953.

Bildaufbau:
Bildmotiv gleicht dem des oberen Fotos, jedoch ist der Ausschnitt stark vergrößert und um den rechten und linken Bildteil, die Passanten und Teile des Brandenburger Tores, beschnitten; demonstrierende Männer rücken ins Zentrum des Bildes

Perspektive und Wirkung:
durch die niedrige Perspektive und kurze Distanz rücken die Fahnen schwenkenden Männer ins Zentrum; sie scheinen aus der Bildtiefe heraus auf den Betrachter zuzumarschieren; Eindruck eines großen Demonstrationszuges

Fahnen schwenkende Männergruppe:
Symbol für den Widerstand des Volkes gegen die SED-Diktatur und die Macht bzw. Solidarität der Arbeiterschaft

Bildformate:
oben: 2 : 2,9; entspricht etwa Kleinbildformat
unten: 2 : 2,14; vermutlich Ausschnitt aus einem breiteren Format

◄ **Titelseite der Wochenillustrierten „Der Stern", Heft 26 vom 28. Juni 1953 mit einem Foto vom Aufstand am 17. Juni 1953 in Ost-Berlin.**
Die Bildunterschrift am unteren Rand des Titelblattes lautet: „Für einen Tag fühlte sich das Volk von Ostberlin frei wie die Brüder jenseits des Tores."

Formale Kennzeichen Die Fotos wurden von einem unbekannten Fotografen während des Volksaufstandes in der DDR am 17. Juni 1953 in Berlin vor dem Brandenburger Tor gemacht. Die westdeutsche Illustrierte „Der Stern" veröffentlichte eines der Fotos als Titelbild ihrer Ausgabe vom 28. Juni 1953, in der sie über die Ereignisse berichtete.

Bildinhalt Beide Fotos sind Schwarzweiß-Aufnahmen und zeigen das gleiche Motiv von etwa demselben Standort: Eine Gruppe von Demonstranten zieht mit einer roten und zwei schwarz-rot-goldenen Fahnen durch das Brandenburger Tor in Richtung Westteil der Stadt. Die Bilder weisen jedoch unterschiedliche Darstellungsmittel auf: Der große Bildausschnitt des oberen Fotos rückt das Brandenburger Tor ins Zentrum, davor marschiert eine Gruppe auf den etwa 50 Meter entfernten Fotografen zu, vorbei an unbeteiligten Passanten im rechten und linken vorderen Bildbereich, die das Geschehen beobachten.
Während die Demonstranten im oberen Bild kaum ein Drittel der unteren Bildhälfte einnehmen, rücken sie im Titelbild der Illustrierten „Der Stern" ins Zentrum. Der Bildausschnitt ist stark vergrößert, die rechten und linken Bildbereiche mit den Passanten wurden weggeschnitten. Dadurch rückt die Fahnen schwenkende Gruppe nah an den Betrachter heran. Die vermeintlich kurze Distanz und die von unten nach oben verlaufende Aufnahmeperspektive dramatisieren das Geschehen und erwecken den Eindruck, als sei der Platz voller Demonstranten und die Männer Teil eines großen, unaufhaltsam aus der Tiefe des Bildraumes auf den Betrachter zumarschierenden Demonstrationszuges, der ihn zu überrennen droht.

Historischer Kontext Am 17. Juni 1953 entstand in der DDR aus spontanen Arbeiterstreiks ein überregionaler Volksaufstand. Die auf den Fotos abgebildeten Demonstranten hatten kurz vor der Aufnahme die rote Fahne vom Brandenburger Tor geholt und zogen mit schwarz-rot-goldenen Fahnen in den Westteil der Stadt. Protestaktionen gegen die SED-Diktatur gab es am 16./17. Juni nicht nur in Berlin, sondern in über 600 Orten in der DDR. Allein die Bilder aus Berlin gingen jedoch um die Welt.

Intention und Wirkung Während es sich bei dem oberen großformatigen Foto mit großer Sicherheit um eine unbearbeitete Originalaufnahme handelt, wurden Format, Bildausschnitt und Perspektive für den Bild-Titel des „Stern" mit einer bestimmten Wirkungsabsicht verändert: Der auf die demonstrierenden Arbeiter und die schwarz-rot-goldenen Fahnen verengte Fokus erweckt den Eindruck eines geschlossen gegen die SED-Diktatur und für Freiheit und deutsche Einheit kämpfenden Volkes. Das Durchschreiten des Tores in Richtung Westen steht für den Willen zur Freiheit und die Überwindung der deutschen Teilung. Das Bildarrangement folgt damit der künstlerischen Tradition der revolutionären Arbeiterbewegung wie in den Gemälden „Der vierte Stand" (1901) von Giuseppe Pellizza da Volpedo und „Die Internationale" (1928/30) von Otto Griebel. Diese Wirkung wird durch die plakative Schlagzeile „Das Volk steht auf" und den Bilduntertitel „Für einen Tag fühlte sich das Volk von Ostberlin frei wie die Brüder jenseits des Tores" noch zusätzlich unterstrichen.

Bewertung und Fazit Durch den inszenierten Aufbau wurde die Titelseite des Magazins „Der Stern" für die Interpretation der Ereignisse im Westen instrumentalisiert. Dort galt der Volksaufstand als gescheiterter Versuch zur Wiederherstellung der staatlichen Einheit. Der 17. Juni war bis 1990 als „Tag der deutschen Einheit" ein staatlicher Feiertag. Durch die Bedeutung, die dem Volksaufstand damit im Westen verliehen wurde, kam auch dem Foto erst seine Wirkung zu. Nach dem Mauerfall von 1989 erhielt es als Vorwegnahme der Wiedervereinigung zusätzlichen Symbolcharakter.

▲ **Militärparade zum 40. Staatsjubiläum.**
Truppen der Nationalen Volksarmee marschierten am 7. Oktober 1989 an der Tribüne der Regierung und den Ehrengästen auf der Karl-Marx-Allee in Ost-Berlin vorbei. Nur elf Tage später musste Erich Honecker von seinen Ämtern zurücktreten.

M1 DDR – „die größte Errungenschaft der revolutionären deutschen Arbeiterbewegung"

In einer Bilanz zum 40. Jahrestag der Gründung der DDR zeichnet Partei- und Staatschef Erich Honecker[1] wenige Wochen vor seinem Sturz am 18. Oktober 1989 das offizielle Bild von der DDR, wie es jahrzehntelang in Politikerreden, in der gleichgeschalteten Presse und in Schulbüchern propagiert worden ist. Der Text erscheint in der von der SED herausgegebenen „Zeitschrift für Theorie und Praxis des wissenschaftlichen Sozialismus":

Am 7. Oktober 1989 vollendet die Deutsche Demokratische Republik das vierte Jahrzehnt seit ihrer Gründung. Der stabile und dynamische Werdegang des ersten sozialistischen Staates der Arbeiter und Bauern auf deutschem Boden, all das, was er geleistet hat und was er heute ist, berechtigt zu der Feststellung, dass er seine historische Bewährungsprobe im Zentrum Europas bestanden hat. Mit dem Volk, durch das Volk und für das Volk wurde unter Führung der SED auf den Trümmern des Zweiten Weltkrieges ein gewaltiges Aufbauwerk vollbracht. Im Prozess revolutionärer Umgestaltungen unseres Lebens [...] veränderte sich das Dasein der Menschen wie in keiner früheren Zeit zum Guten. Frieden und Völkerfreundschaft erhielten bei uns eine zuverlässige Heimstatt. [...]

Die DDR ist die größte Errungenschaft der revolutionären deutschen Arbeiterbewegung und krönte den Kampf aller progressiven Kräfte unseres Volkes, die ein Deutschland ohne Ausbeutung des Menschen durch den Menschen, ohne Imperialismus und Reaktion, ohne nationalistischen Größenwahn und aggressiven Ausdehnungsdrang, ein neues, das sozialistische Deutschland erstrebten. Dadurch, dass die Arbeiterklasse die politische Macht in ihre Hände nahm und sie im Bündnis mit den Genossenschaftsbauern, der Intelligenz und den anderen Werktätigen ausübt, wurde dieses Ziel Wirklichkeit. [...] Die Existenz und Entwicklung des antifaschistischen, sozialistischen deutschen Friedensstaates DDR, daran kann heute weniger denn je ein Zweifel bestehen, ist ein Glück für die Völker, die unter den wiederholten Raubzügen des deutschen Imperialismus und Militarismus mehr als genug gelitten haben. [...]

Indem unser Volk den Weg des Sozialismus einschlug, entschied es sich für eine Zukunft in Freiheit, Demokratie und Menschenwürde, was gleichbedeutend war mit einer konsequenten Absage an alles Reaktionäre der Vergangenheit. In unzerstörbarer Freundschaft zur Sowjetunion, fest eingefügt in die Gemeinschaft der sozialistischen Staaten, hat unsere Republik die 40 Jahre ihres Bestehens in angestrengter Arbeit und oftmals hartem Kampf, unter weltoffenen Bedingungen mit Ergebnissen durchschritten, die sich sehen lassen können. Die DDR erlangte ihre weltweite Anerkennung und nimmt ihren gleichberechtigten Platz im internationalen Leben ein. [...]

Ihren 40. Jahrestag begeht die DDR als Staat mit einem funktionierenden, effektiven sozialistischen Gesellschaftssystem, das sich mit den in ihm verwirklichten Menschenrechten auch an den Herausforderungen der 90er-Jahre bewähren wird. Der materielle und kulturelle Lebensstandard unseres Volkes hat ein hohes Niveau erlangt, der soziale Besitzstand ist in einem Maße gewachsen, von dem man im Gründungsjahr nur träumen konnte. Vollbeschäftigung, soziale Sicherheit, gleiche Bildungschancen für alle Kinder des Volkes wurden hierzulande zur Alltagserfahrung der werktätigen Menschen, während anderswo für eine sogenannte Zwei-Drittel-Gesellschaft die Ausbeutung des Menschen durch den Menschen, die Profitmaximierung charakteristisch sind. [...]

Politische Stabilität, wirtschaftliche Dynamik und soziale Geborgenheit sind oft gebrauchte Begriffe, die Charaktereigenschaften unserer Wirklichkeit erfassen. [...]

[1] vgl. S. 338

Gesicherte Realität ist das Recht auf Arbeit, die Grundlage jeder menschenwürdigen Existenz und guten Zukunftshoffnung. Bei uns gibt es kein Bildungsprivileg für einige wenige, sondern bisher ungekannte Bildungschancen für alle Kinder des Volkes.

Erich Honecker, 40 Jahre Deutsche Demokratische Republik, in: Einheit, Heft 9/10, Berlin (Ost) 1989, S. 788-797

1. *Zeigen Sie am Text, wie Honecker den Legitimitätsanspruch der DDR begründet.*

2. *Überlegen Sie, warum Honecker die „historische Bewährungsprobe des ersten sozialistischen Staates der Arbeiter und Bauern auf deutschem Boden" so stark betont.*

3. *Stellen Sie fest, welches Legitimitätsmerkmal für einen demokratischen Staat fehlt.*

▲ **Karikatur des bundesdeutschen Karikaturisten Horst Haitzinger vom 16. August 1989.**

▪ *Erläutern Sie die Reaktion des Karikaturisten auf Honeckers Rede.*

M2 Zwischen Ideologie und Wirklichkeit

Detlef Herrmann arbeitet nach dem Studium der Philosophie seit 1970 am Institut für Internationale Politik und Wirtschaft in Ostberlin. 1974 flüchtet er in den Westen, ein Jahr später beschreibt er in einem Zeitungsartikel die Realität des politischen Lebens in der DDR:

Für viele Leute ist die DDR ein Staat, der sich allmählich konsolidiert hat, unter Schwierigkeiten zwar, aber schließlich doch erfolgreich. Man hat sich daran gewöhnt, im zweiten deutschen Staat ein Land zu sehen, das anders ist als die Bundesrepublik. Die DDR-Bürger, so glaubt man im Westen, nehmen ihren Staat so hin wie er ist. Sie haben sich an ihn gewöhnt, sind vertraut geworden mit seinem System. Die meisten, so meint man, entwickeln bereits so etwas wie ein Staatsbewusstsein, Stolz auf das Erreichte, Selbstbewusstsein über das Andersartige. Unwillige Anpassung, Verstellung, Ablehnung und Unzufriedenheit, glauben viele westliche Beobachter, seien typisch nur für die ältere Generation, die langsam ausstirbt.

Dieses Bild ist falsch. Die politische und geistige Situation in der DDR ist vielmehr gekennzeichnet durch einen akuten Widerspruch zwischen offizieller Ideologie und der sinnlich wahrnehmbaren Wirklichkeit. In Presse, Veröffentlichungen und Ideologie, in den Dokumenten der SED und den Reden der Funktionäre findet eine systematische Verklärung der in Wirklichkeit recht spröden DDR-Gesellschaft statt. [...]

Wo es Ansätze eines Staatsbewusstseins gibt, da wird es durch die Realität der DDR auf ein sehr niedriges Niveau reduziert. Selbst der durchaus gutwillige und „fortschrittliche" DDR-Bürger fühlt ein dumpfes Unbehagen. Er merkt, dass die SED-Führung ihm ständig misstraut. Er leidet darunter, dass man ihm verbietet, mit westlichen Besuchern zu diskutieren, westliche Publikationen zu lesen, in den Westen zu reisen. Selbst hohe Funktionäre dürfen dies nur, wenn es absolut unumgänglich ist. Es gehört wohl ein kaum aufzubringendes Maß an Selbstverleugnung dazu, sich mit dieser Entmündigung auch noch zu identifizieren. [...]

Vom gesunden Menschenverstand diktierte Kritik an der DDR gilt als zu bekämpfende „bürgerliche Ideologie". Menschen und gesellschaftliche Zustände werden von der SED als Rohmaterial betrachtet, das im Sinne der „Lehre" zu verändern ist. Das grundsätzliche Dilemma der SED-Herrschaft in der DDR besteht nach wie vor im mangelnden Konsensus zwischen Bevölkerungsmehrheit und Partei. Denn die Gesellschaftskonzeption der Kommunisten ist elitär. Eine kleine Gruppe von „wissenden" Funktionären betrachtet die Bevölkerungsmehrheit als noch unwissend und glaubt sich berufen, mit allen Mitteln diese aufzuklären und erziehen zu müssen. Das führt zum allgegenwärtigen Pädagogismus der parteiamtlichen Information und Propaganda auf der einen Seite und dem mehr oder weniger deutlichen Widerwillen der Bevölkerungsmehrheit gegen solche Indoktrination auf der anderen. [...]

Weitaus komplizierter wird die Bewältigung ihrer DDR-Existenz für alle gehobenen und höheren Partei- oder Staatsfunktionäre sowie für die sogenannten Kulturschaffenden. Die SED hat es verstanden, eine Atmosphäre zu verbreiten, die es einem Parteimitglied so gut wie unmöglich macht, eine abweichende Meinung auch nur zu äußern. Die gesamte Partei ist ausgerichtet auf die bedingungslose Ausführung der

Weisungen des Politbüros, das auf diese Weise natürlich auch der Kontrolle und echten Rechenschaftspflicht enthoben ist. [...]

Um mit dieser Situation fertig zu werden, haben die Beteiligten und Betroffenen eine Reihe spezifischer Verhaltens- und Denkweisen entwickelt: Naive kommunistische Gläubigkeit, gebrochener Glauben im Sinne eines „Trotzdem", glatten Opportunismus ohne Illusion und Ambition, zweckgerichteten Opportunismus der inneren Emigration, offene Feindschaft gegenüber der DDR, Flucht, konforme Interessenlosigkeit, Karriere- und Konsumsucht als Kompensation für die Entmündigung, Psychosen, Selbstmord.

Detlef Herrmann, Die bitteren Pillen des Politbüros. Gebeutelt zwischen Wirklichkeit und Ideologie – die Menschen im anderen Deutschland, in: Die Zeit, Nr. 32 vom 01. 08. 1975, S. 28

1. *Arbeiten Sie aus dem Artikel die Unterschiede zwischen öffentlicher Selbstdarstellung der DDR (vgl. M1) und der alltäglichen Praxis heraus.*
2. *Laut Herrmann ist „die Gesellschaftskonzeption der Kommunisten elitär". Erläutern Sie diesen Widerspruch zur marxistischen Ideologie.*
3. *Schließen Sie aus Hermanns Ausführungen, wie sich das sozialistische System auf die Antriebskraft der Menschen auswirkt.*

M3 Demokratieverständnis der kommunistischen Partei- und Staatsführung der DDR

Ein Lexikonartikel gibt die für Wissenschaft, Bildung und Presse verbindliche Definition der „sozialistischen Demokratie" [s. D.] wieder:

Sozialistische Demokratie: politische Machtausübung der von der Arbeiterklasse und ihrer marxistisch-leninistischen Partei geführten werktätigen Massen des Volkes, die mit der Errichtung der → *Diktatur des Proletariats* die formale → *bürgerliche Demokratie* überwindet und ablöst. Sie setzt voraus, dass die Arbeiterklasse ihre führende Rolle in der Gesellschaft verwirklicht und dass die wichtigsten Produktionsmittel gesellschaftliches Eigentum sind. Die Diktatur des Proletariats ist das politische Fundament der s. D., das sozialistische → *gesellschaftliche Eigentum* an den Hauptproduktionsmitteln ihr ökonomisches. Die immer weitere Entfaltung und Vervollkommnung der s. D. ist die Hauptrichtung, in der sich die sozialistische Staatsmacht entwickelt. Die vielfältigen Formen der Mitwirkung der Bürger an der Leitung des Staates und der Wirtschaft werden zum bestimmenden Merkmal des Lebens im Sozialismus.

Egon Krenz[1], hochrangiger SED-Funktionär und „Kronprinz" Erich Honeckers, erläutert die sozialistische Demokratie in der von der SED herausgegebenen Zeitschrift „Einheit":

Was in diesem Staat in den zurückliegenden Jahrzehnten geschaffen wurde, ist ein Epochewerk. Der Sozialismus ist obei uns als Befreiung von Ausbeutung, Unterdrückung und Erniedrigung des Volkes, von Arbeitslosigkeit, sozialer und geistiger Verelendung zu erleben. Unantastbar sind die Würde und die Freiheit der Persönlichkeit. [...]

Als Kommunisten sind wir konsequente Demokraten. „Demokratie und Kommunismus, soweit es sich um die Arbeiterklasse handelt, (sind) völlig identisch", schrieb Friedrich Engels 1845. In der DDR haben wir Sozialismus und Demokratie stets als Einheit verwirklicht. Niemals haben wir dabei außer Acht gelassen, dass es den objektiven Gesetzen des Klassenkampfes entspricht, scharf zwischen bürgerlicher und sozialistischer Demokratie zu unterscheiden. Unsere Demokratie des Mitarbeitens, Mitplanens und Mitregierens beweist ihre Überlegenheit.

Erster Text: Kleines Politisches Wörterbuch, Berlin (Ost), 3. überarbeitete Auflage 1978, S. 809 f.
Zweiter Text: Egon Krenz, Vom Sinn unseres Kampfes, in: Einheit, Heft 9/10, Berlin (Ost) 1989, S. 831-838

1. *Klären Sie den Begriff „sozialistische Demokratie". Welches Verständnis von Demokratie wird deutlich?*
2. *Erläutern Sie das Zitat Friedrich Engels' und die sich aus diesem ergebende Konsequenz.*

[1] Egon Krenz (*1937): 1981-84 Mitglied des Staatsrats, 1983-89 Mitglied des Politbüros des Zentralkomitees der SED; nach dem von ihm betriebenen Sturz seines politischen Ziehvaters Erich Honecker ab Oktober 1989 für wenige Wochen dessen Nachfolger als Generalsekretär des ZK der SED und Staatsratsvorsitzender, Rücktritt mit dem gesamten Politbüro am 3. Dezember 1989; 1990 Ausschluss aus der SED-PDS

◂ **Plakat zur ersten Volkskammerwahl in der DDR am 15. Oktober 1950.**
Eine Einheitsliste der „Nationalen Front“, die alle Parteien und Massenorganisationen vereinte und die Kandidaten festlegte, sicherte der SED die Macht.
▪ *Analysieren Sie den propagandistischen Inhalt des Plakats.*

M4 Volkskongresswahlen 1949: amtliche Wahlfälschungen

Nach offiziellen Angaben stimmt bei der Wahl 1949 ein knappes Drittel der Wähler mit „Nein“ oder gibt ungültige Stimmzettel ab. Aber auch die 66,1 Prozent „Ja“-Stimmen sind teilweise gefälscht. Als abzusehen ist, dass die Ergebnisse nicht den Erwartungen der SED entsprechen, greifen in der Nacht vom 15. zum 16. Mai 1949 die Innenminister der Länder der SBZ ein. Die Möglichkeit, mit „Nein“ zu stimmen, gibt es bei den nächsten Wahlen im Herbst 1950 nicht mehr:

Der Innenminister des Landes Mecklenburg gab wegen „bestehender Unklarheiten“ am 16. Mai den Kreisräten und Stadtverwaltungen zur Weitergabe an die Gemeinden und Wahlbezirke die folgende Anweisung:

„Blitzfernschreiben – sofort auf den Tisch – !

1. Aus den Stimmzetteln muss der Wille des Wählers erkenntlich sein.
2. Alle weiß abgegebenen Stimmzettel sind gültig und als Ja-Stimmen zu zählen.
3. Stimmzettel, auf denen Kandidaten angestrichen oder Wahlzettel durchgestrichen sind, gelten als Ja-Stimmen, wenn sie im Ja-Feld angekreuzt sind.
4. Stimmzettel, die nicht durchkreuzt sind, sondern lediglich beschrieben sind, gelten nur dann als ungültig, wenn sie eine demokratisch-feindliche Gesinnung erkennen lassen.
5. Alle ungültigen Stimmzettel von gestern und die der heutigen Aufgabe sind nach obigen Richtlinien durch die Wahlkommission nochmals zu überprüfen.“

Bundesministerium für Gesamtdeutsche Fragen (Hrsg.), Die Wahlen in der Sowjetzone, Bonn/Berlin [6]1964, zitiert nach: SBZ 1945-1949. Politik und Alltag in der sowjetischen Besatzungszone, Bonn 1987, S. 100 f.

1. *Erklären Sie die Umschreibung „bestehende Unklarheiten“.*

2. *Arbeiten Sie aus dem Grundgesetz (Artikel 38) die Wahlrechtsgrundsätze der Bundesrepublik heraus. Gegen welche der Grundsätze verstoßen die Anweisungen?*

M5 Sitzverteilung der Volkskammerwahl vom 15. Oktober 1950

Bei den Volkskammerwahlen wird die Verteilung der Mandate vorab festgelegt. Die Wähler stimmen über die „Einheitsliste“ der „Nationalen Front“ ab. Auf den Wahlscheinen fehlen die Kreise für eine Ja- oder Nein-Entscheidung. Einzelne Kandidaten zu bestätigen oder auszuschließen, ist nicht möglich. Für die Volkskammer ergibt sich folgende Sitzverteilung:

Parteien/Organisationen	Verteilung der Sitze
SED (Sozialistische Einheitspartei Deutschlands)	100
CDU (Christlich-Demokratische Union)	60
LDPD (Liberal-Demokratische Partei Deutschlands)	60
NDPD (National-Demokratische Partei Deutschlands)	30
DBD (Demokratische Bauernpartei Deutschlands)	30
FDGB (Freier Deutscher Gewerkschaftsbund)	40
Andere Massenorganisationen	80
Gesamt	**400**

Martin Boszat und Hermann Weber (Hrsg.), SBZ-Handbuch. Staatliche Verwaltungen, Parteien, gesellschaftliche Organisationen und ihre Führungskräfte in der sowjetischen Besatzungszone Deutschlands 1945-1949, München 1990, S. 431

1. *Erklären Sie, inwiefern die SED bei dieser Sitzverteilung ihr Machtmonopol sichern konnte.*

2. *Informieren Sie sich über das aktuelle Wahlrecht zur Gemeinderats-, Landtags- und Bundestagswahl.*

M6 „Warum gibt es in der DDR keine Opposition?"

Unter dieser Überschrift erscheint am 17. Mai 1957 in der Parteizeitung „Neues Deutschland" der folgende Artikel mit dem Zusatz „Wähler fragen – wir antworten". Viele Intellektuelle werden zu diesem Zeitpunkt verhaftet. Im Dezember 1957 erklärt die Volkskammer Tatbestände wie Staatsverrat, Spionage und Sammlung von Nachrichten zu Verbrechen. Auch die Verbindung zu jeder nichtkommunistischen Opposition wird ab sofort mit Gefängnis bis zu drei Jahren bestraft. In schweren Fällen droht die Todesstrafe. Selbst das Erzählen politischer Witze steht unter Strafe.

Manche Bürger fragen, warum es bei uns keine Opposition gibt, und meinen, zu einer richtigen Demokratie gehöre doch auch eine Opposition. Demokratie herrscht aber nicht dort, wo verschiedene Parteien gegeneinander auftreten, wo die Kraft der Arbeiterklasse gespalten ist und eine Opposition besteht. Im Gegenteil, das Vorhandensein oppositioneller Kräfte in bürgerlich-kapitalistischen Staaten offenbart den immer schärfer hervortretenden Interessengegensatz zwischen den sich an der Macht befindlichen Monopolisten und Militaristen und der von der Macht ausgeschlossenen unterdrückten Bevölkerung. Opposition ist nur der Beweis dafür, dass die Volksmassen gegen die herrschende Klasse für ihr Recht kämpfen müssen.
Die Bourgeoisie kann die aus den unversöhnlichen Klassengegensätzen hervorwachsende Opposition nicht leugnen. Deshalb versucht sie, diese zu einem „Charakteristikum wahrer Demokratie" für jeden Staat umzufälschen.
Auch von der rechten Sozialdemokratie wurde und wird diese Ansicht verbreitet. Der ehemalige Vorsitzende der SPD, Schumacher, formulierte z. B. wie folgt: „Das Wesen des Staates ist nicht die Regierung, und das Wesen des Staates ist nicht die Opposition. Das Wesen des Staates ist die Regierung und die Opposition."
Aus solchen Auffassungen wird dann die absurde Behauptung abgeleitet, dass unser sozialistischer Staat der Arbeiter und Bauern nicht demokratisch sei, weil es bei uns „keine Opposition gebe".
In unserer Deutschen Demokratischen Republik sind die Kriegsverbrecher, Monopolisten und Junker entmachtet. Hier gehören die Fabriken und Banken dem Volk. Die Armee, Polizei und Justiz – die Machtmittel des Staates – sind Instrumente der Werktätigen. Es gibt keinen Gegensatz zwischen der Politik unserer Regierung und den Interessen der gesamten Bevölkerung.
Eine Opposition in der DDR könnte doch nur gegen die Politik unserer Regierung gerichtet sein. Sie müsste sich also gegen die Einführung der 45-Stunden-Woche, gegen den Bau von zusätzlich hunderttausend Wohnungen, gegen unsere niedrigen Mieten, gegen die Stabilität unserer Preise, gegen die niedrigen MTS-Tarife[1], gegen die hohen Ausgaben für Wissenschaft und Kultur und gegen unsere Friedenspolitik richten. Sie müsste sich gegen die Einheit der Arbeiterklasse, gegen unseren Arbeiter-und-Bauern-Staat richten. Sie müsste für den Einsatz von Militaristen und Faschisten in hohe Machtpositionen, für den NATO-Kriegspakt und für die Vorbereitung eines Atomkrieges sein. Solch eine Opposition zu dulden wäre verbrecherisch.

Merith Niehuss und Ulrike Lindner (Hrsg.), Deutsche Geschichte in Quellen und Darstellung, Bd. 10: Besatzungszeit, Bundesrepublik und DDR 1945-1969, Stuttgart 1998, S. 400 ff.

1. *Klären Sie den Begriff „Opposition". Stellen Sie die Definition dem Verständnis des Artikels aus dem „Neuen Deutschland" gegenüber.*

2. *Analysieren Sie die Folgen der Gleichsetzung von „Politik unserer Regierung" und „Interessen der gesamten Bevölkerung".*

3. *Überlegen Sie, wie in einer bürgerlichen Demokratie die Interessen der Bevölkerung wahrgenommen werden.*

M7 Schlüsselereignis der Nachkriegsgeschichte

Über die Bedeutung und Nachwirkung des Aufstands am 17. Juni 1953, des ersten Volksaufstandes im Ostblock für die DDR, schreibt der Innsbrucker Historiker Rolf Steininger anlässlich des 50. Jahrestages:

Der Aufstand vom 17. Juni 1953 war eine unvollendete Revolution mit Langzeitwirkung. Seit jenem Tag saß der SED-Führung die Angst vor der eigenen Bevölkerung im Nacken und bestimmte weitgehend ihre Politik, die letztlich in den Untergang führte. Der 17. Juni war immer präsent – und dies bis 1989. Die SED-Oberen fürchteten den Unmut der Bürger über nicht gewährte Verbesserungen mehr als die finanziellen und wirtschaftlichen Folgen einer ökonomisch nicht fundierten Anhebung oder Aufrechterhaltung des Lebensstandards, der im Vergleich zur BRD ohnehin eher bescheiden war. [...]
Der 17. Juni ist ein Schlüsselereignis in der deutschen und europäischen Nachkriegsgeschichte: Er war der erste Aufstand im Ostblock, „das Wetterleuchten einer neuen Zeit,

[1] staatliche Vergünstigung für die Landwirtschaftlichen Produktionsgenossenschaften (LPGs), um die Bauern zum Beitritt zu bewegen. Über Maschinen-Traktor-Stationen (MTS) konnten die Bauern günstig landwirtschaftliche Geräte beziehen.

das Menetekel[2] eines Emanzipationsprozesses, der Ost- und Südeuropa erfassen sollte, zuletzt die Sowjetunion selbst“ (Karl Wilhelm Fricke). Dieser frühe Aufstand gegen die zweite deutsche Diktatur war der erste innerhalb des sowjetischen Imperiums.
Der moralische Gewinn, der sich – vor allem für Bürger der ehemaligen DDR – noch nach 50 Jahren aus diesem Ereignis ziehen lässt, ist enorm. Der 17. Juni 1953 ist ein Datum, an das sich voller Stolz erinnern lässt. Es kann als absolut sicher gelten, dass politisch freie DDR-Bürger umgehend auch die Lösung der offenen Deutschen Frage herbeigeführt hätten. Der SED-Staat wäre vom Erdboden verschwunden, die deutsche Teilung in kürzester Zeit aufgehoben worden. Das gelang nicht. Sowjetische Panzer retteten 1953 das Regime.
Jahrzehntelang lautete die Sprachregelung in der DDR, der 17. Juni sei ein von außen gesteuerter faschistischer Putsch gewesen, der lange vorausgeplante „Tag X“. Wissenschaftlich durfte dieser Aufstand allerdings nicht erforscht werden; Veröffentlichungen dazu gab es nicht. Das Ereignis wurde zu einem „Un-Datum“. Die Machthaber fürchteten bis zuletzt eine Neuauflage des Aufstandes.

Rolf Steininger, Schlüsselereignisse der Nachkriegsgeschichte: 17. Juni 1953 – der Anfang vom langen Ende der DDR, in: Das Parlament, Nr. 23 vom 02. 06. 2003, S. 1

1. *Skizzieren Sie, worin der Autor die Ursache für das Scheitern des Aufstands sieht.*

2. *Klären Sie die Gründe, die die sowjetische Führung zur gewaltsamen Niederschlagung des Aufstandes veranlassten.*

3. *Der 20. Juli 1944 und der 17. Juni 1953 sind gescheiterte Versuche der Deutschen, ihre Diktaturen abzuschütteln. Arbeiten Sie Gemeinsamkeiten, Unterschiede und Folgen heraus.*

4. *In der Bundesrepublik wurde von 1954 bis 1990 der 17. Juni als staatlicher Feiertag begangen. Befragen Sie die ältere Generation, welche Erinnerung sie mit diesem Tag verbindet.*

[2] geheimnisvolles Warnzeichen

M8 Übersiedler und Flüchtlinge zwischen der DDR und der Bundesrepublik

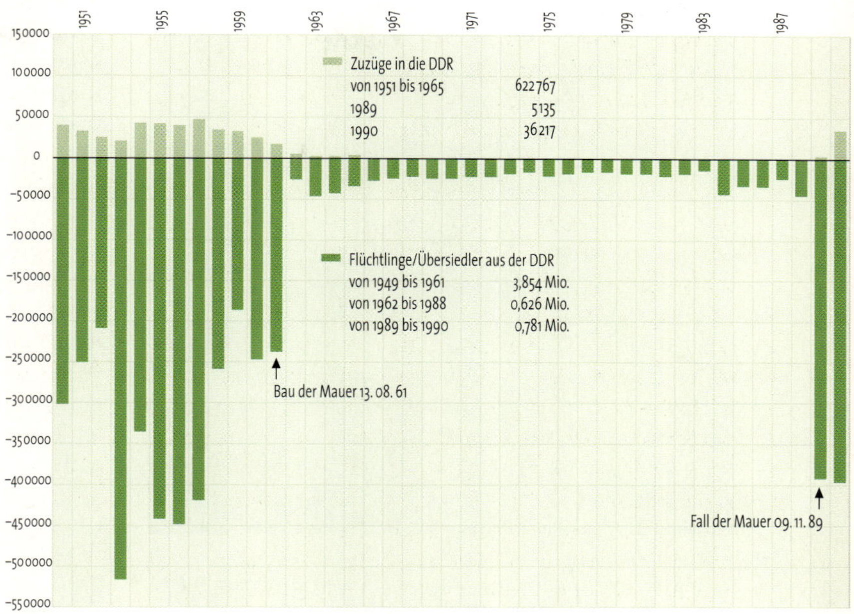

Angaben nach: Hartmut Wendt, Wanderungen in Deutschland zwischen Ost und West [...], in: Paul Ganz und Franz-Josef Kemper (Hrsg.), Mobilität und Migration in Deutschland, Erfurt 1995, S. 6-8, und Matthias Judt (Hrsg.), DDR-Geschichte in Dokumenten. Beschlüsse, Berichte, interne Materialien und Alltagszeugnisse, Berlin 1997, S. 545 f.

1. *Überlegen Sie, welche Gruppen vor allem die DDR verlassen haben.*

2. *Erläutern Sie die Folgen der Fluchtbewegung für Staat, Gesellschaft und Wirtschaft der DDR.*

3. *Nehmen Sie Stellung zu der Entwicklung der Zuzüge in die DDR. Nennen Sie mögliche Motive.*

4. *Befragen Sie ehemalige DDR-Bürger, die in die Bundesrepublik geflohen sind, nach ihren Motiven und Erfahrungen.*

▲ **Tödliche Schüsse.**
Nachdem Grenzsoldaten am 17. August 1962 den 18-jährigen Peter Fechter an der Berliner Sektorengrenze niedergeschossen hatten, half ihm niemand. Das schwer verletzte Opfer verblutete. Grenzpolizisten der DDR bargen Fechter erst nach einer Dreiviertelstunde. Sein Begleiter konnte nach West-Berlin entkommen.

M9 Tod im Minenfeld

Am 11. März 1966 erleidet der 18-jährige Klaus-Gerd Schaper tödliche Verletzungen, als er beim Fluchtversuch nach Westdeutschland auf eine Mine tritt. Die Mutter des Jugendlichen wird zum Schweigen verpflichtet. Erst 1990 kann sie öffentlich über den Tod ihres Sohnes sprechen:

Unser Sohn ging am Morgen des 10. März 1966 wie immer zur Arbeit. Er hatte eine Stelle als Rundfunkmechaniker. Von da aus muss er zur Grenze gegangen sein nach Elend. Mehr wussten wir auch nicht. Wir machten uns sehr große Sorgen und wachten die Nacht durch, weil wir uns nicht vorstellen konnten, wo er war.
Am nächsten Morgen kam die Polizei und sagte uns, er wäre auf eine Mine gelaufen und tot. Dann brachten sie uns nach Wernigerode zur Stasi. Sie wollten wissen, ob wir Verbindungen nach drüben haben. Da ich von Braunschweig stamme, blieb das ja nicht aus. Sie waren erst höflich und wurden dann immer schnodderiger. Ob wir viel West-Fernsehen sähen, wollten sie wissen. Sie konnten nichts weiter erfahren und brachten uns wieder nach Hause. Wir wurden dann noch zweimal von der Arbeit geholt und immer wieder dasselbe gefragt. Dann fehlte der Ausweis, darüber waren sie ganz wütend. Sie wollten wissen, was sie ins Protokoll schreiben sollten, warum er gegangen sei, ohne Rücksicht auf unseren Kummer. Ich sollte mich nicht so anstellen, er hätte ja nicht zur Grenze zu gehen brauchen.
Dann brachten Sie unseren Sohn nach Wernigerode in die Leichenhalle des Krankenhauses. Dort lag er auf dem Fußboden, zugedeckt. Ich sollte mitkommen und ihn ansehen, ob es Klaus Schaper ist. Ich durfte nicht nahe heran, sie hielten mich fest, warum, weiß ich nicht! [...] Wir durften nicht unseren Sarg nehmen, denn sie hatten ihn schon in einen Zinksarg gelegt, den wir nicht mehr öffnen durften für ein paar Blumen. Auch bei der Beerdigung waren Polizisten zur Stelle. Weiter kann ich nichts berichten. Ich werde dies alles nie vergessen. Auch meine beiden anderen Kinder mussten darunter leiden. Mein Sohn musste bei der Hochseeflotte sofort aufhören, und die Tochter durfte nicht studieren.

Werner Filmer und Heribert Schwan, Opfer der Mauer. Die geheimen Protokolle des Todes, München 1991, S. 205 f.

1. *Nehmen Sie Stellung zu den Folgen der „Grenzverletzung" Klaus-Gerd Schapers für seine Eltern und Geschwister.*
2. *Erörtern Sie das Menschenbild des SED-Regimes.*

M10 „Die Politbüro-Beschlüsse waren Bedingungen der tödlichen Schüsse" – das Urteil von 1997/99

Der Journalist Roman Grafe fasst Verlauf und Ergebnisse des Prozesses gegen führende DDR-Funktionäre zusammen:

Am 25. August 1997 erging im Berliner Landgericht das Urteil in der Strafsache gegen Schabowski und andere [...]: Wegen Totschlags an DDR-Flüchtlingen erhielt Egon Krenz[1] sechseinhalb Jahre Freiheitsentzug. Günter Schabowski und Günther Kleiber[2] wurden zu jeweils drei Jahren Haft verurteilt. In seiner mündlichen Urteilsbegründung sagte der Vorsitzende Richter Josef Hoch, die Kammer bestreite nicht, dass die DDR in ihren Entscheidungen nicht souverän gewesen sei. Jedoch habe das strenge Grenzregime stets im Interesse der DDR-Führung gelegen. Bis zuletzt, so Hoch, seien Flüchtlinge erschossen worden, weil die SED-Führung am Grenzregime festgehalten habe. Das Politbüro sei faktisch die Organisationsspitze des Staates gewesen und habe somit auch die Verantwortung für das Grenzregime gehabt. Sämtliche

[1] siehe S. 330 und 334 f.
[2] Günter Schabowski (*1929): 1984-89 Mitglied des Politbüros; Günther Kleiber (*1931): 1984-89 Mitglied des Politbüros

Staatsorgane hätten sich dem Willen der SED-Führung beugen müssen.
Der Klassenauftrag der Parteiführung an die Grenztruppen – die Unverletzlichkeit der DDR-Grenze zu gewährleisten – sei tatsächlich ein ideologischer Schießbefehl gewesen. Die Beschlüsse des Politbüros zur Grenzsicherung hätten sich in den für die Tötungen an der Grenze maßgeblichen Befehlen wiedergefunden; teilweise waren die Beschlüsse in diesen Befehlen ausdrücklich erwähnt worden. Wer die Herrschaft über Tötungen habe, sei als Täter dafür verantwortlich. Wenn die Tötungen an der Grenze auch nicht das Ziel der Angeklagten gewesen seien, so hätten sie die Todesfälle jedoch billigend in Kauf genommen, weil es ihnen darauf angekommen sei, die Grenze undurchlässig zu machen. Richter Hoch: „Sie wollten die Grenzsicherung, auch um den Preis von Toten. Ohne die Politbüro-Beschlüsse hätte es diese Toten nicht gegeben." [...]
Am 8. November 1999 bestätigte der BGH[3] das Urteil des Berliner Landgerichts im Politbüro-Prozess. [...]
Anfang Januar [2000] lehnte eine Kammer des Bundesverfassungsgerichts die Annahme der Verfassungsbeschwerde von Krenz ab. Die drei Verurteilten haben ihre Haftstrafen angetreten.

Roman Grafe, „Die Politbüro-Beschlüsse waren Bedingungen der tödlichen Schüsse". Der Prozess gegen sechs Mitglieder des SED-Politbüros (1996-1999), in: Deutschland-Archiv, 33. Jg. 2000, Heft 1, S. 23-25

Günter Schabowski und Günther Kleiber werden im Herbst 2000 begnadigt und aus der Haft entlassen. Im März 2001 verwirft der Europäische Gerichtshof für Menschenrechte in letzter Instanz die Beschwerden von Egon Krenz gegen seine Verurteilung. Im Dezember 2003 wird Krenz vorzeitig aus der Haft entlassen.

1. *Erläutern Sie Für und Wider der Gerichtsentscheidungen und nehmen Sie dazu Stellung.*
2. *Nach dem Ende der DDR argumentierten hohe SED-Politiker vor Gericht, jeder Staat der Welt sichere seine Grenzen notfalls auch mit Waffengewalt. Diskutieren Sie diese Einlassung.*
3. *Diskutieren Sie, ob und inwieweit Strafgerichte für das Handeln von Politikern zuständig sein können.*

[3] Bundesgerichtshof

M11 Anpassung als Überlebensstrategie

Der Pfarrer Joachim Gauck schließt sich im Herbst 1989 der Bürgerrechtsbewegung an und ist Abgeordneter der Volkskammer von März bis Oktober 1990. Bis Oktober 2000 leitet er die nach ihm benannte Behörde in Berlin als „Bundesbeauftragter für die Unterlagen des Staatssicherheitsdienstes der ehemaligen DDR". In der Rückschau analysiert er die Lebenswirklichkeit der DDR-Bürger:

Mit dem Bau der Mauer wurde gleichsam die Leibeigenschaft zur Staatsdoktrin erhoben, denn von da an konnte nur derjenige diesem System noch entgehen, der bereit war, sein eigenes Leben aufs Spiel zu setzen. Das Gefühl, wehrlos in der Falle zu sitzen, veränderte das Verhältnis zu diesem Staat und seinen schamlosen Lügen [...]. Der Bürger dachte sich zwar immer noch seinen Teil, aber er konnte es nicht mehr wagen, dies auch auszusprechen, denn es gab ja kein Entrinnen mehr. Hinter der Formel vom „gelernten DDR-Bürger" verbirgt sich vor allem diese Grunderfahrung. [...]
Das Ministerium für Staatssicherheit drang immer umfassender in das gesamte gesellschaftliche Leben der DDR ein und war als Angstapparat der SED ungeheuer wirkungsvoll. [...] Angst bewirkte Anpassung oder sogar Überanpassung bei denen, die ihre Ellenbogen einzusetzen vermochten, sie bewirkte Depression und Rückzug in die viel beschriebenen Nischen der DDR-Gesellschaft. Sehr selten bewirkte die Angst auch Protest – bezeichnenderweise vor allem bei den Jüngeren, die noch nicht jahrzehntelang das Gefühl permanenter Bedrohung verinnerlicht hatten. In der Regel war die Angst jedenfalls so wirksam, dass ein gewisses Maß an Überanpassung zur DDR-Normalität gehörte. [...] Die Erziehung zur Anpassung begann bereits in der Kinderkrippe und im Kindergarten. Rigoros wurde hier das oberste sozialistische Erziehungsziel „Individualität hemmen und den eigenen Willen brechen" durchgesetzt. Schon ein Erstklässler bekam mitunter zu spüren, wie unverzichtbar Anpassung war, weil Lehrer häufig eher die staatstreue Gesinnung als die fachliche Leistung bewerteten. [...] Die in der Volksbildung vorherrschende Pädagogik, die den Schülern antrainierte, anders zu reden als zu denken, setzte sich auch in vielen Familien fort. Manche Eltern haben ihre Kinder sogar gegen die eigene Überzeugung zu angepasstem Verhalten erzogen, um ihnen eine reibungslose Entwicklung zu ermöglichen.

Joachim Gauck, Die Stasi-Akten. Das unheimliche Erbe der DDR, Reinbek 1991, S. 45 ff.

1. *Erläutern Sie anhand des Gauck-Textes, wie die SED-Führung versuchte, ihr Regime zu sichern.*
2. *Beurteilen Sie die geschilderte „Überlebensstrategie".*

Die DDR und der Westen – Standpunkte und Ziele der Deutschlandpolitik

Irmgard erinnert sich noch gut daran, wie neidisch sie vor sieben Jahren war, als die Mutter in den Westen zu ihrer Cousine reisen durfte. Das war damals nur Rentnern erlaubt. Schweren Herzens fand sich Irmgard damit ab, dass sie wohl noch neunzehn Jahre warten musste, bis sie selbst endlich eine Westreise beantragen konnte.

Das muss sie nun zum Glück nicht mehr. Seit 1972 die Reisebestimmungen gelockert worden sind, können auch Nicht-Rentner zu runden Geburtstagen oder anderen Familienfeierlichkeiten in den Westen reisen. Allerdings, so weiß Irmgard, muss man dafür zunächst die Hürden der Antragprozedur überstehen: Zuallererst braucht man eine Einladung von West-Verwandten, mit der bei der städtischen Meldebehörde ein Reiseantrag gestellt werden kann. Vorzuzeigen sind zudem eine Beurteilung des Betriebes, eine Kopie der Geburtsurkunde des zu besuchenden West-Verwandten und eine Beglaubigung, dass die Person noch lebt. Erst dann wird die Reise genehmigt und der Pass ausgehändigt.

An diesem Montag, dem 15. August 1977, will Irmgard bei der Meldestelle im Polizeiamt in Bernburg den Reiseantrag stellen, um zum 60. Geburtstag einer Tante nach Kassel zu reisen. Die nötigen Unterlagen hat sie bereits zusammen. Mehrere Stunden müssen sie und die vielen anderen Antragsteller auf harten Holzbänken im Flur warten. Alle sind angespannt. Kaum einer spricht ein Wort.

Endlich wird Irmgard aufgerufen. Ausführlich erklärt sie der Beamtin den Grund für ihren Reiseantrag. Das Einstudieren vor dem Spiegel hat sich wohl gelohnt, denn tatsächlich darf sie für fünf Tage verreisen. Irmgard würde am liebsten vor Freude jubeln. Mit Mühe reißt sie sich zusammen, bis sie wieder zu Hause angekommen ist. Gleich setzt sich die Familie um den Wohnzimmertisch, um zu planen: Was soll sie als Gastgeschenk mitnehmen, und was soll sie aus dem Westen mitbringen?

Sozialistisches Gesamtdeutschland oder Abgrenzung? Das Verhältnis der Bundesrepublik zur DDR war bis 1989 ein Spiegel des Ost-West-Konflikts. Aus Bonner Sicht bestimmten und begrenzten der von allen demokratischen Parteien geteilte Alleinvertretungsanspruch und die strikte Nichtanerkennung des nicht frei gewählten DDR-Regimes zwei Jahrzehnte lang die Beziehungen zu Ost-Berlin. Ebenso wie sich die Bundesrepublik als einzigen rechtmäßigen deutschen Staat ansah, nahm auch die SED für sich in Anspruch, mit der DDR „die Grundlage eines neuen, unabhängigen und freien gesamtdeutschen Staates geschaffen“ zu haben (▸ M1). Die DDR galt als das Modell für ein künftiges kommunistisches Gesamtdeutschland. Allerdings hatten ihre Führer nicht einmal die Mehrheit der eigenen Bürger hinter sich, ganz zu schweigen von der Ablehnung des Regimes im Westen. Eine Vereinigung beider Teile Deutschlands hätte die Selbstaufgabe der SED bedeutet. In der Praxis überwog deshalb das Ziel der Absicherung der eigenen Herrschaft durch Abgrenzung gegenüber der Bundesrepublik.

Mit der Einführung einer DDR-Staatsbürgerschaft 1967 und der ein Jahr später in Kraft gesetzten neuen „sozialistischen Verfassung“ betonte Ulbricht seine Abgrenzungspolitik. Die DDR-Hymne von 1949 mit dem Text von Johannes R. Becher durfte wegen des Passus „Deutschland, einig Vaterland“ in der ersten Strophe nicht mehr gesungen, sondern nur noch die Melodie von Hanns Eisler gespielt werden.

Bis weit in die sechziger Jahre gab es keine offiziellen Kontakte zwischen der Bundesrepublik und der DDR. Seit 1952 intensivierte die SED Sperrmaßnahmen und schikanöse Personenkontrollen an der innerdeutschen Grenze. 1961 kam der Sportverkehr zum Erliegen. Nur der innerdeutsche Handel überstand den Kalten Krieg. Der Warenverkehr zwischen beiden Ländern verneunfachte sich von 1950 bis 1974. Für die Bundesregierung war der Handel lange eine der letzten Klammern zwischen beiden Teilen Deutschlands. Er verbesserte die Versorgung der DDR-Bevölkerung und bewahrte Reste der Verflechtung beider Volkswirtschaften. Wirtschaftlich von geringer Bedeutung, sicherte er den freien Zugang nach Berlin. Für die DDR war der innerdeutsche Handel hingegen ökonomisch unverzichtbar.

▲ **Propaganda zur Abgrenzung gegen die Bundesrepublik.**
Foto, um 1960.
Der „antifaschistische Schutzwall" im Bereich Potsdamer Platz/ Wilhelmstraße von der Aussichtsplattform am Grenzübergang „Checkpoint Charlie" in Berlin.

Die neue Ostpolitik der Regierung Brandt Anfang der sechziger Jahre verlor die Deutschlandfrage ihre weltpolitische Bedeutung. Beide Supermächte legten sich nach einer letzten gefährlichen Konfrontation in der **Kuba-Krise** 1962 auf den Status quo in Europa und damit auch in Deutschland fest.

Die von Bundeskanzler **Willy Brandt** (SPD) und Außenminister **Walter Scheel** (FDP) geführte sozialliberale Koalition wollte zur Überwindung der deutschen und europäischen Teilung eine neue Ost- und Deutschlandpolitik herbeiführen, für die der Pressesprecher und enge Berater Willy Brandts, Egon Bahr, die Formel „Wandel durch Annäherung" prägte (▸ M2, M3).

Die neue Ostpolitik war Teil einer Entspannungspolitik, mit der sich die westlichen Regierungen durch intensive politische, wirtschaftliche und kulturelle Beziehungen und Vereinbarungen um eine Verständigung über Rüstungskontrolle und Gewaltverzicht bemühten. Ein Vertragsgeflecht mit der Sowjetunion (Moskauer Vertrag, 1970), Polen (1970) und der Tschechoslowakei (1973) verknüpfte den gegenseitigen Gewaltverzicht mit der Anerkennung der Unverletzlichkeit, nicht Unveränderbarkeit, aller Grenzen in Europa einschließlich der innerdeutschen Grenze. Dem Wiedervereinigungsgebot des Grundgesetzes trug die Bundesregierung mit einem „Brief zur deutschen Einheit" an die Sowjetregierung Rechnung. Darin betonte sie das Recht des deutschen Volkes „in freier Selbstbestimmung seine Einheit wiederzuerlangen". Im Berliner Vier-Mächte-Abkommen 1971 entschärften die Siegermächte die krisenanfällige Situation West-Berlins. Sie einigten sich darauf, dass West-Berlin zwar nicht Bestandteil der Bundesrepublik war, aber enge „Bindungen" mit Westdeutschland pflegen durfte und von Bonn diplomatisch vertreten wurde.

Anerkennung der DDR im Rahmen besonderer Beziehungen Die Voraussetzungen für eine Neugestaltung der innerdeutschen Beziehungen waren hergestellt. Zuerst einigte sich die Bundesregierung mit der SED-Führung nach zähen Verhandlungen 1972 auf einen Verkehrsvertrag, der den Austausch von Personen und Gütern erleichterte. In dringenden Familienangelegenheiten durften nun auch DDR-Bürger unterhalb des Rentenalters in die Bundesrepublik reisen. Umgekehrt wurden Touristenreisen in die DDR

Kuba-Krise: Nachdem die Sowjetunion auf Kuba Mittelstreckenraketen in Stellung gebracht hatte, bestand die USA auf deren Abbau. Für einige Tage stand die Welt vor einer atomaren Auseinandersetzung der beiden Weltmächte. Schließlich gab KP-Chef Chruschtschow nach. Die USA hielten danach an einer Politik des Ausgleichs bei Anerkennung der gegenseitigen Interessensphären fest.

Walter Scheel (*1919): setzte sich als Vorsitzender der FDP (1968-74) für eine programmatische Neuorientierung seiner Partei und eine Koalition mit der SPD ein; 1974-79 Bundespräsident

Willy Brandt (1913-1993): erwarb sich von 1957-66 als Regierender Bürgermeister von Berlin internationales Ansehen; 1964-1987 Vorsitzender der SPD; 1969-1974 Bundeskanzler

▲ **Unterzeichnung des Moskauer Vertrages am 12. August 1970.**
Ohne Zustimmung der Sowjetunion waren in den deutsch-deutschen Beziehungen keine Verbesserungen zu erzielen. Im Katharinensaal des Kreml unterzeichneten Bundeskanzler Willy Brandt (links; daneben außerhalb dieses Bildausschnitts: Außenminister Walter Scheel), der sowjetische Ministerpräsident Alexey Kossygin (Mitte) und der sowjetische Außenminister Andrej Gromyko (rechts) den Moskauer Vertrag. Darin verpflichteten sich beide Länder, den Entspannungsprozess zu fördern. Hinter Willy Brandt der sowjetische KP-Chef Leonid I. Breschnew, rechts daneben der Staatssekretär der Bundesrepublik Egon Bahr, daneben der deutsche Botschafter in Moskau, Dr. Helmut Allardt.

erleichtert. Bundesbürger konnten künftig Aufenthaltsgenehmigungen für die gesamte DDR erhalten und nicht mehr nur Verwandte, sondern auch Freunde und Bekannte besuchen.

Mit dem noch im selben Jahr abgeschlossenen Grundlagenvertrag gab die Bundesregierung ihren Alleinvertretungsanspruch auf und erkannte die DDR als gleichberechtigten deutschen Staat an, die ihrerseits zusagte, „praktische und humanitäre Fragen zu regeln".

Erich Honecker (1912-1994): 1930 Beitritt zur KPD, ab 1946 rascher Aufstieg in der SED; löste 1971 in Absprache mit der Sowjetunion Walter Ulbricht ab und wurde Generalsekretär des ZK der SED, ab 1976 auch Staatsratsvorsitzender. Er verlor sein Amt kurz vor dem Fall der Mauer.

Die DDR-Führung – seit Kurzem in den Händen **Erich Honeckers** – hatte ihr jahrelang verfolgtes Ziel mit einigen Einschränkungen erreicht. Sie versprach sich davon eine bessere Legitimationsbasis ihrer Herrschaft. Bundeskanzler Brandt stellte jedoch klar, dass seine Regierung an der „Einheit der deutschen Nation" und damit am Ziel der Wiedervereinigung unverändert festhalte, die Bundesrepublik und die DDR „füreinander nicht Ausland" seien und es daher bei der mit den USA abgesprochenen Formel von den „zwei Staaten in Deutschland" bleiben werde. Die Einrichtung von „Ständigen Vertretungen" anstelle von Botschaften sollte die „besonderen Beziehungen" zwischen ihnen sowie die Ablehnung einer eigenen DDR-Staatsbürgerschaft deutlich machen.

Für die damit eingeräumte staatliche, aber nicht völkerrechtliche Anerkennung der DDR verlangte die Bundesregierung humanitäre Erleichterungen im deutsch-deutschen Verhältnis. Im Sinne ihres Konzepts des „Wandels durch Annäherung" hoffte sie langfristig auf eine Liberalisierung der Verhältnisse in der DDR. Die SED-Führung profitierte sofort und unwiderruflich von den getroffenen Vereinbarungen: Der Grundlagenvertrag brachte ihr nach der Aufnahme beider deutschen Staaten in die Vereinten Nationen 1973 die internationale Anerkennung der DDR – bis 1978 bereits von 131 Staaten. Die Welt ging davon aus, dass die deutsche Teilung damit endgültig war. „Europa tat das nicht allzu leid", schrieb die Londoner „Times".

In der Bundesrepublik lösten die Ostverträge heftige Auseinandersetzungen in Öffentlichkeit und Parlament aus. Die Mehrheit der Wähler bestätigte bei vorgezogenen Neuwahlen im November 1972 den Kurs der Regierung Brandt/Scheel. Den Antrag Bayerns, den Grundlagenvertrag als verfassungswidrig aufzuheben, lehnte das Bundesverfassungsgericht im Juli 1973 ab. Es betonte dabei aber die Gültigkeit des Wiedervereinigungsgebots des Grundgesetzes, die „Besonderheit" in den Beziehungen zwischen den beiden deutschen Staaten und die eine Staatsangehörigkeit aller Deutschen. Damit band das Gericht die künftige Deutschlandpolitik an den Rechtsvorbehalt der Verfassung.

Folgen des Grundlagenvertrags: Zugzwang und Bürgerprotest Trotz ihrer außenpolitischen Fortschritte und der internationalen Anerkennung fühlte sich das SED-Regime im Innern mehr und mehr bedroht. Die Erwartungen der Bürger, die DDR würde ihnen mehr Freiheit einräumen, erfüllten sich nicht. Um Hoffnungen im eigenen Land gar nicht erst aufkommen zu lassen, baute die SED-Führung den Überwachungsapparat der Stasi weiter aus und verschärfte die Sicherungsmaßnahmen an den Grenzen (▸ M4). Die erzwungene Ausweitung der Begegnungs- und Kommunikationsmöglichkeiten zwischen den Deutschen in Ost und West durch die Aufnahme in die **UNO** (United Nations Organization) 1973 sowie die Teilnahme an der **KSZE-Konferenz** wurden abgeblockt – zum Beispiel durch die Erhöhung des Mindestumtausches für DDR-Besucher oder das Verbot für SED-Mitglieder, Schulleiter, Polizisten und Wehrpflichtige, mit Bundesbürgern Kontakte zu pflegen. Westdeutsche Journalisten wurden von der Stasi beschattet, häufig in ihrer Arbeit behindert oder ausgewiesen. Die SED strich 1974 alle gesamtdeutschen Bezüge aus der Verfassung. Die Verheißung, den Sozialismus eines Tages auf die Bundesrepublik zu übertragen, wich dem realpolitischen Selbstverständnis, das Überleben in einer strikten Zweistaatlichkeit zu sichern. Das Fehlen demokratischer Strukturen und Reformbemühungen zwang die Bürger, sich zwischen Anpassung und Ablehnung zu entscheiden. Abweichung vom vorgeschriebenen Weg und Protest wertete das Regime als Angriff auf das System und bekämpfte es.

Es entwickelte sich eine Bürgerbewegung. Sie fühlte sich durch die Ostverträge und die dadurch ermöglichten Beschlüsse der KSZE ermutigt, die Umsetzung der Menschenrechte in der politischen Praxis, Reiseerleichterungen und andere Freiheitsrechte auch in der DDR einzufordern. So bildeten sich kleine oppositionelle Friedens- und Umweltgruppen, die seit den frühen achtziger Jahren meist unter dem Schutz der evangelischen Kirche das Regime herausforderten. Die offiziell geleugnete ökologische Krise im Land, die Einführung des „Wehrunterrichts" in den Schulen seit 1978, die staatlich verordnete Militarisierung der Gesellschaft und die atomare Aufrüstung in Ost und West bildeten die Ansatzpunkte für diese informellen Zusammenschlüsse meist junger DDR-Bürger, die zunächst eher Diskussionskreisen von Gleichgesinnten als öffentlich wirkenden Aktionsgruppen glichen. Das änderte sich in dem Maße, wie die SED-Führung ihre fehlende Reformbereitschaft erkennen ließ.

KSZE-Konferenz: Abk. für die von 1973-1975 in Helsinki tagende Konferenz über Sicherheit und Zusammenarbeit in Europa, ein Höhepunkt der Ost-West-Entspannung. In der am 1. August 1975 unterzeichneten KSZE-Schlussakte bekannten sich 33 europäische Länder sowie die USA und Kanada zur Unverletzlichkeit der Grenzen, die friedliche Regelung von Streitfällen, die Nichteinmischung in innere Angelegenheiten und Respektierung der Menschenrechte. Die Vertragsunterzeichnung der DDR zielte auf internationale Anerkennung. Die Sowjetunion sicherte sich mit der Anerkennung der Grenzen noch einmal ihren Siegerstatus aus dem Zweiten Weltkrieg.

▲ **Protestplakat vor der Dresdner Kreuzkirche am 13. Februar 1982.**
Das eingekreiste „A" steht für Ausreise.

◂ **„Schwerter zu Pflugscharen."**
Unter diesem Motto forderte die christliche Friedensbewegung zur Abrüstung auf. Trotz Betonung ihrer Friedensliebe verbot die SED-Führung jegliche Friedenssymbole und forderte die Bischöfe auf, die Friedensaktivisten zu bremsen. Sie erreichte damit das Gegenteil: Auf dem Kirchentag in Wittenberg 1983 wurde ein Schwert zur Pflugschar umgeschmiedet.

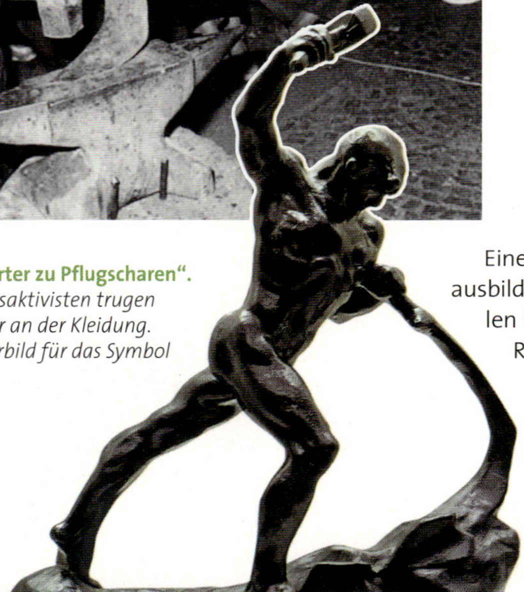

▸ **Plastik des Symbols „Schwerter zu Pflugscharen".**
Die meist jugendlichen Friedensaktivisten trugen das Protestsymbol als Aufnäher an der Kleidung.
- *Recherchieren Sie, was als Vorbild für das Symbol diente.*

Eine wichtige Rolle in diesem Prozess der Herausbildung einer Gegenöffentlichkeit zur offiziellen Propaganda spielten der 1982 von Pfarrer Rainer Eppelmann sowie dem Physiker und marxistischen Regimekritiker Robert Havemann formulierte und von Tausenden unterschriebene „Berliner Appell – Frieden schaffen ohne Waffen" sowie die 1985 von Bürgerrechtlern in Ost-Berlin (u. a. Bärbel Bohley, Ralph Hirsch, Gerd Poppe, Wolfgang Templin, Vera Wollenberger) gegründete „Initiative Frieden und Menschenrechte" (IFM). Erstmals propagierten hier ostdeutsche Oppositionelle freiheitliche Verhältnisse, wie sie die Bürgerrechtsbewegungen in Polen (Solidarność, dt. Solidarität), Ungarn und der Tschechoslowakei (Charta 77) schon länger vertraten. Zählten die dauerhaft aktiven Regimegegner zunächst nur wenige hundert Personen, so konnten sie doch einige tausend Sympathisanten gewinnen. Allmählich bildete sich ein landesweites Netzwerk mit Untergrundblättern, Treffen und Protestaktionen.

Die SED reagierte mit Gegendruck und vor allem mit dem massiven Einsatz von Inoffiziellen Mitarbeitern der Staatssicherheit. Kritiker galten als „feindliche Elemente" und wurden vom Sicherheitsapparat verfolgt. Prominente Oppositionelle wurden verhaftet und ausgebürgert. Die beabsichtigte „Zersetzung" oppositioneller Gruppierungen ging so weit, dass manche Friedenskreise regelrecht von Stasi-Spitzeln kontrolliert wurden.

Bilanz der Deutschlandpolitik in Ost und West In seiner Deutschlandpolitik verfolgte SED-Chef Honecker bis zum Ende der achtziger Jahre zwei Ziele: Zum einen sollten die letzten Anerkennungsvorbehalte der Bundesrepublik zurückgenommen werden, zum anderen sollten Fortschritte in den innerdeutschen Beziehungen von den jeweiligen Bundesregierungen so teuer wie möglich bezahlt werden. Kanzler **Helmut Schmidt**, der 1974 Brandts Nachfolger geworden war, brachte dies auf die Formel „Mehr Menschlichkeit gegen Kasse". Schmidt und nach ihm Bundeskanzler **Helmut Kohl** ging es darum, bei Aufrechterhaltung des Status quo in der Anerkennungsfrage menschliche Erleichterungen durchzusetzen und durch direkte Begegnungen das Bewusstsein der Zusammengehörigkeit der Deutschen nicht verloren gehen zu lassen.

Da Honecker aus wirtschaftlichen Gründen auf eine Zusammenarbeit mit der Bundesrepublik angewiesen war, ging er auf Wünsche der Bundesregierung ein, zeigte im humanitären Bereich Entgegenkommen, etwa bei der Herabsetzung der Altersgrenze bei Ost-West-Reisen, der Familienzusammenführung oder beim Freikauf politischer Gefangener (▸ M5).

Außerdem arbeitete Honecker seit Langem auf einen schließlich 1987 durchgeführten Staatsbesuch in Bonn hin, den er als Krönung seiner Deutschlandpolitik verstand. Bei all dem konnte er sich immer nur in Absprache mit der Führung der Sowjetunion bewegen (▸ M6). So verengten sich Honeckers Spielräume, als in den späten siebziger Jahren der Kalte Krieg zwischen Ost und West wieder auflebte. Die Verschuldungskrise der DDR offenbarte die Abhängigkeit von westlicher finanzieller Hilfe und Krediten. Honeckers Politik gegenüber der Bundesrepublik glich daher einem Zickzackkurs zwischen Abgrenzung und Annäherung.

Aufseiten der Bundesrepublik wahrten die Regierungen Schmidt und Kohl die Balance zwischen unvermeidlicher Anerkennung der DDR und einem Offenhalten der Wiedervereinigung (▸ M7). Mit den bis 1989 abgeschlossenen 70 bilateralen Abkommen auf den Gebieten der Familienzusammenführung, der Reiseerleichterungen im grenznahen Verkehr, der Sport- und Jugendreisen, der Städtepartnerschaften, des Austauschs von Kultur, Kunst und Wissenschaft sowie vor allem der wirtschaftlichen Kooperation eröffneten sie den DDR-Bürgern Freiräume. Sie sorgten dafür, dass Bindungen über die Grenze hinweg nicht verloren gingen oder neu entstanden. Indem die Abgrenzungsstrategie der SED-Führung so unterlaufen wurde, war die Bonner Deutschlandpolitik letztendlich erfolgreich.

Helmut Schmidt (*1918): SPD-Politiker; 1969-72 Bundesverteidigungs-, 1972-74 Wirtschafts- und Finanzminister; 1974-82 Bundeskanzler

Helmut Kohl (*1930): 1973-98 Bundesvorsitzender der CDU; 1982-98 Bundeskanzler

▸ Der Liedermacher Wolf Biermann bei seinem Auftritt in der Kölner Sporthalle am 13. November 1976.
Mit der Begründung, er habe die DDR kritisiert, wurde Biermann nach seinem Köln-Konzert am 16. November 1976 ausgebürgert. Zu diesem Zeitpunkt hatte er in der DDR bereits elf Jahre Berufsverbot. Seine Ausbürgerung löste eine Protestwelle aus: Zwölf bekannte Schriftsteller unterschrieben eine Petition, 400 weitere DDR-Bürger solidarisierten sich mit ihnen. Die SED-Führung reagierte mit Festnahmen, Parteiausschlüssen und Berufsverboten. Reihenweise verließen daraufhin prominente Künstler und Schriftsteller die DDR.

M1 Im Schlepptau der Siegermächte

Zur Gründung der DDR hält Ministerpräsident Otto Grotewohl[1] am 12. Oktober 1949 eine Rede:

Der westdeutsche Sonderstaat ist nicht in Bonn, sondern in London entstanden. Bonn hat nur die Londoner Empfehlungen, die in Wahrheit Befehle der westlichen Alliierten waren, ausgeführt. [...]
Statt der im Potsdamer Abkommen vorgesehenen Demokratisierung, Entmilitarisierung und Entnazifizierung Deutschlands sind sie [die Westmächte] bestrebt, die von ihnen besetzten Teile Deutschlands in eine Kolonie zu verwandeln, die mit den traditionellen Methoden imperialistischer Kolonialherrschaft regiert und ausgebeutet wird. Von Demokratisierung, Entmilitarisierung und Entnazifizierung ist keine Rede. Die von Anfang an sorgfältig konservierten Kräfte der deutschen Reaktion [...] haben mit aktiver Unterstützung der Besatzungsmächte die alten Machtpositionen wieder eingenommen. [...] Wir wissen, dass wir in unserem Kampf um die Einheit Deutschlands, der ein Bestandteil des Kampfes um den Frieden ist, nicht allein stehen. Wir haben das Glück, uns in diesem Kampf auf das große Lager des Friedens in der Welt stützen zu können, dessen ständig zunehmende Stärke die imperialistischen Kriegsinteressen Schritt um Schritt zurückdrängt. Diese Kräfte des Friedens in der ganzen Welt werden geführt von der Sowjetunion, die eine andere Politik als die Politik des Friedens weder kennt noch kennen kann.

Am 15. Oktober 1949 antwortet der SPD-Vorsitzende Kurt Schumacher im Deutschen Bundestag:

Man kann erfolgreich bestreiten, dass der neue Oststaat überhaupt ein Staat ist. Dazu fehlt ihm auch der Ansatz zur Bildung einer eigenen Souveränität, er ist eine Äußerungsform der russischen Außenpolitik. [...]
Jetzt ist der Oststaat ein Versuch, die magnetischen Kräfte des Westens mithilfe staatlicher Machtmittel und eines scheinbaren Willens der deutschen Bevölkerung dieser Zone abzuwehren. Er bedeutet die Anerkennung der Tatsache, dass bis auf Weiteres das große russische Unternehmen, ganz Deutschland in die politischen, gesellschaftlichen, wirtschaftlichen und kulturellen Formen der Sowjets hineinzuzwingen, gescheitert ist. Die Loslösung der Ostzone durch die Russen, wie sie 1945 radikal und erfolgreich eingeleitet wurde, bedeutet das Hinausdrängen der westalliierten Einflüsse und der internationalen Kritik. Es war aber zur gleichen Zeit das Ende jeder demokratischen Freiheit der Deutschen in dieser Zone. Die westlichen Alliierten tragen an dieser Entwicklung viel Schuld. [...]
Das darf nicht darüber hinwegtäuschen, dass die Etablierung dieses sogenannten Oststaates eine Erschwerung der deutschen Einheit ist. Die Verhinderung dieser Einheit aber kann dieses Provisorium im Osten nicht bedeuten, weil das deutsche Volk und besonders die Bevölkerung der Ostzone Gebilde russischer Machtpolitik auf deutschem Boden ablehnt.

Erster Text: Otto Grotewohl, Im Kampf um die einige Deutsche Demokratische Republik. Reden und Aufsätze, Bd. 1, Berlin 1959, S. 489 ff.
Zweiter Text: Wolfgang Benz, Die Gründung der Bundesrepublik. Von der Bizone bis zum souveränen Staat, München 1984, S. 160 f.

[1] Otto Grotewohl (1894-1964): SPD-Politiker; 1946 gemeinsam mit dem KPD-Vorsitzenden Wilhelm Pieck (1876-1960) Vorsitzender der SED; 1949-64 Ministerpräsident der DDR; vgl. auch die Abb. auf S. 316

1. *Weisen Sie nach, wie Begriffe unterschiedliche inhaltliche Bedeutung gewinnen, je nachdem, ob sie im Osten oder im Westen verwendet werden.*
2. *Erläutern Sie, was Schumacher unter den „magnetischen Kräften" des Westens versteht.*
3. *Diskutieren Sie Schumachers Aussage über die „Schuld der Westmächte".*

M2 Wandel durch Annäherung

Egon Bahr, SPD-Politiker und enger Mitarbeiter Willy Brandts, hält am 15. Juli 1963 eine Rede über die Politik der Entspannung zwischen den beiden Supermächten:

Die erste Folgerung, die sich aus einer Übertragung der Strategie des Friedens auf Deutschland ergibt, ist, dass die Politik des Alles oder Nichts ausscheidet. Entweder freie Wahlen oder gar nicht, entweder gesamtdeutsche Entscheidungsfreiheit oder ein hartes Nein, entweder Wahlen als erster Schritt oder Ablehnung, das alles ist nicht nur hoffnungslos antiquiert und unwirklich, sondern in einer Strategie des Friedens auch sinnlos. Heute ist klar, dass die Wiedervereinigung nicht ein einmaliger Akt ist, der durch einen historischen Beschluss an einem historischen Tag auf einer historischen Konferenz ins Werk gesetzt wird, sondern ein Prozess mit vielen Schritten und vielen Stationen. Wenn es richtig ist, was Kennedy sagte, dass man auch die Interessen der anderen Seite anerkennen und berücksichtigen müsse, so ist es sicher für die Sowjetunion unmöglich, sich die Zone zum Zwecke einer Verstärkung des westlichen Potenzials entreißen zu lassen. Die Zone muss mit Zustimmung der Sowjets transformiert werden. Wenn wir soweit wären, hätten wir einen großen Schritt zur Wiedervereinigung getan. [...]
Uns hat es zunächst um die Menschen zu gehen und um die

▲ **Warteschlange vor der Antragstelle für Passierscheine in West-Berlin.**
Foto vom 19. Dezember 1963.
Mit dem Passierscheinabkommen zwischen BRD und DDR vom 17. Dezember 1963 konnten erstmals nach dem Mauerbau über 1,2 Millionen West-Berliner ihre Verwandten in Ost-Berlin besuchen. Dieses erste Passierscheinabkommen war Ausgangspunkt einer neuen Deutschlandpolitik. Grundlegende Verbesserungen für Reisemöglichkeiten brachte allerdings erst das Berlin-Abkommen von 1971.

Ausschöpfung jedes denkbaren und verantwortbaren Versuchs, ihre Situation zu erleichtern. Eine materielle Verbesserung müsste eine entspannende Wirkung in der Zone haben. [...] Den Prozess zur Hebung des Lebensstandards zu beschleunigen, weil sich dadurch Erleichterungen mannigfacher Art für die Menschen und durch verstärkte Wirtschaftsbeziehungen verstärkte Bindungen ergeben können, würde demnach in unserem Interesse liegen. Man könnte die Sorge haben, dass dann die Unzufriedenheit unserer Landsleute etwas nachlässt. Aber eben das ist erwünscht, denn das ist eine weitere Voraussetzung dafür, dass in dem Prozess zur Wiedervereinigung ein Element wegfallen würde, das zu unkontrollierbaren Entwicklungen führen könnte und damit zu zwangsläufigen Rückschlägen führen müsste. Man könnte sagen, das Regime würde dadurch gestützt, aber ich habe eben zu entwickeln versucht, dass es keinen praktikablen Weg über den Sturz des Regimes gibt. Ich sehe nur den schmalen Weg der Erleichterung für die Menschen in so homöopathischen Dosen, dass sich daraus nicht die Gefahr eines revolutionären Umschlags ergibt, die das sowjetische Eingreifen aus sowjetischem Interesse zwangsläufig auslösen würde. [...] Überlegungen der Menschlichkeit spielen hier für uns eine größere Rolle als nationale Überlegungen. [...] Wir haben gesagt, dass die Mauer ein Zeichen der Schwäche ist. Man könnte auch sagen, sie war ein Zeichen der Angst und des Selbsterhaltungstriebes des kommunistischen Regimes. Die Frage ist, ob es nicht Möglichkeiten gibt, diese durchaus berechtigten Sorgen dem Regime graduell soweit zu nehmen, dass auch die Auflockerung der Grenzen und der Mauer praktikabel wird, weil das Risiko erträglich ist. Das ist eine Politik, die man auf die Formel bringen könnte: Wandel durch Annäherung.

Archiv der Gegenwart, 15. 07. 1963, S. 10700

1. *Klären Sie den internationalen Kontext, aus dem heraus Bahr die Formel „Wandel durch Annäherung" entwirft.*

2. *Arbeiten Sie die entscheidenden Unterschiede zwischen der bisherigen Haltung der Bundesregierung und Bahrs Vorschlag heraus.*

M3 Neue Deutschlandpolitik und die Reaktion der DDR

In seiner Regierungserklärung vom 28. Oktober 1969 legt der neue Kanzler der sozial-liberalen Koalition, Willy Brandt, seine deutschlandpolitischen Ziele dar:

Diese Regierung geht davon aus, dass die Fragen, die sich für das deutsche Volk aus dem Zweiten Weltkrieg und aus dem nationalen Verrat durch das Hitlerregime ergeben haben, abschließend nur in einer europäischen Friedensordnung beantwortet werden können. Niemand kann uns jedoch ausreden, dass die Deutschen ein Recht auf Selbstbestimmung haben, wie alle anderen Völker auch. Aufgabe der praktischen Politik in den jetzt vor uns liegenden Jahren ist es, die Einheit der Nation dadurch zu wahren, dass das Verhältnis zwischen den Teilen Deutschlands aus der gegenwärtigen Verkrampfung gelöst wird. Die Deutschen sind nicht nur durch ihre Sprache und ihre Geschichte – mit ihrem Glanz und ihrem Elend – verbunden; wir sind alle in Deutschland zu Haus. Wir haben auch noch gemeinsame Aufgaben und gemeinsame Verantwortung: für den Frieden unter uns und in Europa.
20 Jahre nach Gründung der Bundesrepublik Deutschland und der DDR müssen wir ein weiteres Auseinanderleben der deutschen Nation verhindern, also versuchen, über ein geregeltes Nebeneinander zu einem Miteinander zu kommen. Dies ist nicht nur ein deutsches Interesse, denn es hat seine Bedeutung auch für den Frieden in Europa und für das Ost-West-Verhältnis. [...]
Die Bundesregierung setzt die im Dezember 1966 durch Bundeskanzler Kiesinger[1] und seine Regierung eingeleitete

[1] Kurt Georg Kiesinger (1904-1988): 1958-66 Ministerpräsident Baden-Württembergs, 1966 Kanzler der ersten Großen Koalition aus CDU/CSU und SPD. Nach Brandts Wahlsieg musste er 1969 zurücktreten; vgl. zu ihm auch S. 304

Politik fort und bietet dem Ministerrat der DDR erneut Verhandlungen beiderseits ohne Diskriminierung auf der Ebene der Regierungen an, die zu vertraglich vereinbarter Zusammenarbeit führen sollen. Eine völkerrechtliche Anerkennung der DDR durch die Bundesregierung kann nicht in Betracht kommen. Auch wenn zwei deutsche Staaten in Deutschland existieren, sind sie doch füreinander nicht Ausland; ihre Beziehungen zueinander können nur von besonderer Art sein.

SED-Parteichef Walter Ulbricht reagiert darauf in seiner Rede vor dem 12. Plenum des Zentralkomitees der SED am 12. Dezember 1969:

Der neue westdeutsche Bundeskanzler, Herr Brandt, hat [...] in seiner Regierungserklärung und in anderen öffentlichen Verlautbarungen von der Tatsache der staatlichen Existenz der DDR Kenntnis genommen. Über die 20-jährige Verspätung wollen wir hier nicht reden. Zur Genugtuung ist noch kein Anlass. Schließlich müssen wir noch die Taten abwarten. Dabei dürfte Klarheit darüber herrschen, dass der Verzicht auf jegliche Art von Alleinvertretungsanmaßung die Voraussetzung für die Normalisierung der Beziehungen Westdeutschlands zur DDR ist. Herr Brandt hat weiterhin Verhandlungen über vertraglich geregelte Beziehungen zwischen der westdeutschen Bundesrepublik und der DDR auf der Grundlage der Gleichberechtigung und unter Ausschluss jeglicher Diskriminierung angeboten. Er sprach von der Notwendigkeit eines Versuchs, über ein geregeltes Nebeneinander zu einem Miteinander zu kommen. Gleichzeitig erklärte er jedoch – ich zitiere aus der Regierungserklärung: „Eine völkerrechtliche Anerkennung der DDR durch die Bundesrepublik kann nicht in Betracht kommen. Auch wenn zwei Staaten in Deutschland existieren, sind sie doch füreinander nicht Ausland. Ihre Beziehungen zueinander können nur besonderer Art sein." Schade, wirklich sehr schade! Diese Sätze – sollten sie wirklich zur Regierungsdoktrin der neuen westdeutschen Koalitionsregierung werden – würden alles wieder kaputt machen, was in dem Vorhergesagten an Positivem enthalten sein könnte. [...] Die Beziehungen zwischen den beiden deutschen Staaten und Verträge zwischen ihnen haben der Natur der Sache nach völkerrechtlichen Charakter. Bonn aber möchte als vollberechtigter Staat sozusagen mit einer minderberechtigten, unter seiner Vormundschaft stehenden und Bonn gegenüber zu besonderem Wohlverhalten verpflichteten DDR verhandeln. Mit dem Grundsatz der Gleichberechtigung und der Nichtdiskriminierung ist das absolut unvereinbar.

Erster Text: Bulletin des Presse- und Informationsamtes der Bundesregierung, Nr. 132, 29. 10. 1969, S. 1121-1128
Zweiter Text: Archiv der Gegenwart, 27. 12. 1969, S. 15160

1. *Weisen Sie nach, inwieweit Bundeskanzler Brandt Bahrs Thesen in praktische Politik ummünzen will.*

2. *Bewerten Sie Ulbrichts Antwort im Hinblick auf mögliche Verhandlungsspielräume.*

3. *Vorschlag für ein Referat: Die Regierung Brandt – neue Deutschlandpolitik trotz Ost-West-Gegensatz?*

M4 Kampf gegen den Klassenfeind

Die neue Ost- und Deutschlandpolitik der Bundesregierung ist riskant für das SED-Regime. Zur Vorbereitung einer Dienstkonferenz verschickt Erich Mielke, Minister für Staatssicherheit, am 25. Februar 1972 sein Referat:

Jedem Mitarbeiter des MfS muss klar sein, dass unsere aktive Politik der friedlichen Koexistenz auf gar keinen Fall ein Nachlassen des Klassenkampfes bedeutet. Es handelt sich vielmehr um eine spezifische Form der Systemauseinandersetzung, die insbesondere dadurch gekennzeichnet ist, dass die historisch unausweichliche Auseinandersetzung mit dem Imperialismus mit friedlichen Mitteln geführt wird und dass dabei u. a. auch am Verhandlungstisch hart um die Regelung wichtiger Probleme gerungen wird. [...] In diesem Zusammenhang möchte ich unterstreichen, dass wir uns, was die Strategie und Taktik des Imperialismus betrifft, keinerlei Illusionen hingeben dürfen. In unserer Tätigkeit bekommen wir jeden Tag aufs Neue die Richtigkeit der vom

◄ **Erinnerung an den 20. Jahrestag des MfS.** *Wandteller (Durchmesser 36 cm) von 1970.*

Gen[ossen] Erich Honecker in seiner Ansprache vor Angehörigen der NVA auf Rügen getroffenen Einschätzung bestätigt, dass der Imperialismus aggressiv, tückisch und gefährlich ist und bleibt und dass wir keinen Grund haben, in unserer politischen und militärischen Wachsamkeit nachzulassen. Das heißt konkret für uns als MfS, dass auch wir keine Minute unsere politisch-operative Wachsamkeit vernachlässigen dürfen!

Jens Gieseke, Die DDR-Staatssicherheit. Schild und Schwert der Partei, Bonn 2000, S. 50

1. *Arbeiten Sie Mielkes Einschätzung der westlichen Politik heraus.*

2. *Mielke warnt vor einem „Nachlassen von Wachsamkeit". Informieren Sie sich, welche Maßnahmen diese Warnung in der Praxis bedeuteten.*

M5 Handel und Reiseverkehr zwischen Ost- und Westdeutschland

a) Entwicklung des innerdeutschen Handels 1950–1989:

Jahr	Lieferungen und Bezüge der Bundesrepublik Deutschland: Lieferungen	Bezüge	Umsatz	Veränderung der Umsätze
	in Millionen VE[1]			in % zum Vorjahr
1950	329	342	671	
1955	563	588	1151	
1960	960	1122	2082	
1965	1206	1260	2466	
1970	2416	1996	4412	+ 12,3
1975	3922	3342	7264	+ 4,9
1980	5293	5580	10873	+ 16,8
1985	7901	7636	15537	+ 9,8
1987	7367	6647	14014	+ 2,0
1988	7234	6789	14023	+ 0,1
1989	8101	7205	15306	+ 9,1

b) Innerdeutscher Reiseverkehr:

	Reisen aus der DDR in die BRD (in 1000): Rentner	Personen unter dem Rentenalter	Reisen aus der BRD und Berlin (West) in die DDR und nach Ost-Berlin (in 1000): gesamt	davon West-Berliner
1957	2720	–	2700	–
1962	27	–	ca. 2000	–
1967	1072	–	1424	60
1972	1079	11	6260	3320
1973	1298	41	7499	3820
1975	1370	40	7734	3210
1980	1594	40	6746	2600
1981	1601	37	5020	1800
1982	1600	46	5068	1730
1983	1527	64	5059	1720
1984	1607	61	5219	1600
1985	1666	66	5620	ca. 1900
1986	1760	573	57006	ca. 1900
1987	3800	1290	55006	ca. 1900
1988	6750	–	55529	1972

Nach: Dieter Grosser, Stephan Bierling und Beate Neuss (Hrsg.), Bundesrepublik und DDR 1969–1990, Stuttgart 1996, S. 282 f.

1. *Stellen Sie die Auswirkungen wichtiger Daten der DDR-Geschichte (Aufstand am 17. Juni, Mauerbau, Abschluss des Grundlagenvertrags mit der Bundesrepublik) in der Statistik fest. Ziehen Sie die Zahlen der Flüchtlinge und Übersiedler aus der DDR von S. 333 hinzu.*

2. *Wandeln Sie die Tabellen jeweils in eine geeignete Diagrammform um. Erläutern Sie, welche Bedeutung die Veränderungen in den Zahlen für das geteilte Deutschland hatten.*

[1] Als Währung galt nicht die DM, sondern der innerdeutsche Handel wurde in „Verrechnungseinheiten" (VE) abgewickelt.

M6 Und die Sowjetunion?

Der sowjetische Parteichef Leonid Breschnew[1] spricht mit Erich Honecker am 20. August 1970 über die Zukunft der DDR. Honecker macht sich während des Gesprächs handschriftliche Notizen:

Die DDR ist nicht nur Eure, sie ist unsere gemeinsame Sache. Die DDR ist für uns etwas, das man nicht erschüttern kann und darf. [...] Die Politik der Reg[ierung] Brandt ist [trotz des Vertrages mit der UdSSR] darauf gerichtet, die DDR zu erschüttern. Weder wir noch [Ihr könnt Euch] gleichgültig gegenüber einer solchen Gefahr verhalten. [...] Nochmals – die Existenz der DDR entspricht unseren Interessen, den Interessen aller sozialistischen Staaten. Sie ist das Ergebnis des Sieges über Hitlerdeutschland. Deutschland gibt es nicht mehr. Es gibt die sozialistische DDR und die kapitalistische Bundesrepublik. [...] Die Zukunft der DDR liegt in der sozialistischen Gemeinschaft. Wir haben unsere Truppen bei Ihnen. Das ist gut so und wird so bleiben.

Matthias Judt (Hrsg.), DDR-Geschichte in Dokumenten. Beschlüsse, Berichte, interne Materialien und Alltagszeugnisse, Berlin 1998, S. 516

1. *Arbeiten Sie die Kernaussage Breschnews heraus.*
2. *Diskutieren Sie anhand des Textes das Verhältnis zwischen Sowjetunion und DDR. Bedenken Sie dabei, dass die Unterredung zwei Jahre nach der militärischen Beendigung des „Prager Frühlings" stattfand.*

[1] Leonid Iljitsch Breschnew (1906-1982) übernahm nach dem Sturz Chruschtschows 1964 das Amt des Ersten Sekretärs der KPdSU, das er bis zu seinem Tod innehatte.

▲ **Beim Besuch Erich Honeckers in Bonn 1987 wehten beide deutsche Flaggen nebeneinander.**

■ *Die DDR-Flagge galt in der Bundesrepublik als „Spalterflagge". Warum?*

M7 Die Einheit Deutschlands im Widerstreit

Zwei Jahre vor dem Zusammenbruch der SED-Herrschaft gelingt Generalsekretär Honecker, was die SED-Führung seit Ulbricht vergeblich gefordert hat: in Bonn offiziell empfangen zu werden. Vom 7. bis 11. September 1987 besucht Honecker die Bundeshauptstadt Bonn und mehrere Landeshauptstädte. In seiner Tischrede am 7. September anlässlich des Empfangs der DDR-Führung nimmt Bundeskanzler Kohl zur Frage der deutschen Einheit Stellung:

Das Bewußtsein für die Einheit der Nation ist wach wie eh und je, und ungebrochen ist der Wille, sie zu bewahren. Diese Einheit findet Ausdruck in gemeinsamer Sprache, im gemeinsamen kulturellen Erbe, in einer langen, fortdauernden gemeinsamen Geschichte. [...]

Unser Zusammentreffen in Bonn ist aber weder Schlußstrich noch Neubeginn. Es ist ein Schritt auf dem Weg einer schon lange währenden Entwicklung. Sie ist gekennzeichnet durch das Bemühen um ein geregeltes Miteinander.

Vor fast fünfzehn Jahren haben die Bundesrepublik Deutschland und die Deutsche Demokratische Republik den Vertrag über die Grundlagen ihrer Beziehungen unterzeichnet. Dieser Vertrag zeigt Grenzen und Möglichkeiten auf. Möglichkeiten eröffnen sich dort, wo praktische Fragen zum Wohle der Menschen in beiden Staaten gelöst werden können, damit es zu einem Verhältnis guter Nachbarschaft kommt. [...]

An den unterschiedlichen Auffassungen der beiden Staaten zu grundsätzlichen Fragen, darunter zur nationalen Frage, kann und wird dieser Besuch nichts ändern. [...]

Wir achten die bestehenden Grenzen, doch die Teilung wollen wir überwinden: auf dem Weg friedlicher Verständigung

und in Freiheit. Die deutsche Frage bleibt offen, doch ihre Lösung steht zur Zeit nicht auf der Tagesordnung der Weltgeschichte, und wir werden dazu auch das Einverständnis unserer Nachbarn brauchen. [...]
Die Menschen in Deutschland leiden unter der Trennung. Sie leiden an einer Mauer, die ihnen buchstäblich im Wege steht und die sie abstößt. Wenn wir abbauen, was Menschen trennt, tragen wir dem unüberhörbaren Verlangen der Deutschen Rechnung: Sie wollen zueinanderkommen können, weil sie zusammengehören.

Generalsekretär Honecker entgegnet in seiner Tischrede:

Die Entwicklung unserer Beziehungen, der Beziehungen zwischen der Deutschen Demokratischen Republik und der Bundesrepublik Deutschland, dessen sind wir bewusst, ist von den Realitäten dieser Welt gekennzeichnet, und sie bedeuten, dass Sozialismus und Kapitalismus sich ebenso wenig vereinigen lassen wie Feuer und Wasser.
Bei alledem gehen wir davon aus, dass beiden deutschen Staaten, fest eingefügt in die mächtigsten Militärkoalitionen dieser Zeit, die Verpflichtung zukommt, besonders aktiv zu Frieden, Abrüstung und Entspannung beizutragen. [...]
Angesichts der unverändert komplizierten internationalen Lage ist die Deutsche Demokratische Republik bestrebt, dazu beizutragen, dass Vernunft und guter Wille zu bestimmenden Faktoren der Weltpolitik werden, Kooperation an die Stelle von Konfrontation tritt und mehr Vertrauen in den internationalen Beziehungen geschaffen wird. [...]
Dabei messen wir den humanitären Fragen und den Menschenrechten, die in ihrer Gesamtheit von politischen, zivilen, ökonomischen und sozialen Rechten in der Deutschen Demokratischen Republik im praktischen Leben ihre tägliche Verwirklichung finden, keine geringe Bedeutung bei. [...]
Ausgangspunkt für eine konstruktive, nicht nur beiden Staaten nützliche Politik können nur die Realitäten sein, die Existenz von zwei voneinander unabhängigen souveränen deutschen Staaten mit unterschiedlicher sozialer Ordnung und Bündniszugehörigkeit.

Bundesministerium für innerdeutsche Beziehungen (Hrsg.), Texte zur Deutschlandpolitik. Reihe III/Bd. 5 – 1987, Coburg 1988, S. 194 ff.

1. *Arbeiten Sie die Positionen in der Frage der deutschen Einheit heraus.*
2. *Warum legte Honecker so großen Wert auf die „Souveränität" der DDR?*
3. *Beurteilen Sie beide Reden aus heutiger Sicht.*
4. *Bundespräsident Richard von Weizsäcker (1984-1994) äußerte einmal: „Die Deutsche Frage ist so lange offen, wie das Brandenburger Tor geschlossen ist." Nehmen Sie Stellung zu dieser Aussage.*

▸ **Staatsbesuch Erich Honeckers in Bonn.** *Mit Helmut Kohl schreitet er am 7. September 1987 eine Ehrenformation der Bundeswehr ab.*

Wirtschafts- und Sozialpolitik in der Endphase der DDR

Wochen hat Marina dafür gebraucht, den Stoff für das Brautkleid und den Schleier aufzutreiben, ganz zu schweigen von den Perlen für den Brautschmuck. Und bekommen hat sie beides am Ende nur, weil sie der Verkäuferin im Textilgeschäft dafür einen Braten fürs Wochenende versprochen hat. Nur gut, dass Onkel Günther Metzger ist.

Marina hat sich die Hochzeitsvorbereitungen ganz anders vorgestellt. Einmalig und romantisch sollte es sein, eben die schönste Zeit in ihrem Leben. Stattdessen nur Stress und Mühe, überhaupt die Zutaten für das Hochzeitsessen zusammenzubekommen. Weil es an so vielem fehlt, bekommt man nie das, was man kaufen will, sondern man kauft, was es gerade gibt. Wer irgendwo eine Mangelware entdeckt, alarmiert sofort Familie und Freunde. Dieses Frühwarnsystem funktioniert im Alltag ganz gut. Für eine Hochzeitsvorbereitung taugt es jedoch nicht. Heute ist der 25. Juni 1976 – und die Hochzeit ist schon in zwei Wochen! Marina ist zum Heulen zumute. Mittlerweile ist die ganze Familie eingespannt. Oma Gerda hat sich letzten Monat sogar entrüstet mit einer Eingabe an die Kreisleitung der SED in Jena gewandt, weil es nirgendwo Würfelzucker zu kaufen gab. Tatsächlich ist Zucker seit Anfang der Woche wieder erhältlich. Ob das aber mit Oma Gerdas Eingabe zusammenhängt, wird sie wohl nie erfahren.

Die „Einheit von Wirtschafts- und Sozialpolitik" und ihr Preis Als Erich Honecker Anfang Mai 1971 Ulbricht als Generalsekretär der SED ablöste, prägte er als neues Leitmotiv die „Einheit von Wirtschafts- und Sozialpolitik". In der DDR sollte eine sozialistische Wohlstandsgesellschaft entstehen, in der bessere Lebensverhältnisse des Normalbürgers hohe politische Priorität genoss.

Tatsächlich verbesserte sich der Lebensstandard. In der ersten Hälfte des Jahrzehnts stieg die Industriegüterproduktion, die jetzt mehr den Konsum befriedigte, um etwa 30 Prozent. Der Durchschnittslohn der Arbeiter und Angestellten erhöhte sich bis 1980 von 755 auf 1 030 DDR-Mark. Mit sozialen Vergünstigungen versuchte die SED-Führung, die Bevölkerung positiv zu stimmen: Die Mindestlöhne und Renten wurden erhöht, Leistungslöhne gezahlt, mehr Urlaubstage gewährt und die 40-Stunden-Woche eingeführt. Zahlreiche sozialpolitische Maßnahmen machten es Frauen möglich, Familie und Beruf miteinander zu vereinbaren: Der Schwangerschaftsurlaub für berufstätige Mütter wurde bei voller Lohnfortzahlung auf 26 Wochen verlängert, das **„Babyjahr"** geschaffen, die Kinderbetreuung in Krippen und Kindergärten ausgebaut und Geburtenprämien gezahlt. Allerdings brachte dies den Frauen in der DDR keine wirkliche Gleichberechtigung. Sie versorgten trotz voller Berufstätigkeit meist überwiegend allein Haushalt und Kinder, ihr durchschnittliches Einkommen lag unter dem der Männer und Führungspositionen blieben ihnen weitgehend verschlossen. Die Erwerbstätigkeit von Frauen in der DDR war wirtschaftlich notwendig, denn von den niedrigen Durchschnittseinkommen der Männer allein konnten die Familien nicht leben.

„Babyjahr": beim ersten Kind anfangs die unbezahlte, ab 1986 bezahlte Freistellung der Mutter für ein Jahr bei Garantie des Arbeitsplatzes, beim zweiten und bei jedem weiteren Kind Urlaub bei Zahlung von 80 Prozent des durchschnitt-lichen Nettoeinkommens (mind. 300 Mark)

Die Planwirtschaft garantierte stabile Mieten und feste Preise für Strom und Wasser, Grundnahrungsmittel, Bus- und Bahntarife. Dies führte zu abstrusen Ergebnissen: Bauern verfütterten subventioniertes Brot an ihr Vieh, weil es billiger war als die angebotenen Futtermittel. Güter des gehobenen Bedarfs hatten hingegen vergleichsweise hohe Preise (▸ M1).

Auch im kulturellen Bereich zeigte sich die SED-Führung großzügiger und den Wünschen der jungen Generation gegenüber offener als bisher. Westliche Beat-Musik durfte gespielt werden, die begehrten Blue-Jeans wurden importiert und in volkseigener Produktion angeboten. Ihren Kampf gegen lange Haare und kurze Röcke stellte die SED ein. Sie kümmerte sich weniger um die Privatangelegenheiten der Menschen, auch wenn die meisten von ihnen regelmäßig das verbotene Westfernsehen einschalteten.

So sicherte sich die SED-Führung ein gewisses Maß an Zustimmung der Bevölkerung. Doch die bis dahin ungekannte Liberalität war nur die Fassade einer „Fürsorgediktatur", mit der die Partei ihre Herrschaft sichern wollte (▸ M2).

Planwirtschaft Auffallend war die geringe Arbeitsproduktivität der staatlichen Betriebe. Die DDR erreichte nur etwa ein Drittel des westdeutschen Niveaus. Nicht zuletzt die Arbeitsplatzgarantie, nach der jeder DDR-Bürger ein „Recht auf Arbeit" sowie umfassenden Kündigungsschutz genoss, erhöhte die Kosten für die Betriebe und schränkte ihre Anpassungsfähigkeit an veränderte wirtschaftliche Rahmenbedingungen ein.

Die Planwirtschaft konnte kaum konkurrenzfähige Produkte auf dem Weltmarkt anbieten und produzierte Verluste, die lange verheimlicht wurden. Amtliche Statistiken wurden geschönt, um Planerfüllung vorzutäuschen. Besonders krasse Leistungsfälschungen waren in der Wohnungsbaustatistik üblich. Als sich die Partei- und Staatsführung im Oktober 1988 von ihren gleichgeschalteten Medien anlässlich der Übergabe der dreimillionsten Wohnung feiern ließ, waren tatsächlich erst 1,92 Millionen fertiggestellt.

Zu den Fehlentwicklungen des zentralistischen Wirtschaftssystems gehörte die zu Beginn der Honecker-Ära verordnete Verstaatlichung fast aller noch bestehenden halbprivaten Klein- und Mittelbetriebe, die gerade im Konsumgüterbereich wichtig waren. Dabei konnte die SED auf den Sozialneid der Bevölkerung setzen, da die enteigneten Betriebsinhaber viermal so viel verdient hatten wie ein Arbeitnehmer. Damit war aus ideologischen Gründen der private Mittelstand beseitigt und mit ihm ein volkswirtschaftlich wichtiges dynamisches Element. Übrig blieben nur etwa 2 000 selbstständige Handwerker, Gastronomen und Einzelhändler.

Außenwirtschaftlich verdüsterte sich die Lage zusätzlich. Die beiden Ölkrisen 1973 und 1979 und die damit verbundene Preisexplosion sowie die immer engere Eingliederung der DDR-Wirtschaft in den sowjetisch dominierten Rat

▲ **DDR-Subventionswirtschaft.**
Die Angaben in dem Schaubild stammen von 1989.
- *Erläutern Sie die Folgen dieser Wirtschaftspolitik für die Bürger und den Staat. Stellen Sie diese an einem konkreten Beispiel dar.*

▲ **Mähdrescher „Fortschritt" mit einer Traktoristin der Landwirtschaftlichen Produktionsgenossenschaft Marzahn.**
Foto von 1972.

▲ **Intershop mit Westwaren.**
In den Intershops gab es sogar die heiß begehrte „Levi's Jeans", zu kaufen – aber nur, wenn man Westgeld hatte. Diese Läden waren ein Armutszeugnis für den real existierenden Sozialismus. Die Devisen-Erlöse für den SED-Staat gingen in die Milliarden. Hier konnten DDR-Bürger aber auch einen direkten Warenvergleich zwischen Ost und West anstellen, der stets zuungunsten des Ostens ausfiel.

für gegenseitige Wirtschaftshilfe (RGW) führten Ende der siebziger Jahre in die Stagnation. Zusätzlich kürzte die Sowjetunion die Erdöllieferungen um zwei Millionen Tonnen jährlich (etwa 10 Prozent), weil sie angesichts der eigenen ökonomischen Misere mehr Erdöl am Weltmarkt gegen Dollar verkaufen wollte. Obwohl Honecker zu bedenken gab, „ob es zwei Millionen Tonnen Erdöl wert sind, die DDR zu destabilisieren und das Vertrauen unserer Menschen in die Partei- und Staatsführung zu erschüttern", blieb die Sowjetführung bei ihrer Entscheidung.

Verschuldung als Ausweg Der Lebensstandard in der DDR war zwar der höchste aller kommunistisch regierten Staaten, aber trotz aller Propaganda der SED blieb die Bundesrepublik der einzige von den Bürgern akzeptierte Maßstab. Diesem Vergleich hielten die Ergebnisse der Planwirtschaft in keiner Weise stand (▸ M3). Honeckers neue Wirtschafts- und Sozialpolitik war auf Sand gebaut, weil die DDR-Bürger keinen Anlass sahen, für die staatlichen Wohltaten die schwerfällige und jede individuelle Initiative erstickende Planwirtschaft produktiver zu machen.

Überdies kostete die ehrgeizige Sozialpolitik viel Geld. „Sargnagel der DDR" nannte sie später ein hoher Wirtschaftsfunktionär. Zwischen 1970 und 1988 versechsfachten sich die Haushaltsmittel für Konsum, Sozialleistungen und Preissubventionen. Entsprechende Mehreinnahmen der Staatswirtschaft blieben jedoch aus. Es fehlten Investitionsmittel für die Erneuerung der herabgewirtschafteten Betriebe, die zerfallenden Städte, die zerstörte Umwelt.

Weil die DDR in den 1970er-Jahren dauerhaft mehr Waren importierte als eigene exportierte, verschuldete sie sich immer stärker gegenüber den westlichen Lieferanten und Banken. Immer neue Kredite mussten aufgenommen werden, um die Zinsen bezahlen zu können. 1980 war die Auslandsverschuldung bereits auf 28 Milliarden DM angewachsen. Bedenken hochrangiger Wirtschaftsfunktionäre wies Honecker zurück.

Die SED-Führung war bereit, sich weiter zu verschulden, weil sie mit einem weiteren Zuwachs von DM-Zuflüssen rechnete, da alle Regierungen in Bonn Unterstützung signalisierten. Ungeachtet dessen geriet die DDR 1981/82 an den Rand der Zahlungsunfähigkeit. Das lag neben der hausgemachten Handelsverschuldung auch an einem weltweiten Inflationsschub mit stark steigenden Zinsen und einer größeren Vorsicht der Gläubigerbanken im Westen.

Milliardenkredite und wirtschaftlicher Niedergang 1983/84 konnte die internationale Kreditwürdigkeit der DDR nur durch zwei vom Bayerischen Ministerpräsidenten Franz Josef Strauß vermittelte und von der Bundesregierung abgesicherte Milliardenkredite wiederhergestellt werden. Im Gegenzug erklärte sich die DDR bereit, Minenfelder und Selbstschussanlagen an der innerdeutschen Grenze abzubauen, über 1 000 DDR-Bürger aus der Haft zu entlassen und ihre Übersiedlung in die Bundesrepublik zu erlauben sowie Erleichterungen im Reiseverkehr zu gestatten.

Ein Schuldenabbau fand jedoch nicht statt. Bis 1989 hielt sich die DDR mühsam mit undurchsichtigen Rechenkunststücken, aber auch realen Exportsteigerungen bei Gütern gehobener Qualität wie Kameras und Hifi-Anlagen zulasten des Konsums der eigenen Bevölkerung und vor allem durch dubiose Geschäfte mit **Devisen** in großem Stil durch das Ministerium für Staatssicherheit über Wasser.

Doch der endgültige wirtschaftliche Niedergang war nur eine Frage der Zeit. Enttäuschung und Ungeduld über die eigenen Lebensumstände machten sich breit. An eine Verbesserung der Verhältnisse in der DDR glaubten immer weniger Menschen. Immer häufiger kam es erneut zu Versorgungsengpässen. Schlangen vor den Geschäften gehörten zum Alltag. Die Unzufriedenheit der Bürger, die nicht über D-Mark-Devisen verfügten, um sich die begehrten Westwaren in Intershops zu kaufen, wuchs dramatisch. Vom DDR-Sozialismus wollte die Mehrheit der Bürger nichts mehr wissen. Die meisten sozialistischen Konzerne (Kombinate) lebten von der Substanz, Umweltschutz war ein Fremdwort. Die Abhängigkeit der DDR-Wirtschaft von der Bundesrepublik war nicht mehr zu übersehen, obwohl die Propaganda das Gegenteil behauptete. Die Auslandsverschuldung betrug nach einer Berechnung der Deutschen Bundesbank im Mai 1990 rund 27 Milliarden D-Mark. Führende SED-Wirtschaftsfunktionäre nannten Honeckers Nachfolger Egon Krenz Ende Oktober 1989 sogar 49 Milliarden D-Mark. Sie hielten eine Absenkung des Lebensstandards der Bevölkerung um 25 bis 30 Prozent für nötig, um den wirtschaftlichen Zusammenbruch zu verhindern. Die DDR hatte weit über ihre Verhältnisse gelebt (▸ M4).

Devisen: Zahlungsmittel in ausländischer Währung. Die DDR brauchte fremde Währungen aus dem Westen, weil sie für ihr eigenes Geld im westlichen Ausland keine gleichwertigen Waren und Dienstleistungen erwerben konnte.

▸ Der „Silbersee" in Bitterfeld.
Foto vom Juni 1990.
Der See war biologisch tot und glänzte silbern. In ihn wurden vor allem Abfälle einer Filmfabrik eingeleitet. Umweltdaten waren in der DDR Staatsgeheimnis.

M1 Preise in der DDR und in der Bundesrepublik

Einzelhandelspreise, Gebühren und Tarife in DM bzw. DDR-Mark sowie die dafür jeweils erforderliche Arbeitszeit in beiden deutschen Staaten (Stand: Anfang 1979):

	Preis		Arbeitszeit	
	Bundesrepublik	DDR	Bundesrepublik	DDR
Herrenoberhemd	19,90	43,00	1,49	8,52
Herrenstraßenschuhe	32,00	58,00	2,55	11,58
Herrenanzug	175,00	357,00	15,55	73,36
Damenstrümpfe	3,45	4,00	0,19	0,49
Damenfeinstrumpfhose	3,95	18,00	0,22	3,43
Damenkleid	69,00	135,00	6,16	27,50
Kinderhalbschuhe	28,20	18,00	2,34	3,43
Staubsauger	165,00	195,00	15,00	40,12
Kühlschrank	338,00	1400,00	30,44	288,40
Waschautomat	498,00	1450,00	45,16	298,58
Fernsehapparat	530,00	2050,00	48,11	422,41
PKW	9190,00	23500,00	835,27	4845,22
Benzin (l)	0,90	1,65	0,05	0,20
Elektrischer Strom (75 kWh)	21,60	8,00	1,58	1,39
Eisenbahnwochenkarte (15 km)	15,50	2,50	1,25	0,31
Straßenbahn-, Busfahrt	1,35	0,20	0,07	0,02
Roggen-Mischbrot (1 kg)	2,35	0,52	0,13	0,06
Weizenmehl (1 kg)	1,22	1,32	0,07	0,16
Zucker (1 kg)	1,65	1,64	0,09	0,20
Schweinekotelett (1 kg)	10,80	8,00	0,59	1,39
Zitronen (1 kg)	2,40	5,00	0,13	1,02
Schokolade (100 g)	1,18	3,85	0,06	0,48
Bohnenkaffee (1 kg)	21,80	70,00	1,59	14,26
Weinbrand (0,7 l)	12,10	17,30	1,06	3,34
Zigaretten (20 St.)	2,70	3,20	0,15	0,40

Bundesministerium für innerdeutsche Beziehungen (Hrsg.), Zahlenspiegel. Bundesrepublik Deutschland/Deutsche Demokratische Republik – Ein Vergleich, Bonn 1981, S. 57

1. *Legen Sie für die Bundesrepublik und die DDR je eine Tabelle an zu den Arbeitszeiten, die jeweils für den Kauf von Waren erforderlich waren.*

2. *Ermitteln Sie, welche Produkte in der DDR „billiger“ waren, welche „teurer“. Erklären Sie auffällige Abweichungen.*

M2 Sozialpolitik und Legitimation der SED-Herrschaft

In einer Untersuchung über die Wirkung der Sozialpolitik für die Akzeptanz des DDR-Regimes durch die Bürger heißt es:

Von der Sozialpolitik hatten sich die SED und die Staatsführung der DDR großen ökonomischen und politischen Nutzen erhofft. Voraussetzung und Ansporn wirtschaftlicher Leistung und Produktivitätssteigerung sollte sie sein und als Quelle von Legitimität dienen, um den grundlegenden Mangel an Anerkennung des SED-Regimes zu kompensieren. Ist dies erreicht worden?

Die sozialwissenschaftliche Forschung neigt zu der These, die Politik der sozialen Sicherung habe zur Stabilisierung des SED-Regimes beigetragen. Der paternalistische[1] Herrschaftsmechanismus der Sozialpolitik habe Wohlverhalten und konsumorientierte Anpassung hervorgerufen oder verstärkt, so wird die Stabilisierungsthese begründet. Zumindest zeitweise sei es gelungen, mit der Sozialpolitik eine Brücke zwischen den Herrschenden und den Beherrschten zu schlagen, so pflichten manche dieser Auffassung bei, meist unter Berufung auf die Aufwertung der Sozialpolitik in den 70er-Jahren.

Allerdings betonen alle seriösen Untersuchungen die Grenzen der Legitimierung der DDR-Sozialpolitik und deren widersprüchlichen, teils Anerkennung stiftenden, teils Protest hervorrufenden Wirkungen. [...]

Hockerts[2] zufolge sind die „sozialistischen Errungenschaften" wie Vollbeschäftigung und Grundversorgung von der Bevölkerung insgesamt angenommen und genutzt worden. Aber als Herrschaftsstützen seien sie viel zu schwach, wenn nicht gar morsch gewesen. [...]

Die Sozialpolitik fand nicht nur Zustimmung, sie rief auch Widerspruch hervor, zum Beispiel aufgrund offenkundiger Leistungsmängel, wie im Falle der mangelhaften Altenpflege, der verfallenden Bausubstanz in den Städten, der Ausstattungsmängel des Gesundheitswesens, und Unzufriedenheit ob der Vernachlässigung produktionsferner Lebenslagen und Risiken, wie bei vielen Rentnern. [...]

Damit sind Kehrseiten der DDR-Sozialpolitik angesprochen, die kaum legitimierend wirken. Zu den Legitimierungsgrenzen ist ein Weiteres zu zählen: Die DDR-Sozialpolitik legte ihre Bürger viel stärker als die Sozialpolitik westlicher Prägung auf eine Politiknehmerrolle fest. Soweit dies den Politiknehmer der unbotmäßigen Eigeninitiative beraubte, konnte man darin eine system- und ideologiegerechte Konsequenz sehen. Doch der Politiknehmerstatus förderte Anspruchshaltung und Passivität. Überdies verhinderte er, was die DDR-Sozialpolitik der parteioffiziellen Ideologie zufolge eigentlich bewirken sollte: die Entwicklung von Qualifikation und Staatsbürgertugenden einer loyalen, produktiven und konstruktiv mitwirkenden „sozialistischen Persönlichkeit". Doch von der war ebenso wenig zu sehen wie von der Steigerung der Produktivität, die man sich von der „Einheit von Wirtschafts- und Sozialpolitik" erhoffte.

Eine noch gefährlichere Legitimierungsgrenze bestand für die Sozialpolitik der DDR in dem Ost-West-Vergleich, vor allem dem Vergleich mit der Bundesrepublik Deutschland. Hier stößt man auf die Achillesferse des DDR-Sozialismus. Im Ost-West-Vergleich erwiesen sich seine „sozialen Errungenschaften" einschließlich der Sozialleistungen als mittelmäßig, nicht selten als unzulänglich, oft als unattraktiv. Das ergab sich aus den repressiven Strukturen des Staatswesens und dem niedrigeren Entwicklungsstand der DDR-Wirtschaft, der rückständigen Technologie, der geringen Qualität der Dienstleistungen, der niedrigeren Kaufkraft der Sozialeinkommen und Löhne und dem unzureichenden Angebot an Konsumgütern des gehobenen Bedarfs. Die nur mäßige Produktivität der DDR-Wirtschaft bedeutete einen großen Rückstand an volkswirtschaftlichem Wohlstand sowie an privatem und öffentlichem Konsumniveau gegenüber den fortgeschrittenen westlichen Industrieländern wie der Bundesrepublik Deutschland. Vor diesem Rückschritt schrumpften die „sozialen Errungenschaften" des SED-Staates zu Wohltaten, welche die überwältigende Mehrheit der DDR-Bürger bei erster Gelegenheit gegen die volle Teilhabe an den Gütern der Sozialen Marktwirtschaft und des Sozialstaats der Bundesrepublik Deutschland eintauschte.

Manfred G. Schmidt, Grundzüge der Sozialpolitik in der DDR, in: Eberhard Kuhrt, Hannsjörg F. Buck und Gunter Holzweißig (Hrsg.), Die Endzeit der DDR-Wirtschaft – Analysen zur Wirtschafts-, Sozial- und Umweltpolitik, Opladen 1999, S. 297 ff.

1. *Listen Sie Vor- und Nachteile der „Einheit von Wirtschafts- und Sozialpolitik" auf. Diskutieren Sie, ob man tatsächlich von einer „Einheit" sprechen kann.*

2. *Beschreiben Sie den Einfluss des permanenten Vergleichs mit der Bundesrepublik auf die Mentalität der DDR-Bevölkerung.*

[1] väterlich bevormundende

[2] Hans Günter Hockerts: Professor für Neueste Geschichte (Zeitgeschichte) an der Ludwig-Maximilians-Universität München

◂ **Alltag in der Mangelwirtschaft.**
Foto aus Leipzig vom März 1989.
Die DDR-Bürger mussten immer improvisieren, besonders wenn sie Ersatzteile für die Wartungsarbeiten ihres PKW brauchten wie dieser Leipziger Bürger.

M3 „Wenn man da nicht Leute kannte …"

Ein Betroffener berichtet nach 1989 darüber, wie man sich mit der Versorgung in der DDR arrangierte:

In der DDR kann ein Mann alleine nicht für den Unterhalt einer Familie sorgen. Wenn es ein guter Monat ist, dann verdiene ich so tausend Mark, wenn man Leistung macht. Da kommt es auf den Tag an. […]
Wenn man in einen Gemüseladen reinkommt und Schwein hat, dann liegen dort ein paar deutsche Zwiebeln. Die nimmt man raus aus der Steige, dann hat man schon die Pfoten voll Schmiere. Die Möhren sehen aus, wie man sie vom Acker runterholt. Die Radieschen auch. Die waren nicht gewaschen und nichts. Ich meine, das liegt auch ein bisschen an der Schlamperei der Leute. Wenn ich so einen Laden hätte, ich hätte sie wahrscheinlich in einem Eimer abgewaschen. Aber es ist nicht ihr Laden, es geht sie nichts an. Und da die Leute die Sachen brauchen, kaufen sie das eben. Also, das stimmt, Kraut gab es in den letzten Jahren in Hülle und Fülle. Anderes Gemüse aber nur zu der Jahreszeit. Und dann kriegt man das aber auch nicht jeden Tag. Da muss man Anfang der Woche Blumenkohl kaufen, wenn man den am Freitag essen will. Aber das ist nicht so schlimm. Der Blumenkohl hier hat doch schon meistens Flecken. Obst hat man kaum gesehen. Äpfel gab es, aber Kirschen oder Erdbeeren nur ganz selten. Wenn man da nicht Leute kannte, die einen Garten haben und verkauft haben, da hätte man so was nie gekriegt. […] Mit Obst war es die Jahre ganz schlecht. Einmal im Jahr, vor Weihnachten, gab es Apfelsinen. […]
Manche Lebensmittel bekommt man nicht: Tomatenmark, Ketch-up, solches Zeug. Ganz Seltenes kriegt man nur durch Beziehungen. Man muss in der DDR Beziehungen haben. Man muss viele Leute kennen, dann kriegt man mal was. […]
Aber auf der anderen Seite wird das Geld zum Fenster rausgeschmissen. In den Neubaugebieten zum Beispiel, wo Fernheizung ist, die können das gar nicht regeln. Da ist kein Thermostat. Die machen die Fenster auf, damit die Wärme hinaus kann. Die rennen drinnen nur im Turnhemd rum. Die baden und versauen das Wasser. Die Kosten sind alle in der Miete enthalten. Die haben noch nicht einmal eine Wasseruhr. Es ist gleich, wie viel Wasser man verbraucht. […]
Wer Grundeigentum hat, der darf nicht so ohne Weiteres drauf bauen. Da hat erst einmal der Staat das Vorrecht zum Bauen. Wenn jetzt auf den Dörfern oder auch hier in Saalfeld jemand bauen möchte, kriegt er in der Regel seine 500 Quadratmeter zugeteilt. Dann hat man so ein kleines bisschen Garten. Das Haus wird vorgeschrieben, der Typ, den man bauen darf. Aber das macht man erst seit den letzten Jahren. Das Haus wird Eigentum, aber der Grund und Boden nicht. […] Wenn man so ein Haus baut, muss man sich eine Feierabendbrigade suchen, die einem das hochzieht. Das sind Bauarbeiter, die so was nach Feierabend machen oder im Urlaub oder auch sonnabends und sonntags. Es gibt auch keine Baufirmen. Hier baut man alles in Eigeninitiative. […] Manches Material haben die auch nicht so gekriegt, wie die wollten. Oder sie mussten es irgendwie teuer bezahlen, weil sie auf normalem Weg nicht drangekommen sind. Das ist jetzt nicht so, wenn sie ihre Wasserleitung oder ihre Heizung legen wollen, dass sie da in die Märkte, wo das Material verteilt wird, fahren können, und sie alles bekommen, was sie haben wollen. Da gibt es manchmal nur ein Halbzoll-Rohr oder mal nur ein Viertelzoll-Rohr. Dann gibt es keine Winkel oder keinen Wasserhahn. Sie müssen da schon rennen.

Mike Dennis und Johannes-Dieter Steinert, Deutschland 1945-1990. Von der bedingungslosen Kapitulation zur Vereinigung, Schwalbach 2005, S. 213 f.

1. *Arbeiten Sie aus dem Text die Folgen einer Planwirtschaft heraus.*

2. *Charakterisieren Sie die Haltung des Berichterstatters. Stellen Sie Vermutungen an, wie sich diese Folgen auf die Mentalität der Bevölkerung auswirkten.*

M4 Die DDR am Rande der Zahlungsunfähigkeit

Ende Oktober 1989 erarbeiten leitende Wirtschaftsfunktionäre der SED eine Analyse der ökonomischen Lage der DDR. Das Expertengremium leitet der langjährige Chef der Staatlichen Plankommission und Politbüro-Mitglied Gerhard Schürer:

Die Verschuldung im nichtsozialistischen Wirtschaftsgebiet ist seit dem VIII. Parteitag[1] gegenwärtig auf eine Höhe gestiegen, die die Zahlungsfähigkeit der DDR infrage stellt. [...]
Im Zeitraum seit dem VIII. Parteitag wuchs insgesamt der Verbrauch schneller als die eigenen Leistungen. Es wurde mehr verbraucht als aus eigener Produktion erwirtschaftet wurde zulasten der Verschuldung im NSW[2], die sich von 2 Mrd. VM[3] 1970 auf 49 Mrd. VM 1989 erhöht hat. Das bedeutet, dass die Sozialpolitik seit dem VIII. Parteitag nicht in vollem Umfang auf eigenen Leistungen beruht, sondern zu einer wachsenden Verschuldung im NSW führte. [...]
Der Fünfjahresplan 1986-1990 für das NSW wird in bedeutendem Umfang nicht erfüllt. Bereits in den Jahren 1971-1980 wurden 21 Mrd. VM mehr importiert als exportiert. Das ist im Zusammenhang mit der dazu erforderlich gewordenen Kreditaufnahme und den Zinsen die Hauptursache des heutigen außergewöhnlich hohen Schuldenberges. [..] Die Konsequenzen der unmittelbar bevorstehenden Zahlungsunfähigkeit wäre ein Moratorium (Umschuldung), bei der der Internationale Währungsfonds bestimmen würde, was in der DDR zu geschehen hat. [...] Es ist notwendig, alles zu tun, damit dieser Weg vermieden wird. [...]
Auch wenn alle diese Maßnahmen in hoher Dringlichkeit und Qualität durchgeführt werden, ist der im Abschnitt I dargelegte, für die Zahlungsfähigkeit der DDR erforderliche NSW-Exportüberschuss nicht sicherbar.
1985 wäre das noch mit großen Anstrengungen möglich gewesen. Heute besteht diese Chance nicht mehr. Allein ein Stoppen der Verschuldung würde im Jahre 1990 eine Senkung des Lebensstandards um 25-30 % erfordern und die DDR unregierbar machen. Selbst wenn das der Bevölkerung zugemutet werden würde, ist das erforderliche exportfähige Endprodukt in dieser Größenordnung nicht aufzubringen. [...]
Trotz dieser Maßnahmen ist es für die Sicherung der Zahlungsfähigkeit 1991 unerlässlich, zum gegebenen Zeitpunkt mit der Regierung der BRD über Finanzkredite in Höhe von 2-3 Mrd. VM über bisherige Kreditlinien hinaus zu verhandeln. Gegebenenfalls ist die Transitpauschale der Jahre 1996-1999 als Sicherheit einzusetzen. [...]
Dabei schließt die DDR jede Idee von Wiedervereinigung mit der BRD oder der Schaffung einer Konföderation aus.

Maria Haendcke-Hoppe-Arndt, Außenwirtschaft und innerdeutscher Handel, in: Eberhard Kuhrt, Hannsjörg F. Buck und Gunter Holzweißig (Hrsg.), Die wirtschaftliche und ökologische Situation der DDR in den 80er Jahren, Opladen 1996, S. 63 ff.

▲ **„Ich kenne keine Produkte, ich kenne nur Produktion."**
Karikatur von Heinz Behling, 1978.
- *Analysieren Sie die Karikatur. Auf welche Probleme der DDR-Wirtschaft weist der Karikaturist hin?*

1. *Fassen Sie die Folgen der Wirtschaftspolitik Honeckers zusammen.*

2. *Überlegen Sie, warum Honecker der Entwicklung nicht früher Einhalt geboten hat.*

3. *Beschreiben Sie, auf welche Weise die Schuldenlast abgetragen wird.*

[1] Parteitag der SED 1971 in Ost-Berlin, auf dem die Politik des kurz zuvor abgesetzten Ulbricht kritisiert und als neue „Hauptaufgabe" die „Einheit von Wirtschafts- und Sozialpolitik" beschlossen wurde.
[2] NSW = Nichtsozialistisches Wirtschaftsgebiet
[3] VM = Valutamark (= D-Mark)

Grundgesetz oder „dritter Weg“? Friedliche Revolution und Wiedervereinigung

Als Jochen und Karin am 8. November 1989 gegen 18.50 Uhr das DDR-Fernsehen einschalten, glauben sie zunächst, sich verhört zu haben. Dort verliest Politbüromitglied Günter Schabowski soeben auf einer Pressekonferenz eine Verordnung des ZK: „Privatreisen nach dem Ausland können ohne Vorliegen von Voraussetzungen beantragt werden. Die Genehmigungen werden kurzfristig erteilt.“ Von einem Journalisten befragt, wann die neue Reiseregelung in Kraft treten solle, antwortet Schabowski zögernd, einen hastigen Blick auf den Zettel werfend: „... Nach meiner Kenntnis ... ist das sofort, unverzüglich.“

In den letzten Wochen haben sich die Ereignisse überschlagen: Im Oktober die riesigen Montagsdemonstrationen in Leipzig, der Rücktritt Honeckers, dann vor vier Tagen die Massenkundgebung in Berlin. Seit einigen Tagen ist zudem die Grenze zur ČSSR wieder offen. DDR-Bürger dürfen sogar über die ČSSR in den Westen reisen. Und nun soll es möglich sein, auf direkten Weg nach West-Berlin und Westdeutschland zu gelangen?

Kaum ist die Meldung in den Nachrichten gelaufen, ist die Straße unten vor dem Haus schon voller aufgeregter Menschen. Ursula aus dem Nachbarhaus will gerade in ihren Wagen steigen, da sieht sie Jochen und Karin am Fenster stehen: „Kommt runter! Wir fahren nach West-Berlin! Sofort!“ Die beiden zögern nicht. In der Aufregung vergisst Karin, eine Jacke mitzunehmen.

Ganz Rüdersdorf, nein, das ganze Land scheint in Richtung Westen unterwegs zu sein – zu Fuß, im „Trabi“ oder Wartburg. Dicht an dicht stehen die Autos in kilometerlangen Schlangen. Irgendwann geht nichts mehr. Auf den Bürgersteigen Massen von Menschen, die in Richtung Bornholmer Brücke laufen. Plötzlich fährt Ursula von der Straße und parkt in den Büschen. „Wir laufen!“, beschließt sie, ohne eine Antwort abzuwarten.

Ehe sich die drei versehen, befinden sie sich mitten in einem riesigen Menschenstrom, neben ihnen in den Trabantkaravanen werden Fenster heruntergekurbelt, die Menschen jubeln aus den Autos. Am Grenzübergang herrscht Chaos. Krampfhaft hält Karin ihre Handtasche fest. Da bricht sich die Menge Bahn und strömt einfach an den Grenzern vorbei. Die wissen längst nicht mehr, was sie machen sollen, registrieren kaum noch die hochgehaltenen Personalausweise und winken alle durch.

Viele Hundert Menschen stehen am Straßenrand, tanzen und liegen sich in den Armen. Plötzlich hält Jochen eine Sektflasche in der Hand. Eine Gruppe junger Männer prostet ihm zu. Es sind West-Berliner. Aus allen Richtungen hört er es: „Wahnsinn! Wir sind frei!“ – für das Unfassbare fehlen die Worte.

Bürgerbewegungen im Schatten von „Glasnost“ und „Perestroika“ Die Krise der kommunistischen Herrschaft in der DDR entzündete sich nicht nur am Versagen der Ökonomie. Sie spiegelte sich bereits seit den späten 1970er-Jahren in den Friedens- und Umweltgruppen, die schließlich den Boden für den Massenprotest des Jahres 1989 bereiteten. Die meisten Bürgerrechtler zielten auf die Beseitigung konkreter Missstände und eine Reform der DDR-Gesellschaft im Rahmen eines demokratisierten sozialistischen Modells. Dass es die DDR bald nicht mehr geben würde, konnten sich selbst in den späten 1980er-Jahren nur die wenigsten vorstellen.

Landesweite Aufmerksamkeit und wachsende Anerkennung in der Bevölkerung verschafften den Friedensgruppen ihre Proteste gegen die (üblichen) Manipulationen bei den Kommunalwahlen vom Mai 1989. Vertreter dieser Gruppen zeigten Mut, beobachteten in mehreren Städten die Auszählung der Stimmen in den Wahllokalen und protestierten anschließend gegen die festgestellten Wahlfälschungen.

Erst die Massenflucht von DDR-Bürgern im Spätsommer und Herbst 1989 über Ungarn, die Tschechoslowakei und Polen in den Westen sowie Hunderttausende Anträge auf ständige Ausreise aus der DDR veranlassten die Bürgerrechtler zur Gründung öffentlich auftretender Oppositionsgruppen. Anfang September 1989 rief das Neue Forum zum freien Dialog im öffentlichen Raum auf – ein unerhörter Vorgang in einer kommunistischen Diktatur (▸ M1). Später traten weitere Bürgerbewegungen hervor – Demokratie Jetzt, Demokratischer Aufbruch, Sozialdemokratische Partei (SDP), Grüne Partei und andere. Mit unterschiedlicher Akzentuierung forderten sie eine Reform der DDR. Dazu zählten das Recht auf freie Meinungsäußerung, Rechtsstaatlichkeit und Gewaltenteilung, Zulassung weiterer Parteien und Organisationen, Versammlungsfreiheit und Streikrecht, Kontrolle des Sicherheitsapparates. Die Position der SED wurde anfänglich nicht direkt infrage gestellt. Erst nach dem Höhepunkt der Montagsdemonstrationen in Leipzig am 9. Oktober 1989 und dem Rücktritt Honeckers am 18. Oktober 1989 verlangten die Bürgerrechtler den Verzicht der SED auf ihr Machtmonopol.

Möglich war dies alles, weil die Sowjetunion – anders als 1953 – nicht in das Geschehen eingriff. Im Gegenteil: Der seit 1985 amtierende Generalsekretär der KPdSU **Michail Gorbatschow** wollte im eigenen Land selbst mit einer Politik der „Offenheit“ (Glasnost) und der „Umgestaltung“ (Perestroika) den Sozialismus reformieren und leistungsfähiger machen. Als deutlich wurde, dass die Sowjetunion künftig in ihren Vasallenstaaten das kommunistische System nicht mehr mit militärischer Gewalt an der Macht halten werde, brachen die Dämme: In wenigen Wochen wurden die herrschenden Parteidiktaturen von Reformkräften abgelöst. In allen Ostblockstaaten fanden freie Wahlen statt.

▲ Transparent bei einer Demonstration in Leipzig am 30. Oktober 1989.

Michail Sergejewitsch Gorbatschow (*1931): 1985-1991 Generalsekretär des ZK der KPdSU und von 1990 bis zur Auflösung der Sowjetunion 1991 sowjetischer Präsident, als welcher er für seine Politik 1990 den Friedensnobelpreis erhielt

„Wir sind das Volk“ – „Wir sind ein Volk“ In der DDR strebten die Bürgergruppierungen eine parlamentarische Demokratie mit basisdemokratischen Elementen an, keineswegs aber die Abschaffung der Eigenstaatlichkeit („Wir sind das Volk“). Zum Teil wurde über einen sogenannten „Dritten Weg“ als Alternative zur westlichen Konsumgesellschaft nachgedacht: „Weder Diktatur noch Konsumgesellschaft“ (▸ M2).

Allerdings sahen sich die Bürgerrechtler bald von den Forderungen überrollt, die den Nachfolgern Honeckers, Parteichef Egon Krenz* und Regierungschef **Hans Modrow**, auf den Massendemonstrationen in Leipzig und vielen anderen Städten der DDR entgegenschallten: „Wir sind ein Volk“ (▸ M3). Der Wunsch, am Wohlstand der Bundesrepublik und ihren freiheitlichen Lebensverhältnissen teilzuhaben, war übermächtig. Insofern war der seit Anfang Dezember 1989 amtierende Runde Tisch aller relevanten Parteien und

Hans Modrow (*1928): 1958-1990 Mitglied der Volkskammer, 1967-1989 Mitglied des ZK der SED, ab November 1989 Ministerpräsident der DDR und Mitglied des Politbüros der SED, im Dezember stellvertretender Vorsitzender der in SED-PDS umbenannten Partei; nahm im Februar 1990 Vertreter der oppositionellen Gruppierungen des zentralen Runden Tisches in sein Kabinett auf (Regierung der nationalen Verantwortung); ab Oktober 1990 Abgeordneter der PDS im Bundestag und Ehrenvorsitzender der Partei

* vgl. S. 330

▲ **Montagsdemonstration in Leipzig.**
Foto vom 9. Oktober 1989.
Trotz Honeckers Anweisungen, die Demonstration zu unterbinden, griffen die Sicherheitskräfte nicht ein. Etwa 70 000 Menschen zogen friedlich durch die Innenstadt.

Gruppierungen der DDR – eine Diskussions- und Kontrollinstanz gegenüber Volkskammer und Regierung – bald nicht mehr repräsentativ für die Bevölkerung. Große Verdienste erwarb sich der Runde Tisch und damit die Bürgerbewegung insgesamt in den Fragen des Neubeginns der Demokratie und der Gewaltfreiheit im Zuge des Befreiungsprozesses.

Am 9. November 1989 öffnete das SED-Regime die Mauer. In den folgenden Wochen ergoss sich ein ungeheurer Besucherstrom vor allem in die grenznahen Städte der Bundesrepublik. Die erste freie Volkskammerwahl am 18. März 1990 brachte die Antwort des Volkes auf die Frage nach der Zukunft der DDR. Die Allianz für Deutschland, eine Verbindung von CDU mit Bundeskanzler Helmut Kohl als Parteivorsitzenden an der Spitze, der konservativen Deutschen Sozialen Union (DSU) und dem Demokratischen Aufbruch erhielt 47,8 Prozent der Stimmen.

Die SPD erreichte knapp 22 Prozent, und nur 20 Prozent der Wähler unterstützten jene Parteien, die sich für eine eigenständige DDR eingesetzt hatten. Die Mehrheit der DDR-Bürger hatte sich für die umgehende Einbeziehung Ostdeutschlands in ein wiedervereinigtes Deutschland ausgesprochen.

Lothar de Maizière (*1940): Rechtsanwalt und seit 1956 Mitglied der Ost-CDU, von November 1989 bis 1990 deren Vorsitzender; vom 12. April bis 2. Oktober 1990 letzter Ministerpräsident der DDR, 3. Oktober bis 19. Dezember 1990 Bundesminister für besondere Aufgaben; Mitarbeit an den Verhandlungen über die deutsche Wiedervereinigung; Rücktritt am 6. September 1991 aufgrund von Vorwürfen, Inoffizieller Mitarbeiter des MfS gewesen zu sein

Grundgesetz oder neue Verfassung? Am 12. April 1990 wählte die Volkskammer **Lothar de Maizière** zum Ministerpräsidenten und bestätigte sein Kabinett der Großen Koalition aus CDU, SPD, Liberalen, DSU und Demokratischem Aufbruch (DA). Diese Parteien hatten sich auf das Ziel geeinigt, „Wohlstand und soziale Gerechtigkeit für alle Bürger der DDR zu sichern, Freiheit und Rechtsstaatlichkeit durchzusetzen, die Einheit Deutschlands nach Verhandlungen mit der BRD auf der Grundlage von Artikel 23 des Grundgesetzes zügig und verantwortungsvoll für die gesamte DDR gleichzeitig zu verwirklichen und damit einen Beitrag zur europäischen Friedensordnung zu leisten“.

Nach Artikel 23 GG konnten die neu gegründeten fünf Länder der DDR (Brandenburg, Mecklenburg-Vorpommern, Sachsen, Sachsen-Anhalt, Thüringen) der Bundesrepublik beitreten. Dafür hatten sich bereits während des Wahlkampfes namhafte Politiker der „Allianz für Deutschland" ebenso wie die Bundesregierung in Bonn festgelegt – mit dem Argument, dass die in der DDR mit Händen greifbare Erosion der Wirtschaft und ein bedrohlicher Zerfall der politischen Strukturen eine rasche Vereinigung unumgänglich machten. Die oppositionelle SPD in Bonn sprach sich für die Wiedervereinigung nach Artikel 146 aus, also eine neue gesamtdeutsche und durch eine Volksabstimmung in Kraft gesetzte Verfassung.

▲ **Montagsdemonstration vom 12. Februar 1990 in Leipzig.**

In der DDR sympathisierten viele Bürgerrechtler mit einer gemeinsamen neuen Verfassung. In Westdeutschland brachten vor allem Schriftsteller und Intellektuelle aus dem linksliberalen Milieu einer raschen Vereinigung wenig Sympathie entgegen und sprachen kritisch vom „Anschluss" der DDR. Der prominente Sozialphilosoph Jürgen Habermas sah in einer neuen gesamtdeutschen Verfassung die Grundlage für das „republikanische Selbstverständnis künftiger Generationen", während im anderen Fall die Bürger die Vereinigung nur passiv hinnehmen würden. Andere Kritiker hofften auf eine „Runderneuerung" des Grundgesetzes mit mehr basisdemokratischen Elementen (Volksentscheid), sozialen und ökologischen Grundrechten (Recht auf Arbeit, Umweltschutz) und stärkeren Begrenzungen der kapitalistischen Wirtschaftsordnung.

Die Debatte spiegelte die Kontroverse zwischen den Anhängern des sogenannten „Dritten Weges" und den Verfechtern der Fortführung der in der Bundesrepublik entstandenen Lebens-, Sozial- und Wirtschaftsordnung. Die Bevölkerung in Ost- wie in Westdeutschland wollte mehrheitlich keine neue Verfassung. Das zeigte sich in Umfragen und bei allen Wahlen im Jahr 1990. Die politische und soziale Ordnung des Grundgesetzes hatte sich in den Augen der meisten Bürger bewährt (▸ M4).

Nach einem komplizierten Diskussions- und Verhandlungsprozess im Frühjahr und Sommer 1990 erklärte die Volkskammer am 23. August 1990 mit überwältigender Mehrheit den Beitritt der DDR zum Geltungsbereich des Grundgesetzes nach Artikel 23 mit Wirkung zum 3. Oktober 1990. Mit der auf diesem Weg vollzogenen Wiedervereinigung entstand eine um die DDR erweiterte Bundesrepublik, in der sich für die Ostdeutschen fast alles bisher Gewohnte veränderte: politische Ordnung, gesellschaftliche Rahmenbedingungen, Wirtschaftssystem. Aber auch die Westdeutschen mussten sich neuen Bedingungen anpassen, zu denen vor allem die langdauernde Finanzierung der hohen Folgekosten der Einheit und die von zahlreichen Einschnitten begleitete Erneuerung des Sozialstaates gehörten.

M1 Gründungsaufruf der Initiativgruppe „Neues Forum"

Der von 30 Personen unterzeichnete Gründungsaufruf der Initiativgruppe „Neues Forum" trägt kein Datum. Bereits Anfang September 1989 haben ihn mehrere hundert Personen unterschrieben, Ende des Jahres über 200 000:

In unserem Lande ist die Kommunikation zwischen Staat und Gesellschaft offensichtlich gestört. Belege dafür sind die weitverbreitete Verdrossenheit bis hin zum Rückzug in die private Nische oder zur massenhaften Auswanderung. [...]

In Staat und Wirtschaft funktioniert der Interessenausgleich zwischen den Gruppen und Schichten nur mangelhaft. Auch die Kommunikation über die Situation und die Interessenlage ist gehemmt. Im privaten Kreis sagt jeder leichthin, wie seine Diagnose lautet, und nennt die ihm wichtigsten Maßnahmen. Aber die Wünsche und Bestrebungen sind sehr verschieden und werden nicht rational gegeneinander gewichtet und auf Durchführbarkeit untersucht. Auf der einen Seite wünschen wir uns eine Erweiterung des Warenangebots und bessere Versorgung, andererseits sehen wir deren soziale und ökologische Kosten und plädieren für die Abkehr von ungehemmtem Wachstum. Wir wollen Spielraum für wirtschaftliche Initiative, aber keine Entartung in eine Ellenbogengesellschaft. Wir wollen das Bewährte erhalten und doch Platz für Erneuerung schaffen, um sparsamer und weniger naturfeindlich zu leben. Wir wollen geordnete Verhältnisse, aber keine Bevormundung. [...]

Um all diese Widersprüche zu erkennen, Meinungen und Argumente dazu anzuhören und zu bewerten, allgemeine von Sonderinteressen zu unterscheiden, bedarf es eines demokratischen Dialogs über die Aufgabe des Rechtsstaates, der Wirtschaft und der Kultur. Über diese Fragen müssen wir in aller Öffentlichkeit, gemeinsam und im ganzen Land, nachdenken und miteinander sprechen. [...]

Wir bilden deshalb gemeinsam eine politische Plattform für die ganze DDR, die es Menschen aus allen Berufen, Lebenskreisen, Parteien und Gruppen möglich macht, sich an der Diskussion und Bearbeitung lebenswichtiger Gesellschaftsprobleme in diesem Lande zu beteiligen. Für eine solche übergreifende Initiative wählen wir den Namen Neues Forum.

Die Tätigkeit des Neuen Forums werden wir auf gesetzliche Grundlagen stellen. Wir berufen uns hierbei auf das in Art. 29 der Verfassung der DDR geregelte Grundrecht, durch gemeinsames Handeln in einer Vereinigung unser politisches Interesse zu verwirklichen. [...]

Allen Bestrebungen, denen das neue Forum Ausdruck und Stimme verleihen will, liegt der Wunsch nach Gerechtigkeit, Demokratie und Frieden sowie Schutz und Bewahrung der Natur zugrunde. Es ist dieser Impuls, den wir bei der kommenden Umgestaltung der Gesellschaft in allen Bereichen lebensvoll erfüllt wissen wollen.

Wir rufen alle Bürger und Bürgerinnen der DDR, die an der Umgestaltung unserer Gesellschaft mitwirken wollen, auf, Mitglieder des Neuen Forums zu werden. Die Zeit ist reif.

Charles Schüddekopf (Hrsg.), „Wir sind das Volk!" Flugschriften, Aufrufe und Texte einer deutschen Revolution, Reinbek 1990, S. 29-31

1. *Arbeiten Sie die Ziele des Neuen Forums heraus.*
2. *Überlegen Sie, weshalb die Gruppe sich als Initiative bezeichnet und keine Partei gründet.*
3. *Vorschlag für ein Referat: Die Bürgerbewegungen in den Ostblockstaaten im Verlauf der achtziger Jahre des 20. Jahrhunderts – Gemeinsamkeiten und Unterschiede.*

M2 Die Stunde der Bürgerbewegungen

Mit eigenen Aufrufen wenden sich zwischen August und Oktober 1989 auf Betreiben einiger Bürgerrechtler weitere Initiativbewegungen an die Menschen in der DDR. Sie werben für ihre politischen Ziele und die Mitwirkung an einer Reform der DDR. Sie gehen dabei ein hohes Risiko ein, weil die SED keine Vereinigungen und Initiativen außerhalb ihres Machtbereiches duldet und bisher entsprechende Gruppen stets als Staatsfeinde verfolgt hat. Der erste Aufruf der Bürgerbewegung „Demokratie Jetzt" erscheint am 12. September 1989. Die Gruppe geht später in der Partei Bündnis 90/Die Grünen auf:

Liebe Freunde, Mitbürgerinnen, Mitbürger und Mitbetroffene!

Unser Land lebt in innerem Unfrieden. Menschen reiben sich wund an den Verhältnissen, andere resignieren. Ein großer Verlust an Zustimmung zu dem, was in der DDR geschichtlich gewachsen ist, geht durch das Land. Viele vermögen ihr Hiersein kaum noch zu bejahen. Viele verlassen das Land, weil Anpassung ihre Grenzen hat.

Vor wenigen Jahren noch galt der „real existierende" Staatssozialismus als der einzig mögliche. Seine Kennzeichen sind das Machtmonopol einer zentralistischen Staatspartei, die staatliche Verfügung über die Produktionsmittel, die staatliche Durchdringung und Uniformierung der Gesellschaft und die Entmündigung der Bürgerinnen und Bürger. Trotz seiner unbestreitbaren Leistungen für soziale Sicherheit und Gerechtigkeit ist es heute offenkundig, dass die Ära des Staatssozialismus zu Ende geht. Es bedarf einer friedlichen, demokratischen Erneuerung. [...]

Der Sozialismus muss nun seine eigentliche, demokratische Gestalt finden, wenn er nicht geschichtlich verloren gehen soll. Er darf nicht verloren gehen, weil die bedrohte Menschheit auf der Suche nach überlebensfähigen Formen menschlichen Zusammenlebens Alternativen zur westlichen Konsumgesellschaft braucht, deren Wohlstand die übrige Welt bezahlen muss.

Entgegen aller Schönfärberei sind die politischen, ökonomischen und ökologischen Krisenzeichen des Staatssozialismus auch „in den Farben der DDR" unübersehbar. Nichts aber deutet darauf hin, dass die SED-Führung zum Umdenken bereit ist. Es scheint, als spekuliere sie auf ein Scheitern der Reformen in der Sowjetunion. Es kommt aber darauf an, die demokratische Umgestaltung mitzuvollziehen. [...]

Der Wunsch vieler Bürgerinnen und Bürger nach einer Demokratisierung des Verhältnisses von Staat und Gesellschaft kann in der DDR noch immer nicht öffentlich zur Sprache gebracht werden. Deshalb rufen wir auf zu einer Bürgerbewegung „Demokratie Jetzt".

Wir wenden uns an alle, die von der Not unseres Landes betroffen sind. Wir laden alle Initiativgruppen mit ähnlichen Anliegen zum Zusammengehen ein. Wir hoffen auf ein Bündnis aller reformfreudigen Kräfte, auch von Christen und kritischen Marxisten. Lasst uns gemeinsam nachdenken über unsere Zukunft, über eine solidarische Gemeinschaft, in der

- soziale Gerechtigkeit, Freiheit und Menschenwürde für alle gewahrt sind,
- der gesellschaftliche Konsens im öffentlichen Dialog gesucht und durch den gerechten Ausgleich verschiedener Interessen verwirklicht wird,
- die verantwortliche und schöpferische Arbeit der Bürgerinnen und Bürger einen lebendigen Pluralismus unseres Gemeinwesens schafft,
- Rechtsstaatlichkeit und Rechtssicherheit den inneren Frieden sichern,
- Ökonomie und Ökologie in Einklang gebracht werden,
- Wohlstand nicht mehr auf Kosten der armen Länder vermehrt wird,
- Lebenserfüllung in Gemeinschaftlichkeit und schöpferischem Tun für das Gemeinwohl mehr als bisher gesucht und gefunden werden kann. [...]

Lassen Sie uns zusammengehen und gemeinsam die Hoffnung wieder aufrichten in unserem Land! [...]

Bitte abschreiben und weitergeben.

Gerhard Rein (Hrsg.), Die Opposition in der DDR. Entwürfe für einen anderen Sozialismus, Berlin 1989, S. 59-61

1. *Beschreiben Sie das politische und juristische Umfeld, in dem der Aufruf erschien.*

2. *Das Papier benennt die aktuellen Probleme in der DDR. Inwieweit schlägt es konkrete Lösungen vor?*

3. *Diskutieren Sie die Chance eines „Dritten Weges" zwischen Marktwirtschaft und Planwirtschaft unter besonderer Berücksichtigung der Verhältnisse in der DDR.*

M3 Gibt es eine Zukunft für die Deutsche Demokratische Republik?

Bei einer Großkundgebung auf dem Berliner Alexanderplatz am 4. November 1989 rufen Schriftsteller und Künstler der DDR zu einem eigenständigen Weg ihres Staates auf. Daran schließt sich der Appell „Für unser Land" vom 26. November 1989 an:

Unser Land steckt in einer tiefen Krise. Wie wir bisher gelebt haben, können und wollen wir nicht mehr leben. Die Führung einer Partei hat sich die Herrschaft über das Volk und seine Vertretungen angemaßt, vom Stalinismus geprägte Strukturen hatten alle Lebensbereiche durchdrungen. Gewaltfrei, durch Massendemonstrationen hat das Volk den Prozess der revolutionären Erneuerungen erzwungen [...].

Entweder

können wir auf die Eigenständigkeit der DDR bestehen und versuchen, mit allen unseren Kräften und in Zusammenarbeit mit denjenigen Staaten und Interessengruppen, die dazu bereit sind, in unserem Land eine solidarische Gesellschaft zu entwickeln, in der Frieden und soziale Gerechtigkeit, Freiheit des Einzelnen, Freizügigkeit aller und die Bewahrung der Umwelt gewährleistet sind.

Oder

wir müssen dulden, dass, veranlasst durch starke ökonomische Zwänge und durch unzumutbare Bedingungen, an die einflussreiche Kreise aus Wirtschaft und Politik in der Bundesrepublik ihre Hilfe für die DDR knüpfen, ein Ausverkauf unserer materiellen und moralischen Werte beginnt und über kurz oder lang die Deutsche Demokratische Republik durch die Bundesrepublik vereinnahmt wird.

Lasst uns den ersten Weg gehen. Noch haben wir die Chance, in gleichberechtigter Nachbarschaft zu allen Staaten Europas eine sozialistische Alternative zur Bundesrepublik zu entwickeln. Noch können wir uns besinnen auf die antifaschistischen und humanistischen Ideale, von denen wir einst ausgegangen sind.

Auf diesen Aufruf reagiert der Schriftsteller Günter Kunert, der wegen seines Protests gegen die Ausbürgerung Wolf Biermanns 1977 aus der SED ausgeschlossen worden ist und seit 1979 in der Bundesrepublik lebt:

Der deutsche Intellektuelle nebst seinen Visionen vom Guten, Schönen und Humanen ist durch keine noch so massive Tatsachenfülle widerlegbar [...]. Trotz überwältigender Kenntnis der trostlosen Lage und ihrer kaum minder trostlosen Ursachen wird die längst mumifizierte Utopie beschworen. Ob Christa Wolf auf dem Alexanderplatz in Berlin oder der aus seiner Versenkung auferstandene Rudolf Bahro im Fernsehen – entgegen jeder Erfahrung, auch ihrer eigenen, meinen sie ernsthaft, nun sei der Zeitpunkt gekommen, den „demokratischen Sozialismus" einzuläuten [...]. Blindlings fallen die großen, pathetischen Worte, denen man abgeschworen hatte, auf die Zuhörer nieder [...]. Die nach vierzig Jahren Tristesse ungeduldige Mehrheit jedoch greift lieber nach dem Nächstliegenden, den Bananen bei „Aldi" [...].

Die gegenwärtig erhobene Forderung nach einer Erneuerung des Systems übertüchtiger Ruinenbaumeister (wirkt) wie ein später und deplatzierter Scherz. Nun endlich, heißt es, werde man auf den Trümmern des zusammengebrochenen ein wahrhaft bewohnbares Haus errichten. Ergo jene angestrebte Gesellschaft, die ihre Widersprüche und Gegensätze gewaltfrei und menschlich behandeln würde. Diese Hoffnung ist trügerisch. Denn sie ignoriert den ökonomischen und ökologischen Zustand des Landes [...].

Auch der Traum vom „demokratischen Sozialismus" wird wohl eher verhallen, als dass er irgendwelche Wirkung zeitigt. Nach vier Jahrzehnten einer am Grünen Tisch erdachten, der Bevölkerungsmajorität aufgenötigten Ordnung kann eine Modifikation dieser oder analoger Ordnungen keine Chance mehr haben.

Erster Text: Neues Deutschland vom 28. 11. 1989
Zweiter Text zitiert nach: Michael Naumann (Hrsg.), Die Geschichte ist offen, Reinbek 1990, S. 97 ff.

1. *Stellen Sie die wichtigsten Argumente gegenüber.*

2. *Informieren Sie sich anhand einer Literaturgeschichte oder eines Lexikons über Günter Kunert. Versuchen Sie, zwischen dem Werdegang des Schriftstellers und seiner Stellungnahme einen Zusammenhang herzustellen.*

3. *Diskutieren Sie, ob und unter welchen Umständen 1989/90 in der DDR die Chance für eine selbstständige Entwicklung bestand.*

M4 Ist eine Verfassunggebende Versammlung erforderlich?

Über den geeigneten verfassungsrechtlichen Weg zur Wiedervereinigung nach Artikel 23 GG oder Artikel 146 GG führen Mitte März 1990 Innenminister Wolfgang Schäuble (CDU) und der Bürgerrechtler und stellvertretende Vorsitzende der DDR-SPD Markus Meckel ein Streitgespräch auf Einladung des SPIEGEL:

Auszug aus dem Grundgesetz
Art. 23: Dieses Grundgesetz gilt zunächst im Gebiete der Länder Baden, Bayern, Bremen, Groß-Berlin, Hamburg, Hessen, Niedersachsen, Nordrhein-Westfalen, Rheinland-Pfalz, Schleswig-Holstein, Württemberg-Baden und Württemberg-Hohenzollern. In anderen Teilen Deutschlands ist es nach deren Beitritt in Kraft zu setzen.
Art. 146: Dieses Grundgesetz verliert seine Gültigkeit an dem Tage, an dem eine Verfassung in Kraft tritt, die von dem deutschen Volke in freier Entscheidung beschlossen worden ist.

MECKEL: Auch der Weg nach 146 muss überhaupt nicht lange dauern. Ich denke, dass sich die Artikel 23 und 146 gar nicht ausschließen. Ich strebe es nicht an, aber ich halte es auch nicht für unmöglich, auf der Grundlage des Artikels 23 in Verhandlungen mit der Bundesregierung einzutreten, um konkrete Bedingungen auszuhandeln. Im Ergebnis soll dann eine neue Verfassung entsprechend Artikel 146 herauskommen, die der gesamten Bevölkerung zur Abstimmung vorgelegt wird.
SCHÄUBLE: Man kann theoretisch durchaus beide Wege miteinander verbinden. Die Zeitfrage ist auch nicht das entscheidende Argument. Wichtig ist, dass bei einem Prozess über Artikel 146 überhaupt keine Klarheit besteht, wie die Grundstrukturen unserer Verfassung aussehen werden. Wir brauchen aber ein Element der Vertrauensbildung, der Stabilität [...].
MECKEL: Jetzt bauen Sie aber einen Buhmann auf. Wir haben mit aller Klarheit gesagt, wir wollen vom Grundgesetz ausgehen, nur ein paar Bestimmungen sollen thematisiert werden. Es ist doch eigentlich sinnvoll, dass sich das Volk 45 Jahre nach dem Krieg in einer historischen Situation eine neue Verfassung gibt [...]. Natürlich soll nichts von dem, was sich bewährt hat, worauf auch viele DDR-Bürger mit Bewunderung blicken, über den Haufen geworfen werden.
SCHÄUBLE: Das ändert nichts daran, dass der Weg über Artikel 146 erst am Ende Klarheit schafft, während nach Artikel 23 von vornherein Klarheit besteht, dass dieses Grundgesetz in seinen Grundstrukturen erhalten bleibt.
MECKEL: Was unterstellen Sie denn eigentlich den Bürgern der DDR? Das, was wir als Verfassung hatten, ist doch ein Lappen.

▲ **Der Zentrale Runde Tisch der DDR in Berlin-Niederschönhausen.**
Um mit der Bürgerbewegung ins Gespräch zu kommen, richtete Ministerpräsident Hans Modrow am 7. Dezember 1989 nach polnischem Vorbild den Zentralen Runden Tisch ein, der die Bürgerrechtler in wichtige Entscheidungen einband. Gemeinsam vereinbarten SED-Regierung und Bürgerrechtler freie Volkskammerwahlen für den 18. März 1990 und arbeiteten einen Verfassungsentwurf sowie ein neues Wahlgesetz für die demokratische Umgestaltung der DDR aus. Währenddessen nahm die in der Bevölkerung geforderte Einheit Deutschlands immer mehr Gestalt an. Nach den Volkskammerwahlen im März 1990 und dem hohen Gewinn der Ost-CDU wurden die Bürgerrechtler schließlich von der politischen Bühne gedrängt und von den Ereignissen, die sie selbst angestoßen hatten, überrollt.

Und das Grundgesetz ist die beste deutsche Verfassung. Dies ist Konsens in der DDR, behaupte ich. Aber das heißt nicht, sie sei nicht noch verbesserungswürdig.

SCHÄUBLE: Gleichwohl können Sie so keine Verlässlichkeit schaffen. Eine Verfassunggebende Versammlung nach Artikel 146 entscheidet mit einfacher Mehrheit. Nach Artikel 23 ist Grundlage das Grundgesetz, das nur mit Zweidrittelmehrheit geändert werden kann. Sonst gilt das Grundgesetz weiter [...]. Der Risikospielraum für Verfassungsänderungen bei den qualifizierten Mehrheitserfordernissen – Zweidrittelmehrheit im Bundestag und im Bundesrat – ist und bleibt sehr viel geringer. Das ist genau der Punkt. Bei 146 ist alles offen, bei 23 nicht.

Gerhardt Maier, Die Wende in der DDR, Bonn 1990, S. 83 f.

1. *Stellen Sie Meckels und Schäubles Argumente gegenüber.*

2. *Überlegen Sie in Gruppenarbeit, welche inhaltlichen Positionen sich hinter dem verfassungsrechtlich geführten Streitgespräch verborgen haben könnten.*

3. *Entscheiden Sie selbst und begründen Sie: Halten Sie den gewählten Weg der Wiedervereinigung für richtig oder hätten Sie dem Verfahren nach Artikel 146 Grundgesetz den Vorzug gegeben? Berücksichtigen Sie dabei das Verhalten der Bürger in der DDR 1989/90.*

Nostalgischer Blick auf die DDR – ein Übergangsphänomen?

„Nächsten Samstag kommt übrigens die alte Clique", schallt es Sascha aus der Küche entgegen, als er Mittags aus der Schule kommt. „Du kannst auch ein paar Freunde einladen", fügt seine Mutter an. „Bloß nicht", denkt Sascha. Genervt feuert er seine Tasche in die Garderobe.

Seit einigen Jahren veranstalten die Eltern diese „Ostalgie"-Parties, zu denen sie die früheren Nachbarn und Freunde aus ihrer Zeit in Dresden einladen. Dann vergessen sie für einen Abend, dass es 2009 und nicht 1980 ist. Der Vater mimt den „Disc Jockey", legt Platten von den Puhdys und Karat oder seiner alten Lieblingsband, der Klaus Renft Combo auf. Zu essen gibt es Spreewaldgurken und Burger Knäckebrot, dazu stilecht Club-Cola und Rotkäppchen-Sekt. Saschas Onkel Georg erscheint immer im alten, mittlerweile viel zu engen FDJ-Hemd. Das lässt er sich nicht ausreden. Für die anderen hat der Vater vor drei Jahren die T-Shirts mit DDR-Motiven anfertigen lassen: rote Ampelmännchen für die Frauen, grüne für die Männer. Einmal, erinnert sich Sascha, hatten zwei Freunde der Eltern sogar ein Erich-Honecker-Double als „Stargast" mitgebracht. Davon sprechen sie heute noch.

Sascha kann verstehen, wenn die Eltern gerne die Erinnerungen an ihre Jugendzeit auferstehen lassen, auch wenn sie dabei ganz schön übertreiben. Nicht verstehen kann er aber, wenn dabei – und dafür sind der Onkel und seine „So manches war damals einfach besser"-Parolen ein Beispiel – die Vergangenheit verklärt und Tatsachen verfälscht werden. Sascha ist 17 Jahre alt, hat also selbst keine Erinnerungen an die DDR. Von der Oma weiß er aber, wie lange seine Mutter als junges Mädchen von Städten wie Paris und Rom geträumt hatte, und wie eilig sie es nach der Wende hatte, dort hinzufahren. Und der Vater hat mal erzählt, dass sein bester Freund zu DDR-Zeiten nicht studieren durfte, weil er Kontakte zu einer Bürgergruppe unterhielt. Am meisten aber ist Sascha die Geschichte der Nachbarin im Gedächtnis geblieben. Sie hatte ihren Sohn im November 1989 nach fünfzehn Jahren zum ersten Mal wiedergesehen, nachdem er in den Westen geflohen war.

Von der Euphorie ... Den Beitritt der DDR zur Bundesrepublik 1990 feierten die meisten Ostdeutschen euphorisch. In Westdeutschland gab man sich einige Zeit der Illusion hin, mit Milliarden-Transfers aus öffentlichen Kassen und privaten Investitionen die neuen Bundesländer in wenigen Jahren in „blühende Landschaften" (Helmut Kohl) verwandeln zu können. Nach der unerwarteten Überwindung der staatlichen Teilung Deutschlands freute man sich im Osten über die neu gewonnene Freiheit, die jedoch alsbald zur Selbstverständlichkeit wurde. Zugleich träumten viele von einem zweiten Wirtschaftswunder, dieses Mal in Ostdeutschland.

Doch der Systemwechsel von der zentralen Planwirtschaft zur Sozialen Marktwirtschaft erwies sich als kompliziert und ohne Vorbild. Mit der Wirtschafts-, Währungs- und Sozialunion vom Juli 1990 erhielten die Ostdeutschen die sehnlich erwartete D-Mark einschließlich eines für die Bürger sehr günstigen Umtauschverhältnisses. So konnten sich die Menschen zwar die begehrten Artikel aus dem Westen kaufen, doch die eigenen Produkte verteuerten sich auf dem Weltmarkt erheblich und die Wirtschaftsbeziehungen zu den Ostblockstaaten brachen weg. Die meisten der ehemaligen Staatsbetriebe waren veraltet und unproduktiv, ihre Produkte international nicht konkurrenzfähig.

▲ **Menschen feiern auf der Berliner Mauer am Brandenburger Tor.**
Foto vom 9. November 1989.

... zur Ernüchterung Im Auftrag der letzten Volkskammer der DDR übernahm die Treuhandanstalt im Sommer 1990 rund 8 500 Staatsunternehmen mit 45 000 Einzelbetrieben und 4,1 Millionen Beschäftigten, um sie nach marktwirtschaftlichen Gesichtspunkten zu sanieren, zu privatisieren oder stillzulegen. Durch die Übernahme der Altschulden der früheren DDR-Betriebe und Finanzhilfen aller Art für private Investoren hinterließ die Treuhandanstalt Ende 1994 140 Milliarden Euro Schulden, die den Bundeshaushalt seither jährlich mit etwa 8,7 Milliarden Euro belasten (▸ M1). Trotz aller Anstrengungen stieg die Arbeitslosigkeit dramatisch an – seit 1992 jeweils auf das Doppelte des westdeutschen Niveaus. Ernüchterung und Enttäuschung machten sich breit.

Die meisten Ostdeutschen mussten nicht nur ihr Alltagsleben neu ordnen und sich einer Fülle neuer gesetzlicher Regeln vom Kindergarten bis zur Altersvorsorge anpassen, vielen fehlte mit einem Mal die lenkende Hand des Staates, sie mussten lernen, sich selbst um ihr Fortkommen zu bemühen, sie fühlten sich deklassiert und von den „Wessis" überrollt. Hinzu kam, dass die Unterschiede in der Lebenserfahrung und im Lebensgefühl zwischen den Deutschen in Ost und West größer waren, als man das in den aufregenden Monaten der friedlichen Revolution erwartet hatte (▸ M2). Eine nostalgische Verklärung des Sozialismus – in der Zusammensetzung von „Osten" und „Nostalgie" teils humorvoll, teils kritisch „Ostalgie" genannt – erfasste deshalb Teile der ostdeutschen Bevölkerung (▸ M3, M4). Eine Mischung aus sentimentaler Rückbesinnung auf die DDR, Ablehnung westlicher Lebensart, Ausländerfeindlichkeit, Sehnsucht nach Gemeinschaft, Harmonie und Heimat machte es möglich, dem Regime im Nachhinein positive Seiten abzugewinnen – nach dem Motto „Es war nicht alles schlecht in der DDR" (▸ M5).

Die Diktatur hatte längst ihre Schrecken und Bedrückungen verloren, weil es sie nicht mehr gab, aber die Erinnerung an die „Geborgenheit" im Kollektiv, die ruhige Gangart in den Betrieben, die solidarische Hilfe unter Nachbarn und Freunden war gegenwärtig und verwies auf einen aktuellen Verlust. Auch wenn solche und ähnliche Erinnerungen häufig mit der realen Vergangenheit nur teilweise übereinstimmten, so bildeten sie doch die Maßstäbe für die Einschätzung der gegenwärtigen Lebenslagen. Ähnlich wie nach dem Untergang des „Dritten Reiches" standen bei vielen die individuellen Erinnerungen im Vordergrund, während die negativen Seiten des Regimes weitgehend ausgeblendet wurden. Eine Unterscheidung zwischen privater Lebenswelt und politischer Geschichte fand häufig nicht statt.

Nur wenige Bürger im östlichen Teil Deutschlands wollten allerdings die DDR zurück haben. Aber die Skepsis gegenüber der Praxis der Demokratie und die Unzufriedenheit mit manchen Folgen von Marktwirtschaft und gesellschaftlichem Pluralismus im vereinigten Deutschland nahmen zu. Auch in ihrem Wahlverhalten lassen große Teile der neuen Bundesbürger bis in die Gegenwart erkennen, dass sich ihre anfängliche Freude über das Ende der DDR in Kritik und Skepsis verwandelt hatte. So verlor die CDU bei den Bundestagswahlen in den neuen Ländern seit ihrem Spitzenergebnis vom Dezember 1990 (41,8 %) kontinuierlich Wähler (2005: 25,3 %) und wurde ab 1998 von der SPD überflügelt (2005: 30,4 %). Überraschender für viele westdeutsche Beobachter aber: Die aus der SED hervorgegangene Linkspartei/PDS (seit 2007: Die Linke) konnte bald in der ostdeutschen Wählerschaft einen festen Stammplatz erobern (1990: 11,1 %; 1994: 19,8 %; 1998: 21,6 %; 2002: 16,9 %; 2005: 25,3 %). Bei Landtagswahlen im Osten erreichte die Linkspartei teilweise noch bessere Ergebnisse. Sie verstand es, sich als „Stimme des Ostens" zu etablieren.

PDS: Partei des Deutschen Sozialismus

Es lässt sich nicht vorhersagen, wie lange die von früheren Repräsentanten und Nutznießern, aber auch verspäteten Sympathisanten des SED-Staates gepflegte Weichzeichnung der DDR ihr Publikum findet. Können sinkende Arbeitslosigkeit und weitere Erfolge des Aufbaus Ost dazu beitragen, dass die frühere Diktatur nicht mehr schöngeredet wird? Oder werden die nachwirkenden Prägungen eines politischen Zwangssystems erst im Verlauf mehrerer Generationen überwunden sein? Das bleibt vorerst eine offene Frage.

◂ „Daran müssen wir noch arbeiten."
Karikatur von Rainer Schwalme, 1992.

M1 „Rote Zahlen vom roten Sozialismus“

Der Wirtschaftswissenschaftler Karl-Hans Hartwig fasst zwei Monate nach Inkrafttreten der Wirtschafts-, Währungs- und Sozialunion am 1. Juli 1990 die wirtschaftlichen Probleme der DDR zusammen:

Die DDR-Wirtschaft befindet sich gegenwärtig in einer tiefen Krise [...]. Auch die weiteren Aussichten sind zunächst düster. Arbeitslosenzahlen von 1,5 bis 2 Millionen oder 15 Prozent werden selbst von Optimisten nicht mehr als unrealistisch angesehen. [...] Die Marktwirtschaft und der mit ihr notwendig verbundene freie Informationsfluss bringen diese Altlasten der planwirtschaftlichen Vergangenheit an den Tag. Sie machen deutlich, dass vom roten Sozialismus vorwiegend rote Zahlen bleiben. Experten ist nicht erst seit dem 9. November bekannt, dass etwa 30 bis 40 Prozent der DDR-Betriebe nicht konkurrenzfähig sind und in Wirtschaft und Verwaltung schon immer eine große Anzahl von Arbeitskräften mitgeschleppt wurde, die ökonomisch nicht gerechtfertigt war. Produktivitätsrückstände bis zu 60 Prozent gegenüber westlichen Betrieben kommen ja nicht von ungefähr. D. h. aber, dass von den vorhandenen 9,3 Millionen Arbeitsplätzen in den ersten Jahren nach Einführung der Marktwirtschaft mehr als drei Millionen wahrscheinlich sowieso nicht zu halten wären. Sie durch neue wettbewerbsfähige Arbeitsplätze zu ersetzen, ist die vordringliche Aufgabe, und nicht irgendwelche Beschäftigungsgarantien zu geben. Das in den Köpfen der Menschen noch immer verankerte Recht auf Arbeit hat es ja faktisch auch in der DDR nie gegeben. Praktiziert wurden vielmehr ein Recht auf Lohn und der Zwang zur Beschäftigung an den falschen Stellen.

Das Parlament, 14. 09. 1990

1. *Arbeiten Sie die Probleme bei der Umwandlung der Planwirtschaft der DDR in eine Soziale Marktwirtschaft heraus.*
2. *Erläutern Sie die Aufgaben demokratisch gewählter Politiker in diesem Prozess.*
3. *Historiker sprechen angesichts der Vorgänge in der DDR seit Herbst 1989 von drei „Revolutionen“; einer „liberalen“, einer „nationalen“ und einer „sozialen“. Erörtern Sie, welche Gründe für eine solche Einteilung sprechen.*

M2 Die DDR im Spiegel von Umfragen seit der Wiedervereinigung

Mit der Demoskopie versucht die Sozialwissenschaft, die Ansichten der Bevölkerung in Ost- und Westdeutschland über die Bewertung des früheren SED-Staates und den Prozess der Wiedervereinigungen zu ermitteln. Die hier wiedergegebenen Ergebnisse von Langzeitbefragungen stammen – soweit nicht anders angegeben – vom Institut für Demoskopie Allensbach.

a) Unerträgliche Verhältnisse in der DDR?
Antworten von Ostdeutschen auf die Frage: „Wenn Sie jetzt einmal zurückblicken auf die letzten Jahre vor der Wende in der DDR – waren die Verhältnisse eigentlich ganz erträglich, oder würden Sie sagen, es musste sich unbedingt vieles ändern?“

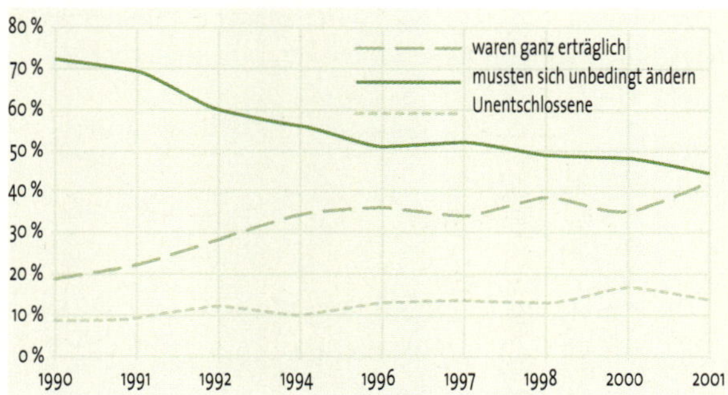

b) „DDR hatte mehr gute oder schlechte Seiten“
Antworten „stimme (eher) zu“ und „stimme voll und ganz zu“ auf die Aussage „Die DDR hatte mehr gute als schlechte Seiten“.

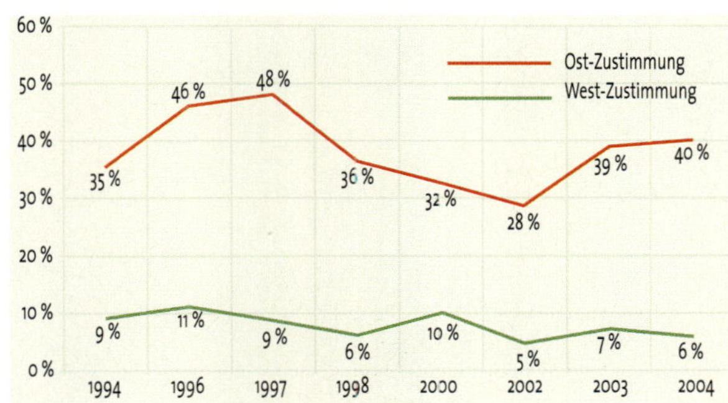

Datenbasis: Trafo-QuerschnittDatensatz, EMNID-Zusatzbefragung 2000, Konrad-Adenauer-Stiftung Herbststudien 1996 und 1997, Deutsche Teilstudien des European Social Survey 2003 und 2004

c) Sozialismus – eine gute Idee?
Bejahende Antworten auf das Statement: „Halten Sie den Sozialismus für eine gute Idee, die schlecht ausgeführt wurde?“

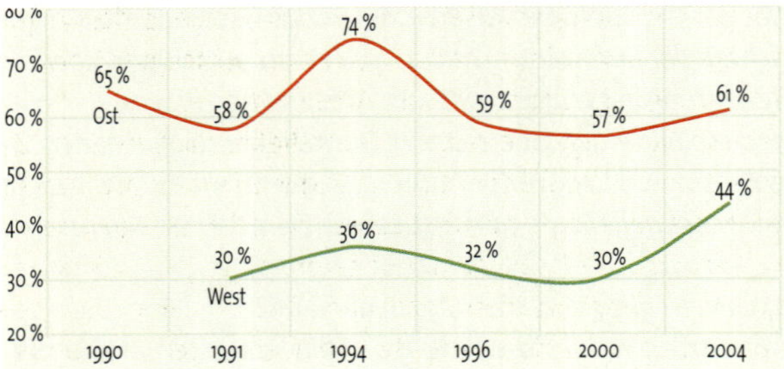

d) Beurteilung des Wirtschaftssystems in Ost- und Westdeutschland
Antworten auf die Frage: „Haben Sie eine gute oder keine gute Meinung zum Wirtschaftssystem in der Bundesrepublik?“ Für Westdeutschland keine Zahlen vor 1994 verfügbar.

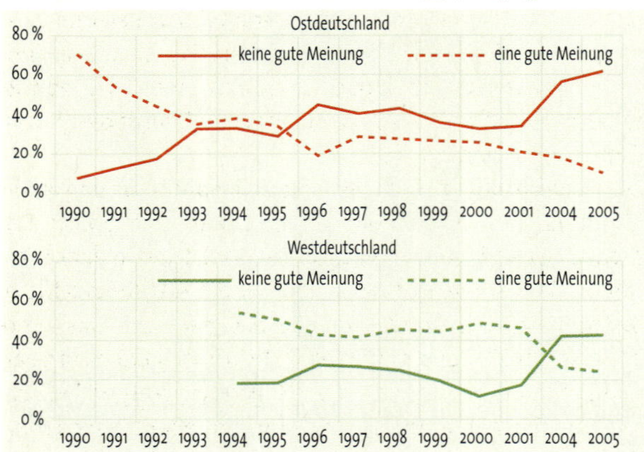

e) Neue Staatsform?
Antworten auf das Statement: „Kürzlich sagte uns jemand: ‚Bei der Wiedervereinigung wurde wirklich die Chance vergeben, eine neue Staatsform zu schaffen, in der Marktwirtschaft, Menschlichkeit und Sozialismus miteinander verbunden werden.‘ Hätten Sie auch lieber einen neuen Staat gehabt, oder sind Sie zufrieden, dass sich die Staatsform der Bundesrepublik durchgesetzt hat?“

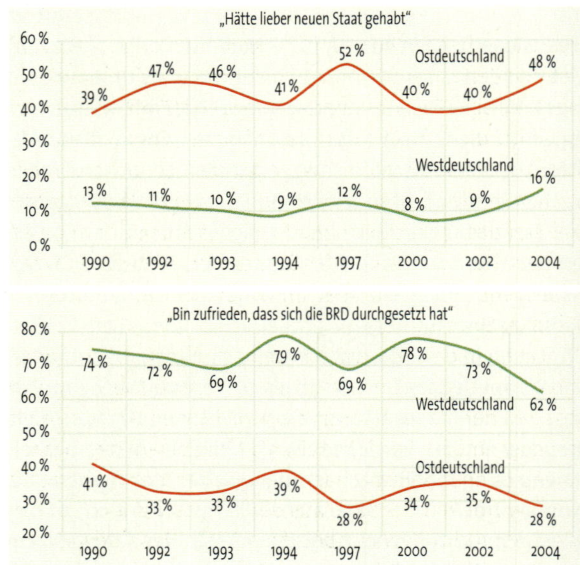

1. *Arbeiten Sie die wichtigsten Aussagen aus den Diagrammen heraus.*

2. *Vergleichen Sie den Verlauf der Kurven mit der wirtschaftlichen Entwicklung in der Bundesrepublik. Lässt sich ein Zusammenhang herstellen?*

3. *Suchen Sie im Internet nach weiteren aktuellen Umfragen zur Einschätzung der DDR. Schreiben Sie – je nach Befund – den letzten Absatz auf Seite 366 dieses Buchs um. (Internettipp: www.ifd-allensbach.de und www.gesis.org)*

M3 DDR-Nostalgie

Der ostdeutsche Historiker Stefan Wolle ist 1990 an der Auflösung der Stasi beteiligt; in den 1990er-Jahren wirkt er als Sachverständiger an den beiden Enquête-Kommissionen des Bundestages zur „Aufarbeitung von Geschichte und Folgen der SED-Diktatur in Deutschland" mit. Dabei setzt er sich mit der verbreiteten DDR-Nostalgie auseinander:

Viele Menschen haben in der DDR glücklich und zufrieden gelebt und den Zusammenbruch ihres Staates als Katastrophe erlebt. Da sind zunächst die Mitarbeiter der Partei, des Staatsapparats, die Offiziere der „bewaffneten Organe" von der Stasi bis zur Nationalen Volksarmee. Selbst wenn es ihnen heute materiell besser geht, stehen sie subjektiv auf der Stufenleiter des sozialen Erfolgs ein ganzes Stück weiter unten. Die neue Demokratie und den Rechtsstaat erleben sie als tägliche Demütigung. Dies betrifft leider nicht nur die Stützen des alten Systems. [...]
Das Leben in der DDR war armselig, provinziell, kleinkariert und unfrei – aber es war auch ohne wesentliche Risiken. Im Schatten der Mauer blühten manche kleinen Biotope. Westbesucher empfanden DDR-Reisen oft als Reise in die Kindheit. Da gab es noch selbstgebackenen Kuchen, der Weihnachtsbaum wurde mit der Säge aus dem Winterwald geholt und das Geschirr im Abwaschbecken mit der Hand gewaschen. Und diese DDR-Nostalgie grassiert heute nicht nur unter den Günstlingen des untergegangenen Systems. „Man lebte bescheidener, aber glücklicher", werden eines Tages die Großmütter ihren Enkeln erzählen. Und schon heute stimmen Intellektuelle und Künstler in das Klagelied von der verlorenen Idylle mit ein.
Mit äußerstem Geschick spielt die PDS auf der Klaviatur der Legenden. Da ist zunächst die auch im Westen gern kolportierte Meinung, die BRD-Kolonisatoren seien wie eine Dampfwalze übers Land gegangen. Sie hätten alles niedergemacht, was es in der DDR an sozialen Errungenschaften gegeben hätte. Das Gegenteil ist der Fall. Die Sozial- und Bildungseinrichtungen der DDR befanden sich Ende der achtziger Jahre in einem katastrophalen Verfallszustand. Dort, wo tüchtige Kommunalpolitiker am Werk sind, werden heute Schulen, Bibliotheken, Sozialeinrichtungen, Krankenhäuser, Seniorenheime und anderes großzügig renoviert oder neu eröffnet. Auch die Infrastruktur hat sich entscheidend verbessert. Während man früher zwanzig Jahre und länger auf einen Telefonanschluss warten musste, erfüllt die Telekom die Anschlusswünsche kurzfristig. Im Straßenbau, bei der Abwasserentsorgung oder der Versorgung mit Erdgas ist in den letzten vier Jahren mehr geschehen als in vierzig Jahren Sozialismus. [...] Ein Blick über die östlichen Grenzen reicht aus, um sich auszumalen, wie die Situation ohne die Finanzhilfe aus den westlichen Bundesländern aussähe. Natürlich gibt es in den neuen Bundesländern einen Berg sozialer Probleme. Doch ist es eine Perversion des Denkens, deswegen gerade jene Partei zu wählen, welche die wirtschaftliche und soziale Katastrophe zu verantworten hat.
Eine weitere Legende lautet, die intellektuelle Elite der DDR sei ins gesellschaftliche Abseits getrieben worden. Dabei sei das wertvolle Potenzial der SED schnöde beiseitegeschoben worden. [...] Die Kritik an der untergegangenen DDR würde den Menschen ihre Identität rauben und ihre Biografien zerstören. Richtig ist, dass viele Menschen einen Teil ihres Lebens für den Staat DDR gearbeitet haben, ohne dabei Privilegien oder wesentliche Vorteile zu erhalten. Es gab wirklich die Auffassung, die DDR wäre der bessere deutsche Staat, weil er aus antifaschistischen Wurzeln gesprossen wäre. Und es gab immer wieder die Illusion, der Sozialismus könnte demokratisch reformiert werden. [...] Doch diese zarten Pflänzchen wurden von der Partei und der Stasi zertrampelt. Für Personen, die wegen ihres Eintretens für den demokratischen Sozialismus in der DDR gemaßregelt oder sogar eingesperrt wurden, ist es besonders empörend, wie die PDS den Begriff des „Sozialismus" okkupiert hat. [...]
Die vielleicht wichtigste westliche Fehlwahrnehmung ist die Meinung, die PDS sei politisch links oder linksradikal. Tatsächlich ist sie in ihrer Ideologie reaktionär, und in der praktischen Alltagspolitik bedient sie eher die Ängste des Kleinbürgers vor der modernen Gesellschaft, als dass ihre Konzepte in die Zukunft weisen. [...] Zum Teil geht es um Partikularinteressen wie Renten und Eigentumsansprüche. Zum anderen Teil geht es um die Rettung von Lebensgeschichten. Welcher Ex-Funktionär oder Stasi-Spitzel schaut morgens gerne in den Spiegel und sagt sich: „Du warst zeit deines Lebens ein opportunistischer Karrierist und Heuchler." Es ist natürlich viel schöner, sich zu sagen: „Auch wenn das sozialistische Experiment gescheitert ist, so war es doch ein erhabener Traum." Ihre Neigung zu den Ideen von Rosa Luxemburg, Alexander Dubček oder Robert Havemann hat die Masse derjenigen, die heute mit tragischem Tremolo[1] von der gescheiterten Utopie reden, bis 1989 jedenfalls sehr gut verborgen.

Frankfurter Allgemeine Zeitung, 27. 07. 1994, S. 23

1. *Prüfen Sie die Vorwürfe an die ehemaligen und heutigen Träger der sozialistischen Ideologie.*

2. *Untersuchen Sie die Zeitbedingtheit des Textes. Gelten seine zentralen Aussagen noch oder haben sich bis heute Veränderungen ergeben?*

[1] ital. Ausdruck für „zittern", bezeichnet im Musikbereich einen Klangeffekt

M4 „Ostalgie" im TV

Im Jahr 2003 nimmt die Süddeutsche Zeitung in ihrer Online-Ausgabe Stellung zu den „Ost-Shows" der Fernsehsender:

Vergangenen Sonntag im ZDF. Heute, Freitag, im MDR. Morgen auf Sat 1. Dann auf RTL und später auf Pro Sieben. Überall Osten. Überall Ostalgie.
Es ist, als gehe es auf eine geheime Verabredung zurück, als hätten sich vor Wochen alle Fernseh-Kader getroffen, in einem verspiegelten, klimatisierten Politbüro vielleicht, und dort haben sie dann entschieden, nun nach dem Kinoerfolg von Good bye, Lenin! sei die Zeit reif für eine erste Demonstration der Macht.
Beim ZDF sah das dann so aus: Die Moderatorin Andrea Kiewel, geboren in Ost-Berlin, steht im Mainzer Fernsehgarten, gerade ist ihr Publikum mit DDR-Pralinen beregnet worden, da ballt sie die rechte Faust und ruft: „Für Frieden und Sozialismus – seid bereit?" Und 500 Zuschauer antworten: „Immer bereit!" [...]
In den folgenden 90 Minuten reihten Frau Kiewel und Co-Moderator Marco Schreyl, geboren in Erfurt, im Minutentakt Verblichenes aneinander. Stars, die keine mehr sind. Produkte, die es nicht mehr gibt. Lieder, die keiner mehr hört. Dazu kicherten sie und fragten: „Weißt Du noch?" Sie wussten. Nur der Westzuschauer, der wusste nicht, und es wurde ihm auch nicht erklärt, sonst hätten sich die Ostler ja nicht über ihn amüsieren können, nur weil er nicht weiß, was ein Abschnittsbevollmächtiger ist. [...]
Am Ende singen nun die Puhdys und Karat für RTL, Sat 1 sicherte sich Frank Schöbel (der Peter Kraus der DDR) und Gojko Mitic (der Winnetou des Ostens). Das ZDF musste nehmen, was übrig blieb. Und der MDR, der auch auf der Welle mitschwimmen wollte, hat wohl eine Show, die er sowieso im Programm hatte, nur schnell in Ein Kessel DDR umbenannt. [...]
So machen alle mit beim Ostfernsehen, nur die Bürgerrechtler nicht, weil nicht über Mauer, Stasi, Doping geredet wird. Dies sei eine DDR, von der die SED immer behauptet habe, dass sie so existiere, sagt Vera Lengsfeld. Rainer Eppelmann sieht eine „fürchterliche Bagatellisierung der DDR" und Günter Nooke fragt, was das wohl für ein Geschrei gewesen wäre, wenn nicht Kati Witt eine DDR-Show, sondern Johannes Heesters eine Dritte-Reich-Show moderieren würde? Wie immer gelang es erst Manfred Stolpe, den schiefen Vergleich wieder geradezubiegen. Es sei ein Fehler, sagte er, „auf Dauer so zu tun, als wäre die DDR nur ein finsteres KZ gewesen".

Artikel von Marcus Jauer vom 22.08.2003 in: www.sueddeutsche.de/panorama/379/371192/text/[14.05.2009]

1. *Überlegen Sie, was a) der Fernsehsender und b) die Zuschauer (Ost) auf den Artikel entgegnen würden.*
2. *Suchen Sie weitere Beispiele, die unter das Motto „Ostalgie" fallen könnten. Überlegen Sie, welche Ursachen es für diese Form von nostalgischer Erinnerung geben könnte.*
3. *Informieren Sie sich über die zitierten Personen Vera Lengsfeld, Rainer Eppelmann, Günter Nooke und Manfred Stolpe. Nehmen Sie die kontroversen Positionen ein und führen Sie eine fiktive Diskussion.*

M5 „Vom Pathos nicht viel geblieben"

Im Jahr 2008 zieht der Präsident der Bundeszentrale für politische Bildung in Bonn, Thomas Krüger, eine Bilanz der Aufarbeitung der DDR-Geschichte:

Reden wir also von der Farce, den verschiedenen Typen von DDR-Verklärung. Ihnen ist gemeinsam, lieb gewonnene Ideologien zu reproduzieren, zu verteidigen oder zu verharmlosen. Die ewig-gestrigen Funktionäre versuchen, der Öffentlichkeit und sich selbst ein X für ein U vorzumachen: War ja doch nicht so schlimm, wie der „Klassenfeind" immer behauptet. Ein Beispiel aus der „jungen Welt" vom 15.9.: Klaus Blessing, ehemals Staatssekretär im Erzbergbauministerium, tischt uns die These auf, dass die wirtschaftliche Lage 1989 doch nicht so schwerwiegend war, wie das „Schürer-Papier"[1] nahelegt [...]. Gipfel seiner These ist die Bemerkung, dass nicht die DDR, sondern die Bundesrepublik über ihre Verhältnisse lebt und Schulden aufhäuft. Es gehört zur grundgesetzlich geschützten Meinungsfreiheit, solchen Stuss veröffentlichen zu können. Dieser Typus von Verklärung ist nicht gefährlich, er ist nur lächerlich, eine Farce eben.
Ein zweiter Typus ist bei Protagonisten einer ideologisch zugespitzten Totalitarismustheorie vor allem westdeutscher Provenienz zu finden, die mit ihrer nicht selten linken und jetzt radikal „überwundenen" Vergangenheit auch bei einem Teil von in der DDR Verfolgten Anklang findet. Hier wird das Bild einer teuflischen DDR wie eine Monstranz gepflegt, als Unrechtsstaat, als „abgeschlossenes Sammelgebiet", als Leiche, die man immer weiter sezieren muss und deren Geschichte losgelöst von der Existenz der Bundesrepublik und dem internationalen Kontext gesehen wird. Kein Platz für selbstbewusste Menschen, die ihren Weg trotz Diktatur und Unfreiheit gemacht haben, die alternative Galerien

[1] von Gerhard Schürer für das Politbüro des ZK der SED erstellte geheime Analyse zur ökonomischen Lage der DDR; siehe M4 auf S. 355

gegründet, in autonomen Seminaren nachgedacht und wochenlang mit Transitvisa „unerkannt durch Freundesland" gereist sind. Die wissenschaftlich-empirischen Untersuchungen, die hier angeführt bzw. erstellt werden, vermitteln den Eindruck, schon vor der Befragung das Ergebnis zu kennen. Die DDR steht hier zudem nicht nur für den untergegangenen DDR-Staat, sondern nicht selten für all das, was aktuell als „links" in der Gegenwart identifiziert wird: Selbst die untergegangene DDR zersetzt bzw. „verostet" noch die freiheitlich-demokratische Grundordnung.

Ein dritter Typus von Verklärung ist in den zahlreichen Formen medialer Banalisierung zu sehen. Ach wie war's doch lustig und geradezu witzig, sich im real existierenden Sozialismus an den Wohltaten der Nationalen Front zu laben oder den Häschern ein Schnippchen zu schlagen. Die DDR wird zum Unterhaltungsthema. Diese Form von Verklärung hat immerhin zwei Seiten. Zum einen gelingt aufgrund der Macht des Audiovisuellen und der Erschließung des alltagskulturellen Wirklichkeitsfelds ein DDR-Bild zu vermitteln, das Berufsvermittlern und Zeitzeugen oft nicht mehr abgenommen wird. Dieser Zugang kann Neugier wecken und ist nicht mehr nur Farce, sondern auch niedrigschwellige Aufklärung. Zum anderen verfällt man hier allzu oft politischer Weichzeichnung und Verkürzung. Verlustig gehen dabei letztlich das „gelebte Leben" und die „Wirklichkeitstiefe" der DDR.

Eine vierte, wirklich problematische Form der Verklärung – eine tragische Farce – begegnet in einer alltagsverankerten Verknüpfung von Nichtverknüpfbarem. Ich meine etwa den aus guten Gründen besorgten Vater aus Aschersleben, der seiner Tochter erklärt, dass in der DDR alle Arbeit hatten, er aber heute Morgen nicht wisse, ob er nicht abends arbeitslos sei. Statt die Gegenwart kritisch zu befragen, wird mit einem Übersprungsbezug Geschichte verklärt. Ein gefundenes Fressen für die populistischen Akteure der Linkspartei, denen es, wie Reinhard Mohr kürzlich treffend anmerkte, gar nicht so sehr auf linke Politik, sondern auf besitzstandsorientierten Wohlfühl-Widerstand ankommt.

Thomas Krüger, Vom Pathos nicht viel geblieben, in: Neues Deutschland, 02.10.2008; zitiert nach: www.bpb.de/presse/DHSQUL,0,0,Vom_Pathos_nicht_viel_geblieben.html [14.05.2009]

▲ **Demonstrant in Berlin.**
Foto vom Oktober 2004.

1. *Arbeiten Sie die verschiedenen Typen der „Verklärung" heraus. Welche hält Krüger für gefährlich, welche nicht? Wie begründet er seine Auswahl?*

2. *Inwiefern kann von einer „Ost"- und einer „Westverklärung" gesprochen werden?*

3. *Analysieren Sie auf der Grundlage der Texte M3 bis M5 das Problem von kollektiver und individueller Geschichtserinnerung. Inwieweit lassen sich die Schwierigkeiten mit jenen im Umgang mit der NS-Vergangenheit vergleichen?*

4. *Überlegen Sie, wie heute mit der DDR-Vergangenheit umgegangen werden sollte.*

Zur Methode „Essay" siehe S. 257

Provokante Überschrift und motivierender Einstieg mit Bezug zu aktueller Debatte

Ironische Stellungnahme, Beispiel für provokanten Stil

Nennung des Problems (Vergleich und Beurteilung von Diktaturen) im Kontext (Gedenkstättenentwurf als Diskussionsgegenstand)

Konkretisierung des Problems durch Nennung der Gegenposition

These/Stellungnahme (Darstellung und Erforschung nur nach wissenschaftlichen Maßstäben und ohne Rücksicht auf subjektive Sichtweisen möglich)

Klärung des Untersuchungsgegenstandes und der Methode als Teil der Argumentation

These/Stellungnahme (Vergleich impliziert nicht von vornherein Gleichsetzung und ist daher zulässig)

Historische Fakten als Vergleichs- bzw. Argumentationsgrundlage

Was haben Hitler, Stalin und Ulbricht gemeinsam?

Ein Essay von Klaus Schroeder

Die etwas unsortierten Äußerungen von Eva Herman* über die Familienpolitik der Nationalsozialisten und den damaligen Zeitgeist haben ein Belehrungszeremoniell ausgelöst, das die bislang vorhandenen Tabugebote um einige weitere ergänzt hat. Vielleicht wird alsbald auch noch das Gutheißen der nationalsozialistischen Sozialpolitik unter Strafe gestellt. Nationalsozialistische „Errungenschaften" wie die Aufnahme der Rentner in die gesetzliche Krankenversicherung, der arbeitsfreie 1. Mai oder das Kindergeld müssten eigentlich abgeschafft werden.

Dass in einer Repräsentativumfrage jeder Vierte dem Nationalsozialismus auch gute Seiten zusprach, wurde erschrocken zur Kenntnis genommen. Dass eine Mehrheit der Ostdeutschen der sozialistischen Parteidiktatur in der DDR mehr gute als schlechte Seiten attestiert und wahrscheinlich eine sehr breite Mehrheit ihr auch gute Seiten zusprechen würde, regt hingegen kaum auf. Gibt es also eine gute und eine böse Diktatur, und müssen wir bei der Beurteilung von Diktaturen unterschiedliche Bewertungsmaßstäbe anlegen?

Diese Frage wird bei der Diskussion um den jetzt vorgelegten Gedenkstättenentwurf des Beauftragten der Bundesregierung für Kultur und Medien wieder aufleben, da dieses Konzept zwar die Unterschiede hervorhebt, aber beide Diktaturen als totalitär kennzeichnet und sowohl vor einer Relativierung der NS-Verbrechen als auch vor einer Bagatellisierung der SED-Diktatur warnt. Einige Kritiker sehen hierin eine verdeckte Gleichsetzung und befürchten darüber hinaus, dass die Kennzeichnung der DDR als totalitär bei der ostdeutschen Bevölkerung „eher Blockade oder Ablehnung als Einsicht und Zustimmung" hervorruft. Für sie ging die DDR nicht in ihrem Diktaturcharakter auf, sodass Maßstäbe und Urteile von innen und nicht von außen kommen müssten. Gilt das auch für die NS-Diktatur?

Diese Argumentation übersieht oder verdrängt zweierlei: Die beiden Diktaturen können im Sinne einer anzustrebenden Erinnerungskultur erstens nur angemessen und differenziert erforscht und dargestellt werden, wenn dies vor dem Hintergrund der normativen Werte einer freiheitlich-demokratischen und pluralen Gesellschaftsordnung erfolgt, und zweitens wäre es geradezu absurd, die Befindlichkeiten von Zeitgenossen zum Maßstab wissenschaftlicher Begriffsbildung zu machen. Oder hätte etwa die Aufarbeitung der NS-Diktatur und ihre Charakterisierung noch mehr Rücksicht auf die Empfindlichkeiten der Deutschen nach 1945 nehmen sollen? [...]. Anscheinend soll der sozialistisch-kommunistische Gegenentwurf wie zu DDR-Zeiten als „Antifaschismus" lebendig bleiben.

Einer Mehrheit der ostdeutschen Bevölkerung fällt es ungleich schwerer als vielen Westdeutschen, die zweifellos vorhandenen Gemeinsamkeiten totalitärer Regime zu benennen, da sie sich hierdurch auch persönlich auf die Anklagebank gesetzt sehen. Dabei geht es aus Gründen eines historisch angemessenen Vergleichs weniger um Ähnlichkeiten zwischen der DDR und dem Nationalsozialismus als um die zwischen der kommunistischen (stalinistischen) Sowjetunion, zu deren Imperium der SED-Staat gehörte, und dem „Dritten Reich". Schon der Vergleich der beiden Diktaturen, der ja keineswegs eine Gleichsetzung impliziert und in der historischen und sozialwissenschaftlichen Betrachtung als Methode selbstverständlich ist, erzeugt ebenso wie die Redewendung „zweite deutsche Diktatur" Widerwillen bis Ablehnung unter Teilen der DDR-Bevölkerung, dem offensiv widersprochen werden muss.

Für den angemessenen Umgang mit den beiden Diktaturen im Sinne einer „doppelten Vergangenheitsaufarbeitung" sollte zumindest bei der Mehrheit der Bevölkerung sowie öffentlichen Meinungsträgern und Multiplikatoren Übereinstimmung hinsichtlich grundlegender historischer Tatsachen bestehen: Ohne die erste von Deutschen errichtete und betriebene verbrecherische Diktatur, [...] hätte es weder die zweite Diktatur noch die Teilung gegeben. Die

* Die ehemalige Fernsehmoderatorin und Buchautorin löste im September 2007 bei einer Buchpräsentation mit ihren Äußerungen über die Werte der nationalsozialistischen Familienpolitik eine breite öffentliche Debatte aus.

Nationalsozialisten kamen zudem legal an die Macht, errichteten erst dann ihre Diktatur, erfreuten sich aber zumindest bis zur militärischen Wende im Krieg der Sympathie und Unterstützung einer Bevölkerungsmehrheit. Die DDR war im Kern ein sowjetisches Protektorat mit wenig Spielraum für eigenständige Politik. Die zu keiner Zeit demokratisch legitimierte Herrschaft lag in den Händen deutscher Kommunisten, die sich bedingungslos dem sowjetischen Führungsanspruch unterwarfen.

Beide Diktaturen waren totalitär strukturiert – die unbeschränkte Macht war in den Händen einer Monopolpartei und ihrer Führung beziehungsweise ihres Führers konzentriert. Auch in dem Bestreben, eine neue – einmal rassistisch, einmal sozialistisch begründete – Gesellschaft mit neuen Menschen schaffen zu wollen, gab es Analogien. Beide Diktaturen zerstörten bürgerliche Strukturen, deklassierten und vertrieben bürgerliche Schichten und waren antibürgerliche Gesellschaften. Dagegen unterschieden sich die beiden Gesellschaften in ihrem jeweiligen Zugriff auf die Wirtschaft [...]. Das Privateigentum blieb dort jedoch im Gegensatz zur DDR weitgehend unangetastet. Auch wenn Ideologien und politische Ziele unterschiedlich waren, zeigen die Formen der Militarisierung und Gleichschaltung der Gesellschaft ähnliche Züge.

Thesen, Fakten und Belege untermauern die Argumentation (Gemeinsamkeiten und Unterschiede beider Diktaturen)

Die Diktaturerfahrung prägte die jeweiligen Bevölkerungen nicht zuletzt wegen der unterschiedlichen Dauer – 12 Jahre gegenüber 45 Jahren – unterschiedlich stark. Der totalitäre Zugriff der SED auf die Gesellschaft fiel auch aus diesem Grund nachhaltiger aus. Der neben dem unterschiedlichen Ausmaß der Verbrechen wichtigste Unterschied liegt in der Beendigung der jeweiligen Diktatur. Die DDR-Bevölkerung hat sich, als die europäischen Rahmenbedingungen dies gestatteten, aus eigener Kraft und ohne Gewalt aus den diktatorischen Zwängen gelöst und die Diktatur zu Fall gebracht. Im NS-Staat regte sich auch im Angesicht der drohenden militärischen Niederlage kein breiter aktiver Widerstand, sodass das Ende des Nationalsozialismus, das anfangs von einer breiten Mehrheit als demoralisierende Niederlage und erst Jahrzehnte später als Befreiung empfunden wurde, nur durch den Sieg der alliierten Truppen möglich wurde. [...]

These (wichtigster Unterschied liegt in jeweiligem Ende der Diktaturen)

Eine differenzierte Sicht auf die beiden Diktaturen, die ihren Gemeinsamkeiten, aber auch den jeweiligen Besonderheiten Rechnung trägt, bleibt allerdings an zwei Bedingungen geknüpft: die freiheitlich-demokratische Werteordnung als Beurteilungsmaßstab sowie die Verurteilung von Verbrechen unabhängig von Ideologie und politischer Ausrichtung der Täter. Damit kann verhindert werden, dass in der Erinnerungskultur die kommunistischen Verbrechen „übersehen" oder normativ anders gewichtet werden als die nationalsozialistischen. [...] Gewiss, die stalinistische Sowjetunion hatte mit dem Preis unzähliger Menschenopfer das nationalsozialistische Deutschland gemeinsam mit den Westalliierten niedergerungen und den Antifaschismus auf ihr Legitimationsschild gehoben, aber die Blutspur des Terrors im kommunistischen Mutterland war schon damals nicht zu übersehen. Dennoch konnte gerade der stalinistisch geprägte Kommunismus eine gewaltige Anziehungskraft entwickeln und Millionen Menschen in seinen Bann ziehen. Diese Erkenntnis stößt jedoch gerade bei vielen Linksintellektuellen auf Widerspruch, ohne dass sie dieses in den meisten Fällen explizieren, weil hierbei (angeblich) die unterschiedlichen Motive – rassistische Ziele auf der einen, die Gleichheit der Menschen anstrebende auf der anderen Seite – nicht berücksichtigt würden. So entsteht ein selektives Gedächtnis, das die Verbrechen des Nationalsozialismus sehr umfassend und genau erinnert, die kommunistischen Verbrechen dagegen nur oberflächlich und lückenhaft. [...]

Synthese der Argumentation

Zugespitzte Stellungnahme/Fazit

Erst die gleichzeitige Erinnerung an beide Diktaturen und ihre unterschiedlichen Folgen konstituiert ein Verständnis von Zivilgesellschaft, das dem Einzelnen Verantwortung auch für das freiheitlich-demokratische Gemeinwesen und seine Stabilität zuspricht.

Abschließende Stellungnahme unterstreicht Relevanz des Themas und nennt weiterführende Aspekte

Klaus Schroeder, Was haben Hitler, Stalin und Ulbricht gemeinsam?, in: Welt Online, 07.11.2007
siehe: www.welt.de/politik/article1337706/Was_haben_Hitler_Stalin_und_Ulbricht_gemein.html [14. 05. 2009]

◂ **Titelblatt des Wochenmagazins „Der Spiegel" vom 8. Mai 1995.**
Die Collage aus Anlass des 50. Jahrestags der deutschen Kapitulation zeigt einen Ausschnitt aus Caspar David Friedrichs Landschaftsgemälde „Der Wanderer über dem Nebelmeer" (um 1818).

- *Untersuchen Sie die Bildelemente und erläutern Sie, auf welche Themen und Probleme der deutschen Geschichte diese hinweisen. Deuten Sie die Aussage des Titelbildes.*
- *Beurteilen Sie die Haltung zum Umgang mit der NS-Zeit und gegenüber dem Thema „Vergangenheitsbewältigung", die in der Collage zum Ausdruck kommt.*

1. *Fassen Sie die demokratischen Errungenschaften der Weimarer Republik zusammen.*

2. *Stellen Sie Befürworter und Gegner der Weimarer Demokratie einander gegenüber.*

3. *Die „Segmentiertheit" gilt als Hauptkennzeichen von Gesellschaft und Parteiensystem der Weimarer Zeit. Arbeiten Sie heraus, inwiefern dies die Stabilität des politischen Systems gefährden konnte.*

4. *Diskutieren Sie die Frage: Warum scheiterte die Weimarer Republik?*

5. *„Weimar" war eine „Republik ohne Republikaner". Diskutieren Sie diese häufig zitierte Aussage für die Jahre 1929 bis 1932.*

6. *Zeigen Sie die Veränderungen in der Stellung des jüdischen Bevölkerungsteils in Deutschland vom Ersten Weltkrieg bis 1933 auf und erläutern Sie diese.*

7. *Stellen Sie die Grundlagen und Grundzüge des NS-Antisemitismus im Gegensatz zum traditionellen Antisemitismus dar.*

8. *Skizzieren Sie Stufen der Entrechtung und Verfolgung der Juden und anderer Minderheiten während der NS-Zeit.*

9. *Eine neuere Darstellung bezeichnet das deutsche Volk als „Hitlers willige Vollstrecker". Nehmen Sie Stellung.*

10. *„Bonn ist nicht Weimar" – Erklären und belegen Sie diese Aussage des Schweizer Journalisten Fritz René Allemann aus den 1950er-Jahren.*

11. *Stellen Sie dar, welche Rolle die weltpolitischen Konstellationen des Kalten Krieges für die Verankerung der Bundesrepublik im Westen spielte.*

12. *„Demokratie durch Wohlstand für alle?" Diskutieren Sie diese These.*

13. *Analysieren Sie die gesellschaftspolitischen Herausforderungen und Weichenstellungen der Gesellschaft der Bundesrepublik in der Adenauer-Zeit.*

14. *Vergleichen Sie die Standpunkte zu Staat und Nation in der DDR und in der Bundesrepublik.*

15. *Stellen Sie Leistungen, Kosten und Defizite der Wirtschafts- und Sozialpolitik in der Endphase der DDR einander gegenüber. Überlegen Sie, welche Rolle sie für die Akzeptanz des SED-Regimes spielten.*

16. *„Ossis – Wessis", „Ostalgie" und „Mauer in den Köpfen": Erläutern Sie die Problematik der individuellen und kollektiven Geschichtserinnerung an die DDR.*

Sozialkunde

1. *Zeigen Sie die Unterschiede zwischen einer diktatorischen und einer freiheitlich-demokratischen Ordnung von Staat und Gesellschaft auf.*

2. *Die Qualität einer freiheitlichen und demokratischen Gesellschaft zeigt sich an der Art, wie sie mit Minderheiten und Schwachen umgeht. Erläutern Sie diese These mithilfe von Bestimmungen des Grundgesetzes und an aktuellen politischen Beispielen.*

Literaturtipps

Frank Bajohr und Dieter Pohl, Der Holocaust als offenes Geheimnis. Die Deutschen, die NS-Führung und die Alliierten, München 2007

Wolfgang Benz, Geschichte des Dritten Reichs, München 2003

Dirk Blasius, Weimars Ende. Bürgerkrieg und Politik 1930-1933, Frankfurt am Main 2008

Dieter Gessner, Die Weimarer Republik, Darmstadt ²2005

Peter Longerich, „Davon haben wir nichts gewusst!" Die Deutschen und die Judenverfolgung 1933-1945, München 2006

Ernst Piper, Kurze Geschichte des Nationalsozialismus, Hamburg 2007

Michael Wildt, Geschichte des Nationalsozialismus, Göttingen 2008

Heinrich August Winkler, Der lange Weg nach Westen, 2 Bde., München 2000

Edgar Wolfrum (Hrsg.), Die Deutschen im 20. Jahrhundert, Darmstadt 2004

Edgar Wolfrum, Die geglückte Demokratie. Geschichte der Bundesrepublik von ihren Anfängen bis zur Gegenwart, Stuttgart 2006

Hermann Vinke, Die DDR. Eine Dokumentation mit zahlreichen Biografien und Abbildungen, Ravensburg 2008

Internettipps

www.hdg.de
Haus der Geschichte der Bundesrepublik Deutschland

www.zeitgeschichte-online.de

www.deutschegeschichte.eu
Portal mit Bildergalerien zur Geschichte des 20. Jahrhunderts des Berliner Verlages Bebra Wissenschaft

www.library.fes.de/library/index_gr.html
Informationen der Friedrich-Ebert-Stiftung

www.bpb.de
Internetportal der Bundeszentrale für politische Bildung

www.deutschegeschichten.de
Infos, Zeitzeugenberichte und viele andere Materialien zur deutschen Geschichte von 1890 bis zur Gegenwart

www.alltagskultur-ddr.de

www.zeitzeugen.bildung-rp.de
Homepage der Koordinierungsstelle für Zeitzeugengespräche im Unterricht

www.deinegeschichte.de
Portal zum Thema „deutsch-deutsche Geschichte"

◄▲ **Der Jahrhundertschritt.**
Skulptur von Wolfgang Mattheuer, 1984/1990 vor dem Haus der Geschichte der Bundesrepublik Deutschland in Bonn.

Fachliteratur finden und nachweisen

Recherchieren und Ausleihen in der Bibliothek

- ☑ Um sich für ein Referat einen Überblick über ein Thema zu verschaffen oder es einzugrenzen, eignen sich Lexika und Nachschlagewerke als erste Informationsquellen. Für die gründliche Erarbeitung eines Themas benötigen Sie Fachliteratur.
- ☑ Angaben zu Fachbüchern spezieller Themen finden sich im Literaturverzeichnis von Handbüchern und Überblicksdarstellungen, im Internet und im Katalog der Bibliothek.
- ☑ In der Bibliothek sind Bücher alphabetisch in einem Verfasser- und in einem Sachkatalog aufgelistet und über eine Signatur, eine Folge von Zahlen und Buchstaben, im Karteikarten- oder Computersystem der Bibliothek für ein leichtes Auffinden genau verzeichnet.
- ☑ Bücher, die nicht in der örtlichen Bibliothek vorrätig sind, können über die Fernleihe aus anderen Bibliotheken entliehen werden. Über die Online-Kataloge können Titel nach Schlagworten oder dem Namen des Autors gesucht und direkt an die Ausgabestelle der Bibliothek bestellt werden.

Literatur auswerten und belegen

- ☑ Finden Sie zu einem Thema mehr Bücher, als Sie auswerten können, müssen Sie eine Auswahl treffen. Prüfen Sie anhand des Inhaltsverzeichnisses, der Einführung und/oder der Zusammenfassung sowie des Registers, ob das Buch ergiebig sein könnte. Benutzen Sie im Zweifel das Neueste.
- ☑ Weisen Sie jedes Buch, das Sie für Ihr Referat benutzt haben, am Schluss des Textes nach. Notieren Sie sich daher bei der Vorarbeit die Titel der Bücher. Aussagen, die Sie wörtlich oder indirekt zitieren, belegen Sie zusätzlich mit Seitenangaben. So kann jeder Leser nachlesen und überprüfen, woher und von wem die Aussagen stammen.
  Beispiel für eine korrekte Literaturangabe:

Vorname und Name des Autors | Titel | Verlagsort und Jahr der Veröffentlichung | bei Zitat zusätzlich Seitenangabe

Edgar Wolfrum, Die 101 wichtigsten Fragen: Bundesrepublik Deutschland, München 2009, S. 16

Vorname und Name des Autors | Titel | Vorname und Name der Herausgeber des Sammelbandes

Andreas Wirsching, Die Mauer fällt, in: Udo Wengst und Hermann Wentker (Hrsg.), Das doppelte Deutschland. 40 Jahre Systemkonkurrenz, Berlin 2008, S. 357–374, hier S. 365

Titel des Sammelbandes | Verlagsort und Jahr der Veröffentlichung | Seitenangabe des Beitrages | bei Zitat genaue Seitenangabe

Quellenarbeit in Archiven

Vorbereitung und Recherche

- ☑ Für die Recherche zu regional- und lokalgeschichtlichen Themen bieten sich Archive an. Dort werden Urkunden, Pläne, Karten, Zeitungen, Briefe, Tagebücher, Fotos sowie Akten mit anderen Unterlagen von Behörden, Firmen, Vereinen und Privatleuten aufbewahrt.
- ☑ Vor der Arbeit im Archiv sollten Sie sich genau über das Thema informieren, die zu erarbeitenden Aspekte festlegen und Fragen formulieren.
- ☑ Inzwischen werden viele Archivstücke elektronisch erfasst und in Datenbanken archiviert. Auf den Internetseiten der Archive können Sie sich über den Bestand informieren, digital vorliegende Dokumente einsehen oder die Signatur der Akten heraussuchen.

Material erfassen, ordnen und auswerten

- ☑ Haben Sie geeignetes Material gefunden, notieren Sie sich die genaue Fundstelle. Eine Ausleihe ist nicht üblich. Erfassen Sie das Material sicherheitshalber vor Ort (handschriftlich, per Laptop oder Scanner).
- ☑ Nach der Rückkehr aus dem Archiv müssen Sie das gesammelte Material sichten und ordnen, bevor Sie es zu einer Darstellung verarbeiten können.

Im Internet recherchieren

- ☑ Zuverlässige Angaben bieten die Web-Sites von Bibliotheken, Museen, Universitäten und Gedenkstätten.

Umgang mit Suchmaschinen

- ☑ Wenn Sie über Suchmaschinen (www.altavista.de; www.google.de; www.fireball.de) recherchieren, sollten Sie das Thema eng eingrenzen. Empfehlenswert ist die kombinierte Suche, indem Sie mehrere durch (+) oder (and) verbundene Schlagworte eines Themas in das Suchfeld eingeben (Beispiel: Industrialisierung+Bayern). Optimieren Sie die Recherche mit der „Erweiterten Suche".
- ☑ Mit der Eingabe „Linkliste + THEMA" (THEMA = Suchbegriff) finden Sie Internetseiten zu speziellen Themen.
- ☑ Einen Überblick über die Angebote eines speziellen Themenfeldes geben Cluster-Suchmaschinen (www.vivisimo.com, www.allesklar.de, www.clusty.com). Sie suchen übergeordnete Begriffe auf Web-Sites als Schlagworte und bieten dafür Unterverzeichnisse an.

Kritischer Umgang mit Web-Sites

- ☑ Testen Sie die Zuverlässigkeit der Web-Site sorgfältig nach folgenden Kriterien:
  - Wer sind die Autoren, wer hat die Seite ins Netz gestellt (E-Mail-Adresse)?
  - Wie aktuell sind die Informationen? Wann war das letzte Update?
  - Gibt es Literatur- oder Quellennachweise?
  - Finden sich direkte Verknüpfungen (Links) zu anderen Web-Sites desselben Themas?
- ☑ Internetangebote lassen sich letztlich nur durch kritisches Vergleichen beurteilen. Kontrollieren Sie wichtige Aussagen mit Lexika und Fachbüchern.

Zitieren von Internet-Seiten

- ☑ Web-Sites müssen Sie wie Zitate aus Büchern nachweisen. Angegeben werden die Adressen, die am Ende einer ausgedruckten Seite stehen, sowie das Datum des letzten Seitenaufrufs. Beispiel für einen korrekten Internetnachweis: www.uni-muenster.de/FNZ-Online [14.05.2009]

Zeitzeugen/Experten befragen

Kontaktaufnahme

- ☑ Recherchieren Sie geeignete Zeitzeugen/Experten zu einem Thema über
  - persönliche Kontakte oder
  - Anfragen an bestimmte Organisationen.

Vorbereitung des Interviews

- ☑ Sammeln Sie vorab Informationen über das Thema und den Befragten und legen Sie den genauen Gesprächsgegenstand fest. Führen Sie mit Ihrem Interviewpartner ein (telefonisches) Vorgespräch. Klären Sie Termin, Ort und Ablauf der Befragung.
- ☑ Formulieren Sie vorab Fragen. Offene, kurze Fragen eignen sich besser für ein Gespräch als geschlossene Fragen (Ja-Nein-Fragen), die schnell zu Suggestiv-Fragen werden, die die Antwort des Befragten beeinflussen.

Befragung durchführen

- ☑ Machen Sie sich während des Gesprächs Notizen (handschriftlich oder per Laptop) und halten Sie es zusätzlich mit einem Aufnahmegerät fest.
- ☑ Lassen Sie dem Befragten Zeit zu antworten. Vertiefen Sie wichtige Aspekte durch Nachfragen.

Gespräch auswerten

- ☑ Welche Informationen haben Sie erhalten? Gibt es neue Erkenntnisse?
- ☑ Worüber wurde nicht gesprochen und warum? Bleiben Informationslücken und können diese auf andere Weise geschlossen werden?
- ☑ War der eingeladene Zeitzeuge/Experte eventuell politisch, weltanschaulich oder religiös gebunden (aktiv oder passiv an einem Geschehen beteiligt, Opfer oder Täter)?

Präsentation der Ergebnisse

- ☑ Für eine schriftliche Dokumentation muss das Interview übertragen werden. In der Regel wird der Rohtext bearbeitet, um ihn gut verständlich zu präsentieren.
- ☑ Vor einer Veröffentlichung muss der Interviewpartner den Text einsehen und freigeben.

Die hervorgehobenen Seitenzahlen verweisen auf das Grundwissen und die Begriffserläuterungen.

Titel: Kunstsammlung der Universität, Göttingen; Ullstein-Bild/Henry Ries, Berlin – Akademie der Künste, Berlin: S. 198 – AP/U.S. Holocaust Memorial Museum, Frankfurt: S. 254 – Apo-Achiv im Universitätsarchiv der Freien Universität, Berlin: S. 304 – Archiv für christlich-demokratische Politik der Konrad-Adenauer-Stiftung, Sankt Augustin: S. 315 – Archiv für Kunst und Geschichte, Berlin: S. 7, 11, 41, 46, 80, 92, 113, 116, 119, 130, 140, 160/161, 162, 165, 185, 208 (4), 212, 225, 232, 237, 295, 296 – Archiv für Kunst und Geschichte/Bildarchiv Pisarek, Berlin: S. 231 – Archiv für Kunst und Geschichte, Berlin/Erich Lessing; Otto Dix/VG Bild-Kunst: S. 168 – Archiv für soziale Demokratie der Friedrich-Ebert-Stiftung, Bonn: S. 134, 151 – Artothek, Weilheim: S. 34 – Bayerische Staatsbibliothek, München: S. 56 – Bayerisches Staatsministerium für Wissenschaft, Forschung und Kunst, Haus der Bayerischen Geschichte Bildarchiv: S. 26 (o.) – Reiner Beck, Unterfinning; München, Bayer. Landesvermessungsamt: S. 57 – Heinz Behling, Berlin: S. 355 – Berlin Museum, Berlin: 211 – Bildarchiv Preußischer Kulturbesitz, Berlin: S. 40, 44, 47, 54, 94, 112, 115, 120, 128, 136, 139, 181, 186, 188, 223 (o.), 224 (m.), 243, 248, 251, 322 – Bildarchiv Preußischer Kulturbesitz/Heinrich Hoffmann, Berlin: 183 – Bildarchiv Preußischer Kulturbesitz/Klaus Lehnartz, Berlin: S. 337 – Bildarchiv Preußischer Kulturbesitz, Berlin/Wolff Tritschler: 161 (o.r.), 204 – Bildstelle des Hochbauamtes der Stadt Nürnberg: S. 109 (2) – Bundesarchiv, Koblenz: S. 190 – Bundesarchiv/Sammlung Seiler, Koblenz: S. 193 – Bundesbeauftragter für die Unterlagen des Staatssicherheitsdienstes der ehemaligen Deutschen Demokratischen Republik (BStU), Außenstelle Dresden, AU 896/89, Bd. 2, Bl. 30: S. 339 – CCC - Cartoon-Caricature-Contor - Horst Haitzinger, Pfaffenhofen a.d. Ilm: S. 329 – Josef Heinrich Darchinger, Bonn: S. 300, 301, 302, 303 – David King Collection, London: S. 283 – Der Spiegel, Hamburg: S. 374 – Der wahre Jacob, Nr. 138, 1891, Sammlung Udo Achten, Wuppertal: S. 131 – Deutsches Historisches Museum, Berlin: S. 87, 121, 142, 148, 149, 161 (u.l.), 176, 180, 224 (l. u. r.), 235, 238, 247, 279, 280 (u.), 284, 285, 287, 316, 319, 321(u.), 344 – Deutsches Historisches Museum/Heinrich Hoffmann, Berlin: S. 223 (u.) – Deutsches Museum, München: S. 159 – Die Zeit. Welt und Kulturgeschichte, Bd. 8, Hamburg 2006, S. 376: S. 36 – DIZ/Süddeutscher Verlag, Bilderdienst, München: 207, 218, 234, 262, 288, 292, 320, 326 (o.) – DIZ/Süddeutscher Verlag, Bilderdienst/G. Pfeifer, München: S. 308 – DIZ/Süddeutscher Verlag, Bilderdienst/Scherl, München: S. 216 – dpa Picture-Alliance, Frankfurt: 282, 291, 310, 321 (o.), 324, 349, 354, 357, 358, 359 – Richard van Dülmen, Kultur und Alltag in der Frühen Neuzeit, Bd.1: Das Haus und seine Menschen 16.-18. Jahrhundert, München 1990, S. 40: S. 63 – Forschungs- und Gedenkstätte Normannenstraße, ASTAK e.V., Berlin: S. 340 (o.) – Friedrich-Naumann-Stiftung für die Freiheit, Archiv des Liberalismus, Gummersbach: S. 267 – Fürstliche Oettingen-Wallerstein'sche Sammlungen, Schloss Harburg: S. 53 – Germanisches Nationalmuseum, Nürnberg: S. 45, 52, 97 – Geschichtsbilder. Historisches Lernen mit Bildern und Karikaturen. Handreichung für den Geschichtsunterricht am Gymnasium, hrsg. vom Staatsinstitut für Schulpädagogik und Bildungsforschung, Donauwörth 2001, S. 43: S. 13 – Getty images/Hulton Archive, München: S. 263 – Gidal-Bildarchiv im Steinheim-Institut, Duisburg: S. 18 – Martin Gilbert, Nie wieder! Die Geschichte des Holocaust, Berlin/München 2001, S. 91 (Freddie Knoller/Eric D. Sugerman): S. 236 – Paul Glaser: S. 351 – Rüdiger Glaser, Klimageschichte Mitteleuropas. 1000 Jahre Wetter, Klima, Katastrophen, Darmstadt 2001, S. 21: S. 38 – Bella Guttermann und Avner Shalev (Hrsg.), Zeugnisse des Holocaust. Gedenken in Yad Vashem, Yad Vashem 2005, S. 196: S. 253 – Haus der Bayerischen Geschichte, Augsburg: S. 263 (u.) – Haus der Geschichte der Bundesrepublik Deutschland, Bonn: S. 269, 275, 280 (o.) – Haus der Geschichte der Bundesrepublik Deutschland/Michael Jensch, Axel Thünker, Bonn: S. 264, 289, 340 (u.) – Haus der Geschichte der Bundesrepublik Deutschland, Bonn/VG-Bild-Kunst, Bonn: S. 375 – Heilige Kapelle, Altötting: S. 33 – Heimathaus Lauingen: S. 48 – Rachel Heuberger und Helga Krohn, Hinaus dem Ghetto, Frankfurt am Main 1988, S. 95: S. 210 – Industriemuseum, Lauf: S. 159 (l.) – Institut für Zeitgeschichte, München: S. 217 – IPON/Stefan Boness, Berlin: S. 371 – Jüdisches Museum, Frankfurt am Main: S. 25, 206 – Jüdisches Museum/Jens Ziehe, Berlin: S. 270 – Dietmar Katz: S. 179 – Johann Lambert Kolleffel, Schwäbische Städte und Dörfer um 1750. Geographische und Topographische Beschreibung der Markgrafschaft Burgau 1749-1753, hrsg. von Robert Pfaud, Weißenhorn 1974, Farbtafel Nr. 196: S. 26 (u.) – KSV Coburg: S. 68 – Kunstsammlungen und Museen, Augsburg: S. 35, 55 – Landschaftsverband Rheinland/Rheinisches Landesmuseum, Bonn: S. 20 – Museum zu Allerheiligen, Schaffhausen: S. 73 – National Gallery, London: S. 105 – Niedersächsisches Landesmuseum, Landesgalerie, Hannover: S. 69 – Picture Press, Hamburg: S. 326 (u.) – Alexander von Plato/Almut Leh, „Ein unglaublicher Frühling". Erfahrene Geschichte im Nachkriegsdeutschland 1945-1948, S. 108: S. 268 – Horst Pötzsch, Deutsche Geschichte nach 1945 im Spiegel der Karikatur, S. 90: S. 298 – Preußischer Kulturbesitz/Geheimes Staatsarchiv, Berlin: S. 132 – Bernd Roeck, Leben in süddeutschen Städten im 16. Jahrhundert (Hefte zur bayerischen Geschichte und Kultur 25), Augsburg 2000, S. 30: S. 43 – Sammlung Karl Stehle, München: S. 110, 144 – Lilo Sandberg, Berlin (Ulenspiegel): S. 272 – Schlossmuseum, Kupferstichkabinett, Gotha: S. 31 – Andreas Schoelzel, Berlin-Kreuzberg: S. 363 – Reiner Schwalme: S. 366 – Spiegel Special Nr. 1/2006, S. 7: S. 305 – Spiegel Special Nr. 1/2006, S. 123: S. 277 – Spielzeugmuseum/Tiziani Design Fürth, Nürnberg: S. 100 – Max Spindler (Hrsg.), Bayerischer Geschichtsatlas, München 1969, S. 29: S. 37 – Staatsarchiv, Hamburg: S. 50 – Staatsbibliothek Bamberg: S. 98 – Staats- und Stadtbibliothek Augsburg: S. 15 – Stadtarchiv, München: S. 250 – Stadtarchiv, Nürnberg: S. 106 – Stadtbibliothek, Nürnberg: S. 32, 61 (o.) – Städelsches Kunstinstitut, Frankfurt: S. 6/7, 8 – Städtische Kunstsammlungen, Augsburg: S. 17 – Stadtmuseum, München: S. 89, 99, 194, 215, 239 – Stefanie Strulik: S. 158 – Stiftung Automuseum, Wolfsburg: S. 290 – Sven Simon, Mülheim: S. 161 (u.r.), 260 – The Heartfield Community of Heirs/VG Bild-Kunst Bonn 2002: S. 201 – Wolfgang Trees, Charles Whiting und Thomas Omansen, Drei Jahre nach Null. Geschichte der britischen Besatzungszone 1945-1948. Ein Bild/Text-Band, Düsseldorf 1978, S. 179: S. 265 – Ullstein-Bild, Berlin: S. 111 (2), 166, 271, 334, 338, 343, 347, 350 – Ullstein-Bild/Beitlich, Berlin: S. 346 – Ullstein-Bild/Wilfried Zeckai, Berlin: S. 341 – Universitätsbibliothek, Freiburg i. Br.: S. 66 – Universitätsbibliothek Heidelberg: S. 220 – Universitäts- und Landesbibliothek, Münster: S. 65 – Elisabeth Vavra (Hrsg.), Familie. Ideal und Realität. Katalog zur niederösterreichischen Landesausstellung 1993, Horn 1993, S. 524, Nr. 12.3: S. 64 – Ingeborg Weber-Kellermann, Die Familie. Geschichte, Geschichten und Bilder, Frankfurt am Main 1976, S. 173: S. 146 – Westfälisches Freilichtmuseum technischer Kulturdenkmale Hagen: S. 61 (u.) – Westfälisches Industriemuseum, Münster: S. 117 – Westfälisches Landesmuseum für Kunst und Kulturgeschichte Münster: S. 14 – Kurt Zentner, Illustrierte Geschichte des Dritten Reiches, München 1965, S. 334 (u.), 335 (o.): S. 222

Es ist uns nicht in allen Fällen gelungen, den Inhaber der Bildrechte ausfindig zu machen. Der Verlag zahlt gegen Nachweis der Rechte die für den Abdruck gesetzlich geschuldete Vergütung.

Die Anforderungen und Erwartungen in Geschichtsklausuren liegen nicht in der Wiedergabe von Wissen, sondern überwiegend im souveränen Anwenden gelernter Inhalte auf andere Sachverhalte und im angemessenen, eigenständigen Beschreiben und Beurteilen komplexer Problembereiche.

Systematisches Vorgehen bei der Bearbeitung einer Klausur

1. Lesen Sie die Aufgabenstellung sorgfältig durch und erschließen Sie deren Intention mit zentralen Fragen (z. B. Was verlangt die Aufgabe von mir? Welche Schlüsselbegriffe sind enthalten und welche Schwerpunkte muss ich deswegen bei der Beantwortung setzen?).
2. Beachten Sie bei den Aufgaben die angegebenen Bewertungseinheiten (BE), da diese Ihnen einen Anhaltspunkt über den Umfang Ihrer Antworten geben. Anhand der Bewertungseinheiten sollten Sie sich für die einzelnen Aufgaben eine grobe Zeiteinteilung erstellen. Planen Sie dabei auch genügend Zeit für die Endkorrektur Ihrer gesamten Arbeit ein.
3. Bearbeiten Sie zuerst die leichteren Aufgaben. Denn wenn Sie schon Ergebnisse haben, bekommen Sie Sicherheit. Wenden Sie sich dann den schwierigeren Themenbereichen zu. Urteilen Sie jedoch nicht vorschnell, da häufig bei Aufgaben, die einem klar zu sein scheinen, Leichtsinnsfehler gemacht werden. Das Anforderungsniveau der Aufgaben können Sie an den sogenannten „Operatoren" erkennen (siehe dazu unten: Einheitliche Anforderungsbereiche).
4. Arbeiten Sie bei der Analyse und Interpretation einer Quelle mit farbigen Stiften:
   a) Lesen Sie den Text sorgfältig durch, wenn nötig auch mehrfach, und markieren Sie wesentliche Gedanken und Schlüsselbegriffe, soweit sie zur Aufgabenstellung gehören.
   b) Verwenden Sie, soweit möglich und nötig, Angaben zum Autor (z. B. politischer Standort, seine Intentionen) und zur Quelle selbst (Entstehungszeit, historischer Kontext, Adressaten des Textes).
   c) Arbeiten Sie zu den gestellten Aufgaben aus der Quelle stichpunktartig, aber bereits grob strukturiert, wichtige inhaltliche Aussagen heraus und belegen Sie sie mit treffenden Zitaten (Zeilenbelege!) und eigenen Argumenten.
5. Schreiben Sie anhand Ihrer Stichpunkte und Belege die Reinschrift. Achten Sie dabei, unter Berücksichtigung der Aufgabenstellung, auf eine logische Gliederung Ihrer Gedanken.
6. Schreiben Sie sachlich, klar und verständlich. Formulieren Sie sprachlich angemessen und schreiben Sie ganze Sätze.
7. Achten Sie bei der Endkorrektur in erster Linie auf den Inhalt, aber auch auf Rechtschreibung, Grammatik und Satzbau.

Einheitliche Anfoderungsbereiche

Um gravierende und damit als ungerecht empfundene Abweichungen bei den Beurteilungskriterien zwischen den 16 Bundesländern zu vermeiden, hat die Kultusministerkonferenz „Einheitliche Prüfungsanforderungen in der Abiturprüfung" (EPA) beschlossen.

Diese einheitlichen Prüfungsanforderungen unterscheiden drei Anforderungsbereiche. Sogenannte „Operatoren" (handlungsinitiierende Verben) geben Ihnen dabei Hinweise, was Sie bei der jeweiligen Aufgabe genau leisten sollten.

→„Operatoren"
(s. nächste Seite)

Anforderungsbereich I (Reproduktion)
Er verlangt in erster Linie die geordnete Wiedergabe von Sachverhalten und die (eventuell chronologische) Auflistung von Kenntnissen ohne Kommentierung. Weiterhin wird die Anwendung eingeübter Arbeitstechniken, z. B. bei der Bearbeitung einer Quelle, sowie die Reduzierung (historischer Ereignisse) auf wesentliche Aussagen erwartet.

nennen **benennen**	zielgerichtet Informationen zusammentragen, ohne dies zu kommentieren
aufzählen	Textinformationen oder Wissenselemente in sinnvoller Ordnung → *benennen*
bezeichnen **schildern** **skizzieren**	in knapper Form zentrale Grundlinien historischer Sachverhalte (Ereignis, Ablauf, Zustand), Probleme oder Aussagen erkennen und zutreffend formulieren
beschreiben **aufzeigen**	exakte Angaben selbst wählen, um Inhalte des Materials auszudrücken
zusammenfassen	einen längeren Text ohne Sinnverlust kürzer ausdrücken
wiedergeben	Informationen aus Vorlage oder Wissen richtig → *benennen* und → *aufzählen*

Anforderungsbereich II (Reorganisation und Transfer)
Er fordert das eigenständige Erklären, Bearbeiten und Ordnen bekannter Inhalte und die Anwendung des Eingeübten auf andere Sachverhalte.

analysieren **untersuchen**	an Material gezielte Fragen stellen, diese beantworten und die Antworten → *begründen*
begründen **nachweisen**	Aussagen (z. B. Urteil, These, Wertung) durch Argumente stützen, die auf historischen Beispielen und anderen Belegen gründen
charakterisieren	einen historischen Sachverhalt in seiner Eigenart → *beschreiben* und dann unter einem bestimmten Gesichtspunkt → *zusammenfassen*
einordnen	einen oder mehrere historische Sachverhalte in einen größeren historischen Zusammenhang stellen
erklären	Informationen durch eigenes Wissen und eigene Einsichten in einen Zusammenhang (Theorie, Modell, Regel, Gesetz, Funktionszusammenhang) → *einordnen* und → *begründen*
erläutern	wie → *erklären*, zusätzlich noch durch Informationen und Beispiele verdeutlichen
herausarbeiten	aus Materialien bestimmte historische Sachverhalte herausfinden, die nicht explizit genannt werden, und zwischen ihnen Zusammenhänge herstellen
gegenüberstellen	wie → *skizzieren*, zusätzlich argumentierend gewichten
widerlegen	Argumente dafür anführen, dass eine These/Behauptung zu Unrecht aufgestellt wird